巨赞法师（1908～1984）

巨赞法师全集

张瑞龄题

第四卷

主编·朱哲

副主编·李千 马小琳

社会科学文献出版社
SOCIAL SCIENCES ACADEMIC PRESS (CHINA)

扬弃集（一）

诸葛武侯诫子书

①夫君子之行，静以修身，俭以养德。非澹泊无以明志，非宁静无以致远。夫学欲静也，才欲学也。非学无以广才，非静无以成学。怠慢则不能研精，险躁则不能理性。年与时驰，意与日去，遂成枯落，多不接世，悲守穷庐，将复何及。

又诫外甥书

夫志当存高远，慕先贤，度超越，绝情欲，弃凝滞，（《史记》：不流世俗，不争势利，上下无所凝滞。）使庶几之志，揭然有所存，恻然有所感。忍屈伸，去细碎，广咨问，除嫌名，虽有淹留，何损于美？趣何患于不济？若志不强毅（果决），意不慷慨，徒碌碌滞于俗，默默束于情，永窜（投弃）伏于凡庸，不免于下流矣。

张伯行孝先云：澹泊明志，宁静致远。此圣贤治心经世大本领，武侯有得乎此，故能不为物欲所□夺，而有以养其精明之识，刚大之气，经纶事业皆从此出矣。

②韩琦《定州新建州学记》云："天与人性不一，圣人欲率焉而一之于善，非学不能也。夫子之言性有三：曰上智，曰下愚，曰中人。谓智愚则不移矣，然而中人之可以上下者，由学与不学乎？昌黎文公曰：上之性就学而愈明，下之性畏威而寡罪，夫智者之欲益明，愚者使知其可畏又必在乎学而已矣。呜呼！文公之言性，可谓能广圣人之道而所劝多矣。"

又《文正范公奏议集序》："某尝谓自古国家之治否，生民之休戚在人不在天"。

又《别录》云："公曰，能平得有己之心则为贤矣，人人莫不能道之，及到行时大是难事，常合著意于此，勿以为易也。内刚不可屈而外能处之以和者，所济多矣。君子当先处己至于义足而后委之命，可以无悔。人情微处当深体之，若直用己意以处，则所失多矣。君子循理而动，静以自居，祸福之来非所惑也。

能识理则事事无碍矣。"

又《遗事》云:"公判京兆日,得侄孙书云:田产多为邻近侵占,不欲经官陈理。魏公止于书尾题诗一绝云:他人侵我且从伊,仔细思量未有时;试上含光殿基看,秋风秋草正离离。"

公谓欧(阳修)与曾同在两府,欧性素褊,曾则龌龊,每议事至厉声相攻不可解。公一切不问,俟其气定,徐一言可否之。二公皆服公谓大,欧公少许人,平日唯服韩公,尝因事发叹曰:参百欧阳修不足望韩公。"

右据《正谊堂全书》韩魏公集录出,韩公天性仁怒,又能深察人情,故能成为君子。

按:张伯行于康熙年间在闽编刊《正谊堂全书》,顾名思义,其宗旨可知其分立德、立功、立言诸科而就其管见强拉数人之集以实之已属不妥,而诸人之集多经其编订割裂而成,足见其师心自用不知学术,又勘其行谊,虽以清廉名于时,而性实执拗,不通不达时务,大约理学家都如此,即宋之司马君实亦然。故《正谊堂全书》非通人之所必置者也。(又无陆王之书,故欲览理学家之专集更须别求方可)

③宋理宗当祸乱危亡之际,御试策题有云:"盖闻道之大原出于天,超乎无极太极之妙,而实不离乎日用事物之常,根乎阴阳五行之赜而实不外乎仁义礼智刚柔善恶之际。天以澄著,地以靖谧,人极以昭明,何莫由斯道也。圣之相传,同此一道。由修身而治人,由致知而齐家治国平天下,本之精神□术,达之礼乐刑政,其体甚微,其用则广。历千万世而不可易。然功化有浅深,证效有迟速者何欤?……人心道心寂寥片语,其危微精一之妙,不可以言既欤?誓何为而畔?会何为而疑?俗何以不若结绳?治何以不若画像?以政凝民,以礼凝士,以天保采薇。治内外忧勤危惧,仅克有济。何帝王劳逸之殊欤?抑随时损益道不同欤?及夫六典建官,盖为民极,则不过曰治,曰教,曰礼,曰政,曰刑,曰事而已,岂道之外又有法欤?自时厥后,以理欲之消长、验世道污隆,阴浊之日常多,阳明之日常少,刑名杂霸,佛老异端,无一毫几乎道,驳乎无以议为。然务德化者不能无上郡雁门(文帝)之警,施仁义者不能无末年轮台(武帝)之悔。甚而无积仁累德之素。纪纲制度,为足维持凭藉者(唐太宗)又何欤?……"

文文山对策云:"天地与道,同一不息,圣人之心与天地同一不息。上下四方之宇,往古来今之宙,其间百千万变之消息盈虚,百千万事之转移阖辟,何莫非道。所谓道者,一不息而已矣。道之隐于浑沦,藏于未雕未琢之天,当是时,无极太极之体也。自太极分而阴阳,则阴阳不息,道亦不息。阴阳散而五行,则五行不息,道亦不息。自五行又散而为人心之仁义礼智刚柔善恶,则乾道成男，坤道成女。穹壤间生生化化之不息，而道亦与之相为不息。然则道一不息，天地亦一不息。天地之不息固道之不息者为之。圣人出而为天地立心，为生民立命，为往圣继绝学，为万世开太平，亦不过以不息之心充之充之。而修身治人，此一不息也，充之而致知以至齐家治国平天下。此一不息也，充之而自精神心术以至于礼乐刑政，亦此一不息也……茫茫堪舆，块圠无垠，浑浑元气，变化无端，人心仁义，礼智之性未赋也。人心刚柔善恶之气未禀也。当是时，未有人心，先有五行；未有五行，先有阴阳；未有阴阳，先有无极太极；未有无极太极，则太虚无形，冲漠无朕而先有此道，未有物之先而道具焉。※（此文山不知道处，或当时理学家皆作是说也。）道之体也，既有物之后而道行焉。道之用也，其体则微，其用甚广。即人心而道在人心，即五行而道在五行，即阴阳而道在阴阳，即无极太极而道在无极太极。贯显微兼费隐，包小大，通物我。道何以若此哉？道之在天下，犹水之在地中。地中无往而非水，天下无往而非道。水一不息之流也，道一不息之用也。……不息则天，息则人。不息则理，息则欲。不息则阳明，息则阴浊。……尼之以黄老，则雁门上郡之警不能无。过之以多欲，则轮台末年之悔不能免。纪纲制度，曾不足为再世之凭藉。……文帝之心异端累之也，武帝、太宗之心杂霸累之也"。※（此皆迂阔之谈。）又王通孙名说有云："孟子曰形色天性也，圣贤之学，主乎践形而不愿乎其外。"

呜呼，策题之问，文山之对，莫非理学也？而终无以救宋之亡，盖理学愈谈而愈不切人事，至宋末都成伪学。文山自亦巳嫉之矣，如《送李秀实序》云："今人有好为尊大以道统属己自□，终日瞑目，夜半授佞己者二三言，曰道在是矣。隐君授书，孺子取履，昔人以为近于鬼物，往往类是"。又《西涧书院释□讲义》有云："最是失为能言者，卒与之语，出入乎性命道德之奥，宜若忠信人也。夷考其私，则固有行如狗彘而不掩焉者，而其于文也亦然。滔滔然写出来，无非贯串孔孟，引接伊洛，辞严义正，使人读之肃容欵衽之不暇，然而外头如此，中心不如此，其实则是脱空诳谩，先儒谓这样无缘做得好人。……俗学至此遂使质实之道衰，浮伪之意胜，而风俗之不竞从之方来之秀习于其父兄之教，良心善性亦渐渍泪没，而堕于不忠不信之归。"

——文山，诚人杰也。其文雄畅若大江之滚滚东流，谢叠山不足以为匹。叠山儒士之贤者耳，其文瘦弱不足观。

④方孝孺，（字希直，浙，宁海人）《贫乐窝记》："世谓士者多贫，岂天使之然哉？才高则不忍以（哉，疑而量度）利自污，道得则不屑与俗相混，其所存者，荣大异美，固以世之富贵为垢秽而不肯视※（以：用而故以为谓，以谓也，《礼记》吾以将为贤人也）其肯小屈其志以求之乎，是以宁适意于饥饿，而以沉溺利欲为深耻。世俗不之察，因以士善贫，焉知富贵之匹哉？"物之可以奉其身者无

不给，世俗之谓富贵者也。然过取之也有禁，苟得之也有祸，稍逾其分则人思役之，鬼神害之。不致于荡覆澌尽有不已。※（荡、摇也，仞七尺八尺）方其得所欲而守之也。或有愧于其心，戚然若蒙不洁，而恐人之觉也。凛然若临百仞之渊而忧其堕也，曷尝有斯须之乐哉。"※（斯须，须史，俄顷）士之于富贵则不然。于三才万物之理无不得诸己，于国家天下之事无不备于身。前乎（于）百代之上，后乎千载之下。包罗综括而不少遗。大而日月河岳照临流峙之所由，小而草木花实之盛衰，阴阳寒暑之消长，靡不存乎中而有以识其故。※（扬云："通天地人曰儒"，"一物不知儒者之耻"）然此犹其取于外者耳。至于绝私去欲，以全其性，穷微致典以达乎命，※（众动不穷，屈伸也。鬼神之实，不越二端而已矣）尧舜禹汤文武之所有者与之絜深较广而无怍。※（絜，度也）周公孔子颜孟之所学者，沛乎若皆在我，而无亏敛之于一身而非有余。施之于政教而无不足，当其存心无为以自乐其所存，操威福之柄者不能夺，为生民之宰者莫之制，穷达生死之变亦大矣。不少乱其胸次而为之入，其视富贵果何如哉！世徒骇区区之外物而以士为贫，不知有道之乐，固超乎富贵之表也。"※（也，句中助语，结上起下）奉以邵君真斋，名读书之所曰贫乐窝，予不能知邵君悉其所乐也，然不谋而同者心也，不期而合者道也。※（朱梅崖云：读书当先高其志，洁其心，不以外之闻见动吾耳目，然后有以自置）舜之居深山，伊尹之处畎亩，※（垄上曰亩，下曰畎）颜子之在陋巷，时之相去数百载，而其可乐如合券，※（合：同券）然，孰谓邵君之乐，独异于予之所云乎？"

正学之文浩瀚磅礴充实光大而悉轨于正学。蜀献王改其斋逊志名为"正学"是矣。至若椒山大洪之文则平常。范文正公文元气淋漓。

⑤海瑞云："圣贤教人，千言万语只是欲人识其真心。率其真而明目张胆，终身行之，卓然不牵于俗者圣贤也，昧其真而馁其浩然之气。不免与俗相为浮沉者，乡愿也。今天下唯乡愿之教，入人最深，世俗群然。称僻性，称太过者，多是中行之士，而所称贤士大夫善处世者，或不免乡愿之为。乡愿去大奸恶不甚远。今人不为大恶，必为乡愿。而孟子功不在禹下，当以恶乡愿为第一。"※（曾国藩云："深厌一种宽厚论说，模棱气象养成不白不黑，不痛不痒之世界，误人国家，已非一日"。曾又云："今日天下之变，只为混淆是非，麻木不仁，遂使志士贤人，抚膺短气，奸□机巧，逍遥自得"）※（明，沈德符《野获编》载：房寰疏攻海居家九娶而易其妻，无故而缢其女。今瑞已耄而妻方少艾，人欲无所不极。"海瑞三娶二出妻，而晚年仍有一妻二妾）

右从《海刚峰文集》梁云龙所作行状录出。瑞，生于正德甲戌，享年七十有四。其时朝政，如曰："天下事都被秀才官做坏了，岂真不才贪残，剥充囊橐。即贤者亦乡愿正道，交战胸中，穷竭膏脂，博交延誉……谓止可洁己不可洁人，洁人生谤。谓凡所行不可认真,认真生怨取祸,不顾朝廷之背否,而以乡愿之道待其身,以乡愿之道待吾子姓。""今之医国者只一味甘草,处世者只两字乡愿,治古之盛,何由而见?"宜乎海瑞谓孟子之功不在禹下,当以恶乡愿为第一也。

⑥元程端礼(畏斋)《读书分年日程》张伯行序云:"……今则不然,父教其子,师教其弟,惟以时文为兢兢。非不读五经四书,究其所以读之者,亦不过为时文之用。初未尝取体之于身心也。幸博一第,并其所为时文者而弃之,五经四书束之高阁,诩诩然夸于人曰:吾已读尽天下之书,而不知彼未尝读书也。"时文科举之害,遂使天下皆为乡愿而理学成为伪学。※(伪学之源)于是政治不能纳入正轨,清受其祸以至沦亡,即今亦未能振拨于其泥淖之中。

按:该书之后本录朱子《调息箴》而张伯行重刊删去之。而谓朱子注《阴符经参同契》甚无谓,使人入异端去。调息箴亦不当作。殊不知朱子之学,固摄取道家之说者也。理学家门户之见深,正其所以成为伪学之故。(不务实理,摆空架子,此其所以为伪。——辟异端而不知异端故曰摆空架子)

⑦朱子辑《小学》,张伯行集解,分内外两篇。内篇分立教、明伦、敬身、稽古四目,外篇则嘉言、善行二目,其言无非勉人修身立德尽伦而已。※(民主与新儒家)固当也而终不免琐屑寡要,为伪科学滋生之源。盖琐屑则人必不能行,不能行又必饰之以欺人。人欲不伪不可得也。孔子言孝条目甚少,至曲礼而繁文缛节,几于不能尽记忆,况能行之乎?汉唐并不禁嫠妇再醮,而程明道则曰饿死事小,失节事大。此皆矫枉过正,强人以难。而导其为伪者也。大约汉世定于一尊,故有叔孙通之朝仪。无朝仪不足以见帝王之尊严也。礼制成于汉儒之手,或亦由于此种心理由此以言"新儒家,"则必自删除无谓不通之礼制,始而以民主精神为鹄目。父慈子孝,兄爱弟敬,夫义妇顺,长幼有序,朋友有信。简单之条目可耳(汉高约法三章而关中之民定)。然不接受佛家之玄理,则仍不能言充实。乃熊赐履曰:"看三藏十二部五千四百八十卷佛经,不如读一章《小学》。"胡居仁云:"要辟异端,当先教人读《小学》,抑何妄也。——以专制时代言辟异端亦可以说,民主时代则不能说。大约此后政治必需争取民主,必民主而后可以论治道也。封建专制时代之礼制思想,必须彻底改变之。

⑧兹更录前日与朋友之议论于后:

一、万民一言:孔子少说政治理想(只论修身),孟荀是有政治野心的。到了汉朝董仲舒是继承孟荀的志愿而想有所作为的。《周礼》乃产生于此时。王莽想实行儒家内圣外王的政治理想,但结果失败。光武起来了,看清楚儒者的野心,所以极力奖励只讲修身而无政治野心的人,故东汉多气节之士而无通儒。其后王安石也是想做王莽的，也就是说想实行儒家的政治主张，也失败了。而学风也趋于修身一方面。至明末而支离破碎，于是顾炎武出而主张经世致用，亦即想干政治又未有成。梁漱溟是有顾炎武等人的理想的。

二、仲文在西大讲政治，以为中国社会将来趋向不出三途：（一）资本主义，（二）共产主义，（三）新儒家。民一则以为要走新儒家一条路。我以为三民主义的国民党，如不以新儒家精神充实之，则决无前途。

三、与民一论人生之态度，我以为孟子虽无孔子融通，而真气磅礴可爱。荀则为法家开先路，无孟之真矣，又论及不做作甚难。以吾所知欧阳先生、马一浮皆有做作，熊十力较好。

四、余以为荀非集大成者，仍儒家学说末流之演变，他与孔子的精神并不相合（孟子倒有一点孔子的精神），乃为法家开端。因此儒家哲学思想不能开展（儒之末流注重法制不讲哲理。）虽有《中庸》一书，但太简略。故到汉朝与道家合流而有董仲舒的学说。※（孔是天地境界中人，孟道德境界，荀则多功利之论。）

五、在西山时与民一、焰生谈及爱，余谓学佛非求为槁木死灰，故情有理无，民一深以为然。他说梁漱溟说过，我们对于纵情欲者应该宽恕他，而我们的能不犯，亦只可以说"幸而免"，这是就孟子所谓食色性也之说，事实上也是如此的。焰生说一切爱都是虚伪的可咒诅的。民一说唯母爱最真，因此其余的爱也不能否认。我说母爱也是相对的，事实上也不尽是真的，如杀子报一事就是明证。所以只有佛爱最真，他完全超脱了利害人我，只有一片因至理而洗净的真情，大家以为然。

康有为《意大利游记》有云："佛耶二教本皆清净，然无妻绝淫，其事本非人情所能。非人情所能而欲人人强行之，势必破坏决裂。故路德娶一尼而立新教。莲花生至西藏立经教许娶妻示淫，亲鸾在日娶妻食肉而立本愿宗。虽非教主之旨，而顺乎人情，人多从之。"※（雪莱说："饥饿和恋爱支配着世界。"）

六、荀、孟有同一之态度，即排斥异说太严。如惠施、公孙龙之学说，本来有科学的价值，因其排斥而无所发明（无继承之故）。故科学在中国不发达，因而儒理也没有进步。此种态度一直影响到宋明儒者。所以理学内容还是混沌的。于此我又想到了马克思，他的文章是那么敢于刻薄，列宁效之，俄之作家效之，中国之左倾文人效之，于是一切抹杀，自甘狭隘，一个领导人物之态度影响后世之大有如此者。于此我又想到了一个开国之君之行为，存心态度，实为其后政局良窳之中心。

七、民一谓西洋人以为解决了经济问题，一切社会问题就没有，其实不然。中国人以为解决了社会问题，一切问题就没有（如伦理等），其实不然。印度人以为解决了人生问题,一切问题就没有,但做不到。要解决人生问题,还需要先解决经济问题、社会问题。

八、与民一论儒佛,皆以为佛从无常入理,故有完整之哲学系统。儒从恻隐之心等立足,是道德的出发,故无思想系统。民一又说,这恐怕是佛家与其他一切思想派别不同之处。我亦以为西洋思想唯从表面敷陈故不深切。此佛之所以超越一切也。

九、梁漱溟提出"生"字为儒家形而上学之根本,这是很对的。所谓"生"如人之本性——食色以及一切烦恼,其实都是生的表现。乃至草木发芽也是生的表现。凭此以观宇宙,一切都是生生不已,充满着生意的。但生的冲动,不见得都能合理(饱暖思淫欲,饥寒起盗心都是生的冲动),故儒家主范围之。此伦常礼乐之所由兴。佛家更从生的现象而深究其源。于是主净化"生之冲动",表面上仍与儒家不同。其实儒家是佛家的初步。道家亦知宇宙生生不已,但既不思范围又不深究其源,唯主顺"生"之自然而已。故其人生态度是消极的,此义关系甚大,如更与西哲/dezachitnz及新唯物论比勘而写《论变》一书,确可破人之迷梦不少。

十、与梁漱溟论儒佛。他说:儒家恰好的生圆满的生者,不偏不倚之谓。我问这样的生是否有阶级?他说当然有的。修养总有阶级的。我又问佛家生活是否亦在此阶级之中?他说当然是最高的一级。他又说儒家的四毋,仅指分别执说,俱生惑他完全没有提到,此儒佛之所以不同。彼又云:佛教所诠大概是本来是圆的,无端生出无明迷妄,因而有我有能所(在圆的方面有我,成一能所,向外取境又成一能所)向外追求,佛教绝此能所离执而后证真如。至此可以说从生命中解脱出来,亦可曰出世。我问,就此而曰出世,儒家是否亦倾向于出世?他说,他的看法不同。儒家看清宇宙生生不已,故只恰好的生,圆满的生。故非出世。他又说,他不完全赞成以学术的立场看佛教,因为佛教总还是采取宗教的作用。(纯以学术或哲学的立场看佛教,就失了佛教的作用。)我问,是否"诗"化的宗教?他说他不那样看。我以为佛教注重理智,契真之极情意随之,三者打成一片,酣畅淋漓,这才会发生作用。他也以为然。讲到新佛教的组织,生产化固然可以的,将来社会变迁,或者又会发生障碍,所以他主张融通,社会上的供养也不妨接受。他又说,佛教讲到心理现象,皆从瑜伽而出,唯瑜伽之境界还未能得到科学之承认,所以很难讲。他又说直觉是非量,也就是一种情味,这种情味就事物的本身说是多余的,但见道却是现量。我问在《中西文化及其哲学》上不赞成宏扬佛法是什么意思?他说因有所感触。

⑨高登(东汉)《时事六议》蠹国下篇云:"何谓良田瞻游手之民?夫佛法流入中国以来,为害之日久矣,风俗渐染,信用之日深矣,而古人论之亦已详

矣。然在今日尤甚焉，我国何负于佛，不获胜利，日遭变故，民不聊生，而此徒占良田、居广厦，二时三衣，优游饱暖，吁此国之巨蠹，民之蟊贼也。议臣惑于报应，无敢及之。鬻度牒之侮游乎？其所取抑末矣。且以闽中论，佛氏之宇极土木之工而膏沃之地尽为所有。岁之所入有至数万斛者，聚众无几焉。官司或许投牒输金而后得之。盖彼既以赀得，则不复顾廉耻矣。岂有安众之心，与其赀此徒而供无益。孰若藉之以赡用，以宽民力耶？不然估计口授之而取其余，亦非小补也。"宋时佛教情形如此。宜乎石守道等大声疾呼而排之也。

按：高登为太学生与陈东共上书谏时政，忠义之士也。其自写真赞云："面兮铁冷、髭兮虬卷，性兮火烈，心兮石坚，有誓兮平虏，无望兮凌烟。"又病中杂兴云："不羡云霄叹网罗，百年人物总相磨，死如归耳生如寄，造物从今奈我何？"可以想见其为人，唯学与文均不甚佳。朱熹官漳时上奏表章之并为立祠。（魏了翁《道州宁远县先生祠记》云："虚无之道害也。今又非佛老之初而梵呗土木矣。"）

⑩贞观九年度僧诏云："其天下诸州有寺之处，宜度僧尼，数以之千为限，务取德业精明，其往因减省还俗及私度白衣之徒，若行业可称，通在取限，必无人可取，亦任其缺数。比闻多有僧徒溺于流俗，或假托鬼神，妄传妖怪；或谬称医巫，左道求利；或灼钻肤体，骇俗惊异；或造诣官曹，嘱致赃贿，凡此等类大亏圣教，朕情在护持，必无宽贷。自今宜令有司依附内律、参以金科明为条制。"《旧唐书》

唐大律十三年，诏西京律师详定新旧律条，开列持犯、颁行天下。

⑪真德秀《明通先生书堂记》云："人心者人欲之谓也。道心者天理之谓也，择之精守之一而后中可执。中也者，天理当然之则，而一毫人欲之私无所与乎。其间者也，《大学》、《论》、《孟》指言义利之分，皆同此意。未尝以天理言，独见于《乐记》曰：不能反躬，天理灭矣。又曰：物至而人化物也者，灭天理而穷人欲者也，世谓伦礼之书，类出汉儒，汉儒之言，传者多矣。有及于是者乎？……濂溪周子出焉，独得不传之妙。明道先生程公见而知之，阐微发幽益明益章。……故先生尝语学者曰，吾学虽有所受，然天理二字，自吾体验而表出之。呜呼至哉！……仁义礼智之性，恻隐辞逊羞恶是非之情，耳目口鼻四肢百骸之为用，君臣父子兄弟夫妇朋友之为伦，何□而非天也。人知人之人，而不知人之天。物欲肆行，义理汩丧，予禽兽奚择焉。知人之天然后知性善，知性善然后能知穷理，能穷理然后能诚意以修身。推之于治国平天下，无非顺帝之则也……"

又《铅山县修学记》云："古者学与事一，故精义所以致用，而利用所以崇德，后世学与事二，故求道者以形器为粗迹，而图事者以现义为空言，此今古之学所以不同。自圣门言之，则洒扫应对，即性命道德之微，致知格物即治国平天下之本。体与用，未尝相离也。自诸子言之，则老庄言理而不及事，是天下有无用之体也。管商言事而不及理，是天下有无体之用也。……"※（此是也，然就有道者言也，否则即现前之洒扫应对而为是，则落于狂禅或豁达空矣）

又《昌黎濂溪二先生祠记》云："董仲舒、杨雄皆尝以道自鸣，而性命之源，则有所未究。然赖其言而世之学者，犹知尊道谊尚名教，天理民彝未尽泯绝，则亦不可谓非其力也。……汉世诸儒则区区持守而已。……周子因群圣之已言，而推其所未言者于图，发无极二五之妙于书，阐诚源诚立之旨。昔也太极自为太极，今知吾身有太极矣。昔也乾元自为乾元，今知吾身即乾元矣。有一性则有五常，有五常则有百善。循源而流，不假人力。道之全体焕然益明者周子之力也。……察体用于一源，合之行于一致，学者其思所以用其力哉。"

又《矩堂记》："……未有不由恕而至仁者……。恕之所以难者何也？道心惟微，物欲易锢，私见一立，人己异观，天理之公，于是遏绝而不行矣。有志于仁者，当知穹壤之间与吾并生，莫非同体，体同则性同，性同则情同。公其心，平其施，有均齐而毋偏各，有方正而勿颇邪，卿是以往将无一物不获者，此所谓絜矩之道也。

又《敬思斋记》："……敬一也而贯乎动静。故有思不思之异焉，七情未发，天理浑然，此心之存，唯有持养。当是时也无所事乎思，情之既发，淑慝以分，几微弗察，毫末千里。当是时也，始不容不思矣。无思所以立本，有思所以致用，动静相须，其功一也。然圣贤所严尤在于静，深居燕处，怠肆曷萌，操存之功，莫此为要，曰毋不敬者，兼动静而言也。曰俨若思则专以静言矣。方静之时，何思何虑而曰若思何也。犹鉴之明虽未炤物，能炤之理无时不存。心之虚灵，洞达内外，思虑未作，其理具全，正襟肃容，俨然弗动而神明昭澈若有思然，以身体之，意象自见。彼蒙庄氏之说，则曰形可使如槁木，心可使如死灰，夫吾之不思，所以为有思之地。而彼之不思，则欲委其心于无用焉。异端误人，每每如此，使心而无用，则参赞化育贯通神明何所本之。弥纶万化，利泽千祀，何所发之？故曰寂然不动，盛而遂通天下之故，论至圣人，然后亡弊。"

又《居思堂记》："故学必原于思，而思必本于诚……盖尝闻之，诚即天也，敬者人之所以天也，学而求至于诚，其必由敬乎！……"

按：居敬之说，程、朱主之，然貌敬而中不诚有之矣。必也心合于理，而无不敬乎！则非常人所能，此所以多伪学也。

西山真君颇有儒者气象，文亦雍容典雅。就上所录，似亦知理，《宋元学案》谢山跋云："李穆常讥其沉溺二氏之学，梵语啬词，连轴接轴，垂老津津不倦，此岂有闻于圣人之道者"。腐儒论人，往往如此。至谓晚节有亏，当更考之。梨州谓彼依门傍户，不敢自出一头地，或然更考。※（魏了翁《简州四先生祠记》云："学者多传写二先生语录，特为其说者未能无科举之累，故缀其说以辑文而未暇得其所以言，一为庆元学禁所沭则例以伊洛目之，以诚敬讪之，甚者亦一口附合）

又：《知庆元县丞议张公墓志铭》云："……尝被檄试士三山，时伪学之论方哗，同列以是发策，士子希主司意，争低訾先儒……"

按：伪学朋党之论，先儒亦有自取之道。大约儒者空言理性，而略予察人情，伪自此起。又好为高调而不合事理，易拓识达世故者之讥嘲。如程子谏神宗之折柳，苏轼笑之乃成党派。则《伪学考》之作亦有必要也。※（《伪学考》曰此伪学也，自是以来，往往屏其书而不复省。）（梁启超：《中国近三百学术史》，九附孙承泽、李光地、方苞之伪行）

⑫《居济一得》，张伯行治运河之著作也。皆从亲自踏看写成。《学规类编》所辑尚广，首录朱子白鹿洞教条，程董二先生学则等。次诸儒读书法，次诸儒为学之方。内分存养、持敬、论静、省察、知行、言行、致知、力行、克己、致过等项，次又略论老庄墨管诸子，后录程子四箴。而殿以读书日程。其《自序》有云："自圣人之学不传于世，俗之所以教子弟者，止知有科举之业，否则唯词章之尚耳。此其意不过为取科第拾青紫之计，即一旦得志，其所知所行亦不过为肥身家保妻子之谋……"此可以与⑥之序比观。

朱子《白鹿洞教条》：

父子有亲，君臣有义，夫妇有别，长幼有序，朋友有信。

右五教之目

博学之，审问之，慎思之，明辨之，笃行之。

右为学之序

言忠信，行笃敬，惩忿窒欲，迁善改过。

右修身之要

正其谊，不谋其利；明其道，不计其功。

右处事之要

己所不欲，勿施于人；行有不得，反求诸己。

右接物之要

胡文毅《续白鹿洞学规》：

正趋向以立其志，主诚敬以存其心，博穷物理以尽致知之方，审察几微以为应事之要，克治力行以尽成己之道，推己及物以广成物之功。

⑬先儒论诸子，都执一言一句，而以己意横辟之。全不顾及其思想系统，而彼即如此以崇正学。辟异端，自附于道统。（客气也）实属可笑之至，如：

程子曰：老子语道德而杂权作，本末舛矣。申韩苏张，皆其流之弊也。申韩原道德之意而为刑名，后世犹或师之；苏张得权作之说而为纵横，其失益远矣。是以无传焉。老子曰，无为，又曰无不为，当有为而以无为为之。是乃有有为也。圣人作易，未尝言无为，唯无思也，无为也，此戒夫作为也。然下即曰寂然不动，感而遂通天下之故，是动静之理，未尝为一偏之说矣。

然则寂然不动感而遂通，与无为而无不为相去几何？朱子之论则谓："老子之术，谦冲俭啬全不肯役精神，须自家占得十分稳便方肯做，才有一毫于己不便，便不肯做……彼之利害长短一一都冷看破了，从旁下一著，定是的当。此固是不好地术数。然较之今者，浮躁胡说乱道的人彼又较胜。张文潜说老子唯静故能知变，然其势必至于忍心无情，视天下之人皆如土偶尔。其心都冷冰冰地了，便是杀人也不卹。故其流多入于变作刑名。"

此其所言，似比程子为细，此外如魏鹤山、许鲁斋等之论尽是胡闹，中国社会不进步，尽是此等道学先生之赐。※（出奴入主，彼道学夫子实不足以学问——此亦禅门末流之弊。"宋明儒者之自修身养性，亦由宋代佛徒之曰了生死，同一固执，故其弊同"。又佛徒之禁世学，犹儒之辟异端，同一不通。）

朱子以列子为剽剥。

小程子《论庄子》云：庄子意欲齐物理邪，物理从来齐，不待庄子而后齐。若齐物形，物形从来不齐，如何齐得？此是庄子见道浅，不奈胸中所得何，遂著此论。

此论甚是笑话，物理本齐而人不知故有齐物之说也。且问程子至此为何自解？（又云：推一个理也，物未尝不齐，只是你自家不齐，不于物不齐也）

朱子谓管子非著书的人，其书想只是战国时人，收拾当时行事言语之类著之并附以他书。又曰：《家语》虽记得不纯却是当时书，《孔丛子》是后来自撰出。

周子论荀子曰："荀云养心莫善于诚，荀子元不识诚，既诚矣，心安用养耶？"

按此亦不通之论。或曰："荀子不识天命之懿，而以人欲横流者为性。不知天秩之自然，而以出于人为者为礼，所谓不知所自来也。至于以性为恶，则凡礼文之美，是圣人制此以返人之性而防遏之，则礼之伪明矣。以礼为伪，则凡人之为礼，皆返其性。矫揉以就之，则性之恶明矣。此所谓互相资也。告子杞柳之论，则性恶之意也，义外之论则礼伪之意也，朱子曰，得之。"

程子论董子言仁人正其谊不谋其利，明其道不计其功，度越诸子远矣。汉儒近似者三人：董仲舒，大毛公，杨雄。朱子曰董识得本原，如云：正心修身可以治国平天下。

按执此数言而曰"仲舒本领纯正"谬矣。西山真氏曰："以其质之美，守之固，使得从游于圣人之门，渊源所渐，当无惭于游夏矣。惜其生于绝学之后，虽潜心大业，终未能窥太道之全。至或流于灾异之术，吁！可叹哉。"则近是矣。

程朱于杨子云、王通则皆有嫌言。一嫌其出处不当，太元之无用；一嫌其著书之不当，学无本原。（文中子之书恐多是后来人添入，真伪难见）

杨龟山云：永叔论别是非利害，文字上尽去得，但于性分之内，全无见处。问朱子以欧公如何，曰浅。朱子于苏东坡则直斥之曰："苏氏之学，以雄深敏妙之文，煽其倾危变幻之习，以故被其毒者沦肌浃髓而不自知。今日正当拨本塞源以一学者之听，庶乎其可以障狂澜而东之……。苏氏之学虽与王氏若有不同，然其不知道而自以为是则均焉。……其心之不正，至乃谓汤武篡弑而盛称荀彧以为圣人之徒，凡若此类，皆逞其私邪，无复忌惮，不在王氏之下。借曰不然而原情以差其罪，则亦不过稍从末减之科而已，岂可以视为当然而莫之禁乎？"

罗整庵云：唐之祸乱本于李林甫，宋之祸乱本于王介甫。林甫之祸唐，本于心术不端；介甫之祸宋，本于学术不正。

朱熹之诋苏、王亦可以为极丑矣，以己之私而公然以非理相加，门户之见深而伪学所自起也。（苏、王皆不修饰，皆有其真性情。）据上所录程、朱论人皆不当，纵曰限于时代，然亦正见其学术之不纯厚，后当据此力辟之。（又曰字被苏、黄胡乱写坏了，近见蔡君谟一帖，字字有法度，如端人正士方是字。……本朝如蔡忠惠以前皆有典则，及至朱元章、黄鲁直诸人出来，便不肯恁地，要之这便是世态衰下，其为人亦然，抑何可笑之至。又云：苏文害正道，甚于老佛。

⑭张伯行《正谊堂文集》，《复原元功书》云："……自异学作用之说兴，曰明心见性，曰净智妙圆，曰神通妙用，曰光明寂照，总不离虚灵者近是。陆象山之收拾精神，杨慈湖之鉴中万象，陈白沙谓一点灵虚万象存，王阳明谓心之良知是谓圣，皆是以知觉言心。欲守此灵灵以任其所为，流毒迄今，靡有底止，愚谓义理于人最重。全义理以应万事，则动不蹈矩，发皆中节，自有依据。舍义理而尚虚灵，则为空寂为狂妄，是即目视耳听，手持足行，头头是道之说。……李先生教人令于静中体认大本未发时气象，此乃龟山门下相传指诀，其作延平行状亦深取此，逮后来大以为不然。以子思只说喜怒哀乐未发谓之中，未偿教人静坐体认也。静坐体认之说，起于佛氏六祖，所谓不思善、不思恶，认本来面目。宗杲所谓无事省缘静坐体究是也。学者做存心工夫不得其道，多流于此。在昔伊川识破此弊，有涵养于未发之前则可，求中于未发之前则不可二语最为确当不易。朱子晚年亦云：李先生说终觉有病，学者只是敬以直内，义以方外，不可专向静中求。又云若特地躬静坐做一件工夫便类禅，只

须著一敬字，通贯动静，由朱子二言观之，知主敬是学者第一切要功夫。静而存养则敬时静，动而省察则动时敬，无时无处不用其力，久之自有把握不至猖狂恣肆而入于禅。"※（朱子曰："周茂叔谓一部法华经只消一个'艮'字可了。"又明道云："灵山会下若干人皆悟道，某敢道无一人悟者，若果有一人悟道，临死时须求一尺帛裹头。"此皆不通之论）

按彼等急急于辟佛，盖深惧佛之夺其生徒也。然其所辟特宗门末流之说与现象耳，故皆皮相疑似之谈，不足以为佛病，则《宗门源流考》实亦不能不作。又《陈布衣文集序》云："吾儒言心，释氏亦言心，释氏乃曰即心即佛，是释氏从事于心何尝知学。"皆可笑，至其文则铿锵可读。

又论学云："今天下学术裂矣，李中孚以禅学起于西，颜习斋以霸学起于北。……自程、朱后正学大明，中经二百年无异说，阳明、白沙起而道始乱。延及中孚，嘘其余烬，一时学者翕然从之，中孚死，其焰少息。今北地颜习斋出不程、朱、陆、王，其学以事功为首，谓身心性命非所急，虽子思《中庸》亦诋訾无所顾。呜呼！为此人者不用则为陈同甫，用则必为王安石，是大乱天下之道也。……艾东乡曰李卓吾书一字一句皆可杀人。今习斋之说亦可杀人，而四方响和者方靡然不知所止，可慨也夫！"如此攻人，亦属可慨。而其中有云："夫学圣人之道，必先明诸心，知所往然后力行以求至。"则亦何必以心学杂禅而斥为异端。大约皆诸儒客气之私也。

金溪九岁问天，姚江饱经忧患而始明心地，是皆先以求真（纯粹理性）为目的，而后反之己躬以实践理性者，故重"尊德性"。程、朱出发，在学圣贤，是以"实践理性"为目的，而后进求纯粹理性者，故重"道学问"。此其所以不同欤。昔之人未有言之者，更勘。佛教则由纯粹理性而至实践理性，与陆、王之取径同。——学为圣贤故"主敬穷理"，求真故"六经皆我注脚"。就伦理之观点言，程、朱胜，而就哲学之立场言则陆、王优。若相非则一为迂阔之儒未见大道。一为狂悖侮圣，不合经常。其末流一成伪学，一流于狂禅。

※（朱、陆之所以异——按此尚未是）

⑮ 张伯行《道统录》，上篇伏羲、神农、黄帝、唐尧、虞舜、夏禹、商汤、文王、武王、周公、孔、颜、曾、思、孟。下篇周、二程、张、朱，附录皋陶、稷、契、伯益、伊尹、莱朱（仲虺）、傅说、太公、召公、散宜生、杨龟山、罗豫章、李延平、谢上蔡、尹和靖。

按上篇录伏羲神农等已非，附录复有皋陶、太公等，益属不伦不类。载程子文论孟子语云："孟子有些英气，才有英气，便有圭角，英气甚害事。如颜子便浑厚不同，颜子去圣人只毫发间，孟子大贤亚圣之次也，或曰英气见于甚处，曰，但以孔子之言比之便可见，且如冰与水精，非不光，比之玉自是有温润含蓄气象。无许多光耀也。"按此言亦有理而足为乡愿导源。又若朱子云："孔子只一个颜子合下天资纯粹，到曾子便过于刚，与孟子相似，世衰道微，人欲横流，不是刚劲有脚根底人定立不住。"则较佳。

⑯朱熹、吕祖谦《近思录》十四卷，分道体、为学、致知、存养、克治、家道、出处、治体、治法、政事、教学、警戒、辨异端、观圣贤十门乃节取周、二程、张四人之说而成。张伯行序谓为："四子之阶梯"非过誉也。淳祐年间建安叶采有集解，清张伯行更为集解。

张伯行又取朱子书仿《近思录》体例为《续近思录》其序云："自朱子与吕成公采摭周、程、张四子书十四卷名《近思录》，嗣是而考亭门人蔡氏有《近思续录》，勿轩熊氏有《文公要语》，琼山邱氏有《朱子学》的，梁溪高氏有《朱子节□》，江都朱氏有《朱子近思录》，星侯汪氏又有《五子近思录》，虽分辑合编，条语微各不同，要皆仿朱子纂集四子之意，用以汇订朱子之书者。"至于《广近思录》亦张伯行辑，则仿《近思录》体例，用以汇订张南轩、吕东莱、黄勉斋、许鲁斋、薛敬轩、胡敬斋、罗整庵七人之说者。

又《濂洛关闽》书：于周录《太极图说》、《通书》，于张录《西铭》、《正蒙》（节）又有《经》学理窟，语录文集二项，于二程则分传道、德立、言学、涵养、五经、读书、善治、作新、行事、正伦、天地、阴阳、圣人、教人、大任、士志、性善、养心、万物、君子二十项。于朱子则分健顺、圣贤、气质、学校、君子、德行、吾儒七项，体例不纯，又成蛇足。

⑰司马光《论风俗劄子》云："近岁公卿大夫，好为高奇之论，喜诵《老》、《庄》之言，流及科场亦相习尚，新进后生，未知藏否，口传耳剽翕然成风。至有读《易》未识卦爻，已谓《十翼》非孔子之言；读《礼》未知篇数，已谓《周官》为战国之书；读《诗》未尽《周南》、《召南》，已谓毛郑为章句之学；读《春秋》未知十二公，已谓三传可束之高阁，循守注疏者谓之腐儒。穿凿臆说者谓之精义，且性者子贡之所不及，命者孔子之所罕言，言之举人，发口秉笔，先论性命，乃至流荡忘返，遂入老、庄纵虚无之谈，骋荒唐之辞，以此欺惑考官，猎取名第。……伏望朝廷特下诏书……将来程试，若有僻经妄说，其言涉《老》、《庄》者，虽复文辞高妙，亦以黜落，庶几不至疑误后学，败乱风俗。"

又与王安石书云："……行之所遣者，虽皆选择才俊，然其中亦有轻佻狂躁之人，陵轹州县，骚扰百姓者，于是士大夫不服，农商丧业，谤议沸腾，怒嗟盈路，迹其本原，咸以此也。……介甫素刚直，每议事于人主前，如与朋友争辩于私室，不少降辞气，视斧钺鼎镬无如也。及宾客僚属谒见论事，则唯希意迎合，曲从如流者亲而礼之。或所见小异，微言新令之不便者，介甫辄艴然如怒，或诟骂以辱之，或言于上而逐之，不待其辞之毕也。……介甫大贤其失在于用心太过，自信太厚而已。"此言是也。及介甫死，与吕晦叔云："介甫文章节义过人处甚多，但性不晓事而喜遂非，致忠直疏远，谗佞辐辏，败坏百度，以至于此。今方矫其失革其弊。不幸介甫谢世，反覆之徒，必诋毁百端，光意以谓朝廷特宜优加厚礼，以振起浮薄之风，苟有所得，辄以上闻，不识晦叔以为如何，更不烦答以笔札，庶前力言，则全仗晦叔也。"司马光之可取全在此等处，其文亦如其人。

又《戏呈尧夫》诗云："近来朝野客，无坐不谈禅。顾我何为者，逢人独懔然。羡君诗既好，说佛众谁先。只恐前身是，东都白乐天。"就此诗亦可见当时风尚。后二句简直是白话诗。《击壤集》之影响欤？

※（温公可取之故）其《致知格物论》（元丰六年作）云："人之情莫不好善而恶恶，慕是而羞非。然善且是者盖寡，恶且非者实多，何哉？皆物诱之也，物迫之也。……唯好学君子为不然。己之道诚善也是也，虽茹之以藜藿如粱肉，临之以鼎镬如茵席，诚恶也非也，虽位之以公相如泥涂，赂之以万金如粪壤，如此则视天下之事，善恶是非如数一二，如辨黑白，如日之出无所不照，如风之达，洞然四达，安有不知者哉？！所以然者，物莫之蔽故也，于是依仁以为宅，遵义以为路，诚意以行之，正心以处之，修身以帅之。则天下国家何为而不治哉？！大学曰致知在格物，格犹扞也，御也，能扞御外物，然后能知至道矣。郑氏以格为来或者犹未尽古人之意乎！"

又《迂书》（嘉祐二年作）《士则》曰："或曰：为士者亦事天乎？曰：是何言也？天者万物之父也，父之命，子不敢逆。……违天之命者，天得而刑之。顺天之命者，天得而赏之。或曰：何谓违天之命？曰：天使汝穷而汝强通之，天使汝愚而汝强智之，若是者必得天刑。或曰：何谓天刑？曰：人之刑赏，刑赏其身。天之刑赏，刑赏其神。故天之所赏者，其神闲静而佚乐以考终其命。天之所刑者，其神劳苦而愁困以夭折其生。彼虽偻然而白首，犹贰负之臣，桎梏而处诸石下，虽逾千岁，恶足称寿哉？"《无怪》云："有兹事必有兹理，无兹理必无兹事。世人之怪，怪所希见，由明者视之，天下无可怪之事。"《事神》（元丰四年作）云："或问迂叟事神乎？曰，事神。或曰，何神之事？曰，事其心。或曰，其事之何如？曰，至简矣，不黍稷，不牺牲，唯不欺之为用。"《无为赞》（元丰八年作）云："学黄老者以心如死灰，形如槁木为无为。迂叟以为不然，作无为赞：治心以正，保躬以静，进退有义，得失有命，守道在己，成功则天，夫复何为，真非自然。"

按：此皆温公立身之哲学也，而《宋元学案》皆未录，其思想出于道家。虽有《斥庄》之文，而仅斥其文胜，善辩不当学而已。温公以此立身故安闲而成其为（外以儒家为貌）典型之绅士。

⑱韩愈与孟尚书书云："……来示云，有人传愈近少信奉释氏，此传之者妄也。潮州时有一老僧号大颠，颇聪明识道理，远地无可与者，故自山召至州郭，留十数日，实能外形骸以理自胜，不为事物侵乱。与之语虽不尽解，要自胸中无滞碍，以为难得。因与往来，及祭神至海上，遂造其庐，及来袁州，留衣服为别，乃人之情，非崇信其法，求福田利益也。"按此后人又有谤佛之言，皆从祸福上说。昌黎实不知佛，故于大颠语不尽解。

张孝先评曰："又按朱子《韩文考异》谓此书称许大颠之语，多为后人妄为隐避，删节太过，失其正意。盖韩公之学，见于原道者，虽有以识其大用之流行，而于本然之全体则疑其有所未睹。且于日用之间，亦未见其有以存养省察而体之于身也。是以虽其所以自任者不为不重，而其平生用力深处，终不离乎文字言语之工。至其好乐之私，则又未能卓然有以自拨于流俗。所与游者，不过一时之文士，其于僧道，则亦仅得毛干。畅观、灵惠之流耳是以身心内外，所立所资不越乎此。亦何所据以为息邪距诐之本而充其所以自任之心乎？是以一旦放逐憔悴亡聊之中，无复平日饮博过从之乐，方且郁郁不能自遣，而卒然见夫瘴海之滨异端之学，乃有能以义理自胜，不为事物侵乱之人与之语，虽不尽解，亦岂不足以荡涤情累而暂空其滞碍之怀乎？然则凡此称誉之言，自不必讳，而于公谓不求其福，不畏其祸，不学其道者，初亦不相妨也。"此论甚是。又昌黎《原道》之文，宋儒许为识道之大体者。茅鹿门评曰："退之一生辟佛老在此篇，然到底是说得老子而已，一字不入佛氏域，盖退之元不知佛氏之学，故佛骨表亦只以福田上立说。"此言亦是。※（昌黎不知理）※（濂溪《题大颠壁》云："退之自谓如夫子，原道深排佛老非。不识大颠何似者，数书珍重更留衣。"）

苏长公《留侯论》张孝先评云："论子房生平，以能忍为高……其大旨则本于《老子》，柔胜刚，弱胜强意思。非圣贤正经道理。但古来英雄才略之士，多用此术以制人。学者若喜此等议论，其渐有流于顽钝无耻而不自知者。故韩信之受辱袴下。师德之唾面自乾，要其心术皆不可问也。"甚矣其言之迂也。谓韩信挺身与斗，则又必曰暴虎冯河者也。且小不忍则乱大谋，孔子之言，以斯而推，孔子之心术亦不可问矣。甚矣道学家之迂妄也。※（道学家之迂妄）

曾南丰《徐孺子祠堂记》张孝先评曰："东汉气节最盛，然党锢之祸，诸贤亦未免有过举。朱子云，无益而有害，何苦委身以犯其锋，彼未仕者亦奚以为也，孺子诚高人一等哉。"充朱子之说，则士大夫须养成模棱气象，习于乡愿而后可，此伪学之所以起。朱子责人，都存客气，如痛詈苏轼以为奸邪，何足以服人。张伯行谓党痼先贤有以自取。则宋之衰亡，及朋党之论，先儒亦不能不负其责也。※（伪学之源）

※（宋代佛教情形——宋儒辟佛之故）又《佛教》云："建隆初诏佛寺已废于显德中不得复兴。开宝中令僧尼百人许岁度一人。至道初又令三百人岁度一人，以诵经五百纸为合格。先是泉州奏僧尼未度者四千人，已度者万数。天子惊骇遂下诏曰：古者一夫耕，三人食，尚有受馁者。今一夫耕，十人食，天下安得不重困水旱？安得无转死之民？东南之俗，游隋不职者跨村连邑，去而为僧。朕甚嫉焉，故立此制。"又《鹅湖院佛殿记》云："广历某年某月日，信州铅山鹅州院佛殿成，僧绍元来请记，遂为之记曰：自西方用兵，天子宰相与士大夫劳于谋议，材武之士劳于力，农工商之民劳于赋敛，而天子尝减乘辇掖庭诸费，大臣亦往往辞赐钱，士大夫或暴露其身，材武之士或秉义而死，农工商之民或失其业。唯学佛之人不劳于谋议，不用其力，不出赋敛，食与寝自如也。资其宫之侈，非国则民力焉，而天下皆以为当然，予不知其何以然也。今是殿之费，十万不已必百万也，百万不已必千万也，或累累而千万之，不可知也。其费如是广，欲勿记其日时，其得邪，而请予文者又绍元也，故云耳。"

宋代佛教情形如此，而朝野又"无坐不谈禅"，何得不有宋儒之辟佛？盖有所激而然也。

王安石《上仁宗皇帝言事书》诚可谓切中时弊，洞达政体者矣。其言曰：人才不足，故人生无与以治天下，而人才未尝不自人生陶冶而成，所谓陶冶而成者，亦教之养之取之任之有其道而已。……养之之道者饶之以财，约之以礼，裁之以法也，皆甚的当也。时官吏之俸甚薄，虽厮养之给亦不足，故大官往往交赂遗，营赀产以负贪污之毁，官小者贩鬻乞丐无所不至。夫士已尝毁廉耻以负累于世矣，则其偷惰取容意起，而矜奋自强之心息，则职业安得而不弛？治道何从而兴乎？※（王荆公失败之故）

按：介甫之论甚是，主上之信任也，亦专而卒无有大成者何也？书中有云："今以一路数千里之间，能推行朝廷之法令，知其缓急而一切能使民以修其职事者甚少。而不才苟简贪鄙之人至不可胜数。其能讲先王之意，以合当时之变者，盖国郡之间往往而绝也。朝廷每一令下，其意虽善，在位者，犹不能推行，使膏泽加于民而吏辄缘之为奸，以扰百姓。"新政之所以无效者此也。司马光亦已言之，谓当时介甫求治不太急，诸新法缓缓施行，则人得其用，而可以免流弊之滋生矣。乃张伯行评云："介甫胸中原将一代弊政看得烂熟，欲取先王法度来改易更革一悉，其志其才，皆是不可一世。惜其所讲求者，皆先王法度之迹，而本领则未之知也。程子曰：有关雎麟趾之意，然后可以行周官之法度。介甫不知此意，而徒讲求于法，又以坚僻之意见主张其间，其贻害不亦甚哉。"何其迂也。大约当时所谓正人君子皆如此说，故介甫不能不用小人而卒以害事。甚矣迂儒之有害于世也。

按：张伯行选唐宗八大家文，皆以道学家迂腐之眼光为取去，未可以从。（如曾巩论佛教一段，于文无与也而必录之，彼以为此即辟异端崇正学之功耳，抑何迂妄之至）

⑲ 张伯行乃辑周、程、张、朱、邵雍节、游广平、尹和靖、张南轩、杨龟山、罗豫章、李延平、真西山、许鲁斋、薛敬轩、胡敬斋、罗整庵之诗而成《濂洛风雅》，其叙谓："其所存者正，所废者顺，故能广大清明各造其极而岂后世之士之所及哉。"然而《濂溪》、《二程》、《横渠》之诗均拙劣，康节之诗固别是一格，而所选又都非佳者，兹录浏览所及当意者于次：

秋日偶成——程明道

寥寥天气已高秋，更倚凌虚百尺楼，
世上利名群蚁蠓，古来兴废几浮沤。
退安陋巷颜回乐，不见长安李白愁，
两事到头须有得，我心处处自优游。

闲来无事不从容，睡觉东窗日已红，
万物静观皆自得，四时佳兴与人同。
道通天地有形外，思入风云变态中，
富贵不淫贫贱乐，男儿到此是豪雄。

闲方为达士，忙只是劳生——濂溪句

又《拙赋》云："或谓予曰，人谓子拙，予曰巧窃所耻也，且患世多巧也，喜而赋之：巧者言，拙者默。巧者劳，拙者逸。巧者贼，拙者德。巧者凶，拙者吉。呜呼！天下拙，刑政彻。上安下顺，风清弊绝。"

闲适吟——邵雍

南窗睡起望春山，山在霏微烟霭间，
千里难逃两眼净，百年未见一人闲。
情如落絮无高下，心似游丝自往还，

又怨幽禽知民意，故来枝上语绵蛮。

感事——游广平

世事浮云薄，劳生一梦长。散材依栎社，

幽意慕濠梁。风激鹰鹯迅，霜残草木黄。

投闲如有约，早晚问耕桑。

杨龟山之篇叶较多，气韵与游广平相似，而古风较佳。

勉李愿中——罗豫章

彩笔画空空不染，利刀割水水无痕，

人心但得如空水，与物自然无怨恩。

罗诗所选数章耳，尹和靖亦然。李延平只一首，故无可议其优劣。

香茶供养黄蘖长老悟公故人之塔，并以小诗见意——朱熹

摆手临行一寄声，故应离合未忘情，

炷香燎茗知何处，十二峰前海月明。

晦庵之诗古近体均佳，宋诗中应占一席，故有以诗人荐之于朝者，道学家之诗恐以朱熹为最佳，足以见其才情之高。南轩之诗，亦足以酬晦庵，唯所选过少。此外如真西山固是名家。许鲁斋亦有足取。薛文清，胡敬斋，罗整庵则殊乏诗味。固理学障之亦无诗才使然。罗整庵《游青原山》诗有云："泉响遥闻心已净，寺门初到梦先飞，从来剩有烟霞癖，争奈行藏与愿违。"自注云："数月前尝梦游上元县一寺，及入山则宛然梦中境，乃知上元即青原，亦异哉。"此道学家所讳言而罗君竟自言之，诚属实矣。则罗君前生或亦青原山僧也，否则何来斯梦？

⑳治濂溪之思想，先《通书》而后《太极图说》。《通书》以诚为大本。"诚"者何？

一、"诚无为"。

"寂然不动者诚也"。故曰"静无"，曰"无事"，乃"至正"。至正故曰"纯粹至善"。

二、然所谓不动，非真不动也。

"静无而动有"，"感而遂通"。然又非若"物"之"动而无静也"。"动而无动，静而无静"，故称之曰神。则"神"之一词，所以状"诚"之不可测之动态者也。

三、"水阴根阳，火阳根阴"，此动静不可测之例也。而五行之流布又统于阴阳（"五殊二实"），阴阳"二气"，复本于"太极"（"二本则一"），其神妙又如此，故"四时运行，万物终始，混兮，辟兮，其无穷兮"。

四、阴阳变化其不测如诚之动静，而阴阳变化以"乾"为始，故曰："大哉乾元，万物资始，诚之源也。"

五、"乾道变化，各正性命"，万物各得其所，而诚依之以立。然则"太极"者就阴阳变化之统绪而言，"诚"则状其性质也。"太极"与"诚"，二名一实。（又可曰"天"曰"道"。）

"性"

一、"一阴一阳之谓道，继之者善，成之者性，"故"性者，刚柔善恶中而已矣"。是为"五常之本，百行之源"。

二、"圣诚而已矣"，"性焉安焉之谓圣，复焉执焉之谓贤"。

"几"

一、"几善恶"。

二、"动而未行有无之间者几也"。"动而正曰道，用而和曰德"。"邪动辱也，甚焉害也"。

"立身"

一、"圣人之教，俾人自易其恶，自至其中而止矣。"故"圣人之道，仁义中正而已矣。守之贵，行之利，廓之配天地。"

二、志学，务实，慎动，师友，思，改过。

三、无欲，公明。

"治世"

一、顺天地之化，以育万物，正万民。

二、纯其心（至诚）则贤才辅，（治天下观于家治，家观身而已矣，身端心诚之谓也。诚心复其不善之动而已矣。）

三、礼乐。

四、刑。

五、至公。

六、明势。

《通书》之义，不外于此，实为后来理学发其凡，即后来理学家所讨论之问题，不出此范围，亦无有敢违背其理论之中心者——以后之理学家，类都演绎其说而成系统耳。

然有数问题应提出讨论者：

一、"性"即"纯粹至善"，何以几动而有善恶？如刚之善为义为直，固顺于性者也。然何以猛、隘、强梁而为恶？若谓"邪暗塞之"，则"诚精而明"，何能被障？否则诚不精即性有不善，而周子于此未加讨论，或即后来理学家义理气质之性之论所自出，为补足此缺点乎？

二、《通书》结构，并无条理。

三、理性命章"是万为一，一实万分，万一各正，小大有定"。此数言虽甚重要，然亦可有两种解释。甲："一"为理，"万"为物。乙："一"亦为物如"电子"。若考诸《太极图说》，则"一"，理也，其言曰："五行一阴阳也，阴阳一太极也，太极本无极也"，此尚含浑，不可谓"太极"即理。彼又曰"无极之真，二五之精，妙合而凝"。则非以理解之不可。曹月川解云："妙合者，理气浑融而无间也。"甚是。此既以理解"无极之真"则"太极本无极"亦然。至于象山疑"无极"二字无据，实亦不必，盖诚既"无为"又"寂然不动"，即此而曰无极。所以状太极一理之无形相耳，非"太极"外更有"无极"也。

四、《太极图说》："五行之生也，各一其性。"此"性"字当作"成之者性也"之性字解。

五、"五性感动而善恶分"即所谓"几善恶"也。其问题仍在。至谓"圣人定之以中正仁义而主静"则与通书之说合。《太极图说》确为周子所作无疑。

六、无极太极为理，此无问题。所谓阴阳五行者果何物乎？若谓动者为阳而静者为阴。此动者静者又何物乎？若谓就物之动者而曰阳，物之静者而曰阴，则唯物论也。唯物论之"道"，自然主义之道也，而儒者本之，谬矣。否则应为唯心论。则何为辟佛乎？吾知宋明理学家于此茫然也，然则何所谓"原始返终"？故知死生之说乎？

七、阅朱子所作《太极图说》对于周子之学说，固可明白，但亦益知其所谓气理性命之论，实系道家之说。其言阴阳变化纯乎汉晋阴阳家言，其师禅门之智者，则理事不二之论，即以此而附会儒说而立理学，设攻破之，可以全部瓦解，盖多不通之论也。

八、理学家所以辟佛老者，固因当时释老势力之大。实则彼皆袭取释老之说附会儒说而成家。不辟释老无以见其高明，所谓作贼心虚，亦自私自立之动机也。故末流成乎伪——此实思想上之骗局，亦因佛理至宋而诎，唯识家言绝迹于此土之故耳。程、朱独断，颇有宗教意味，西洋人说共产主义是宗教，其理由与此同。（以感情推尊其不完全之理论而建立信仰排斥异说同。唯宋儒之感情在伦理方面，而共产主义在社会方面。）

九、朱、陆辩太极图往返书，皆诋对方为不明太极。且杂客气未能心平气和老实论理。陆以朱为杂禅，朱亦以陆为杂禅，其言曰"太极固未偿隐于人，然人之识太极者则少，往往只是于禅学中认得个昭昭灵灵，能作用的便谓此是太极"，可笑也。

十、理学家莫不曰："太极为万化之根柢，而此理之本源，夫天下万事万物行于有形之中。非有为之本者，则亦安能亘古今而不息哉。"然则此理何状，彼固未言也。"无极"二字虽为其理之形容词，然亦不过虚静耳，且其与形下之关系如何，彼等固亦未之言也。宜乎理学之愈讲愈糊涂也。

十一、朱子理气为二物，故有人乘马之说，陈月川非之，作为《辩戾》，大谬。然此亦朱学必有之反响。

十二、朱答《何叔京书》云："潘君者莫非清逸家子弟耶？清逸之子亦参禅，虽或及识濂溪，然其学则异矣。此书谓中为有物，而必求其所在于未生之前，则是禅家本来面目之绪余耳，殊不知中者特无偏倚过不及之名，以状性之体段，而所谓性者，三才五行万物之理而已。非有一物先立乎，未生之前而独存乎，既没之后也。其曰执、曰用、曰建。亦体此理以修己治人而已矣。非有一物可以握持运用而建立之也。"按此朱因不明禅，亦禅之流弊使然盖"本来面目"即实理非别有昭昭灵灵之一物也。

十三、宋儒注重伦理，修身。以为人人如此即可治国平天下，而不知人事无如此简单，故以国计民生为小事而不措意，其极力反对王安石之新政固宜，然即此亦可见宋儒之未明人情也。我国社会无进步，科哲不发达者，此为主因。※（其所订周子事状，削去称颂新政之言。）

十四、朱子之说罅隙极多，其答门人"既无为何以有善恶"之间实未了，又有"不外吾心"之说。大约朱子做周子二书集时，其思想系统尚未十分成熟，故阳明有晚年定论之说。——朱子之学，兼有考证工夫，其立言较确，故用功久，观于与象山往返论太极书可知。

十五、周子二书经朱熹考订数次，而成今本。其最重要者为"无极而太极"一言。国史本作"自无极而为太极"，九江本作"无极而生太极"，是皆以太极为一物者。朱子见洪景庐嘱改国史之文而皆以为不可。则周子本意究如朱熹所注不可知。又以《通书》"是万为一，一实万分"言之。亦不可以证朱说之是。更考。——朱子考定后而又附以其所指为误者，可见其考证之精神。据上述，朱子之注亦是。然以后论周子时，当详论此问题。

十六、朱子以朱震、胡宏、祁宽未见潘兴嗣文故云周之传出陈博，然潘文固未言其传授也——即二程之师周子事亦未言，是何足以为证？按周子《题邺都观》三首中有云："始观丹诀信希夷，盖得阴阳造化机，子自母生能致主，精神□后更知微。——读《英真君丹诀》——"即此可知周子实深玩夫丹诀者而度正《周子年谱跋》云："或谓陈抟传种放，放传穆修，修传先生。今种穆所著存于世者古文而已，然亦未纯于理。观拚与张忠定语及公事先后有太极动静分阴阳之意，然其所为龙图记，盖直陈其数，无复文言，与太极图说绝不相似。……或谓先生与胡文恭公同师润州鹤林寺僧寿涯或谓邵康节之父邂逅文恭于庐山，从隐者老浮屠游，遂同授易书，所谓隐者疑即寿涯也。其后康节著《皇极经世》以数为宗，文恭立朝论尧迁阏伯于商丘，主辰迁实沈于大夏主参，商丘为宋，宋火德，大夏为并，并为水，古称参辰不并火盛则水衰、宜进辰抑参，盖亦星历之学也。……今以先生尝谓问于此二人者，即谓其学本出于此二人，失之远矣。"此皆迂儒之言也。又：（嘉定年间）太常丞臧格谥议有云："盖皆深探其造道之所由来矣，或谓得之先天，先天得之龙纪，其说近于迂诞而无考。"《南轩语录》则云："濂溪始学陈希夷后来自有所见。"※（按朱子邵州特祀濂溪先生祠记有云："史氏之传先生者乃增其语曰：自无极而为太极，则又无所依据而重以病夫先生，故熹尝欲援故相苏公请刊国史草头木脚之比，以正其失，而恨其力所不逮也。乃今于潘侯之举而重有感焉，是以既叙其事而并附此说以俟后之君子。"亦可见其介介矣。）

十七、陈北溪《性理字义》云："天所命于人，以是理本只善而无恶，故人所受以为性，亦本善而无恶，孟子道性善，是专就大本上说来说得亲切，只是不曾发出气禀一□，所以启后世纷纷之议盖人之所以有万殊不齐，只缘气禀不同，这气只是五行之气，如阳性刚，阴性柔，火性燥……七者夹杂便有参差不齐，所以人随所值便有许多般样，然这气运来运去自有个贞元之会，如历法算到本数凑合所谓日月如合璧，五星如连珠时相似，圣人便是禀得这贞元之会来。然天地间参差不齐之时多，不寒不暑，光风霁月之时少，最难得恰时，人生多是值此不齐之气……不是阴阳气本恶，只是分合转移，齐不齐中便自然成粹驳善恶耳。因气有粹驳便此贤愚。气虽不齐而大本则一，虽下愚亦可变而为善，然工夫最难。"此唯物自然之论，道家之绪余耳，不值一破，而宋以后附和之者众者，重伦常及不离日用之间耳。故其说只有感情上的感召，而无理据。此其所以易流于伪也。又云："自孟子不说到气禀，所以荀子便以性为恶，杨子便以性为善恶混，韩文公又以为性有三品，都只是说得气，近世东坡又以为性未有善恶，五峰胡氏又以为性无善恶。都只含糊捉摸，就人与天相接处说个性是天生自然的物。竟不曾说得性端的指定是甚底物。直至二程得周子太极图发端方始说得分明极至更无去处。"※（此周、程、朱说之必有之破裂，其智实又出庄生下，何论于佛？而公然以通学自命，可笑也。）※（亡友张□言尝云：宋明儒者说人玩物丧志，不知彼玩心丧智。今又可曰彼玩理丧智。——理学家颇有宗教气味，其言亦近于神学。）

㉑ 张载《正蒙》，纯乎道家之说。

一、"太虚无形，气之本体"。气之"阴阳会合冲和"者为"太和"，是生万物。此纯乎唯物之说也。

二、※（亡友又云："知太虚即气则无无）※（又云："方其散也，安得遽谓之无？故圣人但云知幽明之故，不云知有无之故"。盖在张子之意，万物只有聚散，而无有无，此计常之执。）"聚亦吾体，散亦吾体""气不能不聚而为万物，万物不能不散而为太虚"，此又似"物质不灭"之说，故"死不亡"而尽性者可以"□感客（万物）与"无感无形"（太虚）者而一之。夫然故破"虚能生气"、"万象为太虚中所见之物"之说。——按万象为太虚中所见之物之说，张子以为浮屠氏之论，实则非也。子厚尝究佛理，实则一无所知。宋明儒者大都如此。即似有知者，亦不过掇拾宗门之口头禅耳。

三、"天地之气，虽聚散百涂，然其为理也顺而不妄。"又曰："气不能不聚而为万物，万物不能不散而为太虚，循是出入，是皆不得已而然也。"则庄生自然之说也。

四、朱子解张说，都以己意，己之学说为测度，欲强而同之，于至不能相通，始加微词焉。此亦道学家之私也。

五、周子太极图云："无极之真，二五之精，妙合而凝，"是可云理气二元，然所谓二五之精者果何物乎？周子未说明，于是横渠乃立气一元论，融道入儒，开程朱之先河。陈钟凡之说固谬，冯友兰之论亦未得要领。

六、天无心，心都在人之心。一人私见，固不足尽，至于众人之心同一则却是义理。总之，则却是天。故日天日帝者，皆民之情然也。"礼，反其所自生；乐，乐其所自成。……礼天生自有分别，人须推原其自然，故言反其所自生，乐则得其所乐，即是乐也，更何所待，是乐其所自成。"

"时措之宜便是礼，礼即时措时中之事业者。"

"诚意而不以礼则无征，盖诚非礼无以见也。诚意与行礼无有先后，须兼修之。"

"学者且须观礼，盖礼者滋养人德性，又使人有常业守得定，又可学便可行，又可集得义养浩然之义。"

"阴阳者天地之气（亦可谓道），刚柔缓速人之乐也（亦可谓性），生成履帱天之道也（亦可谓理），仁义礼智人之道也（亦可谓性），损益盈虚天之理也（亦可谓道），寿夭贫贱人之理也（亦可谓命），天授于人则为命（亦可谓性），人受于天则为性（亦可谓命），形得之备（不为尽然），气得之偏（不必尽然），道得之同，理得之异（亦可互见）。此非学造至约，而不能区别，故互相发明，贵不碌碌也。"——按此段有问题。

"大凡宽褊者，是所禀之气也。气者自万物散殊时，各有所得之气，习者自胎胞中以至于婴孩时皆是习也，及其长而有所立。自所学者方谓之学。性则分明在外，故日气，其一物尔。气者在性习之间，性犹有气之恶者为病，气又有习以害之。此所以要鞭辟，至于齐强以胜其气习，其间则更有缓急精粗，则是人之性虽同，气则有异，天下无两物一般是以不同。孔子曰，性相近，习相远。性则宽褊昏明名不得是性，莫不同也，至于习之异斯远矣。……苟志于学则可以胜其气与习，此所以褊不害于明也。"——按此段恐有讹误，《正蒙》书中未提及"习"，或即气质之性也。

"二程解穷理尽性以至于命，止穷理便是至于命。子厚谓亦是失于太快。此义尽有次序。须是穷理便能尽得己之性。则推类，又尽人之性，即尽得人之性，须是并万物之性一齐尽得。如此然后至于天道也。其间然有事，岂有当下理会了学者须是穷理为先。如此则方有学。今言知命与至于命尽有近远，岂可以知便谓之至也？"

以上诸段据正谊本录出均可作参考资料。

㉒一、明道定性书，盖所谓天地境界，《易》之所谓寂然不动，感而遂通。佛之所谓寂照双流也，然须从去私入手。如何去私？理学家虽言之而皆不切。唯佛家之说为尽理（不明人事构造之原又不观无性空，则私不能去，亦无从廓然大公也。）彼辟佛教实不知佛而适成其蔽耳。

二、正叔与吕大□论中书云："中即道也，若谓中者道之所由出，则道在中内，别为一物矣。……在天曰命，在人曰性，循性曰道，性也命也道也，各有所当。大本言其体，达道言其用，体用殊，安得不为二乎？"

三、二程思想，仍是道家骨子。所云天理，自然之理也。唯"提出理字来"，较横渠更貌似儒耳，其言曰："庄生形容道体之语，尽有好处，老氏谷神不死一章最佳。"（庄子有大底意思无礼无本。）※（伊川云："老子言甚杂，如阴符经却不杂，然皆窥测天道之未尽者也。"）

四、二程语录可取者甚少。李端伯、吕与叔、刘质夫所记，及入关语录。刘元承，唐彦思、鲍汝霖为佳。朱子谓李端伯、吕与叔，刘质夫记便真，至游定夫便错。※（又曰："上蔡所记则十分中有三分以上是上蔡意思，故其所记多激扬发越之意。游氏所说则有温纯不决之意。李端伯所记平正，质夫所记简约而明切。看来质夫那人□高惜乎不寿。"此亦其主观也。）

五、大程有顺自然（天理）之说，较小程更近于道家，故子厚称之曰："昔尝谓伯淳优于正叔，今见之果然，其救世之志甚诚切，亦于今日天下之事尽记得熟。"

六、大程论气似张子厚，小程虽有反对张子之说，然不若张子之能有系统。盖小程知张说之有弊，而又无法以补救之，不知不觉主庄生自然之说耳。陈钟凡谓大程一元，小程二元，大谬。

七、二程少哲学头脑，（只有伦理观念）——宗教情绪——张子有哲学头脑，但太蠢。故虽知张说有病，而又不能如朱子之直阐《太极图》之秘——其不说者还是不大通澈明白之故，直为朱子开展一波澜而集大成耳。——程子之辟佛，全是客气用事，毫无理性，可耻也。（如与刘元承论华严观云亦未得道他不是，只为他归宿处不是，只是简自私为轮回生死，却为释氏之辞善遁，才穷著他便道我不为这个，到了写在策子上怎生遁？且指他浅近处只烧一文香便道我有无穷福利怀却这个心怎生事神明。他如此辟佛，何以能行？宋代释氏无人，故任其簧鼓，亦可见其老羞成怒耳。）

八、语录中之重要者皆已如《中国哲学史》中所录矣！

九、小程气化生人之说，亦庄生之诸余也，其为唯物论无可复疑。

十、伊川云：“人说复其见天地之心，皆以谓至静能见天地之心，非也。复之卦，下面一画便是动也。安得谓之静？自古儒者皆言静见天地之心，唯某言动见天地之心，或曰莫是于动上求静否？曰，固是。然最难……或曰先生于喜怒哀乐未发之前下动字下静字，曰谓之静则可，然静中需有物始得，这里便是难处。学者莫若且先理会得敬，能敬则自知此矣。”此见其立说之为难处。——动即生生不息之谓。※（昔顾子敦尝为人言：“欲就山间与程正叔读《通典》八十年”——《朱文集》。盖讥小程之不明事理也。）又云：“赤子之心已发而去道未远也。曰大人不失赤子之心若何？曰，取其纯一近道也。曰赤子之心与圣人之心若何？曰圣人之心如镜，如止水。”此亦非理，赤子之心无记也，其不明人情如此。大约小程非唯迂阔亦且狂悖。其上仁宗书中有云：“不私其身应时而作者诸葛亮及臣是也。”何其悖也？※（小程以王佐才许孔明。）邵雍临终，小程往问。雍曰你道生姜树上生，我亦只得依你说。可见尧夫之论小程为如何矣。今人谓宋以后佛理融于儒故佛门衰，非也。盖佛理未为道学家所了解，纵有一二名词为彼窃取，不能说即融取了佛理。自是宋以后，教理不明宗门淡薄，佛教自衰，复有理学家攻之，故不盛耳。实则理学家之说不值一破，独怪宋后佛门之无人耳。※（宋以后佛门之衰非关新儒之起。）（明教嵩亦非学者，且又在程朱之前）。孔文仲、苏轼弹章中亦可见其仿佛，又议北郊事亦可见其狂悖。

十一、“问命与遇何异（横渠云，行同报异犹难语命，语遇可也。）先生（小程）曰，人遇不遇即是命也。曰长平之战四十万人死岂命一乎？曰是亦命也，只遇着白起便是命当如此。又说赵卒一国之人，使为五湖四海之人，同时而起亦是常事。又问当刑而主或为相而饿死，或先贵后贱，或先贱后贵，此之类皆命乎？曰，莫非命也？既曰命，便有此不同不足怪也。”自然主义者必为定命论，故有此说。似尤较王充之说为更有定命论之色彩。穷理尽性以至于命而命乃如此。故非安时处顺不可。然与涵养主敬存诚之说冲突——庄生无此冲突——彼不自知，历来亦无人论及此者，更勘。※（曰：“人说命者多不守身，何也？曰，便是不知命。孟子曰，知命者不立岩墙之下，或曰，不说命者又不敢有为。曰非特不敢为，又有多少畏恐，然二者皆不知命。”）

十二、冯友兰论二程较佳，然不说他是以道家为骨子，是他见不到处。

十三、小程言性，亦如横渠，而论较详耳。

十四、论用兵可以掩其不备而问"间谍之事如何？曰，这个不可也。"其迂如此。

十五、"小程临终，门人郭忠孝往视之曰：夫子平生所学，正要此时用。子曰，道著用，便不是。忠孝未出寝门而子卒。"附注云："一本作或人，仍载尹子之言曰非忠孝者也。忠孝自党事起，不与先生往来，先生卒亦不致奠。"此事亦可注意。

十六、"问：富贵寿夭固有分定，君子先尽其在我者，则富贵贫贱寿夭可以命言，若在我者未尽，则贫贱而天理所当然。富贵而寿，是为侥幸，不可谓之命。曰，虽不可谓之命，然富贵贫贱寿夭，是亦前定……故君子以义安命，小人以命安义。"——按既云前定，得不云命？其不能自圆其说处也。

十七、二程论理论气微有不同之处，唯论涵养则不大同。言其异应于此处着眼。大约大程天性宽厚，小程则未免矜持，此其所以分也。

十八、又云："世之服食欲寿者，其亦大愚矣。夫命者受之于天，不可增损加益。而欲服食而寿，然哉？"此亦定命论之说也，然《语录》卷十四云："陈贵一问，令寿数可以力移否？曰，盖有之。棣问，如今人有养形者是否？曰，然，但甚难。世间有三件事至难，可以夺造化之力，为国而至于祈天永命、养形而至于长生、学而至于圣人，此三事功夫一般，分明人力可以胜造化，自是人不为耳。故关朗有周能过历，秦止二世之说，诚有此理。"则又自相矛盾矣。

十九、杨时将二程之语辑为《二程粹言》二卷，共分十篇为：论道、论学、论书、论政、论事，又天地、圣贤、君臣、心性、人物，每段皆标子曰，不辨孰为伯、淳，孰为正叔之言。按杨时此辑乃据同门所记，而辞句之间有所增损。出入（或亦有语录所无者。）故阅语录之时亦应参考此书。

二十、余之论二程源出老庄，乃与章炳麟之说暗合。其驳二程论佛法处亦是。然而不知二程无甚哲学头脑也。

二十一、《朱子语类》有云："程门高弟，如谢上蔡、游定夫、杨龟山，下梢皆入禅学去。又云：上蔡《观复斋记》中说道理皆是禅的意思。"此亦必然之趋势也。小程迂阔，当时改之者多。又其论，大都感情用事，类不值一驳。就诸语录中考其门人，无有能深深进问者，则皆常徒耳。几何不见异思迁，况佛说本高明乎？！又朱子跋《上蔡语录》云：汪民表辨道录攻程申佛之说五十余条。惜乎未之见也。

㉓一、谢上蔡云：如见孺子入井皆有怵惕恻隐之心，故曰天理自然。然人见美色亦自然动心，则亦天理乎，既为天理则何用闲邪存诚？然彼道学家必无辞以解。此在佛教，则照见孺子入井与见美色而未动时，乃为符于理，其有恻隐之心时，已

是意之动了。动而合理为善，不合理为恶。盖孺子入井，自望求救，生恻隐之心乃至援手以救合于理也，故是善。美色未必有意于我而我动心，是不合理也，故是恶。※（《朱子语类》云："胡氏春秋文八年记公孙敖事云：色出于性，淫出于气，其说原于上蔡。"朱云，此殊分得不是）

二、上蔡语有近于禅者，实则非也。程说所必有之口吻，而朱熹诋之，妄也。道家之极谈耳，然不能不说受当时禅者之影响。其义亦有较二程发挥透辟者，然大要处，仍守二程范围——上蔡气性刚，言多直切。（天资较高）

三、上蔡说："性虽可以为不善，然善者依旧在。"仍不能救性善之说，盖可以为不善，则性不善矣，此救为程门所必有，而实足以自破其说。

四、论长平曰千万皆是命，而又著"只被人眼孔小"一语，或非唐突，小程，发挥之而已，黄氏驳之，过矣。梨洲学案之论是。

㉔一、延平天资驽钝，无所发明，默守师传而自求洒落，如此而已。赵师夏拔亦云然。其时之提撕"理一分殊"之说，则为朱熹开端。观延平答问第三十一页（复性本）论仁一大段可知。朱子之学，盖于此立其凡。

二、朱熹天资极利，能追寻问题——自然还不能直追到底，只求表面的安贴，此亦儒家素重日用事物之故——延平得其启发不少，彼亦自言之。至延平则笃厚君子，绝无虚矫之气，故能与朱熹老实相量，此其师弟之所以能相得。观延平答朱熹书论"心与气和"者可知。——"心与气合"一语，似未见于程氏语录，更勘。

三、罗从彦令延平静坐观喜怒哀乐未发时气象，即禅门参话头也。宋儒气象，大约如宗师。宗门至宋而不痛澈，盖只求表面之融化，而不能深造于理，宋儒亦然。

四、朱熹论延平云："他却不曾盖书，充养得极好。凡为学也不过是恁地涵养将去，初无异义。"诚所谓知师莫若弟也。

五、延平学行，朱作行状尽之矣。

㉕一、朱熹论气全本张子之论而扩充之耳。唯物论之极致也。真可作一部《中国唯物论史》。

二、二程言理，总带着自然，天然说。自然莫不足，故大程有盎然自得之乐，小程稍差。朱子少说自然。然所谓理者果何状乎？他只说"是个极好至善的道理"。实即安排停当，至公无私之谓，仍自然之说也。※（考王白田《朱子年谱》，李穆堂《陆子年谱》）

三、自然主义者必为定命论。朱子虽曰圣贤不曾说，则亦庄生安顺之意耳。若王充则见理不深故其定命说甚无谓。

四、理学发展至朱熹则系体严密，不易攻破。

五、语类所载勉人为学之言，直如宗门祖师一般紧扎。朱熹理学源头，不外道家。而其言修养，论胸境处，实受宗门影响，以上诸子皆然。（其所辟佛，实只宗门光影耳）※（所谓阳儒阴释者如此而已）如云："佛法只是作一无头话相欺诳，故且恁地过，若分明说出便穷。"此可知其只见宗门语录，未明教理。——如云："看得道理熟后，只除了这道理是真实法外，见世间万事颠倒迷妄耽嗜恋着，无一不是戏剧，真不堪着眼也。又答人书云，世间万事须臾变灭，皆不足置胸中，唯有穷理修身为究竟法耳。"以此置于宗师语录中亦未始不可。小程谓佛见为幻妄，儒见触处皆真实。而朱子亦云幻妄，可见朱子于禅较小程为深，且更勘。

又云："而今人只管说治心修身，若不见这个理，心是如何地治？身是如何地修？""这个道理与生俱生，今人只安顿放那空处。都不理会，浮生浪老也甚可惜。……""心包万理，万理具于一心，不能存得心，不能穷得理；不能穷得理，不能尽得心。""穷理以虚心静虑为本"，似此者甚多，皆宗师语也。大约宋时佛法宗门极甚，激起儒流之反动，故莫不先穷佛氏之学而后归于六经，其不能不受佛教之影响者，此也。

又云："人心本明，只被物事上盖蔽了，不曾得露头面，故烛理难，且澈了盖蔽的事，待他自出来行两匝，看他既唤作心，自然知得事非善恶。""把定生死路头"，"人之一心当应事时，常如无事时便好"。※（李恕谷《集万季野小传》述季野自语云："吾自误六十年矣。吾少从黄先生游。闻四明有潘先生者。曰朱子道陆子禅（梁启超云当是潘平格）怪之，往诘其说，有据。"）

六、冯友兰论朱子处大段甚佳。唯就其说中不能见出朱子受佛教影响者何在。张伯行《语类辑略》太简，他日更取《语类大全》阅之，再谈朱之出于佛者何在。总之，朱说较程子受佛家影响深，为他天资高，阅览博也。

七、又云："人所以易得流转立不定者，只是脚跟不点地。"此亦宗门老话头也。

八、"问明道之学，后来固别。但本自濂溪发之，只是此理推广之耳。"又云："明道当初想明得煞容易，便无那渣滓。只一再见濂溪。当时又不似而今有许多言语出来，不是他天资高，见得易，如何便明得？德明问遗书中载明道语便自然洒落明快。曰，自是他见得容易。伊川易传却只管修改晚年方出，其书若使明道作，想无许多事。"此赞明道是也。明道气象却有似濂溪处。

九、"问动静无端，阴阳无始？曰，这不可说道有个始。他那有始之前，毕竟是个什么？他自是做一番天地了，坏了后又恁地做起来？那个有甚穷尽？某自五六岁便烦恼道，天地四边之外是什么物事？见人说四方无边。某思量也须有个尽处，如这壁相似。壁后也须有什么物事，其时思量得几乎成病。到而今也未知那壁后是何物，或举天地相依之说云，只是气。日，亦是古如此说了。《素问》中说黄帝曰，天地有凭乎？岐伯曰，火气乘之，是说那气浮得那地来，这也说得好。"此中第一段可答上蔡轮回之难，第二段可见朱子之颖悟，第三段可知张、朱气说之渊源。

十、"日太极是个大的物事，四方上下日宇，古往今来日宙，无一个物似宇样大……无一个物似宙样长远。自家心下须常认得这意思。问，此是谁语？日，此是古人语。象山常要说此语，但他说便只是这个，又不用里面许多节拍，却只守得个空荡荡底。横渠西铭，初看有许多节拍，却似狭。"此评陆、张之说也。

十一、余前谓程门无人，朱子亦云然。其言曰："蔡云，不知伊川门人如此其众。何故后来更无一人见得亲切？或云游杨亦不久亲炙日，也是诸人无头无尾……蔡云上蔡也杂佛老。日，只他见识又高。蔡云，上蔡老氏之学多，龟山佛氏之说多，游氏只杂佛。吕与叔高于诸公，曰然。这大段有筋骨，惜其早死。

十二、曰"庄周《列御寇》亦似曾点意思，他也不是专学老子，吾儒书他都看来，不知如何被他绰见这个物事，便放浪去了，今禅学也是恁地。"又云："曾点有时是他做功夫，但见得未定，或是他天资高，后被他瞥见得这个物事，亦可知。"此谓天地境界三界相同也。但谓三教同一个物事，则未免可笑。他真不知三教源头。

十三、"伊川发明道理之后，到得今日浙中士君子有一般议论，又费力，只是云不要矫激，遂至于凡事回互，拣一般偎风躲箭处立地，却笑人慷慨奋发，以为必陷矫激之祸，此风更不可长。"此即所谓伪学也。朱学末流，亦必至此，然彼则深体此道，故云："狂士虽不得中，犹以奋发可与有为。若一向委靡济甚事，又说固是矫激者非，只是不做矫激的心亦是私意。大凡只看道理合做与不合耳。如合做岂可避矫激之名而不为？""又云：浙中士君子多要回互以避矫激之名，莫学颜子之浑厚否？日，浑厚自是浑厚，今浙中人只学一般回互的心意，不是浑厚。浑厚是可做便做，不计利害之谓。今浙中人却是利害大甚做成回互耳。其弊至于可以得利者无不为。"此论是也。宋末贾似道所用多理学家可知矣。

十四、"禅学炽则佛氏之说大环缘他，本来是大段著工夫收拾这心性，今禅说只恁地容易做去，佛法因是本不见大底道理，只就他本法中是大段细密，今禅说只一向粗暴。""释氏之学大抵谓若识得透应长罪恶即都无了，然则此一种学在世上乃乱臣贼子之三窟耳。王履道做尽无限过恶，迁谪广中剗地，在彼说禅非细，此正谓其所为过恶，皆不碍其禅学尔。""所谓禅是僧家自举一般见解，如秀才家举业相似，与行己全不相干，学得的人，有许多机锋将出来弄一上了便收拾了，到其为人与俗人无异"。宋代宗门末流如此。※（罗整庵亦云："王履道者愚未及详考其人，但当验之邢恕，明辨有才而复染禅学。后来无所不为，吁，可畏哉。"——独不思弑君杀父卖国者亦儒者乎？）

十五、朱子痛诋象山，谓其学问，真正是禅。如云："因看金溪与胡季随书说克己处……以忿欲皆未是己私，而思索讲习却是大病，乃所当克治者如禅家干屎橛等语，其上更无意义，又不得别思义理。将此心都禁过定久久忽自有明快处，方谓之得，此之谓失其本心，故下稍忿欲纷起，恣意猖獗，如刘淳叟辈所为皆彼自谓不妨者也。"又云："子静之学看他千般万般病，只在不知有气禀之谈，把许多粗恶的气都把做心之妙理，合当恁地自然做将去……看他意只说儒者绝断得许多利欲，便是千了百当，一向任意做出都不妨。不知初自受得这气禀不好，今才任意发出许多不好的也只都做好商量了。只道这是胸中流出自然天理，不知气有不好的夹杂在里。一齐滚将去，道害事不害事。"又云："从陆子静者，不问如何，个个学得不逊，只才从他门前过，便学得悖慢无礼，无长少之节，可畏可畏。""问象山大要说当下便是，与圣人不同处是那里？曰，圣人有这般说话否？……"又云："陆子静之学只管说一个心，本来是好的物事，上面著不得一个字，只是人被私欲遮了，若识得一个心了。万法流出更都无许多事，他却是实见得个道理恁地？所以不怕天不怕地一向胡叫胡喊。"

十六、观朱论庄子之语，可知其道与庄生合，如云："庄周曾作秀才，书都读来。所以他说话都说得也是，但不令没拘检，便凡百了。""庄子较之老子较平贴些，曰老子极劳攘，庄子得些，只是乖。庄子跌荡。""天其运乎……孰居无事淫乐而劝是，庄子这数语甚好，是他见得方说到此，其才高如老子……要之，他病我虽理会得，只是不做。"绝妙供辞。

十七、朱论佛则荒谬，如云："道家老庄书却不知看，尽为释氏窃而用之，却去仿效释氏经教之属。""宋景文唐书赞说佛多是华人之谲诞者攘庄周列御寇之说佐其高，此说甚好。""释氏书其初只有《四十二章经》，所言甚鄙俚，后来日添月益，皆是中华文氏相助撰集，如晋宋间自立讲师，孰为释迦，孰为阿难，孰为迦叶。各相问难笔之于书转相欺诳，大抵多是剽窃老子列子意思变换推行以文其说。"此等鄙悖之辞，不谓出诸大儒之口。盖妒佛之盛，意气不能自已而出之耳，可笑孰甚。其诋象山亦属客气，门户之见深则伪学起。宋之亡朱不能不负其责。※（此外评隙皆属荒谬，当于佛学新论中痛论之。）

十八、《宋史·朱熹传》云："……余嘉上书乞斩熹，方是时士之稍以儒名者无所容其身，从游之士，特立不顾者，屏伏邱壑，依阿巽懦者更认他师，过门不入。甚至变易衣冠，狎游市肆，以别其非党，而熹日与诸生讲学不休……熹既没将葬，言者谓四方伪徒，期会送伪师之葬，会聚之间，非妄谈时人短长，则谬议时政得失，望令守臣约束，从之。"朱熹确有宗师气魄，而伪学之弊，不待熹殁而自见。其所以启当时伪学之禁者，大约谈时人短长，议时政得失之故耳，此在语录中亦可见，盖门户之见深即少平心之论耳。

十九、答孙敬甫书中有云："见杲老与张侍郎（无垢）书云：左右既得此把柄入手，便可改头换面，却用儒家言语说向士大夫接引后来学者（其大意如此，今不尽记其语矣），后见张公经解文字，一用此策。……但杲老之书，近见藏中印本，却无此语，疑是其徒已知此陋而阴削去之。"

二十、答柯国材书有云："非人所能为乃天理也。天理自然，各有定体。"又答陈正己云书有云："熹自年十四五时即尝有志于此，中间非不用力而所见终未端的，其言虽或误中，要是想象意度所幸内无空寂之诱，外无功利之贪，全此纯愚，以至今日，反复旧闻而有得焉。乃知明道先生所谓"天理"二字，却是自家帖体出来者，真不妄也。"即此亦可见朱子天理之说，亦自然之谓也。

二十一、答程允夫书谓东坡阴险，规取相位，使小人杨畏倾范忠宣，既不效则诵其弹文于坐以动范公。又嗾孔文仲龁小程。此事果有与否不可知，似以大儒身份，不必作如此说也。※（又答汪尚书云："东坡律身不若荆公之严，使其得志，则凡蔡京之所为未必不为——《明本·下·守正条》云："东坡立朝大节极可观"。即此亦可见朱氏之妄。）

二十二、观答李佀谦及程允夫书，李程二人欲救破义而仍不明佛，可见尔时信佛与辟佛者全不知佛，宗门陷溺之故耳。

二十三、破自然唯物之论有二要点：〈一〉、唯物不能有知觉，则天地间应尽为死的东西。〈二〉、任自然则机械定命，无自由意志，正心修身可言。历来斥理学者皆不知此，终是隔靴搔痒。

二十四、答江德功书："……大抵近世学者溺于佛学，本以圣贤之言为卑近而不满于其意，顾天理民彝有不容珍灭者，则又不能尽叛吾说以归于彼，两者交战于胸中而不知所定，于是因其近似之言以附会而说合之。"又答胡广仲云："……性善之善，不与恶对。此本龟山所闻于浮屠常总者，宛转说来，似亦无病，然……"此亦当时儒佛两家立说之实况。常总之言，盖亦顺机而发。

二十五、答王子合书有云："阴阳生杀，固无间断，而亦不容并行。且如人方穷物欲，岂可便谓其间天理元不间断而且肆其欲哉，要须穷欲之心灭息，然后天理乃得萌耳。程夫子所谓天地间虽无截然为阴为阳之理，然其升降生杀之大分不可无也，此语最为完备。然阴阳动静是造化之机，不能相无者。若善恶则有真妄之分，人当克彼以复此，然后可耳。"按阴阳有大分可耳，理不能有大分也。理无大分，则穷物欲何非天理而必欲克治之乎？孟子曰：食色性也，此固为气质之性。然亦禀之于天者，若克治之是逆天也，何可以谓尽性知命？此亦是破理学之主力军。——又当为者天理也，然未知何者为"当"，何者为不当？若谓顺天理者当为，天理至公而无私，实则所谓至公者，想像之辞，自然变化固无所谓公与不公也。

又云："以气言，则动静无端，阴阳无始，其本固并立而无先后之序，善恶之分也。若以善恶之象而言，则人之性本独有善而无恶，其为学亦欲去恶而全善，不复得以不能相无者而为言矣。今以阴阳为善恶之象，而又曰不能相无，故必曰小人日为不善而善心未尝不间见，以为阴不能无阳之证。然则曷不曰君子日为善而恶心亦未尝不间见，以为阳不能无阴之证耶？盖亦知其无是理矣。"按此仍不能释上难，君子之心恶心间见，诚有是理，否则何用工力？

二十六、答汪尚书云："……近顾惑于异端之说，益推而置诸冥漠不可测知之域兀然终日味无义之语以俟其廓然而一悟，殊不知物必格而后明，伦必察而后尽，彼既自谓廓然而一悟者，其于此犹懵然也，则亦何以悟为哉？又况俟之而未必可得。徒使人抱不决之疑，志分气馁，虚度岁月而怅怅耳，曷若致一吾宗，循下学上达之序，口讲心思，躬行力究，宁烦毋略，宁下毋高，宁浅毋深，宁拙毋巧，从容潜玩，存久渐明，众理洞然，次第无隐。然后知夫大中至正之极，天理人事之全不在是，初无迥然超绝不可及者。"此宗门末流之弊，而儒与释门之法宝耳。

二十七、陈安卿心说云："唯天之命，於穆不已，所以为生物之主者，天之心也。人受命而生，因全得夫天之所以生我者，以为一身之主，浑然在中，虚灵知觉，常昭昭而不昧，生生而不可已，是乃所谓人之心。其体则即所谓元亨利贞之道，具而为仁义礼智之性，其用则所谓春夏秋冬之气，发而为恻隐羞恶辞让是非之情，故体虽具于方寸之间，而其所以为体，则实与天地同其大，万理盖无所不备而无一物出乎是理之外，用虽发乎方寸之间而其所以为用，则实与天地相流，通万事，盖无所不贯而无一理不行乎事之中，此心之所以为妙，贯动静，一显微，彻表里，始终无间者也。人唯拘于阴阳五行所值之不纯，而又重以耳目口鼻四肢之欲为之累，于是此心始桎于形器之小，不能廓然大同无我，而其灵亦无以主于心矣。人之所以欲全体此心而常为一身之主者，必致知之力到而主敬之功，专使胸中光明莹净，超然于气禀物欲之上，而吾本然之体，所与天地同大者，皆有以周遍昭晰而无一理之不明，本然之用，与天地流通者，皆无所隔绝间断而无一息之不生，是以方其物之未感也。则此心激然惺惺如鉴之虚，如衡之平，盖真对越乎上帝而万理皆有定于其中矣。及夫物之既感也，则研蚩高下之应皆因彼之自尔，而是理固周流该贯莫不各止其所如。乾道变化各正性命，自无分数之差而亦未尝与俱往矣。静而天地之体存，一本而万殊，动而天地之用达，万殊而一贯，体常涵用，用不离体，体用浑沦，纯是天理，日常呈露于动静间，夫然后向之所以全得于天者，在我真有以复其本，而维天于穆之命。之与之为不已矣，此人之所以存夫心之大略也。"……所谓体与天地同其大者，以理言之耳，盖通天地间唯一实然之理而已为造化之枢纽。古今人物之所同得，但人为物之灵，极其体而全得之，总会于吾心，即所谓性。虽会在吾之心，为我之性，而与天固未尝开，此心之所谓仁，即天之元，此心之所谓礼，即天之亨……天道无外，此心之理亦无外，天道无限量，此心之理亦无限量，天道无一物之不体，而万物无一之非天，此心之理亦无一物之不体，而万物无一之非吾心。（那个不是心做那个道理不具于心）天下岂有性外之物而不统于吾心是理之中也哉！但以理言，则为天地，公共不见，其切于己谓之吾心之体，则即理之在我。有统属主宰而其端可寻也。此心所以致灵致妙，凡理之所至，其思随之无所不至，太极于无际而无不通。细入于无伦而无不贯。前乎上古后乎万古而无不彻，近在跬步，远在万里而无不同。虽至于位天地育万物亦不过充吾心体之本然而非外为者。此张子所谓有外之心不足以合天心者也。所谓用与天地相流通者，以是理之流行言之耳。盖是理在天地间流行圆转，无一息之停。凡万物万事，小大精粗无一非天理流。吾心全得是理而是理之在吾心亦本无一息不生，生而不与天地相流行。人唯欲净情达，不隔其所流行，然后常与天地流通耳。且如恻隐一端，近而发于亲亲之间。亲亲之所以当亲，是天命流行者然也。吾但与之流行而不亏其所亲者耳。一或少有亏焉，则天理隔绝于亲亲之间而不流行矣……四端所应皆然，但一事不到则天理便隔绝于一事之下。一刻不贯则天理便隔绝于一刻之中。唯其千条万绪，皆随彼天则之自尔，而心为之周流贯币无人欲之间焉，然后与元亨利贞流行乎天地之间者同一用矣。此程子所以指天地变化草木蕃以形容恕心，充扩得去之气象也。然亦必有是天地同大之体。然后有是天地流通之用，亦必有是天地流通之用，然后有是天地同大之体，则其实又非两截事也。"

按此论说得甚透彻，而心具众理，有心即理之嫌。乃朱子答云："此说甚善，更宽著意思涵养则愈见精密矣。然又不可一向如此向无形影处追寻，更宜于日用事物经书指意史传得失上做工夫，即精粗表里融会贯通而无一理之不尽矣。"考文集之中，答陈安卿书仅此一篇。又朱答张钦夫书云："释氏虽自谓唯明一心，然实不识心体，虽云心生万法，而实心外有法，故无以立天下之大本。而内外之道不备，然为其说者，犹知左右迷藏，曲为隐讳，终不肯言一心之外，别有大本也。若圣门所谓心，则天序天秩天命天讨恻隐羞恶是非辞让莫不该备，而无心外之法，故孟子曰：尽其心者知其性也。知其性则知天矣。存其心养其性，所以事天也。是则天人性命，岂有二理哉？"此与上说可以互相发明。在朱学中应加重视。盖朱、陆之异，表面上从此处来也。※（又答董叔重问云，程先生论中庸鸢飞鱼跃处云与必有事焉？而勿正心之意同活泼泼地，先生今说必有事焉。而勿正心者，乃指此心之存主处。活泼泼地云者，方是形容天理流行，无所滞碍之妙，盖以道之体用流行发见，虽无间息然在人而见诸日用者初不外乎此心，故必此心之存，然后方见得其全露呈露妙用显行，活泼泼地，略无滞碍耳。"按天理自然故人必因任自然如庄生者而后可以洒落。然人有气质之性。故宋儒必日克之以合于天而后为至。然其间实有矛盾不可通之处在。）

※（按朱子二十九岁作《存斋记》有云："人之所以位天地之中而为万物之灵者心而已矣。然心之为体，不可以见闻得，不可以思虑求，谓之有物则不得而言，谓之无物则日用之间无适而非是也。君子于此，亦将何所用其力哉。必有事焉而正心勿忘勿助长也，则存亡之道也如是。而存存而久久而熟，心之为体必将腾然有见乎参倚之间，而无一息之不存矣。"此似犹有杂禅之嫌。盖未知以后之所谓理也。然亦未知佛之理，故一再变其说也。——更考中和说）※（唯物何能心外无法，不思已甚）

二十七、朱子文章清醇而有力，其诗亦然。盖才气实高出于周、张、二程，第少李延平所谓洒落气象耳。※（答胡季随云："论洒落二字，才有令之之心，即便终身不能得洒落，才有此意便不自然，其自谓洒落者乃是疏略放肆之异名耳"。又曰："洒落二字本是黄太史语。后来延平先生拈出。亦是且要学者识个深造自得气象以自考其所得之浅深。不谓一再传后而其弊乃至于此。"按求洒落实亦为程朱门下必有之要求，与心具众理之说合而有陆学乎？）

二十八、琼山邱文庄濬《朱子学的》集朱子语类为：下学、持敬、穷理、精蕴、须看、鞭策、进德、道在、天德、韦斋、上达、古者、此学、仁礼、为治、纪纲、圣人、前辈、斯文、道统二十类。实无价值，且割裂已甚。于朱子思想全不能理会。以之训蒙劝善或可略助志谊，"学的"之名则未可也。——按其立篇名仿论语之例，又此书最大缺点，篇目前后没有统绪。即若圣人、前辈两篇，所议及之人物，大半互见。又《前辈》篇中杂入评老释之文，诚属不伦不类，又以论孟、荀、周、程诸子类入斯文。

跋云："愚编此书成，恐或者不能无疑，窃观勉斋先生作朱子行状，拟答或人之疑于后，因效之书此于卷末，盖志所见耳，非敢窃比《大学》、《中庸》之《或问》也。"不知所云，邱云盖不足以言学问也。

二十九、陆陇其《读朱随笔》，张伯行序云：其读朱子书也，随其所得而札记之，于诗赋札子二十九卷人所共知者，不再加发明，自三十卷至一百卷旁迨别续诸集则究研搜讨，务见其精意而得其生平三变之学问。每条之末缀以愚按数言，其词约而不烦，而意畅而曲尽。其于金溪、姚江之所异者，不必过为排击而辨晰入微使人不惑，而朱子之全书遂已得其要领。"按陆氏按语，亦很随便。若谓就此而得朱说要领，则未也。其按语有云："按此书—答张钦夫书—即念台所谓中和说三，而此一段则其所删者也。通一书大抵言心有动静而非复如中和旧说矣。此与答湖南诸公一书意，同为朱子定论无疑。而念台谓此是朱子已见得后仍用钝工夫，则是欲伸己见而巧于抑朱子之说也。"（卷三十二）。又卷三十七与范直阁书按云："按此解一贯，似与集注合。近日吕晚村解一贯云，譬之伤寒，寒只是此寒，但受寒之人有虚有实，有阴有阳，所以证候不同而方法亦别。又谓朱子云忠是一恕是贯，此是分体用说，其实恕也只是一，忠尽处一，恕是推处一。晚村此说大背朱注。记得桴亭曾如此说，不敢信。"又三十八卷答李季章按云："书末自言明岁已七十，则知朱子于晚岁乃惓惓于汉儒之学如此。姚江之晚年定论，岂不诬哉。程篁墩议正孔庙祀典而并黜康成，亦惑于金溪一派而然耳。"

又卷四十答吴耕老按云："耕老之意谓飞跃不同，其实则一，是为一贯。而朱子以为非，则知近来晚村之解一贯，未可据矣。"

又答何叔京云，向来妄论持敬之说，亦不自记，其云何？但因其良心之发，见之微，猛省提撕使心不昧，则是做工夫的本领。本领即立，自然下学而上达矣，若不察之于良心觉见处，即渺渺茫茫，恐无下手处也。愚按此书之首，亦有奉亲遣日之语，则亦是中年以前之论，尚未定论也，其中段又云所喻多识前言往行，固君子之所急……近始知此未免支离，如所谓因诸公以求程氏，因程氏以求圣人是隔几重公案，曷若默会诸心以立其大本而其言之得失自不能逃吾之鉴耶。此等语亦易为姚江之徒所借。"※（陈建云朱子四十丧母与象山犹未相识）

又卷四十二答胡广仲按云："五峰之学，亦本程子而其蔽如此，若非朱子则混儒释而一之，岂待金溪姚江也哉？"

又答胡广仲云：孟子之言知觉谓知此事，觉此理，乃学之至而知之尽也，上蔡之言知觉，谓识痛痒能酬酢者，乃心之用而知之端也，二者不同，愚按大学之致知是孟子所谓知也，姚江之致良知是上蔡所谓知也。

又卷四十三答李伯谏云，详观所论大抵以释氏为主而于吾儒之说近于释者取之，异于释者。在孔孟则多方迁就以曲求其合，在伊、洛则无所忌惮，而直斥其非。愚按此书所指正与嘉、隆以来儒者之蔽同。"※（按历来是释辟佛者皆不知儒释道学根本之同异，而仅就表面上加以揣测。其议论皆不切实际，即若冯芝生等亦然。——冯等总还进不到深处）

又卷四十五答廖子晦按云："此一条说中和界限最明，与中和旧说不同。此必是朱子四十以后之言，大抵朱子与象山此时犹未甚冰炭。其论象山处，尚属中年未定之见，盖缘此时识象山未破也，而其自家用功则固已本末兼备，确有定见矣，故《学部通辨》所论朱子之学三变，以朱、陆异同而言也。魏庄渠与余子积书所论朱子之学三变，以朱子自家用功而言也。"

又卷五十一答范正淳云："仁义不足以尽道。游、杨之意大率多如此，盖为老庄之说陷溺得深故虽亲闻二先生之言而不能虚心反复著意称停，以要其归宿之当否，所以阳离阴合，到急滚处则便只是以此为主也。近得龟山《列子说》一编。读了令人惶恐。不知何故直到如此背驰也。愚按游、杨之在宋，犹高、顾、山阴之在明乎？"按朱子惶恐，盖不知二程之学之本出于道家也。穷理主说不合以厌求知，于是而不得不归于老庄。此在论程学中必须明白者，更考游、杨本集。又云："渊源录当时编集未成，而为后生传出致此流布，心甚恨之。比来深考程先生之言，其门人恐未有承当得此衣钵者。"※（程氏末流入于老庄必然之势也）

又卷五十五"答包详道痛辟其必要豁然顿悟，然后渐次修行之说，不知高景逸何以尚指一贯为起手工夫也。又答颜子坚曰，所谓古人学问不在简编，必有所谓统之宗。会之元者，则仆之愚于此有未谕也。愚按：高子所谓一贯，岂非即子坚所谓统宗会元乎？"※（包、颜之说皆宗门绪余也，可见其时学者受佛影响之深，宜乎朱子必痛辟之也）

又卷六十二："张元德问，人心虽未有喜怒哀乐而物欲之根存焉，则固已偏于此矣，故于其所偏者得之，则喜且乐。失之则怒而哀，无复顾义理也。朱子答曰：此段说得是，但物欲之根存焉之说恐未然。人固有偏好一物者，然此一物未上心时，安得不谓之未发之中乎？欲下工夫正当于此看取。愚按物欲之根，即阳明所云隔日疟也。然其论工夫则与朱子不同，学者辨之。"——按有物欲之根是也。设无根安得发而有喜怒哀乐，若谓未发之谓中，则未发之时此心之中，而非喜怒哀乐之根之中也。此义甚要，更考阳明之说。—考四十页下。

又卷六十二甘吉甫书按云："陈几亭论罗整菴理气合一之说，亦引程子善恶皆天理为说，盖即康节三十六宫俱是春也。"

又卷六十四按云："或问程明道立门庭以'慎独'两字。朱子答曰，慎独固操存之要，然明道教人，本末具备，亦非独此二字而已。愚按刘念台以慎独为讲学宗旨，是岂明道之意哉！"

又卷七十八朱子评苏黄问云："圣人之所谓道者，天而已矣，天大无外，造化发育皆在其间，运转流行，无少闲息，虽其形象变化有万不同，然其为理，一而已矣。圣人生知安行，与天同德，其于天下之理幽明巨细，固无一物之不知。而日用之间，应事接物，动容周旋又无一理之不当，然非物物而思之，事事而勉之也。故曰，吾道一以贯之，固非堤然以守一物于象罔之间。如所谓五鼓振衣何思何虑者，遂指以为妙道之极。又曰天下何思何虑？正谓虽万变之纷纭，而所以应之各有定理，不假思虑而知也。今以中夜起坐斯须之顷当之，则是日出事生之后，此何思何虑者遂为闲废之物而无所用矣。……按以五鼓振衣何思何虑者为一，则是一为虚无寂灭之一而非一理浑然之一矣。"——按朱论是也，第恐子由所云亦是天地之境界也。

又卷八十三《跋余岩起集》按云："近年以来风俗一变，上自朝廷缙绅下及闾巷弟、布，相与传习一种议论，制行立言，专以醖藉袭藏圆熟软美为尚，使与之居者穷年而莫测其中之所怀，听其言者，终日而不知其意之所乡。回视四五十年前，风声气俗，不啻寒暑昼夜之相反，是孰使之然哉？愚按，此极似今人病痛，然惩此一概以刚介质直为尚，又恐有东汉党锢之病。君子之言行其必务乎中也。"——按此正道学之弊也，不记二程之后亦有此弊乎？乃至清亦然。陆陇其又以为不能，校之以刚介质直，嘻！道学家之弊如此乎？

别集一与魏之履书云："近日逐去洪迈，稍快公论，愚按洪景序不满于朱子如此。"——按必因国史不肯改"自为"二字之故。朱子亦隘人哉，总是未洒落之故。

三十、张伯行《语类辑要》固多缺漏，而文集更甚，如上二十九所录，大都未有。其疏如此，张诚毫无头脑之人。此即清初理学大师也，可发一笑。

㉖明陈建、清澜《学蔀通辩》所以辩朱、陆异同也。自嘉靖壬寅起，阅七年而成书，其自序云："谓朱子初年所见未定，误疑象山而晚年始悔悟，而与象山合，其说盖萌于赵乐山（访）之对江右六君子策，而成于程篁墩（休宁程敏政有《篁墩文集》）之道一编，至近日王阳明因之又集为《朱子晚年定论》……建为此惧发愤究心通辩专明一实，以抉三蔀。前编明朱、陆早同晚异之实。后编明象山阳儒阴释之实。续编明佛学近似惑人之实，而以圣贤正学不可妄议之实终焉。"然又谓陆之所以异于圣贤者，以其溺于禅佛而专务养神一路。朱子之定论为主敬涵养以立本，读书穷理以致知，身体力行以践实，则其不知道也可知矣，文亦平淡无奇。

又卷三通按云："朱子之学有二关焉，有三节焉，有三实焉。上卷答薛士龙诸书为朱子逃禅反正关。此卷答程正思诸书，为朱、陆始同终异关，此二关也。朱子早年驰心于禅学，中年私嗜于象山，晚年并排禅陆而一意正学。此编三卷乃三节也。后三编则朱子排禅排陆明正学之实，此三实也。"——按其所考前后，似无错误，可知阳明晚年定论之说实属多事。至如陈建所云，朱、陆之异在用功方面，则陆亦未始废读，朱亦未始不主存心也。然心具众理之说。朱熹晚年亦尝言之，第不若陆之透辟耳。而陈氏一无言及，其不知道哉。又按阳明之所以有定论之作者，实以朱子为历代所崇敬而排陆之言多之故乎。

书中极口妄诋佛法，陆、王及程门诸子以及宋代学佛名公，是诚庸妄之至，乃至谓大慧杲是古今大盗与吕不韦匹，可笑孰甚，真心图所谓正学标的者：

$$
心\begin{cases}仁义礼智、德性、义理、道心\\虚灵知觉、精神、气禀、人心\end{cases}
$$

盖全不知朱学为何事者也。

书末有云："近见河南崔后渠侍郎跋序《杨子折衷》（湛甘泉著）谓佛学至达摩曹溪，论转径截。宋大慧授之张子韶，其徒得光又授之陆子静，子静传之杨慈湖益无思禅诋毁圣贤，重为道蠹，不有罗整庵、霍谓厓诸公，道何由明乎，按崔公所叙甚确。第未详得光授子静来历出何书。"又有云："近日阳明门人有著《图书质疑》附录专诋朱子专主养精神。"道学末流纷争如此，亦殊可笑。然皆与佛教有关，今有新儒之说起，如此讨论者多，则《佛教与中国思想》一书，非作不可矣。

㉗明朱衡（士南）《道南源委》所以记二程之后闽学之源委者也。张伯行重订之，凡例云是编既名道南（取程子送龟山言吾道南矣之义），凡所载诸儒皆自杨、游以下，其杨、游以上如漳中蔡蒙斋及海滨四先生，不得以道南名故不与录。元明以后诸儒，如吴朝宗，陈剩夫、周翠渠、蔡虚斋诸先生旧集不载，今皆与录。以二程冠首者，不忘所自也。"——按共著录五百十八人，闽学之盛可知矣。然有仅有姓名者而皆有著作，或据方志辑成。

㉘朱子《伊洛渊源录》张伯行重订之，未见凡例，则所以叙程门学统者所录为二程、康节、横渠、张天祺、吕希哲（原明）、范祖禹（淳夫）、杨国宝（应之）、朱光庭（公掞）、刘绚（质夫）、李吁（端伯）、吕大钧（和叔）、吕大临（与叔）、苏昞（季明）、谢良佐（显道）游定夫、杨中立、刘安节（元承）、尹焞（德充）、张绎（恩叔）、马伸（时中）、侯师圣（仲良），王苹（信伯）、胡安国（康侯）。每人皆辑其行状传略，而各附遗事若干则。考程门事迹，此书可为底本。

㉙安石新政，本诸周礼而切于时弊。司马光、程颢等初反对之。其后郡县官吏亦有反对之者。朱子谓用人之故，或亦所代表之阶级不同也，盖安石新法行而豪富者不利。豪富者大都为官僚政客或与官僚政客勾结者。此在朝所以悉反对安石，而安石不得不用所谓"小人"也。至于朱熹等之反对安石，纯从心理方面立论。反对新法亦以为只要正心修身则天下自定，不必更张法令，则不明事理，不识人情之故。其所以如此，则"性善"之意未澈，而立门户之私意有以使之也。理学之害，有如此者，后当详言之，以为新儒家学说之一助。※（理学之害）程朱理学之所以能发生甚大之影响历久而不替者，其亦确立伦理观念，合于社会之需要也欤？

㉚《龟山集》本四十二卷，此约为六卷，是以不能见其全。龟山语录，论理者不多。有云："物有圭角，多刺人眼目，亦易玷阙，故君子处世，当浑然天成，则人不厌弃矣。"此朱熹所以致叹于程门之不长进（如卷二十五之十三）也。然不久朱门弟子亦然。于是海刚峰不得不大声疾呼而辟乡愿，此理学之弊也。※（知命与乡愿）

龟山论理性处，直是拖泥带水。有云："凡事求可，功求成，取必于智谋之末而不循天理之正者，非圣贤之道也，天理即所谓命。"此义朱子亦主之，唯其以循天理为尽性至命也，故人自不乐有圭角以招玷阙，理学之弊从此出。※（理学祸世之源）

"语仲素曰，其尝有数句教学者读书之法云，以身体之，以心验之，从容默会于幽闲静一之中，超然自得于书言象意之外。此盖某所为者如此。"此言曾再三言之。又云："或不知消息盈虚之运，犯分妄作岂正理哉？"龟山为人，与此数语可见。

"伊川先生在时，世人遇怪之论皆归之，以为讪笑，今往矣，士大夫尊信其学者渐众，殊不可晓。"——与游定夫书。

"伊川先生语录在念未尝忘也，但以兵火散失，收拾未聚。旧日唯罗仲素编集备甚，今仲素已死于道途，行李亦遭贼火，已托人于其家寻访，若得五六，亦便下手。"又"语录常在念，先生之门余无人，某当任其责也。"——与胡康侯。

按龟山又有云："影因形而有无，是生灭相。故佛尝云，一切有为法，如梦幻泡影。正言其非实有也。"此言在程门，实属违道。龟山杂禅与闻之总老之言，皆为确证，而正谊本无之。反录其不关重要之志铭表状。甚矣，张伯行之庸安寡识也，其他诸集皆然。

㉛尹焞（彦明）在程门中以笃实称，其言曰："某在经筵，进论语解别无可取，只一篇序却是某意。曰，学贵力行，不贵空言，若欲意义新奇，文辞华瞻，则非臣所知，此是某意。"平居以片纸书格言至论实于窗壁间。可见其力行之笃。朱子讥其只明得一半，谓只明程氏之涵养须用敬，而缺进学致知也。其门人王时敏所录师说中，有可录者："祁宽问如何是主一？愿先生善口。公言，敬有甚形影，只收敛身心便是主一。且如人到神祠中致敬时，其心收敛更不著得毫发事，非主一而何？"

"时敏问'子在川上'一段，先儒有以死生为言者，其说如何？先生曰，不如此。某尝以问伊川，伊川曰，此盖形容道之体也。天运不已，日往则月来，寒往则暑来，水流而不息，物生而不穷，可窥而易见者莫如川。君子法之，自强不息，及其至也，纯亦不已。"

"吕紫微书问释氏生死轮回之说，先生谓时敏曰，居仁泥于生死轮回，某已作书谕之，引潮以喻轮回，贤他日见渠作某拜意，问渠今世复做了中书舍人，后世更要做宰相。轮回之说佛家之爱便宜也，未几吕再书云，既无轮回，人何苦为善而不为恶？先生笑曰，只这里便是私心。经曰，天地之性人为贵，人生天地中，其本甚善，几曾教尔为恶，作贱他来？得太虚还之太虚，我在何处？"

"放教虚闲，自然见道。"——按读此数则程门之所养者可知矣。泊然有庄生曾点气象，尹生之足尚者在此。

㉞罗从彦，仲素作《遵尧录》，其言曰："熙宁元丰中，管心鞅法甲唱乙和，功利之说，杂然并陈，宣和之末，遂召金人犯阙之变……议者谓金陵之□势未能熄，天下皆其徒……臣惧其然也，窃语诸心曰，昔唐吴竞作《贞观政要录》，本朝石介，亦有《圣政录》岂苟然哉？因采祖宗故事，曰圣所行。可以楷今传后者以事相比类，纂录之历三年，书成曰《圣宋遵尧录》……又自章圣以来得宰相李沆等及先儒程颢共十人择其言行之可考者附于其后……"甚矣，其迂且昏也。豫章之在龟山，亦若彦明之在伊川，仅能墨守师传。宋史本传载其所得者，皆龟山教人语，以此人而语天下事，几何不迂腐也！

按，所录皆太祖、太宗、真宗、仁宗四帝遗事。于经国大计则未之及也。自其识短，不能见耳。附李沆、寇准、王旦、王曾、杜衍、韩琦、范仲淹、富弼、司马光、程颢十人立朝之遗事，故此书只可做四朝君臣之野史读。其别又云："本朝熙宁初粤有儒者，起自江宁以孔孟之道偈于时，以管商之法施于政，颠倒舜妩，夺其养心，混一庄扬，荡于不法，正道荒芜，士风一变，使蔡氏阶之以济其乱。……"其疾荆公不为不甚矣。

全祖望谓"延平所得，固有出豫章之上"。又云："豫章之在杨门，而所得实浅，当在善人有恒之间，一传而为延平则邃矣。"信然。

题德士退庵云："牛头山顶锁烟霞，詹月松风即我家。筏渡有情新活计，袋空无物旧生涯。已将黄弃分双手，却掴白茅占一窝。会得嫘融归去路，索然忘鸟更忘花。"则于宗门语录。亦尝看过，故汪文定公举其语录之失，似亦未必能于佛氏竞脱然也。

㉟张南轩之学，亦可谓程门正传，硁硁守主敬主一之说，而于理气之分则未明白，盖其卒太早，不及见朱熹成熟之系统故耳。其答胡季立书有云："夫天命之全体，流行无间，贯乎古今，通乎万物者也。众人自昧之，而是理也，何尝有间断？圣人尽之而亦非有所增益也。未应不是先，已应不是后，立则俱立，达则俱达，盖公天下之理非有我之得私，此仁之道所以为大。而命之理所以微也。若释氏之见，则以为万法皆吾心所造，皆自吾心生者，是昧夫太极本然之全体，而返为自私自利。天命不流通也，故其所谓心者，是亦人心而已，非识道心者也。《知言》所谓自灭天命，因为己私，盖谓是也。"则亦知万法唯心之识而不知其理为可惜耳。

又答真夫云："天理微妙而难明，人欲汹涌而易起，君子亦岂无欲乎？而莫非天命之流行，不可以人欲言也。常人亦岂无一事之善哉？然其所谓善者，未必非人欲也。"此通论也。又云："无欲者无私也，无私则可欲之善著。故静则虚，动则直。虚则天理之所存，直则其发见也（顺理之谓直），若异端之谈无欲，则是批根拨本，泯弃彝伦，论实理于虚空之境，何翅霄壤之异？"

然又云："太极动而二气形"，"太极混沦，生化之根，阖辟二气，枢纽群动……人之所以能知者，以其为天地之心。（此从横渠为天地立心上来）太极之动，发见周流，备乎己也，然则心体不既广大矣乎？道义完具，事事物物，无不该，无不遍者也。"则固不知太极之为理，而以为一物矣。似本于横渠。

"天下之生久矣，纷纭缪葛，日动日□，变化万端，而人为天地之心，盖万事具万理。万理在万物，而其妙著于人心，一物不体则一理息。一理息则一事废。一理之息，万理之紊也。一事之废万事之堕也。心也者，贯万事，统万理，而为万物之主宰者也。致知所以明是心也。敬者所以持是心而勿失也。故曰主一之谓敬，又曰无适之谓一。噫！其必识夫所谓一而后有以用力也。且吾视也，听也，言也，手足之运动也。曷为然乎，知心之不离乎是，则其可斯须而不敬乎？……盖心之生生而不穷者道也。孜则生矣，生则乌可已矣也，怠则放，放则死矣。……"

此犹未能极心体之妙，如陈北溪之所云，然亦可为"心具众理"说之发端。按南轩朴茂，于晦菴、东莱皆能直言规谏。

㉞读黄勉斋集，知其能笃守师道而能谦抑力行者也。朱与人争，硁硁然有面红耳赤之概，黄集中则无。谢山云："朱子门人孰如勉斋？顾门户异同，从不出勉斋之口，抑且当勉斋之存使人不敢竞门户。"信然，是其可取之处。盖朱子之争，实多意气也——如于释、于王、于苏、于陆。

与辛稼轩书云："国家以仁厚柔驯天下士大夫之气，士大夫之论，素以宽大长者为风俗，江左人物素号怯懦，秦氏和议，又从而销靡之。士大夫至是奄奄然不复有生气矣。语文章者多虚浮，谈道德者多拘滞，求一人焉足以持一道之印。寄百里之命，已不复可得。况敢望其相与冒霜露，犯锋镝以立不世之大功乎！"此南宋之士风也。

"道体流行无物不有，无时不然。而春阳已盛，生意条达，尤足以见道体发见之妙。曾点言志，乃欲从容游泳于其中，其气象词旨雍容自得，各止其所足，以见其天资高明。洞见道体，浑然天理，无一毫人欲之累，以此而施诸天下，则尧舜事业亦过此。此夫子所以与之也。"按此解好。又云："当初只带得一团血气并一点虚灵，生在世间，今亦他无所用心，只得检点身心，令明净纯洁，交还天地父母耳。"又云："进道之要固多端，且刊落世间许多利欲外慕。见得荣辱是非得失利害皆不足道，只有直截此心。无愧无惧，方且见之动静语默，皆是道理，不然则浮湛出入，混淆胶扰无益于己。见窥于人甚可畏也。"此其自得处，亦理学家正统修养之境地也。

"心之明，便是性之明。初非有二物……，心之能为性情之主宰者，以其虚灵知觉也。此心之理炯然不昧，亦以其虚灵知觉也。"又云："人有此良心，良心者虚灵不昧。具万善而应万事者也，天地之所以为天地，圣贤之所以为圣贤，亦只是靠著此理。物之感人而人之好恶无节，此心既无主宰，则逐物流转。所具之善既不行而所应之事亦悖谬而无所不至矣。又云"主于一则思虑不杂，天理常存而内真矣。合于义则品节不差，天理常存而外方矣，内直外方，则所谓具众理宰万事，有以全吾心本然之妙矣。"此等议论朱子少说，盖近于陆学。

其答甘吉甫有云："造化以水为主，学道以敬为主，此洪范之要旨，前贤教人入道之门户。"又云："鄙说得诸兄诘难甚幸，□终不能释然，且如生既有质，岂容无气？行既有气，岂容无质？木生火、火生土。曷尝无质哉！此其所未明也。"观此文义，大约甘氏以有质为难，故黄氏承之而亦谓有质也。此议直从朱子气化中探讨出来，盖气行无质必不能生物，即此亦可见宋儒气化之说，皆唯物论也。※（气必有质）

"自先师梦奠以来，举世伥伥，既莫知其所归，向来从游之士，识见之偏义利之交战而又自以无闻为耻。言论纷然诳惑斯世，又有后生好怪之徒，敢于立言，无复忌惮，盖不待七十子尽殁而大义已乖矣。""人之道莫切于学，学之道莫切于居敬而穷理。举世昏昏，莫知学问之方，而世所谓儒者，又多虚言以欺人，而实自欺。仙乡诸长上为尤甚。然亦以此劫取高官大职，而后生为其所惑，甚可怜也。"※（朱门寥落，亦同朱之叹程门。）"年来学者，但见古人有格物穷理之说，但驰心于辨析讲论之间而不务持养省察之实。所以辨析讲论者，又不□切问近思之意，天之所以与我，与吾之所以全乎天者，大本大原，漫不知省，而寻行数墨，入耳出口以为即此便是学问，退而察其胸中之所存，与夫应事接物，无一不相背驰。圣人教人决不若是，则虽日学者之众而适足以为吾道之累也。""宋某者，人品之最贱者，顷在临川，渠来相见，不知其人姑收接之，记得许多言语，便每书来求荐于乡之守全，后闻其持此以遍谒诸路使者，此人之最无耻者也。若此等人又复收拾之，则吾之符水亦不灵矣。"朱子之后流为考订章句之儒，势所必然。而其为害于其道者，则假道学之欺世不知修身为何事耳，此亦势所必然者。盖儒门淡薄，虽经程朱之阐发，而仍未见充实。如性标善以劝人立身行道，而终不能解于吕紫薇之问。劝人主敬存诚，而无方便法门，徒有感情上之勖勉而无足以示人必须为道之危言确论，虽其所企求之境界未始不高。其如不能以语中人何？若谓君臣父子夫妇之间，扫洒应对进退之际，则夫妇之与可以与知，故不烦理学家申说。即此而曰上达，岂寡识浅智之所能解？况其言性言情，皆有问题乎？儒门毕竟淡薄，此程门诸子下梢之所以多趋于佛，而朱门支离也。

㉟陈克斋名文蔚，字才卿，信之上饶人。朱子集中亦有往来书，而《学案》

失载。与上蔡《学案》未载符君同一疏略。大约《学案》过于琐碎。不三不四的人也替他立学案。以余所见至少可以删去一大半。

阅《克斋集》觉皆老书生语耳，无足取。张伯行序云："其学以诚为本，以仁义为宗，以学问思辨为反躬力践之地，未尝须臾或息。"信然，盖亦笃实有守者也。录其语二则：

"人心固不可便指为人欲，毕竟生于血气，易流于人欲，此所以为危。"

"性即天理之具于心者。"

㊱许鲁斋恂恂儒者，然见理之深则未有。谢山云："文正兴绝学于北方，其功不可泯。而生平所造诣，则仅在善人有恒之间。"信然。其文辞亦无光采，盖元初人才寥落，庸中佼佼者耳。其说书讲义，全篇通俗白话，白话文学史之资料也。

㊲人能去其私，则不为物先而与物化、自然一片天机，合人与天而为一矣。此种境界异常洒脱，异常温馨，曾点浴沂，颇有此味，故夫子称之。濂溪之光风霁月，明道之定性所云，亦此境界也。故明道言知天理之自然，不觉手之舞之，足之蹈之。此在佛家谓之心与理一，心与理一，则上下与天地同流，往返出入，无非妙道，是谓菩萨。然则此境界三教之所同也。庄生知自然之理，豁达脱略以求合，儒知顺自然而即在伦常日用中以求合，佛则体之于心而更求流行之大用，故唯佛为尽扩，此境界而无碍。又儒亦言去私（庄则脱略而任之），第何以去私乎？曰，存天理耳。如何存天理乎？曰，在仁义礼智君臣父子之间，然有不仁不义、不君不臣者独何法以去之乎？曰，致知格物主敬存诚，如此而已，则亦何足以尽人之情伪而导诱范围警惧之使其入理乎。佛则不然，有生死无常之警，轮回流转之实，以及戒定慧各种修持法门，故于佛有得者，即能有以自立，此佛之可贵也。将于《新论》中详言之。※（天地境界活泼温馨愉快适悦而佛说最高）

问：万法莫不空也，即杀盗淫妄而空之可乎？曰，当其杀盗淫妄之时，实有空之理也。而杀盗淫妄之者其心未与空理合，则仍杀盗淫妄也，非空也。其能与空理合者，则杀而非杀，盗而非盗，淫而非淫，妄而非妄。则菩萨之作为，不可以为凡愚效法者也。——在此处佛与儒分。盖所谓"私"者，有轻重浅深也，如夫妇之爱，儒谓自然，而佛谓之私。案实亦私也，佛虽不禁夫妇之私而说为非究竟，儒则以为究竟，以为即是天理，则理学家所说天理自然与佛教之空理相距甚远。（理学之天理中仍未去私欲，又其所谓天理是感情上的空架子而无实义）※（理学家之天理无实义）

佛主唯心故可云心具众理而可合理事为一，唯气唯物说者不能作是说。

又儒佛皆未注重环境陶育人性之重要，故道学家都不明事功而佛教学者都趋于自了，此皆与时代不合，当于新论中详言之。

㊳薛敬轩之得于程、朱，较许鲁斋之得于程、朱者为深。梨州讥其进退之不谨，然亦非无守者，兹采其读书录之言。如次：

"消生于极盈之时，息生于极虚之际，以是见乱生于治，治生于乱，其几微矣。"

乾坤只是自然，故易简。人能顺自然之理，则易简者可默识矣。维天之命于穆不已，天命即元亨利贞，天命深远流行不已。即程子所谓动静无端，阴阳无始。朱子所谓太极之有动静，是天命之流行也。

格物所包者广，自一身言之，耳目口鼻身心皆物也。此耳则当格其聪之理。心当格动静性情之理，天地则当格其健顺之理。以至草木鸟兽则当格其各具之理。又推而至于圣贤之书，六艺之文。……然无下物众矣，岂能遍格而尽识哉。唯因其所接者量方循序以格之……如是之久则塞者开蔽者明。理虽在物而吾心之理则与之潜会而无不通。始之通也。见一物各一理，通之极也则见千万物为一理。朱子所谓众物之表里，精粗无不到，而吾心之全体大用无不明者可得而识矣。

鸢而必戾于天，鱼必跃于渊。父必慈，子必孝……以至四体百骸之有其则，昆虫草木之若其性，阴阳日月风霆雨露之各以其时，皆鸢飞鱼跃之意，所谓活泼泼地也。

庄生"各有宜则谓之性"，朱子有取焉。

瓜瓠之类，以竹木引之皆缠附而上，又似有心者，盖主宰乎是者，乃其心也。

心者气之灵而理之枢也。

人心通贯天地之心，心所具之理为太极，心之动静为阴阳。

在人始有心之名，在天则浑然是理，理具于人心，乃可言心统性情。

学以静为本。

为学之要莫切于动静。动静合宜者便是天理，不合宜者便是人欲。人之一身，五脏耳目口鼻四肢百骸，凡有形者皆形而下之器也。其五脏耳目口鼻四肢百骸之理，即形而上之道也。推之君臣父子夫妇长幼朋友皆形而下之器也。其仁义礼智信之理，即形而上之道也，以至大而天地万物，小而一发一尘，凡可见者，皆形而下之器，其不可见者，皆形而上之道。然器即囿乎道之中，道不离乎器之外，故曰道亦器亦，器亦道也。

天地之间，物各有理，理者其中脉络条理，合当如此者是也。

理不外乎气，唯心常存，则能因气而识理，性理无声无臭，自非存心体认之久，不能默悟其妙也。

顺理都无一事。

细看天之生物，只是自然。无纤毫作为之私，故人见其易而不见其难，人能事事顺理而行，则亦如天之自然不难矣。

理明后见天地万物，截然各安其分。

人知天地万物为一体，则薰然慈良恻怛之心，有不觉而发于中者。

人真实有命，不可侥幸易其守。"

又按敬轩文集，送人之任迁秩之应酬文字太多。然亦会做文章，其《读书录》分论四书五经之外，又杂论文史及理学家所常谈之道体：性心、仁敬、体认、体验、克治、礼乐、纲常、交友等数十项。

㊴ 明初胡敬斋（居仁）与薛敬轩（德温）并称，二人实亦相似，皆能力行而穷理之工不逮。仅为默守之儒。《敬斋集》有云："朱子没，其门人亲炙朱子日久，尚未甚失。然所解渐烦，实体之功少矣，再传则流于口语，遂失其真也。自是以后，儒者多是穷索文义，以博物恰闻为学。仅西山真氏，知居敬穷理，故学虽博有本体工夫，鲁斋许氏不务辞说，故学虽未极全体而践履确实。吴草庐初年聪明，晚年做得无意思。其论朱、陆之学，以朱子道学问，陆子尊德性，说得不是。愚以为尊德性工夫亦莫如朱子，但其存心穷理之功，未尝偏废，非若陆子之专本而遗末，其后陆子陷于禅学，将德性都空了。"又云："宋西山真氏、元鲁斋许氏……此外诸儒，皆以考索为足以明道，注解为足以传道。求其操存践履之实者盖寡。若双峰饶氏，公迁朱氏已不免此弊。其流至于陈氏、吴季子等则口语乱道，其不得罪于圣门吾不信也。"

"夫人之心虚灵不测，函具万理。必其无一毫之累，乃能与天地同其大。"至其极口辟佛，则以为"佛氏又做存养工夫，其精微高大善引诱人，又善驾驭人，故上者被其引化，中者被其驱驾，下者被其诬诳，所以滔天之祸尽归于佛氏。"然彼实不知佛，其《归儒峰记》中且谓，"禅师佛之别名，昔达摩西来梁武帝惑而尊之国随以灭。"盖佛教常识亦不知，梨州之言是也。

《居业录》分为：心性渊源，学问工夫，圣贤德业，帝王事功，古今制度，天地化生，老佛归宿，经传旨趣八门。有云："心虽主乎一身体之虚灵，足以管乎天下之理，理虽散在万事，用之微妙，实不外乎一人之心，知此则内外体用一而二，二而一也"。离内外判心迹，此二本也，盖心具众理，众理悉具于心，心与理一也。故天下事物之理虽在外，统之在吾一心，应事接物之迹虽在外，实吾心之所发见，故圣人以一心之理，应天下之事，内外一致，心迹无二"。"心体本全，元无亏欠，或为昏气隔塞，或为旧习研丧，所以要涵养者，只要养完此本体，则天德自全。""吾儒心与理一，故心存则理明，心放则理昏。"朱氏之后，论心与理处大都如此，而倾向致甚，朱本人与此处讲得少，而不明白。观上所录可知。敬斋之说较之敬轩更为倾于陆学。故莫晋叙《明儒学案》

云："梨州微意，实以大宗属姚江，而以崇仁为启明，蕺山为后劲。"

又云："满腔子是恻隐之心，则满身都是心也，如刺着便痛，非心而何。然知痛是人心，恻隐是道心。"——知痛是人心否，此处要商量。

"人心公则与天地同体，方私便与天地万物睽隔。""吾儒随事尽理以存其心，所谓敬者，只是专'谨慎'"。

"知既真，行必正，亦有因行之差而知亦随而差者。"

闻具之知虽小，天德良知虽大，然闻见之知亦从良知上来，非有良知安能闻见而知，但闻见之知则有真伪，宜详察而明辨，得其真则合内外之道矣。又云：良知良能本于天德之自然，须要养，不养则丧灭。

处事不用智计，只循天理，便是儒者气象。

《参同契》、《阴符经》，朱子注之甚无谓，使人入异端去，调息箴亦不当作。象山天资高力量大，用力甚切。但其见理过于高大，存心过于简易，故入于禅。伊川收敛谨密，其言平实精确。象山必有凌虚驾空之意，故闻伊川之言似有伤其心，晚年身在此处能知民间事，又预知死期，则异学无疑。（可笑，可一读朱子论邵雍之书。）其门人杨简以问答之间，忽省此心之清明，忽省此心之无始末，忽省此心之无所不通，此非儒者之传授。※（陈布衣谓《阴符》、《参同》二书朱子及蔡西山晚年极注意，故陈劝唐泰观此二书）

鲍鲁斋作《天原发微》虽欲穷深极微，只是不能有诸己。

庄孔阳观其诗只是一个豪旷之士。

黄宪天姿甚美，当时士大夫无不心服其德量，但未见其为学工夫，又未见其言论道理，故今无以考究所造之深浅。

付此身于天理中不做聪明，不以造为挠之，即尧舜气象。

当然处即天理。

文天祥当宋末贾似道当国专权，事已不可为矣。后间率兵勤王，又与陈宜中等掣肘已不是时候，况天祥之才本疏乎。——按论文天祥者少见，然则以胡居仁处之必视天下之沦亡而高卧不出矣，迂儒之见如此。余以宋以后政治不能上轨道者，皆此等迂儒害之也。宋以后的政治都是诎奉的好人政治，全不顾及国计民生之大计，迂儒痛骂王安石功利派，已足寒有为者之心矣。更考。则尚法宜矣。盖尚法足以制野心家之私心，彼草头将军之所以操纵议会等者，不欲有法以范其私也，故国事如此其糟，然单尚法而不充以"德治"，则将凭法而纵其私，故必双方并行而后能有良好之政治。※（宋以后政治不上轨道之故——尚法与德治并行）

庄子动辄说个自然，说个无为。夫道理固是自然，不用安排，不须造作，然在人便当穷究玩索以求其所以然，操存省察，使实有诸，发挥推广以及乎人。但不可以私意助长以凿之。若一任冲漠自在，更不检束，则道理与我不相□捱。其所谓自然，乃一切弃去，此理而不为，非圣人真实恳到，出于本心之自然，循乎天理之自然也。此庄子所以叛乎道也。其曰天地自然无为，圣人亦自然无为，其说似是而非，实不知天地圣人。夫天地之道至诚无息，春以生之，夏以长之，秋以□之，冬以成之。鼓之以雷霆，润之以风雨，明之以日月，肃之以霜雪，谓之无为可乎？但一出于真实之理，人莫测其所为也，圣人之道纯亦不已。仁以为爱，义以为制，礼以为秩，智以为鉴，感之以德化，导之以政教，肃之以刑禁，谓之无为可乎，但一出于至诚之心，至实之理，行其所无事，非有所勉强私意造作谓之自然，谓之无为可也。非如庄子之弃灭礼法，付之自然，冲漠虚静以为无为也。——按此义宋以后无人提及。敬斋能提出辨别，大有眼力，虽其言不足以救唯物气化，而不得不任自然之说也。※（儒道之自然说实不可分）

黄勉斋言，性虽为气质所杂，然其未发也，此心湛然，物欲不生，气虽偏而理自正。以释子思未发之中。又引朱子未发之前，气不用事为证，窃恐误也，夫偏浊之人未发之前已失其中，故已发不能和，故子思教人致中和。先儒以存养为致中、省察为致和。不善之人亦有静时，然那时物欲固未动，然气已昏，心已偏倚，理已塞，本体已亏，故做未发以前工夫须是主敬。子思言戒谨恐惧。程子言庄整齐肃，朱子言端庄静一。——考三十一页上第三节。

"太极者理也，阴阳者气也，动静者理气之妙运也。"

按以《居业录》与《读书录》比较，胡敬斋之识力似比薛敬轩为大。

㊵魏庄渠与敬斋之婿余祐子积论性书，反复数千言，仍未能明白。盖大意不过曰性善恶是气禀之故，不思天下无离气之理，气之为恶，必先有是理。程子言恶不得不谓之性，就其学说系统之不得不作如此说也。然性即理也，既不得不谓之性，则不得不谓之理矣。既谓之理，何用克去为？克去反伤理矣。此程朱之说之所穷也，将于新论中详言之。※（程、朱性说之穷）

按余祐有《性书》三卷，梨州虽非之，总是程、朱学说未能解粘去缚之故，其不能安于心者，乃有此论。又若魏庄渠云："天者理而已，其命于人，本善而无恶。人心起一善念，于理合，则顺乎天，那好的气便只管与他辏泊，所谓吉人行与吉会也。起一念恶与理不合，则逆乎天。那不好的气便只管与他辏泊，所谓凶人行与凶会也。"——按此救亦无理，盖起念之时即属气了，那里要待顺违于理之后而气方来辏泊？

又云："或问善恶固已类应矣。其有为善而未必得福，为恶而未必得祸，甚则有祸福与善恶相反者，其说无乃有穷乎？※（定命论之穷）曰，是难以一说尽，人之祸福所禀定于有生之初，合下禀得福厚的，因为恶减了些分数亦未可知。禀得福薄的因为善增了些分数亦未可知。又有善恶之力浅，胜他原来气数不过者，正如人元气弱的，因保守却延得年。元气强的，因斫丧却促了寿。又有保守斫丧得不多而未见效者，此却甚易知也。又天之气化有盛衰，气化盛时善恶感应各得其常。气化衰时这个理便有不相凑合处。故小人有侥幸获福而免祸者，此特一时之变，久之必复其常矣。古语云，天网恢恢，疏而不漏……人之所禀祸福定于有生之初。何故有生之后又有所值祸福？此正天人交生相用处也，祸福本是气所为，理实为主，而气又是活物，故有气数好的，因为恶而变得不好者。气数不好的，因为善而变得好者。此但言善恶感应之理耳。……君子之学唯求尽其在我之性，不失乎天之所命而已。彼寿夭富贵贫贱自是我躯壳上一听于天，岂可以此而其心哉？"——至命之说也，论善恶感应则可笑，然此亦儒家之必须讨论者。

按庄渠尚力识力，文亦矫健，其《心说》、《性说》、《理气说》皆平平无所发明，至于陈布衣（剩夫）则迂儒耳，吴海朝宗亦无足取。

㊶张阳和（子荩），龙溪门人。其学纯如其文。其言曰："近世论学者孰不訾宋儒为支离？然当时界线甚严，故士多笃行，世教有赖焉，乃今往往崇妙悟而略躬行，就其所谈说，人人自以为颜子，即由赐弗屑也，夷考其行乃或有大谬不然者，遂使世之人得以议其隙，并概其余，俗靡道衰，无甚于此时，其咎将谁诿哉。"故寄罗近溪云："经云理已顿悟，事以渐修，悟与修安可偏废哉，事固有悟而不修者，是徒骋虚见窥影响焉耳，非真悟也，亦有修而不悟者，是徒守途辙，依名相焉耳，非真修也，故悟得而修乃真修，因修而悟乃为真悟。古之圣贤所以乾乾惕若无一息之懈者，悟与修并进也。门下语录有云静时惺惺然戒慎，动时惶惶然恐惧，于潜隐而常若昊天之见前，于微暗而常若上帝之临照，此慎独之旨而念一万年者也。某之所谓功夫，如此而已……近世学者窥见影响辄自以为大彻大悟而肆然不复修持，决藩篱而荡名检，其蔽有不可胜言者，某窃有忧忧。故每对学者必以悟修并进，知礼兼持为说。"盖慨乎言之而其座旁所书则为："满腔皆恻隐，举目有神明。"

又与吕新吾书有云："兄之意谓为治必有法度，为学必有格式，弟则谓有美意然后良法可行，有盛德然后周旋中礼，其不同者如此。"此儒家法家之所不同也。

㊷罗整庵（钦顺）直是用过一番心，其《困知记》诚困而知之者也。然观其论佛论陆、王，全是粗心浮气，毫无理解，然较之朱门以后之人，所论又较深刻。可见理学家都无思想。朱子在儒家门墙内，算是有头脑能用心的人，但

不能追究到底，所以不自知其矛盾，似乎还比不上冯友兰。盖冯于《哲学史》确能指出陆、王之所以异的一部分理由（还是由于西洋哲学有根底之故）。罗钦顺虽知性即理，心即理之不同，而不同之理由，全是胡说乱道。千余年来，思想界如此幼稚，世界安得不糟。※（理学家无思想）

整庵与阳明、甘绍皆同时，反复辩论。想其时之有趣。※（朱子辟陆，还是从工夫上论，阳明等亦然）

观与湛甘泉论白沙书直是强辩以释非，于理气合一之谈又不致答，想见此老粗心浮气，门户之见深，他总是强人以从己而辟之，其实皆不中肯。此观其论"神"论"虚"以为白沙是禅可知。盖以"禅"、"虚"为禅，则周、张亦禅也。若以白沙用禅语为禅，则朱子用禅语甚多。罗答此书自云年已逾七望八。其火气如此，孰谓道学家有修养乎？——好胜之心，意气用事，程、朱等然。阳明《朱子晚年定论》，亦是好胜之心。我觉得黄勉斋强阳□的态度还不差。※（孰谓理学家有修养——伪源）

《困知记》自序云："年几四十始慨然有志于道……尝若有所见矣，既旬月或逾时又疑而未定，如此者盖二十余年……近年以来乃为有以自信，自信者何？盖此理之在心目间……故人心道心之辨明然后大本可得而立。大本诚立酬酢固沛然，是之谓易简而天下之理得。……分为上下两卷，通百有五十六章，以困知著其实尔，时嘉靖七年。"其用心之苦，诚有足多者。唯其用心如此之苦，故反陆、王之顿悟，而谓："苟厌夫问学之烦而欲径达于易简之域，是岂所谓易简者哉。"然理固在人心，若能反求其心，则亦何尝不能得？罗何不思之甚也。

"有志于道者必透得富贵功名两关。……圣贤非无功名，但其所为，皆理之当然而不容已者，非有所为而为之也。

以余所闻，学道之名世多不喜，而凡为此学者，名实亦未必皆副，又或未能免于骄者，此嫌谤之所由生也。夫学以求道，自是吾人份内事，以此忌人固不可以，以之骄人亦恶乎可哉。且形迹一分势将无所不至。程、苏之在元祐，其事亦可鉴矣。"——此老实话，程、朱未免于忌与骄。

"理之所在谓之心，故非存心则无以穷理，心知所有谓之性，故非知性则无以尽心。……求放心只是初下手工夫，尽心乃其极致。中间紧要便是穷理，穷理须有渐次，至于尽心知性则一时俱了，更无先后可言。"——此其自得处乎？

动亦定静亦定，性之本体然也，动静之不常者心也，圣人性之，心即理理即心，本体常自湛然了无动静之别，常人所以胶胶授授曾无须臾之定贴者，心役于物而迷其性也。夫事物虽多，皆性分中所有，苟能顺其理而应之，亦自无事。然而明有未烛，诚有弗存。平时既无所主则临事之际，又焉知理之所在而顺之乎？故必诚明两进工夫纯熟，然后定性可得而言。"——按此亦言心即理，第就修养上说耳。

"天之道莫非自然，人之道皆是当然。凡其所当然者皆其自然之所不可违者也。何以见其不可违？顺之则吉，违之则凶，是之谓天人一理。"

"李习之虽尝闻佛，然陌于其说而不自知。《复性书》有云：情者妄也，邪也。曰邪与妄，则无所困矣、妄情灭□，本性清明，周流六虚，所以谓之能复其性也。观乎此言，何以异于佛氏？"——呜呼！然则何以谓之存养？谓之儒？门户之见，如此之深。道学家颠倒黑白，诚可畏哉。又观其论刘静修皆是吹毛求疵，故生事非，如云："《退斋记》有云，凡事物之肖夫道之体者，皆洒然而无所累，变通不可穷，即如其言则是所谓道体者，当别为一物而立乎事物之外，而所谓事物者，不容不与道体为二。苟有肖焉，亦必有弗肖者矣。夫器外无道，道外无器。所谓器亦道，道亦器是也，而顾可二之乎。"据《退斋记》之言而曰析道器为二，荒谬甚矣，且道器不可二之说，皆程朱。"又《叙学》一篇似乎枝叶盛于根本，其欲令学者先六经而后语孟，与程朱之训既不相合又令以诗书礼为学之体……此言殊可疑。"亦是意气门户之见。又云："若夫出处之际议者或以其不仕为高，亦未为知静修者，尝观其渡江赋，其心唯知有元而已。所以为元计者如是其悉。不仕果何义乎？其不赴集贤之召，实以病阻，盖逾年而遂卒，使其尚在，固将相时而动以行其所求之志，必不肯自安于隐逸之流也。"此在彼以为侏心之论，其如公道何？可畏哉！道学家之言论，盖天地之内，除彼及其朋从外无完人也。

"有心必有意，心之官则思，是皆出于天命之自然，非人之所为也。圣人所谓无意，无私意耳，所谓无思无虑，以晓夫幢幢往来者耳。……彼禅学者唯以顿悟为主，必欲扫除意见……"此亦狂悖之言，其诋意湖几乎极口谩骂。※（恶亦性故欲可从，不能不以有节无节言，然则何以为之节？何以能有节乎？此道学家之蔽也）

程朱之蔽知天而不知人。

㊸张烈承武于康熙间著《王学质疑》（无可取）张伯行序云："大要以朱子之学绍述程张，而远宗孔孟，王氏之学绍述象山而远宗告子。"陆稼书序云："先生又尝论道学传惟宋史宜有之。周、程绍先圣之遗绪。朱子集诸儒之大成，以道学立传宜也，余则笃学如蔡西山父子，高明如陆子静兄弟，纯粹有用如真西山，仅可列之儒林。元儒亦不立道学传。若有明一代，纯正如曹月川、薛文清，不能过真□而光芒横肆如阳明者列之道学，恐后世以史臣为无识，其修明史□纂孝、武两朝，如刘建、李东阳、王守仁、秦纮、李成、梁金铉、史可法诸传皆先生手笔，尝曰吾此数传是非不爽铢两。"呜呼！似此迂儒而修史，几何不颠倒是

非？盖曹月川以朱子理气二元为非。薛文清不过善人有恒耳，何可以与阳明匹？而以为程、朱为真得孔、孟真传，不知孔、孟固未言气也。言气者庄生也。孔、孟固未言天道自然之理，言天道自然者亦庄生也。程、朱、周、张援老庄以构成其儒说，矛盾甚多，而千余年来都不能明，反以为真而硁硁乎辟似，得不为孔、孟伤大约孔、孟之言简约易加附会，以老、庄饰之可，以禅饰之亦无不可，大约理学从老、庄来，心学从禅来，而皆各以为真得孔、孟之真传，可笑孰甚。于此亦可见我思想界之无聊矣。※（陆、王、程、朱各以为孔、孟之真传，而孔、孟之为孔、孟，后之人不能知也）

卷一辨"心即理"，卷二"致知格物"，卷三"知行合一"，卷四"杂论"，皆从工夫上论阳明致良知不务即物穷理之非，毫末攻及扼要处，差罗整庵远矣，其驳知行合一更不知所云。卷五总论及卷六朱、陆同异论等皆是从工夫上说及阳明不重学问所引起之流弊，及陆稼书刊行之复为之序以为良医，则亦救时弊之见而非所以探究乎道体也。然则王门流弊如张烈所言者，诚较狂禅为烈矣。宜乎亭林等起而救正之以复于汉学也。

陆世仪（桴亭）《思辨录》前集分小学、大学、立志、居敬、格致、诚正、修齐、治平八类，举凡天文、地理、礼、乐、农、桑、井田、学校、封建、郡县、河渠、贡赋、战阵、刑罚、荐举、科目、乡□、宾射、祭祀、表纪无不讲，而不主一家，以正为理，故其言殊平顺，且明乎通变，非腐儒也。其论治平之术较之朱、程为明达该博。清学案小识录于传道学案中则未可，守道可耳。在道学家中，似此者甚少，其言曰："问如何为道学？曰：道者天地自然之道，学者学其所谓道也。要实见得道为天地间不可无之道，学为天地间不可无之学，我为天地间不可少之人，然后能担当自任。

人初生时，本自天人合一，其歧而二之者，气禀物欲害之也，圣人能赞化育参天地，只是全受全归。

做道学使乖必入乡愿，做道学退怯必入乡愿，此处直是一闲大家须著力主意。※（陆陇其序云："《思辨录》一准于程朱，其于金溪新会姚江，虽未尝力排深拒而深知其流弊之祸世。"按桴亭较陇其先亡。又云极尊程朱亦不敢辟象山、阳明，盖亦梁溪之派也）

周子之主静，张子之万物一体、程朱之居敬穷理，胡安定之经义治事，陆象山之立志辨义利，薛文清、胡余干之主敬，湛甘泉之随处体认天理，陈白沙之自然养气、王阳明之致良知，皆所谓入门工夫，皆可以至于道学者不向自心证取而辙欲问之他人，岂所谓实下工夫者乎？天下之理皆吾心之理故格天下之物，即所以致吾心之知，非求之于外也——按此阳明之说也。

予自丙子冬作格致编，丁丑春初用力于斯道甚锐，忽夜梦与一僧论儒释，僧曰，我所格者心，汝所格者物也。予应曰若格了便不是物。觉后念此言颇似警策，今读《整庵》书亦有物格则无物之论，可谓妙合。※（此义甚精）

问象山不取伊川格物之说，以为随事讨论则精神易敝不若但求之心，心明则无不照如何曰，随事讨论，亦是心去讨论，至曰心明则无不照，所照者何物？亦即随事精察也，先儒论道虽各持一论，要之实相贯通，其彼此交讦者，未免有胜心也——此公却好。

问知是天良，如何却用人力去致？曰，知者天资，致者学问。天资先天之事，学问后天之事，总之皆天也。致以□不致以人，看一致字便有寻向上去之意，所谓上达，上达便是天道。又问人性皆善则知亦皆善，此何用致？曰人性皆善，其不善者气禀物欲也，人知皆善其不善者亦是气禀物欲也，致则矫其气禀之偏，去其物欲之蔽。——按此问题仍未解答。

予丙子始悟得仁字时正在困穷拂郁之极处，清夜独立呼天自明，此时人境俱绝，忽觉得天心一点，独与吾心炯然相照，因念人心即天理，天理即人心，只此便是仁字，求仁得仁，吾又何憾？平生忧愁，愤懑困苦不平之气不知何往。又丁丑悟得敬字……按即此可知桴亭盖主和会朱、王者。

问如何是未发？予问子向我问未发时，先有成心相待否？对曰无，予曰，此处便是未发。

人心为风俗之本，风俗又为气运之本，人心风俗如此，将来气运可知，当之者不可不猛省。

有治人无治法，此言虽是，然后世每每借此为言，废法不讲则非也。

孟子曰徒善不足以为政，又曰，为政不□□王之道可谓智乎？如有攻木之工于此，虽善治木必求规矩斧□□之器，规矩亦匠人之法也，规矩必求其端，斧斤必求其利，此□然之理，有贱工焉□□□规矩，错杂斧斤，主人不责匠而□过于规矩斧斤有□□

按此言比程朱之说较通。又云："欲兵之精不如省兵而增□□，官之廉不如省官而增俸。"此安石新法之意也。又方田□□□亭亦主之。※（程、朱不明乎此以致，宋后政治废法不讲而功利为罪人矣）

礼乐之存，汉宋诸儒之功固大。礼乐之废汉宋诸儒之失亦不小，汉儒不知礼乐而妄述礼乐，其失也愚而诬。宋儒知礼乐而□□□□□，其失也拘而腐，此亦持平之论。

扬弃集（二）

　　㊺陆稼书《太极论》"□论太极者不在乎明天地之太极，而在乎明人身之太极……朱子推本于敬以为能敬然后能静虚动直，而太极在我……"此说与程朱不大同，盖因陆、王之归本于心，以程、朱为支离，故有太极在我之论。此理学论调之又一变也。※（张伯行云：此等议论有功于周子不小）

　　"考亭《渊源录》一条郭友仁、德元告行，先生曰……人若逐日无事，有现成饭吃，用半日静坐，半日读书，如此□□年，何患不进。高忠宪纂《朱子节要》，亦载此条。※（按此又见《松阳钞存》）愚按至□□学禅，此系德元所记，恐失其真。观朱子答刘淳叟云，其□□□李先生尝教令静坐，后来看得不然，只是一个敬字方好□□□潘子善云云。可见朱子未尝教人静坐，况限定半日哉，陆几亭以此二语为朱子教人之法误矣……程、朱未尝不言静而未尝限定半日。且其所谓静者皆是指敬，非如学禅者之静"——此又门户之见。

　　《学学辨》三篇皆为辟王学而发，上篇云："……且辑《朱子晚年定论》以明己之学与朱子未尝异。龙溪、心斋、近溪、海门之徒从而衍之。王氏之学徧天下，几以为圣人复起……至于荡轶礼法，蔑视伦常，天下之人恣睢横肆，不复自安于规矩绳墨之内而百病多作。于是泾阳、景逸起而救之，痛言王氏之弊，使天下学者复寻程、朱之遗规，向之邪说诐行为之稍变……治病不能尽绝其根，则其病有时而复作。故至于启、祯之际，风俗愈坏，礼义扫地，以至于不可收拾。故愚以为明之天下，不亡于寇盗，不亡于朋党，而亡于学术。学术之坏，所以酿成寇盗朋党之祸也。"余谓宋之亡，亦亡于学术。今日之祸亦起学术之坏。值此新旧交替之时，重振正学为世标的，乃为根本要图。《下篇》云："周、宋之衰，孔、孟、程、朱之道不行也。明之衰，阳明之道行也。自嘉隆以来，秉国钧作民牧者，孰非浸淫于其教者乎？始也倡之于下，继也遂持之于上。始也为议论为声气，继也遂为政事为风俗，礼法于是而弛，名教于是而轻，刑政于是而紊，僻邪诡异之行，于是而生。纵肆轻狂之习于是而成。虽曰丧乱之故不由于此，吾不信也。"※（我国学术史上一大问题）然则宋末何独不然，不观夫理宗之策问乎。则此实我国学术史之一大问题。

　　答李子乔云："晚明诸儒学术之正，无如泾阳、景逸，而考其用力所在，质之紫阳亦有不能无疑者。高之《困学记》所谓旅舍小楼，见六合皆心者，朱子有此光景乎？其行状所谓焚香兀坐，坐必七日。朱子有此功夫乎？其遗疏所谓君恩未报，愿结来生者，朱子有此等语乎？又朱子自云：平生□□尽于大学，而格致一章则其教人起手之所在也。良知之家所□□□□于朱子者在此。景逸既尊朱子而亦以古本为是，以不分经传为□□□格物为知本。此何谓也？又阳明无善无不善说，渊源告子，不□□之甚者也。景逸既深知其非矣，却又云无善之说不足以乱性，而足以乱教，夫性与教若是其二乎？既足乱教而谓不足乱性，又何为也？此皆大纲所在而相左如此……有明诸儒，不特龙溪、绪山、心斋、东郭、念庵、近溪、显树姚江之帜，以与紫阳相角，即泾阳，景逸亦未能脱姚江之藩篱，谓其尊朱子则可，谓其为朱子之正脉则未也，整菴之学最为近之，然□论理气□□□□□□自为一说□□所不解，少墟、启新尚未见其全书□□与高顾之学不□相远。"——即此亦可略窥理学之流变，盖程、朱之说，问题尚多，而贤者不能不自为启发也。上汤潜庵书有云："学术之害，其端甚微，而祸最烈。"此言是也。

"昔董生当汉武之世，百家并行。故其言曰诸不在六艺之科，孔子之术者皆绝其道，不使并进。此董生所以有功于世道也，继孔子而明六艺者朱子也，非孔子之道皆当绝则非朱子之道者皆当绝，此今日挽回世道之要也。"又云："今天子敦□□□学。程、朱之说复行于世，士之执笔为文章者，非其言不敢□，非其书不敢读，虽未能践其实，而其学已不诡于正。骎骎乎□□成、弘之初矣。"——此学术之所争也。

⑯ 陆稼书《读礼志疑》张伯行序云："探□□于《仪礼》、《戴记》诸书，而于古今之名物位号，吉凶飨祭之品物序次，亦皆精深考究，又折衷于孔郑诸家之注疏，务得其中正不废之说……皆衷以考亭之书与其及门同志所辩难往复，旁及于春秋律吕与夫天时人事可与礼经相发明之言，悉附于简。"

⑰ 又《问学录》所记皆议论学术、时政，臧否人物，谈修养之作，有云："徐文贞《学则》一书，又欲以陆合朱，此则所谓推墨附儒。夫以朱合陆固失之诬，以陆合朱则亦失陆子之所以为学矣。"

吕晚村曰，儒者正学，自朱子没，勉斋、汉庆仅足自守，不能发皇恢张，再传尽失其旨，如何、王、金、许之徒，皆潜畔师说，不止吴澄一人也。自是讲章之派，日繁月盛，而儒者之学遂亡。永乐间纂修《四书大全》，一时学者为靖难杀戮殆尽，仅存胡广、杨荣等苟且庸鄙之夫主其事，故所摭掇多与传注相缪戾。甚有非朱子语而诬入之者，盖袭《通义》之误，而莫知正也，自余《蒙引》、《存疑》、《浅说》诸书纷然杂出，拘牵附会破碎支离。上无以程、朱之旨，下适足为异端之所笑……良知家挟异端之术起而决其篱樊，聪明向上之士翕然归之。隆万以后遂以背攻朱注为事而祸害有不忍言者，识者归咎于禅学，而不知致禅学者之为讲章。

"明道言居敬处多，伊川言穷理处多。※（二程同异）如以记诵博识为玩物丧志。如曰有天德便可语王道，其要只在慎独；如曰学只要鞭辟近里著己，质美者明得尽渣滓便浑化，却与天地同体。其次惟庄敬持养，曰学者须先识仁，则皆明道之言也。如曰涵养须用敬，近学在致知。曰今日格一件，明日又格一件，则皆伊川语也。故近世讲良知者多喜明道而抑伊川。不知二先生之学一也。穷理居敬，义无偏废之理，特记之者有详略耳。伊川尝谓张绎曰：我昔状明道先生之行，我之道盖与明道同，异时欲知我者，求之于此文可也。此程门铁案也，必欲分焉，则有之矣。朱子曰其道虽同，而造德各异。明道所处是大贤以上事，学者未至而轻□□失所守。伊川所处虽高，然中人皆可企及。学者当以此为法，又曰大程当识其明决中和处。小程当识其初年之严毅，晚年又济□□平处，则知明道天资高于伊川。伊川学力所至，不让明道。

朱子谓理不离乎气，亦不杂乎气，此言理气之一而二也。明道形而上为道，形而下为器，须着如此说。※（整庵异朱子）气亦道，道亦器。又曰阴阳亦形而下者。而曰道者，惟此语截得上下最分明。原来只此是道，此是理气之二而一也。程朱之说本合，整庵所谓理气一物不容分，而不满朱子之说何耶？林□□□理一分殊，理与气皆有之，以理言则太极理一也。健顺五常其分殊也。以气言则浑元一气理一也，五行万物其分殊也。此一段发明程、朱理气之说最明，而整庵谓其未睹浑融之妙亦过矣。又朱以发于形器者为人心，发于义理者为道心。体用动静道心人心皆有之，此不易之理。而整庵谓道心性也，性者道之体；人心情也，情者道之用。其说殊难通。※（此在朱学亦必有之趋势，盖人心亦天理也）又以宋儒分本然之性气质之性，一性而两名。疑其辞之未莹而谓不若以理一而分殊言性较似分明。此皆整庵立说之异处，总由不知理气之分也。整庵知心性之分，而不知理气之分。不可晓。——按整庵之说似受陆、王影响而不得不稍变者也，更考。盖亦朱学□□关键。

《吾学篇》，永乐二年饶人朱季友献其著书诋宋儒。杨文真公士奇请毁季友书，上敕行人锢季友至饶，大会藩臬郡县吏民挞季友，尽毁其家所著书。当时朝廷扶持正学如此，宜士习之日端也。又云：郑公（吾学编之作者）左袒阳明，以胡敬斋、陈剩夫附于陈白沙之传。"

"时说谓告子守其空虚无用之心，不管外面之差失，因目为禅定之学，其实非也。※（论告子可笑）告子乃是欲守其心以为应事之本。盖近日姚江之学耳。※（又云："语类谓不得于言，勿求于心，是心与言不相干。不得于心，勿求其气，是心与气不相贯。愚按告子之病似不如此，正以心为本，吾守心而言自明，气自正，朱子谓象山之学与告子相似，则告子之说，决当如此看。"）然既不能知言养气，则其所守之心亦何能以应事，故犹自觉有不得处。虽有不得，彼终固守其心，绝不从言与气上照管；殆其久也，则亦不自觉有不得。而冥然悍以应事则又为王介甫之执拗矣。故告子者始乎阳明，终乎介甫者也……告子天资刚强，故成执拗，若天资柔弱者则又为委靡矣。然阳明之徒，亦认告子为老、庄禅定之学，谓告子不得于心，勿求于气，如种树者专守其本根，不求其枝叶。若孟子言志至气次，是谓志之所至气必从焉，则如养其本根而枝叶自茂，与告子之勿求者异矣。噫！孰知阳明之所以言孟子者，乃正告子之所以为告子也。

"胡世宁在弘治间言风俗之弊，曰：朝士安于豢养，狃于因循，廉节扫地，趋媚成风，以通达为高致，以廉退为矫激，以推奸避事为老成，以党恶和光为忠厚，其群居言议所及，心志所向，不曰升官则曰成家，其有语及国事当忧，民瘼当恤者，则众怒群猜，百舌排斥，不曰生事，即曰好名，必使无所容身而后已。"

"朱子没而门人各记其所闻之语，殆百余家。蜀士李道传（贯之）始取三十三家刻之池州；其弟性传又取四十二家刻之饶州为续录；建安蔡抗又取二十三家刻之于饶为后录；莆田王士毅（子洪）又因而类分之曰《语类》刻于蜀；东阳王佖（元敬）又续刻于徽州；景定癸亥导江黎靖德始合五书而参校之。去其重复谬误，因士毅门目以类附焉。名《语类大全》，百四十卷，□□建安所刻天台吴坚别录附入焉。文公遗语备，然蔡抗后□□先师又有亲自删定与先大父西山讲论之语及性与天道之妙名曰《翁季录》者久未得出。"

《语类》云："孟子说性善，但说得本原处，却不曾说得气质之性，所以□分疏……愚谓孟子言形色天性也，未尝不言气质，气质之说非起于张程。"——（按非也）

"体用一原，显微无间，动静无端，阴阳无始。此四语是理学之宗祖，《读书录》亦解得最明，其言曰，太极中涵阴阳五行男女万物之理，体用一原也。阴阳五行、男女万物具太极之理，显微无间也。……□□□□极□在静中或在动中，虽不杂乎气，亦不离乎气，若以太极在气之先，则是气有断绝，而太极则为一悬空之物而能生夫气矣，岂动静无端阴阳无始之谓乎？此种发挥确是洛闽真传。然则程、朱固明说太极在先矣。"

"图象在异学止为形气之用，在吾儒则为义理之原"。

高景逸云："孔子教人只是说用，所谓吾无行而不与二三子也。孔子后孟子方说出心性，孟子后秦汉学者俱在训诂上求，更不知性命为何物。至宋周、程夫子出才提性命到微妙矣。朱子出不得不从躬行实践上说，若知得孟子之言，便知孔子之言句句精妙。若知得朱子之言，便知周、程之语语著实。"愚谓孔、孟、程、朱不得如此分别，圣贤之教未有不体用一源，显微无间。

《读书记》云，按二程之学，龟山得之而南传之豫章罗氏，罗氏传之延平李氏，李氏传之朱氏，此其一派也。上蔡传之武夷胡氏，胡氏传之五峰，五峰传之南轩，此又一派也。若周恭叔、刘元深之为永嘉之学亦同自出，然惟朱、张之传，最得其宗。

㊽《松阳钞存》数十则耳，其性质与《问学录》同，有二则且已见于《问学录》及文集。有云："孔子之时，虚无寂灭，自记于上达之说尚少，故孔子教人只从下学说起，使其循序渐进。朱子时异端之说方且共记于上达而浸灌于学者之耳。不先去其疾，则孰肯从事于吾所谓下学哉？故凡朱子之言性言上达者，皆所以先去其疾。薛文清曰：孔子教人说下学处极多，说上达处极少。至宋诸老先生多将本原发以示人亦时不得不然耳，盖此之谓也。

朱子大学或问云，心虽主乎一身而其体之虚灵足以管乎天下之理，理虽散在万物而其用之微妙，实不外乎一人之心，心管天下之理者也，非即理也。

㊾汤潜庵于理学虽无所发明，而笃守力行甚纯，其言曰："汉人全尚气节，有锋芒，有圭角，终非圣贤地位。圣贤非无气节，欲从性分中发出，皆是天理流行，不可名之为气节。凡人为一善事则安安体舒，为一不善则心不安而色愧。可见人一身内浑是天理，于此便见人性皆善，人能随事体察，勿亏此心本体，无为其所不为，无欲其所不欲。这便是尽心复性的真实工夫，故格物是要紧事。

寄孙夏峰书云："学者上生千古，下生千古，总要复得本体，与天命流通。若稍有夹杂，便成隔碍，稍有亏欠，便不充满，安能上下古今贯通一气，古圣贤千载而下，光辉发越如日月经天，正是其精神不可磨灭。然真精神正是戒慎不睹，恐惧不闻所生，此道见得真，自无歇手处……。"又云："总由见理不明，故主心不定。杜门静坐，体察天理。久之，觉一切外事可警可骇，皆属平常，如疾风阴霾不过一时，即至变出不测亦自有道理处置。此心遂觉洒然，拂逆之来渐渐不至挠乱，至若游行自在，独往独来断断不能。每见先生事物繁沓，天真湛然因物付物之妙，心甚企慕。"又答耿亦黉云："学者当先明心体，心体既明，日用间只用提醒法，使心常在莫令昏去，自无闲思杂虑，不用把捉，若把捉反添一念，越见杂乱矣。朱子□□□常用提醒此心，使如日之升则群邪自息，他本自光明广大，只著些子力去提醒照管他便了，不要苦著力，着力则反不是。"

又答姚岳生书云："学者必求得于心，证其所谓千圣同原者，勿牵滞于文义训诂之末……周子所谓太极，岂徒索之天地阴阳乎，亦证取人之所以为人耳。"

又《睢州移建庙学碑记》云："……惟知道之大原出于天，而体用具于吾心，存养省察多致其功，信显微之无间，悟知行之合一，喜怒哀乐必求中节……此学问之极功而尊信，圣人之实事也。"

又《嵩阳书院》记云："道之大原出于天，而□者天道之元，知天人同原，则知人心与天地流通而往来无间，尼胞物与之会油然而生，而戒惧恐惧自不容已，故程子谓学者须先识仁，以此也，……夫道无所谓高远也，其形而下者，具于饮食器服之用，形而上者，极于无声无臭之微，精粗本末无二致……天命流行不外动容周旋而子臣弟友即可上达天德，所谓无行不与者此也，所谓知我者天者此也。"——按此等议论皆说得圆熟，潜庵之见如桴亭，遵程、朱而不排陆、王。且间亦用其说，惟较桴亭少发明耳。唐□之论妄也。

　㊿　张伯行《困学录集粹》亦《读书录》、《居业录》之类也，其言曰："阳明曰无善无恶心之体……吾谓有善无恶心之体，有善有恶意之动，知善知恶是致知，为善去恶是力行。"

罗整庵云：理之所在谓之心，心之所有谓之性，（愚按心统性情，谓心之所有谓之性则可，谓理之所在谓之心，似欠妥）盖理之所在谓之心，是有道心而无人心，谓理具于心则可，谓理之所在谓之心则不可。孟子曰：养心莫善于寡欲，欲之所在，将不谓之心乎。观程子曰性即理也，心则知觉之在人而具此理也便见。又云：罗整庵认理气为一物，予谓理寓于气，气具夫理，谓为一物，与阳明心即理之说何别。——（按此亦朱学必变之处，更考）

"自仁义礼智浑然全具者则谓之性，自仁义礼智随处发现者则谓之情，性者情之体，情者性之用，而统之者则心。"——然则情无恶乎。

"天以气生人即命人以理，理不在气之外，人人得气以成形，即得理以成性，性亦即在气之中。"

"人生只有个天命之性，所谓气质之性者，是指天命之性堕于气质之中言也，人生而理具焉，所谓性也，人生而有知觉焉所谓气质也，性堕于气质中，犹珠堕于水中也，性堕于气质之清，本然之性依旧是善……若堕于气质之甚浊者，则本然之善全不见而惟见其恶矣，然虽见其恶，而性之本善者自在，究不可谓性之不善也，若加以变化气质之功，而性之本善者依然自见。"——（按此皆为不通之论）

"圣人言命，有以理言者，有以气言者，理则天道之流行而赋于物者，乃事物之当然也，气则富贵贫贱死生寿夭之不齐也。以理言者，欲人尽性以至命；以气言者，欲人守义以安命。"

"心之所想慕者曰欲，谓人之所好也，欲属于念，其义虚；心之所贪求者曰欲，谓人之所嗜也，欲著于物，其义实。"

"程子曰，性即理也，是指在心之理而言也。若在事之理则不可以言性矣。窃谓具于心之性，即见于事之理也。人只要心里常存一个性字，事上常见一个理字，则日用之间，莫非道之充周矣。"

"虽上智不能无人心，但人心能以道心为主，则人心皆道心矣。虽下愚不能无道心，若道心一为人心所使，则道心即人心矣。"

《太极图说》前言天之太极，见得天理之本然，后言人身之太极，见得人事之当然，能尽得人事之当然，便至乎天理之本然，所以胡敬斋说天人之理虽一，而天人之分则殊，天做天的，人做人的，各尽其分而吾之则天之理也……若存得吾心，养得吾性，则天命全体浑具于中，发而应事，各得其所，天与人亦流行而无间矣，故程子曰天人本一，言合天人，已剩著一个合字。

"高景逸、刘念台皆不敢复指心为性，但心性之辨虽明，亦不过谓心为气而性为理，心之中有性，而性非即心耳。其欲专守夫心以笼罩夫理则一也。"

"陆桴亭曰，论性断离不得气质，一离气质便要离天地，盖天地亦气质也。一离天地则于阴阳外别寻太极，则太极不落于空虚，即同于一物。朱子曰天命之性以不离乎气质，而不离乎气质者言之。"桴亭此说最为明透。

至其论修养亦颇有警语：

"才要做第二等人便是自弃，才要做第二等事便是自暴。

天下无占便宜的圣贤，人皆好丰，我从啬处做去，人皆好逸，我从劳处做去。

心事如青天白日，立品如光风霁月，这才是儒者气象。

士君子能咬断菜根而后天下无不可为之事，能视富贵如浮云而后天下无不可处之遇。

世俗以形骸为生死，圣贤以道德为生死。赫赫与日月争光，固生也，死亦生也。碌碌与草木同腐，死固死也，生亦死也。

凡事当留有余不尽之意，则有余味，即交道亦然，故礼曰，君子不尽人之欢，不竭人之忠，以全交也。

严寒凛冽万木调落之时，松筠苍翠，独傲风霜，不有此稍稍点缀，溪山便觉无色。

天下未有不知而能行者，亦未有真知而不能行者，知之真斯行之力矣，其行之不力者，由知之不真故也。

斗室即具有天地，一息即可以千古，人须有此气概便可以与天地同其广大，与圣贤同其悠久。

不念旧恶不止是长厚之道，亦是开人自新之路。

卒然临之而不惊，无故加之而不怒者可以当大事，轻躁者鲜不失之。

有过人之学者，必有过人之识，盖识由长也，有过人之识者，必有过人之量，盖量由识进也。

学者要有振拔卓立之志，不然风吹草动鲜不转移。

有光风霁月之胸襟，而后有海阔天空之气量。

处世当如行云流水，随所遇而安；为学须是朝乾夕惕，德与年并进。

自己无骨，一身肉都是人家的，如何站立得住。"

�刘甸子卿《明本》三卷，凡三十三条杂论修己治立身处世之本，虽于理境未能言及，然在儒家之修为中，确可为初学之课本。其欲明理学者，以此书为入手亦未始不可，我想国专很可以用此书为教本。又此书中各条所引宋儒之说甚多，或有现行诸家语录所未有者，更可为考证之用。又引康节衡麓横浦之语甚多。

有云："或问何故治世少而乱世多耶，君子少而小人多耶，邵康节曰：岂不知阳一而阴二乎，天地尚由是道而生，况其人与物乎？"此甚可笑，此所谓蔽于天而知人。

又卷中澄源救弊之本一条中有云："东坡言王介甫不忍贫民而深疾富民，欲破富民以惠贫民不知其不可也……※（安石新法所以不行之故）东坡记唐村庄民允从言曰，宰相何苦以青苗钱困我，我官有益乎，或对曰，官患民贫富不均……允从笑曰，贫富之不齐，自古已然，虽天公不能齐。"而坡公赞为负工薪能谈王道政者，故其言又曰："州县之间随其大小皆有富民，此理势之所必至……然州县赖之以为强，国家恃之以为固，能使富民安其富而不横，贫民安其贫而不匮，贫富相恃以为长久而天下定矣。"呜呼，时势如此，安石新法何能行，无怪安石之用所谓小人也。则所谓小人，固多新进（思想新而进步者）之士矣。即此亦可见朱熹等实无见识，此亦可在新论中言之。朱熹等口口谈治国平天下，简直是骗人骗已之言——又胡衡麓云："董仲舒欲以限田渐复古制，终不能行者，以人主自为兼并，无以异于秦。"又范镇（太史）之论亦是。

康节诗有"珍重至人尝有语，落便宜是得便宜"之句。子卿注云："此陈夷希语也。"则康节以希夷为至人矣。

编末有云："若夫统论道之大本曰中而已。"又云："朱汉上谓中乃自然之理非人能为之也，学者又岂只训释一中字而止乎，要须用而能中节，斯可矣，中节者当其理而已，非理明义精，无人欲之私焉，乌能至是哉"。盖有为而作也，故又跋云："常病初学从事于末而昧乎本，鲜克有成，作明本书诸座右……初学不先知其本，则末必紊，明本盖有不得已而作也。"又子注云："大概惊高远事空妙，喜同而恶异，好名而尚言，谈体而遗用，语变而遗常，析学问政事为两途，离修身治国为二道，殊非圣贤侮人之本旨，此风浸长，其弊将有不可胜言者，吾子孙勿袭其轨可也。"此皆针对当时理学家之末流而发。刘子卿亦有心人哉。

⑤刘原父《(敞)公是弟子记》言性言情皆不能入道学，其时伊洛之学未明故耳。然其论仁者寿，智者乐云："内自得于心，虽殇子犹彭祖也，有言彭祖而非寿者乎，内自得于心，虽穷居犹南面也，乌有南面而非乐者乎？"又曰："诚而明之静也，明而诚之动也。"似尚入理。至其他论立身处世及治平之言亦有可采者。《四库提要》谓独抱遗经，淡于声誉，未与伊洛诸人倾意周旋，故讲学者罕相称述。"实则亦道不同耳。大约原父博识而寡要，尚以欧阳修为不读书，何物伊洛之儒而在其眼下乎，故书中论及时人处不多。

道学未明，言无统绪，虽有一二可以阐发儒术之处，而支支节节，无关大体也。宋以前所谓儒家之书大都如此。

又卷一以孟子之言性善为言过其实。谓人不可以为尧舜，犹尧舜不可为人，性不可过也，未知与君实疑孟之论如何。

卷二谓善信者毁誉不能惑，贫富不能易，贵贱不能动，生死不能诱，生死不能诱者几于至矣。

又曰："莫善乎性，人之学求尽其性也。"——按其所谓善非程朱之所谓善也。又曰："性犹弓也，学犹力也。"

卷三云："荀子不知性，杨子不知命，韩子不知道。"

"物莫灵于鉴，其守也一，其应也博，其居也以平，举为道者也。""知性者不可惑以善恶，知道者不可动以富贵，知命者不可二以生死"。

"非情无性，非性无善……岂性不善哉，情不使也。"又云："物谓之命，生谓之性，道谓之情，情者圣人所贵也。"此等议论皆是未经深思而以意为之者也，即韩愈之论亦然，理学未明之前，大都如此。若论刘原父则韩愈之流也，而气魄不逮。善人有恒者也。近司马光而有超拔之气象。

卷四云："王安石曰，性者太极也，情者五行也，五行生于太极而后有利害，利害非所以言太极也，情生于性而后有善恶，善恶非所以言性也，谓性善恶者妄也，"刘子曰："王子之言其谓人无性焉可已。夫太极者气之先而无物之物者也，人之性亦无物之物乎。圣人之言人性也，因以有之为言，岂无之为言乎，是乱名也……易曰乾道变化各正性命，夫不以物为无性，性为无善而以性为善或不得本也……"以性为有善而性非善，又以太极为无物之物，此洪景庐之所以不肯改国史"自为"二字也。刘子曰:"天地之运,一动一静,四时寒暑一进一退,万物一生一死,一废一起,帝王之功一盛一衰,妖异变化,一出一没,此皆理之自然者也,唯圣人穷于理。"※(可见此理太穷见到,不过有浅深耳)

"性者仁义之本,情者礼乐之本。"

"贵无为者以其可以无不为也,此圣王之道,仁人之守,非老子之蔽……。"

"道莫大乎仁,仁莫要乎一,一者无不贯也,无不载也,一之至贵贱贫富寿夭死生不见其异焉……乘夫无心以游无欲大矣。"

"静者天地之性……复静者言得一也,得一者纯粹积于胸中与物变化而不以外伤内者也。然则复其见天地之心可知也。"

按:第四卷之议论,间有可取,可知其亦受老庄之影响。刘原父盖造于道(北宋理学之先声)而恍惚未真有所见者也。《四库提要》谓晁公武《读书志》言,书中于王安石、杨愬之徒书名,王深甫、欧阳永叔之徒书字,以示褒贬之非,盖王回一人或书名或书字也,按此为活见鬼,盖心有主奴之见故耳,然亦可见其读书之疏忽。《四库提要》作者则谓"其书固多攻王氏新学而亦兼寓铖贬元祐诸贤之意,"以下举其言以例证,实皆不相关。此亦活见鬼,※(书呆子之臧否人物,极可笑"主奴之见也")盖彼心中先有轻理学家之倾向故也,于是从而论断刘原夫曰:盖是时三党交江而敵独萧然于门户之外,故其言和平如是。"又云:"……亦豫杜后来狂禅之弊所见甚正。"读是书竟,知此等论断,皆多余的事,甚矣是非之难定也。有所据者尚若此,况无所据者乎?

㊾ 读朱子书有迫切敦实之致,读象山书则多疏旷淡宕之味,二人天资不同如此。然学力之博,文辞之茂则朱胜于陆。

象山侮学者,非不欲人学问明辨,第以立志为先。人能先立志,则其余俗习自不易侵扰,庶能复其本性之时,所谓先立乎其大者也,似其功夫尤较居敬致知为要——象山教人亦不是没有规矩的,如与蔡公辩书,谆谆训以字画之端,文字入规矩,可见。※(语录云:"写字须一点是一点,一画是一画,不可苟。""又"文才上二字一句,便要有出处)

象山论诗固是,然其诗实不佳。

象山伎俩无多,以性为善而求直下便见(复本心)盖从《孟子》中来(如见孺子入井而恻隐之心油然便生)立志以去私,是其立身之本,伊洛论理,论气处,他皆不理会,或者在他以为是支离。据此处说象山近禅亦可,然或更近于儒,孔孟未尝言理言气,其伎俩则象山仿佛近之。程朱援道入儒而世尊为正统,可笑也矣。宜乎清代反理学者反程、朱而不辟陆、王。更勘——记此后更阅语录后半有云："某尝问先生之学，亦有所受乎，曰，因读《孟子》而自得之。"则余之所评，得象山之心矣。※（此即禅机）又詹阜民录云："某方侍坐，先生遽起，某亦起，先生曰，还用安排否。"此亦见孺子入井之意，"不安排"三字，为象山立学之本。惟其不安排故厌支离而重涵养。象山自云：喜见冲然淡然底人，不尚人起炉作灶，多尚平，其气质如此，故不得不与晦庵分道扬镳。或者谓近明道，是耳然其学非从明道来。明道犹未若象山之简易。象山简易故有超然霞举之貌，而缺明道宽和雍雍之象——大约象山之学，受禅学影响甚大。

(54)心学，象山惟发其端，至阳明而始大成。读阳明全集，其解致知格物皆与朱、程不类，殊新颖可喜。

陆澄问主一，阳明曰："好色则一心在好色上，好货则一心在好货上，可以为主一乎，是所谓逐物，非主一也。主一是专主一个天理。"若以此语程、朱亦必首肯，而程、朱未尝言及此，此阳明英特处，亦"心学"之所以出也。盖此中的确是一个问题。

象山天性淡宕，故以简易明心，阳明饱经忧患，深识人情而后知心性之源，故曰"事变亦只在人情里，其要只在致中和。"

陆、王之所谓天理，非程、朱之所谓天理也。程、朱之天理，玄学上之天理，陆、王之天理，伦理学上之天理也，或可云一为老、庄之理，一为孔、孟之理，故程、朱只能曰"心具众理"而不许"心即理"。唯佛法能具此两说而贯通之，然后天人之故明，否则皆一偏之论，矛盾处甚多。

阳明论已发未发之中，及善恶处，皆超越程、朱。※（王答舒国用书云："出乎心体非有所为而为之者，自然之谓也。"又与马子莘书："良知即是天理。"）

理学家以心理为二，心学家以心理为一。故理之内容实不同。而心之为心则一也。理学家的理乃是出于天之自然的。心学家的理则是出于内在的不得已。故皆可称之曰"天"。至于论"心"处，理学家固不识心。即心学家亦然。阳明论已发，未发比程、朱深入而已私未克之时。不可谓之未发之中，此中即包含一个矛盾—未克已私时无中和耶，则此中和非性之自然者矣，否则已私又从何处生，此理学心学家之蔽也，心学家还是不知人。※（《传习录》下："良知……岂能外得气。"）

※（心外无理之说，直驳得程朱一派难以开口。又"无作好恶"为至善之说，也比程、朱为透）

理学似法相之学，心学似教外别传之宗门（观阳明答罗整庵书—他是从理学发迹的，故不能不摆架子，阳明不然——知其立说出于不得已，与宗门之兴同理由），合则可以见孔、孟（儒家）之全乎，惜乎理学杂于道家自然唯物之说而不能救也。故惟佛说可以补

救之。※（程、朱之后门户见深者有人利此以发迹也，阳明与黄诚甫书有云："近世所谓道德功名而已。"诚然）

致良知固是存天理，然是非曲直当前，未必尽准（现量有限制），故致良知工夫还是莽荡荡的，此工夫不实则己私难克。何以能复其本体而无思无虑，物各付物。佛令人观空（实相）——总观，此外许多皆支支节节相辅而行或为前导的观则心入理而私欲自去，此心昭昭然良矣。——问然则观空之观亦"良知"矣。此亦是也，则观空为致良知，第其方法较为有据耳。此其可以补救理学与心学之处。

理学之"理"虽未尽理，而"理"字破不得，以佛之"空性"实之，则真理矣。心学之"心"，从良知上说，也破不得。盖人确有此良知也。合空理与良知之心而后天人之故明，造化之功可侔，万世之太平可期也。当于《新论》中详论之。

告子之性无善恶，谓可善可恶，阳明之性无善恶乃不作好不作恶，故告子之性体不可谓善。而阳明之性体可云至善。更考《传习录》卷下论告子之性处。

《新论》应更申说者：

1．生生不息必"空"而后能。

2．性善恶论。（无常生生不已更论之）

3．下学上达不可以分儒释，阳明谓下学即上达，宋儒亦不承认儒者无上达功夫，实则释亦有下学功夫。

4．千余年来囿于儒者之论政体不明治法不究，以至今日如此之糟。

5．因果律须充以辨证法论之。

6．详论理学心学之缺点及其必然之流弊。

7．反身而说，（反求于己）归之自心。

8．社会环境使佛教团体黑暗。

9．宗教仪式以导俗，学术组织以启蒙，参加社会活动政治斗争以经世。

10．取于人得祸与人得福，亦矛盾之发展。

11．重教教之治化。

12．今正宏扬佛法之时，无迂儒之环攻，有开明之研理。

13．根本学问。

14．新时代。

15．评梁之佛教观。

16．天地境界毋须科学发明。

※（三教之源不同，境界相似而质实异）

陆、王学说惟重存养德性及人伦而不理会理气之说，此儒家之本来面目，老庄言自然之理。而不理会人性伦常，且又是物本的，释主心本，体用本未世出世间均备。而儒说有时似之。则三教之源根本不同，但其修养之境界则相似。然似而已，性质实不同。如老、庄之达有超然之意而无蔼然之容，儒者之仁有万物同体之容，而少轩轩霞举之态。惟佛则有民胞物与之怀而复具光风霁月，不着一尘之致。此义在《新论》中亦可详言之。

读文成书畅快明敏英锐如其人。阳明自谓"平昔亦每有傲视行辈轻忽世故之心，后虽稍知惩艾，亦惟支离抵塞于外而已。及谪贵州三年，百难备尝，然后能有所见。"此诚足资借鉴。余亦不免傲视行辈轻忽世故，二三年来略经世变而心较平贴，及今犹未能蔼然似春，具天覆地载，海阔天空之量而冤亲平等，物我无竞也。阳明以"立诚"、"致良知"、"志为圣人"训学者，此固是初学下手工夫，然终不若直观实相愍念众生之能，去此心之私，养此心之仁也。人诚能去私而养仁则顶天立地无入而不自得，斯不负所生矣——三十三年十二月九日志。

阳明答邹谦之书有云："赖天之灵，偶有悟于良知之学。然后悔其向之所为者，固包藏祸机，作伪于外，而心劳日拙者也。十余年来虽痛自洗剔创艾，而病根深痼萌蘖时生，所幸良知在我，操得其要尚犹免于倾覆者也"。读斯言也不禁深为感动，则阳明之说实从履践而来，视程、朱之为支离，固然矣，以此视程、朱之学行真是摆来摆去，搭空架子者，然非上上根人不能承当。

阳明若非明实学，他真是一个大奸滑的人——阅其自述之言可知——所以有人说他的功业也是从计算伺察来的，实则他自有这许多计谋处。

答马子莘书有云："良知即天理，体认者实有诸己之谓耳……有谓良知不足以尽天下之理，而必假于穷索以增益之者，又以为徒致良知，未必能合于天理，须以良知讲求其所谓天理者而执之以为一定之则，然后可以率由而无弊。是其为说，非实加体认之功，而真有以见夫良知者，则亦莫能辨其言之似是而非也。"此在阳明不能不如此说，然知之所以良在无私耳，何以能无私乎？非拿空性之效与，则良知者，空性之发于心知之谓也。空性发于心知为良知，则心合空性而良知可致矣。阳明重心本而不理会"理"体，其言乃如此亦一偏之见也。

阳明不问形上之理，而惟论触境之心，心体虚明，发为良知，由此而有仁义礼知，此仁义礼知出于良知之不能已，不得不然称为天理可也，若谓天地之运行，草木之荣枯亦即此天道则不可。就良知之仁而曰天地万物一体可也。若谓即同于程、朱之所谓一体不可也。程、朱言天理，天理函盖乾坤，故天地万物一体，纳此理于吾心，吾心契于天理，故亦可曰天地万物一体，而阳明不然，且又未主佛家唯心唯识（有此倾向而未详说，直是不理会）之说，则其说终是不大通达，此其蔽也。阳明格竹之理不得而成疾，是不明程朱自然之理也，龙场所悟，不离境之心与人伦之理耳，实则由竹亦可以悟心。儒门经程、朱、陆、王之撑持，还是淡薄。※（其言曰，天下无心外之性，性外之理，然天地万物之运行，岂亦吾心之故，故其门下常有"天下之事物无穷果惟致吾之良知而可尽乎？"之问，而其答亦不过就四端为说。足见其说难圆通。——即若不见同心之寂之说，亦不妥）

阳明屡屡言其所以倡良知复本心之说者，激于世儒支离讲说而不务躬行之伪也。惟其为救弊而设，故不能不偏于此，而不理会理气形上形下之说乎？

《年谱》阳明自云："吾自南京以前，尚有乡愿意思，在今只信良知，真是真非处更无掩藏回护，总做得狂者，使天下尽说我行不掩言，吾亦只依良知行。"此五十二岁时言也。查阳明四十五岁尚在南京，"乡愿意思"即所谓"包藏祸机，作伪于外也"。自悟格致至四十五岁已八年而犹不免于此，可见习气之难除。四十八岁平濠宸，观其与邹守益问答，可知犹存利害之见，利害之见，亦即乡愿意思也。后经变乱，年五十而后揭致良知之教，其言曰："近来信得致良知三字，真圣门正法眼藏，往年尚疑未尽，今自多事以来，只此良知，无不具足。"又云："某于此良知之说，从百死千难中得来。"此时方脱落也。

《年谱》云曰："客有道自滁游学之士，多放言高论，亦有渐背师教者，先生曰：'吾年来惩末俗之卑污，引接学者多就高明一路，以救时弊，今见学者渐有流入空虚，为脱落新奇之论，吾已悔之矣。'"故南机论学，只教学者存天理，去人欲，为省察克治实功。此亦四十五岁时事。又云："先生自南都以来，凡示学者皆令存天理，去人欲以为本，有问所谓则令自求之，未尝指天理为何如……今经变后始有良知之说"。此良知为天理之说所由来也，则五十岁时事。

※（《施四明评辑阳明先生集要》）（桂林书局重刊本乃为王门标榜也者）

读《大学问》而知吾前所说阳明言天地万物为一体与程、朱异者益为有证：

黄绾《行状》云："将属纩，家童问何所嘱，公曰：他无所念，生平学问方才见得数分，未能与吾党共成之，为可恨耳。"此言是也。

公起征思田，在天泉桥与王畿机、钱德洪论心体处，确是未究竟的话头，假之以年，必更有所发明（论天理处未尽）故《讣告同门》中有云："前年秋，天子将有广行，宽、畿各以所见未一，惧远离之无正也，因夜侍天泉桥而请质焉，夫子两是之，且近以相益之义。冬初，追送于严滩请益，夫子又为穷极之说，由是退与四方同志更相切磨，一年之别，颇得所省，冀是见复得遂请益也，何遽有是耶？"。亦可知其说之尚未究竟也。两是之处，有矛盾与否更勘！

阳明知卢陵县时，所出告谕皆恺恻动人。

程、朱即言自然，则恶亦不得不谓之性，克己复礼之说无所用矣，故陆、王反之于自心，以良知良能为自然，而儒家格致诚正之说有所据矣。

⑤马一浮殊博通，文亦雅驯，在理学史中自能占一席，惟思想笼统，乃欲会儒佛而一之，多见其心劳日拙耳。故其议论有甚精彩者，亦有甚可笑者，有人谓彼是理学家之末台戏，或然与？兹摘其《泰和宜山会语》所录于次：

> 二戴所记曾子语独多，后人曾辑为《曾子》十篇，《中庸》出子思子《乐记》出公孙尼子，并见《礼记正义》，可信。然《礼记》所采七十子后学之书多醇，《大学》不必定为曾子之遗书，必七十子后学所记则无疑。二戴兼采秦汉博士之说，则不尽醇。又云：二戴所录多出七十子后学所记，不专说礼，多存六艺大旨，自《论语》外，记圣言独多而可信者莫如此书。"

《大戴礼·本命篇》分于道谓之命，形于一谓之性，化于阴阳象形而发谓之生，化穷数尽谓之死，故命者性之终也。此皆以气言，命者性之终，乃告子生之谓性之说，不可从，汉儒说性命，类如此。

"命有专以理言者，亦有专以气言者，"如"道之将行也与命也，道之将废也与命也"、"死生有命，富贵在天"之类是也。先儒恐学者有好高躐等之弊，故说此章命字多主气言。朱子注云："人不知命，则见害必避，见利必趋，何以为君子"。《语录》云："死生自有定命，若合死于水火，须在水火里死，合死于刀兵，须在刀兵里死，如何逃得。""看此说虽甚粗，所谓知命者不过如此，"又曰："只此最粗的，人都信不及，便讲学得待如何亦没安顿处。今人开口亦解一饮一啄，自有定分，及遇小人利害，便生趋避计较之心。古人刀锯在前鼎镬在后，视之如无者，盖缘只见得道理，都不见那刀锯鼎镬。"此言亦甚严正，与学者当头一棒，深堪警省。

《礼运》曰："人者五行之秀气，天地之心也。"

程子曰："心通乎道然后能辨是非，如持权衡以较轻重，孟子所谓知言是也。"

《宜山会语》论涵养致知与止观，有云："先儒以乾为圣人之学，坤为贤人之学，即表顿渐，权实以佛法准之，于易乾表真如门，坤表生灭门。所言学者即生灭门中之觉义也。（自注云：起信论一心二门与横渠心统性情之说相似）"此则大谬。然亦理学之所必至者也。盖宋明儒者辟佛，皆与佛不相干，而儒门淡薄矛盾处甚多。湛翁看佛书多，深知佛无可辟，又有不能不资佛说以释儒者，故有此论调，则诚所谓阳儒阴释者矣。故其论《去矜》中即直引缘起性空之说以为破我执之妙药。※（又云："非彻证二空不名克己，不论凡情圣见总须铲除。"此皆佛理，而圣见铲除之说程、朱不以为然）

庄子谓强阳气，即气之动，气动即缘生也，（郭注强阳犹运动耳，按《列子天瑞篇》亦有此文，疑其袭取《庄子》）自道家、儒家言之皆谓气聚则生，气散则死。自佛氏言之，则曰缘会则生，缘离即灭。

世为迁流，界为方位。如实而谈，则念劫圆融，虚空消陨，无有迫促，无有去来，此为止之了义。《法华》云：是法住法位，世间相常住，《放光般若》云：法无去来，无动转者，依世间解说有三世十方，若自心流注想断，无边虚空觉所显发，动静二相，了然不生，则三世十方一齐坐断。

(56)《尔雅台答问》有云："睡眠是五盖之一，与安眠不同，安眠是身心轻安，已离昏掉，儒家谓之宴息。"

答池君书有云："成见必不可存，门户异同及科学整理之说皆徒以滋人之惑而增其碍，贤者必于此廓然而后虚心体会，方有入处，方可商量。"又云："程、朱、陆、王，并皆见性，并为百世之师，不当取此舍彼，但其教人之法，亦有不同，此须善会，实下工夫，若能见地澈透，自然无疑矣。"此皆坑陷人处。

又答张君书云："今时科学哲学之方法，大致由于经验推想观察事相而加以分析。虽其浅深广狭，所就各有短长，其同为比量而知则一……其较胜者理论组织饶有思致可观，然力假安排不由自得，以视中土圣人始条理终条理之事。虽霄壤未足以为喻。盖类族辨物必资于玄悟，穷神知化，乃根于圣证非可以袭而取之也。"这也不是彼徒以复其本性（心）为惟一方法，不知所谓本性者，其间仍有问题在焉。

答刘君云："儒家言语简要，易于持循，然先须立志始得，"这也不是。我则以为儒家言语简淡，不易捉摸。

答任君云："北宋士大夫多与禅师往还，承虚接响，增人系缚有何用处，故直须辟。后人不明先儒机用故疑之。儒佛禅道总是闲名，建化门头，不妨抑扬，当时贬驳不作贬驳会，骂不作骂会，一期方便，不可为典要。"这真是胡说八道。马一浮之病坐于此处。

(57)《复性书院讲录》一学规中有云："朱子释格物为穷至事物之理，致知为推极吾心之知，知者知此理也，知具于心，则理不在心外明矣。并非打成两橛，不善会者往往以理为外。阳明释知善知恶是良知，为善去恶是格物，不善会者，亦逐以物为外。且如阳明言，则《大学》当言格物在致知，不当言致知在格物矣。今明心外无物，事外无理，即物而穷其理者，即此自心之物而穷其本具之理，此理周编充塞，无乎不在，不可执有内外。（自注云：学者须知儒家所言事物，犹释氏言万法，非如今人所言物质之物，若执唯物之见，则人心亦是块然一物质耳，何以得有许多知识）

按此段文有数点要检讨：

1.从此段文可以知道他是全用佛家唯心之理去补足朱、王之缺点，如云："即此自心之物而穷其本具之理。"※（阳明大学云云，则罗整庵之说也）

2．朱子自己明说理事为二，而此云并非打成两橛，乃是有意把朱学拉到王学上来。如云："知具于心则理不在心外。"

3．阳明虽较朱子倾向于唯心之说，然非佛之所谓唯心也，他好像并不理唯物唯心之论，而只要复仁义礼智之本心，此方是儒家之本来面目，故"此理周遍充塞无乎不在"云云。乃是糅佛说与朱子之理为一之论，非阳明之意。

4．即此一段文可知马一浮之故意出卖糊涂丸矣。

又云：从来学者都被一个物字所碍，错认物为外，因而再误，复认理为外，今明心外无物，事外无理，事虽万殊不离一心。（自注云：佛氏亦言当知法界性，一切唯心造，心生法生，心灭法灭，万行不离一心，一心不违万行，所言法者，即事物异名）一心贯万事，即一心具众理，即事即理，即理即心，心外无理亦即心外无事，理事双融，一心所摄，然后知散之则为万殊约之唯是一理。所言穷者，究极之谓，究极此理，周币圆满，更无欠缺，更无渗漏，不滞，一偏一曲，如是方名穷理。致者竭尽之称，如事父母能竭其力，事君能致其身，《孝经》言养则致其欢，丧则致其哀之致。知是知此理，唯是自觉自证境界，拈似人不得，如人饮水，冷暖自知，一切名言诠表，只是勉强描模一个体段，到得此理显现之时，始名为知，一现一切现，鸢飞鱼跃，上下与天地同流，左右逢源触处无碍。所谓头头是道，法法全彰，如是方名致知。所谓知之至也……※（这两段是马一浮学问的精要处，亦是其渗漏处）

按这一段文也不妥，有几点：

1．注云佛氏亦言，置一"亦"字，好像儒家本来有这个意思的。

2．"养则致其欢，丧则致其哀，"是否证悟境界。证悟一现一切现，则夫妇之愚可以以与知，何用更求证悟，得非头上安头。

3．这是要把儒家拉到佛家来，而忘掉了，故言抹杀了每一个意义的真实本来的意义。

又云："今时学者每以某种事物为研究之对象，好言解决问题，探求真理，未尝不用思力，然不知为性分内事，是以宇宙人生为外也。自其研究之对象言之，则已亦外也，彼此相消，无主可得，而每矜为创获，岂非虚妄之中更增虚妄，以是为穷理，只是增长习气，以是为致知，只是用知自私，非此所谓，所谓穷理致知也。"

此言固是，然何以又能"知为性分内事"的呢？

"汉儒每言才性，即指气质。魏钟会作《日本论》论才性异同，其文已佚，当是论气质不同之书，近于刘劭之《人物志》。其目为才者指气质之善而言，气质之不善者，固当变化，即其善者只名为才，亦须变化乃可为德。

马一浮之误，在于读书方法，其方法有四门：一通而不局，二精而不杂，三密而不烦，四专而不固。而此四门之中，"局而不通之病最大，其下三失，随之而生。即见为多岐，必失之杂，言为多端，必失之烦，意主攻难必失之固。欲除其病本，唯在于通。"其实"通而不局"这句话根本不通，盖通即不局也，其训局云："执一而废他者局也。"即称为通，自无执一废他之病，今通而不局，是于"由畅旁通"之余，复欲人不执一废他，宁非画蛇添足，故其所谓通而不局者"知抑扬只系临时对治，不妨互许，扫荡则当下廓然，建立则异同宛尔，门庭虽别，一性无差，不一不异，所以名如，有疏有亲，在其自得；一坏一切坏，一成一切成；但绝胜心，别无至道……庄子……荀子……禅家……中庸……孟子……读书至此，庶可大而化之矣，"这样讲法还有什么学问好讲？还有什么是非黑白？欲人之不为乡愿，不可得也。"古人读书先须简过，知其所从出而后能知其所流极，抉择无差，始为具眼。凡名言施设，各有分齐……"此语是也，然而也是空话。

⑤⑧《讲录》卷二有云：老、庄为破相教，孔、孟为显性教，这话也不通。盖老、庄与孔、孟之教不同，且互相排斥，即互不承认为教，何得同称之曰教而一则破相，一则显性，若相为发明者，故彼又曰："一于破相则性亦相也，一于显性则相亦性也……"大谬。

"人心若无私系，直是活泼泼地，拨着便转，触着便行。所谓感而遂通，才闻彼即晓此，何等俊快，此便是兴。若一有私系，便如隔十重障，听人言语木木然不能晓了，只是心地昧略，不会兴起，虽圣人亦无如之何。只便有仁的意思，是天理发动处，其机不容已，诗教以此流出，即仁心从此显现。"此段说得畅快。

又云："中土三代封建以亲亲尊贤为义，与欧洲封建制绝不同，柳子厚作《封建论》，全以私意窥测圣人，已近于今之言社会学，正是失之诬，如今人所指斥之帝国主义，乃是霸者以下之事……"这也全不顾及事实的瞽说，何足以服人之心，总之，此等议论在宋明时说说则不妨——彼亦如宋明儒者，以君如尧舜，臣如禹稷为至治，其实何尝如此。

又云："礼运曰，圣人以天下为一家，以中国为一人。父慈、子孝、兄良、弟悌、夫义、妇听、长惠、幼顺、君仁、臣忠，十者谓之人义。讲信修睦，谓之人利，争夺相杀，谓之人患。一义者，亦因五教之？而广之。所谓人利人患者，亦即亲与不亲，逊与不逊之别耳。礼乐之义，孰有大于此者乎，而行之必自孝弟始，故《孝经》一篇，实六艺之总归，所以谓之至德要道以顺天下也……故知孝弟则通礼乐矣，尽孝弟则尽性命矣，尽性命则穷神化矣，离此而言礼乐，则礼乐为作伪也。离此而言性命，则性命为虚诞也，离此而言神化，则神化为幻妄也。"这话讲固然可以那样讲，不过能尽孝弟者，是否即能尽性命而神化。孝弟当中何尝没有人欲在？又这个"尽"字究竟怎样讲法，若谓"冬温夏清"之节谓之尽，则夫妇之愚可以与知，然而非圣人也。若以私欲尽净为"尽"则圣人有所不至焉。"而佛教之断惑证真尚矣。故其言曰："故知性命不离当处，即在伦常日用中，现前一念孝弟之心，实万化之根原，至道之归极，故曰孝弟之至通于神明，光于四海，无所不通。自来料简儒家与二氏之异者精确无过此语。"这段文中，以孝弟之因而为证真之果。（能孝弟者也。做得出许多过恶来，否则他必已另外有许多工夫，则当孝弟未能去私也。其孝弟当时，如云破处偶露天光耳。）※（当孝弟时，未能去私。故孝弟犹非至德）故以佛家为未当理，然而彼自相矛盾的，盖彼已承认佛家之论为极高明者——总之是蔽于天而不知人。其实也是宋、明以来理学家之常谈。※（唯其如此，故不知名物度数政治之用及环境之关系而经世之事乱矣）

"曾子亲传《孝经》，今《二戴》记凡言丧祭义者，多出曾子，无异为《孝经》作传。""《仪礼·丧服传》是子夏所作，其义至精。"

"由报本反始，推之极于天地，由仁民爱物，推之极于禽兽草木，使各得其理，各遂其生，故伐一木杀一兽不以其时非孝也。斧斤以时入山林，纲罟以时入川泽，仁政之行必推致其极，然后可以充此心之量，尽礼乐之用。"总之，此皆过当之言，如引尧舜三年之丧以证孝，其实三年之丧何尝是出于尧舜？

程、朱无唯心之说，故反对佛家轮回之说，而马一浮解易之所谓"精气为物，游魂为变"，云："佛氏言分段生死，只是精气为物，言轮回只是游魂为变。言变易生死，虽较微细，犹在生死边，未至涅盘，须知'夕可'直是涅槃义，见不生灭，见无生死而后于生死乃能忍可。所言可者，犹佛氏言无生法忍也。"这已明明反理学了，理学这样讲法简直一蹋糊涂，而彼还说："死生之义佛说为详，然彼之言虽多亦无所增，此土之言虽简亦无所欠。"笑话之至，又曰："先儒不好举佛说，亦无过也。"殊不知先儒固于此反对佛说者也。※（《知言》曰："明乾坤变化万物受命之理，然后信六道轮回之说，俱诐淫邪道之辞，始可与为善矣。"）

又其释川上一章云："川上一语可抵大乘经伦数部，圣人言语简妙亲切如此，善悟者言下便荐岂在多耶。"又释予欲无言一章云："此章亦是圣人最后之言，如佛说我四十九年不曾说一字……"都是笑话也。

"《三传》自以《公羊》为主，《穀梁》次之。《左氏》述事，同于《国语》而已。自杜预独尊《左氏》而《春秋》之义益晦，至啖赵始非杜氏，兼用三传，得伊川胡文定而后复明。"

又云："横渠谓之性命于德，释氏谓之随顺法性，则众生五阴转为法性五阴。""横渠谓之性命于气，释氏谓之随顺习气，法身流转五道名为众生。""乾知大始即根本智，坤作成物即后得智。""……此义当求之《华严》而实具于《论语》……"更是笑话。照他这样讲起来，《论语》一书简直无所不包，直同天书，此与廖季平之荒谬何异。他又老着面皮说："后世玄言家或至任诞去礼，质胜则野也。义学家每务知解辩说，文胜则史也。二氏之流失如此，亦以《老子》之恶文太甚，佛氏之言义过奢有以致之。"则文质俱茂者，惟《论语》耳，得非大笑话，甚矣马一浮之妄也—过河拆桥，宋明理学家之故智。

(59)《讲录》卷三序说有云："圣人以天地万物为一身，明身无可外，则无老氏之失，明身非是幻，则无佛氏之失，明身不可私，则一切俗学外道皆不可得而滥也。"

又《孝经大义·三》云：以佛义通之，人爵是俗谛，天爵是真谛。"又彼以人爵为德称，则奚分人爵天爵矣。"又"人爵五等之称，亦略如佛氏之五位。士当资粮位……天子即究竟位，庶人可当十信。"华严以法界缘起不思议为宗，孝经以至德要道顺天下为宗，今说三才亦即三大亦三德三身，总显法界缘起顺天下以为教，亦是不思议境，非特《华严》可以准《易》，《孝经》亦准《华严》。此非执语言泥文字者所能瞭，心通于道者自能得之。"又朱子语类问生第一个人时如何，曰，以气化，二五之精合而成形，释家谓之化生，其实化生本出易系辞，佛氏说劫初人皆是化生，与儒家亦同，自近世欧洲人生物进化之说行，人乃自侪于禽兽认猿猴为初祖，征服自然之说行，乃夷天地为物质，同生命于机械。"—程、朱物本，气化之说实同生物进化，而乃以为与佛说同大谬。又"朱子谓儒家本天、释氏本心，本天者谓理之所从出也。本心者谓法之所由生也，知天为一真法界，则何异之有。如老氏尊道而卑天，庄生贵天而贱人，亦皆本己情所求言之，是则有偏真之失。"又"濂溪曰：五行一阴阳也，阴阳一太极也，此为摄用归体。程子曰：人即天，天即人，言天人合者，犹剩一合字，方为究竟了义，是义唯佛氏一真法界分齐相当。"又"彼言《楞严》妄明生所，则世界为幻，此言一气化成，则万物全真，此为儒佛不同处，《正蒙》辟此最力，学者当知。"

以上皆瞽论曲说应为文力辟之。

然有云："圣人语孝之始，谓此身受之父母，不敢毁伤，则身非汝不可得而私也，立身行道，扬名于后世，以显父母，则道与名亦不可得而私也。"

"人到无一毫恶慢之心时，满腔都是恻隐，都是和乐，都无偏倚，都无滞碍，乃知天地本来自位，万物本来自育，此是何等气象，才有一毫恶慢心起，便如险阻当前，触处皆碍……。”这恐怕是其得力处，故言之甚畅。

※（又《讲录》四云：“人心无私欲障蔽时，心体炯然，此理自然显现。如是方为识仁。”）

“庄子言在宥天下，不闻治天下，在宥者谓任其自在，即因任自然之意与顺天下所因者，本义旨全别，此言因顺乃顺其性德，因其本善老庄只是因任其习，不使增上，听其自变，故其视民物甚卑外而贱之便流于不仁。”“汝身非汝有是天地之委形……此语亦是直下教人剿绝私己，然终有外其身之意在，所以与儒家不同。”

“天下国家皆是依报，身是正报，克实言之，则身亦是依报，心乃是正报，故本之中又有本焉，心为身之本，德为心之本，孝又为德之本。”“时人倒见。以为人生一切都被环境所使，换言之即是为物所使，是正报随依报转，自己全无主宰分，即无自由分，真乃迷头认影。彼不知环境是自己造成，即佛说一切国土，唯依心现也。若能转物，即同如来，不为物转，斯能转物，其实物不能自转，转物者心，所谓一切唯心造，不可说一切唯物造也，知自己是正报，环境是依报，始有转物分。换言之始可改造环境，始有自主分也。”

“……此见政为教捐，以今语释之，则政治即是道德，道德外无别有所谓政治。”“今人目道德为社会习惯上共同遵守之信条，是即石斋所谓束民性而法之也，是其所谓道德者，亦是法之一种。换言之，乃是有刑无德也，其根本错误由于不知道德是出于性而刑政亦出于道。中国先秦法家亦言道，彼其道之观念与儒者全不同，出于道家因任自然，虽亦是私智，尚较今日法家高出一等。”

(60)《讲录》卷四释《孔子闲居》以明乐，释《仲尼闲居》以明礼，颇有中肯之论。其实马一浮治考据学，董理礼乐之繁文缛节，或较有发明，言义理则凿而诬，贼而乱矣。

“智大者悲深”。“禅家谓静三昧中瞥起一念即来义，此念法尔清净名之为觉，有照有用。迷之则为无明，因无明起念谓之不觉，此即儒者所言道心人心也，如来者无所以来亦无所去，正显道心，以此言志，志即仁也，犹彼言心即佛。”

“感者即常惺惺也，感而遂通天下之故，其感自发，故强名之曰来，不待物来而始感也。”

“无所以来亦无所去，即显常住之义。”

“过量人者，岂真过量哉，气志如神而已。”

“王莽、苏绰、王安石之流皆自记于行周礼，犹今之摸仿西洋政制也。”——按此言是贬，则荆公新法亦为其所不取如程朱乎？

(61)《讲录》五：“于气中见理，则全气皆理也，于器中见道则离道无器也。

老氏推之以本无，释氏拨之以幻有……而万物失其理矣。"

"今唯物论者云，正反合亦微有似处。然此言反者以相成为义，彼言反者以相信为义，便天地悬隔。"此非也，相反而后相成，若仅相成必不反矣。

"波罗提乃达摩弟子，其与异见王问答……若但据此能见能闻者便谓之性，是只识得气，犹告子言生之谓性矣……其言识神犹儒者所谓气也"。此则大谬。※（又云："其实神特气之精者而已。"）

"庄子言无听之以耳，而听之以心。……《楞严》亦云心闻洞十方，与庄子同意。"

"谓地球绕日而转，与谓日月绕地而转者，其实相同，如云驶月运，舟行岸移，未能克指其孰转也。"其糊涂如此。

"……唯是皇极一义，即此本来具足，当人圆证之全体大用也。以佛义言之，则曰真如……曰圆觉，并是显此一理……今不惜口过，不避仙谤，直为抉出明者自知。"又"以佛义言，皇极是事事无碍法界……""佛氏以证分二位，行先证后，此则行证是一位无前后。""天子犹言佛，庶民犹言众生。""彼言一念即之大阿僧祗劫，三大阿僧祗劫不过一念，谓之念劫圆融，在《洪范》则曰念用。""……实得力于念用，此先儒所不肯说，今不惜眉毛，特为拈出，若等闻听过，吾亦不奈何。"

"庄生以彭殇为可齐，佛氏以罪福为性空。皆一往之谈，非笃论也。"又云："殇子为寿，彭祖为夭，庄子之意，特以为物无不足耳，然终似矫枉太过，坏世间相，便非圆音，故不及老氏。罪性空都是以性中本罪相，因染幻而有也。福性空则不可，以性中本具无量功德相不可言无也。维摩偈云，无我无造无受者，善恶之业亦不亡，却如其分。"——安知所谓福者，非与罪相对者邪，此而不空，何能证理。

"世俗鄙夫，只知趋利避害，唯存徼福之心，不知修德之事为善而责报，等于求市利而图博进也。有一等人为导俗之浅言，专以福报诱人，是增长其利心，无异教人为恶，故儒者深恶为佛氏之说者，以求死后福利为归，痛斥其为利……梁武原是俗汉，达摩之言已将此辈破斥无余，岂希求福报，怀挟利心者，所能依托哉。自明季袁了凡一派至今流毒未已。"——此言亦有可取。

(62)《讲录》卷六云："杜顺《华严法界观门》，实与三易之旨冥符。真空观当不易义，理事无碍观当变易义，周遍含容观当简易义。"

"邵子曰：心为太极，此语最谛。又曰，道为太极，心外无道也。按邵子用老子天法道之说。"

"乐是文殊妙智，礼是普贤万行。"

“阴阳相搏，犹言理欲交战，圣人示之以克已复礼……”

“老子所谓功成身退天之道，佛氏谓之归寂，即八相成道之入涅槃也。

“尝谓二氏之学，实能于费中见隐，故当为易教所摄。彼其言有失之者，则私小之惑犹存耳。然此是微细所知愚未尽，亦非凡夫粗执所能梦见，若夫善言大者，老、庄亦不易几也。……大抵老、庄皆深于易而不能无失。洁静精微则佛氏圆顿之教实有之，非必其出于易之书也。”二氏之失，只是执有胜义谛，禅家谓之圣见犹存，在儒者言之，则犹不免于私小，然佛氏在圆顿教中已斥之无余。老、庄虽观缘而觉犹住涅槃，论见处即真，用处未是。”“佛氏之教有小大偏圆，中土圣人六艺之教，唯大无小，唯圆易偏，教相本大，机则有小，以大教被小机则成为小。”此则自语相违。“老子不言性命而言天道言常，庄子多言性命，佛氏多言性，少言命。”“庄子实有执性废修之弊。禅师家末流亦然此病，最误人如《田子方篇》设为老聃告孔子之言……”“佛氏言缘生之法，生则有灭，生唯缘去，灭唯缘灭，故彼之言，乃仗缘托境，无自体性。易之言生，则唯是实理，故不可以生为幻，此与佛氏显然不同……佛氏实能见性，然其说生，多是遮诠。故不可尽用。易教唯用表诠，不同遮诠，学者当知。遮则以生为过咎，表则显其唯是一真也。”“彼以色为心所现影，二俱是妄，此以器为道之流形，唯是一真，唯彼言无为法，其分齐乃当于此言道，横渠正蒙所简，正此义也。若《般若》明色空不二，《华严》显一真法界，则与此分齐无差，故贤首判相宗为始教。”“儒者简染只言习气不曰妄心，佛氏名心则真妄迢然，学者未析名相，往往迷乱，一往斥破，则以心为幻法，先儒所以非之。若其圆顿教义，唯显真常，固不得而异之。”——偶有似是之言，而皆不耐研剥，其糊涂诚不治之症也。

“孔子以前，易只掌于太小。未以为教也，故易教实自十翼而后大。文王演易不能强为之说，恐亦是观象玩辞而已。”——此则是。

“万物者吾心之万物也，幽明者吾心之幽明也……昼夜者吾心之昼夜也，神是吾心之神，易是吾心之易，此之谓性命之理，与此相应为顺不相应则违，顺此理则人道可得而立，违则易不可见而乾坤或几乎息矣。”又曰“是心遍摄一切法，是心即是一切法，圣贤千言万语只明此义……此之谓心要，此之谓六艺之源。”儒先无此言，乃释氏之言耳，盗释氏之说而以最高者归之于儒，反谓佛说有偏，斯人也，吾深耻之。

又《吹万集》皆其诸生之作依样画葫芦，几乎无可以言学问矣。湛翁之贻害如此。

(63)程大璋《无始终斋诗文集》有云：清代湖南学风，肇于王文清。文清字延鉴，宁乡人，钦定三礼，五代史皆出其手。其学以宋五子为宗，佐以《资治通鉴》、《九通》，明于义礼而期于实用，故农田水利及边防险要用兵之所系皆讲求焉。传罗典，典字慎斋；再传欧阳厚坤，厚坤字坦之，主岳麓书院，门人有贺长龄、荣崇、魏源、陈希钦、罗绕典、曾国藩及国荃、李星沅、汪根樵、邓县鹤、李篁西。篁西著有《耆献汇徵》，兼治词章，门人王闿运受业焉，复有王先谦，皮鹿门，皆文清余波所被也。县鹤喜阅王夫之书，曾国藩即定江南，县鹤为刻夫之书于金陵，自是湖南始人人知有王夫之之学。”

(64)五峰《知言》颇多精义，宜乎吕伯恭以为胜于《正蒙》也，如：

“天命为性，人性为心，不行己之欲，不用己之智而循天之理，所以求尽其心也。”

四大和合，无非至理，六尘缘影无非妙用，何事非真，何物非我，生生不穷，无断无灭，此道之固然，又岂人之所能为哉。

圣人明于大伦，理于万物，畅于四肢，达于天地，一以贯之，性外无物，物外无性，是故成己成物，无可无不可焉。

夫妇之道人丑之者，以淫欲为事者也。圣人安之者，以保合为义也，接而知有礼焉，交而知有道焉，唯敬者为能守而勿失也，语曰：乐而不淫，则得性命之正矣，谓之淫欲者，非陋庸人而何——吁。此正儒者之所争而以释氏为不知道者也。五峰此言，老实道出。而可自以为尽性，马一浮且可以圆融者也。第不知当交接时，为有欲否，为执著否，甚矣儒者之不知义也。又曰：“天得地而后有万物，夫得妇而后有男女，君得臣而后有万化，此一之道也，所以为至也。”可笑。

“自我而言，心与天地同流，夫何问之？”

性譬诸水乎，则心犹水之下，情犹水之澜，欲犹水之波浪。

释氏见理而不穷理，见性而不尽性，故于一天之中分别幻华真实不能合一，与道不相似也——马一浮之见似此。※（又曰：释氏有适而可有，适而不可，吾儒无可无不可。人能自强于行履之地，则必不假释氏淫遁之辞以自殆矣。释氏惟明一心，亦可谓要矣。然真孔子所谓好仁不好学者也。”）

圣人……德合天地，心统万物，故与造化相参而主斯道也。

执斧斤者听于施绳墨者，然后大厦成；执干戈者听于明理义者，然后大业定。

圣人妙而庸人所以不妙者拘滞于有形而不能道尔，今欲通之，非致知何适哉。

气之流行，性为之主。性之流行，心为之主。

荀子曰：有治人无治法，窃譬之欲拨乱反之正者，如越江湖，法则舟也，人则操舟者也。若舟破楫坏，虽有若神之技，人人知其弗能济矣，故乘大乱之时必变法，法不变而能成治功者，未之有也。

欲修身平天下者必先知天，欲知天者必先识心，欲识心者必先识乾，乾者天之性情也，乾道变化，各正性命，命之所以不已，性之所以不一，物之所以万殊也。万物之性，动植小大高下各有分焉，循其性而不以欲乱，则无一物不得其所，非知道者孰能识之。”

朱子《知言疑义》实不尽然，如五峰云：“心也者，知天地宰万物以成性者也。”此其倾向唯心论处。朱子虽不主此说，而其门弟子即有此倾向，且有以其理气二元之说为非者，又五峯云：“天理人欲同体。”“性无善恶。”此就理上说未始不可，且程子已有恶亦不可不谓之性之论。南轩以水清浊为譬，仍不知“理”也。（恶亦具此理，否则义不能成真用）龟山云：人欲非性，朱子云：圣人只说克己复礼，教人实下功夫去却人欲，便是天理。未尝教人求识天理于人欲汩没之中也。此皆不能答“人欲究从何处来”之问，况“求识天理于人欲之中”正是大机大用而朱子云：未尝教人如此做，妄也。阳明曰于声色货利中见性斯为尽理之谈。大约五峰之论，岂未能极尽精微，而与子朱子异辙，开陆、王之先河，似较明道更为明显，第明道能从工夫上说，五峰未能，此其不同处。又南轩释性无善恶有云：“夫其精微纯粹正当以至善名之。”此言亦同阳明。

又朱子亦非五峰心无死生之说，仍学派不同之故。五峰此论更可证知其倾向于唯心。

又云：“欲为仁必先识仁之体。”此语从明道来，而朱子非之，门户之见欤？

又云：“性不能不动，动则心矣。圣人传心教天下以仁也。”此亦唯心之论也，而其言简陋，朱子非之而欲致“心”为“情”字。

(65)罗近溪《盱坛直诠》马一浮序谓：“门人记录亦有稍疏于义者，然大体善启发人，使闻者直下认取自心，豁然无滞，实具活人手段，而予天地万物一体之理，昭昭然揭日月而行，可以袪沈霾阴翳之习，尤今日所亟宜提持者也。”此论亦是，惟近溪学力不足《学案》言：“论者谓龙溪笔胜舌，近溪舌胜笔，微谈剧论，所触若春行雷动，虽素不识学之人，俄顷之间，能令其心地开明。”此观其在大理所说可知，则颇具大宗匠体段也。又马一浮于序末有云：“知我罪我，一任后人论量。”其未忘毁誉是非也又如此，可发一笑。

“孔门宗旨，在于求仁，仁者人也，天地万物为一体者也。人以天地万物为一体则大矣，《大学》一书，联属家国天下以成其身，所以学乎其大者也，然自明明德始焉，明德者人之所不虑而知，其良知也。孩提之童无不知爱其亲，无不知敬其兄者也，老吾老以及人之老，长吾长以及人之长，幻吾幼以及人之幼，而家国天下运之掌矣，故曰大人者不失其赤子之心者也。”

"学大则道大，道大则身大，身大则通天下万世之命脉以为肝肠，通天下万世之休戚以为发肤疾痛疴痒，更无人我而浑然为一，斯之谓大人而已矣。

孝弟慈原人人不虑而自知，人人不学而自能，亦天下万世不约而自同者也。今只以所自知者而为知，以所自能者而为能，则其为父子兄弟，足法而人自法之，便唤做明明德于天下，又唤做人人亲其亲，长其长，而天下平也，此三件事从造化中流出，从母胎中带来，遍天遍地亘古亘今试看此时薄海内外风俗气候万有弗齐，而家家户户谁不以此三件事过日子也。

宇宙其一心矣乎，夫心生德也，活泼灵莹，融液孚通，天此生，地亦此生也，古此生，今亦此生也，无天地无古今而浑然一之者也。生之谓仁，生而一之之谓心。心一则仁一，仁一则生无弗一也。是故一则无间矣。无间者，此心之仁之所以纯乎其运也。一则无外矣，无外者，此心之仁之所以博乎其施也。（按：孩提之童，无不知爱其亲是也。敦知即此爱中亦含人欲乎？若扩此心而明明德于天下，是以教人扩充其私欲也。此儒者虽舌敝唇焦以告诰天下，而天下终不能平治之故欤？又若即扩此心而可以平治天下，置刑政法治于不问，天下宁能治平乎？儒者蔽于天而不知人卒无补于宋明之失也。悲夫、近溪论仁处（天人合一、物我同体）甚觉尽兴即"气之生生""心之仁一"实为其命根所在。然气何以能生生，彼所未言亦未知也。则其所谓生，所谓仁还是感情的，其所谓的仍是阳明之所谓心，未溯法源底也。近溪不过推阳明良知之说以及于无知，又推四端之发见而及于四威仪而已，——此为阳明学说末流之所必至，由此而变入狂禅矣）

"若人于此参透，则六十四卦原无卦，三百八十四爻原无爻，而当初伏羲仰观俯察，近取远求，只是一点落纸而已矣，此落纸取的一点，却真是黑董董而实明亮亮，真是圆陀陀而实光烁烁也……其初也同吾侪之见，谓天自为天，地自为地，人自为人，物自为物，争奈他志力精专以致天不爱道，忽然灵光爆破，粉碎虚空，天也无天，地也无地，人也无人，物也无物，浑作个圆团团光烁烁的东西，描不成写不就。信手秃点一点，元也无名也无字，后来只得唤他做乾，唤他作太极也，此便是性命的根源。"——以此为性命的根源，直是野狐，或受当时狂禅之影响。

"……比至有宋乃得程伯淳浑然与物同体之说偈之于先，陆子静宇宙一心无外之语，继之于后，入我朝来尊崇孔孟，曾颜大阐求仁正宗近得阳明。王先生发良知真体，单提显设，以化日中天焉。"又云："窃谓孔子浑然是易，颜子庶几乎复，而孟子庶几乎乾。"——此其意在于尊孟，盖陆、王皆从孟子入者。

"但今看来，道之为道，不从天降，亦不从地出，切近易见则赤子下胎之初，哑啼一声是也。听著此一声哑啼，何等迫切，想著此一声哑啼，多少意味，其时骨肉之情依依恋恋，毫发也似分离不开，真是继之者善，成之者性，而直见乎天地之心，亦真是推之四海皆准，垂之万世……孔子却指此爱根而名之为仁，推充此爱根以为人，合而言之曰：仁者人也，亲亲为大。"——这却是鬼话，王学流弊，从此处出。

"人之心，则天也。心之知则日月也，故心之在人，自朝至暮，自幼至老无非此知以为功用，舍知以言心，是无日月而能成天也，有是理哉。""汝等此时去家各远，试反观其门户人物器用各炯然在心否？众曰炯然在心，良久忽报有客将临，子复遍呼在坐曰：汝等此时皆觉得有客来否？众曰皆觉得。子曰，亦待反观否？众曰未尝反观……。其不待反观乃本体自生，所谓知也，其待反观者，乃工夫所生，所谓觉也。今须以两个合成一个，便是以先知觉，后知，而知乃常知矣。便是以先觉觉后觉，觉乃常觉矣。常知常觉是为圣人，而天下万世皆在其炯然中矣。问会语中谓不虑不学可同圣人，今我辈此体已失。恐须学虑。子曰，若只学虑，则圣终不可望矣。曰何以解之，良久谓曰：子闻予言乃遽生疑耶？曰：然。曰：此果吾子欲使之疑耶？曰：非欲之，但不能不疑也。子叹曰：是即为不学而能矣。子复呼之曰：吾子心中此时觉炯炯否？曰：甚是炯炯。曰：即欲不炯炯得乎？曰：自不容己。子曰：是非不虑而知也耶？……不虑而知是学问宗旨……不能以天理之自然者为复，而独于心识之炯然处求之，则天以人胜，真以妄夺……请君但浑身放下，视听言动都且信任天机自然而然。从前所喜胸次之炯炯，事务之循循，一切不做要紧，有也不觉其益，无也不觉其损。久则天自为主，人自听命，所谓不识不知顺帝之则矣。（继说捧茶童子却知之事而曰：人能以觉悟之窍而妙合不虑之良，使浑然为一而纯然无间，方是睿以通微，又曰神明不测也。")

（按：此一段亦是近溪精义，然而有执性废修之弊。又云："童子献茶来时，随众起而受之，已而从容啜毕。童子来接茶瓯时又随众而与之，君必以心相求，则此无非是心，以功夫相求，则此无非功夫；若以圣贤格言相求，则此亦可说动静，不失其时而其道光明也。"此则龙潭信之作用也，此是最上乘义。即从心所欲不逾矩之意，不可为无根底者道者也）

"性命之蕴能默识心通，便自朝至暮纵应感纷纭，却直养之功，荡平自在，静定之妙，寂照圆通，世人则终日汩泥于应感之偏，而至人则无日无时而不从容于不动之中矣。……禅家二乘者流。其坐入静，定有千百余岁，而一念不起者，然自明眼观之，终是凡夫。与此心真体，毫无干涉。"——此亦明道《定性书》之意。

"吾心之能知，人人皆认得，亦人人皆说得，至心体之无知，则人人皆认不得，人人皆说不得，天下古今之人，只缘此处认不真，便心之知也常无主宰。而杂扰以至表真。上智之资、深造之力，一闻此语则当下知体即自澄澈，物感亦自融通。所谓无知而无不知，而天下之真知在我矣。"

"心是活物应感无定而出入无常，即圣贤未至纯一处，其念头亦不免互动。"——夫即知此，则修不可废，而心理不可不明。徒曰性善，岂无益乎。

又论迷悟谓尘镜云日，不足以为喻，善喻莫若冰水，然水必遇寒而凝为冰，冰必遇暖而溶为水，此寒此暖非水与冰之所有，得与云日尘镜之喻同。此所谓知二五而不知一十也，理学家之言论大都如此。

"不可著句指破便即是心，而稍可著力执持处便总是意念。"

"赤子之心纯然无杂，浑然无为，形质虽有天人之分，本体实无彼此之异。故生人之初如赤子时与天甚是相近，奈何生而静后，却感物而动，动则欲已随之，少为欲间则天不能不变而为人，久为欲引则人不能不化而为物，甚而为欲所迷且蔽焉，则物不能不终而为鬼魅妖孽矣，到此等田地其喜怒哀乐，岂徒失天之则，亦且拂人之性，岂惟拂人之性，亦且造物之殃。——然则此时无良知耶？

"但能一觉，则日用间可以转凡夫而为圣人，不能一觉，则终身弃圣体而为凡夫，弃圣为凡则虽读书万卷，功名极品，也只如浮云超忽，草木荣朽而已……吾人一时觉悟，非不恍然有见，然知之所及，犹自肤浅，此后须是周旋师反、优游岁月、收敛精神、凝结心思……觉悟之功与良知之体如金光火色煅炼一团。异而非异，同而非同，但工夫虽少，去圣则尚远也。

问本体如何？曰无体之体，其真体乎？问功夫何如？曰无功之功，其真功乎？问体可见乎？曰仁者见之止谓之仁，智者见之止谓之智，不见之见乃真见也。又问三教何以别？曰，无而无始，堕于偏空，有而无适，得乎中正。

道也者不可须臾离也，人于是处彻却，则此身在天地间，从作孩提直至耄耋，与造化消息，浑成大片，道家者流，所谓呼接天根吸通月窟，无可著拣择，无可容回避之地之时也。——此其所以为杂也。

克去己私是原宪宗旨，不是孔、颜宗旨。

"夫一切世界皆我自生，岂得又谓有他。若见有他即有对，有对即有执，对执既滞，则愈攻而愈乱矣。能觉一切是我，则立地出头，自他既无，执滞俱化，是谓自目不瞪，空原无花也。"——此则全是佛理。

"天地万物为一体，使天地万物各得其所为极致，所谓大学，所谓明明德于天下，是吾师之门堂阃域，老吾老以及人之老，幼吾幼以及人之幼。所谓仁义之实，所谓道迩事易，是吾师之日用事物，赤子不虑之良知，不学之良能，与圣人不思不勉，天道之莫为莫致，是吾师之运用精神。师笑曰，予虽无如许层折，然大段亦得。”——此曹胤儒所述，而近溪自为印可者也。是讲学宗旨，不外于此。

“一夕卓吾公论西方净土甚详，师笑曰，南方北方东方独无净土耶？卓吾默默，众亦默然久之。寂无□哗者，师曰，即此便是净土，诸君信得及否，有顷，卓老徐曰，不佞终当披薙，师顾儒曰，此意何如？儒对曰，章甫而能仁，锱锡而素王，今人多未识得，师曰然然。”

“乾斋甘公问《念庵》，先生不信当下，其见云何？师曰，除却当下便无下手。当下何可不信？甘曰，今人冒认当下便是圣贤，及稽当下，多不圣贤，此念庵先生所以不信也。师曰，当下固难尽信，然亦不可不信，如当下是怵惕恻隐之心，此不可不信者也。当下是纳交要誉之心，此不可尽信者也，不可不信而不信之，则不识本体。此其所以不著察，不可尽信而苟信之，则冒认本体，此其所以无忌惮也。甘曰，怵惕恻隐便是圣贤否？师曰，此是圣体，扩而充之便是圣贤。”——即有当下之纳交要誉之心，则性何得谓之善。

“人唤做天地的心，则天地当唤做人的身，如天地谓人为主，却像人睡着了时，身子完全现在，却一些无用。”

“士人有以专持佛号求往生为学者，王奉常问曰，若此者何如？师曰，得无全靠彼乎？王曰学者拇心，方便之门不一，亦均之为有靠也，师曰，此当有辨。”

“天之昼夜果孰为之哉，盖以天有太阳周通不已成之者也。心在人身亦号太阳，其昭朗活泼亦何能以自已耶？所以死死生生，亦如环如轮往来不息也。有一年高者抚掌笑曰，不佞平生常以此系念，从今闻此稍稍夜心矣。”——此则近溪实取轮回之说。心如太阳之喻其确，而年高者之抚掌实为人之常情。

“孙怀智问师去后有何神通，师曰，神通变化，此异端也，我只平平。”

塘南王太常作师传记中有云：“先生于释典玄宗无不探讨，缁流羽客延纳弗拒，人所共知，而不知其取长弃短，确有定裁。门人中有阅《禅宗正脉》者，诸孙中有阅《中峰广录》者，先生见人之辄曰，尔曹慎勿观此禅家之书最令人躲闪，一入其中，如落陷井，更能转头出来复归大道者百无一二，戒之戒之，且潜心于大学孝弟北慈之旨可矣。”

(66)《明儒学案》、《泰州学案》四叙耿天台语云：“良知随事皆然，须用在欲明明德于天下上，则知乃光大。”梨洲驳之云：“此误认知识为良知也，知即明德，若言明德须用在明德上，无乃床上之床乎？”此论非也，若仅以明德为良知，则饮食男女之间无良知耶？总之此是儒门未究竟话头。又天台以李卓吾鼓偈狂禅，苦口匡救，然不敢犯张江陵不说学之忌视何心隐之死而不救，梨州贬之是也，然则良知之说果何用哉？

又近溪门人周汝登以无善无恶为性而梨洲驳之，以为"阳明言无善无恶心之体，原与性无善无不善之意不同，儒释之判端在于此。先生之无善无恶，即释氏之所谓空也，后来顾泾阳，冯少墟皆以无善无恶一言，排摘阳明，与阳明绝无干与。"此亦未是，盖未见性也。梨洲之于佛，较程朱为深造，然而仍未知空之所以为空。故于陶石篑录有云："时湛然澄，密云悟皆先生引而进之，张皇其教，遂使宗风盛浙于东浙，其流之弊，则重富贵而轻名节，未必非先生之过也"。此门户之见也。噫，学术天下之公言，而是非之不同如此，人亦得去邪伪存正道以实地为人乎？至若焦弱侯于佛极有心得，驳程、朱排佛之论皆当理，后更勘。※（海门有《九解》以驳许敬庵九谛，非阳明元善恶之说）

欧阳南野与罗整庵辩论良知，整庵谓以知恻隐羞恶恭敬是非为良知，知视听言动为知觉，殆如《楞伽》所谓真识及分别事识者。南野谓非知觉有二，恻隐是非之心，不离乎视听言动，未必皆得其恻隐羞恶之本然者，故就视听言动而言，统谓之知觉，就其恻隐是非而言，乃见其所谓良者。知觉未可谓之性，未可谓之理，知之良者，乃所谓天之理也。犹之道心人心非有二心，天命气质，非有二性。"南野虽有此救，亦不能补良知说之缺漏。（若谓知觉非性，知觉独无性乎？若云有性，与良知何别？设阳明在亦不能答）此是儒门未究竟话头也。至若整庵心性二元之论，则程、朱理学之缺，更难补缀矣。

管东溟云："乾元无首之旨，与华严性海浑无差别，易道与天地准，故不期与佛老之祖，合而自合……。唐宗以来，儒者不主孔奴释，则崇释卑孔，皆于乾元性海自起藩篱，故以乾元统天一案两破之也。"此与马一浮之说如出一辙。

焦弱侯之弟子田夫、夏廷美见李士龙讲经社，供奉一僧，拂衣而出。会中有言良知非究竟宗旨，更有向上一着，无声无臭是也——此亦可见明代儒释争衡之足迹。又赵大洲拟作二通，以括古今之书，内篇曰"经世通"，外篇曰"出世通"。出世通分二门：曰说，曰宗。说之为部三：曰经，曰律，曰论。宗之为部一，曰单传直指。又曰"仆之为禅，自弱冠以来敢欺人哉，试观仆之行事立身，于名教有悖谬者乎？则禅之不足以害人明矣，仆盖以身证之。梨洲云："朱子云，佛学至禅学大坏，盖至于今，禅学至棒喝而又大坏，棒喝因付属源流而又大坏。就禅教中分之为两，曰如来禅，曰祖师禅。如来禅者，先儒所谓语上而遗下，弥近理而大乱真者是也。祖师禅者，纵横捭阖，纯以机巧小慧牢笼出没其间，不啻远理而失真矣。今之为释氏者，中分天下之人，非祖师禅勿贵，递相属付，聚群不逞之徒，教之以机械变诈，皇皇求利，其害岂止于洪水猛兽哉。故吾见今之学禅而有得者，求一朴实自好之士而无有，假使达摩复来，必当折棒噤口，涂抹源流，而后佛道可兴。先生之所谓不足以害人者，亦以弥近理而大乱真者学之，古来如大年、东坡、无垢、了翁一辈，皆出于此，若其远理而失真者，则断断无一好人也。”此固梨洲门户之见，然明代宗门流弊，亦可见一班。

(67)亭林《日知录》皆系考据之作，言义理者甚少，且并不十分通达，故其价值不能估计过高，如一般所言者，兹节录若干则如下：

“连山归藏非易也而云三易者，后人因易之名以名之也。犹之墨子言周之春秋。燕之春秋，宋之春秋，齐之春秋。周、燕、宋、齐之史，非必皆春秋也。而云春秋者，因鲁史之名以名之也。※（春秋不始于隐公，晋韩，宣子聘鲁观书于太史氏见易象与鲁春秋。曰：“周礼尽在鲁矣，吾今乃知周公之德与周之所以王也。”）

陈无已以游魂为变为轮回之说，吕仲本（枏）辨之曰：长生而不化，则人多世何以容。长死而不化则鬼亦多矣。夫灯熄而然，非前灯也，云霓而雨，非前雨也，死复有生岂前生耶？

孔子论易见于论语者二章而已，曰：“加我数年五十以学易，可以无大过矣。”曰“南人有言曰，人而无恒不可以作巫医，善夫，不恒其德或承之羞，子曰不占而已矣。”是则圣人之所以学易者，不过庸言庸行之间而不在乎图书象数也……希夷之图，康节之书，道家之易也。自二子之学兴而空疏之人迂恒之士，举窜足迹于其中以为易，而其易为方术之书，于圣人寡过反身之学去之远矣。

“降衷于下民，若有恒性。”此性善之说所自出也。”“节性惟日其迈。”此性相近之说所自出也。

黄氏《日钞》曰，夫子述六经，后来者溺于训诂，未害也。濂、洛言道学，后来者借以谈禅，则其害深矣。孔门弟子不过四科，自宋以下之为学者则有五科，曰语录科。

刘石乱华，本于清谈之流祸，人人知之，孰知今日之清谈，有甚于前代者。昔之清谈谈老、庄，今之清谈谈孔、孟，未得其精，而已遗其粗，未究其本而先辞其末，不习六艺之文，不考百王之典，不综当代之务，举夫子论学论政之大端，一切不问而曰一贯，曰无言，以明心见性之空言代修已治人之实学，股肱惰而万事荒，爪牙亡而四国乱，神州荡覆、宗社丘墟，昔王衍妙善元言，自比子贡及为石勒所杀，将死顾而言曰，呜呼，吾曹虽不如古人，向若不祖，尚浮虚戮力以匡天下，犹可不至今日，今之君子，得不有媿乎其言。

性之一字，始见于商书，曰唯皇上帝，降衷于下民，若有恒性。“恒”即相近之义，相近近于善也，相远远于善也。故夫子曰，人之生也直，罔之生也幸而免（原注，人之生也直，即孟子所谓性善）人亦有生而不善者，如楚子良生子越椒，子文知其必灭若敖氏是也。然此千万中之一耳，故公都子所述之三说，孟子不斥其非而但曰乃若其情则可以为善矣，乃所谓善也。盖凡人之所不同而不论其变也……岂可以一而概万乎。故终谓之性善也。※（——按此皆不通之论。又有议心学一名之非亦不通，方东树亦已议之矣）

"自万历以上，法令繁而辅之以教化，故其治犹为小康。万历以后，法令存而教化亡，于是机变日增而材能日减，其君子工于绝缨而不能获敌之首，其小人善于盗马而不肯救君子之患。诚有如墨子所云，使治官府则盗窃，守城则倍畔，断狱则不中，分财则不均。《吕氏春秋》所云："处官则荒乱，临财则贪得，列近则持谏，将众则罢怯。"又如刘贲所云：谋不足以翦除奸凶，而诈足以抑扬威福，勇不足以镇卫社稷，而暴足以侵害闾里者，呜呼，吾有以见徒法之无用矣。"——呜呼，此亦今日之祸也。

"天下风俗最坏之地，清议尚存，犹足以维持一二，至于清议亡而干戈至矣。士大夫之无耻是谓国耻。"

"王尚书（世贞）发策谓今日之学者偶有所窥，则欲尽发先儒之说而出其上，不学则借一贯之言以文其陋，无行，则逃之性命之乡以使人不可诘，此三言者尽当日之情事矣。故王门高弟，为泰州、龙溪二人。泰州之学，一传而为颜山麓，再传而为罗近溪、赵大洲。龙溪之学一传而为何心隐，再传而为李卓吾，陶石篑。昔范武子论王弼、何晏二人之罪深于桀纣，以为一世之患轻，历代之害重；自丧之恶小，迷众之罪大。"此下又记李卓吾、钟伯敬之为人。

※（少林僧兵）
"少林寺中有唐太宗为秦王时赐寺僧教，其辞曰：王世充叨窃非据敢违天常、法师等并能深悟几变早识妙因，擒彼凶孽，廓兹净土，闻以欣尚不可思议。今东都危急，旦夕殄除，并宜勉终茂功，以垂令范。是时立功者十有三人，裴漼少林寺碑所称志操、惠玚、昙宗等，惟昙宗拜大将军，余不受官，赐地四十顷，此少林僧兵所起。考之《魏书》孝武帝西奔，以五千骑宿于瀍西杨王别舍，沙门都维那惠臻负玺，持千牛刀以从。《旧唐书》元和十年，嵩山僧圆净与淄青节度使李师道谋反，结勇士数百人伏于东都进奏院，乘洛城无兵欲窃发焚烧宫殿，小将杨进、李再兴告变。留守吕之膺乃出兵围之，贼突围而出入嵩岳山棚尽擒之。《宋史》范致虚以僧赵宗印充宣抚司参议官兼节制军马，宗印以僧为一军，号尊胜队；童子行为一军，号净胜队。然则嵩洛之间，固世有异僧矣。"又嘉靖中

少林僧月空受都督万表檄御倭于松江，其徒三十余人，自为部伍，持铁棒击杀倭甚众，皆战死。宋靖康时有五台僧真宝与其徒习武事于山中，钦宗召对便殿，命之还山聚兵拒金，昼夜苦战，寺舍尽焚，为金所得，诱劝百方终不顾曰，吾法中有口四之罪，吾即许宋皇帝以死，岂当妄言也，怡然受戮。而德佑之末，常州有万安僧起义者，作诗曰，时危聊作将，事定复为僧，其亦屠羊说之遗意者哉。——按少林僧歼倭事详嵇翥青《中日历代战史》。

(68)邵雍《皇极经世》其子伯温有附说，此外古今注者宋则张氏行成，祝氏泌，明则有黄氏畿（号粤州）、余氏守愚。清则有王氏植（号戆愚）、刘氏斯组（号斗田）。道光年间南海何梦谣辑释为《皇极经世易知》一书居然可观。

《卷一》末附喻嘉言说云："所云色界者即有形之体也所云无色界者，即无形之气也。色界天，日月星也，与天为体者也，无色界天辰也，无形无色之积气也。有体则有用，无体则无用。然有体者借无体者以为之运，则无用之用大矣。"——此怪论也。又卷二以会经运七黄氏附说云："庚辰辛已之世，当夬之兑壮頄来兑，则西域浮屠致自明帝，凶可知也。"则更可笑矣。

卷五观物篇五十一，即内篇一，至篇卷六内十二篇，皆术数家言也。其以易书诗春秋合之四时以附会世运，皆无可取。至云："夫古今者在天地之间犹旦暮也。以今观今则谓之今矣，以后观今则今亦谓之古矣，以古观今则谓之古矣，以古自观则古亦谓之今矣，是知古亦未必为古，今亦未必为今，皆自我而观之也。安知千古之前万世之后，其人不自我而观之也。"此论较通。

"夫人不能自富贵必待天与其富贵而后能富贵，则富贵在天也不在人也。有求而得之者，有求而不得者矣是系乎天者也。功德在人也不在天也，可修而得之，不修则不得，是非系乎天也。系乎人者也……如知其已之所以能得，人之所以能与，则天下安有不知量之人耶。天下至富也，天子至贵也，岂可妄意求而得之也，虽曰天命亦未始不由积功累行，圣君艰难以成之，庸君暴虐以坏之，是天欤是人欤？是知人作之咎固难逃矣，天降之灾禳之美益，积功累行，君子常分，非有求而然也，有求而然者所谓利乎仁者也，君子安有余事于其间哉。然而有幸有不幸者，始可以语命也已"。此矛盾自语相违之说。程，朱之说"至命"亦然。

"贤愚人之本性，利害人之常情。虞舜陶于河滨，付说筑于岩下，天下皆知其贤，而百执事不为举者，利害使之然也。吁，利害丛于中而矛戟森于外，又安知虞舜之圣而傅说之贤哉，河滨非禅位之所，岩下非求相之方，昔也在亿万人之下而今也在亿万人之上，相去一何远之甚也，然而必此云者，贵有名者也。"——此则几乎策士之论，然亦甚有理，于此可见邵雍似比程、朱识事物。

　　《外篇》两卷，邵伯温云："先君既捐馆，门弟子记其平生之言合二卷，名曰《观物外篇》。"张氏岷曰：'《内篇》先生所著之书也，《外篇》门弟子所记先生之言也。《内篇》理深而数略，《外篇》数详而理显。"——其实《内篇》亦并无深理，余未见《皇极经世》之时，因程、朱之称道，以为邵雍或有足为程、朱理学之借鉴者，今乃知非也。邵雍不过术数家而能体老、庄之余绪者耳，于道尚隔万重山也。有云："道生天地万物而不自见也，天地万物亦取法于道矣。""阳者道之用也，阴者道之体也。阳用阴，阴用阳。以阳为用则尊阴，以阴为用则尊阳也，阴几于道，故以况道也。"

　　※（又云："天地之本，其起于中乎，是以乾坤屡变而不离乎中。人居天地之中，心居人之中，日中则盛，月中则盈，故君子贵中也。"又云："杨雄作元，可谓见天地之心者也。"附注云："以其首中卦，中即天地之心也。"）

　　"先天之学心法也，故图皆自中起，万化万事生于心也。"——按此所谓心，非如佛说之心也，中心之意耳。故又云："先天图者环中也。"附注云："中图心即太极也，六十四卦环绕之。"

　　"乾坤起自奇偶，生自太极。"

　　"天使我有是之谓命，命之在我之谓性，性之在物之谓理。理穷而后知性，性尽而后知命，命知而后知至。"

　　"心为太极"，"人心当如止水则定，定则静，静则明。""先天学主乎诚，至诚可以通神明，不诚则不可以得道。""诚者主性之具，无端无方者也。""能循天理动者，造化在我也。得天理者不独润身，亦能润心，不独润心，至于性命亦润。"

　　以物喜物，以物悲物，此发而中节者也。"——此即明道，物各付物之意。

　　"经纶天地之谓才，远举必至之谓志，并包含容之谓量。"——此言大好。

　　"毋意毋必毋固毋我，合而言之则一，分而言之则二，合而言之则二，分而言之则四。始于有意，成于有我，有意然后有必，必生于意，有固然后有我，我生于固。意有心，必先期，固不化，我有已也。"——此释好。

　　"《易》之为书，将以顺性命之理者，循自然也……《春秋》循自然之理，而不立利意，故为尽性之书也。"

　　"刘绚问无为曰，时然后言，人不厌其言，乐然后笑人；不厌其笑，义然后取人不厌其取，所谓无为也。"

　　"老子知易之体者也。五千言大抵明物理，庄、荀之徒失之辨。"

　　"佛氏弃君臣父子夫妇，岂自然之理哉。"

　　按：外篇一至八卷大都言数。九卷以下似语录，然而无甚精义。卷十二有"性非体不成"之论，后附“更详之”三字，或谓邵伯温所加云。

(69)王临川长于经世之学，言义理则不甚达。如其论性情，乃欲合孟子、杨雄之说而一之，未可也。※（考《两宋思想述评》眉批）又如《礼乐论》云：“气之所禀命者心也，视之能必见，听之能必闻，行之能必至，思之能必得，是诚之所至也。不听而聪，不视而明，不思而得，不行而至，是性之所固有，而神之所自生也。尽心尽诚者之所至也。故诚之所以能不测者性也，贤者尽诚以立性者也，圣人尽性以至诚者也。神生于性，性生于诚，诚生于心，心生于气，气生于形。形者有生之本，故养生在于保形，充形在于育气，养气在于宁心，宁心在于致诚，养诚在于尽性。……不养生不足以尽性也，生与性之相因，犹志之与气相表里也。生浑则蔽性，性浑则蔽生，先王知其然，是故体天下之性而为之礼，和天下之性而为之乐。礼乐者，先王所以养人之神，正人气而归正性也。是故大礼之极简而无文，大乐之极易而希声，简易者，先王建礼乐之本意也。……古之言道者莫先于天地，言天地者莫先乎身，言身者莫先乎性，言性者莫先乎精。精者天之所以高，地之所以厚，圣人所以配云，故御人莫不尽能而造父独得之……”此种议论似是而实不妥。

其论老子云：“道有本有末。本者万物之所以生也，末者万物之所以成也。本者出之自然，故不假乎人之力，而万物以生也。末者涉乎形器，故待人力而后万物以成也。夫其不假人之力而万物以生，则是圣人可以无言也，无为也。至乎有待于人力而万物以成，则是圣人之所以不能无言也，无为也。故昔圣人之在上，而以万物为己任者必制四术焉。四术者礼、乐、刑、政是也，所以成万物者也。故圣人唯务修其成万物者，不言其生万物者，老子者独不然，以为涉乎形器者皆不足言也，不足为也。故抵去礼、乐、刑、政，而唯道之称焉，是不察于理而务高之过矣……”即此亦可见荆公为学之短长矣。又其论庄、周，能知庄子之言出于环境之激发，较程、朱之论为允当。

《禄隐篇》为杨雄之附王莽辨，然未说出王莽之足附者。荆公似甚好杨雄。读荆公文集，十九皆言世务者，其十一之言义理者不甚可取，文沉鸷有力而古拗如其人。《书金刚经义赠吴珪》云：“惟佛世尊，具正等觉，于十方刹见无边身，于一寻身说无量义……理穷于不可得，性尽于无所住，金刚般若为最上乘。”此其所以舍宅为寺而不复如程、朱，挦佛说于儒家乎。其辟佛之论仅于礼乐论中云：“浮屠直空虚穷苦绝山林之间，然后足以善其身”而已。又答曾巩书云：“方今乱俗不在于佛，乃在学士大夫沉没利欲以言相尚不知自治而已。”至答蒋颖叔书则荆公于佛理诚有研究，书如下：

“所谓性者，若四大是也，所谓无性者，若如来藏是也，虽无性而非断绝，故曰一性，所谓无性，曰一性所谓无性。则其实非有非无。此可以意通难以言之。惟无性故能变，若有性则火不可以为水，水不可以为地，地不以为风矣。长来短对，动来静对，此但令人易著尔，若了其语意，则虽不著二边，而著中边。此亦是著……若知应生无所住心，则但有所著皆在所何……佛不二法离一切计度言说。谓之不二法，亦是方便。”

(70)孔星衍《孔子集语》所集孔子之遗语，类多出于后人之所附会，如《劝学篇》所录《大戴礼·劝学》，“孔子曰，吾尝终日思矣……”云云，实即荀子劝学篇之文。大戴礼加“孔子曰”三字，即以为孔子之说不可也。又《亢仓子·训道篇》云：“闵子骞问仲尼道之与孝相去奚若，仲尼曰，道者自然之妙用，孝者人道之至德，夬其包运天地，发育万物，曲成万类，布丕性寿其功至实，而不为物府，不为事官，无为功尸扪求视听，莫得而有，字之曰道，用之于人字之曰孝。”此决非仲尼之言。然所谓道则颇似宋儒之论。又《说文》引孔子曰：“一贯三为王，推十合一为士，黍可为酒，禾入水也，粟之为言续也。”更属附会，谁知其依据乎？

又《主德五》、《韩非子》难云：“昔者文王侵盂，克莒，举酆，三举事而纣恶之，文王乃惧。请入洛西之地。赤壤之国方千里以请解炮烙之刑，天下皆说，仲尼闻之曰，仁哉文王，轻千里之国而请解炮烙之刑；智哉文王，出千里之地得天下之心。”勘此文气，文王与仲尼同时。则此仲尼非孔子矣，而以为孔子之语。大约《论语》之外孔子之说大都出于类此依托。马一浮言二戴记多孔子之微言大义，过矣。（又《淮南子》齐俗训孔子闻晋平公，楚庄王之言而嘉叹之，亦出依托。盖平公、庄王皆在孔子前也，孔子何能闻其言？）

通观《集语》皆依托附会之文也。孔子之没，人固以圣贤尊之矣，说道德谈仁义者固可托之于孔子矣，识坟羊，辨巨骨者亦孔子矣，谶纬家乃□为种种无稽之神话，或者又有孔子使子贡戏阿谷之处女（《韩诗外传》），取采桑之女以自侍（《楚辞七谏》），而子路复有谋杀孔子之事（《金楼子杂记》），于是孔子之为孔子益不得知矣。

(71)《墨子·亲士篇》云：“今有五锥，此其铦，铦者必先挫。有五刀，此其错，错其必先靡。是以甘井近竭，招木近伐，灵龟近灼，神蛇近暴，是故比干之殪其抗也。孟贲之杀其勇也，西施之沉其美也，吴起之裂其事也，故彼人者，寡不死其所长，故曰太盛难守也。”又云：“是故天地不昭昭，大水不潦潦，大火不燎燎。王德不尧尧者，刀千人之长也。其直如矢，其平如砥，不足以覆万物，是故溪溪陕者速涸，逝浅者速竭，墝埆者其地不育。王者淳泽，不出宫中，则不能流国矣。”此其言论颇近老庄，可怪也，《亲士篇》或者以无“子墨子”之字，疑为墨子所自著。

又"贤君不爱无功之臣，慈父不爱无益之子。"——功利之说，乃入于君臣父子之间。

《所染篇》墨子见染丝苍黄变色，而曰国亦有染，舜染于许由伯阳当而王天下，举天下之仁义，显人必称之，纣染于恶来不当而国残，举天下不义辱人必称之，则人因染不同而有仁不仁，然则人固为素藉染而后有色者乎，同告子性无善恶之说矣。

《法仪篇》云："天之行广而无私，其施厚而不德，其明久而不衰，故圣王法之……天必欲人之相爱相利，而不欲人之相恶相贼。"——墨子法天，与张载《正蒙》法天之说同。※（墨子法天同宋儒之法天。）惟张以为仁，而此曰兼爱，然天无私等则同。又"爱人利人者，天必福之，恶人贼人者天必祸之，曰杀不辜者，得不祥焉。夫奚说人为其相杀而天与祸乎？是以天欲人相爱相利而不欲人相恶相贼也。"此祸福之说亦与宋儒同。※（《尚贤》中卷云："内有以食饥息劳，将养其万民，外有以怀天下之贤人，是故上者天鬼富之……"此似亦指自然之因果律言）

《七患篇》言国有七患，皆从物质环境上立论，与儒家从心上说起者不同。王安石之言或本于此。

《辞过》篇言欲民易治，必先富国。此与宋明儒者之政治论极端相反。墨子之言激于时事，而欲救天下之乱，复能身体力行，是诚志士仁人，惜乎其言太过，不顺人情，故为儒者所攻而即消声匿跡也。

又有云："用财少而为利多，是以民乐而利之，故法令不急而行，民不劳而止。"按用财少而为利多，为墨子政治论亦即其功利主义之主脑。

《尚贤》卷中："夫高爵无禄，民不信也，曰，此非中实爱我也，假借而用我也。"

王安石上仁宗书亦有此说，或者当时官吏俸禄不厚，宋、明之亡，亦坐此弊，墨子此论非常沉痛。

《尚同》卷上云："天子唯能一同天下之义，是以天下治。"此几如今日极权国之政策。又有云："今若天飘风若雨凑凑而至者，此天之所以罚百姓之不上同于天者也。"此则灾祥之说矣。又《上同》卷中云："故古者圣王明天鬼之所欲，不避天鬼之所憎，以求兴天下之利，除天下之害，是以率天下之万民斋戒沐浴洁为酒醴粢盛以祭祀天鬼，其事鬼神也，酒醴粢盛不敢不蠲洁，牺牲不敢不腯肥……听狱不敢不中，分财不敢不均，居处不敢怠慢。"——按欲上同而祭天鬼，欲得天鬼之所欲而听狱不敢不中，盖即所谓神道设教。※（《尚同》卷下云："故曰治天下之国若治一家，使天下之民若使一夫，意独子墨子有此。"——此墨子之

过。而彼诩诩，然自以为得，故曰其道难行）

《兼爱》卷上云："子自爱不爱父，故亏父而自利。弟自爱不爱兄，故亏兄而自利。臣自爱不爱君，故亏君而自利。此所谓乱也……父自爱也不爱子，故亏子而自利。兄自爱也不爱弟，故亏弟而自利。君自爱也不爱臣，故亏臣而自利。是何也？皆起不相爱，虽至天下之为盗贼者亦然。盗爱其室不爱其异室，故窃异室以利其室。贼爱其身不爱人，故贼人以利其身。此何也？皆起不相爱。至大夫之相乱家，诸侯之相攻，国者亦然。"——此则颇似佛教我执之说。

《天志》卷上云："顺天意者兼相爱，交相利必得赏。反天意者别相恶，交相贼必得罚……昔三代圣王禹汤文武，此顺天意而得赏也，昔三代之暴王桀纣幽厉，此反天意而得罚者也。"——此所谓天意或亦孟子天听天视之天意乎？又云："且吾言杀一不辜者，必有一不祥，杀不辜者谁也？则人也，予之不祥者谁也，则天也。若以天为不爱天下之百姓，则何故以人与人相杀而天予之不祥，此我所以知天之爱天下之百姓也。顺天意者义政也，反天意者力政也。"——此颇有基督教意味。

又云："然则孰为贵孰为知，曰天为贵，天为知而已矣。然则义果自天出矣。"义出自天似义理之天。然又有云："天子有疾病祸祟，必斋戒沐浴洁为酒醴粢盛祭祀天鬼，则天能除去之。"则又似鬼神之天。又云："上利乎天，中利乎鬼，下利乎人，三利无所不利，是谓天德，聚敛天下之美名而加之焉曰此仁也义也。爱人利人顺天之意，得天之赏者也……《皇矣》道之曰，帝谓文王予怀明德不大声以色，不长夏以革，不识不知，顺帝之则。"——此顺帝之则一言，宋儒以之充实其形上学，乃墨子亦取之，然而意别。

《明鬼》卷下云："民之为淫暴寇乱盗贼以兵刃毒药水火退无罪人乎？道路率径，夺人车马衣裘以自利者并作由此始，是以天下乱，此其故何以然也？则皆以疑惑鬼神之有与无之别，不明乎鬼神之能赏贤而罚暴。今若使天下之人借若信鬼神之能赏贤而暴罚，则夫天下岂乱哉。"——此亦合于人情之论，然其有鬼神论之证明，不过出诸传闻，人何能信之。※（宋儒所论固高，然不能为中人所知）

墨子之书大都为针对儒家而说，《非命》卷上云："执有命者言曰，上之所罚，命固且罚，不暴故罚也，上之所赏，命固且赏，非贤固赏也。以此为君则不义，为臣则不忠，为父则不慈，为子则不孝，为兄则不良，为弟则不弟，而强执此者，此持凶言之所自生而暴人之道也。"此实对儒家之言"富贵有命"者言，非命故主力。《非命》卷下云："天下之治也，汤武之力也。天下之乱也，桀纣之罪也，若以此观之，夫安危治乱存乎上之为政也，则夫岂可谓有命哉。"

《非儒篇》攻击儒家之处有八：

（1）丧礼失尊卑之次。（2）亲死登屋窥井挑鼠穴，探涤器以求其人。（3）取妻身迎祗禂为仆。（4）强执有命。（5）古言服然后仁。（6）君子循而不作。（7）胜不逐奔，揜函弗射，施则助之胥东。（8）君子若钟，击之则鸣，弗击不鸣。——按此皆从儒家之流弊上攻击。又有云："夫繁饰礼以淫人，久丧伪哀以谩亲，立命缓贪而高浩居，倍本弃事而安怠傲，贪于饮酒，惰于作务。※（此段文讹脱处多。）陷于饥寒，危于冻馁，无以违之，是若人气鼸鼠藏而羝羊视。贲彘起，君子笑之，怒曰散人，焉知良儒。夫夏乞麦、禾，五谷既收，大丧是随。子姓皆从得厌饮食，毕治数丧足以至矣。因人之家翠以为，恃人之野以为尊富，人有丧乃大说喜曰，此衣食之，端也。"——此段形容儒者丑态甚有趣。其下更有假晏子议论孔子之处。亦若宋、明执政者之非道学者，盖皆见其流弊而言，非尽出于嫉娼。※（《公孟篇》非儒之论同此）

《耕柱》、《贵义》、《公孟》三篇，皆记墨子平日之言行者。《公孟篇》有云："子墨子谓程子曰，儒之道足以丧天下者四政焉，儒以天为不明，以鬼为不神，天鬼不说，此足以丧天下。又厚葬久丧，重为棺椁，多为衣衾，送死若徙，三年哭泣，□后起，扙后行，耳无闻，目无见，此足以丧天下。又弦歌鼓舞，习为声乐此足以丧天下。又以命为有贫富寿夭，治乱安危有极矣不可损益也，为上者行之不必听治矣，为下者行之必不从事矣，此足以丧天下。"

(72) 黄东发《日抄·论贾谊新书》云："……若其分王诸侯施行汉事后多卒如其说，真洞识天下之势者也。然要其本说以道为虚，以术为用，则无得于孔子之学，盖不过以智略之资，战国之习，欲措置汉天下尔。"此言甚是。所谓道为虚者《新书》卷八《道术》篇云："道者所从接物也，其本者谓之虚，其末者谓之术。虚者言其精微也，平素而无设施也。术也者，所从制物也，动静之数也。凡此皆道也。曰请问虚之接物何如？对曰，镜仪※（俞樾云：仪讹为俄，俄倾貌）而居，无执不臧，美恶毕至，各得其当，衡虚无私，平静而处，轻重毕悬，各得其所。明主者南面而正，清虚而静，令名自宣，命物自定，如鉴之应，如衡之称，有舋和之，有缟随之，物鞠其极而以当施之，此虚之接物也。曰请问术之接物何如？对曰，人主仁而境内和矣，故其士民莫弗亲也，人主义而境内理矣，故其士民莫弗顺也……周听则不蔽，稽验则不惶……此术之接物之道也。其为原无屈，其应变无极，故圣人尊之。夫道之详不可胜述也……故守道者谓之士，乐道者谓之君子，知道者谓之明，行道者谓之贤，且明且贤，此谓圣人。"——按此所云道虚黄、老之说也。

又有《道德说》一篇，言德有六理、六美。六理者：道、德、性、神、明、命。六美者：道、仁、义、忠、信、密。然而其文讹脱不可读，当更勘。

(73)《晏子》前代或列之儒家，柳宗元谓墨士之徒为之，《郡斋读书志》、《文献》、《通考》承之，《孔丛子》则谓察传记。晏子之所行，未有以异于儒，刘向谓："又有颇不合经术，似非晏子言，疑后世辩士所为者。"柳宗元以为墨氏之徒为之非也（叙晏子观景公卦孔子事与《晏子·非儒》所载者同）。

《孔丛子》谓不异于儒亦非也。大抵晏子明于治道而能"做官"者也。《外篇》第七有云："夫古之有死也，今后世贤者得之以息不肖者得之以伏，若使古之王者毋知有死，自昔先君太公至今尚在，亦安得此国而哀之。夫盛之有衰、生之有死，天之分也，物有必至，事有常然，古之道也，曷为可悲，至老尚哀死者怯也。"——此与《西铭》"没吾宁也"之说似

又云："礼之可以为国也，久矣，与天地并立，君令臣忠、父慈、子孝、兄爱、弟敬、夫和、妻柔、姑慈妇听，礼之经也。君令而不违，臣忠而不二，父慈而教，子孝而箴，兄爱而友，弟敬而顺，夫和而义，妻柔而贞，姑慈而从，妇听而婉，听之质也。"——此则近儒家之论。又云："婴闻之，能足以瞻上益民而不为者，谓之不仁。"此则似墨家之论。

(74)《吕氏春秋·贵生篇》云："道之真以持身，其绪余以为国家，土苴以治天下。由此观之，帝王之功，圣人之余事也，非所以完身养生之道也。"《情欲篇》云："天生人而使有贪有欲，欲有情，情有节，圣人修节以止欲，故不过行其情也……圣人之所以异者，得其情也。"

《尽数篇》云："天生阴阳寒暑燥湿四时之化，万物之变，莫不为利，莫不为害。圣人察阴阳之宜，辨万物之利以便生，故精神安乎形而年寿得长焉。一长也者，非短而续云也。毕其数也，毕数之福，在乎去害。"——按毕数即宋儒至命之谓也。

《先己》云："为天下者不于天下，于身……故反其道而身善矣。行义则人善矣，乐备君道而百官已治矣，万民已利矣。三者之成也在于无为，无为之道曰胜天……故欲胜人者必先自胜，欲论人者必先自论，欲知人者必先自知。"

《论人》云："主道约，君守近，太上反诸己，其次求诸人；其索之弥远者，其推之弥疏；其求之弥强者，失之之弥远，何谓反诸己也，适耳目节嗜欲释智谋，去巧故而游意乎无穷之次，事心乎自然之途，若此则无以害其天矣。无以害其天则知精，知精则知神，知神之谓得一。凡彼万形，得一后成，故知一则应物变化，阔大渊深，不可测也。德行昭美比于日月不可息也……故知知一则复归于朴，嗜欲易足取养节薄不可得。（高诱注云：不可得使多欲厚自养也，一

日若此人者不可得。）离世自乐，中情洁白，不可量也。威不能惧，严不能恐，不可服也……故知知一，则若天地然，则何事之不胜，何物之不应。"

《圆道》云："……何以说天道之圆也？精气一上一下，圆周复杂，无所稽留，故曰天道圆。何以说地道之方也？万物殊类殊形，皆有分职，不能相为，故曰地道方……日夜一周圆道也。物动则萌，萌而生，生而长，长而大，大而成，成乃衰，衰乃杀，杀乃藏，圆道也。云气西行云云然，冬夏不辍，水泉东流，日夜不休，上不竭下不满，小为大，重为轻，圆道也……"

《大乐》云："太一出两仪，两仪出阴阳，阴阳变化一上一下，合而成章，浑浑沌沌，离则复合，合则复离，是谓天常。天地车轮，终则复始，极则复反，莫不成当。日月星辰，或疾或徐，日月不同，以尽其行。四时代兴或暑或寒，或短或长，或柔或刚，万物所出造于太一，化于阴阳。……道也者视之不见，听之不闻，不可为状，有知不见之见，不闻之闻，无状之状者，则几于知之矣。道也者至精也，不可为形，不可为名。强为之谓太一，故一也制令，两也者从听。"

※（《恃君览》亦有些说）

《荡兵》云："蚩尤非作兵也，利其械矣，未有蚩尤之时，民固剥林木以战矣，胜者为长，长则犹不足治之，故立君。君又不足以治之，故立天子，天子之立也出于君，君之立也出于长，长之立也，出于争，争斗之所自来者久矣，不可禁不可止。故古之贤王有义兵而无有偃兵……今世之以偃兵疾说者终身用兵而不自知悖……"又《振乱》云："今之世学者多非乎攻伐，非攻伐而取救守，取救守则乡之所谓长有道而息无道，赏有义而罚不义之术不行矣……今无道不义存，存者赏之也，而有道行义穷，穷者罚之也。……故乱天下，害黔首者，若论为大。"《禁塞》："苟义攻伐亦可，救守亦可，兵不义攻伐不可，救守不可……救守之说出则不肖者益本也，贤者益疑也。故大乱天下者，在于不论其义，而疾（高诱注疾犹争）取救守。"此反对墨子非攻之论，亦合情理。

《安死》云："诗曰不敢暴虎不敢冯河，人知其一，莫知其他，此言不知邻类也，故反以相非，反以相是，其所非方其所是也，其所是方其所非也。是非未定而喜怒斗争反为用矣。吾不非斗，不非争，而非所以斗，非所以争，故凡斗争者，是非已定之用也。今多不先定其是非而先疾斗争，此惑之大者也。"——学术界之是非斗争，大都如此。

《序意》云："故之清世，是法天地，凡十二纪者，所以纪治乱存亡也，所以知寿夭吉凶也，上揆之天，下验之地，中审之人，若此则事非可不可无所遁矣。天曰顺顺维生，地曰固固维宁，人曰信信维听，三者咸当，无为而行，行也者，行其理也。行数循其理，平其私。夫私视使目盲，私听使耳聋，私虑使心狂，三者皆私设。精则智无由公，智不公则福日衰，灾日隆。"※（俞樾："精之言甚也，谓目耳心三者皆为私设，至其甚则智无由公。"）

　　《应同》云："祸福之所自来，众人以为命，安知其所……尧为善而众善至，桀为非而众非来。《商箴》云："天降灾布祥，并有其职以言祸福人或召之也。"

　　《本味》云："审近所以知远也，成己所以成人也，圣王之道要矣。"

　　《遇合》云："乱则愚者之多幸也，幸则必不胜其任矣。任久不胜则幸反为祸，其幸大者其祸亦大，非独祸及己也。"——此似辨证之说，亦可以解释今日之祸源。

　　《君守》："得道者必静，静者无知，知乃无知，可以言君道也……故曰天无形而万物以成，至精无象而万物以化，大圣无事而千官尽能，此乃谓不教之教，无言之诏……君也者以无当为当，以无得为得者也，当与得，不在于君而在于臣，故善为君者无识，※（俞：无识，无职之误。）其次无事。"

　　《执一》云："王者执一而为万物正……一则治，两则乱。"《慎势篇》云："故一则治，异则乱，一则安，异则危，夫能齐万不同愚智工拙皆尽力竭能如出乎一穴者，其唯圣人乎。"——按此与墨子尚同之说稍相似。

　　《执一》又云："楚王问为国于詹子，詹子对曰，何闻为身不闻为国。詹子岂以国可无为哉？以为为国之本在于为身，身为而家为，家为而国为，国为而天下为。故曰以身为家，以家为国，以国为天下。此四者异位同本。故圣人之事，广之则极宇宙，穷日月，约之则无出乎身者也。"——此亦似大学之八目，然而《吕氏春秋》注重政治，观十二纪之序意可知，故名曰春秋也。方正学云："其书诚有足取者《节丧》、《安死》篇，讥厚葬之弊。其《勿躬篇》言人君之要在任人。《用民篇》言刑罚不如德礼。《达郁·分职》篇皆尽君人之道，切中始皇之病，其后秦卒以是数者偾败亡国，非知几之士岂足以为之哉。"是也。

　　※（《上德》云："为天下及国莫如以德，莫如行义，以德以义不赏而民劝，不罚而邪止。此神农、黄帝之政也。"）

　　《离俗览》云："世之所不足者，理义也，所有余者忘苟也。"《举难》云："君子责人则以人，自责则以义。"此皆名言至理。

　　《知分》云："达士者达乎死生之分，达乎死生之分，则利害存亡弗能惑矣……凡人物者，阴阳之化也，阴阳者造乎天而成者也，天固有衰嗛废伏，有盛衰瓮息，人亦有困穷屈匮，有充实达遂，此皆天之容物理也，而不得不然之数也。古圣人不以感私伤神，俞然而以待耳……命也者，不知所以然而然者也，人事智巧以举错者，不得与焉。故命也者，就之未得，去之未失，国士知其若此也。故以义为之决而安处之。"——此宋儒至命之论也。

《行论》云："诗曰（高注逸诗也），将欲毁之，必重累之。将欲踣之，必高举之。"——此近老子之论。据此可知老子立说，非无所本。

《一行篇》以君臣、父子、兄弟、朋友、夫妻为"十际"。

《博志》云："精而熟之，鬼将告之。非鬼告之也，精而熟之也。"

《贵当》云："治物者不于物于人，治人者不于事于君，治君者不于君于天子，治天子者不于天子于欲，治欲者不于欲于性，性者万物之本也。不可长不可短，因其固然而然之，此天地之数也。"

《似顺篇》云："事多似倒而顺，多似顺而倒，有知顺之为倒，倒之为顺者，则可与言化矣。至长反短，至短反长，天之道也。"

《有度》：唯通乎性命之情而仁义之术自行矣。先王不能尽知执一而万物治，使人不能执一者，物感之也。故曰通意之悖，解心之缪，去德之累，通道之塞。贵富显严名利六者，悖意者也。客动色理气意六者，缪心者也。恶欲喜怒哀乐六者，累德者也。智能去就，取舍六者，塞道者也。此四六者，不荡乎胸中则正，正则静，静则清明、清明则虚，虚则无为而无不为也。"

《上农》云："古先圣王之所以导其民者，先务于农，民农非徒，为地利也。贵其志也，民农则朴，朴则易用，易用则边境安，主位尊。民农则重，重则少私义，少私义则公法立，力专一，民农则其产复，其产复则重徙，重徙则死其处而无二虑。民舍本而事末则不令（善也），不令则不可以守，不可以战。民舍本而事末，则其产约，其产约则轻迁徙，轻迁徙则国家有患，皆有远志，无有居心。民舍本而事末则好智，好智则多诈，多诈则巧法令，以是为非，以非为是。后稷曰，所以务耕织者，以为本教也。"※（《管子·治国篇》之说同）

⑦⑤《管子·牧民》云："凡有地牧民者务在四时，守在仓廪。国多财则远者来，地辟举则民留处，仓廪实则知礼节，衣食足则知荣辱，上服度则六亲固，四维张则君令行。故省刑之要在禁文巧，守国之度在饰四维，顺民之经在明鬼神，祇山川，敬宗庙，恭祖旧。"此数言也，诚牧民之要图。又云："政之所兴在顺民心，政之所废在逆民心，民恶忧劳，我佚乐之，民恶贫贱，我富贵之。民恶危坠，我存安之，民恶灭绝，我生育之……故知予之为取者，政之宝也。"此言有道家气息，又云："错国于不倾之地者授有德也，积于不涸之仓者务五谷也，藏于不竭之府者养桑麻育六畜也，下令于流水之原者，令顺民心也。使民于不争之官者，使各为其所长也，明必死之路者严刑罚也。开必

得之门者，信庆赏也，不为不可成者量民力也，不求不可得者不强民以其所恶也，不处不可久者不偷取一世也，不行不可复者，不欺其民也。"此错之政治莫不咸宜。※（《权修》云："上恃龟筮，好用巫医，则鬼神骤祟，故功之不立，名之不章。"明鬼神而不崇之，异于墨子）

《形势》云："欲王天下而失天之道，天下不可得而王也。得天之道，其事若自然，失天之道，虽立不安，其道既得，莫知其为之，其功既成莫知其释之，藏之无形，天之道也。"

《权修》云："厚爱利足以亲之，明智礼足以教之。上身服以先之，审度量以闲之，乡置师以说道之，然后申之以宪令，劝之以庆赏，振之以刑罚，故百姓皆说为善则暴乱之行无由至矣。"又云："欲民之可御，则法不可不审，法者将立朝廷者也，则爵服不可不贵也……录赏不可不重也……授官不可不审也……刑罚不可不审……"

《立政》云："寝兵之说胜，则险阻不守；兼爱之说胜，则士卒不战；全生之说胜，则廉耻不立……。"此对杨、墨而言，决非管子之说，大约《管子》系后人伪托之书。叶水心云："《管子》非一人之笔，亦非一时之书，莫知谁所为。以其言毛嫱、西施，吴王好剑，推之当是春秋末年。"黄震亦云："《管子》书不知谁所集，乃庞杂重复，似不出一人之手。《心术》、《内业》等篇皆影附道家以为高，《侈靡》、《宙合》等篇，皆刻研隐语以为怪。《牧民篇》最简明。"大约近似，然恐战国时书也。※（《版法》云："兼爱无遗是谓君心"，或非主兼爱之说）

《乘马》云："无为者帝，为而无以为者王，为而不贵者霸，不自以为所贵则君道也，贵而不过度则臣道也。"

《宙合》云："宙合之意上通于天之上，下泉于地之下，外出于四海之外，合络天地以为一裹，散之至于无间不可名而山，是大之无外，小之无内，故早有橐天地，其义不传。"此文疑有讹脱。

《枢言》云："吾畏事不欲为事，吾畏言不欲为言，故行年六十而老吃也。"不知何人之语。

《兵法》云："善者之为兵也，使敌若据虚，若搏景，无设无形焉，无不可以成也，无形无为焉，无不可以化也。此之谓道矣，若亡而存，若后而先，威不足以命之。"此以道家言兵之说也。

《戒》云："圣人齐滋味而时动静，御正六气之变，禁止声色之淫，邪行亡乎体，违言不存口，静然定生圣也。仁从中出，义从外作，仁故不以天下为利，义故不以天下为名……是故圣人上德而下功，尊道而贱物，道德当身故不以物惑。是身在草茅之中而无惧意，南面听天下而无骄色，如此而后可以为天下王。所以谓德者，不动而疾，不相告而知，不为而成，不召而至，是德也。故天不动四时云，下而万物化，君不动政令陈，下而万功成（俞云：云字陈字皆绝句，下而万物化，言天气下行而万物自化也。下而万功成，言君道下行而万功自成也。王氏引之谓云即运字，得之）心不动使四肢耳目而万物情，寡交多亲谓之知人，寡事成功谓之知用，闻一言以贯万物谓之知道，多言而不当，不如其寡也，博学而不自反必有邪。孝弟者仁之祖也，忠信者交之庆也，内不考孝弟，外不正忠信，泽其四经而诵学者（尹知章注云：四经谓诗、书、礼、乐。既无孝弟忠信，空使四经流泽，徒为诵学者，既四经可以亡身也），是亡其身者也。"——俨然理学家之言。

《君臣》上卷云："知善，人君也，身善，人役也。君身善则不公矣，人君不公，常惠于赏而不忍于刑，是国无法也……是以为人君者，坐万物之原而官诸生之职者也，选贤论材而待之以法，举而得其人，坐而收其福不可胜收也。"此言亦可以喻道。又《君臣》卷下云："国之所以为国者，民体以为国。君之所以为君者，赏罚以为君……君人者制仁，臣人者守信。此言上下之礼也。君之在国都也，若心之在身体也，道德定于上，则百姓化于下矣。戒心形于内，则容貌动于外矣。正也者，所以明其德……所求于己者多故德行立，所求于人者少故民轻给之。"

《心术》上云："虚其欲，神将入舍；扫除不洁，神乃留处（俞：宋本作神留处）人皆欲智而莫索其所以智乎。智乎智乎，投之海外无自夺，求之者不得处之者。※（俞："不得处之者""之者"二字衍谓不得其处也）夫正人无求之也。故能虚无，虚无无形谓之道，化育万物谓之德，君臣父子人间之事谓之义，登降揖让贵贱有等，亲疏之体谓之礼，简物小未，一道杀戮禁诛谓之法，大道可安而不可说。"天曰虚，地曰静，乃不伐。※（俞：伐乃贷之误，过差也）洁其宫，开其门，去私毋言，神明若存，纷乎其若乱，静之而自治。""故必知不言无为之事，然后知道之纪，殊形异势，不与万物异理，故可以为天下始，人之可杀以其恶死也，其可不利以其好利也。是以君子不休乎利，不迫乎恶，恬愉无为，去智与故，其应也非所设也，其动也非所取也。过在自用，罪在变化，是故有道之君，其处也若无知，其应物也若偶之，静因之道也。心之在体，君之位也九窍之有职，官之分也，耳目者视听之官也，心而无与于视听之事，则官得守其分矣。夫心有欲者物过而目不见，声至而耳不闻也。故曰上离其道，下失其事，故曰心术者无为而制窍者也。故曰君无代马走，无代鸟飞……毋先物动者，摇者不定，躁者不静，言动之不可以观也，位者谓其所立也，人主者立于阴，阴者静，故曰动则失位，阴则能制阳矣，静则能制动矣。故曰静乃自得，道在天地之间也，其大无外，其小无内，故曰不远而难极也。虚之与人也无间，唯圣人得虚道。故曰并处而难得，世人之所职者精也。去欲则宣（尹注：宣通也），宣则静矣，静则精，精则独立矣，独则明，明则神矣。

去知则奚率求矣，无藏则奚设矣。无求无设则无则无虑，无虑则反复虚矣，天之道虚其无形，虚则不屈，无形则无所位赶（尹：赶逆也），无所位赶，故遍流万物而不变。※（尹：率循也，无知则循理而自求）

以无为之谓道（俞：以衍文），舍之之谓德，故道之与德无间，故言之者不别也……义者谓各处其宜也，礼者因人之情，缘义之理而为之节文者也。故礼者谓有理也，理也者明分以谕义之意也。故礼出乎义，义出于理，理因乎宜者也，法者所以同出（俞：出疑世之误，同世谓齐同一世之人）故杀戮禁诛以一之也。故事督乎法，法出乎权，权出乎道。道也者，动不见其形，施不见其德，万物皆以得然，莫知其极。

天之道虚，地之道静，虚则不屈，静则不变，不变则无过，故曰不伐。洁其宫，开其门，宫者谓心也，心也者智之舍也，故曰宫。洁之者去好过也，门者谓耳目也，耳目者所以闻见也。

无为之道因也，因也者无益无损也。以其形，因为之名，此因之术也。名者圣人之所以纪万物也。人者立于强，务于善，未于能，动于故者也。圣人无之，无之则与物异矣。异则虚，虚者万物之始也，故曰可以为天下始。人迫于恶则失其所好，怵于好则忘其所恶，非道也。故曰不怵乎好，不迫乎恶。恶不失其理，欲不过其情，故曰君子恬愉无为，去智与故，言虚素也，其应非所设也，其动非所取也，其言因也。因也者，舍己而以物，为法者也。感而后应非所设也，缘理而动，非所取也。过在自用，罪在变化，自用则不虚，不虚则仵于物矣，变化则为生（俞：为伪字通），为生则乱矣，故道贵因，因者因其能者言所用也，君子之处也，若无知，言至虚也，其应物也若偶之，言时适也，若影之象形，响之应声也。故物至则应，过则舍矣。舍矣者，言复所于虚也。"※（又《内业》云："圣人与时变而不化，从物而不移，能正能静，然后能定，定心在中，耳目聪明，四枝坚固，可以为精舍。精也者，气之精者也，气道乃生，生乃思，思乃知，知乃止矣。"）以上所说皆近理学，物至则应云云。同明道《复性书》。

《心术》下："形不正者德不来，中不精者心不治。正形饰德，万物毕得，翼然自来，神莫知其极，昭知天下，通于四极。是故曰，无以物乱官，毋以官乱心，此之谓内德。"——形不正德不来，近主敬之说。※（《内业》云："思之思之又重思之，思之而不通，鬼神将通之，非鬼神之力也，精气之极也。"）

"专于意，一于心，耳目端，知远之证也。能专乎，能一乎，能毋卜筮而知凶吉乎？能止乎？能已乎，能毋问于人而自得之于己乎？故曰思之，思之不得，鬼神教之，鬼神之力也，其精气之极也。"——此数言可以释佛理。

执一而不失，能君万物，日月之与同光，天地之与同理，圣人裁物，不为物使。心安是国安也，心治是国治也。治也者心也，安也者心也，治心在于中，治言出于口，治事加于民。故功作而民从，则百姓治矣。——此则几乎《中庸》、《大学》之说。大约《中庸》、《大学》之说，受战国时诸说之影响，而援以入儒，其间实有道家言也。又有云："是故圣人若天然，无私覆也，若地然无私载也，私者乱天下者也。"亦同《中庸》之说。

又云："圣人之道，若存若亡。援而用之，殁世不亡，与时变而不化，应物而不移，日用之而不化。人能正静者，筋肕而骨强……凡民之生也，必以正平。所以失之者，必以喜怒哀乐。节怒莫若乐，节乐莫若礼，守理莫若敬。外敬而内静者，必反其性。"此文皆可为《学》、《庸》之先驱。

《白心》云："功成者隳，名成者亏，故曰孰能弃名与功，而还与众人同。孰能弃功与名而还反无成。无成有贵其成也，有成贵其无成也。日极则仄，月满则亏，极之徒仄，满之徒亏，巨之徒灭，孰能已无已乎？（俞：犹云我丧我也）效夫天地之纪。人言善亦勿听，人言恶亦勿听，持而待之空然勿两之，淑然自清（但无心而待，则淑然和美，善恶自清也。尹注）……名进而身退，天之道也……。"此皆道家语。"持而待之空然"云云，则似《论语》"有鄙夫问于我"之说。※（《内业》云："化不易气，变不易智，惟执一之君子能为此乎。执一不失，能君万物。君子使物不为物使。得一之理治心在中，治言在口，治事加于人。然则天下治矣。一言得而天下服，一言定而天下听，公之谓也。形不正德不来，中不静，心不治，正形摄德，天仁地义则淫然而自至……正心在中，万物得度……心全于中，形全于外，不逢天灾，不遇人害，谓之圣人。人能正静，皮肤裕宽，耳目聪明，筋信而骨强，乃能戴大圆（天）而履大方（地），鉴于大清视于大明。敬慎无忒，日新其德。遍知天下穷于四极，取发其充，是谓内得，然而不反，此生之忒）

《水地》篇云："人水也，男女精气合而水流形，三月如咀（尹：咀口和嚼之）。咀者何，曰五味。五味者何，曰五藏，酸主脾，咸主肺，辛主肾，苦主肝，甘主心。五藏已具而后生肉，脾生隔，肺生骨，骨生脑，肝生革，心生肉。五肉已具而后发为九窍，脾发为鼻，肝发为目，肾发为耳，肺发为窍。"又云："齐之水道躁而复，故其民贪粗而好勇。楚之水淖弱而清，故其民轻果而贼；越之水浊重而洎（尹：洎，浸也），故其民愚疾而垢；秦之水泔最而稽淤滞，而杂（俞：盖谓泔汁会聚而停留淤泥沉滞，而混杂也），故其民贪戾罔而好事；齐晋之水枯旱而运（俞：齐字衍，运乃浑之假字）淤滞而杂，故其民谄谀葆作巧佞而好利；燕之水萃下而弱，沉滞而杂，故其民愚戆而好贞轻疾而易死；宋之水轻劲而清，故其民闲易而好正，是以圣人之化世也，其解在水。”——此等议论皆可注意。

《礼记》、《月令》取之《吕览》而《管子》之《四时》、《五行》六篇似又为《吕览》之所本。

《治国》云：“凡治国之道，必先富民，民富则易治也。民贫则难治也。奚以知其然也？民富则安乡重家，安乡重家则敬上畏罪，敬上畏罪则易治也……故治国常富而乱国常贫。……夫富国多粟生于农，故先王贵之。凡为国之急者必先禁末作文巧，末作文巧禁则民无所游食。民无所游食则必农。民事农则田垦，田垦则粟多，粟多则国富，国富则兵强。”按此语《吕览·上农》之说同。

※（任法故无为，无为则虚静矣，道家与法家合流在此）

《内业》云：“凡物之精此则为生，下生五谷，上为列星，流于天地之间谓之鬼神，藏于胸中谓之圣人，是故民气（下文云此气，此民字疑讹）。果乎如登于天，杳乎如入于渊，淖乎如在于海，卒乎如在于己，是故此气也不可止以力，而可安以德；不可呼以声，而可迎以音。敬守勿失，是谓成德，德成而智出，万物果得，凡心之刑（尹：刑法也）自充自盈，自生自成，其所以失之。必以忧乐喜怒欲利，能去忧乐喜怒欲利心乃反济，彼心之情，利安以宁，勿烦勿乱，和乃自我……夫道者所以充形也，而人不能固，其往不复，其来不舍，谋乎莫闻其音，卒乎乃在于心，冥冥乎不见其形，淫淫乎与我俱生。不见其形，不闻其声而序其成谓之道……心静气理，道乃可止……凡道无根无茎无叶无荣，万物以生万物以成，命之曰道。天主正，地主平，人主安静。※（任法故无为，无为则虚静矣，道家与法家含流在此）

食莫若无饱，思莫若勿致（尹：致思者多困竭）节适之齐，彼将自至（尹：齐中也，言能节食适思，常莫过中，则生将自至）……凡人之生也必以平正，所以失之必以喜怒忧患，是故止怒莫若诗，去忧莫若乐，节乐莫若礼，守礼莫若敬，守敬莫若静，内静外敬，能反其性，性将大定。

大心而敢，宽气而广，其形安而不移，能守一而弃万苛，见利不诱，见害不惧，宽舒而仁，独乐其身，是谓云气，意到似天……节欲之道，万物不害。※（天地境界）

(76)《商子·垦令》重农抑商。《农战》则更谓民专一于农，则朴而易使，可驱以战，故曰：“其君惛于说，其官乱于言，其民惰而不农，故其境内之民皆化而好辩，乐学，事商贾，为技艺。”又曰：“农战之民千人而有诗书辩慧者一人焉，千人者皆怠于农战矣。农战之民百人而有技艺者一人焉，百人者皆怠于农战矣。”此皆任法愚民之论，儒家明礼乐，所以顺人情，然而忘法之能范人情而使之顺礼乐也，故理学者流而力反刑名功利之论，于是不足以治国矣，法家反是，其弊流为惨酷寡思，大背人情，于是有祖龙之祸——然纵观前史，自战国以下，治国者都採取法家之理论，表面上则用儒家之体制耳。※（儒法两家之分）故从政治方而论儒家可以说战国以后无真儒家，思想方面则汉混于道，唐掩于佛，宋明复混于道而不自知，何尝有儒家之真面目哉。至心平以论朱、王，则王较为有儒家之面目也。

※（《靳令》云：“六虱曰礼乐，曰诗书，曰修善，曰孝弟，曰诚信，曰贞廉，曰仁义，曰非兵，曰羞战。国有十二者上无使农战必贫至削……六虱成群，则民不用。”又《一言》：“尊农战之士而下辩说技艺之民，而贱游学之人。”故秦始焚书坑儒之举，非必尽出李斯，所由来者久矣。——秦能用新说故强。然其说多弊，故不旋踵而亡，此亦我国学术史上一大问题，可作《订法》一文详论文）

《去强》云：“有礼有乐，有诗有书，有善有修，有孝有弟，有廉有辩，国有十者，上无使战必削至亡；国无十者，有使战必兴至王……用诗书礼乐孝弟善修治者，敌至必削国，不至必贫国，不用人者治，敌不敢至，虽至必却。”又《说民》云：“辨慧乱之实也，礼乐淫佚之征也，慈仁过之母也。”此皆过当之说。又《外内》云：“奚谓淫道。为辩知者贵，游宦者任，文学私名显之谓也。三者不□，□□不战而事失矣。”

又《去强》云：“贫者使以刑则富，富者使以赏则贫。治国能令贫者富，富者贫，则国多力，多力者王。王者刑九赏一，强国刑七赏三，削国刑五赏五。”

又《说民》云：“有道之国，治不听君，民不从官。”又《算地》云：“夫治国者能尽地力而致民死者。”此等皆有可取。

《开塞》云：“……以刑治则民威，民威则无奸，无奸则民安其所乐。以义教则民纵，民纵则乱，民乱则民伤其所恶。吾所谓利者义之本也，而世所谓义者，暴之道也……刑用于将过则大邪不生，赏施于告奸，则细过不失。治民能使大邪不生，细过不失，则国治。国治必强，一国行之，境内独治，二国行之兵则少寝，天下行之，至德复立，此吾以杀刑之反于德而义合于暴也。”此亦言之成理。（俞：杀刑之刹乃敠字之误，敠，明也）

《管子》尚法，无商君之甚，可知《管子》之作在《商子》前，其说义理处又似在《学》、《庸》前，则《学》、《庸》实援道家法家之说以入儒，已非儒家之真面目矣。※（《管子》前于《商子》）

又《战法》篇，论三军，一军为壮男，一军为壮女，一军为老弱。此亦前所未闻，不知秦之作战见于史书者有女军否。

※（中国哲学研究纲目）

《中国哲学研究》一书之纲目为：《孔孟荀哲学研究》、《老学商兑》、《从庄子书中所见的道家流派》、《易义》、《订法》、《理学述评》、《心学述评》其余条目后更补充——此为批评中国思想者，与《佛教与中国思想》、《阿赖耶识成立史略》、《宗门源流考》等书相辅而行，则成一家言。惜现犹未能批评及西洋哲学耳。

《靳令》：“圣君知物之要，故其治民有至要。故执赏罚以一辅仁者心之续也。圣君之治人也，必得其心，故能用力，力生强，强生威，威生德，德生力。圣君德有之故能述仁义于天下。”※（法家之仁义）

《赏刑》云：“圣人之为国也，一赏一刑一教。一赏则兵无敌，一刑则令行，一教则下听上。夫明赏不费，明刑不戮，明教不变。而民知于民务，国无异俗。明赏之犹至于无赏也，明刑犹至于无刑也，明教之犹至于无教也。所谓一赏者，利禄官爵，专出于兵，无有异施也。……善因天下之货以赏天下之人故曰赏不费……所谓一刑者，刑无等级，自卿相将军以至大夫庶人有不从王令犯国禁乱上制者罪死不赦。有攻于前有败于后，不为损刑。有善于前有过于后，不为亏法……故禁奸止过莫若重刑，刑重而必得。则民不敢试，故国无刑民，故曰明刑不戮……所谓一教者，博闻辨慧信廉礼乐，修行群党，任誉清浊不可以富贵……富贵之门必出于兵。是故民闻战而相贺也，起居饮食所歌谣者战也。此臣之所谓明教之犹至于无教也。”此三段实可为商鞅主法之中心。※（《韩非·和氏》篇云：“商君教秦孝公以连什伍设告坐之法，燔诗书而明法令，塞私门之请而遂公家之劳，禁游宦之民而显耕战之士。孝公行之，主以尊安，国以富强，此则可见商君之法矣）

《画策》：“故以战去战，虽战可也。以杀去杀，虽杀可也，以刑去刑虽重刑可也。”又云：“仁者能仁于人而不能使人仁，义者能爱于人而不能使人爱。是以知仁义之不足以治天下也。圣人有必信之性，又有使天下不得不信之法。所谓义者，为人臣忠，为人子孝，少长有礼，男女有别，非其义也。饿不苟食，死不苟生，此乃有法之常也，圣王者不贵义而贵法，法必明，令必行则已矣。”

周氏《涉笔》谓：“商鞅书亦多附会后事，拟取他辞，非本所论著，其精确切要处史记列传包括已尽，今所存大抵泛滥淫辞，无足观者。”此言大谬。《商子》书实皆公孙鞅所自作，就法家言，皆精确切要，故秦用之而富强。

(77)《韩非子·存韩》乃李斯上秦王书后又附上韩王书，而亦收入《韩非子》者。疑李斯之书出韩非之谋也。

《二柄》云：“人主有二患，任贤则臣将乘于贤以劫其君，妄举则事沮不胜……人臣之情，非必能爱其君也，为重利之故也。今人主不掩其情，不匿其端而使人臣有缘以侵其主，则群臣为子之田常不难矣。故曰去好恶群臣见素，群臣见素则大君不蔽矣。"此等皆深达世故之见，儒家则开口尧舜之君，尧舜之臣，鄙功利为不足道，事实何尝如此，此儒法二家不同之处，至于"人主掩其情"云云，则过矣，盖情不可掩，必内实无私而后能见素无为，徒任法何能然，此法家之弊也。
※（法家之利弊）

《扬权》："夫道者弘大而无形，德者核理礼而普至，至于群生，斟酌用之，万物皆盛而不与其宁。道者下周于事，因稽而命，与时生死。参名异事，通一同情。故曰道不同于万物，德不同于阴阳，衡不同于轻重，绳不同于出入，和不同于燥湿，君子不同群于臣……虚静无为，道之情也。参伍比物，事之形也……若天若地，是谓累解，若地若天，孰疏孰亲，能象天地，是谓圣人。"此皆以无为附会，法家之文。

韩非称道商鞅，既如《和氏篇》所云。又《奸劫弑臣》云："臣得陈其忠而不蔽下，得守其职而不怨，此管仲之所以治齐，而商君之所以强秦也。"又云："商君说秦孝公以变法易俗，而明公道赏告奸，因末作而利本事，当此之时，秦民习故俗之有罪，可以得免，无功可以得尊显也，故轻犯新法于是，犯之者其诛重而必，告之者其赏厚而信，故奸莫不得，而被刑者众。民疾怨而众过日闻，孝公不听，遂行商君之法，民后知有罪之必诛而私奸者众也。故民莫犯，其刑无所加，是以国治而兵强，地广而主尊。"——此则说出商君变法之环境矣。

《安危》云："安术有七，危道有六。安术一曰赏罚随事非，二曰祸福随善恶，三曰死生随法度，四曰有贤不肖而无爱恶，五曰有愚智而无非誉，六曰有尺寸而无意度，七曰有信而无诈。"

《难三》云："管子曰，言于室满于室，言于堂满于堂，是谓天下王……人主之大物，非法则术也。法者编著之图藉，设之于官府而布之于百姓者也。术者藏之于胸中，以偶众端而潜御群臣者也。故法莫如显，而术不欲见。是以明主言法则境内卑贱莫不闻知也，不独满于堂。用术则亲爱近习莫之得闻也，不得满室，而管子犹曰言于室满于室，言于堂满于堂，非法术之言也。"——据此可知管子尚非完全之法家，（政治家）勘管子文亦然。

⑦⑧《说疑》篇以许由务光为无用之人，而关龙逢王子比干、子胥等之疾争强谏亦以为无用。就法之立场言，当亦有理，然而在朝之臣，皆将为应声虫矣。此法之弊也。又《诡使》云："夫立法令者以废私也，法令行而私道废矣。私者所以乱法也。"又《六反》云："……学道立方，离法之民也，而世尊之曰文学之士；游居厚养，牟食之民也，而世尊之曰有能之士；语曲牟知，伪诈之民也，而世尊之曰辩智之士；行剑攻杀暴激之民也，而世尊之曰磏勇之士。……

赴险殉诚死节之民也，而世少之曰失订之民，寡闻从令，全法之民也，而世少之曰朴陋之民也……重命畏事尊上之民也，而世少之曰怯惧之民……奸伪无益之民六而世誉之如彼，耕战有益之民六而世毁之如此。此之谓六反。"※（法家之见全出功利主义）又《八说》云："……以公财分施谓之仁人，轻禄重身谓之君子，枉法曲亲谓之有行，离世遁上谓之高傲……仁人者公财物也，君子者民难使也，有行者法制毁也，高傲者民不事也。"又"杨朱、墨翟天下之所察也，于世乱而卒不决，虽察而不可以为官职……博习辩智如孔、墨。孔、墨不耕耨，则国何得焉。修孝寡欲如曾、史。曾、史不战攻，则国何利焉，……息文学而明法度，塞私便而一功劳，此公利也。错法以道民也，而又贵文学，则民之所师法也疑，赏功以劝民也而又尊行修，则民之产利也惰。"又《五蠹》云："儒以文乱法，侠以武犯禁，而人主兼礼之，此所以乱也。"——以上皆从功利主义出发，而反对文学仁义，此法家之弊。

※（又显学云："明主举实事，去无用，不道仁义者，故不听学者之言。今不知治者，必曰得民之心，欲得民之心而可以为治，则伊管仲无所用也，将听民而已矣，民智之不可用犹婴儿之心也。"——据此可知充法家之极，非至法西斯不可）

《显学》云："墨者之葬也，冬日冬服，夏日夏服，桐棺三寸，服丧三月，世以为俭，而礼之。儒者破家而葬，服丧三年，大毁扶权，世以为孝而礼之……漆雕之议，不色挠，不目逃，行曲则违于臧获，行直则怒于诸侯，世主以为廉而而礼之。宋荣子之议，设不斗争，取不随仇，不羞囹圄，见侮不辱，世主以为宽而礼之……。"

《忠孝》云："天下皆以孝悌忠顺之道为是也，而莫知察孝悌忠顺之道而审以之，是以天下乱……汤武自以为义而弑其君长……臣之所闻曰。臣事君，子事父，妻事夫三者顺则天下治，三者逆则天下乱，此天下之常道也……记曰，舜见瞽瞍，其容造焉（造愁貌也）。孔子曰，当是时也，危哉天下岌岌，有道者父固不得而子，君固不得而臣也。臣曰，孔子本未知孝悌忠顺之道也。然则有道者进不为臣主，退不为父子耶。父之所以欲有贤子者家贫则富之，父苦则乐之，君之所以欲有贤臣者国乱则治之，主卑则尊之。今有贤子而不为父，则父之处家也苦。有贤臣而不为君则君之处位也危……瞽瞍为舜父而舜放之，象为舜弟而杀，放父杀弟不可谓仁……"此等议论从来少闻，尤以唐宋以后为然。

⑦⑨《解老篇》摘录：

"夫无术者，故以无为无思为虚也。夫故以无为无思为虚者，其意常不忘虚是制于为虚也。虚者，谓其意所无制也。今制于为虚，是不虚。虚者之无为也，不以无为为有常，不以无为为有常则虚，虚则德盛，德盛之谓上德。故曰

上德无为而无不为。”——此与去法执之说相似。※（去法执）

前识者道之华而愚之首引詹何知黑牛白角为证，可见神通不足贵。释祸兮福所倚，福兮祸所伏，颇合情理，可以证辨证之发展及缘生。

“知治人者其思虑静，知事天者其孔窍虚。思虑静故德不去，孔窍虚则和气日入，故日重积德……积德而后神静，神静而后和多，和多而后计得，计得而后能御万物。”

“道者万物之所然也，万理之所稽也。理者成物之文也，道者万物之所以成也，故曰道理之者也。物有理不可以相薄。物有理不可以相薄，故理之为物之制。万物各异理，而道尽稽万物之理，故不得不化，不得不化故无常操，无常操是以死生气禀焉，万智斟酌焉，万事废兴焉。天得之以高，地得之以藏，维斗得之以成其威，日月得之以恒其光，五常得之以常其位，列星得之以端其行，四时得之以御其变气，轩辕得之以擅四方。赤松得之与天地统，圣人得之以成文章。※（理学之源）道与尧舜俱智，与接舆俱狂，与桀纣俱灭，与汤武俱昌。以为近乎游于四极，以为远乎，常在吾侧，以为暗乎光昭昭，以为明乎其物冥冥，而功成天地，和化雷霆，宇内之物恃之以成。凡道之情，不制不形，柔弱随时，与理相应，万物得之以死，得之以生；万物得之以败，得之以成。道譬诸若水，溺者多，饮之即死，渴者适，饮之即生。譬之若剑戟，愚人以行忿则祸生，圣人以诛暴，则福成。”——此论道与理较宋、明儒者更为明澈，可见宋明儒者实在没有什么东西，而其门户之见，画地自限，徒足令学术凝固耳。——韩非识达情事，故其言通。

“凡理者方圆短长粗靡坚脆之分也，故理定而后可得道也。故定理有存有亡，有死生，有盛衰。夫物之一存一亡，乍死乍生，初盛而后衰者不可谓常，唯夫与天与地之剖判也俱生，至天地之消散也不死不衰者谓常者，而无无攸易，无定理。无定理非在于常所，是以不可道也。圣人观其玄虚，用其周行，强字之曰‘道’，然而可论，故曰道之可道，非常道也。”——此言亦非无不可取。

(80)《淮南》演《老》、《庄》之余绪，而杂法家，儒家，阴阳五行家，神仙家言，兹摘录其要旨如次：

《原道训》云：“执道要之柄而游乎无穷之地，是故天下之事不可为也。因其自然而推之，万物之变不可究也。秉其要归之趣。夫镜水之与形接也，不设智故，而方圆曲直弗能逃也※（《又览冥训》云：“故圣若镜不将不迎，应而不藏，故乃化而无伤。”）人生而静天之性也。感而后动性之害也，物至而神应，知之动也。知与物接而好憎生焉，好憎成形而知诱于外，不能反已而天理灭矣。故达于道者不以人易天，外与物化而内不失其情。至无而供其求，时骋而要其宿，大小修短，各有其具。※（俞：

乐记作性之欲也，皆容字之误，《史记》乐出作性之颂，徐广曰：颂音容，容即搉之假字，搉动搉也）机械之心藏于胸中，则纯白不粹，神德不全。体道者逸而不穷，任数者劳而无功。匈奴出秽裘，于越生葛绤，各生所急，以备燥湿，各因所处以御寒暑，并得其宜，物便其所由此观之，万物固以自然，圣人又何事焉。达于道者反于清净，究于物者终于无为，以恬养性，以漠处神，则入于天门。所谓天者，纯粹朴素，质直皓白，未始有与杂揉者也。所谓人者，偶蹉智故，曲巧伪诈，所以俯仰于世人而与俗交者也。所谓无为者，不先物为也。所谓无不为者，因物之所为。所谓无治者，不易自然也。所谓无不治者，因物之相然也。故得道者志弱而事强，心虚而应当。所谓志弱而事强者，柔毳安静，藏于不敢，行于不能。恬然无虑，动不失时，与万物回周旋转，不为先唱，感而应之。道者一立而万物生矣，是故一之理施四海，一之解际天地。是故至人之治也，掩其聪明，灭其文章，依道废智与民同出于公，约其所守，寡其所求，去其诱慕，除其嗜欲，损其思虑……能此五者则通于神明，通于神明者得其内也，是故以中制外者，百事不废。※（《精神训》云："夫天地运而相通，万物总而为一，能知一则无一之不知。不能知一则无一能知也。"）知大已而小天下，则几于道矣。圣人不以身役物，不以欲滑和，是故其为欢不欣欣，其为悲不惙惙，万方百变，逍遥而无所定，吾独慷慨遗物而与道同出。※（《诠言训》云："神贵于形也，故神制则形从，形胜则神穷，聪明虽用，必反诸神，谓之太冲。"）能至于无乐者，则无不乐，无不乐则至极乐矣。夫天下者，亦吾有也，吾亦天下之有也。天下之与我，岂有间哉。夫有天下者，岂必挥权恃势，操杀生之柄而以行其号令耶？吾所谓有天下者，非谓此也，自得而已。自得则天下亦得我矣。吾与天下相得，则常相有己，又焉有不得容其间者乎，所谓自得者，全其身者也。全其身则与道为一矣。※（以全身为自得，此道家露狐尾处。）吾所谓得者，性命之情处，其所安也。夫性命者，与形俱出其宗，形备而性命成，性命成而好憎生矣。夫形者非其所安也而处之则废，气不当其所充而用之则泄，神非其所宜而行之则昧，此三者不可不慎守也……是故圣人将养其神，和弱其气，平夷其形而与道沉浮俯仰。恬然则纵之，迫则用之。其纵之也若委衣，其用之也若废机，如是则万物之化无不遇而百事之变无不应。"——道家深识利害故万物可齐，天下可遗而大已全身为上矣。于是有杨朱之论，有神仙养身之说。※（道家之天地境界，此篇言之甚悉）

《俶真训》："若夫墨、杨、申、商之于治道，犹盖之无一橑，而轮之无一辐，有之可以备数，无之未有害于用也。已自以为独擅之，不通之于天地之情也。道散而为德，德溢而为仁义。仁义立而道德废矣。"——此道家学说之弊也，仁义独非道德乎？"孔墨之弟子，皆以仁义之术教导于世，然而不免于僬身，犹不能行也。又况所教乎，是何则其道外也。夫历阳之都一夕反而为湖，勇力圣知与罢怯不肖者同命，由此观之，体道者不专在于我亦有系于世矣……古之圣人，其和愉宁静性也，其志得道行命也，是故性遭命而后能行，命得性而后能明。"——此似非纯乎道家言。

《览冥训》："上天之诛也，虽在圹虚幽间辽远隐匿重袭石室界障险阻，其无所逃之亦明矣。今若夫申、韩、商鞅之为治也，索拨其根，芜弃其本而不穷究其所由生何以至此也。凿五刑为刻削，乃背道德之本，而争于锥刀之末，斩艾百姓，殚尽太平，而欣欣然常自以为治，是犹抱薪而救火，凿窦而出水。"

《精神训》："夫孔窍者精神之户牖也，而气志者五藏之使侯也。耳目淫于声色之乐，则五藏摇动而不定矣，五藏摇动而不定则血气滔荡而不休矣。血气滔荡而不休，则精神驰骋于外而不守矣。精神驰骋于外而不守，则祸福之至。虽如丘山，无由识之矣，使耳目精明玄达而无诱慕。气志虚静恬愉而省嗜欲，五藏定宁，充盈而不泄，精神内守形骸而不外越。则望于往世之前而视于来事之后犹未足为也。岂直祸福之闲哉。"——此释神通之所以来，甚有理。心者形之主也。而神者心之宝也。所谓真人者，性合于道也。轻天下则神无累矣，细万物则心不惑矣，齐死生则志不惧矣，同变化则明不眩矣。今夫儒者不本其所以欲而禁其所欲，不原其所以乐而闭其所乐，是犹决江河之源而障之以乎也……夫颜回、季路、子夏、冉伯牛，孔子之通学，然颜回夭死，季路菹于卫，子夏失明，冉伯牛为厉，此皆迫性拂情而不得其和也……儒者非能使人弗欲，而能止之，非能使人勿乐，而能禁之。夫使天下畏刑而不敢盗，岂若能使无有盗心哉。"——此论儒家之失有理，宗明之所以多伪学也，在于无本。此外本训都系神仙家言。

《本经训》："太清之始也，和顺以寂寞，质真而素朴，闲静而不躁，推而无故，在内而合于道，出外而调于义，发动而成于文，行快而便于物……"此谓人本纯美，后乃变为浇漓，与其宇宙论无形生于有形者合，皆所谓蔽于天而不知人也。实将体而混作一谈之故，实为道家学说之大病。※（道家学说之大病）

《主术训》："人主静漠而不躁。百官得修焉。譬如军之持麾者，妄指则乱矣。慧不足以大宁，智不足以安危，与其鉴尧而毁桀也。不如掩聪明而反修其道也。清静无为则天与之时，廉俭守节则地生之财……是故不出户而知天下，不窥牖而知天道，乘众人之智则天下之不足有也。"——此言人主治国之术尚无为，而非法家言其趣异也。然依道家之言，则天下乱，无法以为之统，无为不可成也。※（道家法家之无为，内容不同。）"君臣异道则治，同道则乱，各得其宜处其当，则上下有以相使也……君得所以制臣，臣得所以事君，治国之道明矣。"——此同法家。

然又曰:"乘众人之智则无不任也,用众人之力则无不胜也。"此仍无法也。又云:"贤不足以为治而势可以易俗明矣……言事者必究于法,而为行者必治于官,上操其名,以责其实,臣守其业以效其功,言不得过其实,行不得逾其法,群臣辐凑,莫敢专君……权势者人主之车舆,爵禄者人臣之舆衔也,是故人主处权势之要而持爵禄之柄,审缓急之度,而适取予之节,是以天下尽力而不倦。"——此又俨然法家之言,※(《诠言训》云:君道者非所以为也,所以无为也。何谓无为,智者不以位为事,勇者不以位为暴,仁者不以位为患,可谓无为矣。夫无为则得于一也,一也者万物之本也,无敌之道也)

"非澹泊无以明德,非宁静无以致远,非宽大无以兼覆,非慈厚无以怀众,非平正无以制断。※(名言)法者天下之度量而人主之准绳也。无为者非谓其凝滞而不动也,以其言莫从已出也。法生于义,义生于众适,众适合于人心,此治之要也。人主之立法,先自为检式仪表故令行于天下。孔子曰,其身正不令而行,其身不正虽令不从。不用适然之数而行必然之道,故万举而无遗策矣。君人者无为而有守也,有为而无好也。遍知万物而不知人道,不可谓智,遍爱群生而不爱人类不可谓仁。"——此皆名言也。

※(又《齐俗训》云:"至是之是无非,至非之非无是,此真是非也。")

又云:"有道之主灭想去意,清虚以待不伐之言,不夺之事,循名责实,使有司任而弗诏,责而弗教,以不知为道,以奈何为宝,如此则百官之事各有所守矣。"此亦法家言。

"凡人之性,莫贵于仁,莫急于智,仁以为质,智以行之。两者为本而加之以勇辨慧……士处卑隐欲上达必先反诸己,上达有道名誉不起而不能上达矣。取誉有道,不信于友,不能得誉。信友有道,事亲不说,不信于友。说亲有道,修身不诚,不能事亲矣。诚身有道,心不专一,不能专诚,道在易而求之难,验在近而求之远,故弗得也。"——此又为儒家言,统观此篇,可知《淮南》立言无大宗,此下谬称训亦非道家言,引孔子之言亦曰"子曰"。

《齐俗训》:"率性而行谓之道,得其天性谓之德。性失然后贵仁,道失然后贵义,是故仁义立而道德迁矣,礼乐饰则纯朴散矣……夫儒、墨不原人情之终始而务以行相反之制……鲁治礼而削,知礼而不知体也。……夫以一世之变欲以耦化应时,譬犹冬被葛而夏被裘,夫一仪不可以百发,一衣不可以出岁……是故世异则事变,时移则俗易,……是故不法其已成之法而法其所以为法,所以为法者与化推移者也。"——此又似法家之论。※(《法言·寡见》:"或问鲁用儒而削何也,曰……鲁不用真儒故也,如用真儒,无敌于天下,安得削。"俞:所谓鲁用儒而削,自指鲁穆公时事。

《孟子·告子》篇，鲁穆公之时公仪子为政，子柳、子思为臣，鲁之削也滋甚，是鲁穆公以用儒而削，自战国时已有此说）

《氾论训》："圣人制礼乐而不制于礼乐。苟利于民不必法古，苟周于事不必循旧……故法制礼义者治人之具也，而非所以为治也。"

又云："仁以为经，义以为纪，此万世不更者也。若乃人考其才，而时省其用，虽日变可也。天下岂有常法哉。"此又似儒家言。然又云："今儒、墨者称三代文武而弗行，是言其所不行也。""弦歌鼓舞以为乐，盘旋揖让以修礼，厚葬久丧以表送死，孔子之所立也，而墨子非之。兼爱尚贤右鬼非命，墨子之所立也，而杨朱非之。全性保真不以物累形，杨子之所立也，而孟子非之。"皆杂家口气。

"夫户牖者风气之所从往来，而风气者阴阳相捅者也，离者必病，故托鬼神而伸诫之，凡此之属皆不可胜著于书策竹帛而藏于官府者也。"此神通设教之故。

《诠言训》："原天命，治心术，理好憎适情性，则治道通矣。原天命则不惑祸福，治心术则不妄喜怒，理好憎则不贪无用，适情性则欲不过节，不惑祸福则动静循理，不妄喜怒则赏罚不阿，不贪无用则不以欲用害性，欲不过节则养性知足。凡此四者，弗求于外，弗假于人，反己而得矣。※（似《大学》八目）……为治之本务在于安民，安民之本在于足用，足用之本在于勿夺时，勿夺时之本在于省事，省事之本在于节欲，节欲之本在于反性，反性之本在于去载。去载则虚，虚则平，平者道之素也，虚者道之舍也。能有天下者必不失其国，能有其国者必不丧其家，能治其家者必不遗其身，能修其身者必不忘其心，能原其心者，必不亏其性，能全其性者，必不惑于道。"
——此似《大学》之八目。

《人间训》："发一端，散无竟，周八极，总一筦谓之心，见本而知末，观指而睹归，执一而应万，握要而治详谓之术，居知所为，行知所之，事之所秉，动之所由谓之道。"

《泰族训》云："民有好色之性，故有大婚之礼；有饮食之性，故有大餐之谊；有喜乐之性，故有钟鼓管弦之音；有悲哀之性，故有衰绖哭踊之节。故先王之制法也，因民之所好而为之节文者也。因其好色而制婚姻之礼，故男女有别。因其喜音而正雅颂之声，而故风俗不流，因其宁家室乐妻子，教之以顺，故父子有亲。因其喜朋友而教之以悌，故长幼有序，然后修朝聘以明贵贱，餐饮习射以明长幼，时搜振旅以习用兵也。八学庠序以修人伦。此皆人之所有于性，而圣人之所匠成也。……人之性有仁义之资，非圣人为之法度而教导之，则不可使乡方，故先王之教也，因其所喜以劝善，因其所恶以禁奸。"——此儒家言，非道或法家之言矣。

“有道以统之，法虽少，足以化矣。无道以行之，法虽众足以乱矣。治身太上养神，其次养形；治国太上养化，其次正法。”此法家道家不同之处。

《要略》云：“狂者无忧，圣人亦无忧。圣人无忧和以德也，狂者无忧不知祸福也。故通而无为也与塞而无为也同，其无为则同，其所以无为则异。”

(81)《春秋繁露》宋程大昌、黄东发皆以为非真，迂儒之论也。其大旨如冯著《哲学史所引》，兹更捃拾其言如次：

“礼无不答，施无不报，天之数也。圣者法天，贤者法圣，此其大数也。得大数而治，失大数而乱，此治乱之分也。百物皆有合偶，偶之合之，仇之匹之，善矣。”——《楚庄王》

“礼者，庶于仁文质而成体者也。福之本生于忧而祸起于喜。呜呼，物之所由然，其于人切近，可不省邪。”——《竹林》※（宋明儒者治学之大病，在保己意而评隲今古，黄东发之流是也，程、朱亦然，象山较可，其它更无足论）

“夫权虽反经，亦必在可以然之域。不在可以然之域。故虽死亡，终弗为也。”——《玉英》

“气之清者为精，人之清者为贤。治身者以积精为宝，治国者以积贤为道。……治身者务执虚静以致精，治国者务尽卑谦以致贤，能致精则合明而寿，能致贤则德泽洽而国太平。”——《通国身》

《尧舜不擅移汤武不专杀》云：“夏无道而殷伐之，殷无道而周伐之，周无道而秦伐之，秦无道而汉伐之，有道伐无道，此天理也，所以来久矣……夫非汤武之桀纣者，亦将非秦之伐周，汉之伐秦，非徒不知天理，又不明人礼。”——此通论也。而黄东发以为怪说，其迂腐可笑也。大概宋明儒者脑中总以为周、鲁既有周公、孔子，其国亦必是非常理想的也。※（《法言》：渊骞，守儒辕固，申公灾异，董相、交侯胜、京房……或问公孙弘，董仲舒孰迩？曰，仲舒欲为而不可得者也，弘容而已矣。”）

《仁义法》云：“求诸己谓之厚，求诸人谓之薄，自责以备谓之明，责人以备谓之惑。”

《天道无二》云：“古之人物而书文，心止于一中者谓之忠，持二中者谓之患，患，人之中不一者也。不一者故患之所由生也，故君子贱二而贵一。”

《郊事对》引《王制》曰：“祭天地之牛茧栗，宗庙之牛握，宾客之牛尺。”

《祭义》云：“祭然后能见不见，见不见之见者，然后知天命鬼神，知天命鬼神，然后明祭之意，明祭之意乃知重祭事。”

《循天之道》：“君子道至气则华而上，凡气从心，心气之君也，何为而气不随也。是以天下之道者皆言内心其本也。故仁人之所以多寿者，外无贪而内清净，心平和而不失中正，取天地之美以养其身，是其且多且治……道者亦引气于足，天之气常动而不滞，是故道者亦不宛气……养生之大者乃在爱气，气从神而成，神从意而出，心之所之谓意，意劳者神扰，神扰者气少，气少者难久矣。”此又皆神仙家言也。

《天道施》：“得命施之理，与万物迁徙而不自失者，圣人之心也。”

按：自第一章至第十七皆发明《春秋》大义，自十八章以下皆自述其说。间有论及《春秋》者亦非若前之致意矣。通览全书，仲舒盖不得谓之纯儒，有儒者气象可耳。

(82) 汪继境辑《尸子》叙云：“刘向序《荀子》谓尸子著书，非先王之法，不循孔氏之术。刘勰又谓其兼总杂术，术通而文钝……《史记·孟荀列传》言楚有尸子，《集解》引刘向《别录》云，楚有尸子，疑谓其在蜀，今按尸子书晋人，名佼。秦相卫鞅客也。卫鞅商君谋事画计，立法理民，未尝不与佼规也。商君被刑，佼恐并诛乃亡逃入蜀。《汉志·班固》自注，又以佼为鲁人，晋鲁字形相近，未能定其然否。”然按尸子书，其术与商鞅不尽同。

《贵言》云：“心者身之君也，天子以天下受令于心，心不当则天下祸，诸侯以国受令于心，心不当则国亡，匹夫以身受令于心，心不当则身为戮矣……益天下以财为仁，劳天下以力为义，分天下以生为神。”

《明尝》：“圣王谨修其身以君天下，则天道至焉，地道稽焉，万物度焉。”

《分》：“君臣父子上下长幼贵贱亲疏皆得其分曰治。爱得分曰仁，施得分曰义，虑得分曰智，动得分曰适，言得分曰信，皆得其分而后为成人。明王之治民也……事少而功多守要也，身逸而国治用贤也，言寡而令行，正名也。……赏罚随名，民莫不敬……正名去伪，事成若化，以实核名，百事皆成。夫用贤使能，不劳而治，正名核实，不罚而威。”

《发蒙》：“是非随名实，赏罚随是非，是则有赏，非则有罚，人君之所独断也……为人臣者以进贤为功，为人君者以用贤为功。”

《治天下》：“治天下有四术，一曰忠爱，二曰无私，三曰用贤，四曰度量。”

《广泽》云：“圣人于大私之中也为无私，其于大好恶之中也为无好恶。”

《处道》：“德者天地万物得也，义者天地万物宜也。礼者天地万物体也。使天地万物皆得其宜。当其体者谓之大仁。”

《神明》：“圣人正己而四方治矣，上纲苟直，百目皆开。德行苟直，群物皆正。政也者正人者也，身不正则人不从，是故不言而信，不怒而威，不施而仁。有诸心而彼正谓之至政。今人曰天下乱矣，难以为善。此不然也。夫饥者易食，寒者易衣，此乱而后易为德也。”以上卷上。

卷下云：“春为忠，东方为春，春动也……夏为乐，南方为夏……秋为礼，西方为秋。……冬为信，北方为冬……”

“思者归也，故古者谓死人为归人。老莱子曰，人生于天地之间，寄也，寄者故归也。”“人生也亦少矣，而岁往之亦速矣。”（《文选》古诗十九首注引）

(83) 杨子《法言》，《修身》第三云：“天下有三好，众人好己从，贤人好己正，圣人好己师。天下有三检，众人用家检，贤人用国检，圣人用天下检。天下有三门，由于情欲入自禽门，由于礼义入自人门，由于独智入自圣门。

《问道》：“或问天，曰吾于天与见无为之为矣。或问雕刻众形者匪天与，曰以其不雕刻也如物刻而雕之，焉得力而给诸。或曰无狙诈将何以征乎？曰，纵不得不征，不有《司马法》乎，何必狙诈乎。申、韩之术，不仁之至矣，若何，牛羊之用人也。或曰庄周有取乎，眇欲。邹衍有取乎？曰自持，至周罔君臣之义，衍无知于天地之间，虽邻不觌也。”

《问神》：“人心其神矣乎，操则存舍则亡，能常操而存者，其惟圣人乎？圣人存神索至，成天下之大顺，致天下之大利，和同天人之际，使之无间也。”

《问明》：“命者天之命也，非人为也。人为不为命，请问人为，曰，可以存亡，可以生死，非命也，命不可避也。”

《五百》：“叔孙通欲制君臣之仪，微先生于齐、鲁，所不能致者二人。曰，若是则仲尼之开迹诸侯也，非耶？曰，仲尼开迹将以自用也。如委己而从人，虽有规矩准绳焉得而用之。或问大人，曰，无事于小为大人，问小曰，事非礼义为小。”

《先知》：“或问何以治国，曰：立政，曰何以立政？曰：政之本身也，身立则政立矣……先自治而后治人之谓大器。”

《君子》：“或曰，人有齐死生、同贫富、等贵贱何如？曰，作此者其有惧乎。信死生齐贫富同贵贱等，则吾以圣人为嚣之。通天地人曰儒，通天地而不通人曰伎。”

《汉书·杨雄列传》谓《法言》拟《论语》，非也。《法言》句法极力摹拟《论语》然支离之言实，无益于学或用，何得与于《论语》之列。

《孝至》篇末云：“周公以来，未有汉公之懿也，勤劳则过于阿衡，汉兴二百一十载，而中天其庶矣乎。”按汉兴二百一十载正平帝四年，安汉公王莽自加号宰衡，据明张仲和《千百年眼》考正，扬子或卒于此年之后，正符“年七十余而卒”之记。乃俞氏欲为杨子附莽之传说饰，以为称公而不许其为虔，有微旨焉，失考矣。

(84)《文中子》非惟摹拟《论语》之语法而已，且并其事实言行而摹拟之，益见其为夸大自饰之作，实则于义理无当也，兹录数则于次：

《天地篇》："董常曰，夫子之道与物而来，与物而去，来无所从，去无所视。薛收曰，大哉夫子之道，一而已矣，……史之失自迁、固始也，记繁而志寡；春秋之失，自向、歆始也，弃经而任传，子曰，盖九师兴而《易》道微，《三传》作而春秋散……齐、韩、毛，郑诗之末也，《大戴》、《小戴》礼之衰也，书残于古今，诗失于齐鲁。"

《事君篇》：子谓文士之行可见，谢灵运小人哉，其文傲，君子则谨。沈休文小人哉，其文冶，君子则典。鲍照、江淹古之狷者也，其文急以怨。吴筠、孔珪古之狂者也，其文怪以怒。谢庄、王融古之繊人也，其文碎。徐陵、庾信古之夸人也，其文诞。或问孝绰兄弟，子曰鄙队也，其文淫。或问湘东王兄弟，子曰贪人也，其文繁。谢朓浅人也，其文捷。江揔诡人也，其文虚。皆古之不利人也。子谓颜延之王俭，任昉有君子之心焉其文约以则……子曰达人哉山涛也，多可而少怪。或曰王戎贤乎，子曰戎而贤，天下无不贤矣。子曰，陈思王可谓达理者也，以天下让，时人莫之知也。子曰，君子哉思王也，其文深以典。"

《周公篇》："温彦博问嵇康阮籍何人也，子曰，古之名理者而不能穷也。曰何谓也，子曰道不足而器有余，曰敢问道器，子曰，通变之谓道，执方之谓器。曰刘伶何人也，子曰，古之闭关人也，曰可乎，曰兼忘天下，不亦可乎。曰道足乎？曰，足则吾不知也……子曰，诗书盛而秦世灭，非仲尼之罪也，虚玄长晋室乱，非老、庄之罪也，斋戒修而梁国亡，非释迦之罪也……或问佛，子曰，圣人也。曰，其教何如，曰西方之教也，中国则泥，轩车不可以适越，冠冕不可以之胡，古之道也。……子光退谓董薛曰，子之师其至人乎，死生一矣，不得与之变。"

《问易篇》："程元曰，三教何如？子曰，政恶多门久矣。曰废之何如，子曰，非尔所及也。真君建德之事，适足推波助澜，纵风止燎尔。（阮逸注：真君后魏太武年号，建德后周武帝年号）子读洪范谠义，曰，三教于是乎可一矣（注：安康献公撰《皇极谠义》）。……薛收曰，何为命也。子曰稽之于天，合之于人，谓其有此而应于彼。吉凶曲折无所逃乎，非君子孰能知而畏之乎，非圣人孰能至之哉。"※（安康献公即王通之祖）

《魏相篇》："董常曰，夫子以续诗续书为朝廷，礼论乐论为政化，赞易为司命，元经为赏罚，此夫子所以生也……子谒见隋祖，一接而陈十二策编成四卷……文中子曰，吾闻礼于关生，见负樵者几焉，正乐于霍生，见持竿者几焉。

（注关子明、霍汲皆隐于樵渔）……子曰天地之中，非他也，人也。"

《立命篇》："文中子曰，命之立也，其称人事乎，故君子畏之。无远近高深而不应也，无洪纤曲直而不当也，故归之于天。易曰乾道变化，各正性命。魏徵曰，书云惠迪吉，从逆凶，惟影响。诗云，不戢不难，受福不那，彼交匪傲，万福来求，其是之谓乎……。贾琼进曰，敢问死生有命，富贵在天，何谓也，子曰，召之在前，命之在后，斯自取也。庸非命乎。噫，吾末如之何也已矣……子曰，治乱运也，有乘之者有革之者，穷达时也，有行之者，有遇之者。吉凶命也，有作之者，有偶之者，一来一往，各以数至，岂徒云哉。"——按此二段议论似有矛盾。

《关朗篇》："子谓薛收曰，元魏已降，天下无主矣，开皇九载人始一，先人有言曰，敬其事者大其始，慎其位者正其名，此吾所以建议于仁寿也，陛下真帝也，无踵伪乱，必绍周汉以土袭火，色尚黄，数用五，除四代之法，以乘天命……门人窦威、贾琼、姚义受礼。温彦博、杜如晦、陈叔达受乐。杜淹、房乔、魏徵受书。李靖、薛方士、裴晞、王珪受诗。叔恬受元经。董常、仇璋、薛收、程元备闻六经之义。"

从文中子书中所见之王通，迂腐诞傲之气，似宋、明理学家。惟宋、明理学家忽世务而言心性，王通则未涉心性而用意于致用。克实论之宋明之大儒，学尚有本源，王通则仅是空架子，宜其著述不传。而文中子一书学者皆以为杜淹等所依托也。

⑧⑤《文子》悉属依托伪造之作，宋杜道坚缵义亦无意义。如卷九下《德篇》"治身太上养神，其次养形"一段。《淮南·泰族训》文也，乃冠以"老子曰"三字，其欺伪后人如此。至若《关尹子》尤为鄙俗。《四库提要》云："文子一书，自北魏以来，有李暹，徐灵府，朱元三家注，惟灵府注仅存，"则文子或系六朝时人所伪作。《关尹子·四符》有云："知夫此身如梦中身，随情所见者，可以飞神作我而游太清。知夫此物如梦中物，故随情所见者，可以凝精作物而驾八荒……※（生死者一气之聚散，导宋儒之说）生死者一气之聚散尔，不生不死，而人横计曰生死……人之厌生死超生死，皆是大患。譬如化人，若有厌生死心，超生死心，止名为妖，不名为道。"《五鉴》篇曰："是非好丑成败盈虚造物者运矣，皆因私识执之而有，于是以无遗之犹存，以非有非无遗之犹存……善无识者变识为智，变执为智之说……纷纷想识皆缘有生，日想日识，譬犀望月，月影入角，特因识生，始有月形，而彼真月，初不在角，胸中之天地万物亦然。知此说者，外不见物，内不见情……物交心不生物生识。物尚非真何况于识，识尚非真，何况于情，而彼妄人，于至无中执以为有，于至变中执以为常，一情认之，积为万情，万情认之，积为万物，物来无穷，我心

有际，故我之良心受制于情，我之本情，受制于物……苟知吾心能于无中示有，则知吾心能于有中示无……我之思虑日变，有使之者，非我也，命也。苟知惟命，外不见我，内不见心。"此皆窃之于佛家者也。※（《八筹》云："知物之伪者不必去物，譬如见土牛木马，虽情存牛马之名，而心忘牛马之名）又《七釜篇》云："得道之清者，物莫能略身轻矣。可以骑凤鹤，得道之浑者，物莫能溺矣……物即我，我即物，知此道者可以成腹中之龙虎。知象由心变，可以观心，可以成女婴，知气由心生，以此吸神，可以成炉冶，以此胜物，虚豹可伏，以此同物，水火可入……人之力有可以夺天地造化者。如冬起雷夏造冰，死尸能行，枯木能花，豆中拇鬼，杯中钓鱼，画门可开，土鬼可语，皆精气所为。"《八筹》云："即吾心中，可作万物，盖心有所之则爱从之，爱从之则精从之。"则又神仙方士之说也。

⑧⑥《傅子》晋傅元撰，《四库全书》据《永乐大典》辑出《提要》云："晋，代子家，今传于世者，惟张华《博物志》，于宝《搜神记》，葛洪《抱朴子》，嵇含《草木状》，戴凯之《竹谱》尚存，然《博物志》、《搜神记》皆经后人窜改，已非原书。《草木状》、《竹谱》记录琐屑，无关名理。《抱朴子》又多道家诡诞之说，不能悉轨于正，独元此书，所论皆关切治道，阐启儒风，精意名言，往往而在，以视《论衡》、《昌言》皆当过之。"是也。该书皆系论政之作《正心》、《仁论》、《义信》、《通志》、《举贤》、《礼乐》、《贵教》诸篇之论则儒家言也。《重爵禄》、《检商贾》、《梭工》诸篇则法家言。《问政篇》云："政在去私，私不去则公道亡，公道亡礼教无所立，礼教无所立则刑罚不用情，刑罚不用情而下从之者未之有也。"《治体篇》云："治国有二柄，一曰赏，二曰罚。赏者政之大德，罚者政之大威。"皆混儒法二家为一之论也。

⑧⑦《中论》徐干著，曹丕与吴质书有云："古今文人类不获细行鲜能以名节自立，而伟长独怀文抱质，恬淡寡欲，有箕山之志，可谓彬彬君子矣。著《中论》成一家之业，辞义典雅，足传于后，此子为不朽矣。"亦可因此而想见徐干之为人。按读书宗旨，亦如《傅子》。《法象》篇云："夫容貌者人之符表也。符表正故情性治，情性治故仁义存，仁义存故盛德著，盛德著故可以为法象，斯谓之君子矣……是故君子敬孤独而慎幽微。"此亦居敬存诚之意。《修本》篇云："知者不以变数疑常道，故循福之所自来，防祸之所由至也，遇不遇非我也，其时也……行善而不获福犹多，为恶而不得祸犹少。总夫二者岂可舍多而从少也。"此通论也，宋儒似未有此言。又《虚道篇》云："君子常虚其心志，恭其容貌，不以逸群之才，加乎众人之上……君子之所贵者，迁善惧其不及，改恶恐其有余。"据此所言，徐干之为曹丕所推重有由矣。又《贵验》云："谤言也，皆缘类而作，倚事而兴，加其似者也，谁谓华岱之不高，江汉之不长与，君子

修德亦高而长之，将何患矣……谤之为名也，逃之而愈至，距之而愈来，讼之而愈多。"《贵言》云："君子之与人言也，使辞足以达其知虑之所至，事足以合其性情之所安，弗过其任而强牵制也……君子将与人语大本之源而谈性义之极者，必先度其心志，本其器量，视其锐气，察其堕衰，然后唱焉以视其和，导焉以观其随。"皆为中肯之论，此《务本》，《审大臣》、《赏罚》、《民数》诸篇，则政论也，亦非无可取。

　　⑧⑧《刘子》十卷，亦名《新论》唐袁孝政叙谓刘画所作，晁氏云齐刘画字孔昭撰，或以为刘勰，或以为刘孝标。按该书无中心思想，语故驳杂不纯。《防欲》云："人之禀气必有性情，性之所感者情也，情之所安者欲也。情出于性而情违性，欲由于情而欲害情。"《去情》云："情者是非之主而利害之根。有是必有非，能利亦能害，是非利害存于衷，而彼此还相疑，故无情以接物，在遇而恒通，有情以接人，触名而成碍……是以圣人弃智以全真。遣情以接物，不为名尸，不为谋府，混然无际而俗莫能思矣。"又有《贵农》、《法术》、《赏罚》、《审名》等篇则法家言。《遇不遇》云："贤不贤性也，遇不遇命也。性见于人，故贤愚可定，命在于天，则否泰难期。"又《命相篇》云：有命必有相，有相必有命，同禀于天，相须而成也……受气之始，相命即定，即鬼神不能移改而圣智不能回也。"此则似王充之论。又《妄瑕》云："大道混然无形，寂然无声，视之不见，听之不闻，非可以影响求，不得以毁誉称也。降此以往则事不双矣，名不盛矣，虽天地之大，三光之明圣贤之智，犹未免乎訾也。"此外又有兵家等言。《九流》篇云："儒者晏婴、子思、孟某荀卿之类也。顺阴阳之性，明教化之本，游心于六艺，留情于五常，厚葬文服，重乐有命，祖述尧舜，宪章文武，宗师仲尼以尊敬其道，然而薄者，流广文繁，难可穷究也。道者鬻熊、老聃、关尹、庄周之类也，以空虚为本，清净为心，谦挹为德，卑弱为行，居无为之事，行不言之教，裁成宇宙不见其迹，亭毒万物，不有其功，然而薄者，全弃忠孝，杜绝仁义，专任清虚、欲以为治也。阴阳者子韦、邹衍、桑邱南父之类也……名者宋邢、尹文、惠施、公孙捷之类也……法者慎到、李悝、韩非、商鞅之类也……墨者伊佚、墨翟、禽滑、胡非之类也……纵横者阚子、庞煖、苏秦、张仪之类也……杂者孔甲尉、缭、尸佼、淮南之类也……农者神农、野老、宰氏、范胜之类也……观此九家之学，虽旨有深浅辞有详略……然皆同其妙理，俱会治道。迹虽有殊归趣无异，犹五行相灭，亦还相生……道者元化为本，儒者德教为宗，九流之中二化为最……儒教虽非得真之说，然兹教可以导物，道家虽为达情之论，而

违礼复不可以救弊，今治世之贤宜以礼教为先，嘉遁之士，应以无为是务，则操业俱遂而身名两全也。"此论亦有当，最可怪者，儒家无孔子、桑邱、南父等之名，皆未经见，不知何所据也。

⑧《史记·陆贾传》云："贾说汉高曰马上得之，宁可以马上治乎……使秦以并天下行仁义法先圣，陛下安得而有之。帝有惭色，谓贾曰，试为我著秦所以失天下，吾所以得之者，及古成败之国，贾凡著十二篇，似较贾谊之论为平实（谊有策士之风），近于儒家者也。至若汉末荀悦所作《申鉴》其旨亦同《新语·俗嫌》篇则论及卜筮黄白之术，且以《纬书》为伪托，有云："学必至圣，可以尽性，寿必用道，所以尽命。"《杂言》下云："或问性命，曰：生之谓性也，形神是也，所以立生终生者之谓命也，吉凶是也。夫生我之制，性命存焉尔，君子循其性以辅其命，或问天命人事，曰，有三品焉，上下不移，其中则人事存焉尔。命相近也，事相远也，则吉凶殊也，故曰穷理尽性以至于命。孟子称性善，荀子称性恶，公孙子曰性无善恶，杨雄曰人之性善恶浑，刘向曰性情相应，性不独善，情不独恶。曰问其理，曰性善则无四凶，性恶则无三仁。人无善恶，文王之教一也，则无周公、管、蔡，性善情恶是桀纣无性而尧舜无情也。性善恶皆浑是上智怀惠。而下愚挟善也。理也未究也，惟向言为然。或曰仁义性也，好恶情也，仁义常善而好恶或有恶，故有情恶也。曰不然好恶者性之取舍也，实见于外，故谓之情尔，必本乎性矣。仁义者善之诚者也，何嫌其常善。好恶者善恶未有所分也，何怪其有恶……形与白黑偕，情与善恶偕。故气黑非形之咎，情恶非情之罪也……或曰请折于经。曰《易》称乾道变化各正性命，是言万物各有性也。观其所感而天地万物之情可见矣。是言情者应感而动者也。昆虫草木皆有性焉，不尽善也。天地圣人皆称情焉，不主恶也……凡情意心志者皆性动之别名也……或曰善恶皆性也。则法教何施，曰性虽善，待教而成。性虽恶，待法而消。唯上智与下愚不移。其次善恶交争，于是教扶其善，法抑其恶，得施之九品。从教者半，畏刑者四分之三，其不移大数九分之一也，一分之中又有微移者矣。然则法教之于化民也，几尽之矣，及法教之失也，其为乱亦如之。"此段议论亦有可取。

⑨《谷梁注》范宁序云："春秋之传有三，而为经之旨一。成否不同，褒贬殊□，盖九流分而微言隐，异端作而大义乖。《左氏》以鬻养兵谏为爱君，文公纳币为用礼。《谷梁》以卫辄拒父为尊祖，不纳子纠为内恶。《公羊》以祭仲废，君为行权，妾母称夫人为合正，以兵谏为爱君，是人君可得而胁也。以纳币为用礼，是居丧可得而婚也，以拒父为尊祖，是为子可得而叛也，以不纳子纠为内恶，是仇雠可得而容也，以废君为行权，是神器可得而窥也，以妾

母为夫人是嫡庶可得而齐也。若此之类，伤教害义，不可强通者也……《左氏》艳而富，其失也巫。《谷梁》清而婉，其失也短。《公羊》辩而裁，其失也俗……"《公羊传注疏》齐召南跋云："成、哀以降，伪谶繁兴，洎乎东京，七纬遂与六经争耀。而《公羊》一家，又最号为善谶，时俗所尚，通人莫悟其非。此何休解诂之作，所以纵横惑溺于纬书邪说。触类引伸。至于闭户覃思经十七年而始成也……若专论《公羊》，则传之于经也。功尚足以掩其过，惟注之于传也，但见过不见功，何则？《公羊》经师之学精于求例而不知史文得于传闻而不核事实……"

　　⑨贾公彦《序周礼废兴》云："汉兴，至高堂生博士传十七篇，孝宣世后仓最明礼。戴德、戴圣、庆普皆其弟子，三家立于学官。按《儒林传》，汉兴，高堂生传礼十七篇，而鲁徐生善为容，孝文时，徐生以容为礼官大夫，而瑕丘萧奋以礼至淮阳太守。孟庆，东海人也，事萧奋，以授后仓。后仓说礼数万言，号曰《后氏曲台记》授戴德、戴胜。郑云五传弟子，则高堂生、萧奋、孟庆、后仓、戴德、戴胜，是为五也。此所传者谓十七篇即《仪礼》也。《周官》孝武之时始出……既出于山岩屋壁，复入于秘府，五家之儒，莫得见焉。至孝成皇帝，达才通人刘向子歆，校理秘书，始得列序，著于录略，然亡其《冬官》一篇，以《考工记》足。时众儒并出，共排以为非是……周礼起于成帝刘歆而成于郑玄，附离之者大半，故林孝存以为武帝知周官末世渎乱不验之书，故作十论七难以排弃之。何休亦以为六国阴谋之书。"据此则《礼》之出于汉儒可知矣。而《周官》为混合儒法之作。《天官》大宰之职，掌建邦之六典，一曰治典，二曰教典，三曰礼典，四曰政典，五曰刑典，六曰事典。以八法治官府。一曰官属，二曰官职，三曰官联，四曰官常，五曰官成，六曰官法，七曰官刑，八曰官计。以八则治都鄙，一曰祭祀，二曰法则，三曰废置，四曰禄位，五曰赋贡，六曰礼俗，七曰刑赏，八曰田役。以八柄诏王驭群臣，一曰爵，二曰禄，三曰予，四曰置，五曰生，六曰夺，七曰废，八曰诛。以八统诏王驭万民，一曰亲亲，二曰敬故，三曰进贤，四曰使能，五曰保庸，六曰尊贵，七曰达吏，八曰礼宾……此其证也。

　　至于《礼记》固出汉儒之编纂，然其事实，或为孔门之遗文。

　　⑨《礼运》："人者，其天地之德，阴阳之交，鬼神之会，五行之秀气也……故人者天地之心也。"又"故先王患礼之不达于下也，故祭帝于郊，所以定天位也，祀社于国，所以列地利也，祖庙所以本仁也，山川所以傧鬼神也。五祀所以本事也。故宗祝在庙，三公在朝，三老在学，王前巫而后史，卜筮瞽侑，皆在左右，王中心无为也，以守至正，故礼行于郊，而百神受职焉。礼行于社而百货可极焉，礼行于祖庙而孝慈服焉，礼行于五祀而正法则焉。"此亦无为也，

然与道家、法家异趣。

《祭义》:"子曰,气也者,神之盛也,魄也者,鬼之盛合鬼与神,教之至也。众生必死,死必归土,此之谓鬼。骨肉毙于下,阴为野土(郑注:"言人之骨肉,荫于地中为土壤)。其气发扬于上,为昭明,焄蒿凄怆,此百物之精也,神之着也。(孔疏:此科释人气为神,言人生时形体与气合共而生,其□□则形与气分,其气之精魂,发扬升于上为昭明者,言此升上为□灵光明也。焄谓香臭生,言百物之气或香或臭;蒿谓蒸出貌,言此香臭蒸而上出,其气蒿然也……百物之精气为焄蒿凄怆,人与百物共同,但情识为多,故特谓之神)因物之精,制为之极,明命鬼神以为黔首则,百众以畏,万民以服,圣人以是为未足也。筑为宫室,设为宗祧,以别亲疏远迩,教民反古复始,不忘其所由生也,众之服自此,故听且速也。二端既立,报以二礼,建设朝事,燔燎膻芗,见以萧光,以报气也。此教众反始也。荐黍稷,羞肝肺首心,见闻以侠甒加以郁鬯,以报魄也。教民相爱,上下用情,礼之至也。"此神道设教之意,然而已承认有灵魂,宋儒先入道家自然之说,乃并此文而不解,可笑也。

《哀公问》:"公曰,敢问君子何贵乎天道也。孔子对曰,贵其不已,如日月东西相从而不已也,是天道也。不闭其久,是天道也。无为而物成,是天道也。已成而明,是天道也。(注:已成而明,照察有功)"

《孔子闲居》:"孔子曰:天无私覆,地无私载,日月无私照……天有四时,春秋冬夏,风雨霜露,无非教也。地载神气,神气风霆,风霆流形,庶物露生,无非教也。清明在躬,气志如神。"

⑨③《东西文化比较表》:

中　　国	印　　度	西　　洋
地大物博气候适宜,社会经济以农业为中小,故有家族制度(家族制与农业□□联系密切)。因家族制而有伦理思想。以人为中心,发现人之本性,是其所长	居热带虽以农为生而不必十分努力,故有宗教制度(便于玄想)因此有出世思想(脱离社会)直趋玄远如佛教是其所长	滨海洋,经商。故有因此有科学思想。征服自然而役使之是其所长
蔽于人而不知天(自然)是其所短,故科学哲学,不及西洋	蔽于道而不知人是其所短,故政治社会皆无组织卒至亡国	蔽于天而不知人是其所短,故科学虽发达而不能治人
艺术精神	宗教精神	科学精神

※ （日本是悲剧性的民族，中国是喜剧性的。截长补短，天人一贯，乃为将来世界文化正确之趋势，以此而视近时人之言东西文化者，颇多戏论）

孟子曰："仁之实事亲是也，义之实从兄是也，乐之实，乐斯二者乐则生矣。生则乌可已也，乌可已则不知足之蹈之，手之舞之。"此礼乐仁义皆从"家"出，中国伦理主义由家族生出之明证也。

㉔严复译英赫胥黎（Thomos Huxley）之《天演论》（Evolution and Ethics）。

亦有可取者兹摘录如次：

"夫自营为私，然私之一言，乃无始来斯人种子，由禽兽得此，渐以为人，直至今日而根株仍在者也。古人有言，人之性恶，又曰人为孽种。自有生来，便含罪恶，其言岂尽妄哉。是故凡属生人，莫不有欲，莫不求遂其欲，其始能战胜万物，而为天之所择以此，其后用以相贼，而为天之所诛亦以此。何则，自营大行，群道将息，而人种灭矣。"（《人群》）

"人居群中，自有识知以来，他人所为，常衡以我之好恶，我所为作□□，考之他人之毁誉，凡人与己之一言一行，皆与好恶毁誉相附□可离。及其久也，乃不能作一念焉而无好恶毁誉之别，由是而有是非，亦由是而有羞恶，人心常德，皆本之能相感通而后有，于是是心之中，常有物焉以为之宰，字曰天良，天良者，保群之主，所以制自营之私，不使过用以败群者也。"（《制私》）

"苟私过用，则不独必害于其群，亦且终伤其一己。何者托于群而为群所不容故也，故成己成人之道必在惩忿窒欲，屈私为群，此其事诚非可乐而□之，其效之美，乃不止于可乐。"（《新反》）

"善夫柏庚之言曰，学者何，所以求理道之真。教者，何以求言行之是。然世未有理道不真而言行能是者。"（《教源》）

此下严复论佛生卒年月云："摩腾对汉明帝云，生周昭王念四年甲寅，卒穆王五十二年壬申，隋费长房《三宝录》云生鲁庄公七年甲午，以春秋恒星见，夜明星陨如雨为瑞应，周匡王五年癸丑示灭，什法师年纪及石柱铭云，生周桓王五年乙丑，周襄王十五年甲申灭度，此外有佛生夏桀时，商武乙时，周平王时者。莫衷一是。独唐贞观三年刑部尚书刘德威等与法琳奉诏详核定佛生周昭丙寅，周穆王壬申示灭。然周昭在位十九年，无丙寅岁，而摩腾云二十四年亦误。当是二人皆指十四年甲寅而传写误也。挽近西士于内典极讨论，独云先耶苏生约六百年耳。依此则费说近之，佛成道当在定、哀间，与宣圣为并世。岂夜明诸异，与佛书所谓六种震动，光照十方国土者同物欤。鲁与摩提提东西里差，仅三十余度，相去一时许，同时睹异，容或有之。"

□□□将谓鹿为善为良，以狼为恶，为恶为虐，凡利安是鹿者为□□□□养□□□□为暴之事，然而是二者皆造化之所为□□□诸有人焉，其右手操兵以杀人。其左能起死而肉骨之。此其人，仁耶暴耶，善耶恶耶。自我观之，非仁非暴，无善无恶，彼方超夫二者之间，而夫乃规规然执二者而功罪之，去之矣矣。[《天刑》※（按此义殊紧要）]严按云："此篇之理，与《易传》所谓乾坤之道鼓万物而不与圣人同功，《老子》所谓天地不仁，同一理解。《老子》所谓不仁，非不仁也，出乎仁不仁之数，而不可以仁论也。"

"轮回之说，固亦本之可见之人事物理以为椎，即求之日用常行之间，亦实有其相似。此考道穷神之士，所为乐反复其说，而求其义之所底也。"（《佛释》）

严有案云："不可思议四字，乃佛书最为精微之语……与云不可名言不可言喻者迥别，亦与云不能思议者大异……涅槃其不可思议，即在寂不真寂，灭不真灭二语，世果何物，乃为非有非非有耶……此不徒佛道为然……至于诸理会归最上之一理，孤立无对，既无不冒，自无与通，无与通则不可解，不可解者，不可思议也。"

又有案云："程子所谓气质之性，即告子所谓生之谓性，荀子所谓恶之性也。大抵儒先□□，专指气而言则恶之，专指理而言则善之，合理气而言者，则相近之，善恶混之，三品之，其不同如此。然惟天降衷有恒矣，而亦生民有欲，二者皆天之所为，古性之义通生，三家之说，均非无所明之论。朱子主理居气先之说，然无气又何从见理？"

⑤《后汉书》卷七九《仲长统列传》云："《乐志论》以为凡游帝王者，欲以立身扬名耳，而名不常存，人生易灭，优游偃仰，可以自娱。欲卜居清旷以乐其志。论之曰，使居有良田广宅背山临流，沟池环币竹木□□，场圃筑前，果园树后。舟车足以代步涉之难，使息足以息□□之役，养亲有兼珍之膳，妻孥无苦身之劳。良朋萃止，则陈酒肴以娱之，嘉时吉日则烹羔豚以奉之，蹰躇畦苑，游戏平林，濯清水追凉风钓游鲤弋高鸿。讽于舞雩之下，咏归高堂之上，安神闺房，思老氏之玄虚，呼吸精和求至人之仿佛与达者数子论道讲书，俯仰二仪错综人物，弹南风之雅操，发清商之妙曲，逍遥一世之上，睥睨天地之间，不受当时之责，永保性命之期。如是则可以陵霄汉，出宇宙之外矣，岂羡夫入帝王之门哉。又作二诗以见其志，辞曰：飞鸟遗迹，蝉蜕亡壳，腾蛇弃鳞，神龙丧角；至人能变，达士拨俗，乘云无辔，骋风无足；垂露成帏，

张霄成幄，沆瀣当餐，九阳代烛；恒星艳珠，朝霞润玉，六合之内，恣心所欲；人事可遗，何为局促。大道虽夷，见几者寡，任意无非，适物无可。古来绕绕，委曲如琐百虑何为。至要在我，寄愁天上，埋忧地下，叛散五经；灭弃风雅，百家杂碎，诸用从火，抗志山栖，游心海左；元气为舟，微风为施，翱翔太清，纵意容冶。"又有云："角知者皆穷，角力者皆负。""时政凋敝，风俗移易，纯朴已去，知惠已来，出于礼制之防，放于嗜欲之域久矣。"此皆足以见其启魏晋清谈之风，然仲长统实亦颇有心于政治者。如云："薄吏禄以丰军用"（反对）云云，或为王安石之所师。又云："君子用法制而至于化，小人用法制而至于乱，均是一法也，或以之化，或以之乱，行之不同也，苟使豺狼牧羊，益跖主□□□国家昏乱使人放肆，则恶复论损益之间哉。"□□□《子内篇》□理□□仲长公理者，才达之士也。著《昌言》亦论行焉，可以不饥不病云。吾始未知信也，至于为之者，尽乃然矣。养性之方若此，至约而吾未之能也，岂不以心驰于世务，思锐于人事也。他人之不能者，又必与吾同此疾也……直不能弃世事而为之，故虽知之而无益耳。非无不死之法者也。又云，"河南密县有卜成者，学道经久，乃与家人辞去，其始步稍高，遂入云中不复见。此所谓举形轻飞，白日升天，仙之上者也。陈元方、韩元长皆颖川之高士，与密相近，二君所以信天下之有仙者，盖各以其父祖及见卜成者成仙升天故也。"

新论应增改者

1．首章叙事后即加补充说明。

2．以战灭战引《商子》。

3．法治人治更详论。

4．新丛林办法附于书末，即论佛教现状者亦然。

论佛教之弊中一般人之观感有三：甲，为生活而出家。乙，受刺激而逃禅。丙，精神无寄托。其实出家是为实践真理□标的于尘寰。

5．"居士"之见于《韩非子》者：

卷十一《外储说左》云："齐有居士田仲者，宋人屈谷见之曰，谷闻先生之义，不恃仰人而食。"※（不恃二字疑有误）。又云："诇者齐之居士，屛者魏之居士。齐魏之君不明，不能亲照境内而听左右之言，故二子费金璧而求入仕。"《外储说右》云："齐东海上有居士曰狂矞，华士昆弟二人者立议曰，吾不臣天子，不友诸侯，耕作而食之，掘井而饮之，吾无求于人也。"《礼玉藻》"居士锦带"郑注云："居士道艺处士也。"

6．高丽故事：

"从前上帝造物，他先造了一只驴子，对他说，你生命的任务是给人役使，我给你三十年的寿。驴子说太多了，给我十年吧……上帝说可以。其次又造了一只狗，对他说，你生命的任务是给人役使，我给……又其次造了一只猴子，对他说，你生命的任务是坐着做鬼脸，口中胡说八道，我给你……。最后上帝造了人，对他说，你生命的任务是役使万物，我给你三十年的寿，人说太少了，上帝说，那么我把那驴子的、狗的和猴子的寿都加给你吧。人大喜悦，叩谢而去。所以，到了现在一个人虽然可以活到九十岁，但他的人生活，却仍只有原来的三十岁，三十岁以后，他所过的是那背着重担的驴子生活，五十以后，他所过的是那狗的生活，七十以后，一个人更只能坐着□□□□□□□□□□□□了。"※（真是的，一个人的一生，大部分是给妄想吞没了的）—独立评论二十七号引。

7．□□儒家顺人情而有夫妇君臣之列，则蜂蚁亦然，是侪吾人于昆虫也，实则儒家欲人于此诸伦之中而尽人性。然提及人性问题又多了，非儒家所能解决。

8．儒之末流多乡愿（所谓智障世智聪辩障道之故，以冯振王震等为例），佛之末流多麻木不仁，道之末流多纵欲求长生。

9．佛教来中国后亦受儒道之影响而变质，法相唯识科学精神之学不行，而惟骛于玄远，禅宗之不立文字，亦即儒者之不重名学也，于是佛教之真精神（大乘五明处求）亡，此后应恢复印土治学之本色而后可以言新佛教。

※（中国精神之缺点，亦其所长）

10．注重识亦缘生，改造环境之论（无我）。

11．佛教方是彻底之进化论（普通进化论于地球毁灭时必沦亡）

12．菩萨不断烦恼，以烦恼度生（于五明处），实可谓烦恼之升华。（即将烦恼用于某一处——舍一取一。而中国人的办法是平面发展（中庸），所以没有力量，不走极端）。

13．乐利主义冯振心说的，似乎也可参考。

14．出世，实即莲花出污泥而不染之意，要详论。

15．第一章三桩事实去掉，而代以全世界古往今来之惨状。

扬弃集（三）

①梁启超云："佛陀本是一位太子，物质上快乐尽够享用，原可以不出家，为什么他要出家？出家成道后，本来可以立刻'般涅槃'享受他的精神快乐，为什么他不肯如彼？偏要说四十九年的法……"试问有什么必然的因果法则支配佛陀令其必出家必说法，一点儿也没有，只是赤裸裸的凭佛陀本人之意志自由之创造……果之方面也是如此，该撒之北征雅里亚，本来为对付内部绷标一派的阴谋，结果倒成了罗马统一欧洲大业之发轫。明成祖派郑和入海，他真正目的不过想访拿建文，最多也不过为好大喜功之一念所冲动，然而结果会生出闽粤人殖民南洋之事业。历史上无论大大小小都是如此，从没有一件可以预先算准那"必然之果"……所以历史现象，最多只能说"互缘"，不能说是因果……文化果是创造力的结晶。换句话说，是过去"心能"，现在变为"环境化"，成了环境化之后，便和自然系事物同类，入到因果的领域了，这部分史料，我们尽可以因果律驾驭他。

迈基文（R.m.maciven）著《社会学原理》（Community,A Sociological Study.）

张世文译云："社会关系，不过是社会中每个人的人格的种种原素与功用，与社会中其他个人的人格的种种原素与功用，所发生的互相依赖，相系为命的关系而已，因此没有一种社会功用是在个人人格的种种功用之外的。社会在我们里面，在我们每个人里面。在普通一般人里面的成分少，在我们中间伟大人物里面的成分最多。"

又云："一切社会都是心理的关系。要知道，社会的基础，并不是建设在社会所有个人的共同有机原则上，实在是建设在心灵所创造出来的种种不同的联合上，种种不同的交互关系上。"

又云："人类的心灵太复杂了，简直就不容一种'单纯的心理状态'（Gimozh-micuswmp）的存在，人类的心灵是极长极久的时间，无穷无尽的经验所影响而成的。只有疯人的动机才是很单纯的，因为他的大部分的过去经验与现在的经验断决关系……柏拉图说：'如果一点公道没有，一点道德没有，简直就连一伙海盗也不能住在一起，成了一个社会。'"

又云："一个民族的强弱，全看他的精神的团结的性质怎样，力量怎样。这种性质坚固，这种力量强大，当然这个民族一定要强，反之这个民族一定要弱。民族人口数目的数少，很快就可以恢复原状，并不是最重要的。如果民族的精神变为狭小衰弱，无论怎样解释他，无论有什么条件，也是社会的扰乱的大原因，也是根本的社会的不幸。"

又云："持小乘以非毁大乘者，今所考见，才得数人。一、慧导疑《大品》般若。二、昙乐非拨《法华》。三、僧渊诽谤涅槃。四、竺法度禁一切大乘经典，不听读诵，（见《出三藏记集》卷五末），僧睿著《喻疑篇》，专为当时疑涅槃者而发。"

东晋、宋、齐约二百余年间，北地多高僧，而南地多名居士。此期间，江左僧俗欲求能比美北方之道安、法显、智严、宝云、法勇辈者，虽一无有，慧远、慧睿辈皆北彦也；而居士中之有功大教者乃辈出，若与慧远手创莲社之鼓城刘程之，若注《安般经》之会稽谢敷，若著《喻道论》之会稽孙绰，若以王礼大家而归心净土之南昌雷次宗，著《神不灭论》之南阳宗炳。若对宋文帝问而护法有功之庐江何尚之，及其子何点何胤，若持达性论之颜延之，若再治南本涅槃之阳夏谢灵运，若虽张融门论之汝南周颙，若创造雕刻之会稽戴逵，若作灭恶论之东莞刘勰，若作心王铭之义乌傅翕，若注《法华经》之南阳刘虬，若驳顾欢夷夏论之摄山明休烈，皆于佛法有大裨益，求之北地无一焉。最奇特者，佐梁元帝翦除凶逆之荆山居士陆法和，拥军数万，开府数州，然自幼至老，严守戒律，其部曲皆呼为弟子；其余如王导、庾亮、周颙、谢鲲、桓彝、王濛、谢安、郗超、王羲之、坦之、王恭、王谧、范汪、殷觊、王珣、王珉、许询、习凿齿、陶潜等，或执政有声，或高文擅誉，皆与佛教有甚深之因缘……要知二百余年之南朝佛教，殆已成"社会化"，为上流思想之中心，其所以相率趋于此途者，则亦政治及社会之环境有以促之，刘遗民答慧远云："晋室无磐石之固，物情有累卵之危，吾何为哉？"（《居士传》本传）此语可代表当时士大夫之心理，盖贤智之士，本已浸淫于老庄之虚无思想，而所遭值之时势，又常迫之使有托而逃，其闻此极高尚幽邃之出世的教义，不自知其移我情，有因然也。※（消极精神充塞佛教之因）然此与印度之原始佛教，已生根本之差违，消极之精神，遂为我佛教界之主要原素矣。

"蕴"义《大乘广五蕴论》云："问，蕴为何义？答，积聚是蕴义。谓世间相续，品类趣处差别，色等总略摄故，如世尊说，所有色，若过去、若未来、若现在、若内若外、若粗若细、若胜若劣、若近若远，如是总摄为一'色蕴'。"——今译："问：什么叫做蕴？答：蕴是积聚的意思，将时间的相续不断之种种差别现象，分出类来，每类作为一聚，这便是蕴。例如世尊告某比丘说……总括起来成为一个'色蕴'。"

色蕴——物质状态＝感觉之客观化

受——感觉（受刺激之一刹那，不含差别去取作

    用，再进如围火炉则有乐感，此即受）。 ⎫ 所认识之对象——我所

想——知觉、联想、印象、记忆。

行——执意、思维、作意及行为…… ⎭

识——了别、集起…… 能认识之主体——我

想非广义之思想，经云："想所谓三世共会"之共会即联想。又云："想亦是知，知青黄白黑，知苦知乐。"谓前本有如何是青之概念，现在受某种"表色"，则知其与旧所记忆之青的概念相应，而示区别于其他之黄白黑，此即所谓知觉，而其所得则印象也。行蕴所含最广，心现现象（心所）之大部分皆属焉。（法字可今译为概念）。故知行蕴者，对于想蕴所得之印象加重主观之分量，经选择注意而心境凝集一点，完为一个性的观念也，故曰"能有所成"。

识也者，能认识之自体，而对于所认识之对象，了别其总相，能整理统一个个之观念使不相扰乱，又能使个个观念继续集起不断者也。其实色受想行，皆识所变现，一识蕴即足以包五蕴，所以立五名者，不过施设之以资观察之便利，谓意识活动之过程，有此五者而已。譬之如印刷，色为字模，受想行则排字之次第经过，逐段递进。识蕴则纸上之印刷成品，机器一动，全文齐现。此譬虽未悉真，亦庶近之——心理活动之统一状态"我思故我存"。笛氏之意，或亦如此。

《大智度论》卷三十六云："心有二种，一者念念生灭生，二者次第相续心。"

试以三十年为一代计之，积三十三代，九百九十年，则吾之祖宗之多，有令人失惊者。

其表如下：（加藤博士天则百话）

父母二，祖父母四，曾祖父母八，高祖父母十六、第五祖三十二、第六祖六十四、第七祖一百二十八、第八祖二百五十六、第九祖五百一十二、第十祖一〇二四。以上凡三百年。

第十一祖二〇四八、第十二祖四〇九六……第二十祖一〇四万八仟五百七十六。以上凡六百年。

第二十一祖二〇九万七一五二，第二十二祖四一九万四三〇四……，第三十祖十万万七千三百七十四万一千八百二十四。以上共九百年。

第三十一祖二十一亿四七四八万三六四八……

第三十三祖八十五亿八五九三万四千五百九十二。以上凡九百九十年。

②阎若璩《日书释地》续又续三续于地名之考证，颇多创解，然人名孟施舍，杂句如蹙頞胁肩等亦加解释，未免夹杂。

《三续》天命命条云："陈几亭曰四子言命凡贯以天者皆理也，专言命者皆数也，天之明命理也，其命维新，峻命不易即数矣，天命之谓性，维天之命理也。居易俟命，大德受命即数矣，五十而知天命，畏天命理也，不幸短命，赐不受命，道之行废由命。不知命无以为君子也，即数矣。然亦只言得学庸两论，若孟子永言配命，不贯以天者何尝非理耶。天命靡常，贯以天者，又何尝非数耶，几亭闻此想亦应失笑。"

末条集注援引多误云："按张南轩有言为治者多不本于学，而为道者反不涉于事。说者谓括尽汉以来俗吏儒生之病。余谓儒生不独如此，即生平所撰之传注，一涉事援引多误，朱子犹不能免。余少尝习集注时，心生疑议，今老矣当为世历数之。如季文子实始专国，不待武子，蘧伯玉不对而出无关宁殖，子纠兄而非弟，曾西子而非孙。武丁至纣凡九世而非七世。昭阳败魏亡八邑而非七邑……六尺之孤谓年十五今但曰幼，五尺之童谓年十岁，今但曰幼小，不衣冠处伪说苑而为家语。农家者流伪班固而为史迁……灭夏后相乃寒浞而非羿，去鲁司寇则适卫而非齐……史鱼史氏非官名，柳下惠柳下食邑非居……"

③毛奇龄之书，颇遭物议，然其《经问》，则当可取。其问于桐乡钱丙有之疑《周礼》伪书。福建漳浦学廪生蔡氏黜孝经为书，礼记为记，皆有辨难。又驳阎潜丘《四书释地》孔子适周见老子及《日知录》等，李塨所问大都关于乐律者，其中有问云："李塨问身有所忿懥，不当作心有。"又"心当作正，不言在。孔子闻韶忘味，虽不在而正，小人朵颐虽在而不正……"以后可以参考。余于此书，虽不及细阅，总觉其言，辨而寡证。又《论语稽求篇》《四书剩言》《仲氏易》亦可参考。若《春秋属辞比事》等无味。

《四书剩言》云："若不惑，知天命，则以经证经。不惑是知人，知天命是知天。不惑是穷理尽性，知不知是至于命。不惑是诚明，知天命是聪明圣知达天德。不惑则于人事不贸乱，知天命则全契天德……。《中庸》释维天之命，但云至诚不已。天之所以为天，此直指天德天道，与事物之理毫无干涉……耳顺者是以小体为大体，从心者是以人心为道心。总浑化之极神圣之事也……向志学立学，但修此聪明睿知之身以进天德，至此则耳无违拂，四体皆喻。将《洪范》所云作谋。《舜典》所云□聪，皆从此无扞格也。此身教也。《尚书》谓生民有欲。《乐记》以感物为性之欲皆人心也。向志学立学，但止善去欲，以为尽性至命之本。至此则善恶俱冥。无事去欲，人心即道心矣，《洪范》之作圣，《大学》之絜矩，皆不越乎此，此又心教也。"

④臧琳《经义杂记》云："《后汉书》李固传《老子》曰：'其进锐、其退速也。'李贤注孟子有此文。谢承书亦云：'孟子，而《续汉书》复云老子。'按此二语与老子旨意相近。李固既引作《老子》，则此本老子语。而孟子述之也，谢承据孟子改之，恐非。"

唐李习之《论语□解》好改本文，六十而耳顺云耳当为尔，犹言如此也，曾为泰山云谓当作为。宰予昼寝云昼当作画。子所雅言云音作言，字误也……浴乎所云，浴当为沿，周三月夏正月，安有浴理。乡原，德之贼也，云原类柔，字之误……皆无依据，义又浅陋不可从也。

《韩诗外传》……今书非韩氏原编，容有后人分并，且以他书厕入者。本传称婴孝文时为博士，武帝时尝与董仲舒论于上前，其人精悍处事分明，仲舒不能难也。其书有曰，子曰，不知命无以为君子，言天之所生皆有仁义礼智顺善之心；不知天之所以命，生则无仁义礼智顺善之心，谓之小人，故曰不知命无以为君子，《小雅》曰："天保定尔，亦孔之固，言天之所以仁义礼智保定人之甚固也"。《大雅》曰："天生蒸民有物有则，民之秉彝好是懿德。言民之秉德以则天也。不知所以则天又焉得为君子乎。"斯言也即孟子性善之说也。秦汉以来，如毛公董生皆可为见道之醇儒矣，而性善之说，则俱未能言也。琳谓孟子之后，程朱以前，知性善者韩君一人而已。

⑤王懋竑《白田草堂存稿》有《玉山讲义考》辩明李氏公晦"朱子晚年始指示本体令人深思自得之"之论。为不深考答陈器之林德久书而为吕泰录所误。

按玉山讲义答程珙云：天之生物，各付一性，性非有物，只是一个道理之在我者耳，故性之所以为体，只是仁义礼智信五字。……五者之中，所谓性者是个真实无妄的道理。如仁义礼智，皆真实而无妄者也。……此四者具于人心，乃是性之本体，方其未发，漠然无形象之可见。及其发而为用，则仁者为恻隐……智者为是非，随事发见，各有苗脉，不相淆乱。所谓情世，故孟子曰，恻隐之心仁之端也……谓之端者，犹有物在中而不可见。必因其端绪发于外，然后可得而寻也。盖一心之中仁义礼智各有界限。而其性情体用又各自有分别，须是见得分明。然后就此四者之中，又自见得仁义两字是个大界限，如天地造化四序流行，而其实不过一阴一阳而已，于此见得分明，然后就此又自见得仁字是个生底意思，通贯周流于四者之中。仁固仁之本体、义则仁之断制也，礼则仁之节文也，智则仁之分别也。……孔子只言仁，以其专言者言之也，故但言仁而义礼智皆在其中。孟子兼言义以其偏言者言之也。然亦不是于孔子所言之外添入一个义字，但于一理之中，分别出来耳。

天之生此人，犹朝廷之命此官；人之有此性，如官之有此职，朝廷所命之职，无非使之行法治民，岂有不善？天之生此人，无不与之以仁义礼智之理，亦何尝有不善。但欲生此物，必须有气，然后此物有以聚而成质，而气之为物，有昏浊清明之不同。禀其清明之气而无物欲之累则为圣。禀其清明而未纯全，则未免微有物欲之累而能克以去之则为贤。禀其昏浊之气又为物欲之所蔽而不能去则为愚不肖。……善乃人之所本有而为之不亦难乎。然或气禀昏愚而物欲深固，则其执虽顺而易，亦须勇猛着力痛切加功，然后可以复乎其初。……学者于此因当以尊德性为主。然于道问学亦不可不尽其力。要当时时有以交相滋益，互相发明。

答陈器之书云："性是太极浑然之体，本不可以名字言，但其中含具万理。而纲理之大者有四，故命之曰仁义礼智……四端之未发也。虽寂然不动，而其中自有条理，自有间架，不是都无一物，所以外边才感，中间便应，如赤子入井之事，感则仁之理便应，而恻隐之心于是乎形……。盖由其中间众理浑具，各各分明，故外边所遇，随感而应，所以四端之发各有面貌之不同，是以孟子析而为四，以示学者，使知浑然全体之中，而粲然有条若此，则性之善可知矣。"

答林德久书云："儒之言则性之本体，便是仁义礼智之实，如老佛之言，则先有个虚空底性，后方旋生此四者出来，不然亦说性是一个虚空底物，里面包得四者……须知性之为体，不离此四者。而四者又非有形象方所可撮可摩也。但于浑然一理之中识得个意思情状，似有界限而实非有墙壁遮拦分别处也。然此处极难言，故孟子亦只于发处言之如言四端，又言乃若其情，则可以为善之类，是于发处教人认取，不是本体中原来有此，如何用处发得此物出来，但本体无著莫处，故只可于用处看，便省力耳。"

答方宾王书云："大抵仁义礼智性也，恻隐羞恶是非辞让情也，心则统性情者也。"

答何叔京书云："以其未发莫见端绪，是以谓之浑然，非是浑然里面全无分别，而仁义礼乐却是后来旋次生出四件有形有状之物也。须知天理只是仁义礼智之总名，仁义礼智便是天理之件数。"

按：上录数段，其论义理之性，气质之性甚显明。白田云："玉山讲义，乃因程琪之问而发明之。只孟子仁义礼智非由外铄，我因有之也弗思耳矣数语，答陈器之林正广又因玉山而发。"

⑥汪永《乡党图考》首孔子先世图，继孔子年谱等，皆从《论语·乡党》篇文而一一为之图，或解洵佳作也。其间圣迹考皆考孔子一生之事迹尤要。

⑦全祖望《经史问答》中易之问答论互体及春秋外传筮法等，颇可参考。此外，问答类皆评核同时诸人之说而极有本源。兹录一贯一则一贯之说，不须注疏，但读《中庸》，便是注疏，一者诚也，天地一诚而已。

⑧钱大昕《十驾斋养新录》有云：《后汉书·桓谭传》，天道性命，圣人所难言注引郑康成论语注性谓人受血气以生。有贤愚吉凶。天道□变动之占也。古书言天道者皆主吉凶祸福而言，《古文尚书》满招损谦受益，时乃天道。天道福善而祸淫。《易传》天道亏盈而益谦。

《春秋传》天道多在西北，天道远人道迩。□焉知天道，天道不谄，《国语》天道赏善而罚淫，我非瞽史焉知天道。《老子》天道无亲，皆论吉凶之数与天命之性。自是两事。孟子圣人之于天道也。正谓虞舜开廪，文王拘幽，孔子启困之类，故曰命也。

《潜研堂集》大学论云："《大学》一篇汉唐儒者皆不详何人所作。朱子疑出自曾氏，于古无所考，学者犹疑信参半。予读大学书，与忠恕一以贯之之旨，何其若合符节也。……由身推之而至于家……而至于天下。吾道一以贯之而已矣，忠恕而已矣。大学之功，始于致知格物。物有本末，格物者格此物也，致知者知本之谓也。自忠恕之道不讲，而治与道分，本乱而求末之治，所由与唐虞三代之治异矣。"

又《中庸》说曰：中者无过不及之名，尧之传舜曰允执其中，而舜亦以命禹。《洪范》九畴天所以赐禹也，五居九畴之中，故曰建用皇极。皇极者大中之谓也。孔子作易，十翼象传之言中者卅三。象传之言中者三十，其言中也。曰正中，曰时中，曰大中，曰中道，曰中行，曰行中，曰刚中，曰柔中。刚柔非中也，而得中者无咎。故尝谓易六十四卦，三百八十四爻。一言以蔽之曰中而已矣。子思述孔子之意而作《中庸》。与大易相表里。其曰中也者，天下之大本也，言其体。曰君子而时中，言其用也，此尧舜以来传授之心法也。尧舜以来言中不言庸，孔子之言中庸何也？曰，说文庸从庚从用，庸之言用也，中者天所命之性而用之在人，自天言之谓之中。传曰民受天地之中是也。自人言之谓之中庸。唐虞相传皆曰执中。而孔子申之云执其两端用其中于民。然则中庸即执中之义矣，故曰君子之中庸也，君子而时中。中无定体而执中莫如随时，时中者中之用也，虽然时中唯圣者能之，而择中而执之，则人皆可勉。中之所在，善之所在也。故亦谓之择善，圣人之教也。欲使知愚贤不肖之伦去其过不及而归于中，故示之以入之方。曰择乎中庸。择也者，能不能未定之词也。择之而得之，得之而固执之。久之而无时之，不用其中，此之谓时中，此之谓依乎中庸矣。然则何以复言中和，曰未发为体，已发为用。发于中节者合乎时者也。天有四时，顺其序谓之太和。人有七情，中其节谓之中和。中以和为用，非时则不和，故《博雅》训庸为和，而中庸一篇首言致中和，中和即中庸也。以道体言之中和，以入道言之曰中庸，言因各有所当已，然则先儒何以训庸为常，曰凡物之失其常者，不可以用。其可常用者皆中道也。一人之身其分子臣弟友，其境富贵贫贱夷狄患难，位不同而各有常然之道，常然者合乎时者也。时然后行谓之庸德，时然后言谓之庸言，故曰君子素其位而行，素其位者时中之用也。在易六爻之位二多誉，四多惧，三多凶，五多功。然而当其用者三四有时而吉，失其用者，二五有时而凶，所谓君子无入而不自得焉者也。乾之用九，戒之以天德，不可为首，惧其过刚而失中也。坤之用六，戒之以永贞，惧其过柔而失中也。六十四卦不外乎时中而乾坤特言其用，故曰易与中庸，其理一而已矣。

《论子思子》云："沈休文云《中庸·表记、坊记、缁衣》皆取《子思子》。《乐记》取《公孙尼子》。休文去古未远，其说当有所自，……按《文选注》引《子思子》曰：民以君为心，君以民为体。又引《子思子》诗云：昔吾有先正，其言明且清。今其文皆在，缁衣篇，则休文之说信矣。《坊记》一篇引《春秋》者三，引《论语》者一，春秋孔子所作，不应孔子自引。而《论语》乃孔子没后诸弟子所记录，更非孔子所及见。然则篇中云子言之子曰者，即子思子之言。未必皆仲尼之言也。……汉《子思子》二十三篇，唐宋之世尚存七卷，今已邈不可得。独此数篇附礼记以传。而其词醇且简与《论语》相表理……子思之学出于曾子，曾子书亦不传。而其十篇犹见于大戴记、小戴记。有曾子问篇、檀弓杂记、祭义内则、礼器、大学诸篇。俱引曾子说。曾子、子思之微言，所以不终坠者，实赖汉儒会粹之力。"

⑨阮元《研经室集》太极乾坤说："虞翻注曰太极太一也，郑康成注乾凿度曰太一者北辰之神名……北辰即北极，则固古说也，易击词曰：易有太极，是生两仪……然则八卦本于四时，四时本于天地，天地本于太极。孔子之言节节明显，而后儒舍其实以求其虚何也？实者何？天地之实象也……王弼以无注太极虚而不实，乃老庄之学，故李业兴以太极为有而斥无极为玄学也……（见《魏书·儒林传》）"

《论语》论仁者五十八章，仁字之见于论语者，凡百有五……诠解仁字不必烦称远引。但举《曾子·制言》篇人之相与也……郑康成注读如相人偶之人，数语足以明之矣。孔门所谓仁也者，以此一人与彼一人相人偶而尽其敬礼忠恕等事之谓也。凡仁必于身所行者验之而始见，亦必有二人而仁乃见。若一人闭户齐居，瞑目静坐，虽有德理在心，终不得指为圣门所谓之仁矣……孟子仁人心也，义人路也，此谓仁犹人之所以为心，义犹人之所以为路，非谓即心即仁也……。

按：以下将五十八章一一论之，又论孟子之仁论，虽其言不达而亦可参考。

又《性命古训》集《尚书》、《诗》、《左传》、《易》、《孝经》、《论语》、《礼记》、《孟子》论及性命之文而一一略释，其义理固不足道，然作为资料则大佳。

※又有"仁字不见于《尚书·虞夏商书、诗雅颂·易卦爻辞》之中，唯《周礼大司徒》六德智仁圣义中和"为仁字初见最古者。"

⑩焦循《论语补疏》云："道即行也，天道犹云天行，《乾》曰天行健，君子以自强不息。《蛊》曰终则有始天行也。《剥》曰君子尚消息盈虚天行也。《复》曰反复其道，七日来复，天行。举当时以奇怪虚诞为天道者一旦廓而清之。《记》载，哀公问云，敢问君子何贵乎天道也？孔子对曰，贵其不已，如日月东西相从而不已也，是天道也不闭其久，是天道也。无为而物成是天道也。已成而明是天道也。孔子言天道在消息盈虚，在恒久不已，在终则有始，在无为而物成，为格物致知正心修身齐家治国平天下之本。与七政变占迥然不合：郑氏以此解论语，浅之乎观圣人矣。何氏本元亨日新以言天道，识见之卓（《释文》）越乎康成。夫通于一而万事毕，是执一之谓也，非一以贯之也……一贯者忠恕也，一贯为圣人，执一则为异端。"

《皇清经解》一千四百零八卷，类皆考证之作。且若《日知录》等节录太少，学者无以见亭林之面目，其间要籍如阎若璩《日书释地》、《孟子生卒年月考》，惠栋《周易述》、《古文尚书考》，王鸣盛《尚书后案》，翟灏《四书考异》，焦循《易通释》、《周易尚书毛诗礼记左传论语补疏》，张惠言《周易虞氏义》、《虞氏消息》、《周易郑氏义》、《周易荀氏九家义》等他日更应参考。至若江永，程瑶田、戴东原之考证名物皆甚精湛。王念孙、王引之、段玉裁、金榜（《礼笺》）阮元之著作，若《说文解字注》、《古文尚书撰异》、《毛诗故训传》、《广雅疏证》、《读书杂志》、《经义述闻》、《十三经校勘记》等皆佳作也。又汪声《尚书集注音疏》，孔广森《大戴礼记补注》，郝懿行《尔雅义疏》等亦应参考。他若刘逢禄之《公羊何氏释例》等类多一偏之见，故流于康有为、廖季平之荒诞。严杰《经义丛钞》中有涉及性理之文，虽守汉儒义说，力反宋学，然因之可得若干资料也。

⑪罗家伦《新人生观》一书，思想实无系统，全书亦无组织，乃激于国内之时病而发。

批评佛教处亦多失真，兹节所欲匡正之处如下：

1.建立新人生观

动的人生观——宇宙是动的，是进行不息的（中国受宋儒"主静主敬"学说之流毒太深。此学说中本来含有一部分印度佛教之成分，与孔墨力行之宗旨违背）。

创造的人生观，大我的人生观，要借生活来实现。力的生活，意志的生活，强者（天行健，君子以自强不息）的生活。柏格森说："对于一个有意识的生命，生就是变，变就是成熟，成熟就是不断的创造自己。"

2．道德的勇气（mozalconzage）——林肯共和党代表告以选举总统必得胜利之后，一声不响地凝视壁上挂的一幅美国地图，看了许久，他严肃地独自跪在地图前面祈祷。知识的陶融，生活的素养——Simple living and high thing（简单的生活和高超的思想联在一起。）意志的锻炼（韧）临危的训练。

3．知识的责任，要有负责的思想，要对负责的思想去负责。中国人不负责的病根由于一，缺少思想的训练，容易接受思想，混沌的思想，散漫的思想（六朝隽语）颓废的思想，不从力行中体会思想。（清淡、清议——下亡天）

4．弱是罪恶，强而不暴是美。要有野蛮的身体，文明的头脑（荀子大天而思之，孰与物蓄而制之，从天而颂之，孰若制天命而用之）不可征服的精神。

强者的哲学：一、接受生命，接受现实。二、不依赖。三、接受痛苦。四、勇敢地在危险中过生活。五、威严的生，正义的怒。六、殉道的精神。

5．侠出于侠大的同情，美明恩溥（Arthur Henderson, Smith）

所著中国人之特性一书，其中有一篇题名是《无同情心的中国人》（生活贫苦，思想影响，因缺同情而是非观念不明，赴难精神低落）

6．荣誉与爱荣誉，必须能维持生命的庄严，必须能有所不为，必须是自足的，也是求诸己的。大科学家盖白勒（Rnzhin, Honls frmnonik），序有云："你的宽恕我引以为自娱，你的忿怒我也忍受，此地我的骰子掷下来，我写成这本书给人读，是同时的人读或后代的人读，我管他干么？几千年以后有人来读，我也可以等，上帝也等六千年以后才有人臆度他的工作。"必须自尊而能尊人。

7．不断的、积极的、原动的改造主义。人类生命的系统是有智慧去指导他的命运，有意志去贯彻他的主张，有生力去推动他的工作。※（向外创造而非自我向内的创造）

8．扭开命定论与机械论的锁链——宇宙是整个的，是不能割断的，强把他分为孤立无依的个体，以为这是因，那是果。某果由某因所产生，便是因果律重大的错误，是不合乎宇宙真象的解释（二十世纪的近代物理学，早已把三进白的宇宙和这宇宙中的因果观念一律放弃了。宇宙是无数的事（Erent）构成的，每件事又是空时集体构成的）这种把各部作防疫式隔离的办法，就是怀梯海所指出的"错置具体性的谬误"。(the fallacy of misplaced concreteness) 这种宇宙的概念，无疑的是由于高度抽象方式相构成，其似是而非的见解之所由生，乃是误把这种的抽象（abstraction）当作具体的本体（concrete realities）他并且认物质科学所定之能力的各种方式，如波长震动，量子，原子核等，只是科学的抽象，正如我们所知道，我们本身情操一般（A.N.whiteheat process and reality）近代物理的观念，既然根本改变，则附丽于以前古典派物理学的机械观自然根本动摇。罗素于《Freedom and arganization》一书中云："就算承认各种巨大的力量，发生于经济的原因，这些巨大的力量，也常是要靠很琐碎和很凑巧的事件，才能得到胜利。"读托罗斯基的《俄国革命史》，不能不相信列宁对于这次革命关系之重大。但当时德政府是否肯让列宁回到俄国去，也是关系重大的一件非同小可的事。若是当时德国主管这件事的阁员，前夜害了一种不消化的病，次日早晨他要说"可以"的说了"不可以"，我不能想像没有列宁，俄国的革命，有他所得到的成就。……宇宙是整个的，不断的程序；生命也是整个的，不断的程序。宇宙的系统是有机体的整个。生命也是有机体的整个之中一个系统。这整个是有生命的，是创造的。生命也是有生力的，是创造的。生命是实在的，他含着真实的空时不断的在创造，也就是不断的在实现。我们不要从物的惰性里去看宇宙的秘密，我们要从生命的动态里去实现宇宙的秘密。

生命是创造的活动（Creative activity）而意志就是生命的创造力（Creativity）……这求实现的要求，你叫他做柏格森的"生力"（Elan vital）也好。叫他做怀梯海的具体实现原理"（Principle of concreteness）也好。

意志同时也是生命的机能，是选择的主动者，（绝对的自由意志是没有的，但是意志对于选择之自由是有的）柏格森甚至主张"选择就是创造"。意志是人格的连续性。罗素在（The Problem of China）一书中，论我国民族之三个缺点：一、贪，二、怯，三、残忍。

9.西班牙思想家阿特嘉（Ortega）《the Reavoltof Masses》一书中云："但是这种假期（道德的假期）是不能长久的，没有信条范围，我们在某种形态之下生活，我们的生存像是"失业似的"。这可怕的精神境地，世界上最优秀的青年也处在里面。由于感觉自由，脱离拘束，生命反觉得本身的空虚。一种"失业似的"生存。对于生命的否定，比死亡还要不好。因为要生就是要有一件事做，要有一个使命去完成。要避免将生命安置在这件事业里面，就是把生命弄得空无所有。"

论语序说摘记

※孔子世家：鲁南宫敬叔言鲁君曰：请与孔子适周。鲁君与之一乘、两马、一竖子。俱适周问礼，盖见老子云，辞去而老子送之曰：吾闻富贵者送人以财，仁人者送人以言，吾不能富贵，穷仁人之号，送子以言，曰：聪明深察而近于死者，好议人者也。博辨广大危其身者，发人之恶者也。为人子者毋以有已；为人臣者毋以有已。

※《老庄申韩列传》云：孔子适周将问礼于老子，老子曰：子所言者，其人与骨皆已朽矣，独其言在耳。良贾深藏若虚，君子盛德容貌若愚，去子之骄与多欲能色与淫志若是而已。孔子谓弟子曰：鸟吾知其能飞，鱼吾知其能游，兽吾知其能走，至于龙吾不能知其乘风云而上天，老子其犹龙耶？按此所问答不类孔老时文体，或以为伪托。

史记世家曰："孔子名丘，字仲尼。其先宋人。父叔梁纥，母颜氏。以鲁襄公二十二年，庚戌之岁，十一月庚子，生孔子于鲁昌平乡陬邑。为儿嬉戏，常陈俎豆，设礼容。及长为委吏，料量平；（委吏，本作季氏史。索隐云："一本作委吏，与孟子合。"今从之）为司职吏，畜蕃息。（职，见周礼牛人，读为樴，义与杙同，盖系养牺牲之所。此官即孟子所谓乘田）适周，问礼于老子，既反，而弟子益进。昭公二十五年甲申，孔子年三十五，而昭公奔齐，鲁乱。※（崔氏以为据世家，晏子谮言皆孔子之过，或者战国时人墨子之徒伪撰以攻儒生者，问孔子者恐齐之其他人）于是适齐，为高昭子家臣※（家臣之说不可靠，余有丁、崔东壁辨之甚是），以通乎景公。（有闻韶、问政二事）公欲封以尼溪之田，晏婴不可，公惑之。（有季孟吾老之语）孔子遂行，反乎鲁。定公元年壬辰，孔子年四十三，而季氏强僭，其臣阳虎作乱专政。故孔子不仕，而退修诗、书、礼、乐，※（有关不为政，阳货务见事）弟子弥众。九年庚子，孔子年五十一。※（江永《群经补义》：适周问礼，在昭公二十四年癸未，此年五月乙未朔日食。《曾子问》篇云：昔者从吾老聃助葬于巷党，日有食之，疑即此月也。（更考四书释地）。又：按《曾子问》篇记孔子言吾闻诸老聃者四章，皆当时问礼之遗言，与今《老子》书所谓礼者忠信之薄而乱之首，殊不类，何也？）公山不狃以费畔季氏，召，※（崔氏以为《阳货》篇纯驳互见，此必无之事）孔子欲往，而卒不行。（有答子路东周语。）定公以孔子为中都宰，一年，四方则之，遂为司空，又为大司寇。十年辛丑，相定公会齐侯于夹谷，齐人归鲁侵地。十二年癸卯，使仲由为季氏宰，※（季孙之邱，叔孙之费已坠。）**堕三都，**※（堕者把那城之险固平掉，则家臣无以凭之叛大夫。大夫亦不能以之叛公室。成虽未堕而三家已奄奄无生气。故后未闻孟氏以孤城叛鲁）**收其甲兵。**孟氏不肯堕成，围之不克。**十四年乙巳，孔子年五十六，摄行相事，诛少正卯，与闻国政。三月，鲁国大治。齐人归女乐以沮之，季桓子受之。郊又不致膰俎于大夫，孔子行。**（鲁世家以此以上皆为十二年事）**适卫，主于子路妻兄颜浊邹家。**※（住十月或潜于灵公）（孟子作颜雠由）**适陈，过匡，匡人以为阳虎而拘之。**（有颜渊后，及文王既没之语）**既解**※（过蒲），**还卫，**※（汪恒源云：孔子五至卫，虽不仕，而其君与大夫尚知礼贤，且其国中人士亦多愿受业，未尝不可以作讲学之地也）**主蘧伯玉家，见南子。**（有矢子路及未见好德之语）※（住月余）**去适宋，司马桓魋欲杀之。**※（汪恒源云：孔子在宋批评桓司马自为石椁，而宋君又就宋君问政，故欲害之也）（有天生德语，微服过宋事）**又去，适陈，**※（过郑）**主司城贞子家。**※（答陈司败之问）**居三岁**※（晋楚伐陈，孔子有归与之叹，过蒲，蒲人止之）**而反于卫，**※（主蘧伯玉）**灵公不能用。**（有三年有成之语。）**晋赵氏家臣佛肸以中牟畔**※（崔氏以为必无此事）**召孔子，孔子欲往，亦不果。**（有答子路坚白语及荷蒉过门事）**将西**※（入晋）**见赵简子，至河而反，**※（闻简子杀窦鸣犊舜华二贤）**又主蘧伯玉家。**灵公问陈，不对而行，复如陈。**（据论语，则绝粮当在此时）**季桓子卒，遗言谓康子必召孔子，其臣止之，康子乃召冉求。**（史记以论语归与之叹为在此时，又以孟子所记叹辞，为主司城贞子时语，疑不然。盖语孟所记，本皆此一时语，而所记有异同耳。）※（孔安国《论语注》：吴伐陈，陈乱故乏食）

孔子如蔡及叶。※（又反蔡住三年，有绝粮之厄）（有叶公问答子路不对、沮溺耦耕、荷蓧丈人等事。史记云："于是楚昭王使人聘孔子，孔子将往拜礼，而陈蔡大夫发徒围之，故孔子绝粮于陈蔡之间。"有愠见及告子贡一贯之语。按是时陈蔡臣服于楚，若楚王来聘孔子，陈蔡大夫安敢围之。且据论语，绝粮当在去卫如陈之时）※（应聘适楚）**楚昭王将以书社地封孔子，令尹子西不可，乃止。**（史记云"书社地七百里"，恐无此理，时则有接舆之歌）**又反乎卫，时灵公已卒，卫君辄欲得孔子为政。**（有鲁卫兄弟及答子贡夷齐、子路正名之语）**而冉求为季氏将，与齐战有功，康子乃召孔子，而孔子归鲁，实哀公之十一年丁巳，而孔子年六十八矣。**（有对哀公及康子语）※（斥求聚敛，反对伐颛臾、舞八佾、雍彻、旅泰山、责宰、我问礼，讽为长府、请讨陈恒、及愤世之语如道不行，居九夷等）**然鲁终不能用孔子，孔子亦不求仕，乃叙书传礼记。**（有杞宋、损益、从周等语）**删诗正乐，**※（据崔氏等考证，孔子并未删诗书，所谓订礼，不过对于当时的陵替的礼仪节文有所矫正而已，不必要就经籍方面寻其订礼之证据。正乐亦不过将三百余篇之诗整理之能上弦管，而合于韶武雅颂之音罢了。盖实并无所谓乐经也）（有语大师及乐正之语）**序易象、系、象、说卦、文言。**（有假我数年之语）**弟子盖三千焉，身通六艺者七十二人。**（弟子颜回最贤，蚤死，后惟曾参得传孔子之道）

十四年庚申，鲁西狩获麟，（有莫我知之叹）孔子作《春秋》。（有知我罪我等语，论语请讨陈恒事，亦在是年）明年辛酉，子路死于卫。十六年壬戌、四月己丑，孔子卒，年七十三，葬鲁城北泗上。弟子皆服心丧三年而去，惟子贡庐于冢上，凡六年，孔子生鲤，字伯鱼，先卒。伯鱼生伋，字子思，作中庸。"（子思学于曾子，而孟子受业子思之门人）※（考焦循《孟子正义》卷九末）

何氏曰："鲁《论语》二十篇。齐《论语》别有问王、知道，凡二十二篇，其二十篇中章句，颇多于鲁论。古论出孔氏壁中，分尧曰下章子张问以为一篇，有两子张，凡二十一篇，篇次不与齐鲁论同。"

程子曰："《论语》之书，成于有子曾子之门人，故其书独二子以子称。"※（清、冯景《解春集》云：考《家语》七十二弟子解及《史记》传。孔子七十时，曾子才二十四耳，而其书尚成于门人。曾子没时孔门弟子略无存者，则其不能纪远断可知也，故《论语》孔子七十以后之言居多）

程子曰："读《论语》：有读了全然无事者；有读了后其中得一两句喜者；有读了后知好之者；有读了后直有不知手之舞之足之蹈之者。"

程子曰："今人不会读书。如读《论语》，未读时是此等人，读了后又只是此等人，便是不曾读。"※郑玄曰：《论语》为仲弓子夏所撰，特春秋不赞一辞，夫子则曰：春秋属商，其后公毂二子，皆子夏之门人，此《叙录》所引，《论语音义》、《邢疏》又有子游。《论语崇爵谶》曰，子夏六十四人共撰仲尼微言，以当素王。翟灏《四书考异》云：《通志》艺文略《论语撰人名》一卷，恐即源本此《识》，《正义》论语之作，不出一人。故语多重见，而编辑成书，则由仲弓等首为商定。郑君习闻其说，故于序标明之也。此《论语》二字，必亦仲弓等所题。温裕民《论语研究》云：论语有同一意而叠见。论一事而散见（如子入太庙）。叙孔子之容貌不一（如乡党章颇有组织），称孔子之名称不统一，既记孔子之言行，又记弟子门人之事。故《论语》可分三期：胚胎期——孔子生时弟子各有记录。诞生期——孔子死后弟子互为纂辑。完成期——七十子之弟子重为补辑。

程子曰："颐自十七八读《论语》，当时已晓文义。读之愈久，但觉意味深长。"※《论语》经崔述《考信录》考定，自《季氏》至《尧曰》五篇是后人续入的。《尧曰》篇的首章，在文体上很可见其有意摹古，在宗旨上很可以见其秉着《王道》和《道统》两主义。是战国时的儒家面目——古史辨第一卷六四页。

※《集注》训诂，颇多臆说，故刘宝楠《正义》大都不从之，唯有时亦有可取其言理，以今日之眼光观之则近于迂。《正义》博采众说，皆有依据，虽有时费辞反不能达本义，然可从也。

※何晏等《论语序》："序曰：汉中垒校尉刘向言，鲁《论语》二十篇，皆孔子弟子记诸善言也。太子太傅夏侯胜，前将军肖望之，丞相韦贤及子玄成等传之，齐《论语》二十二篇，其二十

篇中章句颇多于鲁论，琅邪王卿及胶东庸生，昌邑中尉王吉，皆以教授，故有鲁论、有齐论，鲁共王时尝欲以孔子宅为宫，后得古文论语。齐论有问王知道，多于鲁论二篇，古论亦无此两篇，分尧曰下章，子张问以为一篇。有两子张，凡二十一篇，篇次不与齐鲁论同，安昌侯张禹，本受鲁论兼讲齐说，善者从之，号曰张侯论，为世所贵。包氏周氏章句出焉，古论唯博士孔安国为之训解而世不传。至顺帝时南郡太守马融亦为之训说。汉末大司农郑玄就鲁论篇章考之齐古为之注。近故司空陈群、太常王肃，博士周生烈皆为义说，前世传授师说虽有异同，不为训解，中间为之训解，至于今多矣，所见不同，互有得失。今集诸家之善，记其姓名，有不安者，颇为改易，名曰《论语集解》。光禄大夫关内侯臣孙邕，光禄大夫臣郑冲，散骑常侍中领军安乡亭侯臣曹羲，侍中臣荀顗、尚书附马都尉关内侯臣何晏等上。

※《正义》：刘向之言出《别录》，汉书《艺文志》，汉兴，有齐鲁之脱，明齐人鲁人所传论语，始于汉兴时也。论，伦也。有伦理也。语，叙也，叙己所欲说也。案伦论皆从仑。《说文》，仑，理也。伦理之训实为至当。故《皇侃》序疏，首例其义。《艺文志》：论语者，孔子应答弟子时人及弟子相与言而获闻于夫子之语也。当时弟子各有所记，门人相与辑而论篡，故曰论语。此谓夫子及弟子之语，门人论之。何异孙《十一经问对》，论语有弟子记夫子之言者，有夫子答弟子问者，有弟子自相问答者，又有时人相言者，有臣对君问者，有师弟对大夫之问者。皆所以讨论文义，故曰论语，则是夫子与弟子时人，各有讨论之语，非谓夫子弟子之语，门人始论之也。此视《汉志》为得。

夏侯胜字长公，东平人。善说礼服，以《尚书》授太后，受诏撰《尚书》，《论语说》。

肖望之，字长倩，东海兰陵人。好学齐诗，事同县后苍又从夏侯胜问论语礼服。

韦贤，字长孺，鲁国邹人。兼通《礼》、《尚书》。以诗教授，称邹鲁大儒。少子玄成，字少翁。按《汉志》鲁《夏侯说》二十一篇，此当即夏侯胜受诏所作说也。《张禹传》言袁玄成说论语。又《汉志》鲁论语家传十九篇，当是传鲁论语者所作。又有常山都尉龚奋，鲁扶卿，又王骏兑二十篇。《师古》曰王吉子。

冯椅《论语说》以子张问仁于孔子，称孔子为齐论。卢文劭《钟山札记》以陈成子弑简公不称齐亦为齐论。洪兴祖论语说引或说，以季氏篇为齐论。

《汉志》于鲁论载传十九篇，于齐论载说二十九篇，则多鲁论十篇，齐说即此序所言章句也，则十九篇之传，亦为鲁论章句矣。鲁传齐说，不著作者姓名，明是诸儒相传之义。非一人也。

邢疏王卿天汉元年，由济南太守为御史大夫。庸生名谭，生盖有德者也。

王吉，字子阳，琅邪皋虞人。兼通五经，能为驺氏春秋，以诗论语教授，《张禹传》禹先事王阳。后从庸生。王阳即王吉，皆以齐论教授于人。《汉志》云：传齐论者昌邑王吉，少府宋畸、御史大夫贡禹、尚书令五鹿充宗、胶东庸生，唯王阳名家。

※晁公武《郡斋读书志》详《问王》、《知道》之名。当是内圣之道，外王之业。朱彝尊《经

义考》斥晁说为附会。谓今逸论语见于《说文》,《初学初》,《文选注》、《太平御览》等书其诠王之属特详。疑问王乃问玉,今《家语》亦有《问玉篇》,当是依用论语篇名,然问王之为问玉,信不诬矣。然《初学初》及《御览》所引诠玉之辞,与《说文》所引逸论语文全不类。朱氏不当并数之。

※《论衡·正说篇》武帝发取孔子壁中方得二十一篇,共齐鲁河间九篇,本三十篇。翟灏《考异》以《艺文志》十二家,有燕传佚三篇,河间赵地,疑《论衡》所云河间也。翟说是存疑,不足据。鲁论齐论已见前志,不得别有齐鲁合河间为九篇。出于《汉志》之外,又合古论为三十篇也。乃无稽之说。

※皇侃《义疏》叙曰:古论篇次,以乡党为第二篇,雍也第三,内倒错不可具说,是古论篇次,不与齐鲁论同,然皇本多为异域人所改,恐难据。《隋书·经藉志》古论语章句烦省,与鲁论不异。然《学而》篇未若贫而乐。古论下有“道”字。《乡党》本中内顾,古论作不内顾。卫灵公子曰父在观其志,父没观其行。郑云:古无此章。《尧曰》知命章,郑云:鲁无此章,则谓古齐有此章也。古齐鲁章句,本有不同也。《经典叙录》引桓谭《新论》说古论云:文异者四者余字,今略见《史记》《说文》并郑注中。

※张禹,字子文,河内轵人。从沛郡施仇受易,王吉庸生问论语,甘露中诸儒荐禹,有诏肖望之问禹对易及论语大义,望之善焉。《释文·叙录》云:禹受鲁论于夏侯建,又从王吉、庸生受齐论,择善而从,号曰张侯论。宋翔凤《师法表》,张论合齐鲁两家之学,特其篇章与鲁论同。故多以张论为鲁论。后汉熹平石经,即用张论。按《艺文志》鲁安昌候说二十一篇,师古曰张禹也。考《禹传》为论语章句献上,意即此二十一篇说也。《隋书·经藉志》引晚讲齐说,遂合而考之,删其繁惑,除问王、知道二篇,从鲁论二十篇为定。禹弟子淮阳彭宣至大司空,沛郡戴崇至少府九卿,当亦传论语之学者。

※包咸,字子良,会稽曲阿人。师事博士右师细君,习鲁诗论语。建武中,入授太子论语,又为其章句,子福亦以论语入授和帝。

邢疏云:周氏不详何人,《释文叙录》云:后汉包、周并为章句,立于学官,宋翔凤师法表,谓立石大学,非张论曾立博士也,非翟灏《考异》,其时诸经皆兼论语,故不复设专官。惟一博士,故得立石大学。洪适《隶释》载残字石经《尧曰》篇末曰:而在于萧墙之内,盍、毛、包、周无于,此以诸家校鲁论之异同。宋翔凤云:盍,毛不知与包、周先后,又不知为齐为鲁。

※王肃《家语后序》云:子国考论古今文字,撰众师之义,为古文论语训二十一篇。尚书传五八卷,然《汉志》列论语十二家,而于古论不言有孔氏说,今校之孔注,如在陈绝粮,叙孔子行踪与《史记》不合(司马迁正从安国问故)。其他差谬,失经旨者多。必非安国所作。丁晏《论语孔注辨伪》为王肃作所,是《论衡》正说篇,以为安国授鲁人扶卿,始曰论语。案扶卿为

鲁论之学，不传古论。且《汉志》鲁为姓，而论语之名，早见坊记，王充于经术颇疏，不足据。

※马季长注《孝经》，论语诗易三礼尚书，而此以为古论者，以融注他经多为古文。故意论亦古论。其后康成取古较正鲁，当亦受之于融。《皇疏》谓马亦注鲁论，似未然。

※《隋经藉志》郑注论语十卷。《新唐书·艺文志》，又释义一卷（内作十误）。疑即郑君论语叙。又：二志有郑君论语篇目子弟一卷。今略见《史记集解》中。宋翔凤师法表示：《隋志》言梁陈之时，唯郑玄、何晏立于国学，而郑甚微，周齐郑学独立，至隋何郑并行。考著录家说论语者，康成以前，久已失佚，至郑氏大抵佚于五季之乱，略存于何解陆□。

※陈群，字长文，颍川许昌人。

《经典叙录》有王肃《论语注》十卷。

《经典叙录》周生烈（注引七录，字文逢。）邢疏引七录云，字文逸，未知孰是。《隋志》周生子要论一卷。魏侍中周生烈撰。《新唐志》儒家周生烈子五卷。其说论语即裴松之注所云义例也。今《邢疏集解》但有周氏，无周生氏。《皇疏》则但有周生烈，而无周氏。盖两家之注，久为后人混并矣。中间包氏周氏等为此《论语》训解有二十余家，故日至于今多矣。

※孙邕，字宗儒。乐安青州人。灵帝或献帝时人。

郑冲，字文和，荥阳开封人。

曹羲，沛国谯人，曹爽之弟。

荀顗，字景倩，颍川人。荀彧第六子。宋翔凤《师法表》云：《魏志》言何晏（平叔）作道德论及诸文赋著凡数十篇，不言注论语。而冲在高贵乡公时讲尚书，与侍中郑小同俱被赏赐，是冲本经生集解之成，当定自冲手，何官最显，奏末称臣，故专其姓氏。

※刘恭冕《正义》后叙："先圣存时，诸贤亲承指授，当已属稿（按：可以子张书诸绅为证）。或经先圣笔削，故言特精善，迨后追录言行。勒为此篇。作者非一人，成之者非一时。先儒谓孔子没后弟子始共撰述，未尽然也。《八佾》《乡党》郑注最善。魏人集解，于郑注多所删佚，而伪孔之说，反藉以存，此其失也。梁《皇侃》依《集解》为疏，所载魏晋诸儒讲义，多涉清玄，于宫室衣服诸礼阙而不言，宋邢昺又本皇氏别为之疏，依文衍义，益无足取。"又其凡例颇为允当。

※（崔述《诛泗考信录》云：《雍也》末《子见南子》章、《乡党》末"色斯举色"章、《季氏》末"齐景公"章"邦君之妻"章、《微子》末"周公谓鲁公"章、"周有八士"章，皆或与孔门无关，或文义不类。疑皆非原有之正文。

※末五篇可疑者：

一、论语通例称孔子曰子，唯记与君大夫问答乃称孔子，而《季氏·微子》往往称孔子，子张有称仲尼者。

二、对面呼夫子，乃战国时人语，春秋时无之，而《阳货》于孔子有称夫子者。

三、《季氏》代颛史、冉有、季路云云。考冉有、季路无同仕季氏事。

四、弗授畔时，孔子为鲁司寇。且正为抗孔子堕费之事而乱，佛肸以中牟畔，为赵襄子时事，而襄子立在孔子卒后五年。

五、《季氏》多排偶，与他篇不伦。《阳货》文错出不均。而《问仁》《六言》《三疾》等章，文体略同。《季氏》《微子》杂记古今轶事，有与孔门绝无涉者。

六、《尧曰》文尤不类，乃断简无所属。古人附之于书末者。

又通常以前十篇为上论。后十篇为下论。伊藤仁斋《论语古义叙由》云：盖编论语者先录前十篇自相传习。而又次后十篇，以补前所遗者。又前人论上下论文体有异，故知论语非全部皆孔门相传之精语。赵瓯北《陔余丛考》四云：战国及汉初人书，所载《孔子》遗言轶事甚多。《论语》所记，本亦同此记载之类，齐、鲁诸儒讨论而定，始谓之论语。语者圣人之遗言，论者诸儒之讨论也。

编者注：《论语序说》（残片）原书仅存三页

论语集注摘记

※统计《释文》各篇四百九十二章，赵歧孟子篇叙曰：论四百八十六章，然《释文》先进篇二十三章，依集解应为二十四章，卫灵公四十九章，实为四十三章，又阳货篇二十四章，汉石经作二十六章，皆所据本异故多寡迥殊，赵歧言章次大小，各当其事，无所法也，明谓论语章次，依事□叙，无所取法，与《孟子》篇章迥殊，而《皇疏》妄有联贯，翟灏《考异》已言其误，后之学者，亦有兹失。

学而第一

（此为书之首篇，故所记多务本之意，乃入道之门、
积德之基、学者之先务也。凡十六章）

※邢疏：自此至尧曰，是鲁论二十篇之名及第次。当弟子论撰之时，以论语为此书之大名，学而以下为当篇之小目。当孔子时诸弟子撰证言行各自成篇，故有一语而前后篇再出也。

子曰："学而时习之，不亦说乎？（说、悦同。学之为言效也。人性皆善，而觉有先后，后觉者，必效先觉之所为，乃可以明善而复其初也。习，鸟数飞也。学之不已，如鸟数飞也。说，喜意也。既学而又时时习之，则所学者熟，而中心喜说，其进自不能已矣。程子曰"习，重习也。时复思绎，浃洽于中，则说也。"又曰："学者，将以行之也。时习之则所学者在我，故说。"谢氏曰："时习者，无时而不习。坐如尸，坐时习也；立如齐，立时习也。"）有朋自远方来，不亦乐乎？（乐，音洛。朋，同类也。自远方来则近者可知。程子曰："以善及人，而信从者众，故可乐。"又曰："说在心，乐主发散在外。"）人不知而不愠，不亦君子乎？"（愠，纡问反。愠，含怒意。君子，成德之名。尹氏曰："学在己，知不知在人，何愠之有。"程子曰："虽乐于及人，不见是而无闷，乃所谓君子。"愚谓及人而乐者顺而易，不知而不愠者逆而难，故惟成德者能之。然德之所以成，亦曰学之正、习之熟、说之深，而不已焉耳。程子曰："乐由说而后得，非乐不足以语君子。"）

有子曰："其为人也孝弟，而好犯上者，鲜矣；不好犯上，而好作乱者，未之有也。（弟、好，皆去声。鲜，上声，下同。有子，孔子弟子，名若。善事父母为

孝，善事兄长为弟。犯上，谓干犯在上之人。鲜，少也。作乱，则为悖逆争斗之事矣。此言人能孝弟，则其心和顺，少好犯上，必不好作乱也。）君子务本，本立而道生。孝弟也者，其为仁之本与！"（与，平声。务，专力也。本，犹根也。仁者，爱之理，心之德也。为仁，犹曰行仁。与者，疑辞，谦退不敢质言也。言君子凡事专用力于根本，根本既立，则其道自生。若上文所谓孝弟，乃是为仁之本，学者务此，则仁道自此而生也。程子曰："孝弟，顺德也，故不好犯上，岂复有逆理乱常之事。德有本，本立则其道充大。孝弟行于家，而后仁爱及于物，所谓亲亲而仁民也。故为仁以孝弟为本。论性，则以仁为孝弟之本。"或问："孝弟为仁之本，此是由孝弟可以至仁否？"曰："非也。谓行仁自孝弟始，孝弟是仁之一事。谓之行仁之本则可，谓是仁之本则不可。盖仁是性也，孝弟是用也，性中只有个仁、义、礼、智四者而已，曷尝有孝弟来。然仁主于爱，爱莫大于爱亲，故曰孝弟也者，其为仁之本与！"）

子曰："巧言令色，鲜矣仁！"（巧，好。令，善也。好其言，善其色，致饰于外，务以悦人，则人欲肆而本心之德亡矣。圣人辞不迫切，专言鲜，则绝无可知，学者所当深戒也。程子曰："知巧言令色之非仁，则知仁矣。"）

曾子曰："吾日三省吾身：为人谋而不忠乎？与朋友交而不信乎？传不习乎？"（省，悉井反。为，去声。传，平声。曾子，孔子弟子，名参，字子舆。尽己之谓忠。以实之谓信。传，谓受之于师。习，谓熟之于己。曾子以此三者日省其身，有则改之，无则加勉，其自治诚切如此，可谓得为学之本矣。而三者之序，则又以忠信为传习之本也。尹氏曰："曾子守约，故动必求诸身。"谢氏曰："诸子之学，皆出于圣人，其后愈远而愈失其真。独曾子之学，专用心于内，故传之无弊，观于子思孟子可见矣。惜乎！其嘉言善行，不尽传于世也。其幸存而未泯者，学者其可不尽心乎！"）

子曰："道千乘之国：敬事而信，节用而爱人，使民以时。"（道、乘，皆去声。道，治也。马氏云："八百家出车一乘。"千乘，诸侯之国，其地可出兵车千乘者也。敬者，主一无适之谓。敬事而信者，敬其事而信于民也。时，谓农隙之时。言治国之要，在此五者，亦务本之意也。程子曰："此言至浅，然当时诸侯果能此，亦足以治其国矣。圣人言虽至近，上下皆通。此三言者，若推其极，尧舜之治亦不过此。若常人之言近，则浅近而已矣。"杨氏曰：（注：……以下各卷原稿散失。）

"……之道，未坠于地，在人。贤者识其大者，不贤者识其小者，莫不有文武之道焉。夫子焉不学？而亦何常师之有？"（识，音志。下焉字，于虔反。文武之道，谓文王、武王之谟训功烈，与凡周之礼乐文章皆是也。在人，言人有能记之者。识，记也）

叔孙武叔语大夫于朝，曰："子贡贤于仲尼。"（语，去声。朝，音潮。武叔，鲁大夫，名州仇。）子服景伯以告子贡。子贡曰："譬之宫墙，赐之墙也及肩，窥见室家之好。（墙卑室浅。）夫子之墙数仞，不得其门而入，不见宗庙之美，百官之富。（七尺曰仞。不入其门，则不见其中之所有，言墙高而宫广也）得其门者或寡矣。夫子之云，不亦宜乎！"（此夫子，指武叔）

叔孙武叔毁仲尼。子贡曰："无以为也，仲尼不可毁也。他人之贤者，丘陵也，犹可踰也；仲尼，日月也，无得而踰焉。人虽欲自绝，其何伤于日月乎？多见其不知量也！"（量，去声。无以为，犹言无用为此。土高曰丘，大阜曰陵。日月，踰其至高。自绝，谓以谤毁自绝于孔子。多，与只同，适也。不知量，谓不自知其分量。）

陈子禽谓子贡曰："子为恭也，仲尼岂贤于子乎？"（为恭，谓为恭敬推逊其师也）子贡曰："君子一言以为知，一言以为不知，言不可不慎也。（知，去声。责子禽不谨言。）夫子之不可及也，犹天之不可阶而升也。（阶，梯也。大可为也，化不可为也，故曰不可阶而升。）夫子之得邦家者，所谓立之斯立，道之斯行，绥之斯来，动之斯和。其生也荣，其死也哀，如之何其可及也。"（道，去声。立之，谓植其生也。道，引也，谓教之也。行，从也。绥，安也。来，归附也。动，谓鼓舞之也。和，所谓于变时雍。言其感应之妙，神速如此。荣，谓莫不尊亲。哀，则如丧考妣。程子曰："此圣人之神化，上下与天地同流者也。"谢氏曰："观子贡称圣人语，乃知晚年进德，盖极于高远也。夫子之得邦家者，其鼓舞群动，捷于桴鼓影响。人虽见其变化，而莫窥其所以变化也。盖不离于圣，而有不可知者存焉，此殆难以思勉及也。"）

尧曰第二十 （凡三章）

※《正义》：《汉艺文志》：论语古二十一篇，出孔壁。两子张、何晏等序亦云：古论分《尧曰》下章《子张问》以为一篇，有两子张，两子张者，前第十九章是子张。此子张问从政又为子张也，如淳注汉书，以此子张篇名从政，金履祥《集注考异》以此篇名子张问。金说似为得之。翟灏《考异》引毛奇龄说，未有一章可为一篇者，是必别有子张一篇，未必是从政章。此说非是，盖论语自《微子篇》述夫子之言已讫。故子张篇皆记弟子之言。至此更搜集夫子之遗语缀子册末。而有两篇者，以论语非一人所撰，两篇皆更待裒录，而未有所得，故尧曰止一章。子张止二章也。此真孔壁之旧。其合为一篇，则齐鲁家学者为之矣。翟灏以为尧曰云云为论语后序，故专为篇。而今文不全。历引《周易》《序卦》及先秦，两汉诸子史后序，皆居筮尾。又以尧曰章及《孟子》由尧舜章皆为一书后序。子张问以下，古原别分为篇，盖于书成后续得附编，故又居序之后。此说尤误。论语之作，非出一人。此序果谁所作，且《泰伯》篇末，尝论尧舜文武禹矣，亦将谓为后序耶？篇内文有脱佚。自昔儒者曾言之。又：《集解》凡三章，《正义》：翟灏曰，古论语分此一篇为二，则尧曰凡一章，子张凡二章。鲁论无不知命章，则尧曰凡二章。

尧曰："咨！尔舜！天之历数在尔躬。允执其中。四海困穷，天禄永终。"（此尧命舜，而禅以帝位之辞。咨，嗟叹声。历数，帝王相继之次第，犹岁时气节之先后也。允，信也。中者，无过不及之名。四海之人困穷，则君禄亦永绝矣，戒之也）舜亦以命禹。（舜后逊位于禹，亦以此辞命之。今见于虞书大禹谟，比此加详）曰："予小子履，敢用玄牡，敢昭告于皇皇后帝：有罪不敢赦。帝臣不蔽，简在帝心。朕躬有罪，无以万方；万方有罪，罪在朕躬。"（此引商书汤诰之辞。盖汤既放桀而告诸侯也。与书文大同小异。曰上当有汤字。履，盖汤名。用玄牡，夏尚黑，未变其礼也。简，阅也。言桀有罪，己不敢赦。而天下贤人，皆上帝之臣，己不敢蔽。简在帝心，惟帝所命。此述其初请命而伐桀之辞也。又言君有罪非民所致，民有罪实君所为，见其厚于责己薄于责人之意。此其告诸侯之辞也）周有大赉，善人是富。（赉，来代反。此以下述武王事。赉，予也。武王克商，大赉于四海。见周书武成篇。此言其所富者，皆善人也。诗序云"赉所以锡予善人"，盖本于此）"虽有周亲，不如仁人。百姓有过，在予一人。"（此周书太誓之辞。孔氏曰："周，至也。言纣至亲虽多，不如周家之多仁人。"）谨权量，审法度，修废官，四方之政行焉。（权，称锤也。量，斗斛也。法度，礼乐制度皆是也）兴灭国，继绝世，举逸民，天下之民归心焉。（兴灭继绝，谓封黄帝、尧、舜、夏、商之后。举逸民，谓释箕子之囚，复商容之位。三者皆人心之所欲也）所重：民、食、丧、祭。（武成曰："重民五教，惟食丧祭。"）宽则得众，※（《正义》：宽则得众数语，与上文绝不蒙殊，疑子张问仁一章，原在古论子张篇首。而此为脱乱不尽之文。古书简尽则止，不以章节分简，故虽大半脱去，犹得余其少半。连络于下章也。下章子张问政孔子约数以示。俟子张请目始详言之。与问仁章文势画一。显见其录自一手。又：二十篇中，唯此两章，以子答弟子之言，加用孔字，盖古分尧曰子张问以下，别为一篇，与前季氏篇，为别一记者所录，故知命章首，旧本亦有孔字。今以问仁章乱入阳货之篇，既嫌其体例不符。而《公山·佛肸》连类并载之间，横隔以此，亦颇不伦）信则民任焉，敏则有功，公则说。（说，音悦。此于武王之事无所见，恐或泛言帝王之道也。杨氏曰："论语之书，皆圣人微言，而其徒传守之，以明斯道者也。故于终篇，具载尧舜咨命之言，汤武誓师之意，与夫施诸政事者。以明圣学之所传者，一于是而已。所以着明二十篇之大旨也。孟子于终篇，亦历叙尧、舜、汤、文、孔子相承之次，皆此意也。"）

子张问于孔子曰："何如斯可以从政矣？"子曰："尊五美，屏四恶，斯可以从政矣。"子张曰："何谓五美？"子曰："君子惠而不费，劳而不怨，欲而不贪，泰而不骄，威而不猛。"（费，芳味反）子张曰："何谓惠而不费？"子曰："因民之所利而利之，斯不亦惠而不费乎？择可劳而劳之，又谁怨？欲仁而得仁，又焉贪？君子无众寡，无小大，无敢慢，斯不亦泰而不骄乎？君子正其衣冠，尊其瞻视，俨然人望而畏之，斯不亦威而不猛乎？"（焉，于虔反）子张曰："何谓四恶？"

子曰："不教而杀谓之虐；不戒视成谓之暴；慢令致期谓之贼；犹之与人也，出纳之吝，谓之有司。"（出，去声。虐，谓残酷不仁。暴，谓卒遽无渐。致期，刻期也。贼者，切害之意。缓于前而急于后，以误其民，而必刑之，是贼害之也。犹之，犹言均之也。均之以物与人，而于其出纳之际，乃或吝而不果。则是有司之事，而非为政之体。所与虽多，人亦不怀其惠矣。项羽使人，有功当封，刻印刓，忍弗能予，卒以取败，亦其验也。尹氏曰："告问政者多矣，未有如此之备者也。故记之以继帝王之治，则夫子之为政可知也。"）

子曰："不知命，无以为君子也。（程子曰："知命者，知有命而信之也。人不知命，则见害必避，见利必趋，何以为君子？"）不知礼，无以立也。（不知礼，则耳目无所加，手足无所措）不知言，无以知人也。"（言之得失，可以知人之邪正。尹氏曰："知斯三者，则君子之事备矣。弟子记此以终篇，得无意乎？学者少而读之，老而不知一言为可用，不几于侮圣言者乎？夫子之罪人也，可不念哉？"）（编者注：……以下各卷原稿散失）

编者注：《论语集注》原书仅只卷一 P.1、2，一页，

卷十仅 P.145～148 二页而已

孔孟荀哲学研究（一）

孔子自道

※考孔、孟、荀思想之源流，应先从其自道之言立论。如孔子自述为学之过程最有味。

子曰："吾十有五※（入大学之年）而志于※（汉石经作乎）学，三十而立，四十而不惑※（一贯即不惑），五十而知天命，六十而耳顺，七十而从心所欲，不踰矩。"※《中庸》诚者，不勉而中，不思而得，从容中道，圣人也。《为政》

※孔曰：知天命之始终，《皇疏》引王弼云：天命废兴有期，知道终不行也。又《正义》：君子知命（德命）之原于天，已有得于仁义礼智之道，而因推而行之，此圣人之知天命也。焦循《补疏》耳顺即舜之察迩言，善与人同，顺不违也，舍己从人，故言入于耳，隐其恶扬其善，无所违。

子曰："参乎！吾道一以贯之。"曾子曰："唯。"子出，门人问曰："何谓也？"曾子曰："夫子之道，忠※（实诚，己立已达。）恕※（立人、达人、说文、恕仁也）而已矣！"《里仁》

※王念孙《疏证》一以贯之，即一以行之也，阮元《研经室集》：一以贯之，言孔子之道，皆于行事见之，非徒以文学为教也。曲：集注，贯、通也。

子曰："巧言、令色、足恭，左丘明※（《注》孔曰：鲁太史，《正义》与孔同时，辛于其后）耻之，丘亦耻之。匿怨而友其人，左丘明耻之，丘亦耻之。"《公冶长》

颜渊、季路侍。子曰："盍各言尔志？"子路曰："愿车马，衣轻※（汉石经初刻本无此字。见《管子》小匡及齐语，子路本用成语，宋人误加"轻"。）裘，与朋友共，敝之而无憾。"颜渊曰："愿无伐善※（德），无施※（夸大）劳※（功）。"子路曰："愿闻子之志！"子曰："老者安之，朋友信之，少者怀※（归）之。"《公冶长》

子曰："十室之邑，必有忠信如丘者焉，不如丘之好学也。"《公冶长》

子曰："述而不作，信而好古，窃比于我老彭。"《述而》

子曰："默而识之，学而不厌，诲人不倦，何有于我哉？"※（或云何有皆

为不难也。《集注》言何者能有于我，谦之至也）《述而》

子曰："德之不修，学之不讲，闻义不能徙，不善不能改，是吾忧也。"《述而》

子曰："甚矣，吾衰也，久矣吾不复梦见周公！"《述而》

※《吕览·博志篇》孔子、墨翟昼日讽诵习业，夜亲见文王周公旦而问焉。用志如此其精也。

子谓颜渊曰："用之则行，舍之则藏，唯我与尔有是夫！"子路曰："子行三军则谁与？"子曰："暴※（徒搏），虎冯※（徒涉）河，死而无悔者，吾不与也，必也临事而惧※（敬其事），好谋而成者也。"《述而》

子曰："富而可求也，虽执鞭之士，吾亦为之。如不可求，从吾所好。"《述而》

子曰："饭疏※（粗）食、饮水，曲肱而枕之，乐亦在其中矣！不义而富且贵，于我如浮云。"《述而》

子曰："加※（通假）我数年，五十※（或作卒）以学《易》※（鲁作亦，此从古），可以无大过矣。"《述而》

叶公问孔子于子路，子路不对。子曰："女奚不曰：'其为人也，发愤忘食，乐以忘忧※（《正义》：不忧贫），不知老之将至云尔。'"《述而》

※《正义》：据《世家》夫子时年六十三、四岁（齐景公卒之明年，自蔡如叶）故称老。

子曰："我非生而知知者，好古，敏※（勉，《集注》汲汲……）以求之者也。"《述而》

子曰："天生德于予，桓魋其如予何？"《述而》

※《正义》，据世家此孔子答弟子之辞，或云当定公十五年，或云十四年，或云哀公三年。

子曰："二三子以我为隐乎？吾无隐乎尔。吾无行而不与※（犹示也）二三子者，是丘也。"《述而》

子曰："盖有不知而作※（著作）之者，我无是也。多闻，择※（贯下多见）其善者而从之；多见而识之，知※（谓非生而知之，学而知之者也）之次也。"《述而》

子曰："文，莫※（《注》：孔曰，凡言文皆不胜于人，《集注》莫，疑词，犹人，言尚可及人）吾犹人也。躬行君子，则吾未之有得。"《述而》

※《骈枝》：《丹铅录》引晋栾肇《论语驳》曰，燕齐谓勉强为文莫，夫子以勉强而行自承，解曲，胡绍勋《拾义》以莫训定，言学可以及人。

子曰："若圣与仁，则吾岂敢！抑为之不厌，诲人不倦，则可谓云尔※（有

此）已矣。”公西华曰：“正唯弟子不能学也。”《述而》

子畏※（戒心）于匡，曰：“文王既没，文不在兹乎？天之将丧斯文也，后死者不得与于斯文也；天之未丧斯文也，匡人其如予何？”《子罕》

※江永《先圣图谱》：载此事于定公十三年，时孔子年五十六岁。

大宰※（吴太宰）问于子贡曰：“夫子圣者与？何※（疑夫子多能于小事）其多能也？”子贡曰：“固天纵之将圣，又多能也。”子闻之，曰：“大宰知我乎？吾少也贱，故多能鄙※（贱）事，君子※（《注》：君子固不当多也）多乎哉？不多也。”

牢曰：“子云：‘吾不试※（见用），故艺。’”《子罕》

※《正义》子贡初与大宰龁语，在哀七年，夫子年六十五。

子曰：“吾※（《正义》：夫子应问不穷，当时以为无所不知，故谦曰无知。）有知乎哉？无知也。有鄙夫问于我，空空※（同悾，诚悫，训虚非。）如也。我叩其两端而竭焉。”《子罕》

※焦循《补疏》：此两端即《中庸》舜执两端，用中于民之两端，鄙夫来问，必有所疑，唯有两端（如旌善，行之则诈伪之风起，不行又无以使民知劝）斯有疑也。故先叩发其两端，谓先还问其所疑。而后即其所疑之两端而穷尽其意，使知所向，得其宜。得宜则为中，孔子叩之叩此也；竭之，竭此也；舜执此，用此也。

子曰※（《世家》载此言于西狩获麟后）“凤鸟不至，河不出图※（皆圣人受命之祥。赞按此文颇可注意。关于《易》之神话，与此有相涉及处也），吾已矣夫！”《子罕》

子贡曰：“有美玉于斯，韫椟而藏诸，求善贾而沽※（卖）诸。”子曰：“沽之哉！沽之哉！我待贾者也！”《子罕》

子欲居九夷※（东夷九种）。或曰：“陋，如之何？”子曰：“君子居之，何陋之有？”《子罕》

子曰：“出则事公卿，入则事父兄，丧事不敢不勉，不为酒困※（乱），何有※（不难有也）于我哉！”《子罕》

子曰：“听讼，吾犹※（与人等）人也。必也使无※（化之在前）讼乎！”《颜渊》

子曰：“苟有用我者，期※（周年）月而已※（可以行其政教）可也，三年有成。”《子路》

※《正义》：此语在居卫时。

子曰：“君子道者三，我无能焉：仁者不忧，知者不惑，勇者不惧。”子贡曰：“夫子※（《正义》：言夫子身能备道也）自道也。”《宪问》

微生亩谓孔子曰：“丘何为是栖栖※（遑遑不安）者与？无乃为佞※（□口给以悦

人）乎？"孔子曰："非敢为佞也，疾固※（《注》包曰：病世固陋，欲行道以化之）也。"《宪问》

子曰："莫我知也夫！"子贡曰："何为其莫知子也？"子曰："不怨天，不尤人；下学而上达。知我者其天乎！"《宪问》

※（据《史记》此叹盖发于获麟之后）

公伯寮愬※（谮）子路于季孙，子服景伯以告，曰："夫子※（季孙疑于寮之言，即疑子路）固有惑志于公伯寮，吾力犹能肆※（诛寮而陈其尸）诸市朝。"子曰："道之将行也与，命也；道之将废也与，命也。公伯寮其如命何！"《宪问》

※《朱子或问》以为堕三都，出藏甲之时，当时必谓子路此举，是强公室，弱私家，将不利于季氏。故季氏惑夫子言道将行废者，子路堕都，夫子使之也。

子曰："赐也，女以予为多学而识之者与？"对曰："然，非与？"曰："非也，予一以贯之。"《卫灵公》

※据《世家》亦孔子厄陈蔡时语。《正义》：庄子曰：通于一而万事毕，执一之谓也，一贯为圣人，执一为异端，引焦循补疏之说。

子曰："吾之于人也，谁毁谁誉？如※（而）有所誉者，其有所试※（不虚誉）矣。斯民也，三代之所以直道而行也。"《卫灵公》

※《正义》斯民即三代之民，三代用此民直道而行，而人皆劝善，安在今之不可，与为善也。

子曰："吾尝终日不食，终夜不寝，以思，无益，不如学也。"《卫灵公》

公山※（或作不狃）弗扰以费畔※（季氏宰，与阳货共执季桓子），召，子欲往。子路不说，曰："末之※（适）也，已，何必公山氏之之也？"子曰："夫召我者而岂徒哉？如有用我者，吾其※（岂，言不为东周，将复西周文武之治）为东周乎！"《阳货》

※金履祥《通鉴前编》大夫欲张公室，故欲往以明其可，然二人皆以己私为之，非真可与有为，故卒不往。《世家》孔子年五十，在定公九年。

佛※（或作茀绋。赵简子邑宰。《正义》范中行臣，简子伐之）肸※（或作胗）召，子欲往。子路曰："昔者由也闻诸夫子曰：'亲于其身为不善者，君子不入也。'佛肸以中※（今汤阴）牟畔，子之往也，如之何？"子曰："然。有是言也。不曰坚乎，磨而不磷※（薄）；不曰白乎，涅※（染皂）而不缁。吾岂匏※（苦瓠）瓜也哉？焉能系而不※（不可食）食？"《阳货》

※《正义》佛肸召孔子当在哀公五年。翟灏《考异》简子挟晋侯以攻范氏，佛肸为范邑宰，

因简子致伐距之，于晋为畔，于范为义。《正义》则曰其时天下失政久矣。若必欲弃之而不与易，则天下安得复治，明以无道之故而始欲仕也。且仲弓子路冉有皆仕季氏，季氏非所谓窃国者乎。

孔子之容貌与行事

子之燕※（闲暇）居，申申※（容舒，俨然）如也，夭夭※（色愉，温）如也。《述而》

子见南子，子路不说，夫子矢※（或曰誓，或曰陈，或曰指，指天也）之曰：予所否※（不合于礼）者，天厌※（弃绝）之！天厌之！《雍也》※（《集注》：固谓在我有可见之礼，彼之不善，我何与焉？）

※江永《乡党图考》系此事在孔子五十七岁，卫灵公尚在。《正义》：南子虽淫乱，然有知人之时，于蘧伯玉亦特致敬，其请见孔子非无欲用孔子之意。子路疑夫子将诎身行道，故心不说。《世家》云："灵公夫人肙南子，使人谓孔子曰：四方之君子不辱，欲与寡君为兄弟者，必见寡小君，寡小君愿见。孔子不得已而见之，夫人在浠惟中，孔子入门，北面稽首，夫人自帷中再拜，环佩玉声璆然。孔子曰：吾乡为弗见，见之礼答焉。子路不说……江恒源云：乡为弗见者，言"我本不愿见她的，但见了。她颇能答我以礼。"子路闻赞故不悦也。

子曰："自行束※（十脡）修※（脯）以上，吾未尝无诲焉！"《述而》

子曰："不愤※（心求通而未得。）不启，不悱※（口欲言而未能）不发；举一隅，不以三隅反，则不复也。"《述而》

子食于有丧者之侧，未尝饱也。子于是日哭，则不歌。《述而》

子之所慎，齐、战、疾。《述而》

子在齐闻《韶》，三月不知肉味。曰："不图为※（作）乐之至于斯也！"《述而》

※《孔子世家》言：孔子年三十五岁，江永《乡党图考》三十六岁，三十七岁自齐返鲁。

冉有曰："夫子为※（助）卫君乎？"子贡曰："诺，吾将问之。"入曰："伯夷、叔齐何人也？"曰："古之贤人也。"曰："怨乎？"曰："求仁而得仁，又何怨？"出，曰："夫子不为也。"《述而》

※《正义》：夫子于哀六年，自楚返卫，为卫辄四年，此问当在其时。

子所雅※（《注》孔曰正也。《骈枝》即西都官话。《集注》常也。郑，读先王典法，必正言其音，然后义全，故不可有所讳）言，《诗》、《书》、执礼，皆雅言也。《述而》

※《困学纪闻》引叶梦得曰：古者谓持礼书以治人者，皆曰执。《骈枝》：执礼，谓诏相礼事。

子不语怪、力、乱※（如臣弑君等）、神。《述而》

子曰："三※（皇本，释文本，"三"上有"我"字）人行，必有※（又作得）我师焉。择其善者而从之，其不善者而改之。"《述而》

子以四教：文※（诗、书、礼、乐），行※（躬行），忠，信。《述而》

子钓而不纲，弋不射宿。※（鸟止于巢）《述而》

※物茂卿《论语征》：天子诸侯为祭及宾客则狩。士为祭及宾客则钓弋，礼所必然。

互乡难与言，童子见，门人惑。子曰："与※（《集注》，许也）其进也，不与其退也，唯何甚？人洁己以进，与其洁也，不保其往也。"《述而》

陈司败问："昭公※（昭公本习于容仪，当时以为知礼）知礼乎？"孔子曰："知礼。"孔子退，揖巫马期※（古通旗）而进之，曰："吾闻君子不党，君子亦党乎？君取于吴，为同※（姬）姓，谓之吴孟子※（应曰吴姬，讳曰吴孟子）。君而知礼，孰不知礼？"巫马期以告。子曰："丘也幸，苟有过，人必知之。"《述而》

子与人歌而善，必使反之，而后和之。《述而》

子疾病※（或无此字），子路请祷。子曰："有诸？"子路对曰："有之。《诔》※（《注》祷篇名）曰：'祷尔※（语辞）于上下神祇。'"子曰："丘※（郑：孔子自知无过可谢）之祷久矣！"《述而》

子温而厉※（严整），威而不猛，恭而安。《述而》

子罕※（寡能及政希言）言利与命※（天之命）与仁※（行之威）。《子罕》

※《注》利者，义之和。《周语》：言义必及利。韦昭曰：能利人物，然后为义。《正义》：君子知利不外义，故喻于义；小人知利不知义，故喻于利。时至春秋，君子道微，故夫子罕言利，以其理精微，人或误习而唯知有利。

达巷党人曰："大哉孔子！博学而无所成名。"子闻之，谓门弟子曰："吾何执？执御乎？执射乎？吾※（闻人誉己，谦而执御，欲名六艺之卑）执御矣。"《子罕》

子绝四：毋意，毋必，毋固，毋我。《子罕》

子见※（哀有丧）齐衰者、冕※（大夫之服）衣裳※（尊在位）者与瞽（恤不成人）者，见之，虽少，必作※（起）；过之，必趋。《子罕》

子疾病，子路使门人为※（已去位，无家臣）臣。病间※（少差），曰："久矣哉，由之行诈也！无臣而为有臣。吾谁欺？欺天乎？且予与其死于臣之手也，无宁死于二三子之手乎！且予纵不得大葬，予死于道路乎？"《子罕》

※宋翔凤《郑注辑本》云：按此为孔子未返鲁事，故有死于道路之语。《正义》当是鲁以币召孔子，孔子将返鲁，适于道路中得疾，大葬，谓鲁复用已，以大夫礼葬也。

孔子于乡※（父兄宗族所在）党，恂恂※（温恭）如也，似不能言者。其在宗庙、朝廷，便便※（辩）言，唯谨尔。朝，与下大夫言，侃侃※（和乐）如也；与上大夫言，訚訚※（中正）如也。君在，踧※（恭敬）踖如也，与※（威仪中适）与如也。君召使摈※（使迎客），色勃※（变色，矜庄貌）如也，足躩※（盘辟逡巡）如也。揖所与立，左右※（揖分左右，故衣前后，亦与为转移）手，衣前后，襜※（动摇貌）如也。趋※（从中庭进至阼阶）进，翼※（恭敬）如也。宾退，必复命曰："宾不顾矣。"入公※（诸侯之外门中门，或君门）门※（《正义》，自入公门至私觌，皆说聘问之事，而分言者，一记所历门位堂阶之容，一记执圭之容，古义湮晦，至《骈技》而始明），鞠躬如也，如不容※（敛身）。立不中门，行不履阈。过※（过主君之位）位，色勃如也，足躩如也，其言似不足者。摄※（抠）齐※（衣下缝）升堂※（近君）鞠躬如也，屏气似不息者。出，降一等※（阶之级），逞颜色，怡怡如也。没※（尽）阶，趋进，翼如也。复其位※（聘宾之位，庙门之外），踧踖如也。执圭，鞠躬如也，如不胜。上如揖，下如授※（言执圭平衡，高不过揖，卑不过授）。勃如战色，足蹜蹜※（不敢自肆）如有循※（举前曳踵，行不离地）。享※（既聘而享）礼，有容※（和）色。私※（私礼见，享后）觌，愉愉如也。《乡党》

君子不以绀※（青赤）緅※（绛）饰※（领缘）。红紫不以为亵服※（私居衣）。当暑，袗※（单）絺绤，必表※（先着里衣）而出之。缁衣，羔裘；素衣，麑裘；黄衣，狐裘。亵裘长※（主温），短※（便作事）右袂。必有寝※（今之被也）衣，长一身有半。狐貉之厚以居※（为坐褥）。去丧，无所不佩。非帷※（深衣）裳，必杀※（缝）之。羔裘玄※（主吉）冠不以吊。吉※（月朔）月，必朝※（孔子在鲁致仕时之礼。）服而朝。齐，必有明※（亲身衣，沐浴用）衣，布。齐必变（改常馔，《集注》：不饮酒，不茹荤。《正义》荤，葱韭之属）食，居必迁坐※（改常处）。《乡党》

食※（饭）不厌精※（善末），脍※（细切肉）不厌细。食饐※（伤湿热）而餲※（味变），鱼馁※（鱼败曰馁）而肉败，不食。色恶，不食。臭恶，不食。失饪，不食。不时※（《注》：郑曰非朝夕日中时。《集注》：五谷不成，果实未熟），不食。割不正，不食。不得其酱※（醯醢梅盐之总名），不食。肉虽多，不使胜食气。惟酒无量，不及乱。沽酒市※（《集注》皆买也，恐不清洁）脯，不食。不撤姜食，不多食。祭于公，不※（得胙肉，归即颁赐不过夜）宿肉。祭※（家祭之肉）肉，不出三日。出三日，不食之矣。食不语，寝不言。虽疏食菜羹，瓜祭，必齐※（严谨）如也。席不

正，不坐。《乡党》

乡人饮酒，杖※（六十杖于乡）者出，斯出矣。乡人傩※（逐疫），朝服而立于阼※（主阶在东）阶※（恐惊先祖）。《乡党》

问人于他邦，再拜而送※（送使者）之。康子馈药，拜而受之，曰："丘未达※（未知其故），不敢尝。"《乡党》

厩焚，子退朝，曰："伤人乎？"不问马。《乡党》

君赐食，必正席先尝之※（再班赐）；君赐腥，必熟而荐※（荐先祖）之；君赐生，必畜之。侍食于君，君祭，先饭※（若为君尝食）。疾，君视之，东首，加朝服，拖绅※（大带）。君命召，不俟驾行※（出行而车驾随之）矣。《乡党》

朋友死，无所归。曰："于我殡。"朋友之馈，虽车马，非祭肉，不拜。《乡党》

寝不尸，居不容※（不为容仪）。见齐衰者，虽狎，必变，见冕者与瞽者，虽亵※（数相见），必以貌※（礼之）。凶服者式之。式负※（持邦国之图籍）版者。有盛馔，必变色而作※（敬主人之亲馈）。迅雷风烈，必变。《乡党》

升车，必正立，执绥※（车中把）。车中，不内顾，不疾言，不亲指。《乡党》

色※（谓人色，鸟见人色不善而飞去，王引之云："色斯，犹色然，惊飞貌。"）斯举矣，翔而后集。曰："山梁雌雉，时哉！时哉！"子路共※（言山梁雌雉得其时，而人不得其时，故叹之。子路以其时物故共具之，非本意故三嗅而起。《正义》：共又作拱，执也，意雉倦飞。子路掳而执之，不欲天物，旋释之，于是雉骇然惊顾，振迅而起。嗅，当作臭，动走惊顾之意）之，三嗅而作。《乡党》

颜渊死，颜路请子之车以为之椁※（卖车为椁）。子曰：才不才，亦各言其子也。鲤也死，有棺而无椁。吾不徒行以为之椁，以吾从大夫※（孔子时为大夫）之后，不可徒行也。"《先进》

颜渊死。子曰："噫！天丧予！天丧予！"《先进》

颜渊死，子哭之恸。从者曰："子恸矣。"曰："有※（不自知己之悲哀过）恸乎？非夫人之为恸而谁为？"《先进》

颜渊死，门人欲厚葬之，子曰："不※（贫富各有宜）可。"门人厚葬之。子曰："回也视予犹父也，予不得视犹※（言回自有父，欲听门人，厚葬）子也。非我也，夫二三子也。"《先进》

南容三复白圭，孔子以其兄之子妻之。《先进》

子华，使※（夫子使之）于齐，冉子为其母请粟。子曰："与之釜"※（六斗四升）。请益。曰："与之庾※（十六斗）。"冉子与之粟五秉※（十六斛）。子曰："赤之适齐也，乘肥马，衣轻裘。吾闻之也，君子周急不继富。"原思为之宰，与之粟九百，※（孔曰九百斗。胡绍勋《拾义》云：九百斛。《正义》云：近理）辞。子曰："毋！※（王引之曰"毋"与"无"通）以与尔邻里乡党乎！"《雍也》

※《正义》冉有称子，冉有门人所记。原思为孔子家邑宰，在孔子为司空司寇时。孔时年五三——五六。

子路问："闻斯行诸？"子曰："有父兄在，如之何其闻斯行之？"冉有问："闻斯行诸？"子曰："闻斯行之。"公西华曰："由也问'闻斯行诸'，子曰'有父兄在'。求也问'闻斯行诸'，子曰'闻斯行之'。赤也惑，敢问。"子曰："求也退；故进之；由也兼人，故退之。"《先进》

子路使子羔为费宰，子口："贼夫人之子。"子路曰："有民※（治民）人焉，有社※（事神）稷焉，何必读书，然后为学？"子曰："是故恶夫佞※（口给）者。"《先进》

子在川上曰：逝者如斯夫，不舍昼夜。《子罕》

※此言颇有诗意。"天何言哉"一段亦然。

阙党童子将※（自为党人将命）※（《集注》夫子使之传命，本马说）命。或问之曰："益※（疑求益者。）者与？"子曰："吾见其居于位※（成人位）也，见其与先生并行也，非求益者也，欲速成者也。"※（《集注》：所以抑而教之，非宠而异之也）《宪问》

卫灵公问陈于孔子。孔子对曰："俎豆之事，则尝闻之矣；军旅之事，未之学也。"明日遂行。在陈绝粮※（行道曰粮，止居曰食），从者病，莫能兴。子路愠见曰："君子亦有穷乎？"子曰："君子固穷，小人穷斯滥矣。"《卫灵公》

师冕见，及阶。子曰："阶也。"及席，子曰："席也。"皆坐，子告之曰："某在斯，某在斯。"师冕出，子张问曰："与师言之道与？"子曰："然，固相※（扶导）师之道也。"《卫灵公》

陈亢问于伯鱼曰："子亦有异闻乎？"对曰："未也。尝独立，鲤趋而过庭。曰：'学《诗》乎？'对曰：'未也。''不学《诗》，无以言。'鲤退而学《诗》。他日，又独立，鲤趋而过庭。曰：'学礼乎？'对曰：'未也。''不学礼，无以立！'鲤退而学礼。闻斯二者。"陈亢退而喜曰："问一得三：闻《诗》，闻礼，又闻君子之远※（无异于门人）其子也。"《季氏》

阳货欲见孔子，孔子不见，归孔子豚。孔子时※（伺，睹也）其亡也，而往拜之，遇诸涂。谓孔子曰："来！予与尔言。曰：'怀其宝而迷※（不救国迷乱）其邦，可谓仁乎？'曰：'不可。''好从事而亟失时，可谓知乎？'曰：'不可。'日月逝矣，岁不我与。"孔子曰："诺，吾将仕矣。"《阳货》

※毛奇龄《稽求篇》引明郝敬曰：前两曰不可，皆货自问答，以断为必然之理，如《留侯世家》记张良阻立六国后八不可语，亦张良自为问答。"孔子曰"以下才是孔子语，故记者特加孔子二字别之。"

孺悲欲见孔子，孔子辞以疾※（《集注》尝学士丧礼于孔子，必有得罪者，故辞疾）。将命者出户，取瑟而歌，使之闻之。《阳货》

齐景公待※（世家作止，谓所以安止）孔子，曰："若季氏，※（上卿）则吾不能；以季、孟※（下卿）之间待之。"曰※（与上言非在一时，故别曰）："吾老矣，不能用也。"孔子行※（返鲁）。《微子》

※《正义》：其事在孔子三十五岁之后，四十二岁之前，景公年已六十。

齐人归女乐，季桓子受之，三日※（君臣共观，废朝三日。）不朝，孔子行※（适卫）。《微子》

※《正义》：定十二、十三年冬春之间，有女乐事。孔子为鲁司寇，摄相事。

子畏于匡，颜渊后。子曰："吾以女为死矣。"曰："子在，回何敢死？"《先进》

君子与小人

子曰："学而时习之，不亦说乎？有朋自远方来，不亦乐乎？人不知而不愠，不亦君子乎？"《学而》

※宋凤翔《朴学斋札记》：史记世家，定公五年，鲁自大夫以下，皆僭离于正道，故孔子不仕，退而修诗书礼乐，弟子弥众，至自远方，莫不受业焉。《正义》曰：夫子一生进德修业之大，咸括于此章。

子曰："君子※（《正义》：凡已仕未仕有君师之责者也）不重则不威，学则不固。主※（亲也，《皇疏》：忠信为百行所主）忠信，无友不如己者，过则勿惮改。"《学而》

※《集注》不厚重则无威严，而所学亦不坚固。

子曰："君子食无求饱，居无求安，敏于事而慎于言，就有道而正焉，可谓好学也已。"《学而》

※焦循《论语补疏》：敏，审也，谓审当于事。孔曰：敏，疾也。《正义》曰：二说

相辅。

子曰："君子不器。"《为政》

※《集注》：器者各适其用而不能相通。

子贡问君子。子曰："先行其言而后从之。"《为政》

子曰："君子周※（合也。）而不比※（阿党），小人※（无德之人）比而不周。"《为政》

子曰："君子无所争，必也射乎！揖让※（古作攘，聘礼注，举手平衡，但不著胸）而升，下而饮，其争也君子。"《八佾》

子曰："富与贵，是人之所欲也，不以其道得之，不处也。贫与贱，是人之所恶也，不以其道得之，不去也。君子去仁，恶乎成名？君子无终食之间※（常境）违仁，造次※（急遽）必于是，颠沛※（偃仆）必于是※（变境）。"《里仁》

※《坊记》：君子辞贵不辞贱，辞富不辞贫。《注》：时有否泰，故君子履道而反贫贱，此则不以其道得之，虽是人之所恶，不可违而去之。《正义》表记云：子曰，仁之难成久矣，唯君子能之，故此文言仁，皆举君子也，仁既难成，故鲜能成名。

子曰："君子之于天下※（于天下之人与事）也，无适※（敌）也，无莫※（慕）也，义之于比。"《里仁》

※《正义》：无敌无慕，义之与比，是言好恶得其正也。《皇疏》引范宁曰：适莫，犹厚薄。

子曰："君子怀德※（思《注》：安也），小人怀土※（饥寒是恤）；君子怀刑※（儆于礼法），小人怀惠※（贪利）。"《里仁》

子曰："君子喻于义，小人喻于利。"《里仁》

※《正义》：案如郑皇之说，此章盖为卿大夫之专利者而发。

子曰："君子欲讷于言而敏于行。"《里仁》

子曰："质胜文则野，文胜质则史※（文多质史）。文质彬彬※（文质相半），然后君子※（《正义》君子者所以用中而达之天下者也）。"《雍也》

宰我问曰："仁者，虽告之曰：'井有仁※（皇本此下有"者"字，或谓井有仁即井有人）焉。'其从之也？子曰："何为其然也？君子可逝※（往视，俞樾读作折。言可杀身以成仁而不可以非理陷害）也，不可陷也；可欺※（诳以理之所有）也，不可罔※（诬，昧以理之所无）也。"《雍也》

子曰："君子博※（《正义》：致知格物）学于文，约※（诚意正心）之以礼，亦可以弗畔※（不违道）矣夫"。《雍也》※（颜渊篇重出，无"君子"二字）

子曰："圣人，吾不得而见之矣；得见君子者，斯可矣。"子曰："善人，

吾不得而见之矣；得见有恒者，斯可矣。亡而为有，虚而为盈，约而为泰※（通），难乎有恒矣。"《述而》

※《大戴礼·五义篇》所谓圣人者，知通乎大道，应变而不穷，能测万物之性情者也。《韩诗外传》言行多当，未安愉也。知虑多当，未周密也。是笃厚君子，未及圣人也。李光地《礼记》有恒是笃实之人。《正义》：非有恒，无以为君子，即无由为善人。

子曰：君子坦荡荡，小人长戚戚。《述而》

子张问善※（质美而未学）人之道。子曰："不践迹※（礼乐之事），亦不入于室。"《先进》

※孔广森《经学卮言》：问善人之道，非问何如而可为善人，乃问善人当何道以自处，故子告以善人所行之道，当效前言往行，以成其德，如入室，必践陈涂堂户之迹，而后循循然至也。

司马牛问君子。子曰："君子不忧不惧。"曰："不忧不惧，斯谓之君子已乎？"子曰："内省不疚，夫何忧何惧？"《颜渊》

※《正义》：司马牛之兄桓魋谋乱，有覆宗绝世之祸，牛忧之，故夫子云然。

子曰："君子成人之美，不成人之恶；小人反是。"《颜渊》

子贡问曰："何如斯可谓之士矣？"子曰："行己有耻，使于四方，不辱君命，可谓士矣。"曰："敢问其次？"曰："宗族称孝焉，乡党称弟焉。"曰："敢问其次？"曰："言必信，行必果，硁硁※（小人貌，坚确之意）然小※（识量浅狭）人哉！抑亦可以为次矣。"曰："今之从政者何如？"子曰："噫！斗筲※（竹器容斗，二升或五升）之人，何足算也！"※（《正义》：但事聚欽也）《子路》

子曰："君子和※（因义起）而不同※（因利生，或阿比），小人同而不和。"《子路》

子曰："君子易事而难说也。说之不以道，不说也；及其使人也，器之。小人难事而易说也。说之虽不以道，说也；及其使人也，求备焉。"《子路》

子曰："君子泰※（不自矜而通之于世）而不骄※（自以为是而不通之于人），小人骄而不泰。"《子路》

子路问曰："何如斯可谓之士矣？"子曰："切切※（勤勤责勉）偲偲※（同节，禁限亦相勉意），怡怡※（和顺）如也，可谓士矣。朋友切切偲偲，兄弟怡怡。"《子路》

子曰："士而怀※（系恋）居※（意所便安处也），不足以为士矣。"《宪问》

子曰："君子而不仁者有矣夫※（《注》孔曰：虽曰君子，犹未能备），未有小人而仁者也。"《宪问》

子曰："士志于道，而耻恶衣恶食者，未足与议也！"《里仁》

子路问成人※（成德之人）。子曰："若臧武仲之知，公绰之不欲，卞庄子之勇，冉求之艺，文之以礼乐，亦可以为成人矣。"曰※（《皇邢疏》："夫子语。《集注》：引胡说以为子路语。《正义》：以为是）：今之成人者何必然？见利思义，见危授命，久要※（旧约）不忘平※（少时）生之言，亦可以为成人矣。"《宪问》

子曰："君子上达※（仁义），小人下达※（财利）。"《宪问》

子曰："君子耻其言而※（皇本作之）过其行。"《宪问》

子路问君子※（在位者）。子曰："修己以敬。"曰："如斯而已乎？"曰："修己以安人※（朋友九族）。"曰："如斯而已乎？"曰："修己以安百姓。修己以安百姓，尧、舜其犹病※（难）诸！"《宪问》

子曰："君子义以为质※（操行，体也），礼以行之，孙以出※（言语）之，信以成之。君子哉！"《卫灵公》

子曰："君子病无能焉，不病人之不己知也。"《卫灵公》

子曰："君子疾没世而名不称焉。"《卫灵公》

※《中论·考伪篇》贵名乃所以贵实，张栻《论语解》，终其身而无实之可名，君子疾诸。

子曰："君子求※（责己）诸己，小人求诸人。"《卫灵公》

子曰："君子矜※（庄）而不争，群而不党。"《卫灵公》

子曰："君子不以言※（言者不必有德）举人，不以人废言。"《卫灵公》

子曰："君子谋道不谋食。耕也，馁在其中矣；学也，禄在其中矣。君子忧道不忧贫。"《卫灵公》

子曰："君子不可小知而可大受也。小人不可大受而可小知也。"《卫灵公》

子曰："君子贞※（正其道耳，言不必小信）而不谅。"《卫灵公》

孔子曰："君子有三戒：少之时，血气未定，戒之在色；及其壮也，血气方刚，戒之在斗；及其老也，血气既衰，戒之在得。"《季氏》

孔子曰："君子有三畏：畏天命※（兼德命禄命），畏大人※（天子诸侯），畏圣人之言。小人不知天命而不畏也，狎※（惯忽）大人，侮※（轻）圣人之言。"《季氏》

孔子曰："君子有九思：视思明，听思聪，色思温、貌思恭、言思忠、事思敬、疑思问、忿思难，见得思义。"《季氏》

子路曰："君子尚勇乎？"子曰："君子义以为上，君子有勇而无义为乱；小人有勇而无义为盗。"《阳货》

子贡曰："君子亦有恶乎？"子曰："有恶，恶称人之恶者，恶居下流※（汉石经无"流"字）而讪※（谤毁）上者，恶勇而无礼者，恶果敢而窒※（塞或同恎，很戾不通恕道）者。"曰："赐也亦有恶乎※（皇本作"也"）？""恶徼※（抄掠）以为知者，恶不孙以为勇者，恶讦※（攻发阴私）以为直者。"《阳货》

周公谓鲁公※（伯禽）曰："君子不施※（同"弛"）其亲，不使大臣怨乎不以※（用其言）。故旧无大故，则不弃也，无求备于一人。"《微子》

孔子曰："不知命※（德命及穷达之分），无以为君子也。不知礼，无以立也。不知言，无以知人也※（《释文》鲁论无此章，今从古）。"《尧问》

※蔡尚思云：儒家言命，只知由积极方面出发，及其后来遭逢，始归结于命。道家则先有命之感觉，而后成其消极方面之倾向。则其大异自可想见。否则如察孔子"知其不可为而为"与其时人——隐者近道家言——之所与相反者，亦思过半矣，至若墨子，则必预定其结果而后有动机。又儒家重视名声不朽之一观念，此亦犹富有"灵魂不灭"观念之宗教家言，其在墨子则务利之观念较深，若在老子则不但无此两种观念，而且极力攻击之。

仁　　知

子曰："巧言令色，鲜矣仁。"《学而》

子曰："人而不仁，如礼何？人而不仁，如乐何？"《八佾》

※（《皇疏》曰：此章亦为季氏出也。）

子曰："里仁为美。择※（古作宅）不处仁，焉得知？"《里仁》

子曰："不仁者，不可以久处约，不可以长处乐。仁者安仁，知者利※（知仁为利）仁。"《里仁》

子曰："惟仁者能好人，能恶人。"《里仁》

※《非十二子》：贵贤仁也，贱不肖，亦仁也。《集注》：无私心，然后好恶当于理。

子曰："苟志于仁矣，无恶※（无恶行）也。"《里仁》

子曰："我未见好仁者，恶不仁者。好仁者，无以尚之；恶不仁者，其※（为仁即用力于仁也。）为仁矣※（起下之词，《三国志·顾欢传》引作"也"），不使不仁者加乎其身。有能一日用其力于仁矣乎？我未见力不足者。盖有之矣，我未之见也。"《里仁》

子曰："人之过也，各于其党※（类）。观过，斯知仁※（《后汉·吴裕传》引作"人"）矣。"《里仁》

※诸家就仁字解皆曲，观其过之党类，即可知其为人。且上下呼应，殊顺。

樊迟问知。子曰："务民※（父慈子孝等，人之义也）之义，敬鬼神而远之，可谓知矣。"问仁。曰："仁者先难※（劳苦）而后获※（得禄），可谓仁矣。"《雍

也》

※《正义》夫子此文论仁知，皆居位临民之事，意樊迟时或出仕故也。

子曰："知者乐水，仁者乐山；知者动，仁者静；知者乐，仁者寿。"《雍也》

子贡曰："如有博施于民而能济※（济度患难）众，何如？可谓仁乎？"子曰："何事※（为）于仁，必也圣乎！尧、舜其犹病※（心有所不足）诸。夫仁者，己欲立※（身能立道）而立人，已欲达※（道可行诸人）而达人。能近※（近取诸身，以己所欲，譬之他人）取譬，可谓仁之方※（道）也已※（《集注》：恕之事，而人之术）。"《雍也》

※阮元《论仁篇》孔子论人，以圣为第一，仁即次之。子贡视仁过高，误入圣域。又，为之不厌，己立己达也，诲人不倦，立人达人也。

子曰："仁远乎哉？我欲仁，斯仁至矣！"《述而》

子曰："知者不惑※（明足烛理），仁者不忧※（理足胜私），勇者不惧※（气足以配道义）。"《子罕》

※《申鉴》杂言：君子乐天知命故不忧，审物明辩故不惑，定心致公故不惧。

颜渊问仁。子曰："克己复※（反）礼为仁。一日克己复礼，天下归仁焉。为仁由己，而由人乎哉？"颜渊曰："请问其目？"子曰："非礼勿视，非礼勿听，非礼勿言，非礼勿动。"颜渊曰："回虽不敏，请事斯语矣！"《颜渊》

※《正义》：引左昭十二年仲尼论楚灵王曰："古也有志克己复礼，仁也"之言，以为克己复礼为仁，乃古成语。

仲弓问仁※（古论作政，非）。子曰："出门如见※（迎宾）大宾，使民如承大祭。己所不欲，勿施于人。在邦无怨，在家无怨。"仲弓曰："雍虽不敏，请事斯语矣。"《颜渊》

※左僖三十三年，晋白季曰：臣闻之，出门如宾，承事如祭，仁之则也。《管子·小问篇》引语曰：非其所欲，勿施于人，仁也。夫子所引皆古语可知。

司马牛问仁。子曰："仁者其言也讱※（难也）。"曰："其言也讱，斯谓之仁已乎？"子曰："为之难，言之得无讱乎？"《颜渊》

樊迟问仁。子曰："爱人。"问知。子曰："知人。"樊迟未达。子曰："举直错诸枉，能使枉者直※（此即知人也）。"樊迟退，见子夏，曰："乡也吾见于夫子而问知。子曰：'举直错※（废置邪人）诸枉，能使枉者直。'何谓也？"子夏曰："富哉言乎！舜有天下，选于众，举皋陶，不仁者远矣。汤有天下，选于众，

举伊尹，不仁者远矣。"《颜渊》

樊迟问仁。子曰："君处恭，执事敬，与人忠；虽之夷狄，不可弃也。"《子路》

子曰："刚※（无欲）、毅※（果敢）、木※（质朴）、讷※（迟钝），近仁。"《子路》

※《正义》：四者皆仁之质，若加文，则成仁，故曰近仁。加文者，文之以礼乐也。

"克※（好胜人）、伐※（自矜其功）、怨※（忌恚）、欲不行焉，可以为仁矣？"子曰："可以为难矣，仁则吾不知也。"《宪问》

※《史记·弟子列传》，克伐上有"子思曰"三字。

子曰："有德者必有言，有言者不必有德。仁者必有勇，勇者不必有仁。"《宪问》

子曰："志士仁人，无求生以害仁，有杀身以成仁。"子贡问为仁。子曰："工欲善其事，必先利※（鲁论作厉）其器。居是邦也，事其大夫之贤者，友其士之仁者。"《卫灵公》

※《正义》：言居是邦，则在夫子周游时。

子曰："可与言而不与之言，失人；不可与言而与之言，失言。知者不失人，亦不失言。"《卫灵公》

子曰："知及之，仁不能守之。虽得之，必失之。知及之，仁能守之，不庄以涖之，则民不敬。知及之，仁能守之，庄以涖之，动之不以礼，未善也。"《卫灵公》

※毛奇龄《剩言补》：此指民言，知及之谓政令教条，足以及民也。

子曰："民之于仁也，甚于水火。水火，吾见蹈而死者矣，未见蹈仁而死者也。"《卫灵公》

子曰："当仁※（行仁之事）不让于师。"《卫灵公》

子张问仁于孔子。孔子曰："能行五者于天下，为仁矣。""请问之。"曰："恭、宽、信、敏、※（或云审也）惠。恭则不侮，宽则得众，信则人任※（任事）焉，敏则有功，惠则足以使人。"《阳货》

为 政

子曰："道千乘之国，敬事而信，节用而爱人，使民以时。"《学而》

※马云：千乘之赋，居地方三百一十六里有奇。包云：千乘之国者，百里之国也。金鹗《求古录》包氏合于《孟子》，可据。刘逢禄《论语述何篇》云：人谓大臣群臣。

子曰："为政以德，譬如北辰，居其所而众星拱之。"《为政》

子曰："道※（皇本两"道"字，并作"导"）之以政，齐※（祝睦碑作"导"，作"济"。又云：有耻且恪（敬也））之以刑，民免而无耻。道之以德，齐之以礼，有耻且格※（注：正也。《缁衣》云：夫民教之以德，齐之以礼，则民有格心，格：来也）。"《为政》

哀公问曰："何为则民服※（从，畏，任使）？"孔子曰："举直错诸枉※（邪曲），则民服；举枉错诸直，则民不服。"《为政》

季康子问："使民敬忠以劝，如之何？"子曰："临之以庄，则敬；孝慈，则忠；举善而教不能，则劝。"《为政》

※荀《大略》：礼也者，老者孝焉，幼者慈焉。

或谓孔子曰："子奚不为政？"子曰："《书》云：'孝乎※（逸书，东晋，古文采入君陈篇。汉石经作"孝于"，惠栋《九经古义》，谓后儒据改"于"为"乎"，孝于惟孝，与《记》云礼乎礼，《公羊》贱乎贱同其语法）惟孝，友于兄弟，施※（行）于有政※（夫子语，东晋古文误连为书语）。'是亦为政，奚其为为政？"《为政》

※包慎言《温故录》云：依《白虎通》说，孔子之对或人，在哀公十一年后。《正义》：弟子记此章在哀公季康子之后。当亦以时相次。又：为政之道，不外明论，故但能明孝弟之义，即有政道，与居位为政无异。

子张问："十世※（言其极远。）可知也？"子曰："殷因于夏礼※（《史记集解》引《乐记》郑注：殷因于夏，周因于殷。今以"礼"字断句者误），所损益可知也。周因于殷礼，所损益可知也。其或继周者，虽百世可知也。"《为政》※（《正义》礼所以有损益者，如夏尚忠，其弊蠢而愚，乔而野，朴而不文，殷承夏，其敝荡而不静，胜而无耻。周承殷，其敝利而巧，文而不惭，贼而蔽。则承周者，当救之以质）

※损益者，适应时代环境之扬弃也，其间有线索可寻，（即发展之公式），故曰百世可知。则孔子非顽固可知。孔子殷后，但周承二代之制而变更之，当较二代完美，故从之。

子曰："周监※（视）于二代，郁郁乎文哉！吾从周。"《八佾》

※《正义》：祝鮀言伯禽封鲁，其分器有备物《典册》，典册即周礼，故韩宣子言周礼尽在鲁。又孔子对哀公言文武之道，布在方策。方策者，鲁所藏也。夫子此言吾从周，据鲁所存之

周礼言。

定公问："君使臣，臣事君如之何？"孔子对曰："君使臣以礼，臣事君以忠。"《八佾》

　※《正义》定公承昭公之后，公室益微弱，时臣多失礼于君，故问，为此言者，其在孔子将仕时乎。

子曰："民可使由之，不可使知之。"《泰伯》

　※凌鸣喈《论语解义》以此章承兴于诗等而言，民指弟子。曲、郑注民冥也，即愚者非泛言万民。《孟子》终身由之而不知其道者众也。赞按：此"可"字不含命令口气，应为解说之意，方与《孟子》合。

子贡问政。子曰："足食，足兵，民信之矣。"子贡曰："必不得已而去，于斯三者何先？"曰："去兵。"子贡曰："必不得已而去，于斯二者何先？"曰："去食。自古皆有死，民无信不立。"《颜渊》

齐景公问政于孔子，孔子对曰："君君，臣臣，父父，子子。"公曰："善哉！信如君不君，臣不臣，父不父，子不子。虽有粟，吾得而食诸？"《颜渊》

　※《注》孔曰：当时陈恒制齐，君不君，臣不臣，故以对。

子张问政。子曰："居※（身居正位，不可懈倦）之无倦，行之以忠。"《颜渊》

季康子问政于孔子。孔子对曰："政者，正也。子帅以正，孰敢不正？"《颜渊》

季康子患盗，问于孔子。孔子对曰："苟子之不欲，虽赏之不窃。"《颜渊》

季康子问政于孔子曰："如杀无道，以就※（成）有道，何如？"孔子对曰："子为政，焉用杀？子欲善，而民善矣！君子之德，风；小人之德，草。草上之风，必偃。"《颜渊》

子路问政。子曰："先※（身先）之，劳※（劝勉）之。"请益，曰："无倦※（行上事无倦）。"《子路》

仲弓为季氏宰，问政。子曰："先※（事必先于众职）有司，赦小过，举贤才。"曰："焉知贤才而举之？"曰："举尔所知。尔所不知，人其舍诸？"

　※《注》：孔曰：女（汝）所不知，人将自举其所知，则贤才无隐。《正义》：不仁者远，则仁者咸进。《易》曰：拔茅茹以汇证，此尔所不知，人其舍诸之说也。《子路》

子路曰："卫※（出公辄）君待子而为政，子将奚先？"子曰："必也正※

（马：正百事之名。《正义》：孔子见时教不行，故欲正文字之误）名乎！"子路曰："有是哉，子之迂※（远）也！奚其正？"子曰："野哉，由也！君子于其所不知，盖阙如也。※《正义》：是时孔子在卫，为公养之仕，知卫君将留用孔子，故子路举以问也。孔子以父居于外，子居于内（出公辄）名之不正，莫甚于此，而子路意辄定位已久，且以国养父未为不可，故曰迂。名不正，则言不顺；言不顺，则事不成；事不成，则礼乐不兴；礼乐不兴，则刑罚不中※（不轻不重）；刑罚不中，则民无所措※（置）手足。故君子名之必可言也，言之必可行也。君子于其言，无所苟而已矣！"《子路》

樊迟请学稼※（树五谷）。子曰："吾不如老农。"请学为圃※（蔬菜）。曰："吾不如老圃。樊迟出。"子曰："小人哉，樊须也。上好礼，则民莫敢不敬；上好义，则民莫敢不服；上好信，则民莫敢不用情※（情实）。夫如是，则四方之民，襁※（古从"系"，从"衣非"，负子之器）负其子而至矣，焉用稼？"《子路》

子曰："其身正，不令而行；其身不正，虽令不从。"《子路》

子适卫，冉有仆。子曰："庶※（卫人众多）矣哉！"冉有曰："既庶矣，又何加焉？"曰："富之。"曰："既富矣，又何加焉？"曰："教之。"《子路》

子曰："'善人为邦百年，亦可以胜※（为邦百年，残暴之人不能尽绝，但政足以胜之，不使为恶）残※（贼义者）去杀※（不至用刑杀）矣。'诚哉是言也！"《子路》

子曰："如有王※（圣人受命而兴）者，必世※（三十年）而后仁※（仁政乃成）。"《子路》

子曰："苟正其身矣，于从政乎何有？不能正其身，如正人何？"《子路》

定公问："一言而可以兴邦，有诸？"孔子对曰："言不可以若是其几※（期也，近也，近于兴国）也。人※（诗曰不易惟王）之言曰：'为君难，为臣不易，'如知为君之难也，不几乎一言而兴邦乎？"曰："一言而丧邦，有诸？"孔子对曰："言不可以若是其几也。人※（《韩非·外储》晋平公语）之言曰：'予无乐乎为君，唯其言而莫予违也。'如其善而莫之违也，不亦善乎？如不善而莫之违也，不几乎一言而丧邦乎？"《子路》

叶公问政。子曰："近者说，远者来。"《子路》

子夏为莒父宰，问政。子曰："无欲速，无见小利。欲速则不达，见小利则大事不成。"《子路》

子曰："善人教民七年，亦可以即※（就，言以攻战）戎矣。"《子路》

子曰："以不教民战，是谓弃之。"《子路》

子曰："上好礼，则民易使也。"《宪问》

颜渊问为邦※（继周而王，以何道治邦）。子曰："行夏之时※（建寅），乘殷之辂※（木制，俭），服周之冕※（文而备），乐则《韶》、《舞》。放※（禁绝）郑声，远佞人，郑声淫，佞人殆。"《卫灵公》

孔子曰："天下有道，则礼乐征伐自天子出。天下无道，则礼乐征伐自诸侯出；自诸侯出，盖十世希※（少）不失矣。自大夫出，五世希不失矣；陪※（重或臣之臣）臣执国命；三世希不失矣。天下有道，则政不在大夫，天下有道，则庶人不议。※（无所非议）"《季氏》

尧曰："咨※（嗟）！尔舜！天之历※（列次）数在尔躬，允※（信）执※（执中道用之）其中。四海困穷，天※（《集注》：四海困穷则天禄亦永终戒之哉）禄永终。"舜亦※（以尧命己者命禹）以命禹※（上当有"汤"字，因旱祷雨之辞，或曰伐夏告天之辞）。曰："予小子履，敢用玄※（黑牛）牡，敢昭告于皇※（大）皇后帝：有罪不敢赦。帝※（善臣）臣不蔽，简※（阅也）在帝※（言天帝简阅其善恶）心。朕躬有罪，无以万方；万方有罪，罪在朕躬。"周※（周受天大赐）有大赉，善※（有乱臣十人）人是富。"虽有周※（至）亲，不如仁人。百姓有过，在予一人。谨※（此下孔子语）权※（秤）量※（斗斛），审※（定）法※（礼乐制度）度，修废官※（官即职，此权量法度者），四方之政行焉。兴灭国，继绝世，举逸民，天下之民归心焉。所重民、食、丧祭。宽则得众，信则民任焉，敏则有功，公则说。《尧曰》

※《正义》：按四语与上文绝不蒙。殊疑子张问仁一章，原在古论《子张篇》首，而此为脱乱不尽之文。下章子张问政。孔子约数以示，俟张请目，然后详晰之，与问仁章文势划一，显见其录自一手。又二十篇中，唯此二章以子答弟子之言，加孔字，盖古分尧曰子张问以下，别为一篇，与前《季氏篇》，为别一记者所录。故知命章首，旧本亦有"孔"字。今以《问仁》章乱入《阳货》之篇，既嫌其体例不符，而公山佛肸连类并载之间横隔，以此亦颇不伦。

子张问※（皇本有"政"字）于孔子曰："何如斯可以从政矣？"子曰："尊五美，屏四恶，斯可以从政矣。"子张曰："何谓五美？"子曰："君子惠而不费，劳而不怨，欲而不贪，泰而不骄，威而不猛。"子张曰："何谓惠而不费？"子曰："因民之所利而利之，斯不亦惠而不费乎？择可劳而劳之，又谁怨？欲仁而得仁，又焉贪？君子无众寡，无小大，无※（无所敢慢）敢慢，斯不亦泰而不骄乎？君子正其衣冠，尊其瞻视，俨然人望而畏之，斯不亦威而不猛乎？"子张曰："何谓四恶？"子曰："不教而杀谓之虐；不※（不宿戒而责目前成）戒视成谓之暴；慢※（缓令于先，刻期于后）令致期谓之贼；犹※（财物均当与人，而吝啬于出纳惜难之，此有司之任耳，非人君之道）之与人也，出纳之吝，谓之有司。"《尧曰》

学　　养

子曰："弟子入则孝，出则弟，谨而信，泛爱众而亲仁。行有余力，则以学文。"《学而》

※《正义》云：出谓就傅，居小学大学时也。弟谓弟顺。《集注》：仁谓仁者。

子曰："温故而知新，可以为师矣。"《为政》

※孔颖达《礼记叙》：博通人物，知今温古。考前代之宪章，参当时之得失。刘逢禄《论语述何篇》解同。

子曰："学而不思则罔※（无得，无知），思而不学则殆※（与怠同，王引之云：疑也，言思而学，则事无征验，疑而不能定。《集注》训危）"《为政》

子曰："攻※（治）乎异端，斯害也已。"《为政》

子曰："由，诲女知※（俞樾《平议》据《荀子道》及《韩诗外传》并作"志"）之乎？知之为知之，不知为不知，是知※（即"智"字）也。"《为政》

子张学干※（《弟子列传》作问，此出古论）禄，子曰："多闻缺疑，慎言其余，则寡尤；多见缺殆※（危也），慎行其余，则寡悔。言寡尤，行寡悔，禄在其中矣。"《为政》

※《正义》慎言慎行者，谓于无所疑者，犹慎言之，无所殆者，犹慎行之。

子曰："人而无信，不知其可也。大车无輗※（辕端横木以缚轭），小车无軏※（辕端上曲钩衡），其何以行之哉？"《为政》

子曰："不患人之不己知，患不知人也。"《学而》

※皇本作不患人之不己知也，患己不知人也。臧琳《经义杂记》：古本作患不知也。皇本有王注云：但患己之无能知也，己无能知，即未有知之义。皇本"人"字，俗妄所加。

子曰："非其鬼而祭之，谄也。见义不为，无勇也。"《为政》

※《正义》，季氏旅于泰山，非其鬼而祭。鲁哀公不能讨陈恒，无勇，此章所斥，似皆有所指。《公羊》何注：时衰，废人事而求福于鬼神。

哀公问社※（立社，各树其土之所宜木以为主，鲁论作问主，则庙主）于宰我，宰我对曰："夏后氏以松，殷人以柏，周人以栗，曰：使民战※（哀公有去三桓之心，宰我因社主之义而起哀公戚民之心，《正义》之说）栗。"子闻之曰："成事不说，遂事不谏，既往不咎。"《八佾》※（《正义》：夫子时未返鲁，闻宰我言，因论之也。方观旭偶纪云：成事遂事，必指一事而言，缘哀公与宰我俱作隐语，故亦不显言，盖知哀公无能为，不可轻于举事）

※俞正燮《癸巳类稿》：松柏栗为社主所用之木，其社树则各以其土之所宜，不与社主同用一木。惠士奇《礼说》：秦汉后社主用石，《淮南》齐俗训，殷用石，自传闻之误。

子曰："朝闻道，夕死可矣※（汉石经作"也"）！"《里仁》

子曰："不患无位，患所以立。※（立乎其位）不患莫己知，求为可知也。"《里仁》

子曰："见贤思齐焉，见不贤而内自省也。"《里仁》

子曰："古者言之不出，耻躬之不逮也。"《里仁》

子曰："以约失之者，鲜矣！"《里仁》

子曰："德不孤，必有邻。"《里仁》

子曰："已矣乎！吾未见能见其过而内自讼※（责）者也。"《公冶长》

子谓子夏※（《正义》：子夏于时设教，有门人）曰："女为君子儒，无为小人儒。"《雍也》

※《集注》：君子小人之分，义利之间而已。《正义》：君子小人，以广狭异，不以邪正分。

子曰："谁能出不由户？何莫由斯道也？"《雍也》

子曰："人之生也直，罔之生也幸而免。"《雍也》

※《正义》：人能存诚，则行主忠信，而天且助顺，人且助信，故能生。若夫罔者，专务自欺以欺人，所谓自作孽不可活者。

子曰："知之者不如好之者，好※（笃）之者不如乐※（有所乐）之者。"《雍也》

子曰："中庸之为德也，其至矣乎？民鲜久矣。"《雍也》

※中庸，《注》：中和可常行之道，洪震煊《中庸说》郑君目录云：名曰中庸者，以其记中和之为用也，又用中为常道也，又执其两端用中于民之用中，即中庸之义。

子曰："志于道※（《集注》：人伦日用之间所当行者是），据于德※（郑云：至，敏，孝三德），依于仁，游于艺。"《述而》

子曰："学如不及，犹恐失之。"《泰伯》

子曰："譬如为山，未成一篑，止，吾止也。譬如平地，虽覆一篑，进，吾往也。"《子罕》

子曰："法※（正言之）语之言，能无从乎？改之为贵。巽※（婉而导之）与之言，能无说乎？绎※（寻其绪）之为贵。说而不绎，从而不改，吾末如之何也已矣！"《子罕》

子曰："主忠信，毋友不如己者，过则勿惮改。"《子罕》

子张问崇德、辨惑，子曰："主忠信，徙※（见利则徙，意而从之）义，崇德也。爱※（爱恶当有常）之欲其生，恶之欲其死。既欲其生，又欲其死，是惑也。'诚※（《诗·小雅》之句。《集注》：程子曰：此错简，当在齐景公有马千驷之上，因此下文亦有齐景公而谈）不以富，亦祗以异。'"《颜渊》

子张问："士何如斯可谓之达※（通也，通于处人处己之道，故行之无所违阻）矣？"子曰："何哉，尔所谓达者？"子张对曰："在邦※（仕于诸侯）必闻，在家※（仕于卿大夫）必闻。"子曰："是闻也，非达也。夫达也者，质直而好义，察言而观色，虑※（知虑常欲以下人）以下人。在邦必达，在家必达。夫闻也者，色※（佞人假仁者之色。行之则违，安居其伪而不自疑）取仁而行违，居之不疑。在邦必闻，在家必闻。"《颜渊》

樊迟从游于舞雩之下，曰："敢问崇德、修慝、辨惑※（《正义》当是雩祷之辟）。"子曰："善哉问！先事后得，非崇德与？攻其恶无攻人之恶，非修慝与？一朝之忿，忘其身以及其亲，非惑与？"《颜渊》

※戴望《论语注》左昭二十五年七月又雩，传曰，又雩者，非雩也。聚众以逐季氏也。樊迟从游，有感昭公奔齐之事，因以发问。

子曰："南人有言曰：'人而无恒※（"杨泉物理论谓巫医皆抱道怀德。学澈天人，故必有恒之人为之，或以巫医为贱役，非也。"不然），不可以作巫医。'善夫！'不恒其德，或※（常）承之羞※（常承羞辱）。'"子曰："不占而已矣※（《集注》：杨氏曰：君子于易，苟玩其占，则知无恒之取羞矣。其为无常也，盖亦不占而已矣）。"《子路》

※按杨氏说是也，则用《易》以解人事，亦孔子之所取也。

子曰："古之学者为己，今之学者为人。"《宪问》

子贡方※（古同谤，言人过恶）人。子曰："赐也贤乎哉？夫我则不暇。"《宪问》

子曰："不患人之不己知，患其不※（皇本作"无"）能也。"《宪问》

子曰："不逆※（未至而迎）诈，不亿※（未见而意）不信，抑亦先※（诈取不信，未容施行，已觉知也。）觉者，※（《集注》乃为"贤"）是贤乎。"《宪问》

子曰："骥不称※（誉）其力，称其德※（调良）也。"《宪问》

子曰："由！知德者鲜矣。"《卫灵公》

※《正义》，《集注》此章亦为愠见而发。

子张问行※（犹达之意）。子曰："言忠信，行笃敬，虽蛮貊之邦行矣。言不忠信，行不笃敬，虽州※（二千五百家）里※（二十五家）行乎哉？立，则见其参※（相直，又相当）于前也；在舆，则见其倚于衡※（轭）也。夫然后行。"子

张书诸绅。《卫灵公》

　　※《正义》据《世家》此问答亦在绝粮时。

　　子曰："躬※（责己厚）自厚而薄责于人，则远怨矣。"《卫灵公》

　　子贡问曰："有一言※（一字）而可以终身行之者乎？"子曰："其恕乎！己所不欲，勿施于人。"《卫灵公》

　　子曰："人能弘道，非道弘人。"《卫灵公》

　　子曰："过而不改，是谓过矣。"《卫灵公》

　　子曰："由也，女闻六言六蔽※（古成语）矣乎？"对曰："未也。""居，吾语女。好仁不好学，其蔽也愚；好知不好学，其蔽也荡；好信不好学，其蔽也贼※（贼害于物）；好直不好学，其蔽也绞；好勇不好学，其蔽也乱；好刚不好学，其蔽也狂。"《阳货》

处世观人

　　子曰："视其所以※（大戴作"为"），观其所由，察其所安，人焉廋※（匿）哉！人焉廋哉！"《为政》

　　子曰："居上不宽，为礼不敬，临丧不哀，吾何以观之哉？"《八佾》

　　子曰："放※（依）于利而行，多怨。"《里仁》

　　子曰："中人以上，可以语上也。中人以下，不可以语上也。"《雍也》

　　子曰："奢则不孙※（顺），俭则固※（陋）。与其不孙也，宁固。"《述而》

　　子曰："好勇疾贫，乱也。人而不仁，疾之已※（过也）甚，乱也。"《泰伯》

　　子曰："如有周公之才之美※（智能技艺），使骄且吝，其余不足观也已。"《泰伯》

　　子曰："三※（大比之年）年学，不至※（古通志）于谷※（禄），不易得也。"《泰伯》

　　子曰："笃信好学，守※（宁为善而死）死善道，危邦不入，乱邦不居。天下有道则见，无道则隐。邦有道，贫且贱焉，耻也；邦无道，富且贵焉，耻也。"《泰伯》

　　子曰："不在其位，不谋其政。"《泰伯》

　　子曰："狂而不直，侗※（童蒙未能器）而不愿※（善），悾悾※（悫谨）而不信，吾不知之矣。"《泰伯》

子曰："吾未见好德如好色者也。"《子罕》

子曰："已矣乎！吾未见好德如好色者也。"《卫灵公》

※《正义》：《世家》孔子在卫，灵公与夫人同载，招摇过市，孔子发此言，于是去卫过曹。是岁，鲁定公十四年。

子曰："苗而不秀者有矣夫！秀而不实者有矣夫！"《子罕》

※《正义》：六朝以前人，皆以颜回早卒，夫子痛惜之。

子曰："后生可畏，焉知来者之不如今也？四十、五十而无闻焉，斯亦不足畏也已！"《子罕》

※大戴《曾子立事篇》三十、四十之间而无艺，即无艺矣，五十而不以善闻，则无闻矣。

子曰："三军可夺帅也，匹夫不可夺志也。"《子罕》

※《集注》：三军之勇在人，匹夫之志在己，故帅可夺而志不可夺。如可夺，不足谓之志。

子曰："岁寒，然后知松柏之后凋也。"《子罕》

子曰："可与※（以也）共学，未可与适道；可与适道，未可与※（不见夺）立；可与立，未可与权※（不知变）。""唐※（逸诗）棣之华，偏※（同"翩"）其反而，岂不尔思，室是远而。"子曰："未之思也，夫何远之有？"《子罕》

※戴震《疏证》：知常不知变，由精义未深，所以增益其心志之明，使全乎圣智者，未之尽也，故未可与权。《皇疏》树木之花，先合后开。唐棣之花反是，以喻形势无常。刘勰《新论·明权篇》权者反于经而合于道，若唐棣之华，反而更合。焦循《说权》：非精心达思，其孰能知之？毛奇龄《稽求篇》未之思是思反，亦即是思权。

子曰："论笃是与※（《集注》：言论笃实而与之），君子者乎？色庄※（《集注》：言不可以貌取人）者乎？"《先进》

子张问明※（知贤不肖）。子曰："浸※（渐成）润之谮，肤※（《集注》肌肤所受，利害切身）受之愬，不行焉，可谓明也已矣。浸润之谮，肤受之愬，不行焉，可谓远也已矣。"《颜渊》

子贡问友。子曰："忠告而善道※（导）之，不可则止，毋自辱焉。"《颜渊》

子曰："不得中※（依中庸而行）行而与之，必也狂※（志极高而行不掩）狷※（知未及而守有余）乎！狂者进取，狷者有所不为也。"《子路》

子贡问曰："乡人皆好之，何※（此人如何？）如？"子曰："未※（未可为善）可也。""乡人皆恶之，何如？"子曰："未可也。不如乡人之善※（善行者）者好之，其不善者恶之。"《子路》

宪问耻。子曰："邦有道谷※（禄），邦无道谷，耻也。"《宪问》

※吴嘉宾说宪之狷介，虽邦有道且不愿禄。

子曰："邦有道，危※（高，正）言危行；邦无道，危行言孙※（顺）。"《宪问》

子曰："爱之，能勿劳※（勉，忧也）乎？忠焉能勿诲乎？"《宪问》

子曰："贫而无怨难，富而无骄易。"《宪问》

子曰："其言之不怍，则为之也难。"《宪问》

子路问事君，子曰："勿欺也，而犯※（犯颜直谏）之。"《宪问》

或曰："以德报怨，何如？"曰："何以报德？以直报怨，以德报德。"《宪问》

子曰："贤者辟世，其次辟地※（去乱国），其次辟色※（色斯举矣），其次辟言※（恶言乃去）。"子曰："作※（为辟世等者）者□人矣。"《宪问》

子曰："人无远虑，必有近忧。"《卫灵公》

子曰："不曰'如※（忧忧，自审度也）之何、如之何'者，吾未如之何也已矣！"《卫灵公》

子曰："群居终日，言不及义，好行小慧，难矣哉！"《卫灵公》

子曰："巧言乱※（变乱是非，使人丧所言）德。小不忍则乱大谋。"《卫灵公》

子曰："众恶之，必察焉；众好之，必察焉。"《卫灵公》

子曰："事君，敬其事而后其食※（先尽力，而后食禄）。"《卫灵公》

子曰："道不同，不相为谋。"《卫灵公》

子曰："有教无类。"《卫灵公》

子曰："辞达※（不烦文艳）而已矣。"《卫灵公》

孔子曰："益者三友，损者三友。友直，友谅，友多闻，益矣。友便※（习于威仪，体柔容媚，与直反）辟，友善※（面柔与谅反）柔，友便佞※（口辩非有学问），损矣。"《季氏》

孔子曰："益者三乐，损者三乐。乐※（得礼乐之节）节礼乐，乐道人之善，乐多贤友，益矣。乐骄乐，乐佚游，乐宴乐，损矣。"《季氏》

孔子曰：侍于君子有三愆※（过）："言未及之而言谓之躁，言及之而不言谓之隐，未※（不观颜色而言）见颜色而言谓之瞽。"《季氏》

孔子曰："生而知之者，上也；学而知之者，次也；困而学之，又其次也；困而不学，民斯为下矣。"《季氏》

孔子曰："见善如不及，见不善如探汤。吾见其人矣，吾闻其语矣。隐居以求其志，行义以达其道。吾闻其语矣，未见其人也。"《季氏》

※《正义》：若伊尹耕莘，而乐尧舜之道，及汤三聘而行其君臣之义以达其所守之道，孟子曰：士穷不失义，达不离道。

子曰："色厉而内荏※（柔弱），譬诸小人，其犹穿窬※（墙）之盗也与！"《阳货》

子曰："乡原※（同愿，善也。色取仁而行违者也），德之贼也！"《阳货》

子曰："道听而涂说，德之弃也。"《阳货》

子曰："鄙夫可与事君也与哉，其未得之也，患得之；既得之，患失之。苟患失之，无所不至矣。"《阳货》

子曰："古者民有三疾，今也或是之亡也。古之狂也肆※（极意敢言），今之狂也荡※（无所据）；古之矜也廉，今之矜也忿※（恶理）戾※（多怒）；古之愚也直，今之愚也诈而已矣。"《阳货》

※宋翔凤《发微》：狂，矜，愚，皆气质之偏，古所谓疾也，有肆以救狂，乃至有直以救愚，是不失为古之疾也。荡则失其所谓狂……此古但为人疾，今遂至于死亡。

子曰："恶紫之夺朱也，恶郑声之乱雅乐也，恶利口之覆邦家者。"《阳货》

子曰："饱食终日，无所用心，难矣哉！不有博奕者乎？为之犹贤乎已。"《阳货》

※《鲁语》敬姜曰：夫民劳则思，思则善心生。逸则淫，淫则忘善，忘善则恶心生。

子曰："唯女子与小人为难养也，近之则不孙，远之则怨。"《阳货》

子曰："年四十而见恶※（见恶于人）焉，其终也已。"《阳货》

孝

子曰："父在观其志※（毛诗序，在心为志），父没观其行。三年无改于父之道，可谓孝矣。"《学而》

※汪中释三九曰：三年者，言其久也，何以不改也？为其为道也。若其非道，虽朝死而夕改可也。

孟懿子问孝。子曰："无违。"樊迟御，子告之曰："孟孙※（诸侯之子曰"公子"。公子之子曰"公孙"）问孝于我，我对曰：'无违。'"樊迟曰："何谓也？"子曰："生，事之以礼；死，葬之以礼，祭之以礼。"《为政》

※《正义》：无违者，无违乎礼以事亲也。《皇疏》引卫瓘曰：三家僭侈，皆不以礼，故以礼答之。又：懿子受学圣门，及夫子仕鲁，堕三都。懿子梗命，致孔子之政化不行，故弟子传不列其名。

孟武伯※（懿子之子）问孝。子曰："父母唯其疾之忧。"《为政》

※《正义》：王充、高诱皆以人子忧父母之疾为孝，父母字当略读。《注》马曰：孝子不

妄为非，唯疾病使父母忧。《集注》父母爱子之心无所不至，唯恐其有疾，人子体此则知守身。

子游问孝。子曰："今之孝者，是※（《经传释词》："是"与"祇"同义）谓能养。至于犬马，皆能有养。不敬，何以别乎？"《为政》

※包慎言《论语温故录》：犬马二句，极言养之事，虽父母之犬马，今亦能养之。《内则》父母之所爱爱之，所敬敬之，至于犬马尽然，而况于人乎？

子夏问孝。子曰："色难。有事，弟子服其劳；有酒食，先生※（父兄）馔※（饮食），曾※（乃也）是以为孝乎？"《为政》

※司马光《家范》：色难者，观父母之志趣，不待发，言而后顺之者也。程子曰：子游能养而或失于敬，子夏能直义而或少温润之色。

子曰："事父母几※（微）谏，见志不从，又敬不违，劳※（忧）而不怨。"《里仁》

子曰："父母在，不远游。游必有方※（常所）。"《里仁》

子曰※（与《学而》篇同。陈鳣《古训》：汉石经亦有此章，当是弟子各记所闻）："三年无改于父之道，可谓孝矣。"《里仁》

子曰："父母之年，不可不知也。一则以喜※（寿考），一则以惧※（衰老）。"《里仁》

叶公语孔子曰："吾党有直躬者，其父攘羊，而子证※（告）之。"孔子曰："吾党之直者异于是，父为子隐，子为父隐，直※（天理人情之至，顺理为直）在其中矣。"《子路》

宰我问："三年之丧，期已久矣。君※（古成语）子三年不为礼，礼必坏。三年不为乐，乐必崩。旧谷既没※（尽），新谷既升※（成），钻※（四季钻火各异木）燧※（取火者）改火，期可已矣。"子曰："食夫稻，衣夫锦，于女安乎？"曰："安。""女安，则为之！夫君子之居丧，食旨※（美）不甘，闻乐不乐，居处不安，故不为也。今女安，则为之！"宰我出。子曰："予之不仁也！子生三年，然后免于父母之怀。夫三年之丧，天下之通丧也。予也有三年之爱于其父母乎？"《阳货》

※《正义》：案诗素冠序，刺不能三年也，桧为郑武公所灭，此诗当作于平王之世。又公羊哀五年秋九月齐侯处臼卒，六年七月除景公之丧，是三年之丧，当时久不行，而齐宣王欲短丧，滕文公问孟子定为三年之丧，而父兄首官皆不欲，且云吾宗国鲁先君莫之行，吾先君亦莫之行，鲁先君则文公以来之谓也。然檀弓言子夏、闵子骞皆三年丧毕见于夫子。

诗

子贡※（皇本有问字）曰："贫而无谄，富而无骄，何如？"子曰："可也。未若贫而乐※（皇本、高丽本、足利本，"乐"下有"道"字。郑注据鲁论无"道"字），富而好礼者也。"子贡曰："诗云：'如切※（骨）如磋※（象），如琢※（玉）如磨※（石）。'其斯之谓※（皇本有"也"字）与？"子曰："赐也，始可与言《诗》已矣！告诸往而知来者※（皇本有"也"字）。"《学而》

※刘台拱《论论骈枝》：无谄无骄者，生质之美；乐道好礼者，学问之功。

子曰："《诗》三百，一言以蔽之，曰：思无邪。"《为政》

※顾镇《虞东学诗》：俗有淳漓，词有正变，而原夫作者之初，则发于感发惩创之苦心，故曰：思无邪。《史记·屈贾列传》：国风好色而不淫，小雅怨诽而不乱，皆言诗归于正也。

子夏问曰："'巧笑倩※（笑貌）兮，美目盼※（动目）兮，素※（硕人之诗，此句逸。《集注》谓皆逸诗）以为绚※（文貌）兮。'何谓也？"子曰："绘事后素。"曰："礼后乎？"子曰："起予者※（汉石经无此字）商也，始可与言《诗》已矣。"《八佾》

※《集注》言：人有此倩盼之美质，而又加以华采文饰，如有素地而加采色。又：礼必以忠信为质，犹绘事必以粉素为先。

子曰："《关雎》，乐而不淫，哀※（郑彼云："衷"之误，谓中心念之。）而不伤。"《八佾》

※《骈枝》：郑注诗义皆难通，此据乐章言之。《关雎》统以下数章言（《关雎》之乱是其证）。《关雎》《葛覃》，乐而不淫，《卷耳》哀而不伤。

子曰："兴※（起）于《诗》※（乐章或歌曲），立于礼，成于乐。"《泰伯》

※注家多以为夫子本古法以教人，余则以为皆孔子所自定者（注家引《王制·内则》不足据），其注重诗乐，甚可注意。

子曰："诵※（口读而寻绎其义旨）《诗》三百，授之以政，不达；使于四方，不能专※（独）对；虽多，亦奚以为？"《子路》

※《毛诗序》：先王以是经夫妇，成孝敬，厚人伦，美教化，移风俗，是诗之理，可通政事，故宜达也。

子曰："小子，何莫学夫《诗》？《诗》，可以兴※（引譬连类），可以观※（观风俗盛衰），可以群※（群居相切磋），可以怨※（谏刺上政）。迩之事父，远之事君，多识于鸟兽草木之名。"《阳货》

子谓伯鱼曰："女为※（学）《周南》、《召南》矣乎？人而不为《周南》、《召南》，

其犹正墙面而立也与！"《阳货》

※《集注》：二南所言，皆修身齐家之事。

礼

林放问礼之本。子曰："大哉问！礼※（宾嘉诸礼），与其奢也，宁俭；丧，与其易※（礼有余，俞炎《书斋夜话》疑是"具"字。《集注》云：治也）也，宁戚。"《八佾》

※《集注》：杨氏曰：周衰，世方以文灭质，而林放独能问礼之本，故夫子大之。

子曰："夏礼，吾能言之，杞※（开封府杞县，后迁东国，与齐鲁地近）不足征也。殷礼，吾能言之，宋※（商邱县）不足征也。文※（典策）献※（秉礼之贤士大夫。）不足故也。足，则吾能征之矣。"《八佾》

子曰："禘自既灌而往者，吾不欲观之矣。"《八佾》

※《注》孔曰：禘祫之礼，为序昭穆，灌者，酌郁，鬯灌于太祖以降神也。既灌以后列尊列，序昭穆，而鲁逆祀。乱昭穆，故不欲观之。《正义》，禘说千古聚讼。

或问禘之说。子曰："不知也。知其说者之于天下也，其如示※（郑注《中庸》，示读为寘，置也）诸斯乎？"指其掌。《八佾》

※（《集注》：先王报本追远之意，莫深于禘。王者之事，非鲁所得知。）

祭如在，祭神如神在※（《集注》：此门人记孔子祭祀之诚意）。子曰："吾不与祭，如不祭。"《八佾》

子入太庙，每事问。或曰："孰谓邹※（叔梁纥所治邑）人之子知礼乎？入太庙，每事问。"※（阎若璩《释地》引顾瑞屏说每事问，当在宿斋时）子闻之，曰："是礼也。"《八佾》

※阎《释地》：谓邹人之子，乃孔子少贱之称。孔子二十为委吏，共祭祀人薪蒸木材，二十一为乘田吏（若周官牛人）凡祭祀，共牛牲……

子曰："射不主皮，为力不同科，古之道也。"《八佾》

※凌廷堪《乡射五物考》云：射以应节为上，中侯次之，故曰不主皮。《乐记》：武王克商，散军郊射而贯革之射息。《集注》：周衰礼废，列国兵争，复尚贯革，故孔子叹之。

子贡欲去告朔之饩※（生致之皆曰饩）羊。子曰："赐也！尔爱其羊，我爱其礼。"《八佾》

※刘台拱《论语骈枝》云：幽王以后，不告朔于诸侯，而鲁之有司，循例供羊，至于定哀之间犹然。

子曰："能以礼※（让之文）让※（礼之实）为国乎？何有？不能以礼让为国，如礼何？"《里仁》

子曰："恭而无礼则劳，慎而无礼则葸，勇而无礼则乱，直而无礼则绞※（急切）。君子笃于亲，则民兴于仁；故旧不遗，则民不偷。"《泰伯》

※《集注》引吴说曰：君子以下，当自为一章，曾子之言也。

子曰："麻冕※（宗庙缁布冠），礼也；今也纯※（丝），俭※（易成），吾从众。拜※（臣与君行礼，拜于堂下）下，礼也；今拜乎上，泰也。虽违众，吾从下。"《子罕》

子曰："先※（《注》：包曰：先后谓仕先后辈，先进有古风，斯野人也。郑曰：先后谓学，野人粗略也）进于礼乐，野人也。后进于礼乐，君子也。如用之，则吾从先进。"《先进》

※《正义》：凡民未有爵禄曰野人。春秋时卿大夫《君子》皆世爵，未学问，及服官之后，思为礼乐之事，故曰后。夫子弟子多是未学，如子路、冉有已仕，未遑礼乐。而夫子以礼乐为重，故欲从先进，变当时世爵之法，从古选举正制。

子张曰："《书》云：'高宗谅※（古作"梁"）阴※（暗之□，即庵，谓凶庐也。），三年不言。'何谓也？"子曰："何必高宗，古之人皆然。君薨，百官总己以听于冢宰，三年。"《宪问》

邦君之妻，君称之曰"夫人"，夫人自称曰"小童"，邦人称之曰"君夫人"，称诸异邦曰"寡小君"，异邦人称之亦曰"君夫人"。《季氏》

※《注》孔曰：当时诸侯嫡妾不正，称无不审，故孔子正言其礼也。

子曰："礼云礼云，玉※（圭璋）帛※（束帛所以荐玉（皆礼之用））云乎哉？乐云乐云，钟鼓※（乐之用）云乎哉？"《阳货》

※《正义》敬为礼本，和为乐本。

乐

子语鲁太师乐，曰："乐，其可知也。始※（金奏时）作，翕※（变动之貌）如也；从之，纯※（和谐）如也，皦※（清浊别）如也，绎※（志意条达）如也，以成。"《八佾》

※《孔子世家》：述此文在哀十一年返鲁后，即乐正《雅》、《颂》得所之事，故曰乐正而后可知也。宋凤翔《发微》：金奏《颂》，后三节皆用《雅》，所谓《雅》、《颂》各得其所。

子谓《韶》："尽美※（乐音美）矣，又尽善※（文德具）也。"谓《武》："尽美矣，

未尽善也。"《八佾》

　　※《左襄》二十九年，季札见舞大武者，曰：美哉，周之盛也！见舞韶箾者，曰：德至矣哉，大矣！如天地之无不帱戴也！

　　子曰："师挚之始，《关雎》之乱※（乐之本章），洋洋乎盈耳哉！"《泰伯》

　　※《正义》：下太师挚适齐，郑以为平王时人，意此即其人。夫子时乐部有其遗声，故因本而称之。

　　子曰："吾自卫反鲁，然后乐正，《雅》※（毛奇龄《四书改错》：正《雅》、《颂》之入乐部者。部：所也）、《颂》各得其所。"《子罕》

　　※《注》郑曰：返鲁，在哀公十一年冬，见《左传》，时孔子年六十九。

天性与鬼神

　　王孙贾问曰："'与其媚于奥※（内也，室西南隅，喻近臣），宁媚于灶※（喻执政）。'何谓也？"子曰："不然，获罪于天，无所祷也。"《八佾》

　　※《正义》：奥、灶本一神，时人以灶为主（神之所栖），亲媚之易为福。奥则迎尸祭之。尸者人所象似，非神所凭，媚之或无益。贾仕卫有媚于卫君，故引人言以自解说，且疑夫子尽礼亦是媚。又孔以天喻君，言人有妄求于君，即是得罪。《集注》：天，即理也。

　　季路问事鬼神。子曰："未能事人，焉能事鬼？"曰："敢问死？"曰："未知生，焉知死？"《先进》

　　※《注》陈曰：鬼神及死事难明，语之无益，故不答。《集注》：幽明始终，初无二理，但学之有序，不可躐等，故夫子告之如此。程子曰：或言夫子不告子路，不知此乃所以深告之也。

　　子曰："性相近也，习相远也。"《阳货》

　　子曰："唯上知与下愚不移。"《阳货》

　　子曰："予欲无言。"子贡曰："子如不言，则小子何述焉？"子曰："天何言哉？四时行焉，百物生焉，天何言哉？"《阳货》

　　※《正义》：夫子欲讷于言而敏于行，故恐徒言之则为益少也。

孔子论弟子

子曰："吾与回言终日，不违，如愚。退而省其私※（私谓燕私，与群弟子同居学中时也。《集注》云：燕居独处），亦足以发。回也不愚！"《为政》

※《论语要略》云："孔门弟子，有先后辈之别。先辈从游在孔子去鲁至卫以前，如颜回、闵子骞、冉伯牛、仲弓、子路、冉有、公西华、宰我、子贡、原宪、子羔。后辈从游在自卫返鲁之后，如子游、子夏、曾子、有子、子张、樊迟、漆雕开、淡台灭明是也。"

子谓公冶长："可妻也，虽在缧绁之中，非其罪也。"以其子妻之。子谓南容："邦有道，不废；邦无道，免于刑戮。"以其兄之子妻之。《公冶长》

※《史记·索隐》引《家语》，此时孟皮已卒，故孔子为兄子主婚。

子谓子贱："君子哉若※（若此人）人！鲁无※（鲁无君子，此人何所取以成此德乎？）君子者，斯焉取斯？"《公冶长》

子贡问曰："赐也何如？"子曰："女，器也。"曰："何器也？"曰："瑚琏※（包曰：黍稷之器，夏曰瑚，殷曰琏，周曰簠簋。宗庙之贵器）也。"《公冶长》

或曰："雍也仁而不佞。"子曰："焉用佞※（口才）？御人以口给※（捷），屡憎于人。不※（言以口给御人，不知其之于仁何如也）知其仁※（唐石经初刻作"其仁"，后磨改作"其人"），焉用佞？"《公冶长》

子使漆雕问仕。对曰："吾斯之未能信。"子说。《公冶长》

子曰："道不行，乘桴※（编竹木，大曰：栰，小曰：桴）浮于海。从我者，其由与？"子路闻之喜。子曰："由也，好勇过我，无所取※（无所取材为桴）材。"《公冶长》

※王流玉《四书地理考》：浮海指渤海。《汉书》颜注：言欲乘桴筏而适东夷，以其国有仁贤之化，可以行道。

孟武伯问子路仁乎？子曰："不知也。"又问。子曰："由也，千乘之国，可使治其赋※（兵也）也。不知其仁也。""求也何如？"子曰："求也，千室之邑，百乘之家，可使为之宰※（古凡大小官，皆称宰）也。不知其仁也。""赤也何如？"子曰："赤也，束带，立于朝，可使与宾客言也。不知其仁也。"《公冶长》

子谓子贡曰："女与回也孰愈※（贤）？"对曰："赐也何敢望回？回也闻一以知十，赐也闻一以知二。"子曰："弗如也！吾与女弗如也。"《公冶长》

宰予昼※（江声《论语竢质》：日出后为昼。说文：昼：日之出入，与夜为界）寝。子曰："朽木不可雕也，粪土之墙，不可杇※（镘也）也，于予与※（犹也）何诛※（责）？"

子曰："始吾于人也，听其言而信其行；今吾于人也，听其言而观其行。于予与改是。"《公冶长》

子曰："吾未见刚者！"或对曰："申枨。"子曰："枨也欲，焉得刚？"《公冶长》

子贡曰："我不欲人之加※（陵也）诸我也，吾亦欲无加诸人。"子曰："赐也，非尔所及也。"《公冶长》

※《集注》程子曰：我不欲人之加诸我等者，仁也。施诸己而不愿，亦勿施于人，恕也。恕则子贡或能勉之。程瑶田《论学小记》曰：仁，人之德也。恕，行仁之方也，勉然之恕，学者之行仁也。自然之恕，圣人之行仁也。

子在陈※（河南淮宁县），曰："归与！归与！吾党之小子狂※（言大志大）简※（大也），斐然成章，不知所以裁之！"※（此孔子谦辞，言弟子学已成章，不之所以裁之也）《公冶长》

※《正义》：据《孔子世家》，是岁鲁哀公三年，孔子年六十矣。孔子年五十内，已修《诗》、《书》、《礼》、《乐》，非至晚年，归鲁始为之。当时洙、泗之间，必有讲肄之所，不皆从夫子出游，故在陈得思之也。

子曰："雍也可使南※（兼天子诸侯言之）面。"仲弓问子桑伯子。子曰："可※（仅可而有所未尽）也，简。"仲弓曰："居敬而行简，以临其民，不亦可乎？居简而行简，无乃太简乎？"子曰："雍之言然。"《雍也》

※《正义》：《皇疏》此节与上章别，《邢疏》则联为一章，《说苑》：雍之所以得称南面者，问子桑伯子于孔子云云，足知当日弟子类记，不为无意。

哀公问："弟子孰为好学？"孔子对曰："有颜回者好学，不迁怒，不贰过，不幸短命死矣，今也则亡，未闻好学者也。"《雍也》

※按：论好学而及不迁怒云云，则非记闻之学可知。程子曰：学以至乎圣人之道也。《正义》以颜子思诚之学。

子谓仲弓曰："犁牛之子骍※（周尚骍）且角※（角周正），虽欲勿用，山川其舍诸？"《雍也》※（刘台拱《骈枝》云：周礼用骍牲者三：祭天南郊，宗庙，望祀南方山川，郊祀大祀也，山川次祀也。耕牛之犊，而有骍角之材，纵不用诸上帝，山川次祀，亦岂得舍之？）

※或以杂文黄黑解犁，喻仲弓生于不肖之父，或以耕解犁，喻微贱。

子曰："回也，其心三※（言其久）月不违仁；其余则日月※（或日一至，或月一至）至焉而已矣。"《雍也》

季康子问："仲由可使从政也与？"子曰："由也果※（敢决断），于从政乎何有？"曰："赐也可使从政也与？"曰："赐也达※（通于物理），于从政乎何有？"

曰："求也可使从政也与？"曰："求也艺※（多才艺），于从政乎何有？"《雍也》

※《正义》：康子始问三子从政，则由求之仕季氏，并在夫子归鲁后矣。何有者言皆可以从政。

伯牛有疾※（恶疾或云癞，不欲见人），子问之，自牖执其手※（与之永诀）曰："亡※（丧）之，命矣夫！斯人也而有斯疾也！斯人也而有斯疾也！"《雍也》

子曰："贤哉！回也。一箪食，一瓢饮，在陋巷。人不堪其忧，回也不改其乐。贤哉！回也。"《雍也》

※赵歧《孟子注》惟乐道故能好学。

冉求曰："非不说子之道，力不足也。"子曰："力不足者，中道而废。今女画。"《雍也》

子曰："语之而不惰※（注：渊解故不惰）者，其回也与！"《子罕》

子谓※（《皇疏》：颜渊死后）颜渊，曰："惜乎！吾见其进也，未见其止也。"《子罕》

子曰："衣敝缊※（古无木棉，以絮为之。絮：丝余也）袍，与衣狐貉者立而不耻者，其由也与！'不忮※（害）不求，何用不臧？'子路终身诵之。子曰："是※（夫子以子路闻誉自足，故又顿抑之）道也，何足以臧？"《子罕》

※《正义》夫子既以侍美子路，后又抑之，自异其柄凿，不可通也。注疏本三十章，释文云三十一章，疑陆所见本，分不忮不求以下为一章。《仲尼弟子传》载衣敝缊袍，无不忮不求二句，亦一证。

子曰："从我于陈、蔡者，皆※（《集注》此时皆不在门，故孔子思之）不及门也。德※（在心为德，施之为行）行：颜渊、闵子骞、冉伯牛、仲弓。言语，宰我、子贡。政事，冉有、季路。文学，子游、子夏。"《先进》

※《孔子世家》以陈蔡之厄在哀六年，江永《乡党图考》以为在鲁哀四年。

子曰："回也，非助我者也，于吾言无所不说。"《先进》

子曰："孝哉，闵子骞！人※（《注》陈曰：闵子上事父母，下顺兄弟，动静尽善，故人不得有非闲之言）不间于其父母昆弟之言。"《先进》

季康子问："弟子孰为好学？"孔子对曰："有颜回者好学，不幸短命死矣！今也则亡。"《先进》

闵子侍侧，訚訚如也；子路，行行※（刚强之貌）如也；冉有、子贡，侃侃※（和乐）如也。子乐。"若由也，不得其死然。"《先进》

鲁人为长府※（藏财货曰"府"）。闵子骞曰："仍※（因）旧贯※（事），如之何？何必改作？"子曰："夫人不言，言必有中。"《先进》

※阎若璩《释地》：左昭二五年，公居于长府。杜注：官府名，意与季氏家近。公居焉，出不意而攻之。翟灏《考异》：长府，鲁君别馆，稍有蓄积，可备骚警，季氏恶公恃此，伐己，故于已事后率鲁人卑其闬闳，俾后之君，失所凭恃。凌鸣喈《解义》：三家皆欲改为之，故称鲁人。

子曰："由之瑟，奚※（不合雅颂）为于丘之门？"门人不敬子路，子曰："由也升堂矣，未入于室也。"《先进》

子贡问师与商也孰贤？子曰：师也过，商也不及※（言俱不得中）。曰：然则师愈与？子曰：过犹不及。《先进》

季氏富于周公，而求也为之聚敛而附益之。子曰："非吾徒也。小子鸣鼓而攻之，可也。"《先进》

※《正义》周公封鲁，取民之制，不过什一，自后宣公税亩，已为什而取二。季氏四分公室，已取其二，量校所入，逾于周公赋税之数。何休公羊定八年注，时季氏邑宰，至于千乘。

柴也愚※（愚直），**参也鲁**※（鲁钝），**师也辟**※（邪僻文过），**由也喭**※（畔喭，粗俗）。《先进》

※《正义》：愚鲁近狷，辟喭近狂，故夫子与之进于礼乐。

子曰："回也其庶※（指受命言，或曰近道）乎！屡空。赐不受命※（教命）而货殖焉，亿则屡中。"《先进》

季子※（季氏子弟，据文选注四七，引《论语摘象》亦弟子之一）然问："仲由、冉求可谓大臣与？"子曰："吾以子为异※（非常，或别人）之问，曾由与求之问。所谓大臣者，以道事君，不可则止※（去位不仕）。今由与求也，可谓具※（备臣数）臣矣。"曰："然则从※（从人）之者与？"子曰："弑父与君，亦不从也。"《先进》

子路、曾皙、冉有、公西华侍坐。子曰："以吾一日长乎尔，毋吾以※（难言）也。居则曰：'不吾知也。'如或知尔，则何以哉？"子路率尔而对曰："千乘之国，摄※（迫）乎大国之间，加之以师旅，因之以饥馑，由也为之，比及三年，可使有勇，且知方※（礼义）也。"夫子哂之。"求，尔何如？"对曰："方六七十，如※（及也）五六十，求也为之，比及三年，可使足民。如※（与）其礼乐，以俟君子。""赤，尔何如？"对曰："非曰能之，愿学焉。宗※（朝聘）庙之事，如※（两君相见）会同，端※（端服）章※（礼冠）甫，愿为小相※（赞礼）焉。""点，尔何如？"鼓瑟希※（闲歇），铿※（投瑟之声）尔，舍瑟而作，对曰："异乎三子者之撰※（读如诠，善言也）。"子曰："何伤乎？亦各言其志也。"曰："莫春者，春服既成，冠者五六人，童子六七人，浴乎沂※（在鲁城南），**风乎舞雩**，※（雩坛所以求雨，若国在旱则帅巫而舞雩）**咏而归。**”※（《发微》等据《论衡》之说，以为点与雩祭，春服为雩，服冠者童子乃舞生，似曲。一，雩祭非可自由举行；二，浴字不可解；三，风与浴相连之动作，既参加雩祭而又风之，更不可解。若谓暮春天寒，不能风，不知古时北方气候较今为热也。一切曲解，皆从气候生）**夫子喟然叹曰：“吾与点也！”三子者出，曾晳后。曾晳曰：“夫三子者之言何如？”子曰：“亦各言其志也已矣！”曰：“夫子何哂由也？”曰：“为国以礼，其言不让，是故哂之。”“唯**※（皆夫子语）**求则非邦**※（为邦）**也与？”“安见方六七十如五六十而非邦也者？”“唯赤则非邦也与？”“宗庙会同，非诸侯而何？赤也为之小，孰能为之大**※（皆许之也）**？”**《先进》

子曰：“**片**※（单词，一造之言也）**言可以折**※（断）**狱者，其由也与！”**※（《正义》夫子口中不应称“子路”，或本非）**子路无宿**※（豫也，或留也。）**诺。《颜渊》**

南宫适问于孔子曰：“羿善射，奡荡舟，俱不得其死然。禹稷躬稼而有天下。”夫子不答。南宫适出。子曰：“君子哉若人！尚德哉若人！”《宪问》**

孔子论人

子曰：“**管仲之器小哉！**”或曰：“**管仲俭乎？**”曰：“**管氏有三归**※（《注》包曰：三归取娶三姓女。俞樾《群经平议》：管仲家有三处，一处有一处之官，不相兼摄。包慎言《温故录》：三归，其以三牲献与。《正义》：不摄，盖自同于诸侯），**官事不摄，焉得俭？**”“**然则管仲知礼乎？**”曰：“**邦君树**※（屏也）**塞门，管氏亦树塞门。邦君为两君之好，有反坫**※（宾主饮毕反爵于坫上），**管氏亦有反坫。管氏而知礼，孰不知礼？**”《八佾》**

※惠栋《九经古义》：管子小匡篇，施伯谓鲁侯曰：管仲者，天下之贤人也，大器也，故夫子辩之。《正义》：以管仲骄矜失礼为器小，无与于桓公称霸之是非。

子贡问曰：“**孔文子何以谓之‘文’也？**”子曰：“**敏而好学，不耻下问，是以谓之‘文’也。**”《公冶长》**

子谓子产：“**有君**※（卿大夫之称）**子之道四焉：其行**※（能修身）**己也恭，其**※（能尽礼）**事上也敬，其养民也惠，其使民也义。**”《公冶长》**

子曰：“**晏平仲善与人交，久而**※（皇本作“久而人敬之”。郑注则云：不慢故旧）**敬之。**”《公冶长》**

子曰：“**臧文仲居蔡**※（尺二大龟，天子守龟），**山**※（刻柱头为斗拱，形如山也）**节藻棁**※（天子庙饰。梁上楹，画为藻文），**何如其知也？**”《公冶长》**

子张问曰："令尹子文三仕为令尹，无喜色；三已之，无愠色。旧令尹之政，必以告新令尹。何如？"子曰："忠矣。"曰："仁矣乎？"曰："未知，焉得仁？""崔子弑齐君，陈文子有马十乘，弃而违※（去）之。至于他邦，则曰：'犹吾大夫崔子也。'违之。之一邦，则又曰：'犹吾大夫崔子也。'违之。何如？"子曰："清矣。"曰："仁矣乎？"曰："未知，焉得仁？"《公冶长》

※《汉书·古今人表》先列圣人，次仁人，次智人。

季文子三思而后行。子闻之，曰："再，斯※（唐石经，作"思"）可矣。"《公冶长》

※《集注》程子曰：三则私意起而反惑矣。

子曰："宁武子，邦有道，则知；邦无道，则愚。其知可及也，其愚不可及也。"《公冶长》

※（《注》：孔曰：佯愚似实，故曰不可及。《集注》）

子曰："伯夷、叔齐，不念旧恶，怨是用希。"《公冶长》

子曰："孰谓微生高※（鲁人）直？或乞醢焉，乞诸其邻而※（冒为己物以与人）与之。"《公冶长》

子曰："孟之反不伐，奔而殿。将入门，策其马曰：'非敢后也，马不进也。'"《雍也》

子曰："泰伯，其可谓至德也已矣！三以天下让，民无得而称焉。"《泰伯》

子曰："巍巍乎！舜、禹之有天下也，而不与※（任贤使能，无为而治）焉。"《泰伯》

子曰："大哉！尧之为君也，巍巍乎，唯天为大，唯尧则※（法天行化）之。荡荡※（广远）乎！民无能名※（不可以言语形容）焉。巍巍乎！其有成功也。焕乎！其有文※（立文垂制）章也。"《泰伯》

舜有臣五人而天下治。武※（伐殷誓众之词）王曰："予有乱※（治也。治政事者）臣※（古无"臣"字。后据大誓加）十人。"孔子曰："才难，不其然乎？唐、虞之际※（下也），于※（王引之于训与）斯为盛。有妇人焉，九人而已。三分天下有其二，以服事殷。周之德，其可谓至德也已矣。"《泰伯》

子曰："禹，吾无间※（非）然※（焉）矣。菲饮食而致孝乎鬼神；恶衣服，而致美乎黻冕；卑宫室而尽力乎沟洫。禹，吾无间然矣！"《泰伯》

子谓卫公子荆※（与遽瑗，史狗并为君子）："善居※（治家）室。始有，曰：'苟※（诚，聊且）合※（聚，或已合礼，不以俭为嫌）矣。'少有，曰：'苟完※（器用完备）矣。'富有，曰：'苟美※（尽饰）矣。'"《子路》

或问子产。子曰："惠※（古之遗爱）人也。"问子西。曰："彼哉！彼※（无足称）哉！"问管仲。曰："人※（所谓伊人）也。夺※（臣有大罪，没入家财）伯氏骈邑※（地名）三百，饭疏食，没齿无怨言※（以其当理）。"《宪问》

子曰："孟公绰※（性寡欲，赵、魏贪贤，家老无职），为赵魏老则优，不可以为滕薛大夫※（职烦）。"《宪问》

子问公叔文子于公明贾曰："信乎？夫子不言、不笑、不取乎？"公明贾对曰："以告者过也。夫子时然后言，人不厌其言；乐然后笑，人不厌其笑；义然后取，人不厌其取。"子曰："其※（《注》：马曰：美其得道，嫌不能悉然）然？岂其然乎？"《宪问》

子曰："臧武仲以防求为后※（立后）于鲁，虽曰不要※（有挟而求）君，吾不信也。"《宪问》

子曰："晋文公谲※（诈）而不正，齐桓公正而不谲。"《宪问》

子路曰："桓公杀公子纠，召忽死之，管仲不死。"曰※（起子路问词，或曰时议，非）："未仁乎？"子曰："桓公九合诸侯，不以兵车，管仲之力也。如※（乃）其仁！如其仁※（《正义》：如训乃，盖不直言为仁，而言如其仁，明专据功业言之。俞樾《诸子平议》：《法言》拟论语，如其云云，皆不予之辞。言管仲但论其事功可也，不必论其仁）！"《宪问》

子贡曰："管仲非仁者与？桓公杀公子纠，不能死，又相之。"子曰："管仲相桓公，霸诸侯，一匡※（正）天下，民到于今受其赐。微※（无）管仲，吾其被※（戎狄之俗）发左衽※（衣襟）矣。岂若匹※（凡庶一夫一妇相配匹）夫匹妇之为谅※（信）也，自经于沟渎而莫之知也。"《宪问》

公叔文子之臣大夫僎，与文子同升※（荐之使与己同为大夫）诸公。子闻之，曰："可以为'文'矣。"《宪问》

蘧伯玉使人于孔子。孔子与之坐而问焉，曰："夫子何为？"对曰："夫子欲寡其过而未能也。"使者出。子曰："使※（《注》：陈曰：善之也）乎！使乎！"《宪问》

原※（孔子故旧，母死，升木而歌。《集注》老氏之流）壤夷※（踞待孔子）俟。子曰："幼而不孙弟，长而无述焉，老而不死，是为贼。"以杖叩其胫。《宪问》

子曰："无※（《注》：任官得人）为而治者，其舜也与！夫何为哉？恭己正南面而已矣。"《卫灵公》

子曰："直哉史鱼！邦有道，如矢※（不曲）；邦无道，如矢。君子哉，蘧伯玉！邦有道，则仕；邦无道，则可※（包曰：不与时政，柔顺不忤于人）卷而怀之。"《卫

灵公》

子曰："臧文仲，其窃位者与！知柳下惠之贤而不与※（不与并立于朝）立也。"《卫灵公》

微子去之，箕子为之奴，比干谏而死。孔子曰："殷有三仁※（俱在忧乱宁民）焉。"《微子》

柳下惠为士※（典狱）师，三黜※（贬退）。人曰："子未可以去乎？"曰："直道而事人，焉往而不三黜？枉道而事人，何必去父母之邦？"《微子》

逸※（节行超逸，有德而无位以隐者）民：伯夷、叔齐，虞仲※（吴仲雍，非）、夷逸、朱张、柳下惠、少连。子曰："不降其志，不辱其身，伯夷、叔齐与！"谓："柳下惠、少连，降志辱身矣，言中伦，行中虑※（非枉道以殉人），其斯而已矣！"谓："虞仲、夷逸，隐居放言※（肆言以为高），身中清※（纯淳），废※（自废弃以免患，合于权）中权。我则异于是，无可无不可※（惟义所在）。"《微子》

周※（郑云：成王之时，刘向宣王时，贾逵以为文王时，四产而得八男）有八士：伯达、伯适、仲突、仲忽、叔夜、叔夏、季随、季騧。《微子》

孔子论时事

孔子谓季氏："八佾※（天子之乐，成王赐鲁以祀周公）舞于庭，是可忍也，孰不可忍※（能，耐）也？"《八佾》

三※（仲孙（孟孙之后）叔孙、季孙）家者以《雍》彻※（天子祭于宗庙，歌以彻祭）。子曰："'相※（周《颂·臣工篇》文）维辟公，天子穆穆。'奚取于三家之堂？"《八佾》

子曰："夷狄之有君，不如诸夏※（中国）之亡也。"《八佾》

※《正义》：据包慎言《温故录》云：楚、吴迭主盟中夏，然强暴蹒制，未能一秉周礼。故不如诸夏之无君。政俗犹为近古。程子曰：夷狄且有君长，不如诸夏僭乱，反无上下之分。

季氏旅※（古文作"旅"，诸侯祭山川在其封内者，今陪臣祭泰山，非礼）于泰山，子谓冉有曰："女弗能救与？"对曰："不能。"子曰："呜呼！曾谓泰山不如林放乎？"《八佾》

子曰："事君尽礼，人以为诌也。"《八佾》

子曰："不有祝鮀之佞，而有宋朝之美※（徐季广云："作周公之材之美。"之美解），难乎免于今之世矣。"《雍也》

子曰："齐一变，至于鲁；鲁一变，至于道※（《注》：包曰：大道行之时）。"《雍也》

子曰："觚※（或曰酒器，或曰木简，皆器之有棱者。不觚者，当时失其制而不为棱也）不觚，觚哉！觚哉！"《雍也》

※《集注》：觚哉，言不得为觚也。举一器，而天下之物莫不然。

子曰："鲁※（周公后）卫※（康叔后）之政，兄弟也。"《子路》

※方观旭《偶记》：《左四》皆启以商政。注，皆鲁卫也。又夫子言鲁一变至于道，而五至卫，有三年有成之语，又论子贱而以鲁为多君子，与季札称卫多君子，辞若一辙。并见二国之政俗，末世犹贤于他国。

冉子退朝。※（大夫内朝，在正寝门外）。子曰："何晏也？"对曰："有政※（非常之事）。"子曰："其事※（常事）也。如有政，虽不吾以※（用），吾其与闻之※（《集注》：所以正名分，抑季氏，而教冉有之深意）。"《子路》

子曰："为命※（聘问会盟所受于主国之命），裨谌草创之，世叔讨论之，行人子羽修饰之，东里子产润色之。"《宪问》

子言卫灵公之无道也。康子曰："夫如是，奚而不丧※（失位）？"孔子曰："仲叔圉治宾客，祝鮀治宗庙，王孙贾治军旅。夫如是，奚其丧？"《宪问》

陈成子弑简公。孔子沐浴而朝，告于哀公曰："陈恒弑其君，请讨之。"公曰："告夫三子。"孔子曰："以吾从大夫之后，不敢不告也！君曰：'告夫三子'者。"之三子告，不可。孔子曰："以吾从大夫之后，不敢不告也。"《宪问》

子曰："吾犹及史※（良史于书字有疑则缺之）之阙文也，有马※（有马不能调良，借人乘之）者借人乘之，今亡矣夫！"《卫灵公》

※《正义》夫子时六艺学将废，故俗多穿凿，不免自以为是。

季氏将伐颛臾※（伏羲之后，鲁附庸，季氏贪其地，欲灭取之）。冉有、季路见于孔子曰："季氏将有事于颛臾。"孔子曰："求，无乃尔是过与？夫颛臾，昔者先王以为东蒙※（主祭蒙）主，且在邦域之中矣，是社稷之臣也，何以伐为？"冉有曰："夫子欲之，吾二臣者皆不欲也。"孔子曰："求，周任有言曰：'陈※（布）力就列※（位），不能者止。'危而不持，颠而不扶，则将焉用彼相矣？且尔言过矣！虎兕出于柙，龟玉毁于椟中，是谁之过与？"冉有曰："今夫颛臾，固※（城郭完）而近于费。今不取，后世必为子孙忧。"孔子曰："求，君子疾夫，舍※（舍其贪利之说）曰欲之，而必为之辞。丘也闻有国有家者，不患寡而患不均，不患贫而患不安。盖均无贫，和无寡，安无倾。夫如是，故远人不服，则修文德以来之。既来之，则安之。今由与求也，相夫子，远人不服而不能来也，邦分崩离析而不能守也，而谋动干戈于邦内，吾恐季孙之忧，不在颛臾，而在萧墙之内也。"《季氏》

※《注》郑曰：萧之言肃，墙屏也。君臣相见之礼，致屏而加肃□焉。后季氏家臣阳虎，果囚季恒子。

孔子曰："禄之去公室，五世矣，政逮于大夫，四世矣，故夫三桓※（仲孙、叔孙、季孙）之子孙微矣。"《季氏》

※《集注》：诸侯大夫皆陵其上，则无以令其下，故皆不久而失之也。

齐景公有马千驷，死之日，民无德而称焉。伯夷、叔齐饿于首阳之下，民到于今称之。其斯之谓与？《季氏》

※《集注》：程子以为错简诚不以富，赤只以异，当在此章之首。胡氏曰，今详文势，当在其斯之上，言人之所称，不在于富而在于异也。愚按此说近是，而章首当有"孔子曰"字。

太师挚适齐，亚饭干适楚，三饭缭适蔡，四饭缺适秦。鼓方叔入于河※（河内），播鼗武入于汉，少师阳，击磬襄，入于海。《微子》

※颜师古曰：自师挚以下八人，皆纣时奔走分散而去。挚等皆殷人，而太师等官名是殷制，或以地名疑之。毛奇龄《稽求篇》曰：齐、蔡、秦、楚皆旧时国名，周人因而名之。

子张之言行

子张曰："士见危致※（委）命，见得思义，祭思敬，丧思哀，其可已矣。"《子张》

※真德秀《四书集编》：致命独不言思者，死生之际，惟义是徇，有不待思而决也。

子张曰："执德不弘，信道不笃，焉能为有？焉能为亡※（言无所轻重）？"《子张》

子夏之门人问交※（交接之道）于子张。子张曰："子夏云何？"对曰："子夏曰：'可者与之，其不可者拒之。'"子张曰："异乎吾所闻：君子尊贤而容众，嘉善而矜不能。我之大贤与，于人何所不容？我之不贤与，人将拒我，如之何其拒人也？"《子张》

※《注》包曰：友交当如子夏，泛交当如子张。

有子之言行

有子曰："其为人也孝弟，而好犯上者，鲜矣；不好犯上，而好作乱者，未之有也。君子务本，本立而道生。孝弟也者，其为仁之本与。"《学而》

※阮元《论语解》：当时弟子，唯有子、曾子称子。此必孔子弟子于孔子殁后尊事二子如师，故通称弟子也。至闵子骞、冉有各一称子。此亦二子之门人所记，而孔子弟子之于二子仍称字，故篇中于闵冉称字，称子错出也。又阮元《论仁篇》，以本立而道生为古逸诗。宋凤翔郑注辑本，"为仁"作"为人"。《正义》曰：与上文其"为人也"句相应，义亦通。

有子曰："礼之用，和为贵。先王之道，斯为美，小大由之。有所不行，知和而和，不以礼节之，亦不※（汉石经"不"下无"可"字。）可行也。"《学而》

※《集注》：有所不行者，以其徒知和之为贵而一于和，不复以礼节之，流荡忘反，亦不可行。

有子曰："信近于义，言可复也。恭近于礼，远耻辱也。因※（亲也，《集注》：依也）不失其亲，亦可宗※（皇本"宗"下有"敬"字。《集注》：主也）也。"《学而》

※《正义》，复，反复之义。人初言之，其信能近义，故其后可反复言之，曾子立事篇云：久而复之，可以知其信矣。义若所亲，不失其亲，则此人之贤可知，故亦可宗敬。

哀公问于有若曰："年饥，用不足，如之何？"有若对曰："盍彻※（什一）乎？"曰："二，吾犹不足，如之何其彻也？"对曰："百姓足，君孰与不足？百姓不足，君孰与足？"《颜渊》

※桂馥《群经义证》：因姻省文；《野容丛谈》引《南史》王元规曰：姻不失亲，古人所重，岂得辄昏非类？

曾子之言行

曾子曰："吾日三省吾身：为人谋而不忠乎？与朋友交而不信乎？传不习乎？"《学而》

※郑注：鲁读"传"为"专"。宋凤翔《论语发微》曾子以孝经专门名其家，故鲁论读"传"为"专"。臧庸辑郑注释云："传"从"专"得声，鲁论故省用作"专"。

曾子曰："慎※（丧尽其礼）终追远※（祭尽其诚），民德归厚矣。"《学而》

※《正义》曰：春秋时礼教衰微，民多薄于其亲，故曾子讽在位者，但能慎终追远，民自归厚。

曾子有疾，召门弟子曰："启予足！启※（开也，王念孙云：同瞥，视也）予手！《诗》云：'战战兢兢，如临深渊，如履薄冰。'而今而后，吾知免夫！小子！"《泰伯》

※郑曰：曾子以为受身体于父母，不敢毁伤。

曾子有疾，孟敬子问之。曾子言曰："鸟之将死，其鸣也哀。人之将死，其言也善。君子所贵乎道※（郑曰：礼也）者三：**动容貌**※（济济跄跄），斯远暴慢矣，**正颜色**※（矜庄严栗），斯近信矣；**出辞气**※（能顺而说，无恶戾言），斯远鄙倍矣。笾豆之事，则有司存※（司存二字连续，司主也。）。"《泰伯》

※《正义》：卿大夫容貌、颜色、辞气之礼，《曲礼·玉藻》及贾子容经言之详。《注》包曰：敬之忽大务小，故戒之。

曾子曰："以能问于不能，以多问于寡；有若无，实若虚，犯而不校，昔者吾友※（马曰：谓颜渊），尝从事于斯矣。"《泰伯》

曾子曰："可以托六尺※（当今三尺六寸，约十五岁）之孤※（少君），可以寄百里之命※（摄政王），临大节而不可夺也。君※（《正义》：卿大夫之称。）子人与？君子人也。"《泰伯》

曾子曰："士不可以不弘※（大）毅※（强而能断），任重而道远※（致远路）。仁以为己任，不亦重乎？死而后已，不亦远乎？"《泰伯》

曾子曰："君子以文会友，以友辅仁。"《颜渊》

曾子曰："君子思不出其位。"《宪问》

※毛奇龄《稽求篇》：夫子既言位分之严，故曾子引夫子赞易之词以为证，世疑《艮卦》象辞多以字，或古原有此语，而夫子引以作象辞，曾子又引以证不在其位之语。

曾子曰："堂堂※（容仪盛）乎张也，难与并为仁※（《列子》仲尼篇，师能庄而不能同。）矣。"《子张》

曾子曰："吾闻诸夫子：人未有自致※（尽其极）者也，必也亲丧乎。"《子张》

曾子曰："吾闻诸夫子：孟庄子之孝也，其他可能也；其不改父之臣与父之政，是难能也。"《子张》

※《集注》：庄子父献子，有贤德。

孟氏使阳肤※（曾子弟子）为士师，问于曾子。曾子曰："上失其道，民散久矣！如得其情，则哀※（哀其致刑）矜※（矜其无知）而勿喜。"《子张》

季氏使闵子骞为费宰。闵子骞曰："善为我辞焉！如有复我者，则吾必在汶上矣。"《雍也》

子夏之言行

子夏曰："贤贤之易色※（《汉书》颜师古注：易色，轻略于色。王念孙，《广雅疏证》。"易"如"也"。犹言好德如好色也），事父母，能竭其力；事君，能致※（《说文》：送诣也）其身；与朋友交，言而有信。虽曰未学，吾必谓之学矣。"《学而》

※宋凤翔《朴学斋札记》：三代之学，皆明人伦。贤贤易色，明夫妇之伦也。《正义》云：竭力为庶人孝养之事。《集注》：贤人之贤而易其好色之心。

司马牛忧曰："人皆有兄弟，我独亡！"子夏曰："商闻之矣：死生有命，富贵在天。君子敬而无失，与人恭而有礼，四海之内皆兄弟也。君子何患乎无兄弟也。"《颜渊》

※钱大昕《潜研堂集》，此文自"死生有命"至"四海之内皆兄弟"，皆子夏述所闻之言。《论衡·禄命篇》引此文，皆作孔子语。

子夏曰："虽小道，必有可观者焉；致远恐泥※（不通），是以君子不为也。"《子张》

子夏曰："日知其所亡，月无忘其所能，可谓好学也已矣。"《子张》

子夏曰："博学而笃志，切※（切问己所学未悟之处）问而近思※（近思己所能及之事），仁在其中矣。"《子张》

子夏曰："百工居肆以成其事，君子学以致※（极）其道。"《子张》

子夏曰："小人之过也必文。"《子张》

子夏曰："君子有三变：望之俨然※（矜庄），即之也温，听其言也厉※（严正）。"《子张》

子夏曰："君子信而后劳其民；未信，则以为厉※（病）已也。信而后谏；未信，则以为谤己也。"《子张》

子夏曰："大德不踰闲※（阑），小德出入可也。"《子张》

子游曰："子夏之门人小子，当洒扫、应对、进退，则可矣。抑末也，本之则无，如之何？"子夏闻之，曰："噫！言游过矣。君※（礼乐大道，子游所谓本。）子之道，孰先※（谁当为先而传）传焉？孰后※（谁当为后而倦教）倦焉？譬诸草木，区※（类）以别矣。君子之道，焉可诬※（古作"忬"，兼也）也？有始有卒者，其惟圣人乎？"《子张》

※毛奇龄《稽求篇》"倦"古"券"字，传与券皆古印契传信之物，一如教者之与学者，两相印契，故借其名曰"传"，曰"券"。

子夏曰："仕而优则学，学而优则仕。"《子张》

子游之言行

子游曰："事君数，斯辱矣；朋友数，斯疏矣。"《里仁》

※《宋书》：夫侮因事狎，敬由近疏，疏必相思，狎必相厌，或曰，数责让也，不妥。

子游曰："丧致※（极，不灭性，不尚文饰）乎哀而止。"《子张》

子游曰："吾友张也、为难能※（容仪威盛）也！然而未仁。"《子张》

子游为武城※（鲁下邑）宰。子曰："女得人焉尔※（唐宋石经作"耳"）乎？"曰："有澹台※（《弟子列传》亦孔子弟子）灭明者，行不由径，非公事，未尝至于偃之室也。"《雍也》

子之武城，闻弦歌※（诗乐）之声。夫子莞尔※（小笑貌）而笑曰："割鸡焉用牛刀？"子游对曰："昔者偃也闻诸夫子曰：'君子学道※（礼乐）则爱人，小人学道则易使也。'"子曰："二三子！偃之言是也。前言戏之耳。"《阳货》

子贡之言行　附子路

棘子成曰："君子质而已矣，何以文为？"子贡曰："惜乎！夫子之说君子也。驷※（驷马追之不及）不及舌。文，犹质※（虎豹犬羊之别，正以毛文异耳。）也。质，犹文也。虎豹之鞟※（皮去毛），犹犬羊之鞟。"《颜渊》

子贡曰："纣之不善，不如是之甚也。是以君子恶居下流，天下之恶皆归焉。"《子张》

子贡曰："君子之过也，如日月之食焉：过也，人皆见之；更也，人皆仰之。"《子张》

子路有闻，未之能行，唯恐有闻。《公冶长》

门人论孔子

子※（郑曰：陈亢也。臧庸《拜经日记》，《史记·弟子列传》原"亢"字籍，即陈亢，孔子弟子）禽问于子贡※（汉石经论唐残碑作"赣"）曰："夫子至于是邦也，必闻其政。求之与？抑※（郑曰：抑人君自愿与之为治。）与之与？"子贡曰："夫子温、良、恭、俭、让以得之。夫子之求之也，其诸异乎人之求之与！"《学而》

子贡曰："夫子之文※（《正义》云：《诗》、《书》、《礼》、《乐》）章，可得而闻也，夫子之言※（宋凤翔《发微》言：易）性与天道，不可得而闻也※（皇本、高丽本等并作也已矣）。"《公冶长》

颜渊喟然叹曰："仰之弥高，钻之弥坚，瞻之在前，忽※（恍惚不可为形象）焉在后。夫子循循※（次序貌，或作恂恂，恭顺）然善诱※（进）人，博我以文，约我以礼，欲罢不能。既竭吾才，如有所立卓尔，虽欲从之，末由也已。"《子罕》

※《注》其有所立，则又卓然不可及。《集注》：卓，立貌。程子曰：见夫子所立之卓然，虽欲从之，末由也已。《正义》庄子《田子方》：奔逸绝尘，则夫子之所之卓尔也。

卫公孙朝问于子贡曰："仲尼焉※（焉所从受学）学？"子贡曰："文武之道，未坠于地，在人。贤者识※（志）其大者，不贤者识其小者。莫不有文武之道焉。夫子焉不学？而亦何常师之有？"《子张》

叔孙武叔语大夫于朝，曰："子贡贤于仲尼。"子服景伯以告子贡。子贡曰："譬之宫墙，赐之墙※（士庶人，故以室家为言）也及肩，窥见家室之好。夫子之墙数仞※（七尺曰仞，王宫墙高五丈，故言宗庙百官），不得其门而入，不见宗庙之美、百官之富。得其门者或寡矣。夫子之云，不亦宜乎！"《子张》

※《正义》：夫子殁后，诸子切磋砥砺以成其学，故当时以有若似圣人。子夏疑夫子。而叔孙、武叔、陈子禽皆以子贡贤于仲尼。

叔孙武叔毁仲尼。子贡曰："无※（无用为此）以为也！仲尼，不可毁也。他人之贤者，丘陵也，犹可逾也。仲尼，日月也，无得而逾焉。人虽欲自绝※（弃），其何伤于日月乎？多见其不知量也。"《子张》

陈子禽谓子贡曰："子为恭※（恭逊之辞）也，仲尼岂贤于子乎？"子贡曰："君子一言以为知，一言以为不知，言不可不慎也。夫子之不可及也，犹天之不可阶而升也。夫子※（夫子仕鲁未几政化大行，亦可识其略矣）之得邦家者，所谓立※（以礼立人）之※（人也）斯立，道※（导）之斯行，绥※（仁政安集）之斯来，动※（以礼乐兴动）之斯和。其生也荣，其死也哀，如之何其可及也！"《子张》

或人论孔子

仪※（卫邑）封人请见，曰："君子之至于斯也※（皇本作"者"），吾未尝不得见也。从者见之。"出曰："二三子何患于丧※（刘敞《七经小传》，以丧为失

位）乎？天下之无道也久矣，天将以夫子为木铎※（文事用木铎，武事用金铎）。"《八佾》

※《正义》：夫子五至卫□□□□□何时，焦氏以为由陈至卫□□□□□若璩释地，以丧为失位，则去□□司寇第一次适卫。

子路宿于石门。晨※（阍人）门曰："奚自？"子路曰："自孔氏。"曰："是知其不可而为之者与？"《宪问》

子击磬于卫。有荷蒉※（草器盛土）而过孔氏之门者，曰："有※（契契忧苦）心哉，击磬乎！"既※（终）而曰："鄙※（狭）哉，硁硁乎！莫己知也，斯己而已矣。深则厉※（以衣涉水），浅则揭※（揭衣）。"子曰："果※（决之胜）哉！末※（无）之难※（朱彬《经传考证》言其所见小也。戴望注：信如其言，无所复复，行道难矣）矣。"《宪问》

※翟灏《考异》：世家系此事于三至卫时，盖灵公老，不用孔子，故荷蒉有莫己知之语。

楚狂接舆歌而过孔子，曰："凤※（凤待圣君乃见，比孔）兮！凤兮！何德之衰？往※（已往所行）者不可谏※（止，正），来者犹可追。已而！已而！今之从政者殆而！"孔子下，欲与之言。趋而辟之，不得与之言。《微子》

长沮桀溺耦※（并耕）而耕。孔子过之，使子路问津※（济渡）焉。长沮曰："夫执舆者为谁？"子路曰："为孔丘。"曰："是鲁孔丘与？"曰："是也。"曰："是知津矣！"问于桀溺。桀溺曰："子为谁？"曰："为仲由。"曰："是鲁孔丘之徒与？"对曰："然。"曰："滔滔※（古作悠悠）者，天下皆是也，而谁※（当时诸侯）以※（与）易※（治）之？且而与其从辟人之士也，岂若从辟世之士哉？"耰※（播种后以土覆，而摩平之）而不辍。子路行以告。夫子怃然※（失意貌）曰："鸟兽不可与同群，吾非斯人之徒与而谁与？天下有道，丘不与易也。"《微子》

子路从而后，遇丈人※（长老之称），以杖荷蓧※（竹器，当作莜，耘田用具）。子路问曰："子见夫子乎？"丈人曰："四体※（肢）不勤，五谷不分※（理治），孰为夫子？"植※（置或曰挂也）其杖而芸※（以莜芸）。子路拱而立。止子路宿，杀鸡为黍而食之，见其二子焉。明日，子路行以告。子曰："隐者也。"使子路反见之。至，则行矣。子路曰："不仕无义。长※（以父子相养言）幼之节，不可废也；君臣之义，如之何其废之？欲洁其身，而乱大伦。君子之仕也，行其义也。道之不行，已知之

矣。"《微子》

※（宇野哲人《孔子》书中有云：

$$
道\begin{cases}天道——阴阳鬼神性命……\\ 人道——仁义礼信……\end{cases}
$$

※温裕民《论语研究》：

$$
道\begin{cases}治人（政治的）\\ 修己（伦理的）\end{cases}一贯\begin{cases}形式——中庸\begin{cases}政治的\\ 伦理的\end{cases}\\ 内容——仁\\（慈爱之德）\begin{cases}政治的——长人安民（恩泽）\\ 伦理的\begin{cases}对他\begin{cases}慈爱\\ 忠恕\end{cases}\\ 对己\begin{cases}克己——勇气\\ 重厚——外貌\\ 悦乐——内心\end{cases}\end{cases}\end{cases}\end{cases}
$$

$$
孔学\begin{cases}形上——法天\\ 形下——主仁（爱人、诚笃、坚强、心德、惠泽、崇学\end{cases}
$$

※钱穆《论语要略》分论语之内容：

1.关于个人人格修养之教训。2.关于社会伦理之教训。3.政治谈。4.哲理谈。5.对于门弟子及古人、时人批评。6.孔子之出外及其日常行事。7.孔子自述语。8.弟子之诵美，及时人之批评（孔子人格之反映）9.孔门弟子之言论行事。

※欧阳渐《论语读》则□为：

劝学，君子□□□仁、礼、性天、达道、为政、圣德，群弟子，古今人。

※又《孟子读》则□□□

气、士、民、义□□□仁政、孝、弟、君、臣、朋友、学、非彼、自宗。

道之来源：甲，观察自然；乙，以天为有意识。孔子言道，在于法天，故知天、敬天、畏天、效天（天何言哉）道有治平意（鲁一变至于道等）；有正义意（不以其道得之）；有制度意（文武之道）；有行事意（君子道者三）；有道路义，有学问意，有最高真理义（如朝闻道）

※《盐铁论》卷十一云：

"孔子能方不能圆，故饥于黎丘。"卷十七："原宪、孔伋，当世被饥寒之患。"卷十八云："李斯与包丘子俱□□□事荀卿，既而李斯入秦，遂取三公，而包丘子不免于瓮牖蒿芦，如沟岁之蛙非不众也……云：包丘子即浮丘伯。"又卷十九云："孔甲为陈涉博士，卒俱死陈为天下大笑。"昔鲁穆公之时，公仪为相，子思、子原为之卿，然北削于齐，以泗为境，南畏楚人，西宾秦国。"卷二十一："子路仕卫，孔悝作乱，不能救君出亡，身菹于卫，子贡、子皋逃遁不能死其难。"

（编者注：因此书有多处破损，无法辨识，

故以"□"代替，请谅解）

孟子序摘记

宋朝散大夫尚书兵部郎中充龙图阁待制知通进银台司兼门下封

驳事兼判国子监上护军赐紫金鱼袋　孙　奭　撰

夫总群圣之道者，莫大乎六经。绍六经之教者，莫尚乎《孟子》。自昔仲尼既没，战国初兴，至化陵迟，异端并作，仪、衍肆其诡辩，杨、墨饰其淫辞。遂致王公纳其谋，以纷乱于上；学者循其踵，以蔽惑于下。犹泽水怀山，时尽昏垫，繁芜塞路，孰可芟夷？惟孟子挺名世之才，秉先觉之志，拔邪树正，高行厉辞，导王化之源，以救时弊；开圣人之道，以断群疑。其言精而赡，其旨渊而通，致仲尼之教，独尊于千古，非圣贤之伦，安能至于此乎？其书由炎汉之后，盛传于世，为之注者，则有赵岐、陆善经；为之音者，则有张镒、丁公著。自陆善经已降，其所训说，虽小有异同，而共宗赵氏。惟是音释二家撰录俱未精当，张氏则徒分章句，漏落颇多；丁氏则稍识指归，伪谬时有。若非再加刊正，讵可通行？臣奭前奉※（有假孙奭名为《正义》十四卷，朱文公谓邵武士人所作，而《书录解题》、《文献通考》载之）敕与同判国子监王旭、国子监直讲马龟符、国子学说书吴易直、冯元等作《音义》二卷，已经进呈。今辄罄浅闻随赵氏所说，仰效先儒释经为之正义。凡理有所滞，事有所遗，质诸经训，与之增明。虽仰测至言，莫穷于奥妙，而广传博识，更俟于发挥。谨上。

※《后汉书》本传。赵岐，字邠卿。京兆长陵人。初名嘉，生于御史台。因字台卿。娶马融兄敦女宗姜为妻。而鄙融不与相见。卒于建安六年，年九十余。著《孟子章句》、《三辅决录》传于时。（岐曾读周官二义不通，一往造马融焉）

※赵氏《题辞》有云："又有外书四篇，性善辨，文说、孝经、为政，其文不能宏深，不与内篇相似，似非孟子本真。后世依校而托也。"翟灏《考异》赵氏而后，外书皆废。《汉志》孟子十一篇。《风俗通》云，作书十一篇。《日知录》卷七云：《史记》《法言》《盐铁论》等所引《孟子》今书无文，岂俱所谓外篇者邪。

又云："孝文皇帝……论语、孝经、孟子、尔雅，皆置博士。"后罢传记博士，独立五经而已。（论孟通谓之传）

※《正义》，赵氏前程曾（秀升）作孟子章句，其同时高诱，郑玄，刘熙皆有注。其后

綦母潜、陆善经、张镒、丁公著、孙奭皆有音释。陆善经删削实为赵氏之蠹。若孙氏，其有裨于赵氏矣。

※赵氏又有篇叙，述孟子七篇相次叙之意，实出附会。

※《正义》孟子有不可详者三：（一）为孟子先世，《孟氏谱》言，父曰激公宣，母仇氏。一云孟子父名彦璞。未知所据。（二）为孟子始生年月。周广业孟子出处时地考，拟为生于安王十七年丙申，卒于赧王十三年乙未。或云年七十四，或九十七、八十四，大抵出于臆。（三）为孟子出游，赵氏以为先齐后梁，说者又以为先梁后齐。至居邹、葬鲁，之滕过薛，游宋、往任。其先后岁月，彼此各一是非，多不足采。

孟子弟子，赵氏注十五人，乐正子、公孙丑、陈臻、公都子、充虞、季孙、子叔、高子、徐辟、咸印蒙、陈代、彭更、万章、屋庐子、桃应。学于孟子四人，孟仲子、告子、滕更、盆成括。张九韶《群言拾唾》，朱彝尊《经义考》，宫梦仁《读书纪数略》数同而又互异。（十七人））

※《日知录》卷七又云："诗维天之命传引孟仲子曰，大哉天命之无极而美周之礼也。"阍官传引孟仲子曰是祺官也。《正义》引赵岐云孟仲子，孟子从昆弟学于孟子者也。谱云，孟仲子者，子思弟子，盖与孟轲共事子思，后学于孟轲，著书论诗，毛氏取以为说。"又"孟子书引孔子之言凡二十有九，其载于论语者八，又多大同而小异。然则夫子之言，其不传于后者多矣。故曰仲尼没而微言绝。"

孟子序说摘记

史记列传曰："孟轲，（赵氏曰："孟子，鲁公族孟孙之后。"《汉书》注云："字子车。一说字子舆。"）※（孟子字，赵氏《史记》皆不传（赵氏字则未闻）字子车云云，《圣证论》云：《孔丛》伪书，不足证）驺人也，（驺亦作邹，本邾国也。）※（国近鲁，后为鲁并，或云并于楚，非鲁）受业子思之门人。（子思，孔子之孙，名伋。索隐云："王劭以人为衍字。"而赵氏注及孔丛子等书亦皆云："孟子亲受业于子思。"未知是否？）道既通，（赵氏曰："孟子通五经，尤长于诗书。"程子曰："孟子曰：'可以仕则仕，可以止则止，可以久则久，可以速则速。'孔子圣之时者也。'故知易者莫如孟子。又曰：'王者之迹熄而诗亡，诗亡然后春秋作。'又曰：'春秋无义战。'又曰：'春秋天子之事'，故知春秋者莫如孟子。"尹氏曰："以此而言，则赵氏谓孟子长于诗书而已，岂知孟子者哉？"）游事齐宣王，宣王不能用。适梁，梁惠王不果所言，则见以为迂远而阔于事情。（按史记："梁惠王之三十五年乙酉，孟子始至梁。其后二十三年，当齐湣王之十年丁未，齐人伐燕，而孟子在齐。"故古史谓"孟子先事齐宣王，后乃见梁惠王、襄王、齐湣王。"独孟子以伐燕为宣王时事，与《史记》、《荀子》等书皆不合。而《通鉴》以伐燕之岁，为宣王十九年，则是孟子先游梁而后至齐见宣王矣。然考异亦无他据，又未知孰是也。）当是之时，秦用商鞅，楚魏用吴起，齐用孙子、田忌。天下方务于合从连衡，以攻伐为贤。而孟轲乃述唐、虞、三代之德，是以所如者不合。退而与万章之徒序诗书，述仲尼之意，作孟子七篇。"（赵氏曰："凡二百六十一章，三万四千六百八十五字。"韩子曰："孟轲之书，非轲自著。轲既没，其徒万章、公孙丑相与记轲所言焉耳。"愚按：二说不同，史记近是）※（阎若璩《孟子生卒年月考》云：七篇孟子自作，昌黎故乱其说，卒后书为门人所叙定。故诸侯王皆加谥焉。"《正义》平日与诸弟子解说之辞，弟子各有记，至是孟子聚集而论说之。此离异尽心等章，则孟子自撰也。阎："论语成于门人之手，故记圣人容貌甚悉。七篇成于己手，故但记言语或出处耳。"）※（按赵氏云："此书孟子之所作也，故总谓之孟子"。又云："论集所与高弟子公孙丑、万章之徒疑难问答。又自撰其法度之言，著书七篇。"）

韩子曰："尧以是传之舜，舜以是传之禹，禹以是传之汤，汤以是传之文、武、周公，文、武、周公传之孔子，孔子传之孟轲，轲之死不得其传焉。荀与扬也择焉而不精，语焉而不详。"（程子曰"韩子此语，非是蹈袭前人，又非凿空撰得出，必有所见。若无所见，不知言所传者何事。"）

又曰："孟氏醇乎醇者也。荀与扬大醇而小疵。"（程子曰"韩子论孟子甚善，非见得孟子意，亦道不到。其论荀扬则非也。荀子极偏驳，只一句性恶，大本已失。扬子虽少过，然亦不识性，更说甚道。"）

又曰："孔子之道大而能博，门弟子不能遍观而尽识也，故学焉而皆得其性之所近。其后离散分处诸侯之国，又各以其所能授弟子，源远而末益分。惟孟轲师子思，而子思之学出于曾子。自孔子没，独孟轲氏之传得其宗。故求观圣人之道者，必自孟子始。"（程子曰："孔子言参也鲁。然颜子没后，终得圣人之道者，曾子也。观其启手足时之言，可以见矣。所传者子思、孟子，皆其学也。"）

又曰："扬子云曰：'古者杨墨塞路，孟子辞而辟之，廓如也。'夫杨墨行，正道废。孟子虽贤圣，不得位。空言无施，虽切何补。然赖其言，而今之学者尚知宗孔氏，崇仁义，贵王贱霸而已。其大经大法，皆亡灭而不救，坏烂而不收。所谓存十一于千百，安在其能廓如也？然向无孟氏，则皆服左衽而言侏离矣。故愈尝推尊孟氏，以为功不在禹下者，为此也。"

或问于程子曰："孟子还可谓圣人否？"程子曰："未敢便道他是圣人，然学已到至处。"（愚按：至字，恐当作圣字）

程子又曰："孟子有功于圣门，不可胜言。仲尼只说一个仁字，孟子开口便说仁义。仲尼只说一个志，孟子便说许多养气出来。只此二字，其功甚多。"

又曰："孟子有大功于世，以其言性善也。"

又曰："孟子性善养气之论，皆前圣所未发。"

又曰："学者全要识时。若不识时，不足以言学。颜子陋巷自乐，以有孔子在焉。若孟子之时，世既无人，安可不以道自任。"

又曰："孟子有些英气。纔有英气，便有圭角，英气甚害事。如颜子便浑厚不同，颜子去圣人只毫发闲。孟子大贤，亚圣之次也。"或曰："英气见于甚处？"曰："但以孔子之言比之，便可见。且如冰与水精，非不光；比之玉，自是有温润含蓄气象，无许多光耀也。"

杨氏曰："《孟子》一书，只是要正人心，教人存心养性，收其放心。至论仁、义、礼、智，则以恻隐、善恶、辞让、是非之心为之端。论邪说之害，则曰：生于其心，害于其政。论事君，则曰：格君心之非，一正君而国定。千变万化，只说从心上来。人能正心，则事无足为者矣。大学之修身、齐家、治国、平天下，其本只是正心、诚意而已。心得其正，然后知性之善。故孟子遇人便道性善。欧阳永叔却言'圣人之教人，性非所先'，可谓误矣。人性上不可添一物，尧舜所以为万世法，亦是率性而已。所谓率性，循天理是也。外边用计用数，假饶立得功业，只是人欲之私。与圣贤作处，天地悬隔。"

　　※孟子颇有战国策士之风。

　　※焦循《正义》，赵注集解也，然于赵未解者不敢出新义。已解而不必详释者仍旁证博引，似未若刘宝楠《论语正义》之善。

　　※赵氏《章指》，所言不必尽为每章之指，颇有随便之论（即不切要）。

　　※以《正义》与《集注》较、《正义》训诂，固比《集注》为精确。然说较深之理，《集注》且比赵注为能头头是道，此其所长。

孔孟荀哲学研究（二）

编者注：

　　孔孟荀哲学研究（二），系巨赞法师据中华书局聚珍做宋版的《孟子》一书所作。共分十三章，文中仿宋大小字体均为巨师所摘引《孟子》原文、原注，楷书小字及括号前有※者为巨师之文。为便于读者寻检对照，特在每章之后，加注《孟子》原书卷次。又本稿为虫蚁所侵，尤其是最后一章"孟子论时事"，不少文字都成蛀洞，残缺不全，遗憾弥深，请读者见谅。

孟子自道

　　鲁平公将出，嬖人臧仓者请曰："他日君出，则必命有司所之；今乘舆已驾矣，有司未知所之，敢请。"

　　公曰："将见孟子。"

　　曰："何哉君所为轻身以先于匹夫者！以为贤乎？礼义由贤者出，而孟子之后丧逾前丧；君无见焉。"

　　公曰："诺。"

　　乐正子入见，曰："君奚为不见孟轲也？"

　　曰："或告寡人曰：孟子之后丧逾前丧，是以不往见也。"

　　曰："何哉君所谓逾者？前以士，后以大夫，前以三鼎，而后以五鼎与？"

※据此可知薛应旂《四书人物考》所云三岁丧父之谓，王复礼云：孟母三迁断机，或者父出游，慈母代严父耳。

　　曰："否。谓棺椁衣衾之美也。"

　　曰："非所谓逾也，贫富不同也。"

　　乐正子见孟子曰："克告于君，君为※（将）来见也，嬖人有臧仓者沮君，君是以不果来也。"

　　曰："行或使之，止或尼之，行止非人所能也。吾之不遇鲁侯，天也。臧氏之子，焉能使予不遇哉！"※（《章指》谗邪构贤，贤者归天，不尤人也。《集注》：圣贤出处，关时运之盛衰，乃天命之所为，非人为之可及）

公孙丑※（齐人，有政事才。）问曰："夫子加齐之卿相※（治国谓之卿，治军谓之士。六卿：冢宰（吏）、司徒（户）、宗伯（礼）、司马（兵）、司寇（刑）、司空（工）），得行道焉，虽由此霸王不异矣※（疑怪）。如此，则动心否乎？"孟子曰："否。我四十不动心。"※（《集注》亦以恐惧疑惑解动心，或更有患得患失，自满自大之意）※（《集注》孔子四十而不惑，亦不动心之谓。）曰："若是，则夫子过孟贲远矣？"曰："是不难，告子※（告姓，名不害。）先我不动心。"曰："不动心有道乎？"曰："有。北宫黝之养勇也，不肤挠※（屈，挠），不目逃；思以一毫挫※（辱）于人，若挞之于市朝；不受于褐宽博※（宽大不称体），亦不受于万乘之君；视刺万乘之君，若刺褐夫※（褐、粗衣，贱者之服。郎当——杨忆诗鲍老当筵笑郭郎，笑他舞袖太郎当。三郎郎当，醉郎当，颓唐之意），无严诸侯；恶声至，必反之。（北宫，姓。黝，名也。※（《淮南》高注，齐人）人刺其饥肤，不为挠却，刺其目，目不转睛逃避之矣。人拔一毛，若见捶挞于市朝之中矣。褐，宽博，独夫被褐者。严，尊也。无有尊严诸侯可敬者也，以恶声加己，己必恶声报之。言所养育勇气如是也）

孟施舍之所养勇也，曰："视不胜犹胜也；量敌而后进，虑胜而后会※（合战），是畏三军※（天子六军，诸侯大国三军，三万七千八百人。又军队之通称）者也。舍岂能为必胜哉？能无惧而已矣！※（阎若璩云：孔子时鲁有少施氏，安知孟施非少施一例乎？）孟施舍似曾子，北宫黝似子夏；夫二子之勇，未知其孰贤※（胜）；然而孟施舍守约也。（孟子以为曾子长于孝。孝，百行之本。子夏知道虽众，不如曾子孝之大也。故以舍譬曾子，黝譬子夏，以施舍要之，以不惧为约要也）※（《集解》：子夏笃信圣人，曾子反求诸己）昔者曾子谓子襄曰：'子好勇乎？吾尝闻大勇于夫子矣！自反而不缩虽褐宽博，吾不惴焉。※（阎若璩《释地三续》云：不，岂不也。犹经传中敢为不敢，如为不如之类，此以惴为自己惊惧。王引之《经传释词》云：不语词、不惴、惴也曾）自反而缩，虽千万人吾往矣。'孟施舍之守气，又不如曾子之守约也。"（子襄曾子弟子也，※（薛应旂《人物考》以为南武城人）夫子，谓孔子也。缩，义也。惴，惧也。诗云：惴惴其栗，曾子谓子襄，言孔子告我大勇之道，人加恶于已，己内自省有不义不直之心，虽敌人被褐宽博一夫，不当轻惊惧之也，自省有义，虽敌家千万人，我直往突之，言义之强也。施舍虽守勇气，不如曾子守义之为约也）※曾子之勇，则有惧与不惧。一以义不义为断，故孟施舍之守气亦不如也。（此处补缺考自赵氏前引礼记）※（以上为一段，专论不动心，由孟贲而及告子。遂及孟施舍又及曾子，末以曾子为结，文法极错综之妙）

曰："敢问夫子之不动心，与告子之不动心，可得闻与？※（毛奇龄《逸讲笺》

云：不动心有养勇道，皆以气制心而使之不动，此即告子所云求气，有直养一道，则专以直道养心，使心得慊然而气不馁，此即孟子所云持志，告子所云求心。曾子自反只求心，北宫黝孟施舍养勇则但求气，告子则不求心并不求气举凡心所不得与不得于心，皆一概屏绝。而更不求一得心，与得心之道，徒抱此冥顽方寸，谓之不动。此其所以卿相不惊，霸王不怪，有先于孟子者矣。《集注》告子谓言有所不达，则当舍置其言，而不必反求其理于心。于心有所不安，则当力制其心，而不必更求其助于气，此所以固守其心而不动之速也）**告子曰：'不得于言，勿求于心**※（常人心有所逆，则坐立不安，此动气也，"求于气"，则仍不动声色之谓——足以泯怒，故可）；**不得于心，勿求于气。' 不得于心，勿求于气，可。不得于言，勿求于心，不可。夫志气之帅也，气体之充也。**※（《淮南·原道训》：夫形者生之舍也，气者生之充也。神者生之制也。令人之所以能视听别同异明是非者气为之充而神为之使也）※（毛奇龄以舍止训次，至为末至之至。谓志之所至，气即随之而止，似不顺文）**夫志至焉，气次焉。**※（《集注》志固心之所之，而为气之将帅，然气亦人之所以充满于身而为志之卒徒者也，故志固为至极，而气即次之。人固当敬守其志，然亦不可不致养其气，盖其内外本末，交相培养，此则孟子之心所以未尝必其不动而自然不动之大略也）**故曰：持其志，无暴其气。""既曰：'志至焉，气次焉。' 又曰：'持其志，无暴其气'者，**※（此孟子之不动心，所以异于告子者也，生下集义养气及知言之文）**何也？"曰："志壹则动气，气壹则动志也。今夫蹶**※（颠踬）**者趋**※（走）**者，**※（王船山云：说文，蹶跳跃也。践地安而始举足曰步，流水步，曰趋。跳走曰蹶，蹶盖趋之甚者。方趋则心为之杨厉，方蹶则心为之悚敏，故曰反动其心）**是气也，而反动其心。"**※（以上为一段，专论孟子之不动心异于告子）

　"敢问夫子恶乎长？"※（陆桴亭云：朱子有云，养气一章，只是要得心气合……陈白沙诗云：时时心气要调停，心气工夫一体成。莫道求心不求气，须教心气两和平）**曰："我知言，我善养吾浩然之气。"**※（《正义》赵本作浩然之天气。《春秋繁露》以养浩然之气为养天之和气）※（下：唐文治云：知言养气，乃不动心之切实工夫。知言为穷理穷理之根源，养气为正心之萌柢）**"敢问何谓浩然之气？"**※（云何是也……不得于心所逆于心也。斯时能持其志，则度其可否而知其直不直义不义，义则伸吾气以往，不义则屈于气以退，此持志以率气之道，志一则动气也，若不能持志不度其可否，不问其直不直义不义，而专以伸吾气为主，是气一也。此孟施舍守气之道，是不持志而暴其气。彼固以此为不动心，而不知气一心转不能不动，故云气一则动志也。然告子勿求于气并不求于心。虽不暴其气而亦不持其志，则是屏心与气于空虚寂灭。虽直与义所在，而亦却而不前。视曾子自反而持守其志者殊矣。北宫黝之养勇，舍之守气，不如告子之勿求其气，不求气而求心以为养气是曾子之自反，孟子之持志，乃为善养气也。施舍有气无志，告子无气无志，曾孟以志率气，则有志有气，施舍养气而不善者也。告子不善养气者也。所养者气，所以善养者心，心之所以善养者在直与义，此孟子所以善养浩然之气也）曰："难言也。其为气也，至大至刚，以直养而无害，则塞于天地之间。※（毛奇龄云：此直养者，集义所生自反而缩也。无害者，不助长也。以助长则非徒无益而又害之）其为气也，配义与道，无是馁也。※（李绂云：心之制裁为义，因事而发，即羞恶之心也。身所践履为道，顺理而行，即率性之谓也。《集注》：义者人心之制裁，道者天理之自然）；是集义所生者，非义袭而取之也※（赵佑，《温故录》：云，取如色取仁而行违之取，加一袭字，如表裘袭裘之袭，言其多事增益掩盖之劳，句意如非由外铄我也，义袭而取，自指言义外者之说如此，故直非斥之）。※（《集注》：非由只行一义偶合于义，便可掩袭于外而得之）行有不慊于心，则馁矣。我故曰：'告子未尝知义，'以其外之也。※（《集注》：告子不知此理，乃曰仁内义外，而不复以义为事，则必不能集义以生浩然之气矣。上文勿求于心，即外义也）必有事焉而勿正，心勿忘，勿助长也※（《正义》赵氏读正为止，而以心忘为句，谓必有事于集义而不可止也。心勿忘则不止，时时求诸心使行无不慊于心，则心勿忘而义集也）※（《集注》：正预期也，春秋传，战不正胜，言养气者必以集义为事，而勿豫期其效，其或来充，则但当勿忘其所有事，而不可作为以助其长）。无若宋人然。宋人有闵其苗之不长而揠之者；芒芒然归，谓其人曰：'今日病矣，予助苗长矣。'其子趋而往视之，苗则槁矣。（揠，挺拔之，欲亟长也。病，罢※（疲倦）也。芒芒然，罢倦之貌。其人，家人也。其子，揠苗者之子也。趋，走也。槁，干枯也。以喻人之情，邀福者必有害。若欲急长苗，而反使之枯死也。）天下之不助苗长者寡矣。以为无益而舍之者，不耘苗者也。助之长者，揠苗者也。非徒无益，而又害之。"※（《正义》：黝，舍之守气以养气，是助长也。告子勿求心，勿求气，正老子所谓恬澹，《淮南》所谓恬愉。此不云苗者也。程瑶田《通艺录·论学小记》云：孟子不动心有道，以能养气，气何以得养，以集义也，义何以集，以格物致知也。能致知，则心有主而义以集。然后见之于行，事事皆合于义。孟子之不动心，非释氏之专一寂守以主静，得以冒其号，而告子之不动心，所以异于孟子者，一在动处用功，一在主静处用功）※（以上为一段，言养气学问）

"何谓知言？"曰："诐※（偏）辞知其所蔽，淫※（放荡）辞知其所陷※（沉溺），邪辞知其所离※（离于道义），遁※（逃避）辞知其所穷※（穷于道义）。※（《□□系辞》：将叛者其辞惭，中心疑者其辞枝，吉人之辞寡，躁人之辞多，诬善之人其辞游，失其守者其辞屈）（孟子曰：人有险诐之言，引事以襃人，若宾孟言雄鸡自断其尾之事，能知其欲以誉子朝，蔽子猛也。※（左昭二十二年）有淫美不信之辞，若骊姬劝晋献公与申生之事，※（左庄二十八年）能知欲以陷害之也。有邪辟不正之辞，若竖牛劝仲壬赐环之事，※（左昭四年）能知其欲行谮毁，以离之于叔孙也。有隐遁之辞，若秦客之瘦辞于朝，能知其欲以穷晋诸大夫也。※（韩非子说难）若此四者※（唐文治：四者之言，深中于天下士大夫之心，则政治可知矣）之类，我闻能知其所趋也。）生于其心，害于其政，发于其政，害于其事。圣人复起，必从吾言矣。※（此为一段言知言本领）宰我、子贡善为说辞，冉牛、闵子、颜渊善言德行，孔子兼之，曰：'我于辞命※（聘会往来使命之辞），则不能也。'※（此从"知言"引出，故先"说辞"）然则夫子既圣矣乎？"※（《集注》：孔子兼之，然犹自谓不能于辞命。今孟子自谓能知言养气，是兼言语德行而有之，故且有既圣之问）

曰："恶，是何言也！※（以上为一段，言不敢自居于圣）昔者子贡问于孔子曰：'夫子圣矣乎？'孔子曰：'圣则吾不能。我学不厌而教不倦也。'子贡曰：'学不厌，智也。教不倦，仁也。仁且智，夫子既圣矣乎。'夫圣，孔子不居，是何言也！昔者窃闻之，子夏※（卜商）、子游※（言偃）、子张※（颛孙师），皆有圣人之一体；冉牛、闵子、颜渊，则具体而微。敢问所安？※（《正义》：安犹处也、居也，谓夫子于诸贤欲何所居也）"曰："姑舍是。"曰："伯夷伊尹何如？"曰："不同道。非其君不事，非其民不使；治则进，乱则退：伯夷也。何事非君，何使非民；治亦进，乱亦进：伊尹也。可以仕则仕，可以止则止，可以久则久，可以速则速：孔子也。※（以上为一段，折出愿学孔子）皆古圣人也。吾未能有行焉；乃※（若）所愿，则学孔子也。"

"伯夷、伊尹于孔子，若是班乎？※（齐等之貌）"曰："否。自有生民以来，未有孔子也。然则有同与？"曰："有。得百里之地而君之，皆能以朝诸侯有天下。行一不义，杀一不辜，而得天下，皆不为也，是则同。"曰："敢问其所以异？"曰："宰我、子贡、有若，智足以知圣人，污不至阿其所好。※（《集注》：假使污下，必不阿私所好而空誉之，明其言之可信也）宰我曰：'以予观于夫子，贤于尧、舜远矣。'子贡曰：'见其礼而知其政，闻其乐而知其德；由百世之后，等百世之王，莫之能违也。自生民以来，未有夫子也。'※（《集注》：大凡见人之礼，则可以知其政。闻人之乐，则可以知其德。是以我从百世之后，差等百事之王，无有能遁其情者，而见其皆莫若夫子之盛）有若曰：'岂惟民哉！麒麟之于走兽，凤凰之于飞鸟，泰山之于丘垤，河海之于行潦，类也。圣人之于民，亦类也。出于其类，拔乎其萃。自生民以来，未有盛于孔子也。'"※（《正义》：伯夷尚专于清，伊尹尚专于任，任之不已，则流于黝舍。清之不已，则留于告子，故虽能集义，又必量时合宜。而要之于孔子之可仕可止可久可速，此志率气之学也）

※以上为一段论赞孔子。赞孔子愿学孔子也，愿学孔子故加齐之卿相不足动心。）※通章以不动心为主，知言养气为且愿学孔子为宗。※《章指》：言义以行勇，则不动心，养气顺道，无效宋人，圣人量时，贤人道偏，是以孟子究言情理，而归之学"孔"。程子云：此章扩前圣所未发所宜潜心而玩索。

彭更问曰：“后车数十乘，从者数百人，以传食※（转食）于诸侯，不以泰乎？”孟子曰：“非其道，则一箪食，不可受于人；如其道，则舜受尧之天下，不以为泰，子以为泰乎？”曰：“否，士无事而食，不可也。”曰：“子不通※（通人之功）功易事，※（交易其事）以羡补不足，则农有余粟，女有余布，子如通之，则梓匠轮舆，皆得食于子。于此有人焉，入则孝，出则悌，守先王之道，以待后之学者。而不得食于子，子何尊梓匠轮舆，而轻为仁义者哉！”曰：“梓匠轮舆，其志将以求食也。君子之为道也，其志亦将以求食舆？”曰：“子何以其志为哉！其有功于子，可食而食之矣。且子食志乎？食功乎？”曰：“食志。”曰：“有人于此，毁瓦画墁，其志将以求食也，则子食之乎？”※（《正义》：瓦破碎则无能造屋，所画界坊灭，则等差无所验是皆以有用为无用。又新圬墁之墙而用锥刀斸划之，亦通）曰：“否。”曰：“然则子非食志也，食功也。”※（《章指》：百工食力，以禄养贤，修仁尚义，国之所珍，移风易俗，其功可尊，虽食诸侯，不为素餐）

孟子曰：“君子之泽，五世而斩；小人之泽，五世而斩。予未得为孔子徒也，予私淑诸人也。”※（《集注》：自孔子卒至孟子游梁，时方百四十余年，圣人之泽尚存。犹有能传其学者，故我得闻孔子之道于人而私窃以善其身）（泽者，滋润之泽，大德大凶，流及后世，自高祖至玄孙，善恶之气乃断，故曰五世而斩，※（《章指》：五世一体，上下通流，君子小人，斩各有时，企以高山，跌以陷污，是以孟子恨不及乎仲尼也）予，我也。我未得为孔子之门徒也，淑，善也，我私善之于贤人耳，盖恨其不得学于大圣人也）

公都子曰：“外人皆称夫子好辩，敢问何也？”孟子曰：“予岂好辩哉？予不得已也。天下之生久矣；一治一乱。当尧之时，水逆行，泛滥于中国，蛇龙居之，民无所定，下者为巢，上者为营窟。※（《说文》：营，匝居也。凡市阛军垒周匝相连皆曰营，营窟当是相连为窟穴）书曰：‘洚水警※（戒）余。’洚水者，洪水也。使禹治之。禹掘地而注之海，驱蛇龙而放之菹；水由地中行，江、淮、河、汉是也。险阻既远，鸟兽之害人者消；然后人得平土而居之。尧舜既没，圣人之道衰，暴君代作；坏宫室以为污池，民无所安息；弃田以为园囿，使民不得衣食；邪说暴行又作；园囿污池，沛泽多而禽兽至。及纣之身，天下又大乱。周公相武王，诛纣伐奄；三年讨其君，驱飞廉于海隅而戮之；灭国者五十，驱虎豹犀象而远之，天下大悦。书曰：‘丕※（语词）显哉，文王谟丕※（语词）承哉武王烈；佑启我后人，咸以正无缺。’（※（《集注》：书，周书《君牙》之篇）书，尚书逸篇也，丕，大，显，明，承，缵，烈，光也。言文王大显明王道，武王大缵承夫光烈，佑开后人，谓成康皆行正道，无亏缺也，此周公辅相，以拨乱之功也。）世衰道微，邪说暴行有作；臣弑其君者有之，子弑其父者有之。孔子惧，作春秋，春秋，天子之事也。是故孔子曰：‘知我者，其惟春秋乎！罪我者，其惟春秋乎！’※（惠士奇《春秋说》云：人皆以春秋尊宗周，莫知春秋尊宗国，春秋以鲁为列国之宗而尊之，故孟子曰：春秋，天子之事也。赵佑《温故录》云：天子，周天子也。赵氏之说盖从《公羊》家黜周存鲁之说出，非通论）圣王不作，诸侯放恣。处士横议，杨朱、墨翟之言，盈天下。天下之言，不归杨则归墨。杨氏为我，是无君也。墨氏兼爱，是无父也。无父无君，是禽兽也。公明仪曰：‘庖有肥肉，厩有肥马，民有饥色，野有饿莩，此率兽而食人也。’杨、墨之道不息，孔子之道不著，是邪说诬民，充塞仁义也。※（邪说遍满，妨于仁义）仁义充塞，则率兽食人，人将相食。吾为此惧，闲先圣之道，距杨、墨，放淫辞，邪说者不得作。作于其心，害于其事；作于其事，害于其政。圣人复起，不易吾言矣。昔者禹抑洪水，而天下平，周公兼夷狄，驱猛兽，而百姓宁。孔子成春秋，而乱臣贼子惧。诗云：‘戎狄是膺，荆、舒是惩，则莫我敢承（当）。’无父无君，是周公所膺也。我亦欲正人心，息邪说，距诐行，放淫辞，以承三圣者。岂好辩哉！予不得已也。能言距杨、墨者，圣人之徒也。”※（《章指》：忧世拨乱，勤以济亡，义以匡之。是故禹稷骈蹢，周公仰思，仲尼皇皇，墨突不及污，圣贤若是，岂得不辨也）

（**编者注**：以上原文摘自《孟子》卷二、三、六）

孟子之容貌与行事

孟子将朝王。王使人来曰：“寡人如（若，图）就见者也有寒疾，不可以风；朝将视朝，不识可使寡人得见乎？”孟子对曰：“不幸而有疾，不能造朝。”明日，出吊于东郭氏。公孙丑曰：“昔者辞以病，今日吊，或者不可乎？”曰：“昔者疾，今日愈，如之何不吊？”王使人问疾，医来。孟仲子对曰：“昔者有王命，有采薪之忧，不能造朝。今病小愈，趋造于朝，我不识能至否乎？”使数人要于路曰：“请必无归，而造于朝。”不得已而之景丑氏宿焉。景子曰：“内则父子，外则君臣，人之大伦也。父子主恩，君臣主敬，丑见王之敬子也，未见所以敬王也。”曰：“恶，是何言也！齐人无以仁义与王言者，岂以仁义为不美也？其心曰：‘是何足与言仁义也。’云尔，则不敬莫大乎是。我非尧舜之道，不敢以陈于王前。故齐人莫如我敬王也。”景子曰：“否，非此之谓也。礼曰：‘父召无诺，君命召不俟驾。’固将朝也，闻王命而遂不果，宜（殆）与夫礼若不相似然。”曰：“岂谓是与？曾子曰：‘晋楚之富，不可及也；彼以其富，我以吾仁；彼以其爵，我以吾义；吾何慊乎哉！’夫岂不义而曾子言之，是或一道也。天下有达尊三：爵一，齿一，德一。朝廷莫如爵，乡党莫如齿，辅世长民莫如德。恶得有其一，以慢其二哉！"故将大有为之君，必有所不召之臣；欲有谋焉，则就之。其尊德乐道，不如是，不足与有为也。故汤之于伊尹，学焉而后臣之；故不劳而王。桓公之于管仲，学焉而后臣之；故不劳而霸。今天下地丑德齐，莫能相尚；无他，好臣其所教，而不好臣其所受教。汤之于伊尹，桓公之于管仲，则不敢召。管仲且犹不可召，而况不为管仲者乎！"※（《章指》：人君以尊德乐义为贤，君子以守道不回为志）

陈臻问曰："前日于齐，王馈兼金一百而不受。于宋，馈七十镒而受。于薛，馈五十镒而受。前日之不受是，则今日之受非也。今日之受是，则前日之不受，非也。夫子必居一于此矣。"

孟子曰："皆是也。当在宋也，予将有远行，行者必以赆。辞曰：'馈赆，'予何为不受？当在薛也。予有戒心。辞曰：'闻戒，故为兵馈之。'予何为不受？（戒，有戒备不虞之心也。时有恶人欲害孟子，孟子戒备。薛君曰（江永《群经补义》云：当宣王时，即田文。）闻有戒，此金可鬻以作兵馈，故馈之。我何为不受也？）若于齐，则未有处也；无处而馈之，是货之也；焉有君子而可以货取乎？"※（《章指》：取与之道，必得其礼，于其可也，虽少不辞，义之无处，兼舍不顾）

孟子谓蚔蛙曰："子之辞灵丘而请士师，似也，为其可以言也；今既数月矣，未可以言与？"蚔蛙谏于王而不用，致为臣而去。齐人曰："所以为蚔蛙则善矣；所以自为，则吾不知也。"※（周广业《孟子出处时地考》云：七篇中纪齐事者凡四十六章，称宣王者十四章，亦可见其久居于齐也）公都子以告。曰："吾闻之也：有官守者，不得其职则去；有言责者，不得其言则去。我无官守，我无言责也；则吾进退，岂不绰绰然有余裕哉！"※（《章指》：执职者劣，借道者优，是以臧武仲雨行不息，段于木偃寝而式闾）

孟子为卿于齐，出吊于滕，王使盖大夫王欢为辅行。王欢朝暮见，反齐滕之路，未尝与之言行事也。公孙丑曰："齐卿之位，不为小矣；齐滕之路，不为近矣，反之而未尝与言行事，何也？"曰："夫既或治之，予何言哉？"※（《章指》：道不合者不相与言，王驩之操与孟子殊，群子处时，危行言逊，故不尤之，但不与言，至于公行之丧，以礼为解也）（既已也，或，有也。孟子曰：夫人既自谓有治行事，我将复何言哉？言其专知自善，不知谘于人也，盖言道不合者，故不相与言，所以有是而言之也已）※（《正义》：丑因驩自专行事，疑孟子当言，孟子与权臣共事，所处如此。默而不言所以免纠纷而统其成）

孟子自齐葬于鲁，反于齐，止于嬴。充虞请曰："前日不知虞之不肖，使虞敦匠事。严，虞不敢请，今愿窃有请也，木若以美然。"（孟子仕于齐，丧母※（于齐）而归丧于鲁也。嬴，齐南邑，充虞，孟子弟子，敦匠，厚作棺也。事严，丧事急，木若泰美然也）曰："古者棺椁无度，中古棺七寸，椁称之。自天子达于庶人，非直为观美也，然后尽于人心。不得，不可以为悦，无财，不可以为悦；得之为※（与）有财，古之人皆用之，吾何为独不然？且※（为）比化※（死）者，无使土亲肤，于人心独无恔※（逞，解）乎？（编者注：以上原文为《孟子》卷四）吾闻之，君子不以天下俭其亲。"※（《章指》：孝必尽心，匪礼之窬，论语曰，生事之以礼，死葬之以礼，可谓孝矣）

齐饥。陈臻曰："国人皆以夫子将复为发棠，殆不可复"。孟子曰："是为冯妇也。晋人有冯妇者，善搏虎，卒为善士，则之野。有众逐虎，虎负嵎，莫之敢撄。望见冯妇，趋而迎之。冯妇攘臂下车，众皆悦之。其为士者笑之。"※（《章指》：可为则从，不可则凶，言善见用，得其时也。非时逆指，犹若冯妇，暴虎无已，必有害也）

孟子之平陆，谓其大夫曰："子之持戟之士，一日而三失伍※（不听政令），则去※（杀）之否乎？"曰："不待三。然则子之失伍也，亦多矣。凶年饥岁，子之民，老羸转于沟壑，壮者散而之四方者，几千人矣。"曰："此非距心之所得为也。"曰："今有受人之牛羊，而为之牧之者，则必为之求牧与刍矣。求牧与刍而不得，则反诸其人乎？抑亦立而视其死与？"曰："此则距心之罪也。"他日见于王曰："王之为都者，臣知五人焉。知其罪者，惟孔距心。"为王诵之。王曰："此则寡人之罪也。"※（《章指》：人臣以道事君，否则奉身以退。诗云：彼君子兮，不素餐兮，言不尸其禄也）

孟子去齐，居休。公孙丑问曰："仕而不受禄，古之道乎？"※（《章指》：禄以食功，志以率事，无其事而食其禄，君子不由也）曰："非也。于崇吾得见王，退而有去志；不欲变，故不受也。继而有师命※（师旅之命），不可以请※（请去），久于齐，非我志也。"

沈同以其私问曰："燕可伐与。"孟子曰："可。子哙不得与人燕，子之不得受燕于子哙。※（《正义》：代燕非湣王十年，而在宣王三十年内外）有仕于此，而子悦之，不告于王，而私与之。吾子之禄爵；夫※（此）士也，亦无王命而私受之于子，则可乎？何以异于是！"齐人伐燕。或问曰："劝其伐燕有诸？"曰："未也。沈同问：'燕可伐与？'吾应之曰：'可。'彼然而伐之也。彼如曰：'孰可以伐之？'则将应之曰：'为天吏则可以伐之。'今有杀人者，或问之曰：'人可杀与？'则将应之曰：'可。'彼如曰：'孰可以杀之？'则将应之曰：'为士师则可以杀之。'今以燕伐燕，何为劝之哉！"※（《章指》：诛不义者必须圣贤，礼乐征伐自天子出，王道之正也）

燕人畔。王曰："吾甚惭于孟子。"陈贾曰："王无患焉。王自以为与周公。孰仁且智？"王曰："恶，是何言也！"曰："周公使管叔监殷，管叔以殷畔。知而使之，是不仁也，不知而使之，是不智也。仁智，周公未之尽也，而况于王乎？贾请见而解之。"见孟子，问曰："周公，何人也？"曰："古圣人也。"曰："使管叔监殷，管叔以殷畔也：有诸？"曰："然。"曰："周公知其将畔而使之与？"曰："不知也。""然则圣人且有过与？"曰："周公弟也，管叔兄也；周公之过，不亦宜乎？※（《正义》汉晋诸儒，固有以管叔为周公弟者，不特台卿此注也。按赵氏自有所本，但孟子所云，直以管叔为周公之兄）且古之君子，过则改之；今之君子，过则顺之。古之君子，其过也，如日月之食，民皆见之，及其更也，民皆仰之。今之君子，岂徒顺之，又从为之辞。"※（《章指》：圣人亲亲，不文其过，小人顺非，以谄其上）

　　孟子致为臣而归。王就见孟子曰："前日愿见而不可得，得侍※（承受，临），同朝甚喜。今又弃寡人而归，不识可以继此而得见乎？"对曰："不敢请耳，固所愿也。"他日王谓时子曰："我欲中国而授孟子室，养弟子以万钟，使诸大夫国人皆有所矜式。子盍为我言之。"时子因陈子而以告孟子。陈子以时子之言告孟子。孟子曰："然。夫时子恶知其不可也？如使予欲富，辞十万而受万，是为欲富乎？※[（阎若璩《孟子生卒年月考》云：十万，此孟子通计仕齐所辞之数，非一止二有也。孟子在齐当不下六七年。周广业《孟子出处时地考》：古量甚少，汉二斗七升，当今五合四合，六万曰千石（万钟），今犹得一万二千八百石。乃叹崇儒重道之风战国不替也]季孙曰：'异哉子叔疑！使己为政，不用，则亦已矣，又使其子弟为卿。人亦孰不欲富贵？而独于富贵之中，有私龙断焉。'"※（《集注》：季孙，子叔疑不知何时人，盖子叔疑尝不用，而使其子弟为卿。故季孙讥之。周广业云：左昭二十九年，叔诣卒，公谷作叔倪，意即其人，子叔敬之孙）

　　"古之为市也，以其所有，易其所无者，有司者治之耳。有贱丈夫焉，必求龙断※（陆善经云：龙断，谓冈垄断而高者）而登之，以左右望，而冈市利。人皆以为贱，故从而征之，征商自此贱丈夫始矣。"※（《章指》：君子正身行道，道之不行，命也。不为利回，创业可继，是以君子以龙断之人为恶戒也）

　　孟子去齐，宿于昼。有欲为王留行者，坐而言，不应，隐几而卧。客不悦曰："弟子齐宿，而后敢言，夫子卧而不听，请勿复敢见矣。"[（齐，敬。宿，素也。※（《集注》：斋戒越宿）]弟子素持敬心来言，夫子慢我，不受我言。言而遂起，退欲去，请绝也。）曰："坐。我明语子。昔者，鲁缪公无人乎子思之侧，则不能安子思。泄柳申详，无人乎缪公之侧，则不能安其身。[（往者鲁缪公尊礼子思，子思以道不行，则欲去。缪公常使贤人往留之，说以方，且听子为政，然则子思复留，泄柳申详，亦贤者也。缪公尊之，不如子思二子常有贤者在缪公之侧，劝以复※（白）之，其身乃安矣）]子为长者虑，而不及子思；子绝长者乎？长者绝子乎？"※（《章指》：惟贤能安贤，智能知微，以愚喻智，道之所以乖也）

孟子去齐，尹士语人曰："不识王之不可以为汤武，则是不明也。识其不可，然且至，则是干泽也。千里而见王，不遇故去，三宿而后出昼，是何濡滞也，士则兹不悦。"高子以告。曰："夫尹士。恶知予哉！千里而见王，是予所欲也，不遇故去，岂予所欲哉！予不得已也。予三宿而出昼，于予心犹以为速。王庶几改之，王如改，诸则必反予。夫出昼而王不予追也，予然后，浩然有归志。予虽然，岂舍王哉！王由足用※（以）为善；王如用予，则岂徒齐民安，天下之民举安。王庶几改之，予日望之。予岂若是※（夫）小丈夫然哉！谏于其君而不受，则怒悻※（怒意）悻然见于其面，去则穷日之力而后宿哉！"尹士闻之曰："士诚小人也。"※（《章指》：大德洋洋，介士察察。贤者志其奢，不贤者志其小者，此之谓也）

孟子去齐。充虞路问曰："夫子若有不豫色然。前日虞闻诸夫子曰：'君子不怨天，不尤人。'"曰："彼一时，此一时也。五百年必有王者兴，其间必有名世者。由周而来，七百有余岁矣。以其数则过矣；以其时考之，则可矣。（彼时前圣贤之出，是其时也。今此时，亦是其一时也。五百年，王者兴，有兴王道者也，名世次圣之才，物来能名，正于一世者，生于圣人之间也，七百有余岁，谓周家王迹始兴，大王文王以来，考验其时则可有也。※（《集注》：时，谓乱极思治可以有为之日）夫天，未欲平治天下也。如欲平治天下，当今之世，舍我其谁也？吾何为不豫哉。"※（《章指》：圣贤兴作，与时消息，天非人不因，人非天不成，是故知命者，不忧不惧）

公都子曰："滕更之在门也，若在所礼而不答，何也？"孟子曰："挟贵而问，挟贤而问，挟长而问，挟有勋劳而问，挟故而问，皆所不答也。滕更有二焉。"※（《章指》：学尚虚已师诲贵平。是以滕更恃二孟子弗应）

公行子有子之丧，右师往吊。入门，有进而与右师言者，有就右师之位而与右师言者。（公行子，齐大夫也。右师，齐之贵臣王欢，字子敖者。公行之丧，齐卿大夫以君命会，各有位次，故下云朝廷。与言者，皆谄于贵人也）※（毛奇龄经问云：或以为公行子亲丧而身居子位，故曰有子之丧，非公行子丧其子，而父为子主，以受宾吊）孟子不与右师言，右师不悦，曰："诸君子皆与欢言，孟子独不与欢言，是简欢也。"孟子闻之，曰："礼，朝廷不历位而相与言，不逾阶而相揖也。我欲行礼，子敖以我为简，不亦异乎！"※（《章指》：循礼而动，不合时人，阿意事贵，胁肩所尊，俗之情也。是以万物皆流而金石独止）[（孟子闻子敖之言，曰：我欲行礼，故不历位而言，反以我为简异也。云以礼者，心恶子敖，而外顺其辞※（也））]

孟子居邹。季任为任处守，以币交，受之而不报。处于平陆，储子为相，以币交，受之而不报。他日由邹之任见季子；由平陆之齐不见储子。屋庐子喜曰："连得间矣。"问曰："夫子之任见季子，之齐不见储子，为其为相与？"曰："非也。《书》曰：'享※（献）多仪，仪不及物，曰不享，惟不役※（用）志于享。'为其不成享也。"※（《尚书》郑注云：朝聘之礼至大，不及物者谓所贡筐者多而求简也，威仪既简，亦是不享也。《集注》：言虽享而礼，意不及其币）屋庐子悦。或问之，屋庐子曰："季子不得之邹，储子得之平陆。"※（《章指》：君子交接，动不违礼，享见之仪，充答不差，是以孟子或见或否各以其宜也）

淳于髡曰："先名实者，为人也。后名实者，自为也。夫子在三卿之中，名实未加于上下而去之，仁者固如此乎？"※（《集注》：以名实为先而为之者，是有志于救民也；以名实为后而不为者，是欲独善其身者也）

孟子曰："居下位，不以贤事不肖者，伯夷也。五就汤，五就桀者，伊尹也。不恶污君，不辞小官者，柳下惠也。三子者不同道，其趋一也。一者何也？曰：仁也。君子亦仁而已矣。何必同？"曰："鲁缪公之时，公仪子为政，子柳、子思为臣，鲁之削也滋甚。若是乎贤者之无益于国也！"曰："虞不用百里奚而亡，秦穆公用之而霸。不用贤则亡，削何可得与？"曰："昔者王豹处于淇，而河西善讴。绵驹处于高唐，而齐右善歌。华周、杞梁之妻善哭其夫，而变国俗。有诸内必形诸外。为其事而无其功者，髡未尝睹之也。是故无贤者也，有则髡必识之。"曰："孔子为鲁司寇，不用；从而祭，燔肉不至；不税※（音脱）冕而行。不知者以为为肉也，其知者以为为无礼也。乃孔子则欲以微罪行，不欲为苟去。君子之所为，众人固不识也。"※（《章指》：见几而作，不俟终日，孔子将行，冕不及税庸人不识，课以功实，淳于虽辨，终亦屈服，正者胜也）

孟子曰："教亦多术矣。予不屑之教诲也者。是亦教诲之而已矣。"

※《章指》：学而见贱、耻之大者，激而厉之，能者以改，教诲之方或忻或引，同归殊涂，成之而已。）（教人之道多术，予，我也；屑，洁也。我不洁其人之行，故不教诲之，其人感此，退自修学而为仁义，是亦※（教诲之道）

孟子之滕，馆于上宫。有业屦于牖上，馆人求之弗得。或问之曰："若是乎从者之廋也？"曰："子以是为窃屦来与？"曰："殆非也。夫子※（子改为予）之设科也，往者不追，来者不拒。苟也是心至，斯受之而已矣。"※（《章指》：教诲之道受之如海，百川移流，不得有拒，虽独窃屦非己所绝，顺答小人，小人自答，所谓造次必于是也）

（编者注：以上原文摘自《孟子》卷四、十二、十四）

君　子

孟子曰："子路，人告之以有过则喜。禹闻善言则拜。大舜有大焉，善与人同，舍己从人，乐取于人以为善；自耕稼陶渔以至为帝，无非取于人者。取诸人以为善，是与人为善者也。故君子莫大乎与人为善。"

周霄问曰："古之君子仕乎？"※（《章指》：大圣之君，由主善于人。故曰计及下者无遗策，举及众者无废功。《集注》：此章言圣贤乐善之诚，初无彼此之间，故其在人者有以裕于己，在己者有以及于人）孟子曰："仕。传曰：'孔子三月无君，则皇皇如也。出疆必载质。'公明仪曰：'古之人三月无君则吊。'三月无君则吊，不以急乎？"曰："士之失位也，犹诸侯之失国家也，礼曰：'诸侯耕助，以供粢盛；夫人蚕缫，以为衣服。'牺牲不成，粢盛不洁，衣服不备，不敢以祭。'惟士无田，则亦不祭。'牲杀、器血、衣服不备，不敢以祭，则不敢以宴；亦不足吊乎？""出疆必载质，何也？"曰："士之仕也，犹农夫之耕也；农夫岂为出疆舍其末耜哉！"曰："晋国，亦仕国也，未尝闻仕如此其急；仕如此其急也，君子之难仕，何也？"曰："丈夫生，而愿为之有室，女子生而愿为之有家。父母之心，人皆有之。不待父母之命，媒妁之言，钻穴隙相窥，踰墙相从，则父母国人皆贱之。古之人未尝不欲仕也，又恶不由其道，不由其道而往者，与※（语助词）钻穴隙之类也。"※（《章指》：君子务仕，思播其道，达义行仁，待礼而动，苟容干禄，踰墙之女，人之所贱，故弗为也）

孟子曰："非礼之礼，非义之义，大人弗为。"※（《章指》：礼义人之所以折中，履其正者，乃可为中，是以大人不行疑礼）（若礼而非礼，陈质娶妇而长拜之也；若义而非义，借※（助）交报雠是也，此皆大人之也所不为也。）

孟子曰："君子之物也，爱之而弗仁。于民也，仁之而弗亲。※（《章指》：君子布德各有所施事，得其宜故谓之义也）亲亲而仁民，仁民而爱物。"

孟子曰："大人者，言不必信，行不必果；惟义所在。"※（《章指》：大人之行，行其重者，不信不果，所求合义也）

孟子曰："大人者，不失其赤子之心者也。"※（《章指》：人之所爱，莫过赤子，视民则然，民怀之矣，大人之行，不过是也）（大人，谓君国，君视民，当如赤子之，不失其民心谓也，一说曰：赤子，婴儿也，少小之子，专一未变化，人能不失其赤子时心，则为贞正大人也。）※（《集注》：赤子之心，纯一无伪而已）

孟子曰："君子不亮，恶乎执？"※（《章指》：自古皆有死，民无信不立，重信

之至也）

孟子曰："君子深造之以道，欲其自得之也。（造，致也，言君子学问之法，欲深致极竟之以知道。意欲使已得其原本，如性自有之然也，故曰，欲其自得之而已。）※（戴震《孟子字义疏证》云：深造，极深也，以道即研几也，自得则通天下之志，成天下之务也）自得之，则居之安；居之安，则资之深；资之深，则取之左右逢其原，故君子欲其自得之也。"※（《章指》：学必根源，如性自得物来能名，事来不惑，君子好之，朝益暮习，道所以臻也）

徐子曰："仲尼亟称于水曰：'水哉水哉，'何取于水也？"孟子曰："源泉混混※（盛满），不舍昼夜。盈科而后进，放乎四海，有本者如是，是之取尔。苟为无本，七八月之间雨集，沟浍皆盈其涸也，可立而待也，故声闻过情，君子耻之。"※（《章指》：有本不竭，无本则涸，虚声过实，君子耻诸，是以仲尼在川上曰，逝者如斯）

孟子曰："霸者之民，欢虞※（古欢娱）如也。王者之民，皞皞※（同浩浩）如也。杀之而不怨，利之而不庸，民日迁善而不知为之者。※（《章指》：王政皞皞，与天地同道，霸者德小，民人速睹，是以贤者志其大者也）夫君子，所过者化，所存者神，上下与天地※（右：与天地之化，同运并行）同流，岂曰小补之哉！"

陈子曰："古之君子何如则仕？"孟子曰："所就三，所去三。迎之致敬以有礼，言将行其言也，则就之；礼貌未衰，言弗行也，则去之。其次，虽未行其言也，迎之致敬以有礼，则就之；礼貌衰，则去之。其下，朝不食，夕不食，饥饿不能出门户。君闻之曰：'吾大者不能行其道，又不能从其言也。使饥饿于我土地，吾耻之。'周之。亦可受也，免死而已矣。"※（《章指》：仕虽正道亦有量宜，听言为上，礼貌次之，困而免死，斯为下矣，备此三科，亦无疑也）（所去就谓下事也，礼者，接之礼也；貌者，颜色和顺，有乐贤之容。礼衰，不敬也，貌衰，不悦也，其下者，困而不能与之禄，则当去，衿其困而周之，苟免死而已，此三就三去之道，穷饿而去，不疑也，故不言※（去……）也。）

孟子曰："君子所以异于人者，以其存心也。君子以仁存心，以礼存心。仁者爱人，有礼者敬人。爱人者，人恒爱之。敬人者，人恒敬之。有人于此，其待我以横逆，则君子必自反也，我必不仁也，必无礼也。此物奚宜※（为）至哉！其自反而仁矣，自反而有礼矣，其横逆由是也；君子必自反也，我必不忠。自反而忠矣，其横逆由是也；君子曰：'此亦妄人也已矣，如此则与禽兽奚择哉，于禽兽又何难焉！'是故，君子有终身之忧，无一朝之患也。乃若所忧则有之。舜，人也，我亦人也，舜为法于天下可传于后世，我由※（犹）未免为乡人也，是则可忧也。忧之如何？如舜而已矣！若夫君子所患，则亡矣。非仁无为也，非礼无行也。如有一朝之患。则君子不患矣。"※（《章指》：君子责己，小人不改，比之禽兽不足难矣，蹈仁行义，不患其患，惟不若舜，可以忧也）

孟子曰："有事君人者，事是君，则为容悦者也。有安社稷臣者，以安社稷为悦者也。有天民者，达可行于天下。而后行之者也。（天民，知道者也，可行而行，可止而止。）※（《集注》：无位之称，以其全尽天理，乃天之民，故曰天民。《正义》·《列子杨朱篇》称舜禹周公为天人，孔子为天民之遑遽者，桀为天民之逸荡者，当时称天民者别有异说，故孟子明之）有大人者，正已而物正者也。"※（《章指》：容悦凡臣，社稷股肱，天民行道，大人正身，凡此回科，优劣之差）（大人，大丈夫，不为利害动移者也，正已物正，象天不言而万物化成也。※《正义》：《史记索隐》引向秀注易乾卦云：圣人在位，谓之大人）

孟子曰："君子有三乐，而王天下不与存焉。父母俱存，兄弟无故，一乐也。仰不愧于天，俯不怍于人，二乐也。得天下英才而教育之，三乐也。君子有三乐，而王天下不与存焉。"※（《章指》：保亲之养，兄弟无他，诚不愧天，育养英才，贤人能之，乐过万乘，孟子重焉，一章再云也）

孟子曰："广土众民，君子欲之，所乐不存焉。中天下而立，定四海之民，君子乐之，所性不存焉。君子所性，虽大行不加焉，虽穷居不损焉，分定故也。※（《集注》：分者，所得于天之全体）君子所性，仁、义、礼、智根于心。其生色也，睟然见于面、盎于背、施于四体。四体不言而喻。"（四者，根生于心，色见于面，睟然，润泽之貌也。盎视其背，而生可知其背，盎，盎然，盛流于四体，四体有匡国之纲，虽口不言，人自晓喻而知也）※（《正义》：先畅四支而乃发于事业，事业者，匡国之谓也，故四体为匡国之纲，叠言四体者，谓即此四体，人见之，已喻其仁义礼智之所施，不教，令清明而天下皆乐仰之）

孟子曰："孔子登东山而小鲁，登太山而小天下，故观于海者难为水，游于圣人之门者难为言。※（《章指》：临莅天下，君国子民。君子之乐，尚不与存，仁义内充，身体履方，四友不言，蟠辟用张，心邪意溺，进退无容，于是之际，知其不同也）**观水有术，必观其澜**。※（《集注》：观水之澜，则知其源有本）**日月有明，容光必照焉**。※（《集注》：观日月于容光之隙，无不照则知其明之有本）**流水之为物也，不盈科不行。君子之志于道也，不成章不达**。"※（《章指》：闳大明者无不照，包圣道者成其仁，是故贤者志大，宜为君子）

公孙丑曰："《诗》曰：'**不素餐兮**。'君子之不耕而食，何也？"孟子曰："君子居是国也，其君用之，则安富尊荣；其子弟从之，则孝悌忠信。'不素餐兮'，孰大于是？"※（《章指》：君子正己以立于世，世美其道，君臣是贵所遇者，化何素餐之谓？）

王子垫问曰："士何事？"孟子曰："尚志。"曰："何谓尚志？"曰：

"仁义而已矣。杀一无罪，非仁也。非其有而取之，非义也。居恶在，仁是也。路恶在，义是也。居仁由义，大人之事备矣。"※（《章指》：人当尚志志于善也，善之所由仁与义也，欲使王子无过差也）

孟子曰："君子之所以教者五。有如时雨化之者，有成德者，有达※（达其善才。）财者，有答问者，有私淑艾者。此五者，君子之所以教也。"※（《章指》：教人之术莫善五者，养育英才，君子所珍，圣所不倦，其惟诲人乎）

公孙丑曰："道则高矣美矣，宜若登天然，似不可及也，何不使彼为可几及，而日孳孳也。"孟子曰："大匠不为拙工，改废绳墨，羿不为拙射，变其彀率，君子引而不发，跃如也，中道而立，能者从之。"※（《章指》：曲高和寡，道大难追然而履正者不枉，执德者不回，故曰人能宏道丑欲下之非也）※（《集注》：君子教人，但授与学之之法，而不告以得之之妙，如射者之引弓而不发矢。然其所不发矢者，已如踊跃而见于前矣，中道而立，言非难易，能者从之言学者当自勉）

孟子曰："言近而指远者，善言也。守约而施博者，善道也。君子之言也，不下带而道存焉。※（《集注》：古人视不下带，则带之上乃目前常见至近之处也，举目前之近事而至理存焉，所以为言近而指远也）君子之守，修其身而天下平。人病舍其田而芸人之田，所求于人者重，而所以自任者轻。"※（《章指》：言道之善，以心为原当求诸己而责于人，君子尤之况以妄芸言失务也）

孟子曰："尧、舜，性者也。汤、武，反之也。动容周旋中礼者，盛德之至也。哭死而哀，非为生※（非以此结交其子弟父兄）者也。经德不回，非以干禄也。言语必信，非以正行也。君子行法※（《章指》：君子之行动合礼中不惑祸福修身俟。终尧、舜之盛，汤、武之隆，不是过也）以俟命而已矣。"※（君子顺性蹈德行其法度，夭寿在天待命而已矣）

（**编者注**：以上原文摘自《孟子》卷六、八、十二、十三）

仁　义

孟子曰："仁也者※（《集注》：仁者，人之所以为人之理也。然仁理也，人物也。以仁之理合于人之身而言之乃所谓道。程子曰：《中庸》所谓率性之谓道也。或曰，外国本，人也之下，有"义也者宜也，礼也者履也，智也者知也，信也者实也"凡二十字），人也。合而言之，道也。"※（《章指》：仁恩须人，人能宏道也）

孟子曰："矢人岂不仁于函人哉？矢人惟恐不伤人，函人惟恐伤人。巫匠亦然。故术不可不慎也。孔子曰：'里仁为美，择不处仁，焉得智？'夫仁，天之尊爵也，人之安宅也，莫之御而不仁，是不智也。不仁不智，无礼无义，人役也。人役而耻为役，由弓人而耻为弓。矢人而耻为矢也。如耻之，莫如为仁。仁者如射，射者正己而后发，发而不中，不怨胜己者，反求诸己而已矣。"※（《章指》：各治其术，术有善恶，祸福之来，随形而作，耻为人役，不若居仁、治术之忌，勿为矢人也）

孟子曰："仁之实，事亲是也。义之实，从兄是也。智之实，知斯二者弗去是也。※（金祖堂《经史问答》云：古来圣人言语中，极言孝弟之量者，始于孔子，而最发明之孝为孟子，而尤畅其说于是章，综罗五德，至于制礼作乐之实不外乎此。古今来所称孝弟，不过至知而弗去一层，其于礼乐二层皆未到）礼之实，节文斯二者，是也。乐之实，乐斯二者，乐则生※（和畅有生意）矣；生则恶可已也；恶可已则不知足之蹈之，手之舞之也。"※（《章指》：仁义之本，在于孝弟，孝弟之至，通于神明，况于歌舞不能自知，盖有诸中形诸外也）

孟子曰："人之所以异于禽兽者，几希？庶民去之，君子存之。"舜明于庶物，察于人伦，由仁义行，非行仁义也。"※（《章指》：人与禽兽，俱含天气，就利避害，其间不希，众人皆然。君子则否，圣人超绝，识仁义之生于己也）（伦，序，察，识也，舜明庶物之情，识人之事之序，仁义生于内由其中而行，非强力行仁义也，故道性善，言必称尧舜）

告子曰："食、色，性也。仁，内也，非外也。义，外也，非内也。"孟子曰："何以为仁内义外也。"※（《集注》：告子以人之知觉运动者为性，故言人之甘食悦色者即其性，故仁爱之心生于内，而事物之宜由乎外。学者但当用力于仁，不必求合于义）曰："彼长而我长之，非有长于※（《正义》：近解谓非我先预有长之心）我也。犹彼白而我白之，从其白于外也，故谓之外也。"曰："异于白马之白也，无以异于白人之白也。不识长马之长也，无以异于长人之长欤？且谓长者义乎？长之者义乎？"※（孔广森《经学卮言》：赵氏读异于是白为句，言长之说异于白之说不相犹也，《集注》：上"异于"二字疑衍）曰："吾弟则爱之，秦人之弟则不爱也。是以我为悦者也，故谓之内。长楚人之长，亦长吾之长，是以长为悦者也，故谓之外也。"※（《集注》：告子之辩屡屈而屡变其说以求胜。卒不闻其能自反而有所疑，此正其所谓不得于言，勿求于心者，所以卒于鲁莽而不得其正也）曰："耆※（犹爱也）秦人之炙，无以异于耆吾炙。夫物则亦有然者也，然则耆炙亦有外欤？"※（《章指》：事虽在外，行其事者皆发于中，明仁义由内，所以晓告子之惑也）※（《正义》：秦人之弟非吾弟，以其亲不同故不同爱。楚人之长非吾长，以其长同故同长。秦人之炙非吾炙，以其美同故同嗜，物亦有然，谓炙之同美，犹长之同长也，吾所以嗜之者，由心辨其美，则知吾所以长之者，由心识其长，若谓义之同长为外，则食之同美，亦可谓之外乎？）

孟季子问公都子曰："何以谓义内也？"曰："行吾敬，故谓之内也。""乡人长于伯兄一岁，则谁敬？"※按：告子主性无善恶，而事之宜不宜（善恶一义）随环境以变迁，故曰义外（食色性而又曰吾弟则爱又曰仁在内，则其所谓仁，含爱意，总食色而言，与孔孟之所谓仁不同，或可曰告子之所谓仁，即生之谓性之"生"也。）孟子言性善，则事之宜与不宜皆决之于性，故义内，实皆一偏之论也。如董子所云："义合我（内）与宜（外）以为一"则善矣。则主性无善恶者非也，主性善者亦非也。毛奇龄《四书剩言》云：嗜食在内，与敬长在外正别，此何足辩，亦何足以服告子，日则饮汤，夏日则饮水，与耆秦人之炙二句相反，使难者曰：冬则饮汤，夏则饮水，果在外，非由内也，何以解之，尝以二者问先仲氏，仲氏一曰：敬长无人、我，以长在人耳。今嗜炙变无人、我，此非人也，物也，且其□□人我而必长人者，以长在外耳，今嗜炙主爱，而亦无人、我，而唯外是□□此非长在外，即爱在外也。上言长马之长，异乎长人之长，则人物有□□矣，此紧承长楚人之长二句，爱在外与嗜炙在内大别，此借仁内以□义外也。一曰，以在位而易其敬，犹之以在时而易其饮也，夫嗜食其□者爱也，爱亦在外矣。嗜炙是同嗜，此是异饮。嗜炙以仁内驳为外与此以义外驳仁内，不同。曰："敬兄。""酌则谁先？"曰："先酌乡人。""所敬在此，所长在彼，果在外，非由内也。"公都子不能答，以告孟子。孟子曰："敬叔父乎？敬弟乎？彼将曰：'敬叔父。'曰：'弟为尸，则谁敬？'彼将曰：'敬弟'子曰：'恶在其敬叔父也？'彼将曰：'在位故也。'子亦曰：'在位故也。'庸敬在兄，斯须之敬在乡人。"※（董子曰：宜在我而后可以称义，故言义者，合我与宜以为一言。以此操之，义之言我也，此与孟子之言相废）（孟子使公都子答季子如此，言弟以在尸位，故敬之，乡人以在宾位，故先酌之耳，庸，常也，常敬在兄斯须之敬在乡人）※（《正义》：因事转移，随时变通，吾心确有权衡，此真义内也）季子闻之曰："敬叔父则敬，敬弟则敬，果在外，非由内也。"公都子曰："冬日则饮汤，夏日则饮水，然则饮食亦在外也？"※（《章指》：凡人随形，不本其原，贤者达情，知所以然，季子信之，犹若告子，公都受命，然后乃理）

孟子曰："知者无不知也，当务之为急。仁者无不爱也，急亲贤之为务。尧、舜之知而不遍物，急先务也。尧、舜之仁不遍爱人，急亲贤也。不能三年之丧，而缌小功之察；放※（纳）饭※（食）流歠，而问无齿决，是之谓不知务。"※（《章指》：振裘持领，正罗维纲，君子百行，先务其崇，是以尧舜亲贤大化，以隆道为要也）（尚不能行三年之丧，而复察缌麻、小功之礼。放饭，大饭也。流歠，长歠也。齿决，断肉置其余也。放尊者前赐食，大饭长歠，不敬之大者，齿决，小过耳。言世之先务，舍大讥小，有若大饭长歠而问无齿决类也）※（《曲礼》濡肉齿决，乾肉坚用手不齿决。《正义》问无齿决者，盖内濡肉而以手决之，责问其何以不用齿决也？）

孟子曰："人皆有所不忍，达之于其所忍，仁也。人皆有所不为，达之于其所为，义也。人能充无欲害人之心，而仁不可胜用也。人能充无穿窬之心，而义不可胜用也。人能充无'受'、尔'汝'之实，无所往而不为义也。士未可以言而言，是以言恬※（音恬）之也。可以言而不言，是以不言恬之也。是皆穿窬之类也。"※（《章指》：善恕行义，充大其美，无受尔汝，何施不可取人，不知失其臧否，比之穿踰，善亦远矣）
[（恬，取也，人之为士者，见尊贵者未可与言，而强与之言，欲以言取之也，是失言也，见可与言者而不与之言，不知贤人可与之言，而反欲以不言取之，是失人也，是皆趋利入邪，无知之人，故曰穿窬之※（类也））]

（**编者注**：以上原文摘自《孟子》卷三、十一、十四）

学 养

孟子曰："爱人不亲反其仁，治人不治反其智，礼人不答反其敬。行有不得※（不得所欲）者，皆反求诸己；其身正而天下归之。诗云：'永言配命，自求多福。'"※（《章指》：行有不得于人，一求诸身，责己之道也，改行饬躬，福则至矣）

孟子曰："中也养不中，才也养不才，故人乐有贤父兄也。如中也弃不中，才也弃不才；则贤不肖之相去，其间不能以寸。"※（《章指》：父兄已贤，子弟既顽，教而不改，乃归自然）

孟子曰："人有不为也，而后可以有为。"※（《章指》：贵廉贱耻，乃有不为，不为非义，义乃可申）

孟子曰："博学而详说之，将以反说约※（得其至当）也。"※（《章指》：广寻道意，详说其事，要约至义，还反于朴，说之美者也）

孟子曰："不仁者。可与言哉？安其危而利其菑，乐其所以亡者。不仁而可与言，则何亡国败家之有！有孺子歌曰：'沧浪之水清兮，可以濯我缨；沧浪之水浊兮，可以濯我足。'孔子曰：'小子听之：清斯濯缨；浊斯濯足矣。自取之也。'夫人必自侮，然后人侮之；家必自毁，然后人毁之；国必自伐，然后人伐之。太甲曰：'天作孽，犹可违；自作孽，不可活。'此之谓也。"※（《章指》：人之安危，皆由于己，先自毁伐，人乃攻讨，甚于天孽，敬慎而已，如临深渊，战战恐栗）

孟子曰："自暴者不可与有言也，自弃者不可与有为也。言非礼义，谓之自暴也；吾身不能居仁由义，谓之自弃也。仁，人之安宅也；义，人之正路也。旷安宅而弗居，舍正路而不由，哀哉！"※（《章指》：旷仁舍义，自暴弃之道也）

孟子曰："道在迩而求诸远，事在易而求难。人人亲其亲，长其长，而天

下平。"※(《章指》：亲亲敬长，近取诸己，则迩而易也)

孟子曰："人之患，在好为人师。"※(《章指》：君子好谋而成，临事而惧，时然后言，畏失言也，故曰，师哉师哉，桐子之命，不慎则有患矣)

孟子曰："西子蒙不洁，则人皆掩鼻而过之。虽有恶人※(《章指》：貌好行恶，西子冒臭，丑人洁服，供事上帝，明当修饰，惟义为常也)，齐戒沐浴，则可以祀上帝。"

"齐人有一妻一妾而处室者。其良人出，则必餍酒肉而后反。其妻问所与饮食者，则尽富贵也。其妻告其妾曰：'良人出，则必餍酒肉而后反，问其与饮食者，尽富贵也。而未尝有显者来。吾将瞯※(祝也察其是非)良人之所之也。'蚤起，施从良人之所之，遍国中无与立谈者，卒之东郭墦间之祭者，乞其余，不足，又顾而之他：此其为餍足之道也。其妻归，告其妾曰：'良人者，所仰望而终身也。今若此！'与其妾讪※(诽谤)其良人，而相泣于中庭。而良人未之知也，施施从外来，骄其妻妾。由君子观之※(由用也。用君子之道观今，求富贵者，皆以枉曲之道昏夜乞哀而求之，以骄人于白日)，则人之所以求富贵利达者，其妻妾不羞也，而不相泣者，几希矣！"※(《章指》：小人苟得，谓不见知。君子观之，与正道乖。妻妾犹羞，况于国人，著以为戒，耻之甚焉)

陈代曰："不见诸侯，宜若小然。今一见之，大则以王，小则以霸。且志曰：'枉尺而直寻，'宜若可为也。"孟子曰："昔齐景公田，招虞人以旌，不至，将杀之。'志士不忘在沟壑，勇士不忘丧其元。'孔子奚取焉？取非其招不往也。如不待其招而往，何哉？且夫枉尺而直寻者，以利言也。如以利，则枉寻直尺而利，亦可为与。昔者赵简子，使王良与嬖奚乘，终日而不获一禽。嬖奚反命曰：'天下之贱工也。'或以告王良。良曰：'请复之。'强而后可。一朝而获十禽。嬖奚反命曰：'天下之良工也。'简子曰：'我使掌与女乘。'谓王良，良不可，曰：'吾为之范我驰驱，终日不获一；为之诡遇，一朝而获十。诗云："不失其驰，舍矢如破。"我不贯与小人乘，请辞。'御者且羞与射者比；比而得禽兽，虽若丘陵，弗为也。如枉道而从彼，何也？且子过矣，枉己者未有能直人者也。"※(《章指》：修礼守正非招不往，枉道富贵、君子不许，是以诸侯虽有善其辞命，伯夷亦不屑就也)

景春曰："公孙衍、张仪，岂不诚大丈夫哉！一怒而诸侯惧，安居而天下熄。"孟子曰："是焉得为大丈夫乎！子未学礼乎？丈夫之冠也，父命之；女子之嫁也，母命之。往送之门，※(父母家之门)戒之曰：'往之女家，必敬必戒，无违夫子。'以顺为正者，妾妇之道也。居天下之广※(《集注》仁)居，立天下之正※(礼)位，行天下之大※(义)道；得志与民由之，不得志独行其道；

富贵不能淫※（荡其心），贫贱不能移，威武不能屈，此之谓大丈夫。"※（《章指》：以道匡君，非礼不运，称大丈夫，阿意用谋，善战务胜，事虽有刚，心归柔顺，故云妾妇，以况仪衍）

孟子曰："无或※（惑）乎王之不智也。虽有天下易生之物也，一日暴之，十日寒之，未有能生者也。吾见亦罕矣，吾退而寒之者至矣，吾如有萌焉何哉？（种易生之草木五谷，一日暴温之，十日阴寒以杀之，物何能生，我亦希见于王，既见而退，寒之者至，谓左右佞谄顺意者多，譬诸万物，何由得有萌芽生也）※（《集注》：虽有萌蘖之生，我亦安能如之何哉？）今夫奕之为数，小数也。不专心致志则不得也。奕秋，通国之善奕者也。使奕秋诲二人奕。其一人专心致志，惟奕秋之为听。一人虽听之，一心以为有鸿鹄将至，使※（思）援弓缴而射之。虽与之俱学，弗若之矣。为是其智弗若与？曰：非然也。"※（《章指》：奕为小数，不精不能，一人善之，十人恶之，虽竭其道，何由智哉？诗云：济济多士，文王以宁，此之谓也）

孟子曰："鱼，我所※（被动）欲也。熊掌，亦我所欲也。二者不可得兼，舍鱼而取熊掌者也。※（《本草》："熊冬月蛰时不食，饿则舐其掌，故其美在掌。"）生亦我所欲也。义亦我所欲也。二者不可得兼，舍生而取义者也。※（孔子曰："志士仁人无求生以害仁，有杀身以成仁。"）生亦我所欲，所欲有甚于生者，故不为苟得也。死亦我所恶，所恶有甚于死者，故患有所※（语中助词）不辟也。如使人之所欲莫甚于生，则凡可以得生者※（之法），何不用也？使人之所恶莫甚于死者，则凡可以辟患者，何不为也？由是※（郑重语气）则生而有不用也。由是则可以辟患而有不为也。是故所欲有甚于生者，所恶有甚于死者。非独贤者有是心也，人皆有之，贤者能勿丧耳。一箪※（箪、苇器。圆曰箪，方曰笥。盘器，状如灯，古食肉器）※（不作"嗣"音）食，一豆羹，得之则生，弗得则死。呼尔而与之，行道之人弗受；蹴尔而与之，※（逆境易处）乞人不屑※（顾）也。※（黔娄不食嗟来食）万钟则不辩礼义而受之，万钟于我何加焉？为宫室之美、妻妾之奉、所识穷乏者得我与？※（段玉裁注云："宫玄其外之围绕，室言其内，析言则殊，统言不别。"）（言一箪食则贵礼，至于万钟※（六斛四斗），则不复辩别有礼义与否，钟，量器也，万钟于已身何加益哉，已身不能独食万钟也，岂不为广矣宫室，供奉妻妾，施于所知之人穷乏者也。）乡为身死而不受，今为宫室之美※（顺境难处）为之；乡为身死而不受，今为妻妾之奉为之；乡为身死而不受，今为所识穷乏者，得我而为之，是亦不可以已乎！此之谓失其本心。"※（《章指》：舍生取义，义之大者也。箪食万钟，用有轻重，纵彼纳此，盖达其本。凡仁皆然，君子则否，所以殊也）

孟子曰："仁，人心也。义，人路也。舍其路而弗由，放其心而不知求，哀哉！人有鸡犬放，则知求之；有放心而不知求。学问之道无他，求其放心而已矣。"※（《章指》：由路求心，为得其□，追逐鸡狗，务其未也，学以求之详矣）

孟子曰："今有无名之指，屈而不信，非疾痛害事也。如有能信之者，则不远秦、楚之路，为指之不若人也。指不若人，则知恶之；心不若人，则不知恶；此之谓不知类也。"※（《章指》：舍大恶小，不知其要。忧指忘心，不响于道，是以君子恶之也）

孟子曰："拱把之桐、梓，人苟欲生之，皆知所以养之者。至于身，而不知所以养之者。岂爱身不若桐、梓哉？弗思甚也！"※（《章指》：莫知养身而养树木，失事违务，不得所急，所以戒未达者也）

孟子曰："人之于身也，兼所爱。兼所爱，则兼所养也。无尺寸之肤不爱焉，则无尺寸之肤不养也。所以考其善不善者，岂有他哉？于己取之而已矣。※（《正义》：欲知其为大人小人，则不必考校稽察于他事，即其所养，在何体则知之矣）体有贵贱，有小大。无以小害大。无以贱害贵。养其小者为小人，养其大者为大人。今有场师，舍其梧槚，养其樲棘，则为贱场师焉。养其一指，而失其肩背而不知也，则为狼疾人也。饮食之人，则人贱之矣，为其养小以失大也。饮食之人无有失也，则口腹岂适为尺寸之肤哉？"※（《章指》：养其行，治其正。俱用智力，善恶相厉，是以君子居处思义，饮食思礼也）

公都子问曰："钧是人也，或为大人，或为小人，何也？"孟子曰："从其大体，为大人。从其小体，为小人。"曰："钧是人也，或从其大体，或从其小体，何也？"曰："耳目之官，不思而蔽于物，物交物，则引之而已矣。心之官则思，思则得之，不思则不得也。此天之所与我者，先立乎其大者，则其小者弗能夺也。此为大人而已矣。"※（《章指》：天与人性，先上其大，心官思之，邪不乖越，故谓之大也）

孟子曰："有天爵者，有人爵者。仁、义、忠、信，乐善不倦，此天爵也。公卿大夫，此人爵也。古之人修其天爵而人爵从之。今之人修其天爵以要人爵，既得人爵而弃其天爵；则惑之甚者也，终亦必亡而已矣。"※（《章指》：古修天爵，自乐之也；今求人爵，以诱时也。得人弃天，道之忌也，惑以招亡，小人事也）

孟子曰："欲贵者，人之同心也。人人有贵于己者，弗思耳。人之所贵者，非良贵也。赵孟之所贵，赵孟能贱之。《诗》云：'既醉以酒，既饱以德。'言饱乎仁义也，所以不愿人之膏粱之味也。令闻广誉施于身，所以不愿人之文绣也。"※（《章指》：所贵在身，人不知，膏粱文绣，已之所□，赵孟所贵，何能比之，是以君子贫而乐也）

孟子曰："仁之胜不仁也，犹水之胜火。今之为仁者，犹以一杯水救一车薪之火也，不熄，则谓之水不胜火，此又与※（同也。）于不仁之甚者也。亦终必亡而已矣！"※（《章指》：为仁不至，不反诸己；谓水胜火，熄而后已；不仁之甚，终必亡矣；为道不卒，无益于贤也）

孟子曰："五谷者，种之美者也，苟为不熟，不知荑稗，夫仁亦在乎熟之而已矣。"※（《章指》：功毁几成，人在慎终，五谷不熟，荑稗是胜，是以为仁必其成也）

孟子曰："羿之教人射，必志于彀；学者亦必志于彀。大匠诲人，必以规矩；学者亦必以规矩。"※（《章指》：事各有本，道有所隆。彀张规矩，以喻为仁，学不为仁，犹是二教失其法而行之也）[（大匠，攻木工，规，所以为圆也，矩，所以为方也，诲教也教人必须规矩，学者以仁义为法式，亦犹大匠。※（以规矩也））]

孟子曰："求则得之，舍则失之，是求有益于得也，求在我者也。求之有道，得之有命，是求无益于得也，求在外者也。"※（《章指》：为仁由己，富贵在天，故孔子曰，如不可求，从吾所好）

孟子曰："万物皆备于我矣。反身而诚，乐莫大焉。（物，事也，我，身也，普谓人为成人，已往皆备知，天下万物，常有所行矣，诚者实也，反自思其身所施行，能皆实而无虚，则乐莫大焉。）※（《集注》：此言理之本然，大则君父子，小则事物细微，其当然之理，无一不具于性分之内。反诸其身而所备之理，皆如恶恶臭，好好色之实然，则其行之不待勉强，而无不利矣，其为乐孰大于是）强恕而行，求仁莫近焉。"※（《章指》：每必以诚，恕已而行、乐在其中，仁之至也）

孟子曰："行之而不著焉，习矣而不察焉，终身由之，而不知其道者，众也。"※（《章指》：人有仁端，达之为道，凡夫用之，不知其为宝也）

孟子曰："人不可以无耻。无耻之耻，无耻矣。"※（《章指》：耻身无分，独无所耻斯必远辱不为忧矣）

孟子曰："耻之于人大矣。为机变之巧者，无所用耻焉。不耻不若人，何若人有？"※（《章指》：不慕大人，何能有耻，是以湿朋愧不及黄帝。佐齐桓以有勋，颜渊慕虞舜，仲尼叹庶□之云）

孟子曰："古之贤王，好善而忘势，古之贤士何独不然？乐其道而忘人之势，故王公不致敬尽礼，则不得亟见之，见且由不得亟，而况得而臣之乎？"※（《章指》：王公尊贤，以贵下贱之义也。乐道忘势，不以富贵动心之分也。各崇所尚，则义不亏矣）

孟子谓宋句践曰："子好游乎？吾语子游，人知之，亦嚣嚣；人不知，亦嚣嚣。"曰："何如斯可以嚣嚣矣？"曰："尊德乐义，则可以嚣嚣矣，故士穷不失义。达不离道，穷不失义，故士得己焉。达不离道，故民不失望焉。

古之人得志，泽加于民；不得志，修身见于世。穷则独善其身，达则兼善天下。"※（《章指》：内定常满，罢罢则忧，可出可处，故云以游，修身立世，贱不失道，达善天下，乃用其宝，句践好游，未得其要，孟子言之，然后乃喻）

孟子曰："待文王而后兴者，凡民也。若夫豪杰之士，虽无文王犹兴。"※（《章指》：小人待化，乃不辟邪，君子特立，不为俗移，故称豪杰自兴也）

孟子曰："附之以韩、魏之家，如其自视欿※（音坎）然，则过人远矣。"※（《章指》：人情富盛，莫不骄矜，若能欿然，谓不如人，非但免过卓绝乎凡也）

※（姚重华）孟子曰："舜发于畎亩之中，傅说※〔（山西平陵县东（书《说命》：说筑傅岩之野））〕举于版筑之间，胶鬲举于鱼盐之中，管夷吾举于士，孙叔敖举于海，百里奚举于市。故天将降大任于是人也，必先苦其心志※（磨炼其心思。），劳其盘骨，饿其体肤，空※（穷）乏※（绝）其※（经济中之磨炼）身，行拂乱其所※（处事中之磨炼）为，所以动心忍性，曾※（同增）益其所不能。※（是个人，天地磨炼成。不是个人，天地磨炼坏）（舜耕历山※（历山，山东历城千佛山，又濮县雷泽西南有历山），三十征庸。傅说筑傅岩，武丁举以为相。胶鬲，※（王船山云：胶鬲为殷之老臣，记称武王甲子遇雨，恐纣以胶鬲视师之言不实而杀贤臣。则鬲之归周与商容同在灭殷之后矣，胶鬲之举当在纣父帝乙之世，未尝一日立于文王之廷。集注谓文王举之误已）殷之贤臣，遭纣之乱，隐遁为商，文王于鬻贩鱼盐之中得其人，举之以为臣也。士，狱官也。管仲自鲁囚执于士官，桓公举以为相国。孙叔敖隐处耕于海滨，楚庄王举之以为令尹。百里奚亡虞适秦，隐于都市，穆公举之于市而以为相也。言天将降下大事，以任圣贤，必先勤劳其身，饿其体而瘠其肤，使其身乏资绝粮，所行不从拂戾而乱之者，所以动惊其心，坚忍其性，使不违仁，困而知勤，增益其素，所以不能行之者也。）※（次贤）人恒过，然后能改。困于心，衡※（不顺）于虑，而后作※（奋起）。征于色※（辱及其身），发于声，而后喻。入则无法家拂※（音弼，同弼）士，出则无敌国外患者，国恒亡。然后知生于忧患难。而死于安乐也。"※（《章指》：圣贤困穷，天坚其志，次贤感激，乃奋其虑，凡人佚乐以丧知能，贤愚之叙也）

孟子曰："饥者甘食，渴者甘饮，是未得饮食之正也，饥渴害之也。岂惟口腹有饥渴之害？人心亦皆有害。人能无以饥渴之害。为心害，则不及人不为忧矣。"※（《章指》：饥不妄食，忍情抑欲；贱不失道，不为苟求，能夫心害夫将何忧？）

孟子曰："舜之居深山之中，与木石居，与鹿豕游，其所以异于深山之野人者几希。及其闻一善言，见一善行，若决江河，沛然莫之能御也。"※（《章指》：圣人潜隐辟若神龙，亦能飞天，亦能小同（若龟若鱼），舜之谓也）

孟子曰："无为其※（古通已）所不为，无欲其所不欲，如此而已矣。"※

（《章指》：己所不欲勿施于人，仲尼之道也）

孟子曰："人之有德慧术知者，恒存乎疢※（丑刃切）疾※（《集注》犹灾患也）。独孤※（远臣）臣孽子※（庶子），其操心也危，其虑患也深，故达。"※（《章指》：孤孽自危，故能显达，膏粱难正，多用沉溺，是故在上不骄以戒诸侯也）

孟子曰："有为者辟若掘井，掘井九轫而不及泉，犹为弃井也。"※（《章指》：为仁由己，必在究之，九轫而辍，无益成功，论之一篑，义与此同）

孟子自范之齐，望见齐王之子，喟然叹曰："居移气，养移体。大哉居乎！夫非尽人之子与！"※（《章指》：人性皆同，居使之异，君子居仁，小人处利，譬犹王子，殊于众品也）孟子曰："王子宫室、车马、衣服，多与人同。而王子若彼者，其居使之然也。况居天下之广居者乎？鲁君之宋，呼于垤泽之门。守者曰：'此非吾君也，何其声之似我君也？此无他，居相似也。'"※（《章指》：舆服器用人用不殊，尊贵居之志气以舒，是以居仁由义盎然内优，胸中正者，眸子不瞀也）

孟子曰："天下有道，以道殉身。天下无道，以身殉道。未闻以道殉乎人者也。"※（《章指》穷达卷舒，屈伸异变，变流从故，守者所慎，故曰金石独止，不殉人也）

孟子曰："舜之饭糗茹草也，若将终身焉。及其为天子也，被袗衣，鼓琴，二女果，若固有之。"※（《章指》：阨穷不悯，贵而思降。凡人所难，虞舜所隆，圣德所以殊也）（糗，饭干备也，袗，画也，果，侍也。舜耕陶之时，饭糗茹草，若将终身如是，及为天子，被画衣，黼黻絺绣也鼓琴，以协音律也，以尧二女自侍，亦不佚豫如故，自当有之也）※（《集注》：随遇而安，无预于己）

孟子曰："梓匠轮舆，能与人规矩，不能使人巧。"※（《章指》：规矩之法，喻若典礼，人不志仁，虽诵宪籍，不能以善，善人修道，公输守绳，政成器美，唯度是应得其理也）

貉稽曰："稽大不理于口。"※（翟灏《考异》不理，盖自病其言之无文，憎多口，谓徒理于口，亦为士君子所憎恶）孟子曰："无伤也。士憎兹多口。※（依赵注憎为增之假借。）《诗》云：'忧心悄悄，愠于群小。'孔子也。'肆※（语辞）不殄厥愠，亦不陨厥问。'文王也。"※（《集注》：正己信心不恤众口，众口喧哗大圣所有况于凡品之所能御，故答貉，稽曰无伤也）

孟子曰："说大人则藐之，勿视其巍巍然。堂高数仞，榱题数尺，我得志弗为也。食前方丈，侍妾数百人，我得志弗为也。般乐饮酒，驱骋田猎，后车千乘，我得志弗为也。在彼者皆我所不为也，在我者皆古之制也，吾何畏彼哉？"※（《章指》：富贵而骄自遗咎也，茅茨采椽圣尧表也。以贱说贵惧有荡心，心谓彼陋以宁我神，故以所不为、为之宝玩也）（在彼贵者骄佚之事，我所耻为也，在我所行皆古圣人所制

之法，谓恭俭也，我心何为当畏彼人乎哉？）※（《集注》杨氏曰：孟子此章以己之长方人之短，犹有此等气象在孔子则无此矣）

孟子曰："养心莫善于寡欲。其为人也寡欲，虽有不存焉者，寡矣。其为人也多欲，虽有存焉者寡矣。"※（《章指》：清净寡欲德之高者，畜聚积实秽行之下廉者招福，浊者远祸虽有不然盖非常道，是以正路不可不由也）

（编者注：以上原文摘自《孟子》卷六至八、十一至十四）

处世观人

孟子曰："吾今而后知杀人亲之重也。杀人之父，人亦杀其父。杀人之兄，人亦杀其兄。然则非自杀之也，一间耳。"※（《章指》：恕以行仁远祸之端，暴以残民招咎之患，是以君子好生恶杀反诸身也）[（父仇不同天，兄仇不同国，以恶加人，人必加之，知其重也，一间者，我往彼来，间一人耳，与自杀其亲※（何异））]

孟子谓戴不胜曰："子欲子之王之善与，我明告子。有楚大夫于此，欲其子之齐语也。则使齐人傅诸？使楚人傅诸。"曰："使齐人傅之。"曰："一齐人傅之，众楚人咻之，虽日挞而求其齐也，不可得矣。引而置之庄岳之间，数年，虽日挞而求其楚，亦不可得矣。（言使一齐人传相，众楚人咻之。咻之者，讙※（喧哗）也）子谓薛居州，善士也，使之居于王所。在于王所者，长幼卑尊，皆薛居州也，王谁与为不善。在王所者，长幼卑尊，皆非薛居州也，王谁与为善，一薛居州，独如宋王何？"※（《章指》：自非圣人，在所变化。故谚曰，白沙在涅不染自黑，蓬生麻中不扶自直，言辅之者众也）

公孙丑问曰："不见诸侯何义？"孟子曰："古者不为臣不见。段干木逾垣而辟之，泄柳闭门而不纳，是皆已甚，迫※（近，或逼迫，求见之切）斯可以见矣。阳货欲见孔子而恶无礼，大夫有赐于士，不得受于其家※（对使人拜受于其家），则往拜其门。阳货瞷孔子之亡也，而馈孔子蒸豚，孔子亦瞷其亡也，而往拜之，当是时，阳货先，岂得不见。曾子曰：'胁肩谄笑，病于夏畦。'子路曰：'未同而言，观其色赧赧然，非由之所知也。'※（《章指》：道异不谋，迫斯强之。假泄已甚瞷亡得宜，正己直行，不纳于邪赧然不接，伤若夏畦也）由是观之，则君子之所养，可知已矣。"

孟子曰："居下位而不获于上，民不可得而治也。获于上有道，不信于友，弗获于上矣。信于友有道，事亲弗悦，弗信于友矣。悦亲有道，反身不诚，不悦于亲矣。诚身有道，不明乎善，不诚其身矣。※（《章指》：事上得君，乃可临民，信友悦亲，本在于身，是以曾子三省，大雅矜矜，以诚为贵也）是故，诚者，天之道也。思诚者，人之道也。至诚而不动者，未之有也。不诚，未有能动者也。"[（授

人诚善之性者，天也。思行其诚以奉天者，人也。至诚则动金石，不诚则鸟兽不可亲狎，故曰不诚※（未有能动者也））]

孟子曰："存乎人者，莫良于眸子。眸子不能掩其恶。胸中正，则眸子瞭焉。胸中不正，则眸子眊焉。※（《章指》：自为神候，精之所在，存而察之，善恶不隐，知人之道，斯为审矣）听其言也，观其眸子，人焉瘦哉！"

孟子曰："恭者不侮人，俭者不夺人。侮夺人之君，惟恐不顺焉，恶得为恭俭！恭俭岂可以声音笑貌为哉！"※（《章指》：人君恭俭，率下移风。人臣恭俭，明其廉忠，侮夺之恶，何由于之而错其心）

孟子曰："有不虞之誉，有求全之毁。"※（《章指》：不虞获誉，不可为戒，求全受毁，未足惩咎，君子正行，不由斯二者也）

孟子曰："人之易其言也，无责耳矣。"※（《章指》：言出于身，驷不及舌，不唯其责，则易之矣）

孟子曰："言人之不善，当如后患何？"※（《章指》：好言人恶，殆非君子。故曰，不忮不求，何用不藏）

孟子曰："仲尼不为已甚者。"※（《章指》：论语曰，疾之已甚乱也）

孟子曰："以善※（威力，或曰以义求胜于人）服人者未有能服人者也。※（《章指》：五霸服人，三王服心，其服一也，功则不同，上论尧舜，其是违乎）以善※（仁恩）养人，然后能服天下，天下不心服而王者，未之有也。"

孟子曰："言无实不祥；不祥之实，蔽贤者当之。"（凡言皆有实，孝子之实，养亲是也。善之实，仁义是也。祥，善。当，直也。不善之实，何等也？蔽贤之人，直于不善之实也）※（《章指》：进贤受上赏，蔽贤蒙显戮，故谓之不祥）

万章问曰："敢问'友。'"孟子曰："不挟长※（兼有而恃之之称），不挟贵，不挟兄弟而友；友也者，友其德也，不可以有挟也。（长，年长。贵，贵势。兄弟，兄弟有富贵者。不挟是乃为友，谓相友以德也）※（江永《群经补义》：古人以婚姻为兄弟）孟献子，百承之家也，有友五人焉。乐正裘、牧仲，其三人则予忘之矣。献子之与此五人者友也，无※（视之若无）献子之家者也。此五人者，亦有※（重，知有贵）献子之家，则不与之友矣。※（献之不与为友）非惟百承之家为然也，虽小国之君亦有之。费惠公曰：'吾于子思，则师之矣，吾于颜般，则友之矣。王顺、长息，则事我者也。'非惟小国之君为然也，虽大国之君亦有之。晋平公于亥唐也，入云则入，坐云则坐，食云则食。虽疏食菜羹，未尝不饱，盖不敢不饱也。然终于此而已矣。弗与共天位也，弗与治天职也，弗与食天禄也，士之尊贤者也，非王公尊贤也。舜尚见帝，帝馆甥于贰室，亦飨舜※（受），迭为宾主。是天子而友匹夫也。※（《章指》：匹夫友贤，下之以德；王公友贤，授之以爵。大圣之行，千载为法也）用下敬上，谓之贵贵，用上敬下，谓之尊贤。贵贵尊贤，其义一也。"

万章问曰："敢问交际何心也？"孟子曰："恭也。"曰："却之却之为不恭，何哉？"曰："尊者赐之，曰：'其所取之者，义乎不义乎？'而后受之。以是为不恭，故弗却也。"曰："请无以辞却之，以心却之，曰：'其取诸民之不义也。'而以他辞无受，不可乎？"曰："其交也以道，其接也以礼，斯孔子受之矣。"万章曰："今有御人※（以兵伤人）于国门之外者，其交也以道，其馈也以礼，斯可受御与？"曰："不可。康诰曰：'杀越人于货，闵※（敃之假借，不当为而强然）不畏死，凡民罔不憝※（怨）。'是不待教而诛者也。殷受夏，周受殷，所不辞也，于今为烈，如之何其受之！"（孟子曰不可受也。《康诰》、《尚书》篇名，周公戒成王康叔封。越于者于也。杀于人，取于货，闵然不知畏死者憝，杀也，凡民无不得杀之者也。若此之恶，不待君之教命，遭人得讨之，三代相传以此法，不须辞问也，于今为烈。烈，明法。如之何受其馈也）※（《集注》：殷受夏至为烈十四字，语意不伦，直衍字耳。然不可考，姑阙之可也）

曰："今之诸侯取之于民也，犹御也；苟善其礼际矣，斯君子受之？敢问何说也？"曰："子以为有王者作，将比※（连）今之诸侯而诛之乎？其教之不改而后诛之乎？夫谓非其有而取之者盗也。充类至，义之尽也。※（《正义》：类法也，什一而税此法。式也，充类至，谓已盈满其法式。乃于法式之外又多取人，则是充类而又大甚。充类至则为义之尽。义者宜也，尽亦至也）孔子之仕于鲁也，鲁人猎较，孔子亦猎较；猎较犹可，而况受其赐乎？"曰："然则孔子之仕也，非事道与？"曰："事道也。""事道奚猎较也？"曰："孔子先簿正祭器，不以四方之食供簿正。"曰："奚不去也？"曰："为之兆也，兆足以行矣。而不行，而后去，是以未尝有所终三年淹也。孔子有见行可之仕，有际可之仕，有公养之仕。于季桓子，见行可之仕也。于卫灵公，际可之仕也。于卫孝公，公养之仕也。"（行可，冀可行道。鲁卿季桓子秉国之政，孔子仕之，冀可得因之行道。际接也。卫灵公接遇孔子以礼，故见之也。卫孝公以国君养贤者之礼养孔子，孔子故留宿以答之也）※（《章指》：圣人忧民，乐行其道，苟善辞命，不忍逆距，不合则去，亦不淹久，盖仲尼行止之节也）

孟子曰："仕非为贫也，而有时乎为贫。娶妻非为养也，而有时乎为养。为贫者，辞尊居卑，辞富居贫。辞尊居卑，辞富居贫，恶乎宜乎？抱关击柝。（尊富者安所宜乎？宜居抱关击柝监门之职也。柝，门关之木也。击，椎之也。或曰柝，行夜所击木传曰："鲁击柝，闻于邾。"）※（《正义》：赵氏以抱关击柝为监门之职，则柝即是关，若以柝为行夜所击，则抱关为一职，击柝又为一职）孔子尝为委吏矣，曰：'会计当而已矣，'尝为乘田矣，曰：'牛羊茁壮长而已矣。'位卑而言高，罪也。立乎人之本朝而道不行，耻也。"（孔子尝以贫而禄仕，委吏，主委积仓庾之吏也，不失会计当直其多少而已。乘田，苑囿之吏也，主六畜之刍牧者也，牛羊茁壮肥好长大而已。茁茁，生长貌也，《诗》云："彼茁者葭。"位卑不得高言豫朝事，故但称职而已。立本朝，大道当行，不行为己之耻。是以君子禄仕者，不处大位。）※（《章指》：国有道则能者取卿相，国无道，则圣人居乘田，量时安卑，不受言责，独善其身之道也）

万章曰："士之不托诸侯，何也？"孟子曰："不敢也。诸侯失国而后托于诸侯，礼也。士之托于诸侯，非礼也。"万章曰："君馈之粟，则受之乎？"曰："受之。""受之何义也？"曰："君之于氓也，固周之。"曰："周之则受，赐之则不受，何也？"曰："不敢也。"曰："敢问其不敢，何也？"曰："抱关击柝者，皆有常职以食于上。无常职而赐于上者，以为不恭也。"曰："君馈之则受之，不识可常继乎？"曰："缪公之于子思也，亟问。亟馈鼎※（牲体已解，可升于鼎）肉。子思不悦于卒也，摽使者出诸大门之外，北面稽首再拜而不受，曰：'今而后知君之犬马畜伋！'盖自是台无馈也。悦贤不能举，又不能养也，可谓悦贤乎？"曰："敢问国君欲养君子，如何斯可谓养矣？"曰："以君命将之，再拜稽首而受其后廪人继粟，庖人继肉，不以君命将之。子思以为鼎肉使己仆仆尔亟拜也，非养君子之道也。尧之于舜也，使其子九男事之，二女女焉，百官牛羊仓廪备，以养舜于畎亩之中。后举而加诸上位。※（《章指》：知贤之道，举之为上，养之为次，不举不养贤恶肯归，是以孟子上陈尧舜之大法，下刺缪公之不宏）故曰：'王公之尊贤者也。'"

万章曰："敢问不见诸侯，何义也？"孟子曰："在国曰市井之臣，在野曰草莽之臣，皆谓庶人。庶人不传质为臣，不敢见于诸侯，礼也。"万章曰："庶人召之役，则往役，君欲见之召之，则不往见之，何也？"曰："往役，义也。往见，不义也。且君之欲见之也，何为也哉？"曰："为其多闻也，为其贤也。"曰："为其多闻也，则天子不召师，而况诸侯乎！为其贤也，则吾未闻欲见贤而召之也。缪公亟见于子思曰：'古千乘之国以友士，何如？'子思不悦曰：'古之人有言曰事之云乎？岂曰友之云乎？'子思之不悦也。岂不曰：'以位，则子君也，我臣也，何敢与君友也？以德则子事我者也，奚可以与我友？'千乘之君，求与之友而不可得也，而况可召与？齐景公田，招虞人以旌，不至，将杀之。'志士不忘在沟壑，勇士不忘丧其元。'孔子奚取焉？取非其招不往也。"曰："敢问招虞人何以？"曰："以皮冠。庶人以旃，士以旂，大夫以旌。以大夫之招招虞人，虞人死不敢往。以士之招招庶人，庶人岂敢往哉！况乎以不贤人之招招贤人乎！欲见贤人而不以其道，犹欲其入而闭之门也。夫义、路也，礼、门也，惟君子能由是路出入是门也。诗云：'周道如底，其直如矢，君之所履，小人所视※（视以为法）。'"万章曰："孔子君命召，不俟驾而行。然则孔子非与？"曰："孔子当仕有官职，而以其官召之也。"※（《章指》：君子之志，志于行道，不得不礼，亦不苟往于礼之可，伊尹三聘而后就汤。道之未洽，沮溺耦耕，接舆佯狂，岂可见乎）

孟子谓万章曰："一乡之善士，斯友一乡之善士，一国之善士，斯友一国之善士；天下之善士，斯友天下之善士。以友天下之善士为未足，又尚论古之人。颂其诗，读其书，不知其人可乎！是以论其世也，是尚友也。"[（好善者，以天下之善士为未足极其善道也。尚，上也。※（《章指》：好高慕远，君子之道，虽各有伦、乐其崇茂，是以仲尼曰，毋友不如己者，高山仰止，景行行止）乃复上论古之人，颂其诗。诗歌国近，故曰颂。读其书者，犹恐未知古人高下，故论其世以别之也。在三皇之世为上，在五帝之世为次，在三王之世为下，是为好上友之人也。）]

孟子曰："可以取，可以无取，取伤廉。可以与，可以无与，与伤惠。可以死，可以无死，死伤勇。"※（《章指》：廉勇惠，人之高行也。丧此三名，列士病诸，故设斯科以进能者）

逢蒙学射于羿，尽羿之道。思天下惟羿为愈己，于是杀羿。孟子曰："是亦羿有罪焉？"公明仪曰："宜若无罪焉。"曰："薄乎云尔，恶得无罪！郑人使子濯孺子侵卫，卫使庾公之斯追之。子濯孺子曰：'今日我疾作，不可以执弓，吾死矣夫！'。问其仆曰：'追我者。谁也？'其仆曰：'庾公之斯也。'曰：'吾生矣！'其仆曰：'庾公之斯，卫之善射者也。夫子曰："吾生。"何谓也？'曰：'庾公之斯，学射于尹公之他，尹公之他，学射于我。夫尹公之他端人也，其取友必端矣。'庾公之斯至，曰：'夫子何为不执弓？'曰：'今日我疾作，不可以执弓。'曰：'小人学射于尹公之他，尹公之他，学射于夫子。我不忍以夫子之道，反害夫子。虽然，今日之事，君事也，我不敢废。'抽矢扣轮去其金，发乘矢而后反。"[（庾公之斯至，竟如孺子之所言。而曰我不敢废君事，故叩轮去镞，使不害人，乃以射孺子，礼射四发而去。※（《章指》：求交取友，必得其人，得善以全。善凶获患，是故子濯济难夷羿以残，可以鉴也。）乘，四也。《诗》云："四矢反兮。"孟子言是，以明羿之罪，假使如子濯孺子之得尹公之他而教之，何由有逢蒙之祸乎？）]

孟子曰："鸡鸣而起，孳孳为善者，舜之徒也。鸡鸣而起，孳孳为利者，跖之徒也。欲知舜与跖之分，无他，利与善之间也。"※（《章指》：好善从舜，好利从蹠，明明求之，常若不足君子小人各一趣也）

公孙丑曰："伊尹曰：'予不狎于不顺。'放太甲于桐，民大悦。太甲贤，又反之，民大悦。贤者之为人臣也，其君不贤，则固可放与？"孟子曰："有伊尹之志，则可。无伊尹之志，则篡也。"（人臣秉忠，志若伊尹，欲宁殷国，则可放恶而不即立君，宿留冀改而复之。如无伊尹之忠，见间乘利，篡心乃生，何可放也？）※（《章指》：爱国志家意在出身志在宁，君放恶摄政伊周有焉，凡人志异则生篡心也）

孟子曰："食而弗爱，豕交之也。爱而不敬，兽畜之也。恭敬者，币之未将※（奉，送）者也。恭敬而无实，君子不可虚拘※（虚文拘留）。"（人之交接，但食之而不爱，若养豕也。爱而不敬，若人畜禽兽，但爱而不能敬也。且恭敬者如有币帛，当以行礼，而未以命将行之也。恭敬贵实，如其无实，何可虚拘致君子之心也？）※（《章指》：取人之道必以恭敬，恭敬贵实，虚则不应，实在谓爱敬也）

孟子曰："于不可已而已者，无所不已。于所厚者薄，无所不薄也。其进锐者其退速。"（已，弃也。于义所不当弃而弃之，则不可，所以不可而弃之，使无罪者咸恐惧也。于义当厚而反薄之，何不薄也？不忧见薄者，亦皆自安矣。不审察人而过进，不肖越其伦悔而退之，必速矣。当翔而后集，慎如之何？）※（《章指》：赏僭及淫刑滥伤善，不僭不滥诗人所纪，是以季文三思何后之有）

孟子曰："身不行道，不行于妻子。使人不以道，不能行于妻子。"

（身不自履行道德，而欲使人行道德，虽妻子不肯行之，言无所则效。使人不顺其道理，不能使妻子顺之，而况他人乎？）※（《章指》：率人之道，躬行为首。论语曰：其身不正，虽全不从）

孟子曰："周※（足也）于利者，凶年不能杀。周于德者，邪世不能乱。"※（《章指》：务利奸务德蹈仁，舍生取义其道不均也）

孟子曰："好名之人，能让千乘之国。苟非其人，箪食豆羹见于色。"※（《章指》：廉贪相殊名亦卓异，故闻伯夷之风，懦夫有立志也）（好不朽之名者，轻让千乘，伯夷季札之类是也。诚非好名者，争箪食豆羹变色，讼之致祸，郑公子染指鼋羹之类是也。）※（《集注》：好名之人矫情于誉，是以能让千乘之国。然若本非轻富贵之人，则于得失之小者，反不觉其真情之发见也）

（**编者注**：以上原文摘自《孟子》卷六、八、十）

为　政

孟子见梁惠王。王曰，"叟，不远千里而来，亦将有以利吾国乎？"（曰，辞也。叟，长老之称，犹父也。孟子去齐，老而之魏，王尊礼之，曰父，不远千里之路而来此，亦将有以为寡人兴利除害者乎？）※（江永《群经补义》，孟子见惠王，当在周靓元年辛丑，是年为惠王后元之十五年，次年惠王卒。周柄中云：以本书观之，先后踪迹先梁后齐）孟子对曰，"王，何必曰利？亦有仁义而已矣。""王曰：'何以利吾国？'大夫曰：'何以利吾家？'士庶人曰：'何以利吾身？'上下交征利，而国危矣。万乘之国弑其君者，必千乘之家。千乘之国，弑其君者，必百乘之家。（万乘，兵车万乘，谓天子也。千乘，兵车千乘，谓诸侯也。夷羿之弑夏后，是以千乘取其万乘者也）※（杜预注，夷氏□也）万取千焉，千取百焉，不为不多矣。（周制：君十卿禄。君食万锺，臣食千锺，亦多，故不为不多矣）※（《正义》诸侯于天子万乘中取其千，大夫于诸侯千乘中取其百，赵氏以录言，诸侯于千乘中食万钟，大夫于百乘中食千钟）苟为后义而先利，不夺不餍。未有仁而遗其亲者也，未有义而后其君者也。王亦曰仁义而已矣，何必曰利。"※（赵氏《章指》：治国之道当以仁义为名，然后上下和亲，君臣集穆，天经地义不易之道，故以建篇立始也）

孟子见梁惠王。王立于沼上，顾鸿雁麋鹿，曰："贤者亦乐此乎？"

孟子对曰："贤者而后乐此，不贤者，虽有此，不乐也。诗云：'经始灵台，经之营之；庶民攻之，不日成之；经始勿亟，庶民子来。王在灵囿，牝鹿攸伏，牝鹿濯濯※（娱游，肥好），白鸟鹤鹤※（诗作翯，肥泽）。王在灵沼，※（叹美）于牣※（满）鱼跃。'文王以民力为台为沼，而民欢乐之，谓其台曰灵台，※（《说苑·修文》篇，积仁曰灵。《正义》，灵多训善，灵台等盖因文德命名）谓其沼曰灵沼，乐其有麋鹿鱼鳖。古之人与民偕乐，故能乐也。汤誓曰：'时日害丧，予及女皆亡。'（《汤誓》，《尚书》篇名也。时，是也。日，乙卯日也。害，大也。言桀为无道，百姓皆欲与汤共伐之，汤临士众，誓言是日桀当大丧亡，我与女俱往亡之）※（《集注》：日指夏桀，害何也？桀尝自言吾有天下如天之有日，日亡吾乃亡。《正义》从之）民欲与之皆亡，虽有台池鸟兽，岂能独乐哉！"※（《章指》：圣王之德与民共乐，恩及鸟兽则忻戴其上，太平化兴，无道之君，众怨神怒，则国灭祀绝，不得保其所乐也）

梁惠王曰："寡人之于国也，尽心焉耳矣！（王侯自称孤寡，言寡人于治国之政，尽心欲利百姓。焉耳者，恳至之辞）※（犹云尽心于是矣）河内凶，则移其民于河东※（安邑等县），移其粟于河内※（济源等县）；河东凶亦然。察邻国之政，无如寡人之用心者。邻国之民不加少，寡人之民不加多，何也？"孟子对曰：

"王好战，请以战喻。填然鼓之，兵刃既接，弃甲曳兵而走，或百步而后止，或五十步而后止；以五十步笑百步，则何如？"曰："不可。直※（特，但）不百步耳，是亦走也！"曰："王如知此，则无望民之多于邻国也。※（胡煦《篝灯约旨》云：春秋时五霸迭兴，臣强君强。孔子作春秋寓意于尊周，所以维持臣道。孟子时七国雄据其地，君道已不振，而草菅人命，各图恢廓，故孟子游齐梁说以王道所以维持君道而已，与孔子非有异）不违农时，谷不可胜食也。数罟不入洿池※（窊下之地，水所聚也），鱼鳖不可胜食也。斧斤以时入山林，材木不可胜用也。谷与鱼鳖不可胜食，材木不可胜用，是使民养生丧死无憾也；养生丧死无憾，王道之始也。五亩之宅，树之以桑，五十者可以衣帛矣※（丝织之总名）※（《盐铁论》：古者庶人耄老而后衣丝，其余则麻枲而已，故命曰布衣。《正义》庶人布深衣其常）鸡豚狗彘之畜，无失其时，七十者可以食肉矣。百亩之田，勿夺其时，数口之家。可以无饥矣。谨庠序之教，申之以孝悌之义，颁白者，不负戴于道路矣。七十者衣帛食肉，黎民不饥不寒。然而不王者，未之有也！狗彘食人，食而不知检，涂有饿莩而不知发。人死，则曰：'非我也，岁也。'是何异于刺人而杀之？曰：'非我也，兵※（弓、殳、矛、戈、戟五兵）也！'（人死，谓饿疫死者也。王政使然，而曰非我杀之，岁杀之也，此何以异于用刃杀人，而曰非我也，兵自杀之也）王无罪岁，斯天下之民至焉。"（戒王无归罪於岁，责己而改行，则天下之民皆可致也）※（《章指》：王化之本，在于使民养生送死之用备足，然后导之以礼义，责己矜穷，则斯民集矣）

梁惠王曰："寡人愿安承教。"孟子对曰："杀人以梃与刃，有以异乎？"曰："无以异也。""以刃与政有以异乎？"曰："无以异也。"曰："庖有肥肉，厩有肥马，民有饥色，野有饿莩，此率兽而食人也。兽相食，且人恶之；为民父母行政，不免于率兽而食人，恶在其为民父母也！※（《礼记·檀弓》涂车刍灵，自古有之。明器之道也。孔子谓为刍灵者善，谓为俑者不仁。《注》云：刍灵，束茅为人马，谓之灵者，神之类，但仅形似而不能转动，俑则能转动象生人）※（《章指》王者为政之道生民为首，以政杀人，人君之咎，犹以白刃，疾之甚也）仲尼曰：'始作俑者，其无后乎！'为其象人而用之也，如之何？其使斯民饥而死也。"（俑，偶人也，用之送死。仲尼重人类，谓秦穆公时以三良殉葬，本由有作俑者也。恶其始造，故曰：此人其无后嗣乎？如之何其使斯民饥而死也。孟子陈此以教王爱其民也）※（《正义》用俑，孔子尚叹其无后，况真是人而使之饥而死）

梁惠王曰："晋国天下莫强焉，叟之所知也。及寡人之身，东败于齐，长子死焉。西丧地于秦七百里，南辱于楚，寡人耻之，愿比※（代）死者一洒之，如之何则可。"孟子对曰："地方百里而可以王。王如施仁政于民，省刑罚，薄税敛，深耕易耨。壮者以暇日修其孝悌忠信，入以事其父兄，出以事其长上，可使制梃以挞秦楚之坚甲利兵矣！彼夺其民时，使不得耕耨以养其父母，父母冻饿，兄弟妻子离散。彼陷溺其民，王往而征之，夫谁与王敌！故曰：'仁者无敌。'※（《章指》：以百里行仁，天下归之，以政伤民，民乐其亡，以梃服强，仁与不仁也）王请勿疑。"

孟子见梁襄王。出语人曰，望之不似人君，就之而不见所畏焉。卒然问曰："天下恶乎定？"吾对曰："定于一。""孰能一之？""对曰："不嗜杀人者能一之。""孰能与之？""对曰："天下莫不与也。王知夫苗乎？七八月之间旱，则苗槁矣。天油然作云，沛然下雨，则苗浡然兴之矣。其如是，孰能御之！（以苗生喻人归也。周七、八月，夏之五、六月也。油然兴云之貌。沛然※（沛，大雨，有润泽义）下雨以润槁苗，则浡※（勃盛也。）然已盛，孰能止之？）今夫天下之人牧，未有不嗜杀人者也。如有不嗜杀人者，则天下之民皆引领而望之矣。诚如是也，民归之，由水之就下，沛然※（沛沛，流也）谁能御之！"※（《章指》定天下者一道，仁政而已，不贪杀人，人则归之，是故文王视民如伤，此之谓也）

齐宣王问曰："齐桓晋文之事可得闻乎？"孟子对曰："仲尼之徒，无道桓文之事者，是以后世无传焉，臣未之闻也。无以，则王乎？"曰："德何如？则可以王矣。"曰："保民，而王莫之能御也。"曰："若寡人者，可以保民乎哉？"曰："可。"曰："何由知吾可也？"曰："臣闻之胡龁曰：'王坐于堂上，有牵牛而过堂下者。王见之，曰："牛何之？"对曰："将以衅钟。"王曰："舍之；吾不忍其觳觫，若无罪而就死地。"对曰："然则废衅钟与？"曰："何可废也？以羊易之。'"不识有诸？"[（胡龁，王左右近臣也。觳觫※（恐惧发抖），牛当到死地处恐貌。新铸钟，杀牲以血涂其衅郄，因以祭之曰衅。《周礼·大祝》曰："堕衅逆牲逆尸，令锺鼓。"《天府》："上春，衅宝钟及宝器。"孟子曰：臣受胡龁言，王尝有此仁，不知诚充之否？）]※[（《正义》：凡古器物皆用衅，龟玉、社庙、主、马廐等亦衅之，盖非止为涂却（荐血——血祭——亦曰衅），其性则以羊犬，亦用豚鸡，未有言用牛者，此以一种用牛，明非礼之正经定制）]

曰："有之。"曰："是心足以王矣。百姓皆以王为爱也，臣固知王之不忍也。"

王曰："然，诚有百姓者，齐国虽偏小，吾何爱一牛？即不忍其觳觫，若无罪而就死地，故以羊易之也。"（王曰：亦诚有百姓所言者矣，吾国虽小，岂爱惜一牛之财费哉！即见其牛哀之，衅锺又不可废，故易之以羊耳）※（《集注》：其跡似吝，实有如百姓所讥者）曰："王无异于百姓之以王为爱也，以小易大，彼恶知之？王若隐※（通意，转为哀）其无罪而就死地，则牛羊何择※（分）焉！"

王笑曰："是诚何心哉，我非爱其财。而易之以羊也，宜乎百姓之谓我爱也。"曰:"无伤也,是乃仁术也,见牛未见羊也,君子之于禽兽也,见其生,不忍见其死,闻其声,不忍食其肉,是以君子远庖厨也。"(孟子解王自责之心曰:无伤于仁,是乃王为仁之道也。时未见羊,羊之为牲次于牛,故用之耳。是以君子远庖厨,不欲见其生、食其肉也)※(《正义》:君子远庖厨本《礼记》《玉藻》文,孟子述之,故加"是以"二字)

王说曰:"诗云:'他人有心,予忖度之。'夫子之谓也。夫我乃行之,反而求之,不得吾心。夫子言之,于我心有戚戚焉。此心之所以合于王者,何也?"曰:"有复于王者曰:'吾力足以举百钧,而不足以举一羽;明足以察秋毫之末※(毛至秋而末锐,小难见也),而不见舆薪。'则王许之乎?"曰:"否。"

"今恩足以及禽兽,而功不至于百姓者,独何与?然则一羽之不举,为不用力焉。舆薪之不见,为不用明焉;百姓之不见保,为不用恩焉。故王之不王,不为也,非不能也。"曰:"不为者与不能者之形何以异?"

曰:"挟太山以超北海,语人曰:'我不能。'是诚不能也。为长者折枝,语人曰:'我不能。'是不为也,非不能也。故王之不王,非挟太山以超北海之类也,王之不王,是折枝之类也。(孟子为王陈为与不为之形,若是,王则不折枝之类也。折枝,案摩折手节解罢枝也。少者耻是役,故不为耳,非不能也。太山、北海皆近齐,故以为喻也)※(毛奇龄《四书剩言》赵氏注折枝案摩云云,此卑贱奉事尊长之节。赵佑《温故录》云,《文献通考》载陆筠解为磬折腰股,犹令拜揖作礼)老吾老,以及人之老,幼吾幼,以及人之幼,天下可运于掌。诗云:'刑于寡妻,至于兄弟,以御※(进,治)于家邦。'言举斯心。加诸彼而已。故推恩足以保四海,不推恩无以保妻子。古之人所以大过人者无他焉,善推其所为而已矣。今恩足以及禽兽,而功不至于百姓者,独何与?权,然后知轻重。度,然后知长短,物皆然,心为甚。王请度之。(权,铨衡也,可以称轻重。度,丈尺也,可以度长短。凡物皆当称度乃可知,心当行之乃为仁。心比于物,尤当为之甚者也。欲使王度心如度物也)※(《正义》:近人通解,物之轻重长短,不度犹可。心之轻重长短不度,则不知推恩以保四海,故为甚也)抑王兴甲兵,危士臣,构怨于诸侯,然后快于心与?"

王曰:"否。吾何快于是!将以求吾所大欲也。"

曰:"王之所大欲,可得闻与?"王笑而不言。

曰:"为肥甘不足于口与?轻暖不足于体与?抑为采色不足视于目与?声音不足听于耳与?便嬖不足使令于前与?王之诸臣,皆足以供之。而王岂为是哉?"

曰:"否。吾不为是也。"

曰:"然则王之所大欲,可知已。欲辟土地,朝秦楚,莅中国。而抚四夷也。以若※(如此)所为,求若所欲,犹缘木而求鱼也。"

曰："若是其甚与？"

曰："殆有甚焉。缘木求鱼，虽不得鱼，无后灾。以若所为，求若所欲，尽心力而为之，后必有灾。"

曰："可得闻与？"曰："邹人与楚人战，则王以为孰胜？"

曰："楚人胜。"

曰："然则小固不可以敌大，寡固不可以敌众，弱固不可以敌强。海内之地，方千里者九，齐集有其一，以一服八，何以异于邹敌楚哉！盖※（古通盍）亦反其本矣。今王发政施仁，使天下仕者皆欲立于王之朝，耕者皆欲耕于王之野，商贾皆欲藏于王之市，行旅皆欲出于王之涂。天下之欲疾其君者，皆欲赴诉于王。其若是，孰能御之？"

王曰："吾惛不能进于是矣。愿夫子辅吾志，明以教我。我虽不敏，请尝试之。"

曰："无恒产而有恒心者，惟士为能。若民则无恒产，因无恒心。苟无恒心，放辟邪侈，无不为已。及陷于罪，然后从而刑之，是罔民也。焉有仁人在位，罔民而可为也。是故，明君制民之产，必使仰足以事父母，俯足以畜妻子。乐岁终身饱，凶年免于死亡。然后驱而之善，故民之从之也轻。今也制民之产，仰不足以事父母，俯不足以畜妻子，乐岁终身苦，凶年不免于死亡。此惟救死而恐不赡※（足），奚暇治礼义哉。王欲行之，则盍反其本矣。五亩之宅，树之以桑，五十者可以衣帛矣。鸡豚狗彘之畜，无失其时，七十者可以食肉矣。百亩之田，勿夺其时。八口之家可以无饥矣。谨庠序之教，申之以孝悌之义，颁白者不负戴于道路矣。老者衣帛食肉，黎民不饥不寒，然而不王者，未之有也。"※（《章指》：典籍攸载，帝王道纯，桓文之事，谲正相纷，拨乱反正，圣意弗诊，故曰后世无传未闻，仁不施人，犹不成德，衅钟易牺牲，民不被泽，王请尝试，欲践其跡，答以反本，惟是为要，此盖孟子不屈道之言也）

庄暴见孟子曰："暴见于王，王语暴以好乐，暴未有以对也。"曰："好乐何如？"孟子曰："王之好乐甚，则齐国其庶几乎？"他日见于王曰："王尝语庄子以好乐，有诸。"王变乎色曰："寡人非能好先王之乐也，直好世俗之乐耳。"※（陈善《扪虱新语》云：庄暴一章，皆言悦乐之乐，而世读为礼乐之乐，误矣。唯鼓乐当为礼乐，其他独乐乐与众乐乐，亦悦乐之乐也。不然，方言礼乐，又及田猎，无乃非类乎）曰："王之好乐甚，则齐国其庶几乎？今之乐，由※（石经宋本作"犹"）古之乐也。"曰："可得闻与？"曰："独乐乐，与人乐乐，孰乐？"曰："不若与人。"曰："与少乐乐，与众乐乐，孰乐？"曰："不若与众。""臣请为王言乐。今王鼓乐于此，百姓闻王钟鼓之声，管籥之音，举疾首蹙頞而相告曰：'吾王好鼓乐，夫何使我至于此极也？父子不相见，兄弟妻子离散。'※（《集注》：范氏曰：战国时，人君独以南面之乐自奉其身，孟子切于救民，故因齐王之好乐，开导其善心，劝其与民同乐，而谓今古乐同，实何不同，但与民同乐之意则同耳，孔子言乐必用韶舞，必放郑声，孔子为邦之正道，孟子救时之急务）今王田猎于此，百姓闻王车马之音，见羽毛之美，举疾首蹙頞而相告曰：'吾王之好田猎，夫何使我至于此极也！父子不相见，兄弟妻子离散。'此无他，不与民同乐也。今王鼓乐于此，百姓闻王钟鼓之声，管籥之音，举欣欣然有喜色而相告曰：'吾王庶几无疾病与？何以能鼓乐也？'今王田猎于此，百姓闻王车马之音，见羽毛之美，举欣欣然有喜色而相告曰：'吾王庶几无疾病与？何以能田猎也？'此无他，与民同乐也。今王与百姓同乐，则王矣。"※（《章指》：人君田猎以时，钟鼓有节，发政行仁，民乐其事，则王道之阶，在于此矣，故曰天时不如地利，地利不如人和矣）

齐宣王问曰："文王之囿，方七十里，有诸？"[（王言闻文王苑※（有墙）圃※（墙）方七十里，宁有之）]孟子对曰："于传有之。"曰："若是其大乎？"曰："民犹以为小也。"曰："寡人之囿，方四十里，民犹以为大，何也？"曰："文王之囿，方七十里，刍※（饲牛马）荛※（供燃火）者往焉，雉兔者往焉，与民同之；民以为小，不亦宜乎！臣始至于境，问国之大禁，然后敢入。臣闻郊关之内，有囿方四十里；杀其麋鹿者，如杀人之罪；（言王之政严刑重也。郊关齐四境之郊皆有关）※（杜子春：《白虎通》近郊五十里，远郊百里，则孟子郊关之郊，自属远郊）则是方四十里，为阱于国中；民以为大，不亦宜乎！"※（《章指》：讥王广囿专利，严刑陷民也）

齐宣王问曰："交邻国，有道乎？"孟子对曰："有。惟仁者，为能以大事小，是故，汤事葛，文王事昆夷。（葛伯放而不祀，汤先助之祀。《诗》云："昆夷兑※（突）矣，惟其啄※（困）矣。"谓文王也。是则圣人行仁政，能以大事小者也）惟智者为能以小事大，故大王事獯鬻，句践事吴。以大事小者，乐天者也，以小事大者，畏天者也。乐天者保天下，畏天者保其国。诗云：'畏天之威，于时※（是）保之。'"

王曰："大哉言矣，寡人有疾，寡人好勇。"对曰："王请无好小勇。夫抚剑疾视曰：'彼恶敢当我哉？'此匹夫之勇，敌一人者也。王请大之。诗云：'王赫斯怒，爰整其旅；以遏徂莒※（诗作"旅"），以笃周祜，以对于天下。'此文王之勇也。文王一怒而安天下之民。书曰：'天降下民，作之君，作之师，惟曰："其助上帝，宠之四方，有罪无罪惟我在，天下曷敢有越厥志。"'《书》，《尚书》逸篇也。言天生下民，为作君，为作师，以助天光宠之也。四方善恶皆在己，所谓在予一人，天下何敢有越其志者也？）※（《尚书集注音疏》云：惟曰其助天牧民，故尊宠之，我君师也，在，察也，四方有罪无罪，惟我君师司察焉）一人横行于天下，武王耻之，此武王之勇也。而武王亦一怒而安天下之民。今王亦一怒而安天下之民，民惟恐王之不好勇也。"※（《章指》：圣人乐天，贤者知时，仁必有勇，勇以讨乱而不为暴，则百姓安之）

　　齐宣王见孟子于雪宫。曰："贤者亦有此乐乎？"※（《正义》：齐宣尊礼孟子，馆之离宫，不使侪于稷下，故景丑氏以为丑见王之敬子也）孟子对曰："有。人不得，则非其上矣。不得而非其上者，非也；为民上而不与民同乐者，亦非也。乐民之乐者，民亦乐其乐，忧民之忧者，民亦忧其忧。乐以天下，忧以天下；然而不王者，未之有也。昔者齐景公问于晏子曰：'吾欲观于转附朝舞，遵海而南，放于琅邪；吾何修而可以比于先王观也？'（孟子言往者，齐景公尝问其相晏子若此也。转附、朝舞，皆山名也。又言朝，水名也。遵，循也。放，至也。循海而南，至於琅邪。琅邪，齐东境上邑也。当何修治，可以比先王之观游乎？先王，先圣王也）※（《正义》：齐宣尊礼孟子，馆之离宫不使侪于稷下，故景丑氏以为丑见王之敬子也）晏子对曰：'善哉问也，天子适诸侯曰巡狩。巡狩者，巡所守也。诸侯朝于天子曰述职，述职者，述所职也，无非事者。春省耕而补不足，秋省敛而助不给。夏谚曰："吾王不游，吾何以休？吾王不豫，吾何以助？一游一豫，为诸侯度。"今也不然。师行而粮食；饥者弗食，劳者弗息；睊睊胥※（在位之人）谗，民乃作慝，方命虐民，饮食若流；流连荒亡，为诸侯忧。'[（方，犹逆※（放）也。逆※（放弃）先王之命，但为虐民之政，恣意饮食，若水流之无穷极也。谓沉湎于酒，熊蹯不熟、怒而杀人之类也。流连荒亡，皆骄君之溢行也。言王道亏，诸侯行霸，由当相匡正，故为诸侯忧也）]从流下而忘反，谓之流；从流上而忘反，谓之连；从兽无厌，谓之荒；乐酒无厌，谓之亡。''先王无流连之乐，荒亡之行。''惟君所行也。'景公说，大戒于国，出舍于郊，于是始兴发补不足。召太师曰：'为我作君臣相说之乐。'盖徵招角招是也。（太师，乐师也。《徵招》、《角招》，其所作乐章名也）※（《章指》：与天下同忧者，不为慢游之乐，不循肆溢之行，是以文王不敢盘于游田也）其诗曰：'畜君何尤！'畜君者，好君也。"※（《集注》：乐有五声，三日角为民，四日徵为事，招，舜乐也，其诗，徵招角招之诗也）

　　齐宣王问曰："人皆谓我毁明堂；毁诸？已乎？"

　　孟子对曰："夫明堂者，王者之堂也。王欲行王政，则勿毁之矣。"

　　王曰："王政可得闻与？"

　　对曰："昔者文王之治岐也，耕者九一，仕者世禄，关市讥而不征，泽梁无禁，罪人不孥。老而无妻曰鳏，老而无夫曰寡，老而无子曰独，幼而无父曰孤。此四者，天下之穷民而无告者。文王发政施仁，必先斯四者。诗云：'哿矣富人，哀此茕独。'"

王曰："善哉言乎！"

曰："王如善之，则何为不行？"

王曰："寡人有疾，寡人好货。"

对曰："昔者公刘好货；※（《毛传》云：言民相与和睦以显于时也。笺云：思在和其民人，用光大其道，为今子孙之基）诗云：'乃积乃食，乃裹糇粮。于橐于囊，思戢用光。弓矢斯张，干戈戚扬，爰方启行。'故居者有积食，行者有裹粮也；然后可以爰方启行。王如好货，与百姓同之，于王何有！"

王曰："寡人有疾，寡人好色。"

对曰："昔者太王好色，爱厥妃；诗云：'古公亶父，来朝走马；※（笺，方避恶旱且疾也）率西水浒，至于岐下；爰及姜女，聿来胥宇。'当是时也，内无怨女，外无旷夫；王如好色，与百姓同之，于王何有！"（《诗·大雅·绵》之篇也。亶父，大王名也，号称古公来朝走马，远避狄难，去恶疾也。率，循也。浒，水涯也。循西方水浒，来至岐山下也。姜女，大王妃也。於是与姜女俱来相土居也。言太王亦好色，非但与姜女俱行而已，普使一国男女，无有怨旷。王如则之，与百姓同欲，皆使无过时之思，则於王之政，何有不可乎！）※（《章指》：夫子恂恂然善诱人，诱人以进于善也，齐王好货好色，孟子推以公刘太王，所谓责难于君，谓之恭者也）

孟子谓齐宣王曰："王之臣，有托其妻子于其友，而之楚游者，比其反也，则冻馁其妻子，则如之何？"

王曰："弃之。"

曰："士师不能治士，则如之何？"

王曰："已之。"

曰："四境之内不治，则如之何？"※（《章指》：言君臣上下，各勤其任，无堕其职，乃安其身也）王顾左右而言他。

孟子见齐宣王曰："所谓故国者，非谓有乔木之谓也，有世臣之谓也，王无亲臣矣；昔者所进，今日不知其亡也。"（言王取臣不详审，往日之所知。今日为恶当诛亡，王无以知也）※（《正义》：亡，丧弃也。始不详审而登进之，久而为恶至于诛丧而弃去之）

王曰："吾何以识其不才而舍之？"

曰："国君进贤，如不得已，将使卑逾尊，疏逾戚，可不慎与，左右皆曰贤，未可也。诸大夫皆曰贤，未可也。国人皆曰贤，然后察之；见贤焉，然后用之。左右皆曰不可，勿听；诸大夫皆曰不可，勿听；国人皆曰不可，然后察之，见不可焉，然后去之。左右皆曰可杀，勿听；诸大夫皆曰可杀，勿听；国人皆曰可杀，然后察之，见可杀焉，然后杀之。故曰：'国人杀之也。'如此，然后可以为民父母。"※（《章指》：人君进贤退恶，翔而后集，有世贤臣，称曰旧国，则四方瞻仰之，以为则矣）

齐宣王问曰："汤放桀，武王伐纣，有诸？"孟子对曰："于传有之。"

曰："臣弑其君可乎？"

曰："贼仁者，谓之贼，贼义者，谓之残。残贼之人，谓之一夫。闻诛一夫纣矣，未闻弑君也。"※（《章指》：孟子言纣以崇恶失其尊名，不得以君臣论之欲以深悟齐王垂戒于后也）

孟子谓齐宣王曰："为巨室，则必使工师求大木。工师得大木，则王喜，以为能胜其任也。匠人斫而小之，则王怒，以为不胜其任矣。夫人幼而学之，壮而欲行之，王曰：'姑舍女所学而从我。'则何如？今有璞玉于此，虽万镒，必使玉人雕琢之。至于治国家，则曰：'姑舍女所学而从我。'则何以异于教玉人雕琢玉哉？"※（《章指》：任贤使能，不违其学，则功成不堕，屈人之是，从己之非，则人不成道，玉不成圭，善恶之致，何可不察也）

齐人伐燕，胜之。宣王问曰："或谓寡人勿取，或谓寡人取之。以万乘之国，伐万乘之国，五旬而举之，人力不至于此，不取必有天殃，取之何如？"

孟子对曰："取之而燕民悦，则取之。古之人有行之者，武王是也。取之而燕民不悦，则勿取。古之人有行之者，文王是也。以万乘之国，伐万乘之国，箪食壶浆以迎王师，岂有他哉，避水火也，如水益深，如火益热，亦运而已矣。"※（《章指》：征伐之道当顺民心，民心悦则天意得，天意得然后乃可以取人之国也）

齐人伐燕，取之。诸侯将谋救燕。宣王曰："诸侯多谋伐寡人者，何以待之？"孟子对曰："臣闻七十里为政于天下者，汤是也。未闻以千里畏人者也。书曰："汤一征，自葛始。天下信之，东面而征西夷怨，南面而征北狄怨，曰："奚为后我？""民望之，若大旱之望云霓也；归市者不止，耕者不变；诛其君而吊其民，若时雨降，民大悦。书曰：'徯我后，后来其苏。'今燕虐其民，王往而征之，民以为将拯己于水火之中也，箪食壶浆以迎王师。若杀其父兄，系累其子弟，毁其宗庙，迁其重器，如之何其可也！天下固畏齐之疆也，今又倍地而不行仁政，是动天下之兵也。王速出令，反其旄倪，止其重器；谋于燕众，置君而后去之；则犹可及止也。"（速，疾也。旄，老耄也。倪，弱小倪倪者也。孟子劝王急出令，先还其老小，止勿徙其宝重之器，与燕民谋置所欲立君而去之归齐，天下之兵，犹可及其未发而止之也）※（《章指》：伐恶养善，无贪其富，以小王大，夫将何惧？）

邹与鲁哄。穆公问曰："吾有司死者三十三人，而民莫之死也。诛之，则不可胜诛；不诛，则疾视其长上之死而不救。如之何则可也？"

孟子对曰："凶年饥岁，君之民，老弱转乎沟壑，壮者散而之四方者，几千人矣。而君之仓廪实，府库充，有司莫以告，是上慢而残下也。曾子曰：'戒之戒之，出乎尔者，反乎尔者也。'夫民今而后得反之也，君无尤焉。※（《章指》：上恤其下，下赴其难，恶出乎己，害及其身，如影响自然也）君行仁政，斯民亲其上，死其长矣。"

滕文公问曰："滕、小国也，间于齐楚，事齐乎，事楚乎？"

孟子对曰："是谋非吾所能及也。无已，则有一焉。凿斯池也，筑斯城也，与民守之，效死而弗去，则是可为也。"※（《章指》：事无礼之国，不若得民心与之守死善道。《集注》：此章言有国者当守义而爱民，不可侥幸而苟免）

滕文公问曰："齐人将筑薛，吾甚恐，如之何则可？"

孟子对曰："昔者大王居邠，狄人侵之，去之岐山之下居焉。非择而取之，不得已也。苟为善，后世子孙必有王者矣。君子创业垂统，为可继也。若夫成功，则天也。君如彼何哉！强为善而已矣。"※（《章指》：君子之道，王己任天，强暴之来，非己所招，谓穷则独善其身也。《集注》：此章言人君但当竭力于其所当为，不可徼幸于其所难必）

滕文公问曰："滕，小国也，竭力以事大国，则不得免焉。如之何则可？"孟子对曰："昔者大王居邠，狄人侵之，事之以皮币，不得免焉。事之以犬马，不得免焉。事之以珠玉，不得免焉。乃属其耆老而告之曰：'狄人之所欲者，吾土地也。吾闻之也，君子不以其所以养人者害人。二三子何患乎无君！我将去之。'去邠，逾梁山，邑于岐山之下居焉。邠人曰：'仁人也，不可失也。'从之者如归市。※（《章指》：太王去邠，权也，效死守业，义也。义权不并，故曰择而处之也）或曰：'世守也，非身之所能为也，效死勿去。'君请择于斯二者。"

孟子曰："以力假仁者霸，霸必有大国。以德行仁者王，王不待大，汤以七十里，文王以百里。※（谓其起自百里，非谓迁丰之后，仍止百里也）以力服人者，非心服也，力不赡也。以德服人者，中心悦而诚服也，如七十子之服孔子也。※（《章指》：王者任德，霸者兼力，力服心服，优劣不同，故曰远人不服修文德以怀之）诗※（大雅文王有声之篇）云：'自西自东，自南自北，无思※（言无不心服）不服。'此之谓也。"

孟子曰："仁则荣，不仁则辱。今恶辱，而居不仁，是犹恶湿而居下也。如恶之，莫如贵德而尊士。贤者在位，能者在职。国家间暇，及是时，明其政刑，虽大国，必畏之矣。诗云：'迨天之未阴雨，彻彼桑土，绸缪牖户。今此下民，或敢侮予！'孔子曰：'为此诗者，其知道乎！'能治其国家，谁敢侮之！[《诗》邠风《鸱鸮》之篇。迨，及。彻※（剥），取也。桑土，桑根也。言此鸱鸮小鸟，犹尚知及天未阴雨，而取桑根之皮，以缠绵牖户。人君能治国家，谁敢侮之。刺邠君曾不如此鸟。孔子善之，故谓此诗知道也）]※（《集注》予，鸟自谓也）今国家闲暇，及是时，般乐怠敖，是自求祸也。祸福无不自己求之者。诗云：'永言配命。自求多福。'※（毛传笺云：常言当配天命而行，则福禄自来）太甲曰：'天作孽※（祸），犹可违；自作孽，不可活。'此之谓也。"※（《章指》：国必修政，君必行仁，祸福由己，不专在天，言当防患于未乱也）（殷王太甲，言天之妖孽，尚可违避，譬若高宗雊雉，宋景守心之变，皆可以德消去也。自已作孽者，若帝乙慢神震死，是为不可活也。若此之谓也）※（《正义》尚书《太甲》三篇，今古文皆不传，不在逸书之列，故但云殷王太甲言）

孟子曰："尊贤使能，俊杰在位，则天下之士皆悦，而愿立于其朝矣。市廛而不征，法而不廛，则天下之商皆悦，而愿藏于其市矣。（廛，市宅也。古者无征，衰世征之。《王制》曰："市廛而不税。"《周礼·载师》曰："国※（城中宅）宅无征。"法而不廛者，当以什一之法征其地耳，不当征其廛宅也）※（王制郑注云：廛，市物邸舍，税其舍不税其物，《地官》廛人郑司农法云：货物储藏于市中而不租税，曰廛而不征，其有货物久滞于廛而不售者，官以法为居取之，曰法而不廛）关，讥而不征，则天下之旅皆悦，而愿出于其路矣。耕者，助而不税，则天下之农皆悦，而愿耕于其野矣。※（《正义》：无谓宅不毛者，罚以一里二十五家之布，空田者罚以三家之税粟，民虽有间无职事者，犹出夫税家税，夫税者百亩之税，家税者，士徒车辇给徭役，即一家力役之征）廛，无夫里之布，则天下之民，皆悦而愿为之※（其）氓矣。[（里，居也。布，钱也。夫，一夫也。《周礼·载师》曰："宅不毛者※（不树桑麻。）有里布，田不耕者有屋粟。凡民无职事者，出夫家之征。"孟子欲使宽独夫，去里布，则百姓乐为之氓矣。氓者谓其民也）]※（江永《群经补义》云：上廛为市宅，此廛为居民）信能行此五者，则邻国之民，仰之若父母矣。率其子弟，攻其父母，自生民以来，未有能济者也。※（《章指》：修古之道，邻国之民以为父母，行今之政，自己之民不得而子，是故众夫扰扰，非所常有命曰天吏，明天所使也）如此，则无敌于天下。无敌于天下者，天吏也。然而不王者，未之有也。"（言诸侯所行，能如此者，何敌之有？是为天吏，天吏者，天使之也。为政当为天所使，诛伐无道，故谓之天吏也）※（《尉缭子，战威篇》云：天时不如地利，地利不如人和，圣人所贵，人事而已。翟灏《考异》云：尉缭与孟子同时，述斯言而以圣人称之。荀子《王霸篇》亦云：上不失天时，下不失地利，中得人和，斯言也。孟子之前应见古别典）

孟子曰："天时不如地利，地利不如人和。三里之城，七里之郭，环而攻之而不胜。夫环而攻之，必有得天时者矣。然而不胜者，是天时不如地利也。城非不高也，池非不深也，兵革非不坚利也，米粟非不多也，委※（弃）而去之，是地利不如人和也。故曰：域民不以封疆之界。固国不以山溪之险，威天下不以兵革之利，得道者多助，失道者寡助，寡助之至，亲戚畔之，多助之至，天下顺之。以天下之所顺，攻亲戚之所畔。故君子有不战，战必胜矣。"※（《章指》：言民和为贵，贵于天地，故曰得乎丘民为天子）

孟子曰："求也为季氏宰，无能改于其德，而赋粟倍他日。孔子曰：'求，非我徒也，小子鸣鼓而攻之，可也。'由此观之，君不行仁政而富之，皆弃于孔子者也。况于为之强战！争地以战，杀人盈野；争城以战，杀人盈城，此所谓率土地而食人肉，罪不容于死！※（《章指》：聚敛富君，弃于孔子，冉求行之，固闻鸣鼓，以战杀民，土食人肉，罪不容死，以为大戮，重□□□□也）故善战者服上刑，连诸侯者次之，辟草莱任※（分土授民使任耕稼之责）土地者次之。"※（闫若璩《释地》又续曰：连诸侯是封建之将尽，辟草任土，是井田之将尽。陈沮绶燃犀解云：连诸侯而使之战，辟草任土而助之战，均非身亲为战者，姑次之）

滕文公问"为国？"孟子曰："民事不可缓也。诗云：'书尔于※（往）茅，宵尔索绹，亟其乘※（治）屋，其始播百谷。'民之为道也，有恒产者有恒心，无恒产者无恒心。苟无恒心，放辟邪侈，无不为已。及陷乎罪，然后从而刑之，是罔民也。焉有仁人在位，罔民而可为也。是故，贤君必恭俭，礼下，取于民有制。阳虎曰：'为富不仁矣，为仁不富矣。'夏后氏五十而贡，殷人七十而助，周人百亩而彻，其实皆什一也。彻者，彻也。助者，借也。※（《日知录》：三代取民之异，在乎贡助彻，不在乎五十、七十、百亩，其五十、七十、百亩，特丈尺之不同，而田未尝易也）龙子曰：'治地莫善于助，莫不善于贡。'※（《正义》：龙子所言盖有所为也，其实龙子所谓莫不善者，乃战国诸侯之贡法，非夏后氏之贡法也）贡者校数岁之中为常。乐岁粒米狼戾，多取之而不为虐，则寡取之。凶年粪其田而不足，则必取盈焉。为民父母，使民盻盻然，将终岁勤动，不得以养其父母，又称贷而益之，使老稚转乎沟壑，恶在其为民父母也！夫世禄，滕固行之矣。※（《集注》：世禄者，授之土田，使之食其公田之入。实与助法相为表里，所以使君子野人各有定业而上不相安者也，故下文遂言助法）"诗云：'雨我公田，遂及我私。'惟助为有公田。由此观之，虽周亦助也。设为庠序学校以教之，※（陈氏礼书，怀庠序者，乡学也）庠者，养也；校者，教也；序者，射也。夏曰校，殷曰序，周曰庠，学则三代共之：皆所以明人伦也。※（《白虎通·乡射篇》云：天子所以亲射何，助阳气达万物也）人伦明于上，小民亲于下。有王者起，必来取法，是为王者师也。※（闫若璩《孟子生卒年月考》云：定公即葬，文公始以礼聘孟子至滕而问国事，故孟子犹称之为子。直至逾年改元，然后两称为君，则孟子于滕，行踪岁月，亦略可睹矣）诗云：'周虽旧邦，其命惟新。'

文王之谓也。子力行之，亦以新子之国。"使毕战，问井地。孟子曰："子之君，将行仁政。选择而使子，子必勉之。夫仁政，必自经界始。经界不正，井地不均，谷禄不平。※（赵氏以经界为各国之疆界，郑氏谓即井田之界）是故，暴君污吏，必慢其经界。经界既正，分田制禄，可坐而定也。夫滕，壤地褊小，将为君子焉，将为野人焉，无君子莫治野人，无野人莫养君子。请野，九一而助，国中，什一使自赋。（九一者，井田以九顷为数，而共什一郊野之赋也。助者，殷家税名也，周亦用之，龙子所谓"莫善於助"也。时诸侯不行助法。国中什一者，《周礼》"园廛二十而税一"，时行重法赋贡之什一也。而，如也。自，从也。孟子欲请使野人，如助法，什一而税之；国中从其本赋，二十而税一以宽之也）※（考集注）卿以下，必有圭田，圭田五十亩，余夫二十五亩。死徒无出乡。乡田同井，出入相友，守望相助，疾病相扶持，则百姓亲睦。方里而井，井九百亩，其中为公田，八家皆私百亩，同养公田。公事毕，然后敢治私事，所以别野人也。※（《章指》：尊贤师知，采人之善，善之至也。修学校，劝礼义，勅民事，正经界，均井田，赋什一，则为国之大本也。《集注》：丧礼经界两章，见孟子之学，识其大者。是以虽当礼法废坏之后，制度节文不可复考，而能因略以致详，推旧而为新，不屑屑于既往之迹，而能合乎先王之意）**此其大略也；若夫润泽之，则在君与子矣。"**

孟子曰："诸侯之宝三：土地，人民，政事。宝珠玉者，殃必及身。"※（《章指》：宝此三者以为国珍宝于争玩以殃其身诸侯如兹永无患也）

万章问曰："宋，小国也。今将行仁政，齐、楚恶而伐之，则如之何？"※（周广业云：孟子去齐居休，旋归于邹，年六十余矣。闻宋王偃将行仁政往游焉，会齐楚恶而伐之。观孟子与万章问答，意宋王偃初政尚有可观者。战国策所谓诸侯皆谓桀宋者，乃其晚节不终，孟子去宋久矣）孟子曰："汤居亳，与葛为邻。葛伯放而不祀，汤使人问之曰：'何为不祀？'曰：'无以供牺牲也。'汤使遗之牛羊，葛伯食之，又不以祀。汤又使人问之曰：'何为不祀？'曰：'无以供粢盛也。'汤使亳众往为之耕，老弱馈食。葛伯率其民，要其有酒食黍稻者夺之，不授者杀之，有童子以黍肉饷，杀而夺之。书曰：'葛伯仇饷。'此之谓也。为其杀是童子而征之，四海之内，皆曰：'非富天下也，为匹夫匹妇复雠也。'汤始征，自葛载，十一征而无敌于天下。东面而征西夷怨，南面而征北狄怨，曰：'奚为后我？'民之望之，若大旱之望雨也。归市者弗止，芸者不变。诛其君，弔其民，如时雨降，民大悦。书曰：'徯我后，后来其无罚。''有攸不为臣※（《集注》：助纣为恶而不为周臣者），东征，绥厥士女，篚厥玄黄，绍※（《集注》事也）我周王见休，惟臣附于大邑周。"※（《正义》：其君子下，乃孟申书意，非尚书文）其君子实玄黄于篚，以迎其君子※（在位之人），其小人※（细民）箪食壶浆，以迎其小人。救民于水火之中，取其残而已矣。太誓曰：'我武惟扬，侵于之疆，则取于残，杀伐用张，于汤有光。'不行王政云尔，苟行王政，四海之内，皆举首而望之，欲以为君，齐、楚虽大，何畏焉。"※（《章指》：修德无小，暴慢无强，是故夏商之末，民思汤武，虽欲不王，未由已也）（万章忧宋迫於齐、楚，不得行政，故孟子为陈殷汤周武之事以喻之。诚能行之，天下思以为君，何畏齐、楚之国）

戴盈之曰："什一，去关市之征，今兹※（年）未能，请轻之，以待来年然后已，何如？"孟子曰："今有人日攘其邻之鸡者，或告之曰：'是非君子之道。'曰：'请损之，月攘一鸡，以待来年然后已。'如知其非义，斯速已矣，何待来年？"※（《章指》：从善改非，坐而待且。知而为之，罪重于故，譬犹攘鸡，多少同盗，变恶自新，速然后可也）

孟子曰："有布缕之征、粟米之征、力役之征。君子用其一，缓其二。用其二而民有殍，用其三而父子离。"※（《章指》：原心量力政之善者徭役并兴以致离殍养民轻敛君子道也）（君子为政，虽遭军旅，量其民力，不并此三役，更发异时。急一缓二，民不苦之。若并用二，则路有饿殍。若并用三，则分崩不振，父子离析，忘礼义矣）

孟子曰："离娄之明，公输子之巧，不以规矩，不能成方圆。师旷之聪，不以六律，不能正五音。尧、舜之道，不以仁政，不能平治天下。今有仁心仁闻，而民不被其泽，不可法于后世者，不行先王之道也。故曰：徒※（但）善不足以为政。徒法不能以自行。诗云：'不愆不忘，率由旧章。'遵先王之法而过者，未之有也。圣人既竭目力焉，继之以规矩准绳，以为方圆平直，不可胜用也。既竭耳力焉，继之以六律正五音，不可胜用也。既竭心思焉，继之以不忍人之政，而仁覆天下矣。故曰：为高必因丘陵，为下必因川泽，为政不因先王之道，可谓智乎？是以惟仁者宜在高位，不仁而在高位，是播其恶于众也。上无道※（《集注》：谓以义理度量事物而制其宜）揆也，下无法守也。朝不信道，工不信度。君子犯义，小人犯刑，国之所存者，幸也。故曰：城郭不完，兵甲不多，非国之灾也。田野不辟，货财不聚，非国之害也。上无礼，下无学，贼民兴，丧无日矣。诗曰：'天之方蹶，无然泄泄。'泄泄，犹沓沓也。事君无义，进退无礼，言则非先王之道者，犹沓沓也。（《诗·大雅·板》之篇天，谓工者。蹶，动也，言天方动，汝无然沓沓，但为非义非礼，背先王之道，而不相匡正也）※（《正义》：赵以无然为无敢。郑以然泄泄为泄泄然，多言笑语也。立言不本诗书，道不不揆诸先圣，徒以心觉心悟，自以为是，一倡百合，其沓沓矣。《集注》：泄泄，怠缓悦从之貌）故曰：责难于君，谓之恭；陈善闭邪，谓之敬，吾君不能谓之贼。"※（《章指》虽有

巧智，犹须法度。国由先王，礼义为要。不仁在位，播越其恶。谇君不谏，故谓之贼。明上下相
须而道化行也）

孟子曰："规矩，方圆之至也。圣人，人伦之至也。欲为君，尽君道，欲
为臣尽臣道，二者皆法尧、舜而已矣。不以舜之所以事尧事君，不敬其君者也，不以
尧之所以治民治民，贼其民者也。孔子曰：'道二，仁与不仁而已矣。'暴其民甚，则
身弑国亡。不甚，则身危国削。名之曰'幽※（壅温不通，动祭乱常）厉※（杀戮无辜），'
虽孝子慈孙，百世不能改也。诗云：'殷鉴不远，在夏后之世。'此之谓也。"※（《章
指》：法则尧舜，以为规矩。鉴戒桀纣，避远危殆，名谥一定，千载难改）

孟子曰："三代之得天下也以仁，其失天下也以不仁。国之所以废兴存亡者
亦然。天子不仁，不保四海；诸侯不仁，不保社稷；卿大夫不仁，不保宗庙；士庶人
不仁，不保四体。今恶死亡而乐不仁，是犹恶醉而强酒。"※（《章指》：人所以安，莫
若为仁，恶而勿去，患必在身，自上达下，其道一焉）

孟子曰："仁言不如仁声之入人深也。善政，不如善教之得民也。善政民畏
之，善教民爱之。善政得民财，善教得民心。"※（《章指》：明法审令，民趋君命。崇宽
务化，民爱君德，故曰移风易俗，莫善于乐）

孟子曰："人有恒言，皆曰：'天下国家。'天下之本在国，国之本在家，
家之本在身。"※（《章指》：天下国家，各依其本，本正则立，本倾则踣，虽曰常言，必须敬
慎）

孟子曰："为政不难，不得罪※（《集注》：身不正而取怨怒）于巨室；巨室之所
慕，一国慕之；一国之所慕，天下慕之。故沛然德教溢乎四海。"※（《章指》：天下倾
心，思慕乡善，臣室不罪，咸以为表，德之流行，可以充四海也）

孟子曰："天下有道，小德役大德，小贤役大贤。天下无道，小役大，弱
役强。斯二者天也，顺天者存，逆天者亡。齐景公曰：'既不能令，又不受命，是
绝物也。'涕出而女于吴。今也小国师大国而耻受命焉，是犹弟子而耻受命于先师
也。如耻之，莫若师文王，师文王，大国五年，小国七年，必为政于天下矣。诗云：
'商之孙子，其丽※（耦）不亿※（谓其耦不至于亿），上帝既命，侯于周服，侯服
于周，天命靡常；殷士肤敏，裸※（灌鬯）将于京。'※（《集注》，助祭祀于周之京师）
孔子曰：'仁不可为众也。'夫国君好仁，天下无敌。今也欲无敌于天下而不
以仁。是犹执热而不以濯也。诗云：'谁能执热，逝※（语辞）不以濯。'"※（《章
指》：遭衰逢乱，屈服强大，据国行仁，天下莫敌，虽有亿众，无往不亲，执热须濯，明不可
违仁也）

孟子曰："人不足与适也，政不足与间也。惟大人为能格君心之非。※（《正

义》：诸本作政不足与间，赵本无与字）（适，过也。《诗》云："室人交遍适我。"间，非。格，正也。时皆小人居位，不足过责也。政教不足复非说，独得大人为辅臣，乃能正君也，非，法度也）※（《集注》：惟大人之德，能格正君心之不正以归于正。大人者，大德之人，正己而物正者也）君仁莫不仁，君义莫不义，君正莫不正，一正君而国定矣。"（《章指》：小人为政，不足间非，贤臣正君，使握道机。君正国定，六不邪侈，将何间也？）

孟子曰："桀、纣之失天下也，失其民也，失其民者，失其心也。得天下有道，得其民，斯得天下矣。得其民有道，得其心，斯得民矣。得其心有道，所欲与之聚之，所恶勿施尔也。民之归仁也，犹水之就下，兽之走圹也。故为渊殴※（古文，驱。）鱼者，獭也；为丛驱爵者，鹯也；为汤、武驱民者，桀与纣也。今天下之君有好仁者，则诸侯皆为之驱矣。虽欲无王，不可得已。今之欲王者，犹七年之病求三年之艾也。苟为不畜，终身不得，苟不志于仁终身忧辱，以陷于死亡。诗云：'其何能淑？载胥及溺。'此之谓也。"※（《章指》：水性趋下，民乐归仁，桀纣之政使就其君，三年之艾蓄而可得，一时欲仁，犹将沉溺，所以明鉴或也）

孟子曰："伯夷辟纣，居北海之滨，闻文王作兴，曰：'盍归乎来！吾闻西伯善养老者。'太公辟纣，居东海之滨，闻文王作兴，曰：'盍归乎来！吾闻西伯善养老者。'二老者，天下之大老也，而归之，是天下之父归之也，天下之父归之，其子焉往。诸侯有行文王之政者，七年之内，必为政于天下矣。"※（《章指》：养老尊贤，国之上务，文王勤之，二老远至，父来子从，天之顺道。七年为政，以勉诸侯，欲使庶几于行善也）

孟子曰："无罪而杀士，则大夫可以去；无罪而戮民，则士可以徒。"

孟子曰："君仁莫不仁，君义莫不义。"※（《章指》：君以仁义率众，孰不顺焉，上为下效也）

孟子告齐宣王曰："君之视臣如手足，则臣视君如腹心；君之视臣如犬马，则臣视君如国人；君之视臣如土芥，则臣视君如寇雠。"王曰："礼为旧君有服，何如斯可为服矣？"曰："谏行言听，膏泽下于民；有故而去，则君使人导之出疆，又先于其所往；去三年不反，然后收其田里，此之谓三有礼焉，如此则为之服矣。今也为臣，谏则不行，言则不听，膏泽不下于民。有故而去，则君搏执之，又极之于其所往。去之日，遂收其田里，此之谓寇雠，寇雠何服之有？"※（《章指》：君臣之道，以义为表，以恩为里，表里相应，犹若影响，旧君之服，盖有所兴，讽喻宣王，劝以仁也）

齐宣王问"卿。"孟子曰："王何'卿'之问也？"王曰："卿不同乎？"曰："不同，有贵戚之卿，有异姓之卿。"※（《章指》：国须贤臣，必择忠良，亲近贵戚或遭殃祸。伊发有莘，为殷兴道，故云成汤立贤无方也）王曰："请问'贵戚之卿。'"曰："君有大过则谏；反复之而不听，则易位。"王勃然变乎色。曰："王勿异也。王问臣，臣不敢不以正对。"王色定，然后请问"异姓之卿。"曰："君有过则谏；反复之而不听，则去。"

孟子曰："易其田畴，薄其税敛，民可使富也。食之以时，用之以礼，财不可胜用也。民非水火不生活。昏暮叩人之门户，求水火，无弗与者，至足矣。圣人治天下，使有菽粟如水火。菽粟如水火，而民焉有不仁者乎？"※（《章指》：教民之道，富而节用，蓄积有余，焉有不仁，故曰仓廪实知礼节也）

白圭曰："吾欲二十而取一，何如？"孟子曰："子之道，貉道也。万室之国，一人陶，则可乎？"曰："不可。器不足用也。"曰："夫貉，五谷不生，惟黍生之。无城郭宫室、宗庙祭祀之礼，无诸侯币帛※（以饮食馈客之礼）饔飧，无百官有司，故二十取一而足也。今居中国，去人伦，无君子，如之何其可也？陶以寡，且不可以为国，况无君子乎？欲轻之于尧、舜之道者，大貉小貉也。欲重之于尧、舜之道者，大桀、小桀也。"※（《章指》：先王典礼，万世可尊。什一供贡，下富上尊。裔土简隋，二十而税。貉道有然，不足为贵。圭欲法之，孟子斥之，以王制也）

孟子曰："以佚道使民，虽劳不怨。以生道杀民，虽死不怨杀者。"※（《章指》：劳人欲以佚之，杀人欲以生之，则民无怨谦也）

孟子曰："不信仁贤，则国空虚。无礼义，则上下乱。无政事，则财用不足。"※（《章指》：亲贤正礼，明其立教为政之源，圣人以三者为急也）

孟子曰："不仁而得国者有之矣。不仁而得天下，未之有也。"※（《章指》：王者当天然后处之桀纣幽厉虽得犹失不以善终，不能世祀不为得也）

孟子曰："民为贵，社※（王神）稷※（谷神）次之，君为轻。是故得乎丘※（众也。）民而为天子，得乎天子为诸侯，得乎诸侯为大夫。※（《章指》：得民为君，得君为臣、民为贵也。先黜诸侯后毁社稷君为轻也。重民敬祀治之所先，故列其次而言之）诸侯危社稷则变置。牺牲既成，粢盛既洁，祭祀以时，然而旱干水溢，则变置社稷。"（牺牲已成肥腯，粱稻已成洁精，祭祀社稷尝以春秋之时，然而其国有旱乾水溢之灾，则毁社稷而更置之）※（古来变置社稷事实，考《正义》）

孟子曰："伯夷辟纣，居北海之滨，闻文王作，兴曰：'盍归乎来？吾闻西伯善养老者。'太公辟纣、居东海之滨，闻天下作，兴曰：盍归乎来，吾闻西伯善养老者。天下有善养老，则仁人以为己归矣。※（《集注》：己之所归）五亩之宅，树墙下以桑，匹妇蚕之，则老者足以衣帛矣。五母鸡，二母彘，无失其时，老者足以无失肉矣。百亩之田，匹夫耕之，八口之家足以无饥矣。"

"所谓西伯善养老者，制其田里，教之树畜，导其妻子，使养其老。五十非帛不暖，七十非肉不饱，不暖不饱，谓之冻馁。文王之民，无冻馁之老者，此之谓也。"※（《集注》：王政普大教其常业。各养其老，使不冻馁二老闻之归身自托。众鸟不罗翔凤来集，亦斯类也）

（**编者注：**以上原文摘自《孟子》卷一、二、五至七、十、十二、十四）

孝

滕定公薨。世子谓然友曰："昔者孟子尝与我言于宋，于心终不忘。今也不幸至于大故，吾欲使子问于孟子，然后行事。"然友之邹，问于孟子。孟子曰："不亦善乎！亲丧，固所自尽也。（不亦者，亦也。问此，亦其善也）※（《集注》：父母之丧，固人子之心所自尽也。盖悲哀之情痛疾之意，非自外至，宜乎文公于此有所不能自己也）曾子曰：'生事之以礼；死葬之以礼，祭之以礼，可谓孝矣。'诸侯之礼，吾未之学也。虽然，吾尝闻之矣，三年之丧，齐※（本作齐，或作斋）疏之服，※（《正义》：齐疏数语，亦出自曾子。孟子学由曾子递传。）飦粥之食，自天子达于庶人，三代共之。"然友反命，定为三年之丧。※（毛奇龄《滕言》云：《论语》子张问高宗三年不言，夫子曰：何必高宗，古之人皆然，逐疑子张此问，夫子此答。其周制当必无此事可知。何则？子张以高宗为创见，而夫子又言古之人，其非今制昭然也。而《康王之诰》，成王崩九日，康王遽即位冕服出命令诰诸侯，可三年不言不同，后读《春秋》晋平公即位，政服命官，而通列国盟成之事。始悟孟子所定三年之丧，引三年不言为训，而滕文奉行，即又曰五月居庐，未有命戒，是皆商以前之制并非周制，盖其云定三年之丧，谓定三年之丧制也，然则孟子何以使行商制，曰使滕行助法，亦商制也。又可考顾栋高《春秋大事表》）父兄百官皆不欲，曰："吾宗国鲁先君莫之行，吾先君亦莫之行也。至于子之身而反之，不可。且志曰：'丧祭从先祖。'曰：'吾有所受之也。'"谓然友曰："吾他日未尝学问，好驰马试剑。今也父兄百官不我足也，恐其不能尽于大事。子谓我问孟子。"然友复之邹，问孟子。孟子曰："然。不可以他求者也。孔子曰：'君薨，听于冢宰；歠※（饮）粥※（不饭）面深墨，即位而哭；百官有司，莫敢不哀，先之也。上有好者，下必有甚焉者矣。君子之德风也，小人之德草也；草上之风必偃。'是在世子。"然友反命。世子曰："然。是诚在我。"五月居庐；※（《正义》：用两木斜倚于东壁作堑堵形，向西顺斜倚之木，以草为屏，故名倚庐）未有命戒，百官族人，可※（肯）谓曰知。（诸侯五月而葬，未葬，居倚庐於中门之内也。未有命戒，居丧不言也。异姓同姓之臣，可谓曰知，世子之能行礼也。）※（《正义》：可谓日知，言至是首肯而谓之日，吾今乃知，知犹觉也，解也。《集注》：知下疑有阙误）及至葬，四方来观之，颜色之戚。哭泣之哀，吊者大悦。※（《章指》：事莫大于奉礼，孝莫大于哀恸，从善如流，文公之谓也）

孟子曰：“事孰为大？事亲为大。守孰为大？守身为大。不失其身而能事其亲者，吾闻之矣。失其身而能事其亲者，吾未之闻也。（事亲，养亲也。守身，使不陷於不义也。失不义，则何能事父母乎？）※（《集注》：一失其身，则亏体辱亲，虽日用三牲之养，亦不足以为孝矣）孰不为事？事亲，事之本也。孰不为守？守身，守之本也。曾子养曾晳，必有酒肉，将彻，必请所与，问：‘有馀？’必曰：‘有。’曾晳死，曾元养曾子，必有酒肉，将彻，不请所与。问：‘有馀？’曰：‘亡矣。’将以复进也。此所谓养口体者也。若曾子，则可谓养志也。事亲，若曾子者可也。”※（《章指》：上孝养志，下孝养体，曾参事亲，可谓至矣。孟子言之，欲令后人则曾子也）（将彻，请所与，问曾晳所欲与子孙所爱者也。必曰有，恐违亲意也，故曰养志。曾元曰“无”，欲以复进曾子也，不求亲意，故养口体也。事亲之道，当如曾子之法，乃为至孝）

孟子曰：“不孝有三，无后为大。舜不告而娶，为无后也。君子以为犹告也。”※（《章指》量其轻重，无后不可，是以大舜受尧二女。夫三不孝蔽者所闻，至于大圣，卓然匪疑，所以垂法也）

孟子曰：“天下大悦而将归己，视天下悦而归己，犹草芥也，惟舜为然。不得乎亲，不可以为人，不顺乎亲，不可以为子。舜尽事亲之道，而瞽瞍底豫。瞽瞍底豫而天下化，瞽瞍底豫而天下之为父子者定。此之谓大孝。”※（《章指》：以天下之富贵，为不若得意于亲，故能怀协顽嚚，底豫而欣，天下化之，父子加亲，故称盛德者必百世祀，无与此崇也）

公孙丑曰：“君子之不教子，何也？”孟子曰：“势不行也。教者必以正。以正不行，继之以怒，继之以怒，则反夷矣。‘夫子教我以正，夫子未出于正也。’则是父子相夷也。父子相夷则恶矣。古者易子而教之。父子之间不责善，责善则离，离则不祥莫大焉。”※（《章指》：父子至亲，相责离恩；易子而教，相成以仁，教之义也）

孟子曰：“养生者，不足以当大事，惟送死可以当大事。”※（《章指》：养生竭力，人情所勉，哀死送终，行之高者事不违礼，可谓难矣，故谓之大事）（孝子事亲致养，未足以为大事，送终如礼，则为能奉大事也。）※（《集注》：送死则人道大变，孝子事亲、舍是无以用其力，故尤以为大事）

齐宣王欲短丧。公孙丑曰：“为期之丧，犹愈于已乎？”孟子曰：“是犹或紾其兄之臂，子谓之姑徐徐云尔。亦教之孝悌而已矣。”王子有其母死者，其傅为之请数月之丧。公孙丑曰：“若此者，何如也？”曰：“是欲终之而不可得也，虽加一日愈于已。谓夫莫之禁而弗为者也。"（孟子曰：如是，王子欲终服其子礼而不能者也，加益一日，则愈于止，况数月乎？所谓不当者，谓无禁自欲短之，故讥之也）※（章指：礼断三年孝者，欲益富贵怠厌思减，共曰：君子正言不可阿情丑欲期之，故譬之紾兄徐徐也）

桃应问曰："舜为天子，皋陶为士，瞽瞍杀人，则如之何？"孟子曰："执之而已矣。""然则舜不禁与？"曰："夫舜恶得而禁之？夫有所受之也。""然则舜如之何？"曰："舜视弃天下，犹弃敝蹝也；※（《章指》：奉法承天政不可枉大孝荣父遗弃天下。虞舜之道趋将如此，孟子之言，掾圣意也）窃负而逃，遵海滨而处，终身诉然，乐而忘天下。"[（孟子曰：舜视弃天下如拾弃敝屣。屣，草履也。敝喻不惜。舜必负父而远逃，终身欣然，忽忘天下之为※（贵也））]

公孙丑问曰："高子曰：'《小弁》，小人之诗也。'"孟子曰："何以言之？"曰："怨。"曰："固哉，高叟之为《诗》也！有人于此，越人关弓而射之，则己谈笑而道之；无他，疏之也。其兄关弓而射之，则己垂涕泣而道之；无他，戚之也。《小弁》之怨，亲亲也。亲亲，仁也。固矣夫，高叟之为《诗》也！"曰："《凯风》何以不怨？"曰："《凯风》，亲之过小者也。《小弁》，亲之过大者也。亲之过大而不怨，是愈疏也。亲之过小而怨，是不可矶也。愈疏，不孝也。不可矶，亦不孝也。孔子曰：'舜其至孝矣，五十而慕。'"※（周柄中《辨正》云：从一而终者，妇人之大节，而孟子以凯风为亲之过小，岂小其失节哉？盖一念虽差，过而未遂，斯为小耳。《正义》：检孔疏亦言母遂不嫁）※（《章指》：生之膝下，一体而分，喘息呼吸，气通于亲，当亲而疏，怨慕号天，是以小弁之怨，未足为怨也）

万章问曰："舜往于田，号泣于旻天※（仁覆闵下，则称旻天）。何为其号泣也？"孟子曰："怨慕也。"万章曰："父母爱之，喜而不忘；父母恶之，劳而不怨。然则舜怨乎？"曰："长息问于公明高曰：'舜往于田，则吾既得闻命矣。号泣于旻天于父母，则吾不知也。'公明高曰：'是非尔所知也。'夫公明高以孝子之心，为不若是恝※（本作愿，苦八切）；我竭力耕田，共为子职而已矣；父母之不我爱，于我何哉？帝使其子九男二女，百官牛羊仓廪备，以事舜于畎亩之中。天下之士多就之者，帝将胥※（辅相，相视）天下而迁之焉；为不顺于父母，如穷人无所归。（天下之善士，多就舜而悦之。胥，须也。尧须天下悉治，将迁位而禅之。顺，爱也。为不爱於父母，其为忧愁，若困穷之人，无所归往也）※（《史记》：二女妻之以观其内，九男事之，以观其外，又言一年所居成聚，二年成邑，三年成都，是天下之士就之也）天下之士悦之，人之所欲也。而不足以解忧。好色，人之所欲，妻帝之二女，而不足以解忧。富，人之所欲，富有天下，而不足以解忧。贵，人之所欲，贵为天子，而不足以解忧。人悦之、好色、富贵，无足以解忧者。惟顺于父母，可以解忧。人少则慕父母，知好色则慕少艾，有妻子，则慕妻子，仕则慕君，不得于君，则热中。大孝终身慕父母。五十而慕者，予于大舜见之矣。"※（《章指》：孝百行之本，无物以生之，唯富有天下而不能取悦于其父母，莫有可也，孝道明著，则六合归仁矣）

（**编者注**：以上原文摘自《孟子》卷七、九、十二）

礼

淳于髡曰："男女授受不亲，礼与？"孟子曰："礼也。"曰："嫂溺则援之以手乎？"曰："嫂溺不援，是豺狼也。男女授受不亲，礼也。嫂溺援之以手者，权也。"曰："今天下溺矣，夫子之不援，何也？"曰："天下溺，援之以道，嫂溺，援之以手，子欲手援天下乎？"※（《章指》：权时之义，嫂溺援手。君子大行，拯世以道，道之指也。《集注》：此章言直己守道，所以济时，枉道殉人，徒为失己）

任人有问屋庐子曰："礼与食孰重？"曰："礼重。""色与礼孰重？"曰："礼重。"曰："以礼食，则饥而死，不以礼食，则得食，必以礼乎。亲迎，则不得妻。不亲迎则得妻，必亲迎乎？"屋庐子不能对，明日之邹以告孟子。孟子曰："于答是也何有？（于音乌，叹辞※（即乌呼之辞）也，何有为不可答也？）不揣其本而齐其末，方寸之木可使高于岑楼。金重于羽者，岂谓一钩金与一舆羽之谓哉。取食之重者，与礼之轻者而比之，奚翅食重？取色之重者，与礼之轻者而比之，奚翅色重？"[（孟子言夫物，当揣量其本，以齐等其末。知其大小轻重，乃可言也。不节其数，累积方寸之木，可使高於岑楼。岑楼，山之锐岭者，宁可谓寸木高於山邪。金重於羽，谓多少同而金重耳，一带钩之金，岂重一车羽邪？如取食、色之重者，比礼之轻者，何翅食、色重哉？翅，辞也。若言何其不※（正义：有不字之误）重也。）]往应之曰："紾兄之臂而夺之食，则得食；不紾则不得食，则将紾之乎？踰东家墙而搂其处子，则得妻；不搂则不得妻，则将搂之乎？"[（教屋庐子往应任人如是。紾，戾※（曲）也。搂，牵也。处子，处女也。则是礼重，食、色轻者也）]※（《章指》：临事量宜，权其轻重，以礼为先，食色为后，若有偏殊，从其大者。屋庐未达故譬搂紾也）

（**编者注**：以上原文摘自《孟子》卷七、十二）

天　性

孟子曰："人皆有不忍人之心。先王有不忍人之心，斯有不忍人之政矣。以不忍人之心，行不忍人之政，治天下可运之掌上。所以谓人皆有不忍人之心者，今人乍见孺子将入于井，皆有怵※（惊恐）惕※（痛）恻※（痛之深）隐※（伤之切）之心。非所以内交于孺子之父母也，非所以要誉于乡党朋友也，非恶其声而然也。由是观之，无恻隐之心，非人也。无羞恶之心，非人也。无辞让之心，非人也。无是非之心，非人也。恻隐之心，仁之端※（绪）也，羞恶之心，义之端也。辞让之心，礼之端也。是非之心，智之端也。人之有是四端也，犹其有四体也。有是四端而自谓不能者，自贼者也。谓其君不能者，贼其君者也。凡有四端于我者，知皆扩而充之矣。若火之始燃，泉之始达。苟能充之，足以保四海，苟不充之，不足以事父母。"※（《章指》：人之行，当内求诸已以□大四端，充广其道，上以匡君，下以荣身）

滕文公为世子，将之楚，过宋而见孟子。※（周广业《孟子出处时地考》云：孟子去齐居休，旋归于邹，年六十余矣。闻宋王偃行仁政，往游焉）孟子道性善，言必称尧、舜。※（孟子在宋，与相见也，孟子与世子言，人生皆有善性，但当充而用之有，又言尧舜之治天下，不失仁义之道，欲劝勉世子）世子自楚反，复见孟子。孟子曰："世子疑吾言乎？夫道一而已矣！成覸谓齐景公曰：'彼丈夫也，我丈夫也，吾何畏彼哉？'颜渊曰：'舜何人也？予何人也，有为者亦若是！'公明仪曰：'文王我师也，周公岂欺我哉？'（公明仪，贤者也。师文王，信周公，言其知所法则也。）※（《正义》：礼记檀弓注：公明仪曾子弟子，孔颖达谓是子张弟子）今滕绝长补短，将五十里也，犹可以为善国。书曰：'若药不暝眩，厥疾不瘳。'"※（《章指》：人当上则圣人，秉仁行义。高山景行，庶几不倦。论语曰：力行近仁，盖不虚云）

孟子曰："舜生于诸冯，迁于负夏，卒于鸣条，东夷之人也。文王生于岐周，卒于毕郢，西夷之人也。※（《盐铁论·国病篇》，贤良曰：禹出西羌，文王生北夷）地之相去也，千有余里；世之相后也，千有余岁，得志行乎中国，若合符节。先圣后圣，其揆一也。"※（《章指》：圣人殊世而合其道地虽不比，由通一揆，故可以为百王法也）（土地相去，千有余里，千里以外也。舜至文王，千二百岁。得志行政于中国，盖谓王也。如合符节，节，玉节也，《周礼》有六节。揆，度也，言圣人之度量同也）※（《集注》：符节以王为之，篆刻文字而中分之，彼此各藏其半，有故则左右相合以为信。周柄中《辨正》云：或言节，或言符，或并言符节，实一而已）

储子曰："王使人瞯夫子，果有以异于人乎？"孟子曰："何以异于人哉？

尧舜与人同耳。"※（《章指》：人以道殊，贤愚体别，头圆足方，善恶如一，储子之言，齐王之不达也）

告子曰："性，犹杞柳也。义，犹桮棬※（盘盂盆盏之总名，其未形未饰名其质为棬，因桮器之不彫饰者通名曰棬）也。以人性为仁义，犹以杞柳为桮棬。※（《荀子》性恶，工人斫木而成器，器生于工人之伪，非故生于木之性也。圣人积思虑，习伪故，以生礼义而起法度。然则礼义法度者是生于圣人之伪，非故生于人之性也。又云，檃栝之偽于枸木也，绳墨之起于不直也。立君上明礼义，为性恶也。皆与告子此说同）"※（胡煦《篝灯约旨》：告子孟子弟也。其始杞柳之喻，疑性善为矫揉，即性伪之说。得戕贼之喻，知非矫揉矣，则性中有善可知。然又疑性中兼有善恶而为湍水之喻，此即善恶之说。得博灏之说，知性本无恶矣。则疑生之谓性，此即佛氏之见也。得犬牛之喻，知性本善矣，则又疑仁内而义外，及得耆炙之喻，然后知性中之善如是其确而切美而备也。谆谆性学如告子者，几无人矣。顾乃以孟子为鬪告子何耶？翟灏《考异》云：《管子·戒篇》，仁从中出，义由外作，《墨子》经下篇，仁义之为内外也，受利不相为内外，所爱利亦不相为内外。其为仁内也，义外也，举爱与所利也。告子仁内义外之言，远本管子，而近受自墨子。《墨子·公孟篇》，二三子曰，告子言义而行甚恶，请弃之，墨子曰，不可。告子言谈甚辩，言仁义而不吾毁，故赵氏曰：告子兼治儒墨）孟子曰："子能顺杞柳之性，而以为桮棬乎？将戕贼杞柳而后以为桮棬也。如将贼杞柳而以为桮棬，则亦将戕贼人以为仁义与？（孟子言以人身为仁义，岂可复残伤其形体，乃成仁义邪？明不可此桮棬）※（《章指》：养性长义，顺夫自然，残木为器，变而后成。告子道偏，见有不纯，内仁外义，违人之端。孟子拂之，不假以言也）率天下之人而祸仁义者，必子之言夫！"

告子曰："性犹湍水也，决诸东方则东流，决诸西方则西流。※（全祖望《经史问答》以为告子为公孙龙子之师，乃吕东莱之说而厚斋引入汉书艺文志疏证者也，盖以其白羽、白雪、白玉、白人、白马之问答也，孟子殆以其矛刺其盾也）人性之无分于善不善也，犹水之无分于东西也。"※（按告子言性无善恶，有谓其性犹杞柳是性恶论者，非也。性犹杞柳，义犹桮棬，即决之东西之谓。胡煦谓此疑善恶混，亦非。《论衡·初禀》：性生而然者也。《集注》：生，指人物之所以知觉运动者而言）孟子曰："水信无分于东西，无分于上下乎？人性之善也，犹水之就下也。人无有不善，水无有不下。今夫水，搏※（掬其掌以超腾其水，则作搏。）※（補各切，以手击水）而跃之，可使过颡；激而行之，可使在山。是岂水之性哉？其势则然也。※（按：设水无过颡在山之可能性，则搏之变不能跃，是性有恶已，孟子不能自解，亦犹荀子不能自解，"礼义法变生于圣人之为"。夫圣人既能生礼义法度，则必先有善之可能性在也）人之可使为不善，其性亦犹是也。"孟子曰：水诚无分于东西，故决之而往也，水岂无分於上下乎？水性但欲下耳。人性生而有善，犹水之欲下也。所以知人皆有善性，似水无有不下者也。跃，跳。颡，额也。人以手跳水，可使过颡，激之可令上山，皆迫於势耳，非水之性也。人之可使为不善，※（《章指》：人之欲善，犹水好下，迫势激跃，失其素真，是以守正性者为君子，随曲拂者为小人也）非顺其性也，亦妄为利欲之势所诱迫耳，犹是水也。言其本性非不善也。

告子曰："生之谓性。"※（按：此仍性无善恶之谓）（凡物生同类者皆同性）※（《荀子·正名》，生之所以然者谓之性。《春秋繁露》深察名号篇，如其生之自然之资谓之性。《白虎通·性情篇》；性者，生也。《论衡·初禀》：性生而然者也。《集注》生指人物之所以知觉运动者而言）孟子曰："生之谓性也，犹白之谓白与？"曰："然"。"白羽之白也，犹白雪之白；白雪之白，犹白玉之白与？"曰："然。"（告子曰然，诚以为同也。）※（若就白言，则同也，岂可更以轻坚之性为论）※（《章指》：物虽有性，性各殊异，惟人之性与善促生，赤子八井以发其诚，告子一之，知其粗矣，孟子情之，是在其中）"然则犬之性犹牛之性，牛之性犹人之性与？"（孟子言犬之性，岂与牛同所欲，牛之性，岂与人同所欲乎？）※（若食色之性则牛犬人同也，按此是定义不确定之争论，孟子强辩）

孟子曰："尽其心者，※（《荀子·解蔽》心者，形之君而神明之主也。出令而无所受命。《春秋繁露·循天之道篇》：凡气从心，心，气之君也）知其性也。知其性，则知天矣。（性有仁、义、礼、智之端，心以制之，惟心为正。人能尽极其心，以思行善，则可谓知其性矣。知其性，则知天道之贵善者也）※（《集注》：能极其心之全体而无不尽者，必其能穷夫理而无不知者也。既知其理，则其所从出（天），亦不外是矣，以大学之序言之，知性则物格之谓，尽心则知至之谓）存其心，养其性，所以事天也。※（程子白：自理而言谓之天，自禀受而言谓之性，自存诸人而言谓之心。心也性也，天也，一理也）（能存其心，养育其正性，可谓仁人。天道好生，仁人亦好生。天道无亲，惟仁是与。行与天合，故曰所以事天也）※（张子曰：尽心知性，而知天，所以造其理也，存心养性以事天，所以履其事也。不知其理，因不能履其事，然徒造其理而不履其事，则亦无以有诸己矣。知天而不以夭寿二其心，智之尽也。事天而能修身以俟死，仁之至也）夭寿不贰，修身以俟之，所以立命也。"※（《章指》：尽心竭性，所以承天、夭寿祸福，秉心不违。立命之道，惟是为珍）

孟子曰："莫非命也，顺受其正。[（莫，无也。人之终，无非命也。命有三名，行※（不假操行以求福而吉自至）善得善曰受命，行善※（遭逢于外而得凶祸。）得恶曰遭命，行恶※（纵情施欲而凶祸到）得恶曰随命。惟顺受命，为受其正也已。）是故知命者不立乎岩墙之下。尽其道而死者，正命也。桎梏死者，非正命也。"※（《章指》：人必趋命、贵受其正。岩墙之疑，君子远之。）畏、压、溺死，礼所不吊，故曰非正命也已)]※（《集注》：桎梏，所以拘罪人者，立犯罪而死，与立岩墙之下者，皆人所取，非天所为也）

孟子曰："口之于味也，目之于色也，耳之于声也，鼻之于臭也，四肢之于安佚也，性也。有命焉，君子不谓性也。仁之于父子也，义之于君臣也，礼之于宾主也，知之于贤者也，圣人之于天道也，命也。有性焉，君子不谓命也。"（仁者得以恩爱施于父子，义者得以义理施于君臣，好礼者得以礼敬施于宾主，知者得以明智知贤达善，圣人得以天道王于天下，此皆命禄遭遇，乃得居而行之，不遇者不得施行。然亦才性有之，故可用也。凡人则归之命禄，在天而已，不复治性。以君子之道，则修仁行义，修礼学知，庶几圣人，亹不倦，不但坐而听命，故曰君子不谓命也）※（《章指》：尊德乐道不任佚性，治性勤礼不专委命，君子所能小人所病，究言其事以劝戒也）

孟子曰："天下之言性也，则故※（已然之迹《集注》）而已矣；故者，以利※（自然之势，利顺也）为本。※（按：孟子言，天下之言性者，只知已然之迹而不识自然之势。此之为凿也。《正义》：庄周云：吾生于陵而安于陵，故也。长于水而安于水，性也。此适有故与性二字，疑战国时有此语。毛奇龄《四书剩言补》云：天下之言性也，则故而已矣，观其语气自指泛言性者，至以利为本，然后断以己意……当时言性者，多据往事为说，如云文武兴则民好善，幽厉兴则民好暴，以尧为君而有象，以瞽瞍为义而有舜…诸言性者据故事而不道其故之利，所以言性恶，言性善恶混，或又分气质之性义理之性，皆不识故以利为本者也。孟子私淑孔子，以故之利而直指性为善，按此言为《中庸》率性之言所自出）所恶于智者，为其凿也。如智者若禹之行水也，则无恶于智矣，禹之行水也，行其所无事也。如智者亦行其所无事，则智亦大矣。天之高也，星辰之远也，苟求其故，千岁之日至，可坐而致也。"※（《章指》：能修性守故，天道可知。妄智改常，必与道乖，性命之旨也）（天虽高，星辰虽远，诚能推求其故常。千岁日至之日，可坐而致也。星辰、日月之会。致，至也。知其日至在何日也）※（《集注》：造历者以上古十一月甲子朔夜冬至为历元也。更考《正义》）

孟子曰："形、色，天性也。惟圣人然后可以践形。"※（《章指》：体德正容，大人所履，有表无里谓之柚梓，是以圣人乃堪践形也）（形，谓君子体貌尊严也，《尚书·洪范》"一曰貌"。色，谓妇人妖丽之容，《诗》云"颜如舜华"。此皆天假施於人也。践，履居之也。《易》曰："黄中通理。"圣人内外文明，然能以正道履居。此美形不言居而言践，尊阳抑阴之义也）※（《集注》：人之有形有色，无不各有自然之理，所谓天性也。众人有形而不能尽其理，故无以践其形。惟圣人有是形，而又能尽其理。然后可以践其形而无歉也）

曹交问曰："'人皆可以为尧、舜'，有诸？"孟子曰："然。""交闻文王十尺，汤九尺，今交九尺四寸以长，食粟而已，如何则可？"曰："奚有于是？亦为之而已矣。有人于此，力不能胜一匹雏，则为无力人矣。今日举百钧，则为有力人矣。然则举乌获之任，是亦为乌获而已矣。夫人岂以不胜为患哉？弗为耳。（孟子曰：何有于是？言乎仁义之道，亦当为之，乃为贤耳。人言我力不能胜一小雏，则谓之无力，人言我能举百钧，百钧，三千斤也，则谓之有力之人。乌获，古之有力人也，能移举千钧。人能举其所任，是为乌获才也。夫一匹雏不举，岂患不能胜哉？但不为之耳）※（《正义》：何有亦宜解作不难。姚文田《求是斋自订稿》云：竭其迈往之材，久之亦得为有力之人）徐行后长者谓之弟，疾行先长者谓之不弟。夫徐行者，岂人所不能哉？所不为也。尧、舜之道，孝悌而已矣。子服尧之服，诵尧之言，行尧之行，是尧而已矣。子服桀之服，诵桀之言，行桀之行，是桀而已矣。"曰："交得见于邹君，可以假馆，愿留而受业于门。"曰："夫道，若大路然，岂难知哉？人病不求耳。子归而求之，有余师。"※（《章指》：天下大道，人并由之。病于不为，不患不能。是以曹交请学，孟子辞焉。盖诗三百，一言以蔽之）

公都子曰："告子曰：'性无善无不善也。'（公都子道告子以为人性在化，无本善不善也）※（按：告子之意性无善不善而可以为善不善也。否则杞柳何以能为桮棬？）或曰：'性可以为善，可以为不善。是故文、武兴则民好善，幽、厉兴则民好暴。'※（《论衡·本性》：周人世硕以为人性有善有恶，举人之善性养而致之则善长，恶性养而致之则恶长。世子作《养书》一篇，宓子贱、漆雕开、公孙尼子之徒，亦论性情与世子相出入。《汉志》世子二十一篇，名硕，陈人，七十子之弟子。韩非子八儒，有漆雕氏之儒、世子或其徒与）或曰：'有性善，有性不善。是故以尧为君而有象，以瞽瞍为父而有舜，以纣为兄之子且以为君，而有微子启、王子比干。'今曰：'性善'，然则彼皆非欤？"孟子曰："乃若其情，则可以为善矣。乃所谓善也。若夫为不善，非才之罪也。※（《集注》：乃若，语辞。情者，性之动也。程瑶田《通艺录·论学小记》云：孟子以情验性，如言是非辞让之情，为仁义礼智之端人皆有之。曰可以为善者，可不可未知之辞。然而未尝不可以为善也。若夫为不善，乃其后之变态，非其情动之初，本然之才便如此也）恻隐之心，人皆有之。羞恶之心，人皆有之。恭敬之心，人皆有之。是非之心，人皆有之。恻隐之心，仁也。羞恶之心，义也。恭敬之心，礼也。是非之心，智也。※（《正义》：以仁义礼智为由外销铄（戕贼）我，当时盖有此言。如庄子言纯朴不残孰为仁，故孟子直斥其非，而以为我固有之也）仁、义、礼、智，非由外铄我也，我固有之也，弗思耳矣。"故曰："求则得之，舍则失之。或相倍蓗而无算者，不能尽其才者也。《诗》曰：'天生蒸※（众）民，有物※（事）有则※（法）。民之秉※（执）彝，好是懿德。'孔子曰：'为此诗者，其知道乎！故有物必有则，民之秉彝也，故好是懿德。'"※（《章指》：天之生人，皆有善性。引而趋之，善恶异衢，高下相悬，贤愚乖殊，寻其本者，乃能一诸）

孟子曰："富岁子弟多赖※（阮元云：即嬾，懈也，赖与暴俱是陷溺其心），凶岁子弟多暴。非天之降才尔殊也，其所以陷溺其心者，然也。今夫麰麦，播种而耰之，其地同，树之时又同，浡然而生，至于日至之时，皆熟矣。虽有不同，则地有肥硗，雨露之养、人事之不齐也。（麰麦，大麦也。《诗》云："贻我来牟。"言人性之同，如此牟麦，其不同者，人事、雨泽有不足，地之有肥、硗耳。硗，薄也）※（赵佑《温故录》：孟子两言日至，千岁之日至，冬至日也，至于日至之时，夏至日也）故凡同类者，举相似也，何独至于人而疑之？圣人与我同类者。故龙子曰：'不知足而为屦，我知其不为蒉也。'屦之相似，天下之足同也。口之于味，有同耆也。易牙，先得我口之所耆者也。如使口之于味也，其性与人殊，若犬马之与我不同类也，则天下何耆皆从易牙之于味也？至于味，天下期于易牙，是天下之口相似也。惟耳亦然。至于声，天下期于师旷，是天下之耳相似也。惟目亦然。至于子都，天下莫不如其姣也。不知子都之姣者，无目者也。故曰：口之于味也，有同耆焉。耳之于声也，有同听焉，目之于色也，有同美焉至于心，独无所同然乎？心之所同然者何也？谓理也，义也，圣人先得我心之所同然耳。故理、义之悦我心，犹刍※（草食）豢※（谷食）之悦我口。"※（《章指》：人禀性俱有好憎耳目口心，于悦者同，或为君子，或为小人，犹牟麦不齐，雨露使然也，孟子言是，所以勖而好之）

孟子曰："牛山之木尝美矣。以其郊于大国也，斧斤伐之，可以为美乎？是其日夜之所息，雨露之所润，非无萌蘖之生焉，牛羊又从而牧之，是以若彼濯濯也。人见其濯濯也，以为未尝有材焉，此岂山之性也哉？虽存乎人者，岂无仁义之心哉？其所以放其良心者，亦犹斧斤之于木也，旦旦而伐之，可以为美乎？其日夜之所息，平旦※（《集注》清明之气）之气其好恶与人相近也者几希？※（《集注》不多）则其旦昼之所为，有※（又）梏亡之矣。梏之反复，则其夜气不足以存。夜气不足以存，则其违禽兽不远矣。人见其禽兽也，而以为未尝有才焉者，是岂人之情也哉？※（《正义》：旦日犹云明日，谓今日夜所息平旦之气，才能不远于人，及明日出见。纷华所悦，而所息者梏亡矣。反覆者，息而梏，梏而又息，息而又梏，其始息多于梏，久则梏多于息。息则仁义之心存，梏则利害之见胜，于犯仁义之良，故夜气不足以存）故苟得其养，无物不长；苟失其养，无物不消。孔子曰：'操则存，舍则亡；出入无时，莫如其乡。'惟心之谓与！"※（《集注》：孔子言心，操之则在此，舍之则失去，其出入无定时，亦无定处如此。按：然则心固无无善恶而可为善恶乎？）※（《章指》秉心持正，使邪不干，犹止斧斤，不伐牛山，山则木茂，人则称仁也）

孟子曰："人之所不学而能者，其良能也。所不虑而知者，其良知也。孩提之童，无不知爱其亲者；及其长也，无不知敬其兄也。亲亲，仁也。敬长，义也。无他，达之天下也。"※（《章指》：本性良能仁义是也。达之天下恕乎己也）

（**编者注：**以上原文摘自《孟子》卷三、八、十一、十三）

孟子论弟子

乐正子从于子敖之齐。乐正子见孟子。孟子曰："子亦来见我乎？"曰："先生何为出此言也？"曰："子来几日矣？"曰："昔者。"曰："昔者则我出此言也，不亦宜乎？"曰："舍馆未定。"曰："子闻之也，舍馆定，然后求见长者乎？"曰："克有罪。"※（《章指》：尊师尊道，孜贤事长，人之大纲。乐正子好善，故孟子讥之，责贤者备也）

孟子谓乐正子曰："子之从于子敖来，徒餔※（食欲。）啜也。我不意子学古之道，而以餔啜也。"※（《章指》：学优则仕，仕以行道，否则隐逸免置穷处，销啜沉浮，君子不与是以孟子咨嗟乐正子也）

鲁欲使乐正子为政。孟子曰："吾闻之喜而不寐。"公孙丑曰："乐正子强乎？"曰："否。""有知虑乎？"曰："否。""多闻识乎？"曰："否。""然则奚为喜而不寐？"曰："其为人也好善。""好善足乎？"曰："好善优于天下，而况鲁国乎？夫苟好善，则四海之内，皆将轻千里而来。告之以善，夫苟不好善，则人将曰：'訑訑，予既已知之矣。'訑訑之声音颜色，距人于千里之外。士止于千里之外，则谗谄面谀之人至矣。与谗谄面谀之人居，国欲治，可得乎？"※（《章指》：好善从人，圣人一概，禹闻说言，答之以拜，訑訑之吐吐，善人亦逝。善去恶来，道若合符。诗曰雨雪瀌瀌，见晛聿消此之谓也）

浩生不害问曰："乐正子，何人也？"孟子曰："善人也，信人也。""何谓善？何谓信？"曰："可欲之谓善。有诸己之谓信。充实之谓美。充实而有光辉之谓大。大而化之之谓圣。圣而不可知之之谓神。乐正子，二之中，四之下也。"※（《章指》：神圣以下，优劣异差、乐正好善，应下二科是以孟子为之喜也）（己之可欲，乃使人欲之，是为善人。己所不欲，勿施于人也。有之于己，乃谓人有之，是为信人。不意不信也。充实善信，使之不虚，是为美人。美德之人也。充实善信而宣扬之，使有光辉，是为大人。大行其道，使天下化之，是为圣人。有圣知之明，其道不可得知，是为神人。人有是六等，乐正子能善能信，在二者之中，四者之下也。）※（《集注》：天下之理，其善者必可欲，其恶者必可恶）

（**编者注**：以上原文摘自《孟子》卷七、十二）

孟子论人

　　孟子曰："伯夷非其君不事，非其友不友，不立于恶人之朝，不与恶人言。立于恶人之朝，与恶人言，如以朝衣朝冠，坐于涂炭。推恶恶之心，思与乡人立，其冠不正，望望然去之，若将浼焉。是故，诸侯虽有善其辞命而至者，不受也。不受也者，是亦不屑※（不以就为洁）就已。柳下惠不羞污君，不卑小官。进不隐贤，必以其道，遗佚而不怨，阨穷而不悯。故曰：'尔为尔，我为我，虽袒※（露臂）裼裸※（露身）裎于我侧，尔焉能浼我哉？'（柳下惠，鲁公族大夫也。姓展，名禽，字季，柳下是其号也。进不隐己之贤才，必欲行其道也。悯，懑也。善己而已，恶人何能污於我邪？）※（《正义》：柳下惠所云袒裼裸裎，假借脱衣赤体，以喻害民者之割剥）故由由然与之偕而不自失焉，援而止之而止，援而止之而止者，是亦不屑去已。"（由由，浩浩※（自得）之貌。不惮与恶人同朝并立。偕，俱也。与之俪行於朝何伤？但不失己之正心而已耳。援而止之，谓三黜不惭去也。是柳下惠不以去为洁也）孟子曰："伯夷隘，柳下惠不恭，隘与不恭，君子不由也。"※（《章指》：伯夷、柳下惠古之大贤，犹有所闻。介者必偏，中和为贵，纯圣能然，君子所由，尧舜是尊）

　　禹稷当平世，三过其门而不入，孔子贤之。颜子当乱世，居于陋巷，一箪食，一瓢饮，人不堪其忧，颜子不改其乐，孔子贤之。孟子曰："禹稷颜回同道。禹思天下有溺者，由※（如）己溺之也，稷思天下有饥者，由己饥之也，是以如是其急也。禹、稷、颜子，易地则皆然。今有同室之人斗者，救之，虽被发缨冠，而救之可也。乡邻有斗者，被发缨冠而往救之，则惑也，虽闭户可也。"※（《章指》：上贤之士，得圣一概，颜子之心，有同禹稷，时行则行，时止则止，失其节则或也）

　　公都子曰："匡章，通国皆称不孝焉。夫子与之游，又从而礼貌之，敢问何也？"孟子曰："世俗所谓不孝者五：惰其四肢，不顾父母之养，一不孝也。博弈好饮酒，不顾父母之养，二不孝也。好货财，私妻子，不顾父母之养，三不孝也。从耳目之欲，以为父母戮，四不孝也。好勇斗很，以危父母，五不孝也。章子有一于是乎？夫章子，子父责善而不相遇也。责善，朋友之道也。父子责善，贼恩之大者。夫章子，岂不欲有夫妻子母之属哉！为得罪于父，不得近，出妻屏子，终身不养焉。其设心以为不若是，是则罪之大者。是则章子已矣！"※（《章指》：匡章得罪，出妻屏子，上不得养，下以责己，众曰不孝，其实则否，是以礼貌云也）[（章子张设其心，执持此屏妻子之意，以为得罪於父，而不若是以自责罚，是则罪益大矣。※（是章子之行已矣，何为不可与言？）]

曾子居武城，有越寇。或曰："寇至，盍去诸？"曰："无寓人于我室，毁伤其薪木。"寇退，则曰："修我墙屋，我将反。"寇退，曾子反，左右曰："待先生如此其忠且敬也，寇至，则先去以为民望，寇退则反，殆于不可！"沈犹行曰："是非汝所知也！昔沈犹有负刍之祸，从先生者七十人，未有与焉。"子思居于卫，有齐寇。或曰："寇至，盍去诸？"子思曰："如伋去，君谁与守？"孟子曰："曾子、子思同道。曾子，师也，父兄也；子思，臣也，微※（贱，按即位卑之意）也。曾子、子思，易地则皆然。"※（《章指》：臣当劳君，师有余裕，二人处义非殊者也，是故孟子纪之，谓得其同）※（汉志有神农二十篇系后人伪托）

有为神农之言※（道）者许行，自楚之滕，踵※（山东滕县西南）门而告文公曰："远方之人，闻君行仁政，愿受一廛而为氓。"※（《北堂书钞·帝王部引·尸子》云：神农氏并耕而食，以劝农也。尸佼鲁人其书属杂家、商鞅师之，其言并耕而治，与许行同，许行之学，盖出于尸佼。《史记集解》云，佼晋人，商鞅客商鞅谋事画计，立法理民，未尝不与佼规也。吕思勉曰，古所谓神农，乃农业之义，非指姜姓之炎帝其人。《礼记·月令》云："母发令而待，妨神农之事"）[（神农，三皇之君，炎帝神农氏。许，姓；行，名也。治为神农之道者。踵※（足），至也。廛，居也。自称远方之人，愿为氓。氓，野※（古者在野曰庐，在邑曰廛，廛一家之居也，广二亩半）人也）]文公与之处。其徒数十人，皆衣褐，捆屦※（屦，麻革制）※（屐木）※（履，鞮鞋）※（履，拖鞋）织席以为食。[（文公与之居处，舍之宅也。其徒，学其业者也。衣褐，贫也。捆犹叩椓※（击）也，织屦欲使坚，故叩之也。卖屦席以供饮食也）]陈良之徒陈相，与其弟辛，负耒耜※（起土所用，耒为其柄，耜为其舌）而自宋※（河南商丘县）之滕，曰："闻君行圣人之政，是亦圣人也，愿为圣人氓。"[（陈良※（楚之），儒者也。陈相，良之门徒也。辛，相弟。圣人之政，谓仁政也）]陈相见许行而大悦，尽弃其学而学焉。陈相见孟子，道许行之言曰："滕君，则诚贤君也。虽然，未闻道也。贤者与民并耕而食，饔※（熟食）飧※（飧，餐俗字，说文脯也，从餐食，脯申时也）而治。今也滕有仓※[（谷（方））]廪※[（米（圆））]府※（藏财帛）库，则是厉民而以自养也。恶得贤！"孟子曰："许子必种粟而后食乎？"曰："然。""许子必织布而后衣乎？"曰："否，许子衣褐。""许子冠乎？"曰："冠。"曰："奚冠？"曰："冠素。"曰："自织之与？"曰："否，以粟易之。"曰："许子奚为不自织？"曰："害于耕。"曰："许子以釜甑爨※（音窜），以铁耕乎？"[（爨，炊※（以火熟物）也。孟子曰：许子宁以釜甑炊食，以铁为犁，用之耕否邪？）]※（无足曰，斧。甑器而底有小孔，用以蒸物）曰："然。""自为之与？"曰："否，以粟易之。""以粟易械器者，不为厉陶冶；陶冶亦以械器易粟者，岂为厉农夫哉？且许子何不为陶冶？舍皆取诸其宫中而用之。何为纷纷然与百工交易？何许子之不惮烦！"※（毛奇龄《剩言》，舍止也。言止取宫中，不须外求也。赵注则谓不肯皆自取宫室之中、则犹是止字。《集注》，舍，谓作陶冶之处）曰："百工之事，固不可耕※（兼）且※（又）为也。""然则治天下独可耕且为与？有大人之事，有小人之事。且※（若）一人之身，而百工之所为备。如必自为而后用之，是率天下而路※（失其常居）也！故※（先王之训）曰：或劳心，或劳力；劳心者治人，劳力者治于人；※（孟子之言）治于人者食人，治人者食于人，天下之通义也。※（以下反复考证以见大人之事）当尧之时，天下犹未平；洪水横流，泛滥※（漫溢）于天下。草木畅茂，禽兽繁殖，五谷不登※（成熟）；禽兽逼人，兽蹄鸟迹之道，交于中国。尧独忧之，举舜而敷※（布）治焉。舜使益掌火，益烈※（火猛）山泽而焚之，禽兽逃匿。禹疏九河※（九河：徒骇、太史、马颊、覆斧、胡苏、简絜、钩盘、鬲津。约在今山东德县以北，至河北省天津河间一带，数百里之地），瀹济※（济——源出河南济源县王屋山，过山东而入海）。漯※（漯——自河南濬县，过河北至山东高苑一带入海）※（音沓），而注诸海；决※（排去壅塞。）汝※（汝南在河南省境）、汉，排淮、泗，而注之江。然后中国可得而食也。当是时也，禹八年于外，三过其门而不入，虽欲耕得乎？后稷教民稼※（种）穑※（敛），树※（种）艺※（殖）五谷，五谷熟而民人育。[（弃为后稷※（司农）也。树，种。艺，殖也。五谷谓稻、黍、稷、麦、菽也。五谷所以养人也，故言民人育也）] 人之有道也；※（《经传释词》，为有一声之转，人之有道，言人之为道如此也）饱食暖衣，逸居而无教，则近于禽兽。圣人有忧之，使契为司徒，教以人伦，父子有亲，君臣有义，夫妇有别，长幼有序，朋友有信。[（司徒主人※（司教化），教以人事。父父子子，君君臣臣，夫夫妇妇，兄兄弟弟，朋友贵信，是为契之所教也）] 放勋曰：'劳之来之，匡※（正）之直之，辅之翼之，使自得之，又从而振※（起）德之。'※（放效上世之功，而施其教化。《史记》以放勋为帝尧之民，伊耆氏）圣人之忧民如此，而暇耕乎？尧以不得舜为己忧，舜以不得禹、皋陶为己忧。夫以百亩之不易※（治）为己忧者，农夫也。分人以财谓之惠，教人以善，谓之忠，为天下得人者谓之仁。※（惠者专于一人，忠者诚于一心。仁者则复及天下万民）是故以天下与人易，为天下得人难。孔子曰：'大哉尧之为君，惟天为大，惟尧则之，荡荡乎？民无能名焉，君哉舜也，巍巍乎？有天下而不与※（不相关）焉。'尧、舜之治天下，岂无所用其心哉？亦※（语助）不用于耕耳。吾闻用夏变夷者，未闻变于夷者也。陈良、楚产也，悦周公、仲尼之道，北学于中国。北方之学者，未能或之先也，彼所谓豪杰之士也。子之兄弟，事之数十年，师死，而遂倍之。昔者孔子没，三年之外，门人治任※（载）将归，入揖于子贡，相向而哭，皆失声，然后归。

子贡反，筑室于场；独居三年，然后归。他日，子夏、子张、子游，以有若似圣人，欲以所事孔子事之，强曾子。曾子曰：'不可。江、汉以濯之，秋阳以暴之，皜皜乎，不可尚已！'※（《正义》：同一水、池沼可濯而不及江汉。同一火燔燎可暴不及秋阳。乃以江汉秋阳拟之夫子，犹未足其如天之皓皓不可尚矣。徒以为洁白，良非矣。《集注》此三语者，或以为孟子赞美曾子之辞）※（《史记》：仲尼弟子列传，有雨具，五丈夫难有子之说。刘子玄史通二十非之，以为"有若名不隶于四科誉无偕于十哲，及尼父即殁方取为师，以不答所闻始令避坐，乃童貌相戏得自委巷"甚是）（有若之貌似孔子，此三子者，思孔子而不可复见，故欲尊有若以作圣人。朝夕奉事之礼，如事孔子，以慰思也。曾子不肯，以为圣人之洁白，如濯之江汉，暴之秋阳。秋阳，周之秋，夏之五、六月盛阳也。皓皓，白甚也。何可尚而乃欲以有若之质，於圣人之坐席乎？尊师道，故不肯也）※（《吕氏春秋》云："古之学者，说义必称师，说义不称师，命之曰叛，其尊师法如此）"今也南蛮鴃舌之人，非先王之道，子倍子之师而学之，亦异于曾子矣。吾闻出于幽谷，迁于乔木者，未闻下乔木而入于幽谷者。※（《诗·伐木》：伐木丁丁，鸟鸣嘤嘤，出于幽谷，迁于乔木）（今此许行乃南楚蛮夷，其舌之恶如鴃鸟耳。鴃，博劳鸟也。《诗》云："七月鸣鴃。"应阴而后动者也。许子托于太古，非先圣王尧舜之道，不务仁义，而欲使君臣并耕，伤害道德，恶如鴃舌，与曾子之心亦异远也。人当出深谷，止乔木。今子反下乔木，入于幽谷）鲁颂曰：'戎狄是膺，荆舒是※（于是）惩。'周公※（且）方且※[（尚（犹））]膺之，子是之学，亦为不善变矣。"《诗·鲁颂·閟※（秘）宫》※（閟宫谓僖公能复周公之宇也）膺，击也。惩，艾也。周家时，击戎狄之不善者，惩止荆、舒之人，使不敢侵陵也。周公常欲击之，言南蛮之人难用，而子反悦是人，而学其道，亦为不善变更矣。孟子究陈此者，深以责陈相也。"从许子之道，则市贾不贰，国中无伪，虽使五尺之童适市莫之或欺。布帛长短同，则贾相若，麻缕丝絮※（渍茧擘之，精者曰绵，粗者曰絮。又新者为绵，故者曰絮）轻重同，则贾相若。五※（缯）谷多寡同，则贾相若。屦大小同，则贾相若。"曰："夫物之不齐，物之情也。或相倍蓰，或相什百，或相千万，子比而同之，是乱天下也。巨屦小屦同贾，人岂为之哉！从许子之道，相率而为伪者也，恶能治国家。"※（《章指》：神农务本，教于凡民。许行蔽道，同之君臣，陈相信师，降于幽谷，不理万情，谓之敦朴，是以孟子博陈尧舜上下之叙以匡之也）

　　墨者夷之，因徐辟而求见孟子。孟子曰："吾固愿见，今吾尚病，病愈，我且往见。"夷子不来，他日又求见孟子。孟子曰："吾今则可以见矣。不直则道不见，我且直之。吾闻夷子墨者，墨之治丧也，以薄为其道也。夷子思以易天下，岂以为非是而不贵也？然而夷子葬其亲厚，则是以所贱事亲也！"徐子以告夷子。夷子曰："儒者之道，古之人※（周书康诰文）若保赤子，此言何谓也？之，则以为爱无差等，施由亲始。"※（《集注》：夷子引若保赤子，盖欲援儒入墨，以拒孟子之非己。又曰爱无等差，施由亲始，则推墨而附于儒，以释己所以厚葬其亲之意）徐子以告孟子，孟子曰："夫夷子，信以为人之亲其兄之子，为若亲其邻之赤子乎？彼有取尔也。赤子匍匐将入井，非赤子之罪也。（亲，爱也。夫夷子以为人爱兄子与爱邻人之子等耶。彼取赤子将入井，虽他人子亦爱救之，故谓之爱同也。但以赤子无知，故救之耳。夷子必以爱况之，未尽达人情者也）※（《集注》：爱由父母而立，而推以及人，自有等差，今如夷子之言，则是视其父母，无异路人，但其施之之序，姑自此始耳，非二本而何）且天之生物也，使之一本，而夷子二本故也。盖上世尝有不葬其亲者，其亲死，则举而委之于壑。他日过之，狐狸食之，蝇蚋姑※（蝼蛄）嘬之。其颡有泚，睨而不视。夫泚也，非为人泚，中心达于面目。盖※（于是）归反※（复）虆梩而掩之。掩之诚是也，则孝子仁人之掩其亲，亦必有道矣。"徐子以告夷子。夷子怃然为间曰："命之矣！"※（《章指》：圣人缘情，制礼奉终。墨子缘同，贫而违中，以直正枉，怃然改容，盖其理也）

孟子曰："孔子之去鲁，曰：'迟迟吾行也。'去父母国之道也。去齐，接淅而行，去他国之道也。"※（《章指》：孔子周流不遇则之他国，远逝惟鲁斯恋笃父母国之义也）

孟子曰："君子之厄于陈、蔡之间，无上下之交也。"（君子，孔子也。《论语》曰："君子之道三，我无能焉。"孔子乃尚谦，不敢当君子之道，故可谓孔子为君子也。孔子所以厄於陈、蔡之间者，其国君臣皆恶，上下无所交接，故厄也）※（《章指》：君子固穷，穷不变道，上下无交，无贤援也）

匡章曰："陈仲子，岂不诚廉士哉！居于陵，三日不食，耳无闻，目无见也。井上有李，螬食实者过半矣，匍匐往将食之，三咽，然后耳有闻，目有见。"孟子曰："于齐国之士，吾必以仲子为巨擘焉。虽然，仲子恶能廉，充仲子之操，则蚓而后可者也。夫蚓，上食槁壤，下饮黄泉。仲子所居之室，伯夷之所筑与？抑亦盗跖之所筑与？所食之粟，伯夷之所树与？抑亦盗跖之所树与？是未可知也。"曰："是何伤哉！彼身织屦，妻辟纑，以易之也。"曰："仲子齐之世家也。兄戴，盖禄万钟，以兄之禄，为不义之禄，而不食也；以兄之室，为不义之室，而不居也。辟兄离母，处于陵。他日归，则有馈其兄生鹅者。己频蹙※（疑眉蹙额）曰：'恶用是鶃鶃者为哉！'他日，其母杀是鹅也，与之食之，其兄自外至，曰：'是鶃鶃之肉也！'出而哇之。"以母则不食。以妻则食之，以兄之室则弗居，以于陵则居之，是尚为能充其类也乎？若仲子者，蚓而后充其操者也！"※（《章指》：圣人之道，亲亲尚和。志士之操，耿介特立。可以激浊，不可常法，是以孟子喻以丘蚓，比诸巨擘也）

子产听郑国之政；以其乘舆济人于溱、洧。孟子曰："惠而不知为政。岁十一月徒杠※（两头聚石以木横架而使徒行）成，十二月舆梁※（桥之可通车者）成，民未病涉也。※（《章指》：重民之道，严政为首。人君由天，天不家抚，是故子产渡人，孟子不取也）君子平※（治）其政，行辟人※（屏人使避己）可也，焉得人人而济之。故为政者，每人而悦之，日亦不足矣。"

孟子曰："禹恶旨酒，而好善言。（旨酒，美酒也。仪狄作酒，禹饮而甘之。遂疏仪狄，而绝旨酒。《书》曰："禹拜昌言。"）※（《正义》：禹承舜后，天下人安，易生骄佚，故恶旨酒好善言以通其变）汤执中，立贤无方。※（常，无方谓不滞一隅）（执中正之道，惟贤速立之，不问其从何方来。举伊尹以为相也）※（《正义》：夏末必名执偏意而用人枸以资格，故汤执中立贤无方以通其变）文王视民如伤，望道而未之见。※（《正义》：道命见至，天命已在文王而不代殷有天下。又云，文王以纣在上，望天下有治道而未之见。商纣之初，民伤已极，而天眷未更，故文王但爱民以辅救之，守臣节以学天下诸侯，则所以通其变于汤之放桀也）※（《集注》：道已至矣，而望之犹若未见。不自满足，终日乾乾之心也）武王不泄迩，不忘远。※（《正义》：武王时纣亦无道，故不泄迩不忘远，修己以安天下，则所以通其变于文王之服事也）周公思兼三王，以施四事；其有不合者，仰而思之，夜以继日，幸而得之，坐以待旦。"※（《章指》：周公能思三王之道以辅成王太平之隆礼乐之备，盖由此也）（三王，三代之王也。四事，禹、汤、文、武所行之事也。不合，已行有不合也。仰而思之，参诸天也。坐以待旦，言欲急施之也）※（《正义》：云兼三王，明三王不相沿袭可知，云其有不合仰而思之，则所以变通神化可知也）

孟子曰："柳下惠不以三公易其介※（《集注》：介，有分辨之意）。"※（《章指》：柳下惠不恭用志大也。无可无否，以贱为贵也）

孟子曰："仲子不义与之齐国而弗受，人皆信之。是舍箪食豆羹之义也。人莫大焉，亡亲戚君臣上下。以其小者，信其大者，奚可哉？"※（《章指》：事有轻重行有大小，以大包小可也，以小信大未之闻也）

万章问曰："诗云：'娶妻如之何？必告父母。'信斯言也，宜莫如舜，舜之不告而娶，何也？"孟子曰："告则不得娶，男女居室，人之大伦也。如告，则废人之大伦，以怼父母，是以不告也。"万章曰："舜之不告而娶，则吾既得闻命矣。帝之妻舜而不告，何也？"曰："帝亦知告焉，则不得妻也。"万章曰："父母使舜完廪，捐阶，瞽瞍焚廪；使浚井，出，从而揜之。象曰：'谟盖都君，咸我绩。牛羊父母，仓廪父母。干戈朕，琴朕，弤朕，二嫂使治朕栖。'象往入舜宫，舜在床琴，象曰：'郁陶，思君尔！'忸怩；舜曰：'唯※（思念）兹臣庶，汝其※（姑且）于※（为助）予治。'不识舜不知象之将杀己与？"曰："奚而不知也！象忧亦忧，象喜亦喜。"曰："然则舜伪喜者与？"曰："否。昔者有馈生鱼于郑子产，子产使校人畜之池，校人烹之，反命曰：'始舍之，圉圉※（圉圉，未改幽闭囚禁之状）焉；少则洋洋焉，攸※（同悠远也）然而逝。'子产曰：'得其所哉！得其所哉！'校人出，曰：'孰谓子产智，予既烹而食之，曰："得其所哉！得其所哉！"'故君子可欺以其方，难罔以非其道。彼以爱兄之道来，故诚信而喜之，奚伪焉！"※（《章指》：仁圣所存者大，舍小从大，达权之义也。不告而娶、守正道也）

万章问曰："象日以杀舜为事，立为天子，则放※（废置）之，何也？"孟子曰："封之也。或曰放焉。"万章曰："舜流共工于幽州，放欢兜于崇山，杀三苗于三危，殛※（诛）鲧于羽山，四罪而天下咸服，诛不仁也。象至不仁，封之有庳，有庳之人奚罪焉？仁人固如是乎？在他人则诛之，在弟则封之。"曰："仁人之于弟也，不藏怒焉，不宿怨焉，亲爱之而已矣。亲之欲其贵也，爱之欲其富也。封之有庳，富贵之也，身为天子，弟为匹夫，可谓亲爱之乎？""敢问或曰放者，何谓也？"曰："象不得有为于其国，天子使吏治其国而纳其贡税焉，故谓之放，岂得暴彼民哉！虽然，欲常常而见之，故源源而来。'不及贡，以政接于有庳，'此之谓也。"※（《章指》：是诚于内者，则外发于事，仁人之心也。象为无道极矣，反于之性，忘其悖逆，况其仁贤乎？）

咸丘蒙问曰："语云：'盛德之士，君不得而臣，父不得而子。舜南面而立，尧帅诸侯北面而朝之，瞽瞍亦北面而朝之。舜见瞽瞍，其容有蹙。'孔子曰：'于斯时也，天下殆哉岌岌※（《集注》：人伦乖乱，天下将危也）乎！'不识此语诚然乎哉。"孟子曰："否。此非君子之言，齐东野人之语也。尧老而舜摄※（未即天子位）也。尧典曰：'二十有八载，放勋乃徂落。百姓如丧考妣，三年，四海遏密八音。'孔子曰：'天无二日，民无二王。'舜既为天子矣，又帅天下诸侯以为尧三年丧，是二天子矣！"咸丘蒙曰："舜之不臣尧，则吾既得闻命矣。诗云：'普天之下，莫非王土；率土之滨，莫非王臣。'而舜既为天子矣，敢问瞽瞍之非臣如何？"曰："是诗也，非是之谓也，劳于王事而不得养父母也。曰：'此莫非王事，我独贤※（亦劳也，犹劬劳，或曰多也）劳也。'故说诗者，不以文害辞，不以辞害志。以意逆※（迎）志，是为得之。如以辞而已矣，云汉之诗曰：'周余黎民，靡有孑遗。'信斯言也，是周无遗民也。孝子之至，莫大乎尊亲；尊亲之至，莫大乎以天下养。为天子父，尊之至也；以天下养，养之至也。诗曰：'永言孝思，孝思维则。'此之谓也。书曰：'祗载见瞽瞍，夔夔齐栗，瞽瞍亦允※（诚信）若※（顺善《正义》：瞽叟化之亦诚实而善）。'是为父不得而子也。"※（《章指》：孝莫大于严父而尊之矣。行莫过于蒸蒸执子之政矣。此圣人之轨道，莫有加焉）

万章曰："尧以天下与舜，有诸？"孟子曰："否。天子不能以天下与人。”“然则舜有天下也，孰与之？”曰：“天与之。”“天与之者，谆谆然命之乎？”曰：“否。天不言，以行与事示之而已矣。”曰：“以行与事示之者如之何？”曰：“天子能荐人于天，不能使天与之天下，诸侯能荐人于天子，不能使天子与之诸侯；大夫能荐人于诸侯，不能使诸侯与之大夫。昔者尧荐舜于天而天受之，暴之于民而民受之。故曰：‘天不言，以行与事示之而已矣。’”曰：“敢问：‘荐之于天而天受之，暴之于民而民受之，’如何？”曰：“使之主祭而百神享之，是天受之，使之主事而事治，百姓安之，是民受之也。天与之，人与之。故曰：天子不能以天下与人。舜相尧二十有八载，非人之所能为也，天也。尧崩，三年之丧毕，舜避尧之子于南河之南。天下诸侯朝觐者，不之尧之子而之舜，讼狱者，不之尧之子而之舜；讴歌者，不讴歌尧之子而讴歌舜。故曰：‘天也。’夫然后之中国，践天子位焉，而居尧之宫。逼尧之子，是篡也，非天与也。泰誓曰：‘天视自我民视，天听自我民听。’此之谓也。”※（《章指》：德合于天，则天爵归之。行归于仁，则天下与之。天命不常，此之谓也）（《泰誓》，《尚书》篇名。自，从也。言天之视听，从人所欲也）※（《正义》：此二语今文尚书无）

万章问曰：“人有言‘至于禹而德衰，不传于贤而传于子’有诸？”孟子曰：“否，不然也。天与贤则与贤，天与子则与子。昔者舜荐禹于天，十有七年。舜崩，三年之丧毕，禹避舜之子于阳城。天下之民从之，若尧崩之后，不从尧之子而从舜也。禹荐益于天，七年。禹崩，三年之丧毕，益避禹之子于箕山之阴。朝觐讼狱者，不之益而之启，曰吾君之子也。讴歌者不讴歌益，而讴歌启，曰吾君之子也。丹朱之不肖，舜之子亦不肖；舜之相尧，禹之相舜也，历年多，施泽于民久。启贤，能敬承继禹之道；益之相禹也，历年少，施泽于民未久。舜、禹、益相去久远，其子之贤不肖，皆天也，非人之所能为也，莫之为而为者，天也；莫之致而至者，命也。匹夫而有天下者，德必若舜、禹，而又有天子荐之者，故仲尼不有天下，继世以有天下。天之所废，必若桀、纣者也。故益、伊尹、周公不有天下。伊尹相汤，以王于天下，汤崩，太丁未立，外丙二年，仲壬四年；太甲颠覆汤之典刑，伊尹放之于桐；三年，太甲悔过，自怨自艾，于桐处仁迁义，三年以听伊尹之训己也，复归于亳。周公之不有天下，犹益之于夏，伊尹之于殷也。孔子曰：‘唐、虞禅，夏后、殷、周继，其义一也。’”※（《章指》：笃志于仁，则四海宅心；守正不足，则圣位莫继，丹朱商均是也，是以圣人孜孜于仁德）

万章问曰：“人有言，伊尹以割烹要汤，有诸？”孟子曰：“否，不然。伊尹耕于有莘之野，而乐尧、舜之道焉。非其义也，非其道也，禄之以天下弗顾也；系马千驷，弗视也。非其义也，非其道也，一介不以与人，一介不以取诸人。汤使人以币聘之，嚣嚣然曰：‘我何以汤之聘币为哉！我岂若处畎亩之中，由是以乐尧、舜之道哉！’汤三使往聘之，既而幡然改曰：‘与我处畎亩之中，由是以乐尧、舜之道，吾岂若使是君为尧、舜之君哉！吾岂若使是民为尧、舜之民哉！吾岂若于吾身亲见之哉！天之生此民也，使先知觉后知，使先觉觉后觉也。予天民之先觉者也，予将以斯道觉斯民也，非予觉之而谁也！’思天下之民，匹夫匹妇有不被尧、舜之泽者，若己推而内之沟中，其自任以天下之重如此！故就汤而说之，以伐夏救民。吾未闻枉己而正人者也，况辱己以正天下者乎！圣人之行不同也，或远或近，或去或不去，归洁其身而已矣。吾闻其以尧、舜之道要汤，未闻以割烹也。伊训曰：‘天诛造攻自牧宫，朕载自亳。’※（今文尚书二十九篇无伊训，伪孔五十八篇有伊训，次咸有一德之后）（《伊训》，《尚书》逸篇名。牧宫，桀宫。朕，我也，谓汤也。载，始也。亳，殷都也。言意欲诛伐桀，造作可攻计之罪者，从牧宫桀起，自取之也。汤曰，我始与伊尹谋之於亳，遂顺天而诛之也）※（《正义》：或以造训始，谓天诛始自牧宫，而汤始征自葛始，其后又伐韦顾昆吾，不得谓始攻自桀）

万章问曰："或谓孔子于卫主痈※（即雍渠，卫灵公之宦者）疽，于齐主侍※（寺人也）人瘠环，有诸乎？"孟子曰："否，不然也，好事者为之也。于卫主颜雠由。弥子之妻，与子路之妻，兄弟也。弥子谓子路曰：孔子主我，卫卿可得也。子路以告，孔子曰：‘有命。’孔子进以礼，退以义，得之不得，曰‘有命。’而主痈疽与侍人瘠环，是无义无命也。[（颜雠由※（史记作颜浊邹），卫贤大夫，孔子以为主。弥子，弥子瑕也，因子路欲为孔子主，孔子知弥子幸於灵公，不以正道，故不纳之而归於命。孔子进以礼，退以义，必曰有天命也。若主此二人，是为无义无命者也。）]孔子不悦于鲁、卫，遭宋桓司马将要而杀之，微服而过宋。是时孔子当厄，主司城贞子，为陈侯周臣。※（《正义》：史记以司城贞子为孔子适陈所主，是贞子为陈卿非宋卿，至云臣，羁旅之臣，是亦臣也，世家载至陈岁余）吾闻观近臣以其所为主，观远臣以其所主，若孔子主痈疽与侍人瘠环，何以为孔子？"※（《章指》：君子居正，以礼进退，屈伸达节，不违贞信，故孔子辩之，正其大义也）

万章问曰："或曰：‘百里奚自鬻于秦养牲者，五羊之皮食牛，以要秦穆公’信乎？"孟子曰："否，不然，好事者为之也。百里奚，虞人也。晋人以垂棘之璧，与屈产之乘，假道于虞以伐虢；宫之奇谏，百里奚不谏。知虞公之不可谏，而去之秦，年已七十矣，曾不知以食牛干秦缪公之为污也，可谓智乎？不可谏而不谏，可谓不智乎？知虞公之将亡而先去之，不可谓不智也。时举于秦，知缪公之可与有行也而相之，可谓不智乎？相秦而显其君于天下，可传于后世，不贤而能之乎？自鬻以成其君，乡党自好者不为，而谓贤者为之乎？"※（《章指》：

君子时行则行，时舍则舍，故能显君明道，不为苟合而违正也）（人自鬻于污辱而已，辅相成立其君，乡党邑里自喜好名者尚不肯为也，况贤人肯辱身而为之乎？）※（翟灏《考异》云：战国时，处士横议蔑人伦，废礼义，以为亲可怨，弟可放，夫妇可苟合也，窃威福之柄，萌篡逆之心，以为君臣无定分，禅继无定命也，枉己辱身、营营富贵，利达之途，以为苟贱可干，近倖可援也爰造为事端，欲假以济其私而掩其丑，故孟子没为弟子疑问而辨之，乃史迁为史。凡孟子所既辨斥仍多取为实录，则时之邪说惑人可知矣）

孟子曰："圣人，百世之师也，伯夷、柳下惠是也。故闻伯夷之风者，顽夫廉，懦夫有立志，闻柳下惠之风者，薄夫敦，鄙夫宽。奋乎百世之上；百世之下，闻者莫不兴起也。非圣人而能若是乎？而况于亲炙之者乎？"※（《章指》：伯夷柳下变贪厉薄，千载闻之犹有感激，谓之圣人美其德也）

孟子曰："伯夷，目不视恶色，耳不听恶声；非其君不事，非其民不使；治则进，乱则退；横政之所出，横民之所止，不忍居也；思与乡人处，如以朝衣朝冠坐于涂炭也。当纣之时，居北海之滨，以待天下之清也。故闻伯夷之风者，顽※（古本贪）夫廉，懦夫有立志。伊尹曰：'何事非君，何使非民？'治亦进，乱亦进。曰：'天之生斯民也，使先知，觉后知，使先觉，觉后觉；予天民之先觉者也，予将以此道觉此民也。'思天下之民，匹夫匹妇有不与被尧、舜之泽者，如己推而内之沟中，其自任以天下之重也。柳下惠不羞污君，不辞小官，进不隐贤，必以其道，遗佚而不怨，厄穷而不悯；与乡人处，由由然不忍去也。'尔为尔，我为我；虽袒裼裸裎于我侧，尔焉能浼我哉！'故闻柳下惠之风者，鄙夫宽，薄夫敦。孔子之去齐，接淅而行，去鲁，曰：'迟迟吾行也，去父母国之道也。'可以速而速；可以久而久；可以处而处；可以仕而仕，孔子也。"孟子曰："伯夷，圣之清者也；伊尹，圣之任者也；柳下惠，圣之和者也；孔子，圣之时者也。孔子之谓集大成，集大成也者，※（《正义》：近时通解，金镈钟也，声以宣之于先，玉特磬也。振以收之于后条理是节秦次第，金以如此条理，王以终此条理，所为集大成也。《集注》：金声玉振始终条理，疑古乐经之言，故倪宽云：惟天子建中和之极，兼总条贯，金声而玉振之，亦此意）金声而玉振之※（王念孙广雅疏证，收也）也；金声也者，始※（音义云本亦作治）条理也；玉振之也者，终条理也；始条理者，智之事也；终条理※（戴震：得其分则有条而不紊谓之条理）者，圣之事也。智，譬则巧也，圣，譬则力也。由射于百步之外也，其至，尔力也；其中，非尔力也。"※（《章指》：圣人由力，力有常也，贤者由巧，巧可增也，仲尼天高故不可阶他人丘陵，丘陵可逾，所谓小同而大异也）※（《集注》：孔子巧力俱全，圣智兼备。三子则力有余而巧不足，是以一节虽至于圣，而智不足以及平时中也）

孟子曰："杨子取为我，拨一毛而利天下，不为也。墨子兼爱，摩顶放踵利天下，为之。子莫执中，执中为近之。执中无权，犹执一也。所恶执一者，为其贼道也，举一而废百也。"※（《章指》：杨墨放荡，子莫执一。圣人量时，不取此术。孔子行止，惟义所在）

宋轻将之楚。孟子遇于石丘，曰："先生将何之？"曰："吾闻秦楚构兵，我将见楚王说而罢之。楚王不悦，我将见秦王说而罢之。二王我将有所遇焉。"曰："轲也，请无问其详，愿闻其指※（旨）。说之将何如？"曰："我将言其不利也。"曰："先生之志则大矣，先生之号则不可。先生以利说秦楚之王，秦楚之王悦于利，以罢三军之师，是三军之士，乐罢而悦于利也。为人臣者，怀利以事其君；为人子者，怀利以事其父；为人弟者，怀利以事其兄，是君臣、父子、兄弟。终去仁义，怀利以相接，然而不亡者，未之有也。先生以仁义说秦楚之王，秦楚之王悦于仁义。而罢三军之师，是三军之士，乐罢而悦于仁义也。为人臣者，怀仁义以事其君。为人子者，怀仁义以事其父。为人弟者，怀仁义，以事其兄，是君臣父子兄弟。去利，怀仁义以相接也。然而不王者，未之有也。何必曰利？。"※（《章指》：上之所欲，下以为俗。俗化于善，久而致平；俗化于恶，失而至倾，是以群子创业，慎其所以为名也）

白圭曰："丹之治水也，愈于禹。"孟子曰："子过矣。禹之治水，水之道也，是故禹以四海为壑。今吾子以邻国为壑。水逆行，谓之洚水。洚水者，洪水也，仁人之所恶也。吾子过矣。"（子之所言过矣，禹除中国之害，以四海为沟壑以受其害水，故后世赖之。今子除水，近注之邻国，触于洚水之名，仁人恶为之，自以为愈于禹，是子亦过甚矣）※（《章指》：君子除害，普为人也，白圭壑邻，亦以狭矣，是故贤者志其大者远者也）

鲁欲使慎子为将军。孟子曰："不教民而用之，谓之殃民，殃民者，不容于尧舜之世，一战胜齐，遂有南阳，然且不可。"慎子勃然不悦，曰："此则滑厘所不识也。"曰："吾明告子。天子之地方千里，不千里，不足以待诸候；诸候之地方百里，不百里，不足以守宗庙之典籍。周公之封于鲁。为方百里也。地非不足，而俭※（《集注》：止而不过之意。）于百里。太公之封于齐也，亦为方百里也，地非不足也，而俭于百里。今鲁方百里者五，子以为有王者作。则鲁在所损乎，在所益乎？徒取诸彼以与此。然且仁者不为。况于杀人以求之乎？"君子之事君也，务引其君以当道，志于仁而已。※（《章指》：招携怀远贵以德礼，及其用兵，庙胜为上，战胜为下，明贱战也）

孟子曰："不仁哉，梁惠王也！仁者以其所爱，及其所不爱。不仁者以其所不爱，及其所爱。"公孙丑问曰："何谓也？"梁惠王以土地之故，糜烂其民而战之，大败；将复之，恐不能胜，故驱其所爱子弟以殉之。是之谓以其所不爱，及其所爱也。"（孟子言惠王贪利邻国之土地而战，其民死亡于野，骨肉糜烂而不收，兵大败而欲复战，恐士卒少，不能用胜，故复驱其所爱近臣及子弟，而以殉之。殉，从也。所爱从其所不爱，而往趋死亡，故曰及其所爱也。东败于齐，长子死焉）※（《章指》：发政施仁，一国被恩。好战轻民，灾及所亲，著此魏王，以戒人君也）

孟子曰："《春秋》无义战，彼善于此，则有之矣。征者上伐下也，敌国不相征也。"（《春秋》所载战伐之事，无应王义者也。彼此相觉有善恶耳，孔子举毫毛之善，贬纤芥之恶，故皆录之於《春秋》也。上伐下谓之征，诸侯敌国不相征。五霸之世，诸侯相征，於三王之法，皆不得其正者也）※（《章指》：春秋拨乱，时多争战事实违礼，以文反正，征伐诛讨，不自王命，故曰无义战也）

孟子曰："尽信《书》，则不如无《书》。吾于《武成》，取二三策而已矣。仁人无敌于天下。以至仁伐至不仁而何其血之流杵也？"※（《章指》：文之有美过实，圣人不改录其意也。非独书云，诗亦有言。嵩高极天则百斯男，亦已过矣）

孟子曰："有人曰：'我善为陈，我善为战。'大罪也。国君好仁，天下无敌焉。南面而征北狄怨；东面而征西夷怨。曰：'奚为后我？武王之伐殷也，革车三百两，虎贲三千人。'王曰：'无畏！宁尔也，非敌百姓也。'若崩厥角稽首。征之为言正也，各欲正已也，焉用战？"（革车，兵车也。虎贲，武士为小臣者也。《书》云："虎贲贽衣，趣马小尹。"三百两，三百乘也。武王令殷人曰：无惊畏我，来安止尔也。百姓归周，若崩厥角，额角犀厥地。稽首拜命，亦以首至地也。欲令武王来征己之国，安用善战陈者！）※（《章指》：民思君明若旱望雨，以仁伐暴谁不欣）

孟子谓高子曰："山径之蹊间，介然※（有常，或专行一路）用之而成路。为间不用，则茅塞之矣。今茅塞子之心矣。"※（《章指》：圣人之道学而时习，仁义在身常常被服舍而不修，犹茅是塞明为善之不可倦也）

高子曰："禹之声，尚文王之声。"孟子曰："何以言之？"曰："以追蠡。"曰："是奚足哉？城门之轨，两马之力与？"。※（《章指》：前圣后圣，所尚者同，二王一体，何得相踰，欲以追蠡，未达一隅，孟子言之，将启其蒙）

孟子曰："逃墨必归于杨，逃杨必归于儒。归，斯受之而已矣。今之与杨、墨辩者，如追放豚，既入其苙，又从而招之。"※（集胃，羁其足也。言彼既来归而又追咎其既往之失也）（苙，栏也。招，胃也。今之与杨、墨辩争道者，譬如追放逸之豕豚，追而还之入栏则可，又复从而非之，太甚。以言去杨、墨归儒则可，又复从而非之，亦云太甚）※（《章指》：驱邪反正，正斯可矣。来者不绥，追其前罪。君子甚之，以为过也）

盆成括仕于齐。孟子曰："死矣盆成括！"盆成括见杀，门人问曰："夫子何以知其将见杀？"曰："其为人也小有才，未闻君子之大道也，则足以杀其躯而已矣。"※（言小知自私，藏怨之府。大雅先人，福之所聚。劳谦终吉，君子道也）

曾皙嗜羊枣，而曾子不忍食羊枣。公孙丑问曰："脍炙与羊枣孰美？"孟子曰："脍炙哉！"公孙丑曰："然则曾子何食脍炙，而不食羊枣？"曰："脍炙所同也，羊枣所独也。讳名不讳姓，姓所同也，名所独也。"※（《章指》：情礼相扶，以礼制情。情人所同然征战不禁，曾参至孝，思亲异心，羊枣之感，终身不尝。孟子嘉焉，故上章称曰岂有非义而曾子言之者也）

万章※（齐人）问曰："孔子在陈※（河南淮阳县），曰：'盍归乎来？吾党※（朋辈）之小子狂简※（大或略于事，言大志大），进取，不忘其初。'孔子在陈，何思鲁之狂士？"※（按：《孔子世家》言："阳虎乱政时，孔子不在仕，退而修诗书礼乐，弟子弥众，至自远方莫不受业，是孔子年五十内，已修诗书礼乐，非至晚年归鲁，始为之也。弟子受业即受孔子所修之业，当时洙泗之间，必有讲肆之所，不皆从夫子出游，故在陈得思之也。"）孟子曰："孔子：'不得中道而与之，必也狂狷乎？狂者进取，狷者有所不为也。'孔子岂不欲中道哉？不可必得，故思其次也。""敢问何如？斯可谓狂矣！"曰："如琴张、曾皙、牧皮者，孔之之所谓狂矣。"（庄子：子桑户死，琴张临其表而歌。檀弓：季武子死，曾□□□门而歌。□□□□□□事□□□焉如梼，其心休休焉之类。□□□□□□者别事词）]（孟子言人行如此三人者，孔子谓之狂也。琴张※（名宰），子张也。子张之为人，蹪踔谲诡，《论语》曰"师也僻"，故不能纯善而称狂也，又善鼓琴，号曰琴张。曾皙，曾参父也。牧皮，行与二人同，皆事孔子学者也。）※（编者按此处残缺太多不成章句）]"何以谓之狂也？"曰："其志嘐嘐※（夸语也）然，曰：'古之人，古之人'夷考其行，而不掩焉者也。※（陈兰甫云：《后汉书·独行传序》引论语而论之曰，"有所不为，亦□□□人，千言万语只是欲人识其真心率其真性明目张胆终身行之卓然，不牵于俗者圣贤也，昧其真而馁其浩然之气，不免与俗相为浮沉者，乡愿也，今天下惟乡愿之教，入人最深……"）狂者又不可得，欲得不屑不洁之士而与之，是狷也，是又其次也。"（屑，洁也。不洁，污秽※（无廉耻）也。既不能得狂者，欲得有介之人，能耻贱恶行不洁者，则可与言矣。是狷人次于狂者也。）"孔子曰：'过我门而不入我室，我不憾焉者，其惟乡原乎！乡原※（同愿，谓谨愿之人），德之贼也。'曰："何如？斯可谓之乡原矣！""曰：'何※（讥狂者）以是嘐嘐也？言不顾行，行不顾言，则曰"古之人，古之人※（乡原又讥狷者）"。'行何为踽踽※（独行□□□□□亲厚于人）凉凉？生斯世也，为斯世也，善斯可矣。'阉然※（闭藏之意）媚于世也者，是乡原也。"万子曰："一乡皆称原人焉，无所往而不为原人，孔子以为德之贼，何哉？"曰：

"非之无举也，刺之无刺也。同乎流俗，合乎污世。居之似忠信，行之似廉洁。众皆悦之，自以为是。而不可与入尧、舜之道，故曰'德之贼'也。"孔子曰："恶似而非者，恶莠，恐其乱苗也。恶佞※（言似义而非），恐其乱义也；恶利※（多言而不实）口，恐其乱信也；恶郑声，恐其乱乐也；恶紫，恐其乱朱也；恶乡原，恐其乱德也。君子反经而已矣。经正则庶民兴；※（中道—学者志气狂而品行狷，即为中行。—古，洁）庶民※（起于善）兴，斯无邪※（如乡愿之属）慝※（恶）矣。"※（《章指》：士行有科人有等级，中道为上，狂狷不合，似是而非，色厉内荏，乡原之恶，圣人所甚。反经身行，民化于已，子率而正，孰取不正也）

孟子曰："由尧、舜至于汤，五百有余岁。若禹、皋陶，则见而知之。若汤则闻而知之。由汤至于文王，五百有余岁。若伊尹莱朱，则见而知之，若文王则闻而知之。由文王至于孔子，五百有余岁，若太公望，散宜生，则见而知之，若孔子，则闻而知之。由孔子而来，至于今，百有余岁。去圣人之世，若此其未远也。近圣人之居，若此其甚也。然而无有乎尔，则亦无有乎尔！"（至今者，至今之世，当孟子时也。圣人之间，必有大贤名世者，百有余年，适可以出未为远而无有也。邹、鲁相近，《传》曰："鲁击柝，闻于邾。"近之甚也。言己足以识孔子之道，能奉而行之，既不遭值圣人，若伊尹、吕望之为辅佐，犹可应备名世，如傅说之中出于殷高宗也。然而世谓之无有，此乃天不欲使我行道也。故重言之，知天意之审也。言"则亦"者，非实无有也，则亦当使为无有也。"乎尔"者，叹而不怨之辞也）※（《章指》：天地剖判开元建始三皇以来，人伦攸叙，宏析道往，班垂文采，莫贵乎圣人。圣人不出，名世承间，虽有此限，盖有遇有不遇焉，是以仲尼至获麟而止笔，孟子以无有乎尔终其篇章，斯亦一契之趣也）

（编者注：以上原文摘自《孟子》卷三、五、六、八至十、十二、十四）

孟子论时事

公孙丑问曰："夫子当路于齐管仲、晏子之功，可复许※（进、期）乎？"

孟子曰："子诚齐人也，知管仲、晏子而已矣！或问乎曾西※（毛奇龄《四书剩言》，江永《群经补义》云：曾西即曾申，曾子之子，非曾子之孙，称先子者谓父，非谓祖父也）曰：'吾子与子路孰贤？'曾西蹴然曰：'吾先子之所畏也。'曰：'然则吾子与管仲孰贤？'曾西艴然不悦，曰：'尔何曾比予于管仲！管仲得君如彼其专也，行乎国政如彼其久也，功烈，如彼其卑也，尔何曾比予于是！'"曰："管仲，曾西之所不为也，而子为我愿之乎？"曰："管仲以其君霸，晏子以其君显，管仲、晏子犹不足为与？"曰："以齐王由反手也。"曰：
"若是，则弟子之惑滋甚！且以文王之德，百年而后崩，犹未洽于天下。武王、周
公继之，然后大行。今言王若易然，则文王不足法与？"曰："文王何可当也！由
汤至于武丁，贤圣之君六七作；天下归殷久矣，久则难变也。武丁朝诸侯，有天
下，犹运之掌也。纣之去武丁，未久也；其故家遗俗，流风善政，犹有存者；又
有微子、微仲、王子比干、箕子、胶鬲，皆贤人也，相与辅相之，故久而后失之
也。尺地莫非其有也，一民莫非其臣也。然而文王犹方百里起，是以难也。齐人
有言曰：'虽有智慧，不如乘势；虽有镃基，不如待时。'今时，则易然也。夏后、
殷、周之盛，地未有过千里者也。而齐有其地矣。鸡鸣狗吠相闻，而达乎四境。而
齐有其民矣。地不改辟矣，民不改聚矣，行仁政而王，莫之能御也！且王者之不
作，未有疏于此时者也；民之憔悴于虐政，未有甚于此时者也。饥者易为食，渴
者易为饮。孔子曰：'德之流行，速于置邮而传命。'当今之时，万乘之国，行仁
政；民之悦之，犹解倒悬也。※（《章指》：言往流之速，过于置邮，君子得时大行其道，
是以吕望睹文王而陈王图。管晏虽勤，犹为曾西所羞也）故事半古之人，功必倍之，惟
此时为然。"

孟子曰："王者之迹熄而诗亡，诗亡，然后春秋作。※（《正义》：王者之政，莫大于
巡守，述职。巡守例天子采风，述职则诸侯贡俗）晋之乘，楚之梼杌，鲁之春秋，一也。
其事则齐桓、晋文，其文则史。孔子曰：'其义则丘窃取之矣。'"※（《集注》：孔子作
春秋文，载当时之事，而定天下之邪正而为法）（此三大国，史记之异名。"乘"者，兴於田赋乘
马之事，因以为名；"梼杌"者，嚚凶之类，兴於记恶之戒，因以为名；"春秋"，以二始举四时，
记万事之名。其事，则五霸所理也，桓、文，五霸之盛者，故举之。其文，史记之文也。孔子自
谓窃取之，以为素王也。孔子人臣，不受君命，私作之，故言窃，亦圣人之谦辞尔）※（《章指》：
□□□□□□言，颂咏太已，春秋□□□□□记之文□□□□□也）

孟子曰："尧、舜，性之也。汤、武，身之也。五霸，假之也。※（□
□□假借□□□）久假而不归，恶知其非有也？"（五霸而能久假仁义，譬如假物久而不
归，安知其不真有也）※（《集注》：窃其名以终身，而不自知其非真有）

孟子曰："古之为关也，将以御暴。今之为关也，将以为暴。"

孟子曰："贤者以其昭昭，使人昭昭。今以其昏昏，使人昭昭。"※（□□□而不□
□□程□□□之也）（贤者治国，法度昭明。明於道德，是躬行之道可也。今之治国，法度昏
昏，乱溃之政也，身不能治，而欲使人昭明，不可得也）※（□□□者以□□□开□□□暗者□□
□愈□□□遵讯今之□□□）

北宫锜问曰："周室班爵禄也，如之何？"孟子曰："其详不可得闻也。

诸侯恶其害己也，而皆去其籍。然而轲也，尝闻其略也。（详，悉也。不可得备知也。诸侯欲恣行，憎恶其法度，妨害己之所为，故灭去典籍。今《周礼》司禄之官无其职，是则诸侯皆去之，故使不复存也。轲，孟子名也。略，粗也。言尝闻其大纲如此矣。今考之《礼记·王制》则合矣）※（《正义》：王制乃汉文敕令博士诸生采集传记而成，制禄爵节，明属采自孟子时，周礼未显于世，诸博士犹不及见，惟以孟子一书为本，其所以微有异同，正博士之所斟酌损益，不可转据以疑孟子）天子一位，公一位，侯一位，伯一位，子、男同一位，凡五等也。君一位，卿一位，大夫一位，上士一位，中士一位，下士一位，凡六等。天子之制，地方千里；公、侯皆方百里；伯七十里；子、男五十里；凡四等。不能五十里，不达于天子，附于诸侯曰附庸。天子之卿受地视侯，大夫受地视伯，元士受地视子、男。大国地方百里，君十卿禄，卿禄四大夫，大夫倍上士，上士倍中士，中士倍下士，下士与庶人在官者同禄，禄足以代其耕也。次国地方七十里，君十卿禄，卿禄三大夫，大夫倍上士，上士倍中士，中士倍下士，下士与庶人在官者同禄，禄足以代其耕也。小国地方五十里。君十卿禄，卿禄二大夫，大夫倍上士，上士倍中士，中士倍下士，下士与庶人在官者同禄，禄足以代其耕也。耕者之所获，一夫百亩，百亩之粪，上农夫食九人，上次食八人，中食七人，中次食六人，下食五人，庶人在官者，其禄以是为差。"※（《章指》圣人制禄，上下差叙，贵有常尊，贱有等威，诸侯僭越，灭绝从私，孟子略记，言其大纲，以答北宫子之问也）

孟子曰："五霸者，三王之罪人也。今之诸侯，五霸之罪人也。今之大夫，今之诸侯之罪人也。天子适诸侯，曰巡狩。诸侯朝于天子，曰述职。春省耕而补不足，秋省敛而助不给。入其疆，土地辟，田野治，养老尊贤，俊杰在位，则有庆，庆以地。入其疆，土地荒芜，遗老失贤，掊克在位，则有让。一不朝，则贬其爵；再不朝，则削其地；三不朝，则六师移之。是故天子讨※（发其纠纷而治之）而不伐，诸侯伐而不讨。五霸者，搂诸侯以伐诸侯者也。故曰：五霸者，三王之罪人也。五霸桓公为盛。葵丘之会诸侯，束牲载※（读书加于牲上）书而不歃血。初命曰：'诛不孝，无易树子，无以妾为妻。'再命曰：'尊贤育才，以彰有德。'三命曰：'敬老慈幼，无忘宾旅。'四命曰：'士无世官，官事无摄，取士必得，无专杀大夫。'五命曰：'无曲防，无遏籴，无有封而不告。'曰：'凡我同盟之人，既盟之后，言归于好。'今之诸侯皆犯此五禁，故曰：今之诸侯，五霸之罪人也。长君之恶其罪恶小。逢君之恶其罪大。今之大夫，皆逢君之恶，故曰：今之大夫，今之诸侯之罪人也。"※（《章指》：言王道寝衰，转为罪人，孟子伤之。是以博思古法，匡时君也）

　　孟子曰："今之事君者皆曰：'我能为君辟土地，充府库。'今之所谓良臣，古之所谓民贼也。君不乡道，不志于仁而求富之，是富桀也。'我能为君约与国，战必克。'今之所谓良臣，古之所谓民贼也。君不乡道，不志于仁而求为之强战，是辅桀也。由※（生）今之道，无变今之俗，虽与之天下，不能一朝居也。"※（《章指》：善为国者，以藏于民，贼民以往，其余何观，变俗移风，非乐不化，以乱济民，不知其善也）

　　（**编者注：**以上原文摘自《孟子》卷三、十、十二）

《荀子》札记

序

※汪中《荀卿子通论》云："荀卿之学出于孔氏，而尤有功于诸经。经典叙录《毛诗》徐整云："子夏授高行子，高行子授薛仓子，薛仓子授帛妙子，帛妙子授河间人大毛公，毛公为《诗故训》传于家，以授赵人小毛公。一云子夏传曾申，申传魏人李克，克传鲁人孟仲子，孟仲子传根牟子，根牟子传赵人孙卿子，卿传大毛公。由是言之，《毛诗》荀卿子之传也。"《汉书》楚元王交传，少时尝与鲁穆生、白生、申公，同受诗于浮邱伯。伯孙卿门人也。《盐铁论》云：包邱子与李斯俱事荀卿（包邱子即浮邱伯）。刘向叙云，浮邱伯受业为名儒，《汉书·儒林传》："申公鲁人，少与楚元王交，俱事齐人浮邱伯受诗。"又云："申公卒，以诗春秋授而瑕邱江公尽能传之"，则《鲁诗》荀卿之所传也。

※《韩诗》之存者，外传而已，其引荀卿子以说诗者四十有四，由是言之，韩《诗》荀卿之别子也。

※经典叙录云，左邱明作传以授曾申，申传吴起，起传其子期，期传楚人铎椒，椒传赵人虞卿，卿传同郡荀况，况传武威张苍，苍传洛阳贾谊，由是言之，左氏春秋荀卿之传也。

※《儒林传》云：瑕邱江公受谷梁春秋及诗于鲁申公，传子至孙为博士，由是言之，《谷梁春秋》荀卿之传也。

※荀卿所学本长于礼，《儒林传》云，东海兰陵孟卿，善为礼春秋，授后苍疏广。刘向叙云，兰陵多善为学，盖以荀卿也。又二戴礼并传自孟卿。《大戴礼》曾子立事篇，载《修身》、《大略》二篇文。《小戴》乐记三年问乡饮酒礼篇，载《礼论》《乐论》篇文，由是言之，曲台之礼，荀卿之支与余裔也。盖自七十子之徒既殁，中更战国暴秦之乱，六艺之传赖以不绝者，荀卿也。周公作之，孔子述之，荀卿子传之。其揆一也。故其说霜降逆女，与毛同义。礼论大略两篇，谷梁义具在。又解蔽篇说卷耳，儒效篇说风雅颂，大略篇说鱼丽国风好色，并先师之逸典。又大略篇春秋贤穆公善胥命。则为公羊春秋之学，楚元王交本学于浮邱伯，故刘向传《鲁诗》《谷梁》。歆治毛诗左氏，董仲舒治公羊，故作书美荀卿，其学皆有所本。刘向又称荀卿善为易，其义亦见《非相》《大略》二篇，盖荀于诸经无不通，而古籍缺亡，其授受不可尽知矣。今考其书始于《劝学》，终于《尧问》，篇次实仿《论语》。《六艺论》云："《论语》子夏、仲弓合撰"。《风俗通》云："谷梁为子夏门人，而非相非十二子儒效三篇，每以仲尼、子弓并称，子弓之为仲弓，犹子路之为季路。知荀子之学实

出于子夏、仲弓也。宥坐、子道、法行、哀公、尧问五篇，杂记孔子及诸弟子言行，盖据其平日之闻于师友者，亦由渊源有素也。故曰荀卿之学出于孔氏，而尤有功于诸经。

荀子生孟子之后，最为战国老师。太史公作传，论次诸子，独以孟子荀卿相提并论。余若谈天雕龙炙毂，及慎子公孙子尸子墨子之属，仅附见于孟荀之下。盖自周末历秦汉以来，孟荀并称久矣。小戴所传三年问，全出礼论篇·乐记乡饮酒义所引。俱出乐论篇。聘义子贡问贵玉贱珉。亦与德行篇大同。大戴所传礼三本篇，亦出礼论篇。劝学篇即荀子首篇。而以宥坐篇末见大水一则附之哀公问。五义出哀公篇之首，则知荀子所著，载在二戴记者尚多，而本书或反缺佚。愚窃尝读其全书，而知荀子之学之醇正，文之博达，自四子而下，洵足冠冕群儒，非一切名法诸家所可同类共观也。观于议兵篇对李斯之问，其言仁义与孔孟同符。而责李斯以不探其本而索其末，切中墨秦之弊，乃苏氏讥之。至以为其父杀人，其子必且行劫。然则陈相之从许行，亦陈良之咎与，此所谓欲加之罪也。荀子在战国时，不为游说之习。鄙苏张之纵横，故国策仅载谏春申事，大旨劝其择贤而立长。若早见及于李园棘门之祸，而为疠人怜王之词，则先几之哲，固异于朱英策士之所为。故不见用于春申，而以兰陵令终，则其人品之高，岂在孟子下。顾以嫉浊世之政。而有性恶一篇，且诘孟子性善之说而反之，于是宋儒乃交口攻之矣。尝即言性者论之，孟子言性善盖勉人以为善而为此言。荀子言性恶。盖疾人之为恶而为此言。要绳以孔子相近之说，则皆为偏至之论。谓性恶则无上智也，谓性善则无下愚也，韩子亦疑于其义。而为三品之说。上品下品盖即不移之旨，而中品则视习为转移，固胜于二子之言性者矣。然孟子偏于善，则据其上游。荀子偏于恶，则趋乎下风。由愤时疾俗之过甚，不觉其言之也偏。然尚论古人，当以孔子为权衡，过与不及，师商均不失为大贤也。此书自来无解诂善本，唐大理评事杨倞所注，已为最古，而亦颇有舛误。向知同年卢抱经学士，勘核极为精博。因从借观，校士之暇，辄用披寻，不揆檮昧，闲附管窥，皆正杨氏之误。抱经不我非也，其援引校雠，悉出抱经，参互考证，往复一终遂得蒇事，以填谫陋，诚不足发挥儒术，且不欲攘人之美。而抱经频致书属序，因举其大要略，缀术语于简端，并附著书中所未及者二条於左云。乾隆五十一年，岁在丙午六月既望，嘉善谢墉东墅甫题于江阴学使官署，时年六十有八。

荀卿又称孙卿，自司马贞颜师古以来，相承以为避汉宣帝讳，故改荀为孙。考汉宣名询，汉时尚不讳嫌，名且如后汉李洵，与荀淑荀爽荀悦荀彧，俱书本字，讵反于周时人名见诸载藉者而改称之。若然则左传自荀息至荀瑶多矣，何不改耶。且即前汉书任敖公孙敖俱不避元帝之名骜也，盖荀音同孙，语遂移易。如荆轲在卫，卫人谓之庆卿，而之燕，燕人谓之荆卿。又如张良为韩信都，潜夫论云，信都者司徒也。俗音不正，曰信都或曰申徒，或腾屠，然其本一司徒耳。然则荀之为孙，正如此比，以为避宣帝讳，当不其然。

汉志孙卿子三十二篇，隋志则称十二卷，汉志又载孙卿赋十篇，今所存者，仅礼知云蚕箴。其末二篇无题，相其文势，其小歌曰以下，皆当为致春申君书中之语，而国策于曷惟其同下。尚有诗曰上帝甚神，无自瘝也，韩诗外传亦然。此尤见卓识，今本文脱去，而其谢春申君书亦不载，杨氏注亦未之及，此等似尚未精审也。

※杨筠如《荀子研究》以为，荀子在《天论》、《礼论》、《富国》、《性恶》篇，皆先有题而后文，而《哀公问》、《仲尼》等则取篇首两字为题，此体裁差异，可证其为杂凑。又《乐论》、《礼论》中杂有韵文，与行文体裁不合。与《成相》、《赋篇》皆非《荀子》原书。又《天论》前面激烈反天命，后段又说"人之命在天"。《修身》又说："天其不遂乎"相反。性恶以"善在伪也"，而《乐论》云："著诚去伪礼之经"相反。 又《天论》后半"云而雨""星□木鸣"与《外传》同，而《传》引作"传曰"。又《性恶》后段"有圣人之知"以下与性恶论冲突。《乐论》前两大段与礼记之《乐论》大略相同，而第一段在《乐记》中列于最后，记为孔子之谈话。《乐记》本为十一篇混杂而成，今《乐论》第一段与第二段论乐的次序完全相同，也明为杂凑而成。其"吾观于乡"一段是取于《乡领酒义》，礼记讬为孔子所说，无论如何非论乐也。又《公羊传》之著于竹帛，在景帝时，谷梁更晚，《大略》已引《谷梁》"诰誓不及五帝……"之文，而"春秋贤穆公""春秋善胥命"则《公羊》之说也。

※今以荀与大小戴记相同者作一表

礼论…………$\begin{cases}小戴三年问 \\ 大戴三本\end{cases}$

乐论…………$\begin{cases}小戴乐记 \\ 乡领酒礼\end{cases}$

法行…………小戴聘义
哀公…………大戴哀公问五义
修身
大略…………大戴曾子立事
劝学…………大戴劝学
宥坐

※荀与《韩诗外传》相同者表如下：

不苟……外传一、二、三、四、六（共五次）

修身……外传一、二、四、五（共四次）

王制……外传三、三、三、五（共四次）

君道……外传四、五、五、六（共四次）

儒效……外传三、五、五、七（共四次）

宥坐……外传三、三、八、十（共四次）

尧问……外传三、六、七、七（共四次）

臣道……外传四、五、六（共三次）

天论……外传一、二、五（共三次）

哀公……外传二、四、四（共三次）

议兵……外传三、四（共二次）

非相……外传三、五（共二次）

子道……外传三、九（共二次）

法行……外传二、四（共二次）

非十二子……外传四、六（共二次）

劝学……外传四、八（共二次）

强国……外传六（共一次）

富国……外传六（共一次）

大略……外传四（共一次）

旧说以为《礼记》诗传取自荀，且以《史记》之《礼书》《乐书》亦取自荀为证。其实《史记》之礼、乐两书，除第一段为史公原文外，其同于荀书者，大部为赝鼎。故荀书之同于《礼记》、《诗传》者，大概是《礼记》、《诗传》混入荀子。大致《正名》、《解蔽》、《富国》、《天论》、《性恶》、《正论》、《礼论》几篇起首一段真的成分较多，其与大小戴记外传相同者宜割爱。又思想矛盾及称孙卿子的各条，最好也不用作资料。

荀 子 序

昔周公稽古三五之道，损益夏殷之典，制礼作乐，以仁义理天下，其德化刑政存乎诗。至于幽厉失道，始变风变雅作矣。平王东迁诸侯力政，逮五霸之后，则王道不绝如线。故仲尼定礼乐，作春秋，然后三代遗风，驰而复张。而无时无位，功烈不得被于天下，但门人传述而已。凌夷至于战国，于是申商苛虐，孙吴变诈以族论罪，杀人盈城。谈说者又以慎墨苏张为宗，则孔氏之道，几乎息矣。有志之士，所为痛心疾首也。故孟轲阐其前，荀卿振其后，观其立言指事，根极理要。敷陈往古，掎挈当世，拨乱兴理，易于反掌。真名世之士，王者之师，又其书亦所以羽翼六经，增光孔氏，非徒诸子之言也。盖周公制作之，仲尼祖述之，荀孟赞成之，所以胶固王道，至深至备。虽春秋之四夷交侵，战国之三纲弛绝，斯道竟不坠矣。倞以末宦之暇，颇窥篇籍，窃感炎黄之风，未恰于圣代。谓荀孟有功与时政，尤所耽慕，而孟子有赵氏章句。汉氏亦尝立博士，传习不绝，故今之君子，多好其书，独荀子未有注解，亦复编简烂脱，传写谬误。虽好事者时亦览之，至于文义不通，屡掩卷焉。夫理晓则惬心，文舛则忤意，未知者谓异端不览，览者以脱误不终，所以荀氏之书千载而未光焉。辄用申抒鄙思，敷寻义理其所徵据，则博求诸书。但以古今字殊，齐楚言异，事资参考，不得不广。或取偏傍相近，声类相通，或字少增加，文重刊削。或求之古字，或徵诸方言，加以孤陋寡俦，愚昧多蔽，穿凿之责，于何可逃，曾未足粗明先贤之旨，适增其芜秽耳。盖以自备省览，非敢传之将来，以文字繁多。故分旧十二卷三十二篇为二十卷，又改孙卿新书为荀卿子，其篇第亦颇有移易，使以类相从云。时岁在戊戌，大唐睿圣文武皇帝元和十三年十二月也。

荀　子

※荀子佚文

桃李茜粲于一时，时至而后杀，至于松柏，经隆冬而不凋，蒙霜雪而不变，可谓得其真矣。（右三十四字见《文选》左思招隐诗注等）

有人道我善者是吾贼也，道我恶者是吾师也。（右十八字见《文选》曹植与杨德祖书注）。

天下无二道，圣人无两心，神人无功，圣人无名，圣人者天下利器也。（右二十六字见《太平御览·人事部》四十二）

何世之无才，何才之无施，良匠提斤斧造山林，梁栋阿衡之才，栌柱楣楶之朴，森然陈于目前，大夏之器具也。（右四十二字见《太平御览·器物部》九等）

杨筠如《荀子研究》云：《乐记》承认欲出于性，明是受荀说影响，为宋儒性说之出发点。《大学》所谓正心，出于荀说"虚一而静，谓之大清明"，止于至善，不过较荀之"止诸至足"精神略有宽狭。董仲舒以阴阳之性，调和孟、荀两家之说，董对孟说极力反对，其结论虽与荀不同，态度最近。他又承认制恶之机关是心。李翱情有善不善之说，亦是荀说"心之所可中理不中理也"，邵康节《观物外篇》，完全是荀子大清明之心理学，程明道《定性书》或从《解蔽》领会得来，因荀之心理学，全出于道家。朱子《观心说》"命物而不命于物"即荀之"出令而无所受令"，"以正不正而异其名"，即荀之"中理不中理"。陆象山说："心若一向去便坏了"，即荀"不以夫一害此一"之理。王阳明云:"心即理,无私心即当理,未当理即私心",亦荀"中理不中理"之意。

荀子卷第一

劝学篇第一

※荀子注书以《集解》为最精善,日久保受作《增注》(一八二○年)用宋元本校勘,颇足供参证,服部宇之吉编《汉文大系》第十五卷是荀子,把《集解》、《增注》合,又加八猪饲彦博之《补遗》。

君子曰:学不可以已。青,取之于蓝而青于蓝;冰,水为之而寒于水。

木直中绳,𫐓以为轮,其曲中规,虽有槁暴,不复挺者,𫐓使之然也。

故木受绳则直,金就砺则利,君子博学而日参省乎※(俞樾曰:省乎二字后人所加。参者验也)已,则知明而行无过矣。

故不登高山,不知天之高也;不临深溪,不知地之厚也;不闻先王之遗言,不知学问之大也。于、越、夷、貉之子,生而同声,长而异俗,教使之然也。※(王念孙曰:宋刻吕夏卿本、钱佃本并作干越,干越夷貉四者皆国名,不得改干越为于越)《诗》曰:"嗟尔君子,无恒安息。靖共尔位,好是正直。神之听之,介尔景福。"神莫大于化道,福莫长于无祸。

吾尝终日而思矣,不如须臾之所学也,吾尝跂而望矣,不如登高之博见也。登高而招,臂非加长也,而见者远;顺风而呼,声非加疾也,而闻者彰。

假舆马者,非利足也,而致千里;假舟楫者,非能※(能读为耐)水也,而绝※(绝直度也)江河。君子生※(王念孙曰:生读为性,大戴记作性)非异也,善假于物也。

南方有鸟焉,名曰蒙鸠,以羽为巢而编之以发,系之苇苕,风至苕折,卵破子死,巢非不完也,所系者然也。西方有木焉,名曰射干,茎长四寸,生于高山之上,而临百仞之渊,木茎非能长也,所立者然也。蓬生麻中,不扶而直。※(王念孙曰:直字下白沙在涅与之俱黑二句,而今本脱之,大戴记亦然)兰槐之根是为芷,※(《集解》:香草之根为芷,渐以潘及洒皆不美,唯渐之鹿醢乃能益其香,而贾易匹马)其渐之滫,君子不近,庶人不服,其质非不美也,所渐者然也。故君子居必择乡,游必就士,所以防邪僻而近中正也。

物类之起,必有所始。荣辱之来,必象其德。肉腐出虫,鱼枯生蠹。怠慢忘身,祸灾乃作。强自取柱※(王引之曰:柱当读为祝,断也,大戴记作强自取折),柔自取束。邪秽在身,怨之所构。施薪若一,火就燥也;平地若一,水就湿也。草木畴生,禽兽群焉,※(刘台拱曰:群焉,当从大戴记作群居)物各从其类也。是故质的张而弓矢至焉，林木茂而斧斤至焉，树成荫而众鸟息焉，醯酸而蚋聚焉。故言有召祸也，行有招辱也，君子慎其所立乎！

积土成山，风雨兴焉；积水成渊，蛟龙生焉；积善成德，而神明自得，圣心循※（王念孙曰：等皆以循为备之讹）焉。故不积跬步，无以至千里；不积小流，无以成江海。骐骥一跃，不能十步；驽马十驾，※（王念孙曰：《淮南齐俗训》夫骐骥千里一日而通，驽马十舍旬亦及之。刘台拱曰：十驾十日之程也）功在不舍。锲而舍之，朽木不折；锲而不舍，金石可镂。蚓无爪牙之利，筋骨之强，上食埃土，下饮黄泉，用心一也；蟹六跪而二螯，非蛇鳝之穴无可寄托者，用心躁也。是故无冥冥之志者无昭昭之明，无惛惛之事者无赫赫之功。行衢道者不至，※（王念孙曰：二达谓之岐，旁岐衢一声之转，大戴记作行岐塗者不至）事两君者不容。目不能两视而明，耳不能两听而聪。螣蛇无足而飞，梧鼠五技而穷。《诗》曰："尸鸠在桑，其子七兮。淑人君子，其仪一兮。其仪一兮，心如结兮。"故君子结于一也。

昔者瓠巴鼓瑟而流鱼出听，伯牙鼓琴而六马仰秣。故声无小而不闻，行无隐而不形；玉在山而草木润，渊生珠而崖不枯。为善不积邪，安有不闻者乎？

※《集解》此文言为善或不积邪，积则安有不闻者乎。

学恶乎始，恶乎终？曰：其数则始乎诵经，终乎读礼；其义则始乎为士，终乎为圣人。※（《集解》荀书以士君子圣人为三等）真积力久则入，学至乎没而后止也。故学数有终，若其义则不可须臾舍也。为之人也，舍之禽兽也。故《书》者政事之纪也；《诗》者中声之所止也；《礼》者，法之大分群※（王念孙曰：元刻无群字，后人加。类者谓与法相类者也）类之纲纪也，故学至乎《礼》而止矣。夫是之谓道德之极。《礼》之敬文也※（敬主乎内者，文致乎外者），《乐》之中和也，《诗》、《书》之博也，《春秋》之微也，在天地之间者毕矣。君子之学也，入乎耳，箸乎心，布乎四体，形乎动静。端而言，蝡而动，一可以为法则。小人之学也，入乎耳，出乎口，口耳之间则四寸耳，曷足以美七尺之躯哉。古之学者为己，今之学者为人，君子之学也以美其身；小人之学也以为禽犊。※（《集解》：小人无所得，不足美其身，亦终于为禽犊而已）故不问而告谓之傲，问一而告二谓之囋※（郝懿行曰：囋者嘈嘈，谓语声繁碎也）。傲非也，囋非也，君子如向矣。学莫便乎近其人。《礼》、《乐》法而不说，《诗》、《书》故而不切，《春秋》约而不速。方其人之习君子之说，则尊以遍矣，周於世矣。故曰学莫便乎近其人。学之经莫速乎好其人，隆礼次之。上不能好其人，下不能隆礼，安特将学杂识志※（王引之曰：志即古识字，今本并出二字，重复而累于词。《集解》，安，则也），顺

《诗》、《书》而已耳，则末世穷年，不免为陋儒而已。将原先王，本仁义，则礼正其经纬蹊径也。若挈裘领，诎五指而顿※（王念孙曰：顿者引也，又道者由也，宪法也）之，顺者不可胜数也。不道礼宪，以《诗》、《书》为之，譬之犹以指测河也，以戈舂黍也，以锥飱壶※（王念孙曰：以锥飱壶，言以锥代箸，古人贮食以壶）也，不可以得之矣。故隆礼，虽未明，法士也；不隆礼，虽察辩，散儒也。

问楛者勿告也，告楛者勿问也，说楛者勿听也，有争气者勿与辩也。故必由其道至，然后接之，非其道则避之。故礼恭而后可与言道之方，辞顺而后可与言道之理色，从而后可与言道之致。故未可与言而言谓之傲，可与言而不言谓之隐，不观气色而言谓之瞽。故君子不傲、不隐、不瞽、谨顺其身※（郝懿行云：身人也，此谓君子言与不言皆顺其人之可与不可）。诗曰："匪交匪舒，※（王引之曰：引诗申明上文之不傲等，匪正字作彼者借字，交读为姣，侮慢也）天子所予。"此之谓也。

百发失一，不足谓善射；千里跬步不至，不足谓善御；伦类不通，仁义不一，不足谓善学。学也者，固学一之也。一出焉，一入焉，涂巷之人也。

其善者少，不善者多，桀、纣盗跖也；全之尽之，然后学者也。

君子知夫不全不粹之不足以为美也，故诵数※（俞樾曰：数说也）以贯之，思索以通之，为其人以处之，※（郭嵩焘曰：为其人以处之，犹言设身处也取古人所已行者为之程式，而得所处之方也）除其害者以持养之，使目非是无欲见也，使耳非是无欲闻也，使口非是无欲言也，使心非是无欲虑也。及至其致好之也，目好之五色，耳好之五声，口好之五味，心利之有天下。※（俞樾曰：及至其三字，直接上文，安得云谓不学者乎。古之于通，目好之五色，即目好于五色也，下三之字同。按及其至好之承上文言，致好如目之于五色等，则天下不能荡也）是故权利不能倾也，群众不能移也，天下不能荡也。生乎由是，死乎由是，夫是之谓德操。德操然后能定，能定然后能应，能定能应，夫是之谓成人。天见其明，地见其光※（刘台拱曰：光广古通用。俞樾曰：两见字并当作贵），君子贵其全也。

修身篇第二

见善，修然必以自存※（王念孙曰：存，省察也）也；见不善，愀然必以自省也。善在身，介然必以自好也；不善在身，灾然必以自恶也。故非我而当者，吾师也；是我而当者，吾友也；谄谀我者，吾贼也。故君子隆师而亲友，以致恶其贼。好善无厌，受谏而能诫，虽欲无进，得乎哉！小人反是，致乱而恶人之非己也，致不肖而欲人之贤己也，心如虎狼、行如禽兽而又恶人之贼己也。谄谀者亲，谏争者疏，修正为笑，至忠为贼，虽欲无灭亡，得乎哉！《诗》曰：

"喻喻呰呰，亦孔之哀。谋之其臧，则具是违；谋之不臧，则具是依。"此之谓也。

扁※（王引之曰：扁，古徧字，无所往而不善也。《韩诗》外传作，以治气养性则身后彭祖，以修身自强则名配尧禹）善之度，以治气养生，则后彭祖；以修身自名，则配尧、禹。宜于时※（王引之曰：时亦处也，言既宜于处通，而又利以处穷也）通，利以处穷，礼信是也。※（《集解》：言不由礼，则血气强者多悖乱，弱者多弛慢）凡用血气、志意、知虑，由礼则治通，不由礼则勃乱提僈；食饮、衣服、居处、动静，由礼则和节，不由礼则触陷生疾；容貌、态度、进退、趋行，由礼则雅，不由礼则夷固※（《集解》：固，亦倨也）僻违、庸众而野。故人无礼则不生，事无礼则不成，国家无礼则不宁。诗曰："礼仪卒度，笑语卒获。"此之谓也。

以善先人者谓之教，以善和人者谓之顺；以不善先人者谓之谄，以不善和人者谓之谀。是是非非谓之知，非是是非谓之愚。伤良曰谗，害良曰贼。是谓是非谓非曰直。窃货曰盗，匿行曰诈，易言曰诞，趣舍无定谓之无常，保利弃义谓之至贼。多闻曰博，少闻曰浅；多见曰闲，少见曰陋。难进曰偍，易忘曰漏。少而理曰治，多而乱曰秏。※（王念孙曰：秏通耗，乱也）

治气养心之术：血气刚强，则柔之以调和；知虑渐※（渐潜古通）深，则一之以易良；勇胆猛戾，则辅之以道顺；※（俞樾曰：道顺即导训）齐给便利，则节之以动止；狭隘褊小，则廓之以广大；卑湿、重迟、贪利，则抗之以高志；庸众驽散，则劫之以师友；怠慢僄弃，则照之以祸灾；愚款端悫，则合之以礼乐，通之以思索。凡治气养心之术，莫径由礼，莫要得师，莫神一好。※（王念孙曰：一好谓所好不二也）夫是之谓治气养心之术也。

志意修则骄富贵，道义重则轻王公，内省而外物轻矣。传曰："君子役物，小人役於物。"此之谓矣。身劳而心安为之，利少而义多为之。事乱君而通，不如事穷君而顺焉。故良农不为水旱不耕，良贾不为折阅不市，士君子不为贫穷怠乎道。

体恭敬而心忠信，术礼义而情爱人，横※（王引之：人读为仁，其情则爱仁也。横读为广）行天下，虽困四夷，人莫不贵。

劳苦之事则争先，饶乐之事则能让，端悫诚信拘守而详。横行天下，虽困四夷，人莫不任。体倨固而心执※（王引之曰：执，埶之讹，谋略也）诈，术顺墨而精杂污，横行天下，虽达四方，人莫不贱。劳苦之事则偷儒转脱，饶乐之事则佞兑而不曲。※（《集解》：佞，口才捷利也，兑同锐。谓身口利捷，以取之不畏人言无所委曲）辟违而不悫，程役而不录，横行天下，虽达四方，人莫不弃。

行而供翼，非渍淖也；行而俯项，非击戾※（王念孙曰：击戾者，有所抵触也）也；

偶视而先俯，非恐惧也。然夫士欲独修其身，不以得罪於比俗之人也。※（《集解》:《解蔽》篇云，故学也者，固学止之也，恶乎止之，曰止诸至足。按此谓令骥骛穷无穷，则皆困，若尽其可能而用之，则或迟或速皆能到。坚白同异，无穷之论也，不识即不知，问辞）

夫骥一日而千里，驽马十驾，则亦及之矣。将以穷无穷逐无极与，其折骨绝筋终身不可以相及也。将有所止之，则千里虽远，亦或迟或速，或先或后，胡为乎其不可以相及也。不识步道者，将以穷无穷逐无极与。意亦有所止之与。夫坚白同异有厚无厚之察，非不察也。然而君子不辩，止之也。倚魁之行，非不难也。然而君子不行，止之也。故学曰迟，彼止而待我，我行而就之。※（按：日有训意，谓字可以训迟也）则亦或迟或速，或先或后，胡为乎其不可以同至也。"故颐步而不休，跛鳖千里，累土而不辍，丘山崇成。厌其源，开其渎，江河可竭。一进一退，一左一右，六骥不致。彼人之才性之相县也，岂若跛鳖之与六骥足哉。然而跛鳖致之，六骥不致，是无他故焉，或为之或不为尔。

道虽迩，不行不至。事虽小，不为不成。其为人也多暇日者，其出入不远矣。好法而行，士也；笃志而体，君子也。齐明而不竭，※（王念孙：出入当为出人，好法义不连上，属下节，体读为履，齐者智虑之敏也）圣人也。

人无法，※（《集解》连上文）则伥伥然。有法而无志其义，则渠渠然。依乎法而又深其类，然后温温然。

礼者所以正身也，师者所以正礼也。无礼何以正身，无师吾安知礼之为是也。礼然而然则是情安礼也。师云而云，则是知若师也。情安礼，知若师，则是圣人也。故非礼，是无法也；非师，是无师也。不是师法而好自用，譬之是犹以盲辨色，以聋辨声也，舍乱妄也。※（王念孙：言所为皆乱妄也）无为故学也者，礼法也。夫师，以身为正仪而贵自安者也。诗云："不识不知，顺帝之则。"此之谓也。

端悫顺弟，则可谓善少者矣。加好学逊敏焉，则有钧无上※（俞樾：有钧无上，谓但有与之齐等无更在其上者，按此说非上文圣人在君子之上也），可以为君子者矣。偷儒惮事，无廉耻而嗜乎饮食，则可谓恶少者矣。加惕悍而不顺，险贼而不弟焉，则可谓不详少者矣，虽陷刑戮可也。老老而壮者归焉，不穷穷而通者积焉，※（俞樾：穷通以贤不肖言）行乎冥冥而施乎无报，而贤不肖一焉。人有此三行，虽有大过※（过祸通），天其不遂乎！

君子之求利也略，其远害也早，其避辱也惧※（惧，怯也），其行道理也勇。※（谢本从卢校作远思，卢文谓曰：远思疑远患。王念孙曰：吕钱本作远害。先谦曰：宋台州本亦作害。又君子下台州本提行分段。谢本原刻同。浙局本误连上）君子贫穷而志广，富贵而体恭，安燕而血气不惰，劳倦而容貌不枯※（王念孙曰：枯，读为楛慢或苟且也），怒不过夺，喜不过予。君子贫穷而志广，隆仁也；富贵而体恭，杀埶也；安燕而血气不惰，柬理也；劳倦而容貌不枯，好交※（王念孙曰：交，文之误）也。怒不过夺，喜不过予，是法胜私也。书曰："无有作好，遵王之道；无有作恶，遵王之路。"此言君子之能以公义胜私欲也。

荀子卷第二

不苟篇第三

君子行不贵苟难，说不贵苟察，名不贵苟传，唯其当之为贵。负石而赴河，是行之难为者也，而申徒狄能之。然而君子不贵者，非礼义之中也。

山渊平，天地比，齐秦袭，入乎耳，出乎口，鉤有须，※（俞樾：鉤疑姁之误，姁无须而谓之有须）卵有毛，是说之难持者也，而惠施邓析能之。然而君子不贵者，非礼义之中也。盗跖吟口※（俞樾：吟口，谓语吃不能明了），名声若日月，与舜禹俱传而不息。然而君子不贵者，非礼义之中也。故曰：君子行不贵苟难，说不贵苟察，名不贵苟传，唯其当之为贵。《诗》曰："物其有矣，惟其时矣。"此之谓也。

君子易知※（《韩诗外传》：知作和）而难狎，易惧而难胁，畏患而不避义死，欲利而不为所非※（俞樾曰：非，知接也），交亲而不比，言辩而不辞。荡荡乎其有以殊於世也。

君子能亦好，不能亦好；小人能亦丑，不能亦丑。君子能则宽容易直以开道人，不能则恭敬缚绌以畏事人；小人能则倨傲僻违以骄溢人，不能则妒嫉怨诽以倾覆人。故曰：君子能则人荣学焉，不能则人乐告之；小人能则人贱学焉，不能则人羞告之，是君子小人之分也。

君子宽而不僈，廉而不刿，辩而不争，察而不激，寡※（王念孙曰：寡，直之误，言君子特立独行而不以陵人）立而不胜，坚强而不暴，柔从而不流，恭敬谨慎而容。夫是之谓至文。《诗》曰："温温恭人，惟德之基。"此之谓矣。

君子崇人之德，扬人之美，非谄谀也。正义直指，举人之过，非毁疵也。言己之光美，拟於舜禹，参於天地，非夸诞也。与时屈伸，柔从若蒲苇，非慑怯也。刚强猛毅，靡所不信，非骄暴也。以义变应，知当曲直故也。诗曰："左之左之，君子宜之；右之右之，君子有之。"此言君子能以义屈信变应故也。

君子小人之反也。君子大心则敬天而道，小心则畏义※（王引之：义读为仪）而节。

知则明通而类，愚则端悫而法，见由则恭而止，见闭则敬而齐；※（王念孙：依外传）喜则和而理，忧则静而理；通则文而明，穷则约而详。※（刘台拱曰：注云皆当其理，则杨所据本两句并是理字。静而理谓不陨获也）小人则不然，大心则慢而暴，小心则淫而倾。知则攫盗而渐※（王引之曰：渐，欺诈也），愚则毒贼而乱。见由则兑※（兑同锐，捷利也）而倨，见闭则怨而险；喜则轻而翾。忧则挫而慑，通则骄而偏。穷则弃而儑。※（郝懿行曰：《玉篇》显五甘切不慧也，又不谨貌）传曰："君子两进，小人※（言小人穷则卑弃失志，不能自振）两废。"此之谓也。

君子治治，非治乱也。曷谓邪，曰：礼义之谓治，非礼义之谓乱也。故君子者，治礼义者也，非治非礼义者也。然则国乱将弗治与？曰：国乱而治之者，非案乱而治之之谓也，去乱而被之以治。人汙而修之者，非案汙而修之之谓也，去汙而易之以修。故去乱而非治乱也，去汙而非修汙也。治之为名，犹曰君子为治而不为乱，为修※（俞樾：修，当读为涤）而不为汙也。

※（《集解》：外传作身是）

君子絜其辩而同焉者合矣，善其言而类焉者应矣。故马鸣而马应之，非知也，其埶然也。非新浴者振其衣，新沐者弹其冠，人之情也。其谁能以己之潐潐，受人之掝掝者哉！

君子养心莫善於诚，致诚则无它事矣。※（王念孙曰：君子非仁不守，非义不行，故曰无他事）惟仁之为守，惟义之为行。诚心守仁则形，形则神，神则能化矣；诚心行义则理，理则明，明则能变矣。变化代兴，谓之天德。天不言而人推高焉，地不言而人推厚焉，四时不言而百姓期焉。夫此有常以至其诚者也。君子至德，嘿然而喻，未施而亲，不怒而威。夫此顺命以慎其独者也。※（郝云：顺命谓顺天地四时之命，慎字古义训诚，荀书多古义古音，杨注未了。往往释以今义读以今音），※（俞樾：此所谓独者，无他事之谓）善之为道者，不诚则不独，不独则不形，不形则虽作於心，见於色，出於言，民犹若未从也，虽从必疑。天地为大矣，不诚则不能化万物。圣人为知矣，不诚则不能化万民。父子为亲矣，不诚则疏。君上为尊矣，不诚则卑。夫诚者，君子之所守也，而政事之本也。唯所居以其类至，操之则得之，舍之则失之。操而得之则轻，轻则独行，独行而不舍则济矣。济而材尽，长迁而不反其初则化矣。

君子位尊而志恭，心小而道大，所听视者近，而所闻见者远。是何邪？则操术然也。故千人万人之情，一人之情是也。天地始者，今日是也。百王之道，后王是也。君子审后王之道，而论於百王之前，若端拜而议※（王念孙曰：古无端拜而议之礼，拜拱之讹）。推礼义之统，分是非之分，总天下之要，治海内之众，若使一人。故操弥约而事弥大。五寸之矩，尽天下之方也。故君子不下堂※（王念孙曰：书传中言室堂者多，非衍字）而海内之情举积此者，则操术然也。

有通士者，有公士者，有直士者，有悫士者，有小人者。上则能尊君，下则能爱民，物至而应，事起而辨※（王念孙曰：辨，治也），若是则可谓通士矣。不下比以暗上，不上同以疾下，分争於中，不以私害之，若是，则可谓公士矣。身之所长，上虽不知，不以悖君※（王引之：悖，怨对也）。身之所短，上虽不知，不以取赏，长短不饰，以情自竭，※（郝曰：情实，竭举也）若是则可谓直士矣。庸言必信之，庸行必慎之，畏法流俗而不敢以其所独甚※（王念孙：甚当为是，言亦不敢用其所独是），若是则可谓悫士矣。言无常信，行无常贞，唯利所在，无所不倾，若是则可谓小人矣。

公生明，偏生暗，端悫生通，诈伪生塞，诚信生神，夸诞生惑。此六生者，君子慎之，而禹桀所以分也。

欲恶取舍之权※（顾千里曰：欲恶取舍之权，疑当为欲恶利害句，取舍之权句，然后定其欲恶取舍，疑当作然后定其取舍），见其可欲也，则必前后虑其可恶也者，见其可利也，则必前后虑其可害也者。而兼权之，孰计之，然后定其欲恶取舍。如是则常不失陷矣。凡人之患，偏伤之也。见其可欲也，则不虑其可恶也者。见其可利也，则不顾其可害也者。是以动则必陷，为则必辱，是偏伤之患也。

人之所恶者，吾亦恶之。夫※（《集解》荀书用夫字，俱训彼）富贵者则类傲之，夫贫贱者则求※（俞樾：求，务也）柔之，是非仁人之情也，是奸人将以盗名於晻世者也，险莫大焉。故曰：盗名不如盗货。田仲、史　不如盗也。※（郝：此论盖欲针砭于流俗，而非持论于衡平也）

荣辱篇第四

憍泄※（王念孙：憍泄，即骄泰）者，人之殃也。恭俭者，偋五兵也。虽有戈矛之刺，不如恭俭之利也。故与人善言，煖於布帛。伤人之言※（王念孙：伤人之言之，本作以），深於矛戟。故薄薄之地，不得履之。非地不安，危足无所履者，凡在言也。巨涂则讓※（俞樾：讓读为攘，言巨涂人所共由，故扰攘而不止。小涂人所罕由，故危殆而不安，是涂无巨小，皆不可不谨。按若云不使者，言欲不谨而不可得也），小涂则殆，虽欲不谨，若云不使。

快快而亡者怒也；察察而残者忮也；博而穷者訾也；清之而俞浊者口也；豢之而俞瘠者交※（《集解》：以利交）也；辩而不说者争也；直立而不见知者胜也；廉而不见贵者刿也；勇而不见惮者贪也；信而不见敬者好剸行也，此小人之所务而君子之所不为也。

斗者，忘其身者也，忘其亲者也，忘其君者也。行其少顷之怒，而丧终身之躯，然且为之，是忘其身也。室家立残，亲戚不免乎刑戮，然且为之，是忘其亲也。君上之所恶也，刑法之所大禁也，然且为之，是忘其君也。忧忘其身，内忘其亲，上忘其君，是刑法之所不舍也。圣王之所不畜也，乳彘触虎。乳狗不远游，不忘其亲也。人也，忧忘其身，内忘其亲，上忘其君，则是人也而曾狗彘之不若也。凡斗者必自以为是而以人为非也。己诚是也，人诚非也，则是己君子而人小人也，以君子与小人相贼害也。忧以忘其身，内以忘其亲，上以忘其君，岂不过甚矣哉！是人也，所谓以狐父之戈钃牛矢也。将以为智邪，则愚莫大焉。将以为利邪，则害莫大焉。将以为荣邪，则辱莫大焉。将以为安邪，则危莫大焉。人之有斗何哉？我欲属之狂惑疾病邪，则不可，圣王又诛之。我欲属之鸟鼠禽兽邪，则不可，其形体又人，而好恶多同。人之有斗何哉？我甚丑之。

有狗彘之勇者，有贾盗之勇者，有小人之勇者，有士君子之勇者。争饮食※（王引之：饮食上本无利字），无廉耻，不知是非，不辟死伤，不畏众强，恈恈然唯利饮食之见，是狗彘之勇也。为事利，争货财，无辞让，果敢而振※（王引之：振，很之误。），猛贪而戾，恈恈然唯利之见，是贾盗之勇也。轻死而暴，是小人之勇也。义之所在，不倾于权，不顾其利，举国而与之不为改视，重死持义而不桡，是士君子之勇也。

鯈䰷※（王念孙：鲅非鱼名，䰷乃鮏之误，鲂也）者，浮阳之鱼也，胠于沙而思水，则无逮矣。※（俞樾：胠，当作怯阏也，言遮阏于沙而思水则无及矣）挂于患而欲谨，则无益矣。自知者不怨人，知命者不怨天，怨人者穷，怨天者无志。失之己，反之人，岂不迂※（王念孙：迂，远也）乎哉。

荣辱之大分，安危利害之常体，先义而后利者荣，先利而后义者辱。荣者常通，辱者常穷。通者常制人，穷者常制于人，是荣辱之大分也。材※（汪中：材，朴之误）悫者常安利，荡悍者常危害；安利者常乐易，危害者常忧险。乐易者常寿长，忧险※（王念孙：险危也。谓中心忧危之也）者常夭折：是安危利害之常体也。

夫天生蒸民，有所以取之。志意致修，德行致厚，智虑致明，是天子之所以取天下也。政令法，举措时，听断公，上则能顺天子之命，下则能保百姓，是诸侯之所以取国家也。志行修，临官治，上则能顺上，下则能保其职，是士大夫之所以取田邑也。循法则度量，刑辟图籍，不知其义，谨守其数，慎不敢损益也。父子相传，以持※（王念孙：持，奉也）王公，是故三代虽亡，治法犹存，是官人百吏之所以取禄秩也。孝弟原悫，軥录疾力，以敦比※（卢文弨軥录，劳身苦体之意。王引之，敦比皆治也）其事业，而不敢怠傲，是庶人之所以取煖衣饱食，长生久视，以免于刑戮也。饰邪说，文奸言，为倚事，陶※（王念孙：陶，当读为謟（音滔），亦诞也）诞突盗，惕、悍、憍、暴，以偷生反侧于乱世之间，是奸人之所以取危辱死刑也。其虑之不深，其择之不谨，其定取舍楛僈，是其所以危也。材性知能，君子小人一也。好荣恶辱，好利恶害，是君子小人之所同也，若其所以求之之道则异矣。小人也者，疾为诞而欲人之信己也，疾为诈而欲人之亲己也，禽兽之行而欲人之善己也。虑之难知也※（王念孙：虑之难知，言小人虑事不能知也），行之难安也，持之难立也，成则必不得其所好，必遇其所恶焉。故君子者，信矣，而亦欲人之信己也。忠矣，而亦欲人之亲己也。修正治辨矣，而亦欲人之善己也。虑之易知也，行之易安也，持之易立也，成※（俞樾：成，终也）则必得其所好，必不遇其所恶焉。是故穷则不隐，通则大明，身死而名弥白，小人莫不延颈举踵而愿曰，知虑材性，固有以贤人矣。夫不知其与己无以异也。则君子注错之当，而小人注错之过也。故孰察小人之知能，足以知其有余，可以为君子之所为也。譬之越人安越，楚人安楚，君子安雅※（王引之：雅，读为夏，中国也）。是非知能材性然也，是注错习俗之节异也。仁义德行，常安之术也，然而未必不危也；汙僈突盗，常危之术也，然而未必不安，故君子道其常，而小人道其怪。

凡人有所一同，饥而欲食，寒而欲煖，劳而欲息，好利而恶害，是人之所生而有也，是无待而然者也，是禹桀之所同也。目辨白黑美恶，耳辨音声清浊，口辨酸咸甘苦，鼻辨芬芳腥臊，骨体肤理辨寒暑疾养，是又人之所常※（《集解》：常字衍）生而有也，是无待而然者也，是禹桀之所同也。可以为尧禹，可以为桀跖，可以为工匠，可以为农贾，在埶※（《集解》：埶字衍）注错习俗之所积耳。是又人之所生而有也，是无待而然者也是禹桀之所同也※（王念孙：此二十三字衍），为尧禹则常安荣，为桀跖则常危辱；为尧禹则常愉佚，为工匠农贾则常烦劳。然而人力※（俞樾：力多之误）为此而寡为彼，何也？曰陋也。尧禹者，非生而具者也，夫起于变故，成乎修，修之为待尽而后备者也。

人之生固小人，无师无法则唯利之见耳。人之生※（集解：生性通）固小人，又以遇乱世，得乱俗，是以小重小也，以乱得乱也。君子非得埶以临之，则无由得开内焉。今是※（王念孙：今是，今夫也）人之口腹，安知礼义？安知辞让？※（俞樾：隅道之分见者也，积道之贯通者也）安知廉耻隅积？亦呥呥而噍，乡乡而饱已矣。※（《集解》：乡当为芗之省，饱食甘美意）人无师无法，则其心正其口腹也。今使人生而未尝睹刍豢稻粱也，惟菽藿糟糠之为睹，则以至足为在此也，俄而粲然有秉刍豢稻粱而至者，则瞇然视之曰："此何怪也？"彼臭之而无嗛※（王念孙：嗛苦簟反快也。无字衍）于鼻，尝之而甘于口，食之而安于体，则莫不弃此而取彼矣。今以夫先王之道，仁义之统，以相群居，以相持养，以相藩饰，以相安固邪？以※（《集解》：以与也）夫桀跖之道，是其为相县也，几直夫刍豢稻粱之县糟糠尔哉！

然而人力为此而寡为彼何也？曰陋也。陋也者，天下之公患也，人之大殃大害也。故曰仁者好告示人。告之示之，靡之儇之※（王引之：靡儇皆积贯之义），鈆之重之。则夫塞者俄且通也，陋者俄且僩也，愚者俄且知也。是若不行※（王念孙：若是不行，谓若民不从告示也），则汤、武在上曷益？桀纣在上曷损？汤武存则天下从而治，桀纣存则天下从而乱。如是者，岂非人之情固可与如此，可与如彼也哉！

　　人之情，食欲有刍豢，衣欲有文绣，行欲有舆马，又欲夫馀财蓄积之富也；然而穷年累世，不知不足，是人之情也。今人之生也，方知蓄鸡狗猪彘，又蓄牛羊，然而食不敢有酒肉；馀刀布，有囷窌，然而衣不敢有丝帛；约者有筐箧之藏※（俞樾：约要，重要之物也），然而行不敢有舆马。是何也？非不欲也，几不长虑顾后而恐无以继之故也。于是又节用御欲，收敛蓄藏以继之也，是于己长虑顾后，几不甚善矣哉！今夫偷生浅知之属，曾此而不知也，粮食大侈，不顾其后，俄则屈安穷矣，是其所以不免于冻饿，操瓢囊为沟壑中瘠※（王念孙：瘠，读为胔，言转死沟壑也）者也。况夫先王之道，仁义之统，《诗》、《书》、《礼》、《乐》之分乎。彼固天下之大虑也，将为天下生民之属，长虑顾后而保万世也。其流长矣，其温※（郝：温蕴同，积也）厚矣，其功盛※（郝：盛读为成，亦功也）姚远矣，非孰修为之君子莫之能知也。故曰：短绠不可以汲深井之泉，知不几者不可与及圣人之言。夫《诗》、《书》、《礼》、《乐》之分，固非庸人之所知也。故曰：一之而可再也，有之而可久也，广之而可通也，虑之而可安也，反鈆察之而俞可好也。※（《集解》：反复也）以治情则利，以为名则荣，以群则和，以独则足，乐意者其是邪。

　　夫贵为天子，富有天下，是人情之所同欲也。然则从人之欲，则埶不能容，物不能赡也。故先王案为之制礼义以分之，使有贵贱之等，长幼之差，知贤愚能不能之分，皆使人载※（郝：载，任也）其事而各得其宜。然后使悫※（俞樾：悫，当作愨）禄多少厚薄之称，是夫群居和一之道也。故仁人在上，则农以力尽田，贾以察尽财，百工以巧尽械器，士大夫以上至于公侯，莫不以仁厚知能尽官职。夫是之谓至平。故或禄天下而不自以为多，或监门御旅，抱关击柝而不自以为寡。故曰："斩而齐，※（刘台拱：斩读为儳，不齐也。即《正名》所谓差差然而齐）枉而顺，不同而一。"夫是之谓人伦。《诗》曰："受小共大共，为下国骏蒙。"此之谓也。

荀子卷第三

非相篇第五

相人，古之人无有也，学者不道也。古者有姑布子卿，今之世，梁有唐举，相人之形状颜色而知其吉凶妖祥，世俗称之。古之人无有也，学者不道也。故相形不如论心，论心不如择术。形不胜心，心不胜术。术正而心顺之，则形相虽恶而心术善，无害为君子也；形相虽善而心术恶，无害为小人也。君子之谓吉，小人之谓凶。故长短小大，善恶形相，非吉凶也。古之人无有也，学者不道也。盖帝尧长，帝舜短，文王长，周公短，仲尼长，子弓短。昔者卫灵公有臣曰公孙吕，身长七尺，面长三尺，焉广三寸，鼻目耳具而名动天下。楚之孙叔敖，期思之鄙人也，突秃长左，轩较之下，而以楚霸。叶公子高，微小短瘠，行若将不胜其衣。然白公之乱也，令尹子西司马子期皆死焉，叶公子高入据楚，诛白公，定楚国，如反手尔，仁义功名善※（王引之：善，著之误）于后世。故事不揣长，不揳大，不权轻重，亦将志乎尔。长短小大，美恶形相，岂论也哉！※（《集解》：事读为士。将，且也。志，有志于上所称之圣贤也，言事不以相论，故不揣絜长短大小轻重，亦且有志于彼数圣贤也）且徐偃王之状，目可瞻马；仲尼之状，面如蒙倛※（倛，假面也，蒙倛戴假面也）；周公之状，身如断菑；皋陶之状，色如削瓜；闳夭之状，面无见肤；傅说※（郝：傅说亦背偻软）之状，身如植鳍；伊尹之状，面无须麋；禹跳，汤偏，尧、舜参牟子。从者将论志意，比类文学邪？直将差※（差比也）长短，辨美恶，而相欺傲邪？

古者桀、纣长巨姣美，天下之杰也。筋力越※（王念孙：越，轻也）劲，百人之敌也，然而身死国亡，为天下大僇，后世言恶则必稽焉。是非容貌之患也，闻见之不众，论议之卑尔。今世俗之乱君※（俞樾：君疑民之误），乡曲之儇子，莫不美丽姚冶，奇衣妇饰，血气态度拟于女子。妇人莫不愿得以为夫，处女莫不愿得以为士，弃其亲家而欲奔之者，比肩并起。然而中君羞以为臣，中父羞以为子，中兄羞以为弟，中人羞以为友，俄则束乎有司而戮乎大市，莫不呼天啼哭，苦伤其今而后悔其始。是非容貌之患也，闻见之不众，论议之卑尔。然则从者将孰可也？

人有三不祥：幼而不肯事长，贱而不肯事贵，不肖而不肯事贤，是人之三不祥也。人有三必穷：为上则不能爱下，为下则好非其上，是人之一必穷也。乡则不若※（《集解》：若，顺也），偝则谩之，是人之二必穷也。知行浅薄，曲直有以相县矣，然而仁人不能推，知士不能明※（王念孙：明，尊也，言不能尊知士也），是人之三※（王引之：三字衍）必穷也。人有此三数行者，以为上则必危，为下则必灭。诗曰："雨雪瀌瀌，宴然聿消，莫肯下隧，式居屡骄。"此之谓也。※（《集解》：荀书引诗异毛者皆三家义）人之所以为人者何已也？曰：以其有辨也。饥而欲食，寒而欲煖，劳而欲息，好利而恶害，是人之所生而有也，是无待而然者也，是禹桀之所同也。然则人之所以为人者，非特以二足而无毛也，以其有辨也。今夫狌狌形笑※（俞樾：笑，当作状，毛上脱无字，言面无毛也），亦二足而毛也，然而君子啜其羹，食其胾。故人之所以为人者，非特以其二足而无毛也，以其有辨也。夫禽兽有父子而无父子之亲，有牝牡而无男女之别，故※（王念孙：故字衍。息灭之误）人道莫不有辨。辨莫大于分，分莫大于礼，礼莫大于圣王；圣王有百，吾孰法焉？※（即节奏，指礼言之也）故曰：文久而息，节族久而绝，守法数※（法数即礼教）之有司，极礼而褫※（俞樾：礼衍文）。故曰：欲观圣王之迹，则于其粲然者矣，后王※（王念孙：后王二字本篇一见，不苟一见，儒效二见，王制一见，正名三见，成相一见，皆指文武而言。俞樾：荀生周末，以文武为后王可也。若汉人则必以汉高，唐人则必以唐太为后王也）是也。彼后王者，天下之君也。舍后王而道上古，譬之是犹舍己之君而事人之君也。故曰：欲观千岁则数今日，欲知亿万则审一二，欲知上世则审周道，欲知周道则审其人所贵君子。故曰：以近知远，以一知万，以微知明，此之谓也。

夫妄人曰古今异情，其以治乱者异道。"※（王念孙：《外传》作其所以治乱者异道）而众人惑焉。彼众人者，愚而无说，陋而无度者也。其所见焉，犹可欺也，而况于千世之传也！妄人者，门庭之间，犹可诬欺也，而况于千世之上乎！※（王念孙：《外传》作不可欺，此脱可字）圣人何以不欺？曰：圣人者，以己度者也。故以人度人，以情度情，以类度类，以说度功，以道观尽，古今一度※（王念孙：《外传》无度字，此衍）也。类不悖，虽久同理，故乡乎邪曲而不迷，观乎杂物而不惑，以此度之。五帝之外无传人，非无贤人也，久故也。五帝之中无传政，非无善政也，久故也。禹汤有传政而不若周之察也，非无善政也，久故也。传者久则论略，近则论※（俞樾：两论字皆愈之误）详，略则举大，详则举小。愚者闻其略而不知其详，闻其小而不知其大也，是以文久而灭节，族久而绝。

凡言不合先王，不顺礼义，谓之奸言，虽辩，君子不听。法先王，顺礼义，党学者，然而不好言，不乐言，※（俞：党楚言，晓也，言以礼义晓学者，荀居楚久，故楚言。不好言不乐言，或作"好善不乐言"。王引之：于言之言，当为善）则必非诚士也。故君子之于言也，志好之，行安之，乐言之。故君子必辩。凡人莫不好言其所善，而君子为甚。故赠人以言，重于金石珠玉；观※（王念孙：观当为劝）人以言，美于黼黻文章；听人以言，乐于锺鼓琴瑟。※（王念孙：吕钱本并作听人以言，谓我言之而人听之，是我之以善及人也，故乐）故君子之于言无厌。鄙夫反是，好其实，不恤其文，是以终身不免埤污佣俗。故《易》曰：括囊无咎无誉。腐儒之谓也。

凡说之难，以至高遇至卑，以至治接至乱。未可直至也，远举则病缪，近世※（俞樾：近世之世举之误。下同）则病佣。善者※（言善说者当其际也）于是间也，亦必远举而不缪，近世而不佣，与时迁徙，与世偃仰，缓急嬴绌，※（王引之：正文注文渠梁之误。《周官》梁水偃也）府然若渠匽栝之于己也，曲得所谓焉，然而不折伤。故君子之度己则以绳，接人则用抴。※（刘台拱：《淮南》檠不正而可以正弓，此即用抴之义）度己以绳，故足以为天下法则矣。接人用抴，故能宽容，因求※（王念孙：求，众之误）以成天下之大事矣。故君子贤而能容罢，知而能容愚，博而能容浅，粹而能容杂，夫是之谓兼术。《诗》曰："徐方既同，天子之功。"此之谓也。

谈说之术，矜庄以莅之，端诚以处之，坚强以持之，分别以喻之，譬称以明之，欣欢芬芗※（王念孙：芬芗和也）以送之，宝之珍之，贵之神之。如是则说常无不受。虽不说人，人莫不贵。夫是之谓能贵其所贵。传曰："唯君子为能贵其所贵。"此之谓也。

君子必辩。凡人莫不好言其所善，而君子为甚焉。是以小人辩言险而君子辩言仁也。言而非仁之中也，则其言不若其默也，其辩不若其呐也。言而仁之中也，则好言者上矣，不好言者下也，故仁言大矣。起于上所以道于下，正令是也。起于下所以忠于上，谋救※（王念孙：谋，谏也）是也。故君子之行仁也无厌。志好之，行安之，乐言之，故言君子必辩。小辩不如见端，见端不如见本分※（王念孙：见本分之见，衍）。小辩而察，见端而明，本分而理，圣人士君子之分具矣。有小人之辩者，有士君子之辩者，有圣人之辩者。不先虑，不早谋，发之而当，成文而类。居※（《外传》：居作举）错迁徙，应变不穷，是圣人之辩者也。先虑之，早谋之，斯须之言而足听，文而致※（王念孙：致读为质信也）实，博而党正，是士君子之辩者也。听其言则辞辩而无统，用其身则多诈而无功，上不足以顺明王，下不足以和齐百姓，然而口舌之均，噡唯则节。※（俞：之，则也，言口舌则调均，噡唯则中节，噡疑诸之误）足以为奇伟偃却之属，夫是之谓奸人之雄，圣王起，所以先诛也，然后盗贼次之。盗贼得变，此不得变也。

非十二子篇第六

假今之世，饰邪说，文奸言，以枭乱天下。欺惑愚众，矞宇嵬琐，※（俞樾：宇当为讦，诡伪也，嵬琐为委曲琐细之尤，言小人极不足道者也）使天下混然不知是非治乱之所存者，有人矣。纵情性，安恣睢，禽兽之※（王念孙：之字衍）行，不足以合文通治。然而其持之有故，其言之成理，足以欺惑愚众，是它嚣魏牟也。忍情性，綦溪※（《集解》：豁深也，綦极也）利跂，苟以分异人为高，不足以合大众，明大分，然而其持之有故，其言之成理，足以欺惑愚众，是陈仲、史鳅也。不知壹天下建国家之权称，上功用，大俭约而僈差等。※（王念孙：上尚，大亦尚也，僈读为曼无也）曾不足以容辨异，县君臣。然而其持之有故，其言之成理，足以欺惑愚众，是墨翟宋钘也。尚法而无法，下修※（王念孙：下修，不循之误，谓不循旧法，取所取从言，能使上下皆听从之耳）而好作，上则取听於上，下则取从於俗，终日言成文典，反紃察之，则偶然无所归宿，不可以经国定分，然而其持之有故，其言之成理，足以欺惑愚众，是慎到田骈也。不法先王，不是礼义，而好治怪说，玩琦辞，甚察而不惠※（王念孙：惠，急之误，言不急于用），辩而无用，多事而寡功，不可以为治纲纪；然而其持之有故，其言之成理，足以欺惑愚众，是惠施邓析也。略法先王而不知其统，犹然而材剧志大，闻见杂博。案往旧造说，谓之五行，甚僻违而无类，※（王念孙：僻违邪也，类法也）幽隐而无说，闭约而无解。案饰其辞而只敬之曰：此真先君子之言也。子思唱之，孟轲和之。世俗之沟犹瞀※（《集解》：沟瞀训愚闇，犹语词）儒，嚾嚾然不知其所非也。遂受而传之，以为仲尼子游为兹厚※（俞：厚重也，兹即指思孟。郭嵩焘子游必子之误）于后世，是则子思、孟轲之罪也。若夫总方略，齐言行，壹统类，而群※（群，会合也）天下之英杰而告之以大古，教之以至顺，奥窔之间，簟席之上，敛※（王引之：敛，歙之误也，聚集也）然圣王之文章具焉，佛然平世之俗起焉，则六说者不能入也，十二子者不能亲也。无置锥之地。而王公不能与之争名，在一大夫之位，则一君不能独畜，一国不能独容，成名况※（王引之：成名，尤盛名也。况，赐也，言以盛名为诸侯赐也）乎诸侯，莫不愿以为臣，是圣人之不得埶者也，仲尼子弓是也。一天下，财※（王念孙：财，成也）万物，长养人民，兼利天下，通达之属，莫不从服，六说者立息，十二子者迁化，则圣人之得埶者，舜禹是也。今夫仁人也，将何务哉？上则法舜禹之制，下则法仲尼子弓之义，以务息十二子之说。如是则天下之害除，仁人之事毕，圣王之迹著矣。

信信，信也。疑疑，亦信也。贵贤，仁也。贱不肖，亦仁也。言而当，知也。默而当，亦知也。故知默犹知言也。故多言而类，圣人也。少言而法，君子也。多少无法，而※（王念孙：而，如也）流湎然，虽辩，小人也。故劳力而不当民务，谓之奸事。劳知※（王念孙：知，巧也。俞：为，伪也）而不律先王，谓之奸心。辩说譬谕，齐给便利而不顺礼义，谓之奸说。此三奸者，圣王之所禁也。知而险，贼而神，为诈而巧，言无用而辩，辩不惠而察，治之大殃也。行辟而坚，饰非而好，※（王念孙：好饰之可也）玩奸而泽，言辩而逆，古之禁也。知而无法，勇而无惮，察辩而操僻淫，※（俞：察辩而操僻句，淫连下。大，读为汰，之者一之之坏字）大而用之，好奸而与众，利足而迷※（郝：利足而迷，谓迷径以窘步，负石而坠，谓力小而任重），负石而坠，是天下之所弃也。

兼服天下之心，高上尊贵，不以骄人，聪明圣知，不以穷人，齐给速通，不争先人，刚毅勇敢，不以伤人，不知则问，不能则学，虽能必让，然后为德。遇君则修臣下之义，遇乡则修长幼之义，遇长则修子弟之义，遇友则修礼节辞让之义，遇贱而少者，则修告导宽容之义。无不爱也，无不敬也，无与人争也，恢然如天地之苞万物。如是则贤者贵之，不肖者亲之。如是而不服者，则可谓訞怪狡猾之人矣，虽则子弟之中，刑及之而宜。《诗》云："匪上帝不时※（时，是也，典刑常事故法），殷不用旧。虽无老成人，尚有典刑。曾是莫听，大命以倾。"此之谓也。

古之所谓仕士※（王念孙：士仕当为仕士，与下文士对文）者，厚敦者也，合群者也，乐富※（《集解》：富，当是可字之误）贵者也，乐分施者也，远罪过者也，务事理者也，羞独富者也。今之所谓仕士者，汙漫者也，贼乱者也，恣睢者也，贪利者也，触抵※（王念孙：触抵，谓触罪过。）者也，无礼义而唯权埶之嗜者也。古之所谓处士者，德盛者也，能静者也，修正者也，知命者也，著是※（刘台拱：箸是当为著定，言守定不流移也）者也。今之所谓处士者，无能而云能者也，无知而云知者也，利心无足，而佯无欲者也，行伪险秽，而强高言谨悫者也，以不俗为俗，离纵而跂訾者也。

士君子之所不能为※（王念孙：此句乃系下文之词），君子能为可贵，不能使人必贵己。能为可信，不能使人必信己。能为可用，不能使人必用己。故君子耻不修，不耻见汙。耻不信，不耻不见信。耻不能，不耻不见用。是以不诱於誉，不恐於诽，率道而行，端然正己，不为物倾侧，夫是之谓诚君子。《诗》云："温温恭人，维德之基。"此之谓也。

士君子之容：其冠进※（俞：进读为峻，高也），其衣逢，其容良；俨然壮然，祺然。蕡然，恢恢然，广广然，昭昭然，荡荡然，是父兄之容也。其冠进，其衣逢，其容悫；俭然侈※（俞：侈侈之叚，好也）然，辅然端然，訾然洞然，缀缀然，瞀瞀然，是子弟之容也。吾语汝学者之嵬容：其冠絻，其缨禁缓，其容简连。填填然，狄狄然，莫莫然，瞡瞡然，瞿瞿然，尽尽然，盱盱然。酒食声色之中，则瞒瞒然，瞑瞑然。礼节之中则疾疾然，訾訾然。劳苦事业之中，则儢儢然，离离然，※（儢儢离离，不耐烦若嫩散疏脱之貌）偷儒而罔，无廉耻而忍谫詢；是学者之嵬也。弟佗其※（弟佗，低佹不整之貌）冠，神禫其辞，禹行而舜趋，是子张氏之贱儒也。正其衣冠，齐其颜色，嗛然而终日不言※（嗛口有所衔，言缄默），是子夏氏之贱儒也。偷儒惮事，无廉耻而耆饮食，必曰君子固不用力，是子游氏之贱儒也。彼君子则不然。佚而不惰，劳而不僈，宗原应变，曲得其宜，如是，然后圣人也。

仲尼篇第七

仲尼之门人※（王念孙：人字衍），五尺之竖子，言羞称乎五伯。是何也？曰然。彼诚可羞称也。齐桓，五伯之盛者也，前事则杀兄而争国。内行则姑姊妹之不嫁者七人，闺门之内，般乐奢汰，以齐之分奉之而不足。外事则诈邾袭莒，并国三十五。其事行也，若是其险汙淫汰也。固※（元刻固上有彼字）曷足称乎大君子之门哉！若是而不亡，乃霸，何也？曰：於乎！夫齐桓公有天下之大节焉，夫孰能亡之。俴※（俞：俴，暂见之貌）然见管仲之能足以托国也，是天下之大知也。安忘其怒，出忘其雠，遂立以为仲父，是天下之大决也。立以为仲父，而贵戚莫之敢妒也。与之高国之位，而本朝之臣莫之敢恶也；与之书社三百，而富人莫之敢距也。贵贱长少，秩秩焉莫不从桓公而贵敬之，是天下之大节也。诸侯有一节如是，则莫之能亡也。桓公兼此数节者而尽有之，夫又何可亡也？其霸也宜哉！非幸也，数也。

然而仲尼之门人，五尺之竖子，言羞称五伯，是何也？曰然。彼非本※（王引之：本，平之误）政教也，非致隆高也，非綦文理也，非服人之心也。乡方略，审劳佚，畜积修斗，而能颠倒其敌者也。诈心以胜矣，彼以让饰争，依乎仁而蹈利者也。小人之杰也，彼固曷足称乎大君子之门哉！彼王者则不然。致贤而能以救不肖，致强而能以宽弱，战必能殆之而羞与之斗，委※（王引之：委文貌）然成文，以示之天下，而暴国安自化矣。有灾缪者然后诛之。故圣王之诛也綦省矣。文王诛四，武王诛二，周公卒业，至于成王则安※（王念孙：安语词，以后人妄如）以无诛矣。故道岂不行矣哉！文王载※（顾千里：载下当有之字）百里地而天下一；桀纣舍之，厚于有天下之埶，而不得以匹夫老。故善用之，则百里之国足以独立矣。不善用之，则楚六千里而为仇人役。故人主不务得道而广有其埶，是其所以危也。

持宠处位，终身不厌之术。主尊贵之，则恭敬而僔。主信爱之，则谨慎而嗛。主专任之，则拘守而详。主安近之，则慎比※（王引之：慎比，即顺比）而不邪；主疏远之，则全一而不倍。主损绌之，则恐惧而不怨。贵而不为夸，信而不志处谦，任重而不敢专。财利至则言善而不及也，必将尽辞让之义，然后受。福事至则和而理，祸事至则静而理。富则施广，贫则用节。可贵可贱也，可富可贫也，可杀而不可使为奸也，是持宠处位终身不厌之术也。虽在贫穷徒处之埶，亦取象於是矣，夫是之谓吉人。诗曰："媚兹一人，应侯顺德，永言孝思，昭哉嗣服。"此之谓也。

求善处大重，理※（俞：理字衍）任大事，擅宠於万乘之国，必无后患之术，莫若好同之，援贤博施，除怨而无妨害人。能耐任之，※（王念孙：耐即能也，与下能而不耐任之能皆衍。而如也）则慎行此道也。能而不耐任，且恐失宠，则莫若早同之，推贤让能而安随其后。如是有宠则必荣，失宠则必无罪，是事君者之宝而必无后患之术也。故知者之举事也，满则虑嗛，平则虑险，安则虑危，曲重其豫，犹恐及其祸，是以百举而不陷也。孔子曰："巧而好度必节，勇而好同必胜，知而好谦必贤。"此之谓也。愚者反是。处重擅权，则好专事而妒贤能，抑有功而挤有罪，志骄盈而轻※（王念孙：轻忽，以为莫如予何也）旧怨，以吝啬而不行施，道乎上为重。招权於下，以妨害人，虽欲无危，得乎哉！是以位尊则必危，任重则必废，擅宠则必辱，可立而待也，可炊而傹也。是何也？则堕之者众，而持之者寡矣。

天下之行术，以事君则必通，以为仁则必圣，立隆而勿贰也。※（《集解》隆中也，立中道而无二心）然后恭敬以先之，忠信以统之，慎谨以行之，端悫以守之，顿穷则从之疾力以申重之。君虽不知，无怨疾之心。功虽甚大，无伐德之色。省求，多功，爱敬不倦。如是，则常无不顺矣。以事君则必通，以为仁则必圣，夫是之谓天下之行术。少事长，贱事贵，不肖事贤，是天下之通义也。有人也，埶不在人上，而羞为人下，是奸人之心也。志不免乎奸心，行不免乎奸道，而求有君子圣人之名，辟之是犹伏而咶天，救经而引其足也。说必不行矣，俞务而俞远。故君子时诎则诎，时伸则伸也。

荀子卷四

儒效篇第八

大儒之效，武王崩，成王幼，周公屏成王而及武王以属※（王念孙：属，系也）天下，恶天下之倍周也。履天子之籍※（王念孙：籍，位也），听天下之断，偃然如固有之，而天下不称贪焉。杀管叔，虚殷国，而天下不称戾焉。兼制天下，立七十一国，姬姓独居五十三人※（郝：《左传》昭廿八年，其兄弟之国者十有五人，姬姓之国者四十人，三当为五之讹），而天下不称偏焉。教诲开导成王，使谕於道，而能掩迹※（掩迹，追步也）於文、武。周公归周※（《集解》：归周，以周之天下归之成王也），反籍於成王，而天下不辍事周，然而周公北面而朝之。天子也者，不可以少当也，不可以假摄为也。能则天下归之，不能则天下去之，是以周公屏成王而及武王以属天下，恶天下之离周也。成王冠成人，周公归周反籍焉，明不灭主之义也。周公无天下矣，乡有天下，今无天下，非擅也。成王乡无天下※（按：无天下，言天下不在其心目中也），今有天下，非夺也。变埶次序节然※（《集解》节然犹适然）也。故以枝代主而非越也，以弟诛兄而非暴也，君臣易位而非不顺也。因天下之和，遂文武之业，明枝主之义，抑亦变化矣，天下厌※（王念孙：厌，安也）然犹一也。非圣人莫之能为。夫是之谓大儒之效。

秦昭王问孙卿子曰："儒无益於人之国？"孙卿子曰："儒者法先王，隆礼义，谨乎臣子而致贵其上者也。人主用之，则埶※（王念孙：埶，位也）在本朝而宜；不用则退编百姓而悫，必为顺下矣。虽穷困冻喂，必不以邪道为贪。无置锥之地，而明於持社稷之大义。呜呼而莫之能应，※（又：呜，鸣之误，叫也，言穷困之时人不听其呼召也）然而通乎财万物养百姓之经纪。埶在人上则王公之材也，在人下则社稷之臣，国君之宝也。虽隐於穷阎漏屋，人莫不贵之，道诚存也。※（《集解》：言人所以莫不贵此人者，其可贵之道在也）仲尼将为司寇，沈犹氏不敢朝饮其羊，公慎氏出其妻，慎溃氏逾境而徙，鲁之粥牛马者不豫贾，必蚤正以待之也。※（王引之：豫，诳也。俞，必字衍，蚤，修之误）居於阙党，阙党之子弟罔不分，有亲者取多，孝弟以化之也。儒者在本朝则美政，在下位则美俗。儒之为人下如是矣。王曰："然则其为人上何如？"孙卿曰："其为人上也广大矣。志意定乎内，礼节修乎朝，法则度量正乎官※（王念孙：官，板图文书之处也），忠信爱利形乎下，行一不义，杀一无罪。而得天下，不为也。此君义信乎人矣，※（又：君，若之误，此若连用言此义信乎人也）通於四海，则天下应之如欢。是何也？则贵名白而天下治。※（顾千里：治，愿之误，慕也）故近者歌讴而乐之，远者竭蹶而趋之，四海之内若一家，通达之属莫不从服，夫是之谓人师。《诗》曰：'自西自东，自南自北，无思不服。'此之谓也。夫其为人下也如彼，其为人上也如此，何谓其无益於人之国也？"昭王曰："善。"

先王之道，仁之隆也，※（王念孙：吕本作仁之隆是也，言仁道之至隆，所以然者，以其顺中而行之也）比中而行之。曷谓中？曰：礼义是也。道者非天之道，非地之道，人之所以道也，君子之所道也。※（又：吕钱本皆作人之所以道也，君子之所道也，后人删之，谬矣）君子之所谓贤者，非能遍能人之所能之谓也。君子之所谓知者，非能遍知人之所知之谓也。君子之所谓辩者，非能遍辩人之所辩之谓也。君子之所谓察者，非能遍察人之所察之谓也。有所正矣※（《群书治要》正作止，止诸至足也）。相高下，视墝肥，序五种，君子不如农人。通财货，相美恶，辩贵贱，君子不如贾人。设规矩，陈绳墨，便备用，君子不如工人。不卹※（恤卹通，顾也）是非然不然之情，以相荐樽，以相耻怍，君子不若惠施、邓析。若夫谪※（王念孙：谪谪之误，决也）德而定次，量能而授官，使贤不肖皆得其位，能不能皆得其官，万物得其宜，事变得其应，慎墨不得进其谈，惠施邓析不敢窜※（《集解》：

窜，容也）其察，言必当理，事必当务，是然后君子之所长也。凡事行，有益於理者立之，无益於理者废之，夫是之谓中事。凡知说有益於理者为之，无益於理者舍之。夫是之谓中说。事行失中谓之奸事，知说失中谓之奸道。奸事奸道，治世之所弃，而乱世之所从服也。若夫充虚之相施易也，坚白同异之分隔也，是聪耳之所不能听也，明目之所不能见也，辩士之所不能言也，虽有圣人之知，未能偻指也。不知无害为君子，知之无损为小人，工匠不知无害为巧，君子不知无害为治。王公好之则乱法，百姓好之则乱事。而狂惑戆陋之人，乃始率其群徒，辩其谈说，明其辟称，老身长子，不知恶也。夫是之谓上愚※（刘台拱：上愚，极愚也），曾不如相鸡狗之可以为名也。《诗》曰："为鬼为蜮，则不可得。有腼面目，视人罔极。作此好歌，以极反侧。"此之谓也。

　　我欲贱而贵，愚而智，贫而富，可乎？曰：其唯学乎。彼学者※（《集解》：彼学者，与上其唯学乎相呼应，杨注非。王引之：敦慕，勉也），行之，曰士也。敦慕焉，君子也。知之，圣人也。上为圣人，下为士君子，孰禁我哉！乡也，混然涂之人也，俄而并乎尧禹，岂不贱而贵矣哉！乡也，效门室之辨，※（又：效，考验也。言考验门室之制而不能决，言其愚也）混然曾不能决也，俄而原仁义，分是非，图回天下於掌上而辩白黑，岂不愚而知矣哉※（俞：图，圆之讹也。图回，犹圆转也）！乡也胥靡之人，※（王引之：胥靡者空无所有之谓）俄而治天下之大器举在此，岂不贫而富矣哉！今有人於此，屑然藏千溢之宝，虽行贷而食，人谓之富矣。※（《集解》：人谓之富者，以其有大富之器在也。杨说非）彼宝也者，衣之不可衣也，食之不可食也，卖之不可偻售也，然而人谓之富何也？岂不大富之器诚在此也？是杅杅亦富人已，岂不贫而富矣哉！※（王引之：杅，广大也）故君子无爵而贵，无禄而富，不言而信，不怒而威，穷处而荣，独居而乐，岂不至尊至富至重至严之情举积此哉！故曰：贵名不可以比周争也，不可以夸诞有也，不可以埶重胁也，必将诚此然后就也。争之则失，让之则至，遵道则积，※（王念孙：道，遁之误，道遁即逡巡。却退也）夸诞则虚。故君子务修其内而让之於外，务积德於身而处之以遵道，如是则贵名起如日月，天下应之如雷霆。故曰：君子隐而显，微而明，辞让而胜。《诗》曰："鹤鸣于九皋，声闻于天。"此之谓也。鄙夫反是。比周而誉俞少，※（又：誉即与，党与也）鄙争而名俞辱，烦劳以求安利，其身俞危。《诗》曰："民之无良，相怨一方。受爵不让，至于己斯亡。"此之谓也。故能小而事大，辟之是犹力之少而任重也，舍粹折无适也。身不肖而诬贤，※（《集解》：身不肖而自以为贤是诬也）是犹伛伸※（刘台拱：伸，偻之误）而好升高也，指其顶者愈众。故明主谲德而序位，所以为不乱也。忠臣诚能然后敢受职，所以为不穷也。分不乱於上，能不穷於下，治辩之极也※（又：辩亦治也）。《诗》曰：平平左

右，亦是率从。是言上下之交不相乱也。※（刘台拱：未及乎庄生之徒）

以从俗为善，以货财为宝，以养生为己至道，是民德也。行法※（《集解》：荀书去至道。法，正也）至坚，不以私欲乱所闻。如是则可谓劲士矣。行法至坚，好修正其所闻，以桥饰其情性。其言多当矣，而未谕也。其行多当矣，而未安也。其知虑多当矣，而未周密也。上则能大其所隆※（《集解》：隆，谓其所尊奉者），下则能开道不己若者。如是则可谓笃厚君子矣。修百王之法若辨白黑，应当时之变，若数一二，行礼要节而安之若生四枝，要时立功之巧若诏四时。平正和民之善，亿万之众，而博※（《集解》：正政，博当为搏，即专一之专）若一人。如是，则可谓圣人矣。

井井兮其有理也，严严兮其能敬己也，分分兮其有终始也，厌厌兮其能长久也，乐乐※（王念孙：分，介之误，坚固貌。《集解》：厌厌犹安安。俞：乐乐犹落落以其执道不殆，故以形容之）兮其执道不殆也，照照兮其用知之明也，修修兮其用统类之行也，※（王念孙：修，读为条，行貌。王引之：用字衍）绥绥兮其有文章也，熙熙兮其乐人之臧也，隐隐兮其恐人之不当也。如是，则可谓圣人矣。※（《集解》：如是等八字衍）此其道出乎一。曷谓一？曰：执神而固。曷谓神？曰：尽善挟治之谓神，※（王念孙：洽，吕钱本并作治，挟治。全体皆治也）万物莫足以倾之之谓固。神固之谓圣人。圣人也者，道之管也。天下之道管是矣，百王之道一是矣。故《诗》、《书》、《礼》、《乐》之归是矣。※（刘台拱：归上当有一道字）

《诗》言是其志也，《书》言是其事也，《礼》言是其行也，《乐》言是其和也，《春秋》言是其微也。故风之所以为不逐者，取是以节之也，《小雅》之所以为《小雅》者，取是而文之也。《大雅》之所以为《大雅》者，取是而光之也※（光广古通）。《颂》之所以为至者，取是而通之也，天下之道毕是矣。乡是者臧，倍是者亡。乡是如不臧，倍是如不亡者，自古及今，未尝有也。

客有道曰：孔子曰：周公其盛乎身贵而愈恭，家富而愈俭，胜敌而愈戒。应之曰：是殆非周公之行，非孔子之言也。武王崩，成王幼，周公屏成王而及武王，履天子之籍，负扆而坐，诸侯趋走堂下。当是时也，夫又谁为恭矣哉！兼制天下，立七十一国，姬姓独居五十三人焉，周之子孙，苟不狂惑者，莫不为天下之显诸侯。孰谓周公俭哉！武王之诛纣也，行之日以兵忌，东面而迎太岁，至汜而泛，至怀而坏，至共头而山隧。霍叔惧曰：'出三日而五灾至，无乃不可乎？'周公曰：'刳比干而囚箕子，飞廉恶来知政，夫又恶有不可焉？'遂选马而进，※（俞：选，同齐也。犹言并驰而进）朝食於戚，暮宿於百泉，厌旦※（又厌旦，当为旦厌之倒，厌压也）於牧之野。鼓之而纣卒易乡，遂乘殷人而诛纣。盖杀者非周人，因殷人也。故无首虏之获，无蹈难之赏，反而定三革，偃五兵，合天下，立声乐，於是《武》、《象》起而《韶》、《护》废矣。四海之内，莫不变心易虑以化顺之，故外阖不闭，跨天下而无蕲※（刘台拱："蕲盖与圻同，言四一家无封疆之限也。"）当是时也，夫又谁为戒矣哉！

造父者天下之善御者也，无舆马，则无所见其能。羿者，天下之善射者也，无弓矢则无所见其巧。大儒者，善调一天下者也，无百里之地，则无所见其功。舆固马选矣，而不能以至远一日而千里，则非造父也。弓调矢直矣，而不能射远中微，则非羿也。用百里之地，而不能以调一天下，制强暴，则非大儒也。彼大儒者，虽隐於穷阎漏屋，无置锥之地，而王公不能与之争名。在一大夫之位，则一君不能独畜，一国不能独容，成名况乎诸侯，莫不愿得以为臣。用百里之地，而千里之国莫能与之争胜，笞棰暴国，齐一天下，而莫能倾也。是大儒之徵也。其言有类※（类，法也），其行有礼，其举事无悔，其持险应变曲当。与时迁徙，与世偃仰，千举万变，其道一也。是大儒之稽也。其穷也俗儒笑之。其通也英杰化之，嵬琐逃之，邪说畏之，众人愧之。通则一天下，穷则独立贵名，天不能死，地不能埋，桀跖之世不能污，非大儒莫之能立，仲尼、子弓是也。故有俗人者，有俗儒者，有雅儒者，有大儒者。不学问，无正义，以富利为隆，是俗人者也。逢衣浅带，解果其冠，略法先王而足乱世术，缪学杂举，不知法后王而一制度，不知隆礼义而杀《诗》、《书》，其衣冠行伪已同於世俗矣。然而不知恶者※（王念孙：者字衍）。其言议谈说已无以异於墨子矣，然而明不能别。呼先王以欺愚者而求衣食焉，得委积※（委积储蓄也）足以掩其口。则扬扬如也。随其长子，事其便辟，举其上客，患然若终身之虏而不敢有他志※（王念孙：举读为与。患患之误安也）。是俗儒者也。法后王，一制度，隆礼义而杀※（郝：杀，敦之误）《诗》、《书》，其言行已有大法矣，然而明不能齐，法教之所不及，闻见之所未至，则知不能类也，※（《外传》：作明不能济法教之所不及，闻见之所未至，无知不能类句）知之曰知之，不知曰不知，内不自※（王念孙：自用也）以诬，外不自以欺，以是尊贤畏法而不敢怠傲，是雅儒者也。法先王，统礼义，一制度，以浅持博，以古持今，以一持万，苟仁义之类也。虽在鸟兽之中，若别白黑，倚物怪变，所未尝闻也，所未尝见也。卒然起一方，则举统类而应之，无所拟怎※（怎同滞），张法而度之，则晻然※（《外传》：张作援，晻然同貌）若合符节，是大儒者也。故人主用俗人则万乘之国亡，用俗儒则万乘之国存，用雅儒则千乘之国安，用大儒则百里之地久。※（俞：久字断句误，当为久而后三年为一。言久至三年也）而后三年，天下为一，诸侯为臣，用万乘之国举错而定，一朝而伯※（王念孙：伯当读为白，言显名于天下也）。

不闻不若闻之，闻之不若见之，见之不若知之，知之不若行之，学至於行之而止矣。行之明也。明之为圣人。圣人也者，本仁义，当是非，齐言行，不失豪厘，无它道焉，已乎行之矣。故闻之而不见，虽博必谬，见之而不知，虽识必妄，知之而不行，虽敦必困。不闻不见，则虽当，非仁也。其道百举而百陷也。故人无师无法，而知则必为盗，勇则必为贼，云※（王念孙：云有也）能则必为乱，察则必为怪，辩则必为诞。人有师有法而知则速通，勇则速威，云能则速成，察则速尽，辩则速论※（又论央也）。故有师法者，人之大宝也，无师法者，人之大殃也。

人无师法则隆性矣，有师法则隆积矣。而师法者，所得乎情，非所受乎性，不足以独立而治。性也者，吾所不能为也，然而可化也。情也者，非吾所有也，然而可为也。注错习俗，所以化性也。并一而不二，所以成积也。习俗移志，安久移质，并一而不二，则通於神明，参於天地矣。故积土而为山，积水而为海，旦暮积谓之岁。至高谓之天，至下谓之地，宇中六指谓之极。涂之人百姓※（《集解》：人百姓犹言众百姓），积善而全尽谓之圣人。彼求之而后得，为之而后成，积之而后高，尽之而后圣。故圣人也者，人之所积也。人积耨耕而为农夫，积斫削而为工匠，积反货而为商贾，积礼义而为君子。工匠之子莫不继事，而都国之民安习其服。居楚而楚，居越而越，居夏而夏，是非天性也，积靡使然也。故人知谨注错，慎习俗，大积靡，则为君子矣。纵性情而不足问学，则为小人矣。为君子则常安荣矣，为小人则常危辱矣。凡人莫不欲安荣而恶危辱，故唯君子为能得其所好，小人则日徼其所恶。《诗》曰："维此良人，弗求弗迪；维彼忍心，是顾是复。民之贪乱，宁为荼毒。"此之谓也。

人论※（王念孙：论读为伦，等类也。又，漫亦污也），志不免於曲私，而冀人之以己为公也，行不免於汙漫，而冀人之以己为修也，其※（吕宋本，其作甚）愚陋沟瞀而冀人之以己为知也，是众人也。志忍私然后能公，行忍情性，然后能修，知而好问※（言知而不自以为知，犹好问也），然后能才，公修而才，可谓小儒矣。志安公，行安修，知通统类，如是则可谓大儒矣。大儒者，天子三公也。小儒者，诸侯大夫士也。众人者，工农商贾也。礼者，人主之所以为群臣寸尺寻丈检式也，※（王念孙：检式皆法也）人伦尽矣。

君子言有坛宇※（又：坛，堂基也。言有坛宇，犹曰言界域），行有防表，道有一隆※（《集解》：一隆，谓有所专重）。言道德之求，不下於安存※（又：安存，以百姓言）。言志意之求不下於士；言道德之求不二※（不二，犹不离也）后王。道过三代谓之荡，法二后王谓之不雅。高之下之，小之臣之，不外是矣，是君子之所以骋志意於坛宇宫庭也。故诸侯问政不及安存，则不告也。匹夫问学不及为士，则不教也。百家之说不及后王，则不听也。夫是之谓君子言有坛宇，行有防表也。

荀子卷第五

王制篇第九

请问为政？曰：贤能不待次而举，罢不能不待须而废，元恶不待教而诛，中庸民※（外传：无民字，中等平常之人也）不待政而化。分未定也则有昭缪。虽王公士大夫之子孙，不能属於礼义，则归之庶人。虽庶人之子孙也，积文学，正身行，能属於礼义，则归之卿相士大夫。故奸言、奸说、奸事、奸能、遁逃反侧之民，职而教之，须而待之，勉之以庆赏，惩之以刑罚，安职则畜，不安职则弃。五疾，上收而养之，※（集解：收而养之以下三句皆官上之事，官施任用也）材而事之，官施而衣食之，兼覆无遗。才行反时者，死无赦，夫是之谓天德，王者之政也。

听政之大分。以善至者，待之以礼，以不善至者，待之以刑。两者分别，则贤不肖不杂，是非不乱。贤不肖不杂，则英杰至，是非不乱，则国家治。若是名声日闻，天下愿，令行禁止，王者之事毕矣。凡听，威严猛厉，而不好假道人，则下畏恐而不亲，周闭而不竭，若是则大事殆乎弛，小事殆乎遂※（王念孙：遂读为坠）。和解调通，好假道人而无所凝止也，则奸言并至，尝试之说锋起，若是则听大事烦，是又伤之也。

故法而不议，则法之所不至者必废。职而不通，则职之所不及者必坠。

故法而议，职而通，无隐谋，无遗善，而百事无过，非君子莫能。故公平者，职之衡也；中和者，听之绳也。※（刘台拱：职听二字互倒）其有法者以法行，无法者以类举，听之尽也，偏党而无经，听之辟也。故有良法而乱者有之矣，有君子而乱者自古及今，未尝闻也。传曰：治生乎君子，乱生乎小人，此之谓也。

分均则不偏※（王念孙：偏读为遍，言分既均，则所求于民者亦均，而物不足以给之故不遍也），執齐则不壹，众齐则不使。有天有地，而上下有差，明王始立，而处国有制。夫两贵之不能相事，两贱之不能相使，是天数也。執位齐而欲恶同，物不能澹，则必争，争则必乱，乱则穷矣。先王恶其乱也，故制礼义以分之，使有贫富贵贱之等，足以相兼临者，是养天下之本也。《书》曰："维齐非齐。此之谓也"。

马骇舆，则君子不安舆，庶人骇政，则君子不安位。马骇舆，则莫若静之，庶人骇政，则莫若惠※（惠，顺也，郝说）之。选贤良，举笃敬，兴孝弟，收孤寡，补贫穷，如是则庶人安政矣，庶人安政，然后君子安位。传曰：君者舟也，庶人者水也，水则载舟，水则覆舟，此之谓也。故君人者，欲安则莫若平政爱民矣。

欲荣则莫若隆礼敬士矣，欲立功名则莫若尚贤使能矣，是君人者之大节也。

三节者当，则其馀莫不当矣，三节者不当，则其馀虽曲当，犹将无益也。

孔子曰："大节是也，小节是也，上君也。大节是也，小节一出焉，一入焉，中君也。大节非也，小节虽是也，吾无观其馀矣。"

成侯、嗣公，聚敛计数之君也，未及取※（俞：取治也）民也，子产取民者也，未及为政也。管仲为政者也，未及修礼也。故修礼者王，为政者强，取民者安，聚敛者亡。故王者富民，霸者富士，仅存之国富大夫，亡国富筐箧，实府库。

筐箧已富，府库已实，而百姓贫，夫是之谓上溢而下漏※（王引之：上溢下漏，即上富下贫），入不可以守，出不可以战，则倾覆灭亡可立而待也。故我聚之以亡，敌得之以强。聚敛者，召寇肥敌、亡国危身之道也，故明君不蹈也。

王夺之人，霸夺之与，强夺之地。夺之人者臣诸侯，夺之与者友诸侯，夺之地者敌诸侯。臣诸侯者王，友诸侯者霸，敌诸侯者危。

用强者，人之城守，人之出※（俞：出，土之误，守必以城，战必以土）战，而我以力胜之也，则伤人之民必甚矣。

伤人之民甚，则人之民必恶我必甚矣；人之民恶我甚，则日欲与我斗。人之城守，人之出战，而我以力胜之，则伤吾民必甚矣，伤吾民甚，则吾民之恶我必甚矣，吾民之恶我甚，则日不欲为我斗。人之民日欲与我斗，吾民日不欲为我斗，是强者之所以反弱也。地来而民去，累多而功少，虽守者益，所以守者损，是以※（俞：是以之以衍）大者之所以反削也。诸侯莫不怀交※（郝：怀交，谓私相缔交。接怨，谓连续修怨）接怨，而不忘其敌，伺强大之间，承强大之敝，此强大※（王引之：大道之误）之殆时也。

知强大者，不务强也，虑※（王念孙：虑，大底也。言大氐以王命全其力，凝其德也）以王命全其力，凝其德。力全则诸侯不能弱也，德凝则诸侯不能削也。天下无王霸主则常胜矣，是知强道者也。

彼霸者则不然，辟田野，实仓廪，便备※（王念孙：备，犹用也，或谓之器用）用，案谨募选阅材伎之士，然后渐庆赏以先之，严刑罚以纠之，存亡继绝，卫弱禁暴，而无兼并之心，则诸侯亲之矣。修友敌之道，以敬接诸侯，则诸侯说之矣。所以亲之者，以不并也，并之见则诸侯疏矣。所以说之者，以友敌也臣之见，则诸侯离矣。故明其不并之行，信其友敌之道，天下无王霸主，※（又此王霸之霸，涉上文而衍），则常胜矣，是知霸道者也。

闵王毁於五国，桓公劫於鲁庄，无它故焉，非其道而虑之以王也。

彼王者不然，仁眇※（眇，郝云即妙。王念孙：高也）天下，义眇天下，威眇天下。仁眇天下，故天下莫不亲也，义眇天下，故天下莫不贵也，威眇天下，故天下莫敢敌也，以不敌之威，辅服人之道，故不战而胜，不攻而得甲兵，不劳而天下服，是知王道者也。知此三具者，欲王而王，欲霸而霸，欲强而强矣。

王者之人，饰动※（王念孙：饰读为饬，言动作必以礼义自饬）以礼义，听断以类，明振毫末，举措应变而不穷，夫是之谓有原，是王者之人也。

王者之制，道不过三代，法不二后王，道过三代谓之荡，法二后王谓之不雅。衣服有制，宫室有度，人徒有数，丧祭械用皆有等宜，声则凡非雅声者举废，色则凡非旧文者举息，械用则凡非旧器者举毁，夫是之谓复古，是王者之制也。王者之※（刘台拱：之下有法字）论，无德不贵，无能不官，无功不赏，无罪不罚，朝无幸位，民无幸生，尚贤使能而等位不遗，析愿※（外传：析愿，作折暴）禁捍而刑罚不过，百姓晓然皆知夫为善於家而取赏於朝也，为不善於幽而蒙刑於显也，夫是之谓定论，是王者之论也。

王者之※（刘台拱：之下有法字）等赋、政事，财万物，所以养万民也。田野什一，关市几而不征，山林泽梁以时禁发而不税，相地而衰政，理※（王念孙：理分地里也）道之远近而致贡，通流财物粟米，无有滞留，使相归移也，四海之内若一家，故近者不隐其能，远者不疾其劳，无幽闲隐僻之国，莫不趋使而安乐之，夫是之谓人师，是王者之法也。

北海则有走马吠犬焉，然而中国得而畜使之，南海则有羽翮齿革曾青丹干焉，然而中国得而财之，东海则有紫紶鱼盐焉，※（王引之：紫茈，绤绤，之误，皆可为衣者）然而中国得而衣食之。西海则有皮革文旄焉，然而中国得而用之，故泽人足乎木，山人足乎鱼，农夫不斫削不陶冶而足械用，工贾不耕田而足菽粟。故虎豹为猛矣，然君子剥而用之，故天之所覆，地之所载，莫不尽其美，致其用，上以饰贤良，下以养百姓而安乐之，夫是之谓大神※（郝：神治也）。诗曰：天作高山，大王荒之。彼作矣，文王康之，此之谓也。

《以类行杂》、《以一行万》、《始则终·终则始·若环之无端也》舍是而天下以衰矣。天地者生之始也，礼义者治之始也，君子者礼义之始也。为之贯之，积重之，致好之者，君子之始※（王引之：君子之始之"之始"二字衍）也。故天地生君子，君子理天地，君子者，天地之参也，万物之摠也，民之父母也。无君子，则天地不理，礼义无统，上无君师，下无父子，夫是之谓至乱。君臣父子兄弟夫妇，始则终，终则始，与天地同理，与万世同久，夫是之谓大本。故丧祭朝聘师旅，一也，贵贱杀生与夺，一也，君君臣臣父父子子兄兄弟弟，一也，农农士士工工商商，一也。

水火有气而无生，草木有生而无知，禽兽有知而无义，人有气有生有知，亦且有义，故最为天下贵也。力不若牛，走不若马，而牛马为用，何也。曰，人能群，彼不能群也。人何以能群，曰，分。分何以能行，曰，义。

故义以分则和，和则一，一则多力，多力则强，强则胜物，故宫室可得而居也，故序四时，裁※（集解：裁亦成也）万物，兼利天下，无他故焉，得之分义也。

故人生不能无群，群而无分则争，争则乱，乱则离，离则弱，弱则不能胜物，故宫室不可得而居也，不可少顷舍礼义之谓也。能以事亲谓之孝，能以事兄谓之弟，能以事上谓之顺，能以使下谓之君，君者，善群也，群道当，则万物皆得其宜，六畜皆得其长，群生皆得其命。故养长时则六畜育，杀生时则草木殖，政令时则百姓一，贤良服，圣王之制也。草木荣华滋硕之时，则斧斤不入山林，不夭其生，不绝其长也。鼋鼍鱼鳖鳅鳝孕别之时，罔罟毒药不入泽，不夭其生，不绝其长也。春耕夏耘秋收冬藏，四者不失时，故五谷不绝而百姓有馀食也。污池渊沼川泽谨其时禁，故鱼鳖优多而百姓有馀用也。斩伐养长不失其时，故山林不童，而百姓有馀材也。

圣王之用也，上察於天，下错於地，塞备※（王引之：备，当为满之误）天地之间，加施万物之上，微而明，短而长，狭而广，神明博大以※（集解：以，当为而）至约。故曰：一与※（《集解》：与读为举，上言以一行万是上之一也。丧祭朝聘诸事皆所以一民，是下一也。以上之一举下之一，故曰一举一）一是为人者，谓之圣人。

序官※（《集解》：序官疑篇名）：宰爵※（俞：宰爵官名，主爵者也）知宾客祭祀飨食、牺牲之牢数，司徒知百宗城郭立器之数，司马知师旅甲兵乘白※（王引之：乘，车乘之乘。白与伯同，百人为伯也）之数。修宪命，审诗商※（王引之：商当为章，商章古通），禁淫声，以时顺修，使夷俗邪音不敢乱雅，大师之事也。修堤梁，通沟浍，行水潦，安水藏，以时决塞，岁虽凶败水旱，使民有所耘艾，司空之事也。相高下，视肥硗，序五种，省农功，谨蓄藏，以时顺修，使农夫朴力而寡能，治田之事也。修火宪，养山林薮泽草木鱼鳖百索※（王引之：索，素之误。百素即百蔬），以时禁发，使国家足用而财物不屈，虞师之事也。顺州里，定廛宅，养六畜，闲※（王念孙：閒与闲同，习也）树艺，劝教化，趋孝弟，以时顺修，使百姓顺命安乐处乡，乡师之事也。论百工，审时事，辨功苦，尚完利，便备用，使雕琢文采不敢专造于家，工师之事也。相阴阳，占祲兆，钻龟陈卦，主攘择五卜，知其吉凶妖祥，伛巫跛击之事也。**修採清**※（俞：採，埰之误，冢也。清亦作圊，厕也），**易道路，谨盗贼，平室律**※（郝：律，当为肆字），**以时顺修，使宾**※（王引之：宾，当賨之误。行贾，即商字）**旅安而货财通，治市之事也。抃**※（集解：抃当为折）**急禁悍，防淫除邪，戮之以五刑，使暴悍以变，奸邪不作，司寇之事也。本政教，正法则，兼听而时稽之，度其功劳，论其庆赏，以时慎修，使百吏免尽**※（王念孙：免尽当为尽免，免与勉同）**而众庶不偷，冢宰之事也。论礼乐，正身行，广教化，美风俗，兼覆而调一之，辟公之事也。全道德，致隆高，綦文理，一天下，振毫末，使天下莫不顺比从服，天王之事也。故政事乱，则冢宰之罪也，国家失俗，则辟公之过也，天下不一，诸侯俗反，则天王非其人也。**

  具具※（集解：具具者王霸存亡之具毕具也）**而王，具具而霸，具具而存，具具而亡。用万乘之国者，威强之所以立也，名声之所以美也，敌人之所以屈也。国之所以安危臧否也，制与在此，亡乎人。王霸安存，危殆灭亡，制与在我，亡乎人。**※（王念孙：兴举皆也。亡不在也。言其制皆在此而不在乎人也）**夫威强未足以殆邻敌也，名声未足以县**※（集解：县，言能县衡天下为四海持平也）**天下也，则是国未能独立也，岂渠得免夫累乎。**

  天下胁於暴国，而党为吾所不欲※（王念孙：党，知也。党吾所不欲，谓胁于暴国，于是时而后知为吾所不欲与乐同事而无害为尧，为时晚矣。功名安危所系，当在国家闲暇之日也）**於是者，日与桀同事同行，无害为尧，是非功名之所就也，非存亡安危之所堕**※（俞：堕，当作随，从也）**也。功名之所就，存亡安危之所堕，必将於愉殷赤心**※（《集解》：愉乐殷盛，赤心心不杂二）**之所。诚以其国为王者之所亦王，以其国为危殆灭亡之所亦危殆灭亡。**

  殷之日，案以中立，无有所偏而为纵横之事，偄然案兵无动，以观夫暴国之相卒※（俞：卒，当为捽，交对也）**也。案平政教，审节奏，砥砺百姓，为是之日，而兵剸天下劲**※（集解：劲上当有之字）**矣。案然**※（俞：然字衍）**修仁义，伉隆高，正法则，选贤良，养百姓，为是之日，而名声剸天下之美矣。权者重之，兵者劲之，名声者美之。夫尧舜者，一天下也，不能加毫末於是矣。**

  权※（《集解》：权上疑有脱文）**谋倾覆之人退，则贤良知圣之士案自进矣。刑政平，百姓和，国俗节，则兵劲城固敌国案自诎矣。务本事，积财物，而勿忘栖迟薛越也，是使群臣百姓皆以制度行，则财物积，国家案自富矣。三者体此**

而天下服。暴国之君，案自不能用其兵矣，何则，彼无与至也。彼其所与至者，必其民也。其民之亲我也，欢若父母，好我芳若芝兰，反顾其上则若灼黥若仇雠。彼人之情性也，虽桀跖岂有肎为其所恶贼其所好者哉，彼以夺矣。※（郭松焘：言彼所有之人己为我夺也）故古之人，有以一国取天下者，非往行之也，修政其所莫不愿，如是而可以诛暴禁悍矣。故周公南征而北国怨，曰，何独不来也，东征而西国怨，曰，何独后我也，孰能有与是斗者与。安以其国为是者王。

殷之日，安以静兵息民，慈爱百姓，辟田野，实仓廪，便备用，安谨募选，阅材技之士，然后渐赏庆以先之，严刑罚以防之，择士之知事者使相率贯也，是以厌然畜积修饰而物用之※（《集解》：之，衍）足也。兵革器械者，彼将日日暴露毁折之中原，我今将修饰之，拊循之，掩盖之，於府库。货财粟米者，彼将日日栖迟薛越之中野，我今将畜积并聚之於仓廪，材技股肱健勇爪牙之士，彼将日日挫顿竭之於仇敌，我今将来致之、并阅之、砥砺之於朝廷，如是则彼日积敝，我日积完，彼日积贫，我日积富，彼日积劳，我日积佚。君臣上下之闲者，彼将厉厉焉日日相离疾也，我今将顿顿※（厉疾也。顿读为敦）焉日日相亲爱也，以是待其敝。

安以其国为是者霸。立身则从佣俗，事行则遵佣傭※（卢文弨：傭同庸，常也。傭，宽惠之庸，用也）故，进退贵贱则举傭士，之所以接下之人百姓者，则傭宽惠，如是者则安存。※（《集解》：苟以之为其）立身则轻楛，事行则蠲疑，※（郝：楛苦谓脆恶，蠲明，谓喜明察而好狐疑）进退贵贱则举佞倪※（《集解》倪盖兑字），之所以接下之人百姓者，则好取侵夺，如是者危殆。立身则憍暴，事行则倾覆，进退贵贱则举幽险诈故※（《集解》：故亦作诈也），之所以接下之人百姓者，则好用其死力矣，而慢其功劳，好用其籍敛矣，而忘其本务，如是者灭亡。此五等者，不可不善择也，王霸安存、危殆灭亡之具也。善择者制人，不善择者人制之，善择之者王，不善择之者亡。夫王者之与亡者，制人之与人制之也，是其为相县也，亦远矣。※（（卷末）按《集解》亦未有注，盖未可理也）

荀子卷第六

富国篇第十

万物同宇而异体，无宜而有用，为人，※（王念孙：无宜而有用为人为一句，为读曰于，言万物于人虽无一定之宜，而皆有用于人）数也。※（数者，犹云道固然也）人伦※（伦类也，言人各有所可，知愚所同也。其所可不同，知愚于是判矣）并处，同求而异道，同欲而异知，生※（生读为性）也。皆有可也，※（可，心以为可也）知愚同；所可异也，知愚分。埶同※（执同言无尊卑之等也）而知异，行私而无祸，纵欲而不穷，则民心奋而不可说也。如是则知者未得治也，知者未得治，则功名未成也，功名未成则群众未县也，群众未县，则君臣未立也。无君以制臣，无上以制下，天下害生纵欲。欲恶同物，欲多而物寡，寡则必争矣。故百技所成，所以养一人※（言一人之养，必取给于百技之所成也）也。而能不能兼技，人不能兼官。离居不相待则穷，群而无分则争。穷者患也，争者祸也，救患除祸，则莫若明分使群矣。强胁弱也，知惧愚也，民下违上，少陵长，不以德为政，如是则老弱有失养之忧，而壮者有分争之祸矣。事业所恶也，功利所好也，职业无分，如是则人有树事之患，而有争功之祸矣。男女之合，夫妇之分，婚姻娉内，送逆无礼，如是则人有失合之忧，而有争色之祸矣。故知者为之分也。

足国之道，节用裕民，而善臧其馀。节用以礼，裕民以政。彼裕民故多馀，裕民则民富，民富则田肥以易，田肥以易则出实百倍，上以法取焉，而下以礼节用之，馀若丘山，不时焚烧，无所臧之。夫君子奚患乎无馀。故知节用裕民，则必有仁义圣良之名，而且有富厚丘山之积矣。此无它故焉，生於节用裕民也。不知节用裕民，则民贫，民贫则田瘠以秽，田瘠以秽则出实不半，上虽好取侵夺，犹将寡获也，而或以无礼节用之，则必有贪利纠譑※（王念孙：纠收也。譑读为挢，取也。言贪利而收取之也）之名，而且有空虚穷乏之实矣。此无它故焉，不知节用裕民也。康诰曰，弘覆乎天，若德裕乃身，此之谓也。

礼者，贵贱有等，长幼有差，贫富轻重皆有称者也。故天子袾裷衣冕，诸侯玄裷衣冕，大夫裨冕，士皮弁服，德必称位，位必称禄，禄必称用。由士以上则必以礼乐节之，众庶百姓则必以法数制之。量地而立国，计利而畜民，度人力而授事。使民必胜事，事必出利，利足以生民，皆使衣食百用出入相揜※（王念孙：揜，同也）。必时臧馀，谓之称数。故自天子通於庶人，事无大小多少，由是推之。故曰朝无幸位，民无幸生。此之谓也。轻田野之税，平关市之征，省商贾之数，罕兴力役，无夺农时，如是则国富矣，夫是之谓以政裕民。

人之生不能无群，群而无分则争，争则乱，乱则穷矣。故无分者，人之大害也，有分者，天下之本利也，而人君者，所以管分之枢要也。故美之者，是美天下之本也，安之者，是安天下之本也，贵之者，是贵天下之本也。

古者先王分割而等异之也，故使或美或恶，或厚或薄，或佚或乐※（王念孙：正文本作或佚或劳），或劬或劳，非特以为淫泰夸丽之声，※（俞：荀原作非特以为淫太夸丽也。因也误作之。后人加声字）※（《集解》：此言先王将欲施仁于天下，必先有分割等异乃可以明仁通顺。杨注非）将以明仁之文，通仁之顺也。故为之雕琢刻镂、黼黻文章，使足以辨贵贱而已，不求其观。为之锺鼓管磬琴瑟竽笙，使足以辨吉凶合欢定和而已，不求其馀。为之宫室台榭，使足以避燥湿养德辨轻重而已，不求其外。诗曰，雕琢其章，金玉其相，亹亹我王，纲纪四方，此之谓也。

若夫重色而衣之，重味而食之，重财物而制之，合天下而君之，非特以为淫泰也，固以为王※（《集解》：王，一之误）天下，治万变，材万物，养万民，兼制天下者，为莫若仁人之善也夫。故其知虑足以治之，其仁厚足以安之，其德音足以化之，得之则治，失之则乱。百姓诚赖其知也，故相率而为之劳苦以务佚之，以养其知也。诚美其厚也，故为之出死断亡※（断亡，决死也）以覆救之，以养其厚也。诚美其德也，故为之雕琢刻镂黼黻文章以藩饰之，以养其德也。故仁人在上，百姓贵之如帝，亲之如父母，为之出死断亡而愉者，无它故焉，其所是焉诚美，其所得焉诚大，其所利焉诚多。诗曰，我任我辇，我车我牛，我行既集，盖云归哉，此之谓也。

故曰，君子以德，小人以力。力※（王念孙：力，功也。功成也。言待君而后成也）者，德之役也，百姓之力，待之而后功，百姓之群，待之而后和，百姓之财，待之而后聚，百姓之埶，待之而后安，百姓之寿，待之而后长，父子不得不亲，兄弟不得不顺，男女不得不欢。少者以长，老者以养，故曰，天地生之，圣人成之，此之谓也。

今之世而不然，厚刀布之敛以夺之财，重田野之税以夺之食，苛关市之征以难其事。不然而已矣，有掎挈※（按：挈尤言牵制，伺侯其罪）伺诈权谋倾覆以相颠倒以靡敝之，百姓晓然皆知其污漫暴乱而将大危亡也，是以臣或弑其君，下或杀其上，粥其城，倍其节，而不死其事者，无它故焉，人主自取之。诗曰，无言不雠※（雠，答也），无德不报，此之谓也。

兼足天下之道在明分，掩※（王引之：掩撩之伪。理也）地表亩，刺屮殖谷，多粪肥田，是农夫众庶之事也。守时力民，进事长功，和齐百姓，使人不偷，是将率※（俞：此云将率，即州长党正之官）之事也。高者不旱，下者不水，寒暑和节而五谷以时孰，是天下※（王念孙：下字衍）之事也。若夫兼而覆之，兼而爱之，兼而制之，岁虽凶败，水旱，使百姓无冻馁之患，则是圣君贤相之事也。

墨子之言，昭昭※（昭昭读为怊怊，忧貌）然为天下忧不足。夫不足，非天下之公患也，特墨子之私忧过计也。今是土之生五谷也，人善治之，则亩数盆，一岁而再获之，然后瓜桃枣李，一本数以盆鼓，然后荤菜※（郝：荤菜亦蔬耳，葱韭之属）

百疏以泽量，然后六畜禽兽，一而劐车，鼋鼍鱼鳖鳅鳝以时别，一而成群，然后飞鸟凫雁若烟海，然后昆虫万物生其闲，可以相食养者不可胜数也。夫天地之生万物也，固有馀足以食人矣，麻葛茧丝，鸟兽之羽毛齿革也，固有馀足以衣人矣，夫有馀※（《集解》：夫下不当有有余二字）不足，非天下之公患也，特墨子私忧过计也。

天下之公患，乱伤之也，胡不尝试相与求乱之者谁也。我以墨子之非乐也，则使天下乱，墨子之节用也，则使天下贫，非将堕之也，说不免※（《集解》：不免者，言其实如此也）焉。

墨子大有天下，小有一国，将蹙然衣粗食恶，忧戚而非乐，若是则瘠，瘠则不足欲，不足欲则赏不行。墨子大有天下，小有一国，将少人徒，省官职，上功劳苦，与百姓均事业，齐功劳，若是则不威，不威则罚不行。赏不行，则贤者不可得而进也，罚不行，则不肖者不可得而退也，贤者不可得而进也，不肖者不可得而退也，则能不能不可得而官也，若是则万物失宜，事变失应，上失天时，下失地利，中失人和，天下敖然若烧若焦，墨子虽为之衣褐带索，嚽菽饮水，恶能足之乎。既以伐其本，竭其原，而焦天下矣。

故先王圣人为之不然。知夫为人主上者，不美不饰之不足以一民也，不富不厚之不足以管下也，不威不强之不足以禁暴胜悍也，故必将撞大钟、击鸣鼓、吹笙竽、弹琴瑟以塞其耳，必将鋼琢刻镂、黼黻文章以塞其目，必将刍豢稻粱、五味芬芳以塞其口，然后众人徒、备官职、渐庆赏、严刑罚以戒其心，使天下生民之属，皆知己之所愿欲之举在是于也，故其赏行，皆知己之所畏恐之举在是于也，故其罚威，赏行罚威，则贤者可得而进也，不肖者可得而退也，能不能可得而官也，若是则万物得宜，事变得应，上得天时，下得地利，中得人和，则财货浑浑如泉源，汸汸如河海，暴暴如丘山，不时焚烧，无所臧之，夫天下何患乎不足也。故儒术诚行，则天下大而富，使而功，※（《集解》：刘、王谓有当为而是也。史承上赏行罚威言，易使而有功也）撞钟击鼓而和。诗曰，钟鼓喤喤，管磬玱玱，降福穰穰，降福简简，威仪反反，既醉既饱，福禄来反，此之谓也。

故墨术诚行，则天下尚俭而弥贫，非斗而日争，劳苦顿※（王念孙：顿，困顿也）萃而愈无功，愀然忧戚非乐而日不和。

诗曰，天方荐瘥，丧乱弘多。民言无嘉，憯莫惩嗟，此之谓也。

垂事※（俞：垂，委也，谓委置其事以养民也）养民，拊循之，呴呴之※（郝：小儿语声，慈爱之意），冬日则为之饘粥，夏日则与之瓜麮，以偷取少顷之誉焉，是偷道也。可以少顷得奸民之誉，然而非长久之道也，事必不就，功必不立，是奸治者也。僭※（《集解》：僭同喈，纷杂之意）然要时务民，进事长功，轻非誉而恬民失，事进矣，而百姓疾之，是又不可※（《集解》：不可二字衍，言此又苟且不当之事也）偷偏者也，徒坏堕落，必反无功。故垂事养誉不可，以遂功，而忘民亦不可，皆奸道也。

故古人为之不然，使民夏不宛暍，冬不冻寒，急不伤力，缓不后时，事成功立，上下俱富※（富通福）而百姓皆爱其上，人归之如流水，亲之欢如父母，为之出死断亡而愉者，无它故焉，忠信调和均辨※（王念孙：辨当读为乎）之至也。故君国长民者，欲趋时遂功，则和调累解※（俞：累解，解累之倒。平正也），速乎急疾，忠信均辨，说乎赏庆矣。《必先修正其在我者然后徐责其在人》者，威乎刑罚。三德者诚乎上，则下应之如景向，虽欲无明达，得乎哉。书曰，乃大明服，惟民其力懋和而有疾，此之谓也。

故不教而诛，则刑繁而邪不胜，教而不诛，则奸民不惩，诛而不赏，则勤属※（王念孙：属当为厉，勉也）之民不劝，诛赏而不类，则下疑俗俭而百姓不一。故先王明礼义以壹之，致忠信以爱之，尚贤使能以次之，爵服庆赏以申重之，时其事、轻其任，以调齐之，潢然兼覆之，养长之，如保赤子。若是。故奸邪不作，盗贼不起，而化善者劝勉矣。是何邪，则其道※（道读为导。言导民之善者易。塞民之邪者固）易，其塞固，其政令一，其防表明。故曰，上一则下一矣，上二则下二矣，辟之若中木，枝叶必类本。此之谓也。

不利而利之，不如利而后利之之利也，不爱而用之，不如爱而后用之之功也。利而后利之，不如利而不利者之利也，爱而后用之，不如爱而不用者之功也。利而不利※（利而不利，言利之而不自以为利也）也，爱而不用也者，取天下矣。利而后利之，爱而后用之者，保社稷也。不利而利之，不爱而用之者，危国家也。

观国之治乱臧否，至於疆易而端已见矣。其候徼支缭，其竟关之政尽察，是乱国已。入其境，其田畴秽，都邑露※（王念孙：露，败也），是贪主已。观其朝廷，则其贵者不贤；观其官职，则其治者不能；观其便嬖，则其信者不愿，是暗主已。凡主相臣下百吏之俗，其於货财取与计数也，须孰尽察，其礼义节奏也，芒轫僈楛，是辱国已。其耕者乐田，其战士安难，其百吏好法，其朝廷隆礼，其卿相调议，是治国已。观其朝廷，则其贵者贤，观其官职，则其治者能，观其便嬖，则其信者愿，是明主已。凡主相臣下百吏之俗，其於货财取与计数也，须孰尽察，※（俞：俗，属之误。须，顺之误。顺孰连文）其於礼义节奏也，陵※（王念孙：陵，严密也）谨尽察，是荣国已。贤齐则其亲者先贵，能齐则其故者先官，其臣下百吏，汙者皆化而修，悍者皆化而愿，躁※（王引之：躁读为剽，狡猾也）者皆化而愿，是明主之功已。

观国之强弱贫富有徵验。上不隆礼则兵弱，上不爱民则兵弱，已诺不信则兵弱，庆赏不渐则兵弱，将率不能则兵弱，上好攻取功则国贫，上好利则国贫，士大夫众则国贫，工商众则国贫，无制数度量则国贫。下贫则上贫，下富则上富，故田野县鄙者，财之本也，垣窌仓廪者，财之末也。百姓时和、事业得叙者，货之源也，等赋府库者，货之流也。故明主必谨养其和，节其流，开其源，而时斟酌焉，潢然使天下必有馀而上不忧不足，如是则上下俱富，交无所藏※（《集解》：藏，多之极也）之，是知国计之极也。故禹十年水，汤七年旱，而天下无菜色者，十年之后※（顾千里：后下疑脱七年之后），年谷复孰，而陈积有馀，是无它故焉知，本末源流之谓也。故田野荒而仓廪实，百姓虚而府库满，夫是之谓国蹶。伐其本，竭其源，而并之其末，然而主相不知恶也，则其倾覆灭亡，可立而待也。以国持※（王念孙：持，载也）之，而不足以容其身，夫是之谓至贪※（《集解》：贪，贫之误），是愚主之极也。将以求富而丧其国，将以求利而危其身，古有万国，今有十数焉，是无它故焉，其所以失之一也。君人者，亦可以觉矣。

百里之国，足以独立矣。凡攻人者，非以为名，则案以为利也，不然，则忿之也。仁人之用国，将修志意，正身行，伉※（王念孙：伉，极致也）隆高，致忠信，期文理，布衣紃屦之士诚是，则虽在穷阎漏屋，而王公不能与之争名，以国载之，则天下莫之能隐匿也，若是，则为名者不攻也。将辟田野，实仓廪，便备用，上下一心，三军同力，与之远举极战，则不可，境内之聚也保固，视可，午其军，取其将，若拨麷※（郝：午逆也。彼来而此逆之。麷可读为丰，蒲也）。彼得之不足以药伤补败，彼爱其爪牙，畏其仇敌，若是，则为利者不攻也。将修小大强弱之义以持慎之，礼节将甚文，珪璧将甚硕，货赂将甚厚，所以说之者，必将雅文辩慧之君子也，彼苟有人意焉，夫谁能忿之，若是，则忿之者不攻也。为名者否，为利者否，为忿者否，则国安於盘石，寿於旗翼。人皆乱，我独治，人皆危，我独安，人皆失丧之，我按起而治之。故仁人之用国，非特将持其有而已也，又将兼人。诗曰，淑人君子，其仪不忒，其仪不忒，正是四国，此之谓也。

持国之难易。事强暴之国难，使强暴之国事我易。事之以货宝，则货宝单而交不结，约信盟誓，则约定而畔无日，割国之锱铢以赂之，则割定而欲无厌。事之弥烦，其侵人愈甚，必至於资单国举然后已。虽左尧而右舜，未有能以此道得免焉者也。辟之是犹使处女婴宝珠，佩宝玉，负戴黄金而遇中山之盗也，虽为之逢蒙视※（王念孙：逢蒙视，微视也），诎要桡腘，君卢※（刘台拱：君，若之误。言若庐屋之妾也）屋妾，由将不足以免也。故非有一人之道也，直将巧繁※（王引之：繁读为敏。巧敏，谓便佞也）拜请而畏事之，则不足以为持国安身，故明君不道也。

必将修礼以齐朝，正法以齐官，平政以齐民；然后节奏齐於朝，百事齐於官，众庶齐於下，如是则近者竞亲，远方致愿，上下一心，三军同力，名声足以暴炙之，威强足以捶笞之，拱揖指挥，而强暴之国莫不趋使，譬之是犹乌获与焦侥搏也。故曰，事强暴之国难，使强暴之国事我易，此之谓也。

荀子卷第七

王霸篇第十一

国者，天下之制利用也，人主者，天下之利埶也。得道以持之，则大安也，大荣也，积美之源也，不得道以持之，则大危也，大累也，有之不如无之，及其綦也，索为匹夫不可得也，齐湣宋献是也。故人主，天下之利埶也，然而不能自安也，安之者必将道也。

故用国者，义立而王，信立而霸，权谋立而亡，三者明主之所谨择也，仁人之所务白也。

挈国以呼礼义，而无以害之，行一不义、杀一无罪，而得天下，仁者不为也。擽然扶持心。国，且若是其固也，之所与为之者之人，则举义士也，之所以为布陈於国家刑法者，则举义法也，主之所极※（王引之：主字衍。郝：极亟通，敏疾之意）然帅群臣而首乡之者，则举义志也，如是则下仰上以义矣，是綦※（刘台拱：綦极也。又谓标准）定也。綦定而国定，国定而天下定。仲尼无置锥之地，诚义乎志意，加义乎身行，箸之言语，济之日，不隐乎天下，名垂乎后世。今亦以天下之显诸侯，诚义乎志意，加义乎法则度量，箸之以政事，案申重之以贵贱杀生，使袭然※（王念孙：袭然，合一之貌）终始犹一也，如是，则夫名声之部发於天地之间也，岂不如日月雷霆然矣哉。故曰，以国齐义，一日而白，汤武是也。汤以亳，武王以鄗，皆百里之地也，天下为一，诸侯为臣，通达之属，莫不从服，无它故焉，以济义矣。是所谓义立而王也。

德虽未至也，义虽未济也，然而天下之理略奏※（王念孙：凑奏通，聚也）矣，刑赏已诺信乎天下矣，臣下晓然皆知其可要也，政令已陈，虽睹利败，不欺其民，约结已定，虽睹利败，不欺其与，如是则兵劲城固，敌国畏之，国一綦明※（郭嵩焘：綦期之借，谓所期约明白无欺），与国信之，虽在僻陋之国，威动天下，五伯是也。非本政教也，非致隆高也，非綦文理也，非服人之心也，乡方略，审劳佚，谨畜积，修战备，齺然上下相信，而天下莫之敢当，故齐桓晋文楚庄吴阖闾、越勾践是皆僻陋之国也，威动天下，强殆中国，无它故焉，略信也，是所谓信立而霸也。

挈国以呼功利，不务张其义，齐其信，唯利之求，内则不惮诈其民而求小利焉，外则不惮诈其与而求大利焉，内不※（顾千里：内字衍。不下疑脱好字）修正其所以有，然※（王念孙：然上脱啖啖二字）常欲人之有。如是，则臣下百姓莫不以诈心待其上矣。上诈其下，下诈其上，则是上下析也，如是，则敌国轻之，与国疑之，权谋日行而国不免危削，綦之而亡，齐闵薛公是也。故用强齐，非以修礼义也，非以本政教也，非以一天下也，绵绵常以结引驰外为务，故强南足以破楚，西足以诎秦，北足以败燕，中足以举宋，及以燕赵起而攻之，若振槁然，而身死国亡，为天下大戮，后世言恶，则必稽焉，是无它故焉，唯其不由礼义而由权谋也。

三者，明主之所以谨择也，而仁人之所以务白也，善择者制人，不善择者人制之。

国者天下之大器也，重任也，不可不善为择所而后错之，错之险则危，不可不善为择道然后道之※（王念孙：道之行之也），涂薉则塞，危塞则亡。彼国错者，非封焉之谓也，何法之道，谁子之与也。故※（王引之：故，曰之误）道王者之法，与王者之人为之，则亦王，道霸者之法，与霸者之人为之，则亦霸，道亡国之法，与亡国之人为之，则亦亡。三者，明主之所以谨择也，而仁人之所以务白也。

故国者，重任也，不以积持之则不立，故国者，世所以新者也，是惮惮※（郝：惮惮之伪。敝貌。此言国与世俱新，虽敝坏而非变，但改玉改行，则仍复新耳。是以日也人也皆不能无变更，而国厌然完固至于千岁）非变也，改王改行也。故※（王念孙：故字衍）一朝之日也，一日之人也，然而厌※（《集解》：厌，安也）焉有千岁之固，何也。曰，援夫千岁之信法以持之也，安与夫千岁之信士为之也。人无百岁之寿，而有千岁之信士，何也。曰，以夫千岁之法自持者，是乃千岁之信士矣。

故与积礼义之君子为之则王，与端诚信全之士为之则霸，与权谋倾覆之人为之则亡。三者，明主之所以谨择也，而仁人之所以务白也，善择之者制人，不善择之者人制之。

彼持国者必不可以独也。然则强固荣辱，在於取相矣，身能相能，如是者王。身不能，知恐惧而求能者，如是者强，身不能，不知恐惧而求能者，安唯便僻左右亲比己者之用，如是者危，削綦之而亡。国者，巨用之则大，小用之则小，綦大而王，綦小而亡，小巨分流者存。巨用之者，先义而后利，安不恤亲疏，不恤贵贱，唯诚能之求，夫是之谓巨用之。小用之者，先利而后义，安不恤是非，不治曲直，唯便僻亲比己者之用，夫是之谓小用之。巨用之者若彼，小用之者若此，小巨分流者，亦一若彼，一若此也。故曰，粹而王，驳而霸，无一焉而亡，此之谓也。国无礼则不正。礼之所以正※（王念孙：正，吕钱本作既）国也，譬之犹衡之於轻重也，犹绳墨之於曲直也，犹规矩之於方圆也，既错之而人莫之能诬也。诗云，如霜雪之将将※（《集解》：将将集也。四句皆逸诗），如日月之光明，为之则存，不为则亡，此之谓也。

国危则无乐君，国安则无忧民※（顾千里：民，当为君），乱则国危，治则国安。今君人者，急逐乐而缓治国，岂不过甚矣哉，譬之是由好声色而恬※（俞：恬姡之误。人面之貌）无耳目也，岂不哀哉。夫人之情，目欲綦色，耳欲綦声，口欲綦味，鼻欲綦臭，心欲綦佚，此五綦者，人情之所必不免也。养五綦者有具，无其具，则五綦者不可得而致也。万乘之国，可谓广大富厚矣，加有治辨强固之道焉，若是则恬愉无患难矣，然后养五綦之具具也。故百乐者，生於治国者也，忧患者生於乱国者也，急逐乐而缓治国者，非知乐者也，故明君者，必将先治其国，然后百乐得其中，暗君必将急逐乐而缓治国，故忧患不可胜校也，必至於身死国亡，然后止也，岂不哀哉。将以为乐，乃得忧焉，将以为安，乃得危焉，将以为福，乃得死亡焉，岂不哀哉，於乎君人者亦可以察若言矣。故治国有道，人主有职。

若夫贯日而治详，一日而曲列※（王念孙：列，别之误，言以累日之治而辨之于一日也）之，是所使夫百吏官人为也，不足以是伤游玩安燕之乐。若夫论一相以兼率之，使臣下百吏莫不宿道乡方而务，是夫人主之职也。若是则一天下，名配尧禹。之主者，守至约而详，事至佚而功，垂衣裳不下簟席之上，而海内之人莫不愿得以为帝王，夫是之谓至约，乐莫大焉。

人主者，以官人为能者也，匹夫者，以自能为能者也，人主得使人为之，匹夫则无所移之，百亩一守，事业穷无所移之也。今以一人兼听天下，日有馀而治不足者，使人为之也，大有天下，小有一国，必自为之然后可，则劳苦耗顇莫甚焉，如是，则虽臧获不肯与天子易埶※（王念孙：，埶，位也）业，以是县天下，一四海，何故必自为之。为之者，役夫之道也，墨子之说也，论德使能而官施之者，圣王之道也，儒之所谨守也。传曰，农分田而耕，贾分货而贩，百工分事而劝，士大夫分职而听，建国诸侯之君，分土而守，三公总方而议，则天子共己而已。出若入若，天下莫不平均，莫不治辨，是百王之所同也，而礼法之大分也。

百里之地，可以取天下，是不虚，其难者，在人主之知之也。取天下者，非负其土地而从之之谓也，道足以壹人而已矣。彼其人苟壹，则其土地且奚去我而适它。故百里之地，其等位爵服，足以容天下之贤士矣，其官职事业，足以容天下之能士矣，循其旧法，择其善者而明用之，足以顺服好利之人矣。

贤士一焉，能士官焉，好利之人服焉，三者具而天下尽，无有是其外矣。

故百里之地，足以竭埶矣，致忠信，著仁义，足以竭人矣，两者合而天下取，诸侯后同者先危。诗曰，自西自东，自南自北，无思不服。"一人之谓也。

羿蜂门者，善服射者也，王良造父者，善服驭者也，聪明君子者，善服人者也。人服而埶从之，人不服而埶去之，故王者已於服人矣。故人主欲得善射，射远中微，则莫若羿蜂门矣；欲得善驭，及速致远，则莫若王良造父矣，欲调壹天下，制秦楚，则莫若聪明君子矣，其用知甚简，其为事不劳，而功名致大，甚易处而綦可乐也，故明君以为宝，而愚者以为难。

夫贵为天子，富有天下，名为圣王，兼制人，人莫得而制也，是人情之所同欲也，而王者兼而有是者也。重色而衣之，重味而食之，重财物而制之，合天下而君之，饮食甚厚，声乐甚大，台榭甚高，园囿甚广，臣使诸侯，一天下，是又人情之所同欲也，而天子之礼制如是者也。制度以陈，政令以挟，官人失要则死，公侯失礼则幽，四方之国，有侈※（王念孙：侈，亦离也）离之德则必灭，名声若日月，功绩如天地，天下之人，应之如景向，是又人情之所同欲也，而王者兼而有是者也。故人之情，口好味而臭味莫美焉，耳好声而声乐莫大焉，目好色而文章致繁，妇女莫众焉，形体好佚而安重闲静莫愉焉，心好利而谷禄莫厚焉，合天下之所同愿，兼而有之，睪牢天下而制之，若制子孙，人苟不狂惑戆陋者，其谁能睹是而不乐也哉。欲是之主，并肩而存，能建是之士不世绝※（《集解》：不世绝，不绝于世也），千岁而不合，何也。曰，人主不公，人臣不忠也，人主则外贤而偏举，人臣则争职而妒贤，是其所以不合之故也。人主胡不广焉，无恤亲疏，无偏※（王念孙：偏，论之误，论也）贵贱，唯诚能之求，若是，则人臣轻职业让贤，而安随其后，如是，则舜禹还至，王业※（王念孙：业字衍，轻职谓重贤而轻职也）还起，功壹天下，名配舜禹，物由有可乐如是其美焉者乎。呜呼，君人者亦可以察若言矣。杨朱哭衢涂曰，此夫过举踬步而觉※（俞：觉当为赏，误也）跌千里者夫，哀哭之，此亦荣辱安危存亡之衢已，此其为可哀，甚於衢涂。呜呼哀哉，君人者，千岁而不觉也。

无国而不有治法，无国而不有乱法，无国而不有贤士，无国而不有罢士，无国而不有愿民，无国而不有悍民，无国而不有美俗，无国而不有恶俗。两者并行而国※（王念孙：而国二字衍）在上偏而国安，在下偏而国危，上一而王，下一而亡。※（《集解》：上一下一与上偏下偏相对）

故其治法，其佐贤，其民愿，其俗美，而四者齐，夫是之谓上一，如是则不战而胜，不攻而得，甲兵不劳而天下服。故汤以亳，武王以鄗，皆百里之地也，天下为一，诸侯为臣，通达之属，莫不从服，无它故焉，四者齐也。桀纣即序※（王念孙：序，厚之误，言有天下之势虽厚而不可与匹夫终其身也）於有天下之埶，索为匹夫而不可得也，是无它故焉，四者并亡也。故百王之法不同，若是所归者，一也。

上莫不致爱其下，而制之以礼，上之於下，如保赤子。政令制度，所以接下之人※（王念孙：天言衍。人众也），百姓有不理者如豪末，则虽孤独鳏寡，必不加焉，故下之亲上，欢如父母，可杀而不可使不顺，君臣上下，贵贱长幼，至於庶人，莫不以是为隆正。

然后皆内自省，以※（王念孙：以字衍）谨於分，是百王之所以同也，而礼法之枢要也，然后农分田而耕，贾分货而贩，百工分事而劝，士大夫分职而听，建国诸侯之君，分土而守，三公总方而议，则天子共已而止矣。出若入若，天下莫不平均，莫不治辨，是百王之所同，而礼法之大分也。

若夫贯日而治平※（俞：平，详之误），权物而称用，使衣服有制，宫室有度，人徒有数，丧祭械用※（王念孙：用，周之误。周挟即周冶）皆有等宜，以是用挟於万物，尺寸寻丈，莫得不循乎制度数量然后行，则是官人使吏之事也，不足数於大君子之前。故君人者，立隆政本朝而当，所使要百事者，诚仁人也，则身佚而国治，功大而名美，上可以王，下可以霸。立隆正本朝而不当，所使要百事者，非仁人也，则身劳而国乱，功废而名辱，社稷必危，是人君者之枢机者也。故能当一人而天下取，失当一人而社稷危，不能当一人而能当千人百人者，说无之有也。既能当一人，则身有何劳而为，垂衣裳而天下定。故汤用伊尹，文王用吕尚，武王用召公，成王用周公旦，卑者五伯，齐桓公闺门之内，县乐奢泰游抚之修，於天下不见谓修，然九合诸侯，一匡天下，为五伯长，是亦无它故焉，知一政於管仲也，是君人者之要守也。知者易为之兴力，而功名慕大，舍是而孰足为也。故古之人有大功名者，必道是者也，丧其国，危其身者，必反是者也。故孔子曰，知者之知，固以多矣，有以守少，能无察乎，愚者之知，固以少矣，有以守多，能无狂乎，此之谓也。

治国者，分已定，则主相臣下百吏各谨其所闻，不务听其所不闻，各谨其所见，不务视其所不见，所闻所见，诚以齐矣，则虽幽闲隐辟，百姓莫敢不敬分安制以礼※（王念孙：礼字衍）化其上，是治国之征也。

主道治近不治远，治明不治幽，治一不治二。主能治近，则远者理，主能治明，则幽者化，主能当一，则百事正。夫兼听天下，日有馀而治不足者，如此也，是治之极也。既能治近，又务治远，既能治明，又务见幽，既能当一，又务正百，是过者也，犹不及也，辟之是犹立直木而求其景之枉也。不能治近，又务治远，不能察明，又务见幽，不能当一，又务正百，是悖者也，辟之是犹立枉木而求其景之直也。故明主好要而暗主好详。主好要则百事详，主好详则百事荒。君者，论一相，陈一法，明一指，以兼覆之，兼照之，以观其盛者也，相者，论列百官之长，要百事之听，以饰朝廷臣下百吏之分，度其功劳，论其庆赏，岁终奉其成功，以效於君，当则可，不当则废。故君人劳於索之，而休於使之。

用国者，得百姓之力者富，得百姓之死者强，得百姓之誉者荣。三得者具，而天下归之，三得者亡，而天下去之，天下归之之谓王，天下去之之谓亡。

汤武者，循其道，行其义，兴天下同利，除天下同害，天下归之。故厚德音以先之，明礼义以道之，致忠信以爱之，赏贤使能以次之，爵服赏庆以申重之，时其事、轻其任，以调齐之，潢然兼覆之，养长之，如保赤子，生民则致宽，使民则綦理，辩政令制度所以接天下之人百姓，有非理者，如豪末，则虽孤独鳏寡，必不加焉，是故百姓贵之如帝，亲之如父母，为之出死断亡而不愉※（郝：愉，偷之误）者，无它故焉，道德诚明利泽诚厚也。乱世则不然，污漫突盗以先之，权谋倾覆以示之，俳优侏儒妇女之请谒以悖之，使愚诏知，使不肖临贤，生民则致贫隘，使民则綦劳苦，是故百姓贱之如𤟤※（又：𤟤当作𤟤），恶之如鬼，日欲司间而相与投藉之，去逐之。卒有寇难之事，又望百姓之为己死，不可得也，说无以取之焉。孔子曰，审吾所以适※（王念孙：下适字衍）人，适人之所以来我也，此之谓也。

伤国者何也，曰，以小人尚民而威，以非所※（俞：非所，犹非时也）取於民而巧，是伤国之大灾也。大国之主也而好见小利，是伤国。其於声色台榭园圃也，愈厌而好新，是伤国。不好循正其所以有，啖啖常欲人之有，是伤国。三邪者在匈中，而又好以权谋倾覆之人，断事其外，若是，则权轻名辱，社稷必危，是伤国者也。大国之主也，不隆本行，不敬旧法，而好诈故※（王念孙：故，亦诈也），若是则夫朝廷群臣亦从而成俗於不隆礼义而好倾覆也，朝廷群臣之俗若是，则夫众庶百姓亦从而成俗於不隆礼义而好贪利矣，君臣上下之俗莫不若是，则地虽广，权必轻，人虽众，兵必弱，刑罚虽繁，令不下通，夫是之谓危国，是伤国者也。

儒者为之不然，必将曲辨，朝廷，必将隆礼义而审贵贱，若是则士大夫莫不敬※（王引之：敬，当为敔，与敔古字通）节死制者矣，百官，则将齐其制度，重其官秩，若是，则百吏莫不畏法而遵绳矣。关市几而不征，质律，禁止而不偏，如是，则商贾莫不敦悫而无诈矣，百工，将时斩伐，佻其期日，而利其巧任※（俞：任，能也），如是，则百工莫不忠信而不楛矣，县鄙，则将轻田野之税，省刀布之敛，罕举力役，无夺农时，如是，则农夫莫不朴力而寡能矣。士大夫务节死制，然而※（王念孙：然而之然如是也）兵劲，百吏畏法循绳，然后国常不乱，商贾敦悫无诈，则商旅安，货通财，而国求给矣，百工忠信而不楛，则器用巧便而财不匮矣，农夫朴力而寡能，则上不失天时，下不失地利，中得人和，而百事不废，是之谓政令行，风俗美，以守则固，以征则强，居则有名，动则有功，此儒之所谓曲辨也。

荀子卷第八

君道篇第十二

有乱君，无乱国，有治人，无治法※（《集解》：无治法，法无定也。故贵有治人）。羿之法，非亡也，而羿不世中，禹之法犹存，而夏不世王，故法不能独立，类不能自行，得其人则存，失其人则亡。法者治之端也，君子者，法之原也，故有君子则法虽省，足以遍矣，无君子则法虽具，失先后之施，不能应事之变，足以乱矣。不知法之义，而正法之数者，虽博，临事必乱，故明主急得其人，而闇主急得其埶※（《集解》：埶，位也）。急得其人，则身佚而国治，功大而名美，上可以王，下可以霸，不急得其人而急得其埶，则身劳而国乱，功废而名辱，社稷必危。故君人者，劳於索之，而休於使之。书曰，惟文王敬忌，一人以择，此之谓也。

合符节别契券者，所以为信也，上好权谋，则臣下百吏诞诈之人，乘是而后欺。探筹※（郝：探筹，盖如今之掣签）投钩者，所以为公也，上好曲私，则臣下百吏乘是而后偏。衡石称县者，所以为平也，上好覆倾，则臣下百吏乘是而后险。斗斛敦概※（又：概即㧞，所以平斗斛者，敦亦其类）者，所以为啧※（王念孙：啧，齐也）也，上好贪利，则臣下百吏乘是而后鄙※（王念孙：鄙字后人加），丰取刻与，以无度取於民。故械数者，治之流也，非治之原也，君子者，治之原也。官人守数，君子养原，原清则流清，原浊则流浊。故上好礼义，尚贤使能，无贪利之心，则下亦将綦辞让、致忠信，而谨於臣子矣。如是，则虽在小民，不待合符节，别契券而信，不待探筹投钩而公，不待衡石称县而平，不待斗斛敦概而啧。故赏不用而民劝，罚不用而民服，有司不劳而事治，政令不烦而俗美，百姓莫敢不顺上之法，象上之志，而劝上之事，而安乐之矣。故藉敛忘费，事业忘劳，寇难忘死，城郭不待饰而固，兵刃不待陵※（《集解》：陵厉兵刃也）而劲，敌国不待服而诎，四海之民不待令而一，夫是之谓至平。诗曰，王猷※（王念孙：吕钱本猷作犹）允塞，徐方既来，此之谓也。

请问为人君，曰，以礼分施，均遍而不偏。请问为人臣，曰，以礼待※（《外传》：待作事）君，忠顺而不懈。请问为人父，曰，宽惠而有礼。请问为人子，曰，敬爱而致文。※（《外传》：文作恭）。

请问为人兄，曰，慈爱而见友。请问为人弟，曰，敬诎而不苟。请问为人夫，曰，致功而不流，致临而有辨※（《外传》：辨作别）。请问为人妻，曰，夫有礼则柔从听侍，夫无礼，则恐惧而自竦也。此道也，偏立而乱，俱立而治，其足以稽矣。请问兼能之奈何，曰，审之礼也，古者先王审礼以方※（郝：方旁通。旁薄唐皇皆大也）皇周浃於天下，动无不当也。

故君子恭而不难※（王引之：难，读为戁），敬而不巩※（王引之：巩，读方言蛩，愯，战慄也），贫穷而不约，富贵而不骄，并遇变应※（王念孙：应改态是）而不穷，审之礼也。故君子之於礼，敬而安之，其於事也，径而不失，其於人也，寡怨宽裕而无阿，其所为身也，谨修饰而不危※（王念孙：危读为诡），其应变故也，齐给便捷而不惑，其於天地万物也，不务说其所以然，而致善用其材，其於百官之事，技艺之人也，不与之争能，而致善用其功，其待上也，忠顺而不懈，其使下也，均遍而不偏，其交游也，缘义而有类，其居乡里也，容而不乱。是故穷则必有名，达则必有功，仁厚兼覆天下而不闵，明达用※（王念孙：用，当为周字之误。其言智足以周天地理万变而不疑）天地理万变而不疑，血气和平，志意广大，行义塞於天地之间，仁知之极也。夫是之谓圣人，审之礼也。

请问为国，曰，闻修身，未尝闻为国也，君者仪也，仪正而景正，君者盘也，盘圆而水圆，君者盂也，盂方而水方，君射则臣决，楚庄王好细腰，故朝有饿人。故曰，闻修身，未尝闻为国也。

君者，民之原也，原清则流清，原浊则流浊。故有社稷者而不能爱民，不能利民，而求民之亲爱己，不可得也。民之不亲不爱，而求其为己用为己死，不可得也。民不为己用不为己死，而求兵之劲，城之固，不可得也。

兵不劲，城不固，而求敌之不至，不可得也。敌至而求无危削，不灭亡，不可得也。危削灭亡之情举积此矣，而求安乐，是狂生者也。狂生者，不胥时而落。故人主欲强固安乐，则莫若反之民，欲附下一民，则莫若反之政，欲修政美国※（《外传》：国作俗），则莫若求其人。彼或蓄积而得之者不世绝，彼其人者，生乎今之世，而志乎古之道，以天下之王公莫好之也。然而于是独好之，以天下之民莫欲之也，然而于是独为之。好之者贫，为之者穷，然而于是※（《外传》：三于是作子，莫欲作莫为）独犹将为之也，不为少顷辍焉。晓然独明於先王之所以得之，所以失之，知国之安危臧否，若别白黑。是其人者※（外传：无者字）也，大用之则天下为一，诸侯为臣，小用之则威行邻敌，纵不能用，使无去其疆域，则国终身无故。故君人者，爱民而安，好士而荣，两者无一焉而亡。诗曰，介人维藩，大师维垣。此之谓也。

道者何也，曰，君道※（外传：君道也，作君之所道也）也。君者何也，曰，能群也。能群也者何也，曰，善生养人者也，善班※（集解：班读为辨。）治人者也，善显设※（《集解》：设大也，或用也）人者也，善藩饰人者也。善生养人者，人亲之，善班治人者，人安之，善显设人者，人乐之，善藩饰人者，人荣之。四统※（统，统要也）者具，而天下归之，夫是之谓能群。不能生养人者，人不亲也，不能班治人者，人不安也，不能显设人者，人不乐也，不能藩饰人者，人不荣也。四统者亡，而天下去之，夫是之谓匹夫。故曰，道存则国存，道亡则国亡，省工贾，众农夫，禁盗贼，除奸邪，是所以生养之也。天子三公，诸侯一相，大夫擅※（《集解：擅，专其官事也》）官，士保职，莫不法度而公，是所以班治之也。论德而定次，量能而授官，皆使其人※（王念孙：人上其字衍）载其事而各得其所宜。上贤使之为三公，次贤使之为诸侯，下贤使之为士大夫，是所以显设之也。修冠弁衣裳黼黻文章、雕琢刻镂，皆有等差，是所以藩饰之也。故由天子至於庶人也，莫不骋其能，得其志，安乐其事，是所同也。衣暖而食充，居安而游乐，事时制明而用足，是又所同也。若夫重色而成文章，重味而成珍备※（俞：《外传》作备珍，疑更脱一怪字。成珍备无义），是所衍※（《集解》：衍饶也）也。圣王财衍以明辨异，上以饰贤良而明贵贱，下以饰长幼而明亲疏，上在王公之朝，下在百姓之家，天下晓然皆知其非以为异也，将以明分达治而保万世也。故天子诸侯无靡费之用，士大夫无流淫之行，百吏官人无怠慢之事，众庶百姓无奸怪之俗，无盗贼之罪，其能以称义遍矣。故曰，治则衍及百姓，乱则不足及王公，此之谓也。

至道大形※（《集解》：至道至于大形之时），隆礼至法，则国有常，尚贤使能，则民知方，纂※（《集解》：纂继也，谓使人相继议论之。与公察对文，所以使民不疑）论公察则民不疑，赏克※（王念孙：克当为免，同勉）罚偷则民不怠，兼听齐明则天下归之，然后明分职，序事业，材技官能※（《集解》：材以验技，官以程能），莫不治理，则公道达而私门塞矣，公义明而私事息矣，如是，则德厚者进，而佞说者止，贪利者退，而廉节者起。书曰，先时者杀无赦，不逮时者杀无赦，人习其事而固※（固不移易之谓）。人之百事，如耳目鼻口之不可以相借官也，故职分而民不探※（《外传》：不探，作不慢），次定而序不乱，兼听齐明而百姓不留，如是，则臣下百吏至於庶人，莫不修己而后敢安正，诚能而后敢受职，百姓易俗，小人变心，奸怪之属，莫不反愨，夫是之谓政教之极。故天子不视而见，不听而聪，不虑而知，不动而功，块然独坐而天下从之如一体，如四肢之从心，夫是之谓大形。诗曰，温温恭人，维德之基，此之谓也。

为人主者，莫不欲强而恶弱，欲安而恶危，欲荣而恶辱，是禹桀之所同也。要此三欲，辟此三恶，果何道而便，曰，在慎取相，道莫径是矣。故知而不仁不可，仁而不知不可，既知且仁，是人主之宝也，而王霸之佐也。不急得不知，得而不用不仁，无其人而幸有其功，愚莫大焉。

今人主有六※（俞：六，大之误）患，使贤者为之，则与不肖者规之，使知者虑之，则与愚者论之，使修士行之，则与污邪之人疑之，虽欲成功，得乎哉，譬之是犹立直木而恐其景之枉也，惑莫大焉。语曰，好女之色，恶者之孽※（王念孙：孽，犹害也）也。公正之士，众人之痤※（《集解》：痤，痈也）也，循乎道之人，汙邪之贼也。今使污邪之人论其怨贼而求其无偏，得乎哉，譬之是犹立枉木而求其景之直也，乱莫大焉。

故古之人为之不然，其取人有道，其用人有法。取人之道，参之以礼，用人之法，禁※（禁限也。言限之以阶级）之以等，行义动静，度之以礼，知虑取舍，稽之以成，日月积久，校之以功，故卑不得以临尊，轻不得以县重，愚不得以谋知，是以万举不过也。故校之以礼，而观其能安敬也，与之举措迁移，而观其能应变也，与之安燕，而观其能无流慆也，接之以声色权利忿怒患险，而观其能无离守也，彼诚有之者，与诚无之者，若白黑然，可诎邪※（《集解》：诎邪，言枉屈也）哉。故伯乐不可欺以马，而君子不可欺以人，此明王之道也。

人主欲得善射射远中微者，县贵爵重赏以招致之，内不可以阿子弟，外不可以隐远人，能中是者取之，是岂不必得之之道也哉，虽圣人不能易也。

欲得善驭速※（王念孙：速上应有及字）致远者一日而千里，县贵爵重赏以招致之，内不可以阿子弟，外不可以隐远人，能致是者取之，是岂不※（王念孙：岂不之不，非也）必得之之道也哉，虽圣人不能易也。

欲治国驭民，调壹上下，将内以固城，外以拒难，治则制人，人不能制也，乱则危辱灭亡，可立而待也。然而求卿相辅佐，则独不若是其公也，案唯便嬖亲比己者之用也，岂不过甚矣哉。故有社稷者，莫不欲强，俄则弱矣，莫不欲安，俄则危矣，莫不欲存，俄则亡矣，古有万国，今有数十※（王念孙：数十，应作十数）焉，是※（《集解》：是谓用人不公）无它故，莫不失之是也。故明主有私人以金石珠玉，无私人以官职事业，是何也，曰，本※（《集解》：本，大也）不利於所私也。彼不能而主使之，则是主暗也，臣不能而诬能，则是臣诈也，主暗於上，臣诈於下，灭亡无日，俱害之道也。夫文王非无贵戚也，非无子弟也，非无便嬖也，倜※

（郝：偶，超远也）然乃举太公於州人※（州人，外传作舟人）而用之，岂私之也哉，以为亲邪，则周姬姓也而彼姜姓也，以为故邪，则未尝相识也，以为好丽邪，则夫人行年七十有二，齫然而齿堕矣。※（齫同齳，《说文》：齳，无齿也）然而用之者，夫文王欲立贵道，欲白贵名，以惠天下，而不可以独也，非于是子莫足以举之，故举是子而用之，於是乎贵道果立，贵名果明，兼制天下，立七十一国，姬姓独居五十三人，周之子孙苟不狂惑者，莫不为天下之显诸侯，如是者，能爱人也。故举天下之大道，立天下之大功，然后隐※（隐，私也）其所怜所爱，其下犹足以为天下之显诸侯。

故曰，唯明主为能爱其所爱，暗主则必危其所爱，此之谓也。

墙之外，目不见也，里之前，耳不闻也，而人主之守司，远者天下，近者境内，不可不略知也。天下之变，境内之事，有弛易※（《集解》：易，慢易也）齫差者矣，而人主无由知之，则是拘胁蔽塞之端也。耳目之明如是其狭也，人主之守司如是其广也，其中不可以不知也，如是其危也，然则人主将何以知之。曰，便嬖※（《集解》：便嬖习近，此不作邪佞解）左右者，人主之所以窥远收众之门户牖向也，不可不早具也，故人主必将有便嬖左右足信者，然后可，其知惠足使规物、其端诚足使定物，然后可，夫是之谓国具。人主不能不有游观安燕之时，则不得不有疾病物故之变焉，如是，国者，事物之至也如泉原，一物不应，乱之端也，故曰，人主不可以独也。卿相辅佐，人主之基※（俞：基当为綦，履系也）、杖也，不可不早具也，故人主必将有卿相辅佐足任者，然后可，其德音足以填抚百姓，其知虑足以应待万变，然后可，夫是之谓国具。四邻诸侯之相与，不可以不相接也，然而不必相亲※（《集解》：不相亲，谓不皆和好之国）也，故人主必将有足使喻志决疑於远方者，然后可，其辩说足以解烦、其知虑足以决疑，其齐断足以距难，不还秩※（王念孙：还当读为营，秩，私之误），不反君，然而应薄※（俞：薄，逼迫也）扞患足以持社稷，然后可，夫是之谓国具。故人主无便嬖左右足信者，谓之暗，无卿相辅佐足任使者谓之独，所使於四邻诸侯者非其人，谓之孤，孤独而暗谓之危。国，虽若存，古之人曰，亡矣。诗曰，济济多士，文王以宁，此之谓也。

材人。愿悫拘录※（拘录，检束也），计数纤啬，而无敢遗丧，是官人使吏之材也。修饬端正，尊法敬分，而无倾侧之心，守职循业，不敢损益，可传世也，而不可使侵夺，是士大夫官师之材也。知隆礼义之为尊君也，知好士之为美名也，知爱民之为安国也，知有常法之为一俗也，知尚贤使能之为长功也，知务本禁末之为多材也，知无与下争小利之为便於事也，知明制度权物称用之为不泥也，是卿相辅佐之材也，未及君道也。能论官此三材者而无失其次，是谓人主之道也。

若是，则身佚而国治，功大而名美，上可以王，下可以霸，是人主之要守也。人主不能论此三材者，不知道此道※（道此道，由此道也），安值※（《集解》：值与直同）将卑埶出劳，并※（并同屏，弃也）耳目之乐，而亲自贯日而治详，一内※（《集解》内，日之误）而曲辨之，虑与臣下争小察而綦偏能，自古及今，未有如此而不乱者也。是所谓视乎不可见，听乎不可闻，为乎不可成，此之谓也。

荀子卷第九

臣道篇第十三

人臣之论，有态臣者，有篡臣者，有功臣者，有圣臣者。内不足使一民，外不足使距难，百姓不亲，诸侯不信，然而巧敏佞说，善取宠乎上，是态臣者也。上不忠乎君，下善取誉乎民，不恤公道通义，朋党比周，以环※（王念孙：环读为营，惑也）主图私为务，是篡臣者也。内足使以一民，外足使以距难，民亲之，士信之，上忠乎君，下爱百姓而不倦，是功臣者也。上则能尊君，下则能爱民，政令教化，刑※（王念孙：刑法也）下如影，应卒遇变，齐给如响，推类接誉※（俞：誉与豫通，接誉先患虑患也），以待无方，曲成制象，是圣臣者也。故用圣臣者王，用功臣者强，用篡臣者危，用态臣者亡。态臣用则必死，篡臣用则必危，功臣用则必荣，圣臣用则必尊。故齐之苏秦，楚之州侯，秦之张仪，可谓态臣者也。韩之张去疾，赵之奉阳，齐之孟尝，可谓篡臣也。

齐之管仲，晋之咎犯，楚之孙叔敖，可谓功臣矣。殷之伊尹，周之太公，可谓圣臣矣。是人臣之论也，吉凶贤不肖之极也，必谨志之而慎自为择取焉，足以稽矣。

从命而利君谓之顺，从命而不利君谓之谄，逆命而利君谓之忠，逆命而不利君谓之篡，不恤君之荣辱，不恤国之臧否，偷合苟容，以持禄养交而已耳，谓之国贼。君有过谋过事，将危国家殒社稷之惧也，大臣父兄有能进言於君，用则可，不用则去，谓之谏。有能进言於君，用则可，不用则死，谓之争。有能比知同力，率群臣百吏而相与强君挢君，君虽不安，不能不听，遂以解国之大患，除国之大害，成於尊君安国，谓之辅。有能抗君之命，窃君之重，反君之事以安国之危，除君之辱，功伐足以成国之大利，谓之拂。

故谏争辅拂之人，社稷之臣也，国君之宝也，明君所尊厚也，而暗主惑君以为己贼也。故明君之所赏，暗君之所罚也，暗君之所赏，明君之所杀也。伊尹箕子可谓谏矣，比干子胥可谓争矣，平原君之於赵，可谓辅矣，信陵君之於魏，可谓拂矣。传曰，从道不从君，此之谓也。

故正义之臣设，则朝廷不颇，谏争辅拂之人信，则君过不远，爪牙之士施，则仇雠不作，边境之臣处，则疆垂不丧，故明主好同，而暗主好独，明主尚贤使能而飨其盛※（《集解》：盛，成也），暗主妒贤畏能而灭其功，罚其忠，赏其贼，夫是之谓至暗，桀纣所以灭也。

事圣君者，有听从，无谏争，事中君者，有谏争，无谄谀，事暴君者，有补削※（王引之：削，缝也），无挢拂。迫胁於乱时，穷居於暴国，而无所避之，则崇其美，扬其善，违※（王念孙：违，读为讳）其恶，隐其败，言其所长，不称其所短，以为成俗。诗曰，国有大命，不可以告人，妨其躬身，此之谓也。

恭敬而逊，听从而敏，不敢有以私决择也，不敢有以私取与也，以顺上为志，是事圣君之义也。忠信而不谀，谏争而不谄，挢然刚折端志而无倾侧之心，是案曰是，非案曰非，是事中君之义也。调而不流，柔而不屈，宽容而不乱，晓然※（俞：然字衍）以至道而无不调和也，而能化易时关※（王念孙：关通也）内之，是事暴君之义也。若驭朴马，若养赤子，若食馁人。故因其惧也，而改其过，因其忧也，而辨其故，因其喜也，而入其道，因其怒也，而除其怨，曲得所谓焉。书曰，从命而不拂，微谏而不倦，为上则明，为下则逊，此之谓也。

事人而不顺者，不疾者也，疾而不顺者，不敬者也，敬而不顺者，不忠者也，忠而不顺者，无功者也，有功而不顺者，无德者也。故无德之为道也，伤疾堕功灭苦※（王念孙：苦，善之误），故君子不为也。

有大忠者，有次忠者，有下忠者，有国贼者。以德復※（《外传》：復作覆。俞：冒荫也。如周公于成王）君而化之，大忠也，以德调君而补※（《外传》：补作辅）之，次忠也，以是谏非而怒之，下忠也，不恤君之荣辱，不恤国之臧否，偷合苟容以之持禄养交而已耳，国贼也。若周公之於成王也，可谓大忠矣，若管仲之於桓公，可谓次忠矣，若子胥之於夫差，可谓下忠矣，若曹触龙之於纣者，可谓国贼矣。

仁者必敬人，凡人非贤，则案不肖也，人贤而不敬，则是禽兽也，人不肖而不敬，则是狎虎也。禽兽则乱，狎虎则危灾及其身矣。诗曰，不敢暴虎，不敢冯河人，知其一，莫知其它，战战兢兢，如临深渊，如履薄冰，此之谓也。故仁者必敬人。敬人有道，贤者则贵而敬之，不肖者则畏而敬之，贤者则亲而敬之，不肖者则疏而敬之。其敬一也，其情二也。若夫忠信端悫而不害伤，则无接而不然，是仁人之质也。忠信以为质，端悫以为统，礼义以为文，伦类以为理，喘而言，臑※（《集解》：臑，蠕之误）而动，而一可以为法则。诗曰，不僭不贼，鲜不为则，此之谓也。

恭敬，礼也，调和，乐也，谨慎，利也，斗怒，害也。故君子安礼乐利※（王念孙：乐利当为乐乐），谨慎而无斗怒，是以百举不过也，小人反是。

通忠之顺，权险之平，祸乱之从声，三者，非明主莫之能知也。争然后善，戾然后功，出死无私，致忠而公，夫是之谓通忠之顺，信陵君似之矣。

夺然后义，杀然后仁，上下易位然后贞，功参天地，泽被生民，夫是之谓权险之平，汤武是也。过而通情，※（《集解》：君本过也，而曲通其情以为顺差）和而无经，不恤是非，不论曲直，偷合苟容，迷乱狂生，夫是之谓祸乱之从声，飞廉恶来是也。传曰，斩而齐，枉而顺，不同而壹。诗曰，受小球大球，为下国缀旒，此之谓也。

致士篇第十四

衡听显幽重明退奸进良之术。朋党比周之誉，君子不听，残贼加累之谮，君子不用，隐忌※（王念孙：隐忌即意忌，谓妬贤也）雍蔽之人，君子不近，货财禽犊之请，君子不许，凡流言流说流事流谋流誉流诉，不官而衡至者，君子慎之，闻听而明誉之，定其当而当，然后士※（王引之：士，当为出）其刑赏而还与之，如是，则奸言奸说奸事奸谋奸誉奸诉，莫之试也，忠言忠说忠事忠谋忠誉忠诉，莫不明通方起以尚尽※（俞：尽，当为进，上进，进于上也）矣，夫是之谓衡听显幽重明退奸进良之术。

川渊深而鱼鳖归之，山林茂而禽兽归之，刑政平而百姓归之，礼义备而君子归之，故礼及身而行修，义及国而政明，能以礼挟而贵名白，天下愿令行禁止，王者之事毕矣。诗曰，惠此中国，以绥四方，此之谓也。

川渊者，鱼龙之居也，山林者，鸟兽之居也，国家者，士民之居也。川渊枯则龙鱼去之，山林险※（王念孙：险乃俭借字）则鸟兽去之，国家失政则士民去之，无土则人不安居，无人则土不守，无道法则人不至，无君子则道不举。

故土之与人也，道之与法也者，国家之本作※（王念孙：作始也）也，君子也者，道法之总要也，不可少顷旷也。得之则治，失之则乱，得之则安，失之则危，得之则存，失之则亡，故有良法而乱者有之矣，有君子而乱者，自古及今未尝闻也。传曰：治生乎君子，乱生乎小人，此之谓也。

得众动天，美意延年，诚信如神，夸诞逐魂。

人主之患，不在乎不言用贤，而在乎不诚必用贤。夫言用贤者，口也，却贤者行也，口行相反，而欲贤者之至，不肖者之退也，不亦难乎。夫耀蝉者，务在明其火，振其树而已，火不明，虽振其树，无益也。今人主有能明其德，则天下归之，若蝉之归明火也。

临事接民，而以义。变应，宽裕而多容，恭敬以先之，政之始也，然后中和察断以辅之，政之隆※（王念孙：隆中也）也，然后进退诛赏之，政之终也。故一年与之始，三年与之终，用其终为始，则政令不行而上下怨，疾乱所以自作也。书曰：义刑义杀，勿庸以即，女惟曰未有顺事，言先教也。

程者，物之准也，礼者，节之准也。程以立数，礼以定伦，德以叙位，能以授官。凡节奏欲陵※（王念孙：陵，严密也），而※（王念孙：而，犹则也）生民欲宽，节奏陵而文，生民宽而安，上文下安，功名之极也，不可以加矣。

君者国之隆也，父者家之隆也，隆一而治，二而乱，自古及今，未有二隆争重而能长久者。

师术有四，而博习不与焉。尊严而惮，可以为师，耆艾而信，可以为师，诵说而不陵不犯※（集解：不陵不犯，谓谨守师说），可以为师，知微而论※（郝：论伦通，谓中伦理），可以为师。故师术有四，而博习不与焉。水深而回，树落则粪本，弟子通利则思师。诗曰，无言不雠，无德不报，※（郝：二句喻弟子于师不忘水源木本之意）此之谓也。

赏不欲僭，刑不欲滥，赏僭则利及小人，刑滥则害及君子。若不幸而过，宁僭无滥，与其害善，不若利淫。

荀子卷第十

议兵篇第十五

临武君与孙卿子议兵於赵孝成王前，王曰，请问兵要，临武君对曰，上得天时，下得地利，观敌之变动，后之发，先之至，此用兵之要术也。

孙卿子曰，不然，臣所闻古之道，凡用兵攻战之本，在乎壹民。弓矢不调，则羿不能以中微，六马不和，则造父不能以致远，士民不亲附，则汤武不能以必胜也，故善附民者，是乃善用兵者也，故兵要在乎善附※（《群书治要》：附上无善字）民而已。"

临武君曰，不然，兵之所贵者，埶利也，所行者，变诈也，善用兵者，感忽悠闇※（郝：感忽，摇疾之意。悠暗抻秘之意，兵贵神速之喻也），莫知其所从出，孙吴用之无敌於天下，岂必待附民哉。

孙卿子曰，不然，臣之所道，仁人之兵，王者之志也。君之所贵，权谋埶利也，所行，攻夺变诈也，诸侯之事也。仁人之兵，不可诈也。彼可诈者，怠慢者也，路亶※（王念孙：路亶，羸惫也）者也，君臣上下之间，滑※（王引之：滑，涣之误）然有离德者也。故以桀诈桀犹巧拙有幸焉。以桀诈尧，譬之若以卵投石，以指挠沸，若赴水火，入焉焦没耳。故仁人上下，百将一心，三军同力，臣之於君也，下之於上也，若子之事父，弟之事兄，若手臂之扞头目而覆胸腹也，诈而袭之，与先惊而后击之，一也。※（集解：言此两者俱无所有，注义似隔）且仁人之用十里之国，则将有百里之听，用百里之国，则将有千里之听，用千里之国，则将有四海之听，必将聪明警戒，和传※（《集解》：传，搏之误）而一。故仁人之兵，聚则成卒，散则成列，延则若莫邪之长刃，婴之者断，兑则若莫邪之利锋，当之者溃，圜居而方止，则若盘石然，触之者角摧，案角鹿埵陇种东笼而退耳。且夫暴国之君，将谁与至哉，彼其所与至者，必其民也，而其民之亲我，欢若父母，其好我，芬若椒兰，彼反顾其上，则若灼黥，若仇雠，人之情，虽桀跖，岂又肯为其所恶，贼其所好者哉，是犹使人之子孙自贼其父母也，彼必将来告之，夫又何可诈也。故仁人用国日明※（《集解》：明，盛也，虑大民也），诸侯先顺者安，后顺者危，虑敌之者削，反之者亡。诗曰，武王载发※（郝：发，扬起也），有虔秉钺，如火烈烈，则莫我敢遏，此之谓也。

孝成王临武君曰，善，请问王者之兵，设※（设，用道术也）何道何行而可。

孙卿子曰，凡在大王。将率末事也，臣请遂道王者诸侯强弱存亡之效，安危之埶，君贤者其国治，君不能者其国乱，隆礼贵义者其国治，简礼贱义者其国乱。治者强，乱者弱，是强弱之本也。上足卬则下可用也，上不足卬则下不可用也，下可用则强，下不可用则弱，是强弱之常也。隆礼效功，上也，重禄贵节，次也，上功贱节，下也，是强弱之凡也。好士者强，不好士者弱，爱民者强，不爱民者弱，政令信者强，政令不信者弱，民齐者强，不齐者弱，赏重者强，赏轻者弱，刑威者强，刑侮者弱，械用兵革攻完便利者强，械用兵革窳楛不便利者弱，重用兵者强，轻用兵者弱，权出一者强，权出二者弱，是强弱之常也。齐人隆技击，其技也，得一首者则赐赎锱金，无本赏矣，是事小敌毳，则偷※（集解：偷，苟且也）可用也，事大敌坚，则涣焉离耳，若飞鸟然，倾侧反覆无日，是亡国之兵也，兵莫弱是矣，是其去赁市佣而战之，几矣。魏氏之武卒，以度取之，衣三属之甲，操十二石之弩，负服矢※（俞：负服矢者，盛矢于服而负之也）五十个，置戈其上，冠轴带剑，赢三日之粮，日中※（俞：日中，半日也）而趋百里，中试则复其户，利其田宅，是数年而衰，而未可夺也，改造，则不易周也，是故地虽大，其税必寡，是危国之兵也。

秦人，其生民也陿阸※（郝：陿阸，谓民生计穷蹙），其使民也酷烈，劫之以埶，隐之以阸※（郭嵩焘：隐之以阸，谓民本无生计，又甚迫蹙之使亟骛于战，以邀赏也），忸之以庆赏，鳐之以刑罚，使天下之民，所以要利於上者，非斗无由也。阸而用之，得而后功之，功赏相长也，五甲首而隶五家，是最为众强长久，多地以正，故四世有胜，非幸也，数也。故齐之技击，不可以遇魏氏之武卒，魏氏之武卒，不可以遇秦之锐士，秦之锐士，不可以当桓文之节制，桓文之节制，不可以敌汤武之仁义，有遇之者，若以焦熬投石※（俞：焦熬投石，疑有夺误，当云以指焦"拭"熬，以卵投石）焉，兼是数国者，皆干赏蹈利之兵也，佣徒鬻卖之道也，未有贵上安制綦节之理也，诸侯有能微妙之以节，则作而兼殆之耳。故招近募选，隆埶诈，尚功利，是渐※（《集解》：渐，诈欺也）之也，礼义教化，是齐之也。故以诈遇诈，犹有巧拙焉，以诈遇齐，辟之犹以锥刀堕太山也，非天下之愚人莫敢试，故王者之兵不试。汤武之诛桀纣也，拱挹指麾，而强暴之国莫不趋使，诛桀纣若诛独夫。故泰誓曰，独夫纣，此之谓也。

故兵大齐，则制天下，小齐，则治※（王念孙：治，读为殆）邻敌，若夫招近募选，隆埶诈，尚功利之兵，则胜不胜无常，代翕代张，代存代亡，相为雌雄耳矣。夫是之谓盗兵，君子不由也。故齐之田单，楚之庄蹻，秦之卫鞅，燕之缪蚁，是皆世俗之所谓善用兵者也，是其巧拙强弱，则未有以相君※（《集解》：相君，相长也）也，若其道，一也，未及和齐也，揣契司诈，权谋倾覆，未免盗兵也。齐桓晋文楚庄吴阖闾越勾践，是皆和齐之兵也，可谓入其域矣，然而未有本统也，故可以霸而不可以王，是强弱之效也。

孝成王临武君曰，善，请问为将。

孙卿子曰，知莫大乎弃疑，行莫大乎无过，事莫大乎无悔，事至无悔而止矣，成不可必也※（《集解》：言成功不能期必于一出，放下云有功如幸）。故制号政令，欲严以威，庆赏刑罚，欲必以信，处舍收藏，欲周以固，徙举进退，欲安以重，欲疾以速，窥敌观变，欲潜以深，欲伍以参，遇敌决战，必道吾所明，无道吾所疑，夫是之谓六术。无欲将而恶废※（《集解》：无以所欲而将之，无以所恶而废之，唯视其能否，无权好恶），无急胜而忘败，无威内而轻外，无见其利而不顾其害，凡虑事欲孰，而用财欲泰，夫是之谓五权。所以不受命於主有三，可杀而不可使处不完，可杀而不可使击不胜，可杀而不可使欺百姓，夫是之谓三至。凡受命於主而行三军，三军既定，百官得序，群物皆正，则主不能喜，敌不能怒，夫是之谓至臣。虑必先事，而申之以敬，慎终如始，终始如一，夫是之谓大吉。凡百事之成也，必在敬之，其败也，必在慢之，故敬胜怠则吉，怠胜敬则灭，计胜欲则从，欲胜计则凶，战如守，行如战，有功如幸，敬谋无圹，敬事无圹，敬吏无圹，敬众无圹，敬敌无圹，夫是之谓五无圹。慎行此六术，五权，三至，而处之以恭敬无圹，夫是之谓天下之将，则通於神明矣。

临武君曰，善请问王者之军制。

孙卿子曰，将死鼓，御死辔，百吏死职，士大夫死行列。闻鼓声而进，闻金声而退，顺命为上，有功次之，令不进而进，犹令不退而退也，其罪惟均，不杀老弱，不猎禾稼，服者不禽，格者不舍，奔命者不获。凡诛，非诛其百姓也，诛其乱百姓者也，百姓有扞其贼，则是亦贼也，以故顺刃者生，苏刃者死，奔命者贡。微子开封於宋，曹触龙断於军※（按：此云断于军，谓决断于军，任以参谋之职也），殷之服民，所以养生之者也，无异周人，故近者歌讴而乐之，远者竭蹶而趋之，无幽闲辟陋之国，莫不趋使而安乐之，四海之内若一家，通达之属莫不从服，夫是之谓人师。

诗曰，自西自东，自南自北，无思不服，此之谓也。王者有诛而无战，城守不攻，兵格不击。上下相喜则庆之，不屠城，不潜军，不留众，师不越时，故乱者乐其政，不安其上，欲其至也。

临武君曰善。

陈嚣问孙卿子曰，先生议兵，常以仁义为本，仁者爱人，义者循理，然则又何以兵为。凡所为有兵者，为争夺也。

孙卿子曰，非女所知也。彼仁者爱人，爱人故恶人之害之也，义者循理，循理故恶人之乱之也，彼兵者所以禁暴除害也，非争夺也。故仁人之兵，所存者神，所过者化，若时雨之降，莫不说喜。是以尧伐欢兜，舜伐有苗，禹伐共工，汤伐有夏，文王伐崇，武王伐纣，此四帝两王，皆以仁义之兵行於天下也，故近者亲其善，远方慕其德※（《太平御览》：引此文慕其往，作慕其义），兵不血刃，远迩来服，德盛於此，施及四极。诗曰，淑人君子，其仪不忒，此之谓也。

李斯问孙卿子曰，秦四世有胜，兵强海内，威行诸侯，非以仁义为之也，以便从事而已。

孙卿子曰，非女所知也。女所谓便者，不便之便也，吾所谓仁义者，大便之便也。彼仁义者，所以修政者也，政修则民亲其上，乐其君，而轻为之死，故曰凡在於君※（《集解》：不改军为君，说自可通），将率末事也。秦四世有胜，誾誾然常恐天下之一合而轧己也，此所谓末世之兵，未有本统也。故汤之放桀也，非其逐之鸣条之时也，武王之诛纣也，非以甲子之朝而后胜之也，皆前行素修也，此所谓仁义之兵也。今女不求之於本，而索之於末，此世之所以乱也。

礼者，治辨之极也，强国※（《史记》：强国作强固，总合也，聚也）之本也，威行之道也，功名之总也，王公由之所以得天下也，不由所以陨社稷也。故坚甲利兵，不足以为胜，高城深池，不足以为固，严令繁刑，不足以为威，由其道则行，不由其道则废。楚人鲛革犀兕以为甲，坚如金石，宛钜铁釶，惨如蜂虿，轻利僄遫，卒如飘风，然而兵殆於垂沙，唐蔑死，庄蹻起，楚分而为三四，是岂无坚甲利兵也哉，其所以统之者非其道故也。汝颍以为险，江汉以为池，限之以邓林，缘之以方城，然而秦师至而鄢郢举，若振槁然，是岂无固塞隘阻也哉，其所以统之者非其道故也。纣刳比干，囚箕子，为炮烙刑，杀戮无时，臣下懔然莫必其命，然而周师至而令不行乎下，不能用其民。是岂令不严刑不繁也哉？其所以统之者非其道故也。古之兵，戈矛弓矢而已矣，然而敌国不待试而诎，城郭不辨，沟池不抇，固塞不树，机变不张，然而国晏然不畏外而明※（王念孙：明字衍）内者无它故焉，明道而分钧之，时使而诚爱之，下之和上也如影向，有不由令者然后诛※（《外传》：诛作侯）之以刑。故刑一人而天下服罪，人不邮其上，知罪之在己也，是故刑罚省而威流，无它故焉，由其道故也。古者帝尧之治天下也，盖杀一人、刑二人而天下治。传曰，威厉※（王念孙：厉，猛也）而不试，刑错而不用，此之谓也。

凡人之动也，为赏庆为之，则见害伤焉止矣，故赏庆刑罚埶诈不足以尽人之力，致人之死。为人主上者也，其所以接下之百姓者，无礼义忠信，焉虑率用赏庆刑罚埶诈除※（王念孙：除，险之误）阸其下，获其功用而已矣，大寇则至※（又：则至，若至也），使之持危城则必畔，遇敌处战则必北，劳苦烦辱则必奔，霍焉※（《集解》：焉然也）离耳，下反制其上，故赏庆刑罚埶诈之为道者，佣徒粥卖之道也，不足以合大众，美国家，故古之人羞而不道也。故厚德音以先之，明礼义以道之，致忠信以爱之，尚贤使能以次之，爵服庆赏以申之，时其事，轻其任，以调齐之，长养之，如保赤子，政令以定，风俗以一，有离俗不顺其上，则百姓莫不敦※（王念孙：敦慭，怨也）恶，莫不毒孽，若被不祥，然后刑於是起矣。是大刑之所加也，辱孰大焉，将以为利邪，则大刑加焉，身苟不狂惑戆陋，谁睹是而不改也哉，然后百姓晓然皆知修※（王念孙：修，循之误）上之法，像上之志，而安乐之，於是有能化善修身正行，积礼义、尊道德，百姓莫不贵敬，莫不亲誉，然后赏於是起矣。是高爵丰禄之所加也，荣孰大焉，将以为害邪，则高爵丰禄以持※（王念孙：持亦养也）养之，生民之属孰不愿也。雕雕焉县贵爵重赏於其前，县明刑大辱於其后，虽欲无化能乎哉，故民归之如流水，所存者神，所为者化而顺，※（《集解》：化而二字衍）暴悍勇力之属，为之化而愿，旁辟曲私之属，为之化而公，矜纠收缭※（王念孙：矜纠收缭皆急庚之意）之属，为之化而调，夫是之谓大化至一。诗曰，王犹允塞，徐方其来，此之谓也。

凡兼人者有三术，有以德兼人者，有以力兼人者，有以富兼人者。彼贵我名声，美我德行，欲为我民，故辟门除涂以迎吾入，因其民，袭其处，而百姓皆安，立法施令，莫不顺比，是故得地而权弥重，兼人而兵俞强，是以德兼人者也。非贵我名声也，非美我德行也，彼畏我威劫我势，故民虽有离心不敢有畔虑，若是则戎甲俞众，奉养必费，是故得地而权弥轻，兼人而兵俞弱，是以力兼人者也。非贵我名声也，非美我德行也，用贫求富，用饥求饱，虚腹张口，来归我食。若是，则必发夫掌※（王引之：掌，廪之误）窌之粟以食之，委之财货以富之，立良有司以接之，已期※（俞：期，綦之误，极也）三年，然后民可信也，是故得地而权弥轻，兼人而国俞贫，是以富兼人者也。故曰，以德兼人者王，以力兼人者弱，以富兼人者贫。古今一也。

兼并易能也，唯坚凝之难焉，齐能并宋而不能凝也，故魏夺之，燕能并齐而不能凝也，故田单夺之，韩之上地方数百里，完全富足而趋赵，赵不能凝也，故秦夺之。故能并之而不能凝，则必夺，不能并之又不能凝其有，则必亡，能凝之，则必能并之矣，得之则凝，兼并无强。古者汤以薄，武王以滈，皆百里之地也，天下为一，诸侯为臣，无它故焉，能凝之也。故凝士以礼，凝民以政，礼修而士服，政平而民安，士服民安，夫是之谓大凝。以守则固，以征则强，令行禁止，王者之事毕矣。

荀子卷第十一

强国第十六

刑范※（郝：刑与型同，范与范同，皆铸作器物之法）正，金锡美，工冶巧，火齐得，剖刑而莫邪已。然而不剥脱，不砥厉，则不可以断绳；剥脱之，砥厉之，则劙盘盂、刎牛马忽然耳。彼国者，亦强国之剖刑已。然而不教诲，不调一，则入不可以守，出不可以战；教诲之，调一之，则兵劲城固，敌国不敢婴也。彼国者，亦有砥厉，礼义节奏是也。故人之命在天，国之命在礼。人君者隆礼尊贤而王，重法爱民而霸，好利多诈而危，权谋倾覆幽险而亡。

威有三：有道德之威者，有暴察之威者，有狂妄之威者。此三威者，不可不孰察也。礼乐则修，分义则明，举错则时，爱利则形※（《外传》：形作刑，法也），如是，百姓贵之如帝，高之如天，亲之如父母，畏之如神明。故赏不用而民劝，罚不用而威行。夫是之谓道德之威。礼乐则不修，分义则不明，举错则不时，爱利则不形；然而其禁暴也察，其诛不服也审，其刑罚重而信，其诛杀猛而※（而如通）必，黭然而雷击之，如墙厌之。如是，百姓劫则致畏，赢则敖上，执拘则最※（王引之：最当冣，古聚字），得间则散，敌中则夺，非劫之以形埶，非振之以诛杀，则无以有其下。夫是之谓暴察之威。无爱人之心，无利人之事，而日为乱人之道，百姓欢敖则从而执缚之，刑灼之，不和人心。如是，下比周贲溃以离上矣，倾覆灭亡可立而待也。

夫是之谓狂妄之威。此三威者，不可不孰察也。道德之威成乎安强，暴察之威成乎危弱，狂妄之威成乎灭亡也。

公孙子曰："子发将西伐蔡，克蔡，获蔡侯，归致命曰：'蔡侯奉其社稷而归之楚，舍属※（王念孙：属，会也）二三子而理其地。'既，楚发其赏，子发辞曰：'发诚布令而敌退，是主威也；徙举相攻而敌退，是将威也；合战用力而敌退，是众威也。臣舍不宜以众威受赏。'"讥之曰："子发之致命也恭，其辞赏也固。夫尚贤使能，赏有功，罚有罪，非独一人为之也，彼先王之道也，一人之本也，善善恶恶之应也，治必由之，古今一也。古者明王之举大事，立大功也，大事已博，大功已立，则君享其成，群臣享其功，士大夫益爵，官人益秩，庶人益禄。是以为善者劝，为不善者沮，上下一心，三军同力，是以百事成而功名大也。今子发独不然，反先王之道，乱楚国之法，堕兴功之臣，耻受赏之属，无僇乎族党而抑卑其后世，案独以为私廉，岂不过甚矣哉！

故曰：子发之致命也恭，其辞赏也固。"荀卿子说齐相曰："处胜人之埶，行胜人之道，天下莫忿，汤武是也；处胜人之埶，不以胜人之道，厚於有天下之埶，索为匹夫不可得也，桀纣是也。然则得胜人之埶者，其不如胜人之道远矣。夫主相者，胜人以埶也，是为是，非为非，能为能，不能为不能，并己之私欲，必以道。夫公道通义之可以相兼容者，是胜人之道也。

今相国上则得专主，下则得专国，相国之於胜人之埶，亶有之矣。然则胡不驱此胜人之埶赴胜人之道，求仁厚明通之君子而托王焉，与之参国政，正是非？如是，则国敦敢不为义矣？君臣上下，贵贱长少，至於庶人，莫不为义，则天下孰不欲合义矣？贤士愿相国之朝，能士愿相国之官，好利之民莫不愿以齐为归，是一天下也。相国舍是而不为，案直为是世俗之所以为，则女主乱之宫，诈臣乱之朝，贪吏乱之官，众庶百姓皆以贪利争夺为俗，曷若是而可以持国乎？今巨楚县吾前，大燕鳅吾后，劲魏钩吾右，西壤之不绝若绳，楚人则乃有襄贲开阳以临吾左。是一国作谋则三国必起而乘我。如是，则齐必断而为四，三国若假城然耳，必为天下大笑。曷若？※（王念孙：曷若二字衍。）两者孰足为也？

夫桀纣，圣王之后子孙也，有天下者之世也，埶籍※（又：杨注本作埶，位图籍之所在，然籍亦位也）之所存，天下之宗室也，土地之大，封内千里，人之众数以亿万，俄而天下偶然举去桀纣而奔汤、武，反然举恶桀纣而贵汤武。是何也？夫桀纣何失而汤武何得也？

曰：是无它故焉，桀纣者，善为人所恶也；而汤武者，善为人所好也。

人之所恶何也？曰：污漫、争夺、贪利是也。人之所好者何也？曰：礼义、辞让、忠信是也。今君人者，譬称比方则欲自并乎汤武，若其所以统之，则无以异於桀纣，而求有汤武之功名可乎？故凡得胜者必与人也，凡得人者必与道也。道也者何也？曰：礼让忠信是也。故自四五万而往者，强胜，非众之力也，隆在信矣；自数百里而往者安固，非大之力也，隆在修政※（王念孙：修政，即修正）矣。

今已有数万之众者也，陶诞比周以争与；已有数百里之国者也，污漫、突盗以争地。

然则是弃己之所安强，而争己之所以危弱也，损己之所不足，以重己之所有馀，若是其悖缪也，而求有汤武之功名可乎？辟之是犹伏而咶天，救经而引其足也，说必不行矣，愈务而愈远。为人臣者不恤己行之不行，苟得利而已矣，是渠冲入穴而求利也，是仁人之所羞而不为也。故人莫贵乎生，莫乐乎安，所以养生安乐者莫大乎礼义。人知贵生乐安而弃礼义，辟之是犹欲寿而剄颈也，愚莫大焉。故君人者爱民而安，好士而荣，两者无一焉而亡。

《诗》曰："价人维藩，大师维垣。"此之谓也。

力术止，义术行。曷谓也？曰：秦之谓也。威强乎汤武广大乎舜禹，然而忧患不可胜校也，諰諰然常恐天下之一合而轧己也，此所谓力术止也。曷谓乎威强乎汤武？汤武也者，乃能使说己者使耳。今※（俞：下使字当训从）楚父死焉，国举焉负三王之庙而辟於陈、蔡之间，视可司间，案欲剟※（王念孙：剟，起尸也）其脰而以蹈秦之腹，然而秦使左案※（集解：案以代则）左，使右案右，是乃使雠人役也，此所谓威强乎汤武也。曷谓广大乎舜禹也？曰：古者百王之一天下，臣诸侯也，未有过封内千里者也。今秦南乃有沙羡与俱，是乃江南也。北与胡、貉为邻，西有巴戎，东在楚者乃界於齐，在韩者逾常山乃有临虑，在魏者乃据围津即去大梁百有二十里耳，其在赵者剟然有苓而据松柏之塞，负西海而固常山，是地遍天下也。威动海内，强殆中国，然而忧患不可胜校也，諰諰然常恐天下之一合而轧己也，此所谓广大乎舜禹也。然则奈何？曰：节威反文，案用夫端诚信全之君子治天下焉，因与之参国政，正是非，治曲直，听咸阳，顺者错之，不顺者而后诛之，若是，则兵不复出於塞外而令行於天下矣；若是，则虽为之筑明堂於塞外而朝诸侯，殆可矣。假今之世，益地不如益信之务也。

应侯问孙卿子曰："入秦何见？"孙卿子曰："其固塞险，形埶便，山林川谷美，天材之利多，是形胜也。入境，观其风俗，其百姓朴，其声乐不流污，其服不挑，甚畏有司而顺，古之民也。及都邑官府，其百吏肃然莫不恭俭、敦敬、忠信而不楛，古之吏也。入其国，观其士大夫，出於其门，入於公门，出於公门，归於其家，无有私事也，不比周，不朋党，偶然莫不明通而公也，古之士大夫也。观其朝廷，其闲听决百事不留，恬然如无治者，古之朝也。故四世有胜，非幸也，数也。是所见也。故曰：佚而治，约而详，不烦而功，治之至也。秦类之矣。虽然，则有其諰矣。兼是数具者而尽有之，然而县※（《集解》：县，衡也）之以王者之功名，则倜倜然其不及远矣。是何也？则其殆无儒邪！故曰：粹而王，驳而霸，无一焉而亡。此亦秦之所短也。"

积微，月不胜日，时不胜月，岁不胜时。凡人好敖慢小事，大事至然后兴之务之，如是则常不胜夫敦比※（《集解》：敦比，治也）於小事者矣。是何也？则小事之至也数，其县日也博，其为积也大；大事之至也希，其县日也浅，其为积也小。故善日者王，善时者霸，补漏者危，大荒者亡。故王者敬日，霸者敬时，仅存之国危而后戚之，亡国至亡而后知亡，至死而后知死，亡国之祸败不可胜悔也。

霸者之善著焉，可以时托※（《集解》：托，记之误，言霸者之善所以明著者，以其可以时记也）也，王者之功名不可胜日志也。财物货宝以大为重，政教功名反是，能积微者速成。《诗》曰："德輶如毛，民鲜克举之。"

此谓之也。

凡奸人之所以起者，以上之不贵义，不敬义也。夫义者，所以限禁人之为恶与奸者也。今上不贵义，不敬义，如是，则下之人百姓皆有弃义之志，而有趋奸之心矣，此奸人之所以起也。且上者，下之师也，夫下之和上，譬之犹响之应声，影之像形也。故为人上者不可不顺也。夫义者，内节※（俞：节，适也）於人而外节於万物者也，上安於主而下调於民者也。内外上下节者，义之情也。然则凡为天下之要，义为本而信次之。古者禹汤本义务信而天下治，桀、纣弃义倍信而天下乱，故为人上者必将慎礼义，务忠信然后可。此君人者之大本也。

堂上不粪，则郊草不瞻旷※（王念孙：瞻旷二字衍）芸；白刃扞※（王念孙：扞之言干也，犯也）乎胸，则目不见流矢；拔※（郝：拔疾也）戟加乎首，则十指不辞断。非不以此为务也，疾养缓急之有相先者也。

天论篇第十七

天行有常，不为尧存，不为桀亡。应之以治则吉，应之以乱则凶。强本而节用，则天不能贫，养备而动时，则天不能病；修道而不贰※（王念孙：修当作循，贰贷之误，忒也），则天不能祸。

故水旱不能使之饥渴※（《群书治要》：无渴字），寒暑不能使之疾，祆怪不能使之凶。本荒而用侈，则天不能使之富；养略而动罕，则天不能使之全；倍道而妄行，则天不能使之吉。故水旱未至而饥，寒暑未薄而疾，祆怪未至※（《群书治要》：祆怪未至，作未生）而凶。受时与治世同，而殃祸与治世异，不可以怨天，其道然也。故明於天人之分，则可谓至人矣。

不为而成，不求而得，夫是之谓天职。如是者，虽深，其人不加虑焉；虽大，不加能焉；虽精，不加察焉：夫是之谓不与天争职。天有其时，地有其财，人有其治，夫是之谓能参。舍其所以参而愿其所参，则惑矣。列星随旋，日月递照，四时代御，阴阳大化，风雨博施，万物各得其和以生，各得其养以成，不见其事而见其功，夫是之谓神。皆知其所以成，莫知其无形※（王念孙：人功有形而天功无形，或说是。莫知其无形。言莫能知其所以然也），夫是之谓天。唯圣人为不求知天。

天职既立，天功既成，形具而神生，好恶、喜怒、哀乐臧焉，夫是之谓天情。耳目鼻口形能，各有接而不相能也，夫是之谓天官。心居中虚以治五官，夫是之谓天君。财非其类，以养其类，夫是之谓天养。顺其类者谓之福，逆其类者谓之祸，夫是之谓天政。暗其天君，乱其天官，弃其天养，逆其天政，背其天情，以丧天功，夫是之谓大凶。圣人清其天君，正其天官，备其天养，顺其天政，养其天情，以全其天功。如是，则知其所为，知其所不为矣※（其所为人事也，其所不为天职也），则天地官而万物役矣。其行曲治，其养曲适，其生不伤，夫是之谓知天。故大巧在所不为，大智在所不虑。所志※（俞：志知也，下同）於天者，已※（俞：已同以）其见象之可以期者矣；所志於地者，已其见宜之可以息者矣；所志於四时者，已其见数之可以事者矣；所志於阴阳者，已其见和之可以治者矣。官人守天而自为守道※（官人守天，言志于天地四时阴阳，皆有官守也。自为守道，言君唯守道也）也。

治乱天邪？曰：日月、星辰、《瑞历》，是禹、桀之所同也，禹以治，桀以乱，治乱非天也。时邪？曰：繁启蕃长於春夏，畜积收藏於秋冬，是又禹、桀之所同也，禹以治，桀以乱，治乱非时也。地邪？曰：得地则生，失地则死，是又禹桀之所同也，禹以治，桀以乱，治乱非地也。《诗》曰："天作高山，大王荒之※（荒大），彼作矣，文王康※（康，安也）之。"此之谓也。

天不为人之恶寒也辍冬，地不为人之恶辽远也辍广，君子不为小人之匈匈也辍行。天有常道矣，地有常数矣，君子有常体矣。君子道其常而小人计其功。《诗》曰："何恤※（俞：何恤上夺礼义之不愆五字）人之言兮！"此之谓也。

楚王后车千乘，非知也；君子啜菽饮水，非愚也：是节※（俞：节适也）然也。若夫心意修，德行厚，知虑明，生於今而志乎古，则是其在我者也。故君子敬其在己者，而不慕其在天者；小人错其在己者，而慕其在天者。君子敬※（又：敬当为苟，急也）其在己者而不慕其在天者，是以日进也；小人错其在己者而慕其在天者，是以日退也。

故君子之所以日进与小人之所以日退，一也。君子小人之所以相县者在此耳。

星队、木鸣※（俞：木鸣即社鸣），国人皆恐。曰：是何也？曰：无何也，是天地之变，阴阳之化，物之罕至者也，怪之可也而畏之，非也。夫日月之有蚀，风雨之不时，怪星之党※（王念孙：党，或傥字，或也）见，是无世而不常有之。上明而政平，则是虽并世起无伤也；上闇而政险，则是虽无一至者，无益也。夫星之队，木之鸣，是天地之变，阴阳之化，物之罕至者也，怪之可也而畏之，非也。

物之已至者，人祅则可畏也。楛耕伤稼，耘耨失岁，政险失民，田薉稼恶，籴贵民饥，道路有死人，夫是之谓人祅。政令不明，举错不时，本事不理，夫是之谓人祅。礼义不修，内外无别，男女淫乱，则父子相疑，上下乖离，寇难并至，夫是之谓人祅。祅是生於乱，三者错※（王念孙：错，交错也），无安国。其说甚尔，其灾甚惨。※（王念孙：此三句应在礼义不修之上）勉力不时，则牛马相生，六畜作祅，可怪也，而不可畏也。传曰："万物之怪，书不说。无用之辩，不急之察，弃而不治。"若夫君臣之义，父子之亲，夫妇之别，则日切瑳而不舍也。

雩而雨，何也曰：无何也，犹不雩而雨也。日月食而救之，天旱而雩，卜筮然后决大事，非以为得求也，以文之也。故君子以为文，而百姓以为神。以为文则吉，以为神则凶也。

在天者莫明於日月，在地者莫明於水火，在物者莫明於珠玉，在人者莫明於礼义。故日月不高，则光晖不赫，水火不积，则晖润不博；珠玉不睹乎外，则王公不以为宝；礼义不加於国家，则功名不白。故人之命在天，国之命在礼。君人者隆礼尊贤而王，重法爱民而霸，好利多诈而危，权谋、倾覆、幽险而尽亡矣。大天而思之，孰与物畜而制之？从天而颂之，孰与制天命而用之？望时而待之，孰与应时而使之？因物而多之，孰与骋能而化之？思物而物之，孰与理物而勿失之也？愿於物之所以生，孰与有物之所以成？※（物之所以生天也，物之所以成人事也）故错人而思天，则失万物之情。

百王之无变，足以为道贯。一废一起，应之以贯，理贯不乱。不知贯，不知应变，※（郝：逸诗云九变复贯，知言之选，盖苟此语所本）贯之大体未尝亡也。乱生其差，治尽其详。故道之所善，中则可从，畸则不可为，匿※（王念孙：匿与慝同）则大惑。水行者表深，表不明则陷；治民者表道，表不明则乱。礼者表也。非礼，昏世也。昏世，大乱也。故道无不明，外内异表，隐显有常，民陷乃去。

万物为道一偏，一物为万物一偏，愚者为一物一偏，而自以为知道，无知也。慎子有见於后，无见於先；老子有见於诎，无见於信；墨子有见於齐，无见於畸；宋子有见於少，无见於多。有后而无先，则群众无门；有诎而无信，则贵贱不分；有齐而无畸，则政令不施，有少而无多，则群众不化。《书》曰："无有作好，遵王之道；无有作恶，遵王之路。"此之谓也。

荀子卷第十二

正论第十八

世俗之为说者曰："主道利周。"是不然。主者，民之唱也；上者，下之仪※（《集解》：仪，准也）也。彼将听唱而应，视仪而动。唱默则民无应也，仪隐则下无动也。不应不动，则上下无以相有※（《集解》：有，胥之误，须也）也。若是，则与无上同也，不祥莫大焉。故上者、下之本也，上宣明则下治辨矣，上端诚则下愿悫矣，上公正则下易直矣。治辨则易一，愿悫则易使，易直则易知。易一则强，易使则功，易知则明，是治之所由生也。上周密则下疑玄矣，上幽险则下渐诈矣，上偏曲则下比周矣。疑玄则难一，渐※（渐亦诈也）诈则难使，比周则难知。难一则不强，难使则不功，难知则不明，是乱之所由作也。故主道利明不利幽，利宣不利周。故主道明则下安，主道幽则下危。故下安则贵上，下危则贱上。故上易知则下亲上矣，上难知则下畏上矣。下亲上则上安，下畏上则上危。故主道莫恶乎难知，莫危乎使下畏己。传曰："恶之者众则危。"《书》曰："克明明德。"《诗》曰："明明在下。"故先王明之，岂特玄之耳哉！

世俗之为说者曰："桀纣有天下，汤武篡而夺之。"是不然。以桀、纣为常有天下之籍※（《集解》：两天下之籍并当作天子之籍，常有谓世相及。亲有身为天子也）则然，亲有天下之籍则不然※（《集解》：则不然当作则然），天下谓在桀纣则不然。古者天子千官，诸侯百官。以是千官也，令行於诸夏之国，谓之王；以是百官也，令行於境内，国虽不安，不至於废易遂※（集解：遂，读若坠）亡，谓之君。圣王之子也，有天下之后也，埶籍之所在也，天下之宗室也；然而不材不中，内则百姓疾之，外则诸侯叛之，近者境内不一，遥者诸侯不听，令不行於境内，甚者诸侯侵削之，攻伐之，若是，则虽未亡，吾谓之无天下矣。圣王没，有埶籍者罢不足以县天下，天下无君，诸侯有能德明威积，海内之民莫不愿得以为君师。

然而暴国独侈，安能诛※（《集解》：能字衍，安代则）之，必不伤害无罪之民，诛暴国之君若诛独夫。

若是，则可谓能用天下矣。能用天下之谓王。汤武非取天下也，修其道，行其义，兴天下之同利，除天下之同害，而天下归之也。桀纣非去天下也，反禹汤之德，乱礼义之分，禽兽之行，积其凶，全其恶，而天下去之也。

天下归之之谓王，天下去之之谓亡。故桀纣无天下而汤武不弑君，由此效之也。汤武者，民之父母也；桀纣者，民之怨贼也。今世俗之为说者以桀纣为君而以汤武为弑，然则是诛民之父母，而师民之怨贼也，不祥莫大焉。以天下之合为君，则天下未尝合於桀纣也。然则以汤武为弑，则天下未尝有说也，直堕※（郝：堕，毁也）之耳。故天子唯其人。天下者，至重也，非至强莫之能任；至大也，非至辨莫之能分；至众也，非至明莫之能和。此三至者，非圣人莫之能尽。故非圣人莫之能王。圣人备道全美者也，是县天下之权称也。桀纣者，其知虑至险也，其志意至暗也，其行之为至乱也；亲者疏之，贤者贱之，生民怨之，禹汤之后也，而不得一人之与；刳比干，囚箕子，身死国亡，为天下之大戮，后世之言恶者必稽焉；是不容妻子之数※（王念孙：数，道也）也。

故至贤畴※（俞：畴，保也）四海，汤武是也；至罢不容妻子，桀纣是也。今世俗之为说者，以桀纣为有天下而臣汤武，岂不过甚矣哉！譬之是犹伛巫跛匡，大※（俞：大而之误）自以为有知也。故可以有夺人国，不可以有夺人天下；可以有窃国，不可以有窃天下也。可以夺※（王念孙：夺上不当有可以二字）之者，可以有国，而不可以有天下，窃可以得国，而不可以得天下。是何也？曰：国小具也，可以小人有也，可以小道得也，可以小力持也；天下者大具也，不可以小人有也，不可以小道得也，不可以小力持也。

国者小人可以有之，然而未必不亡也，天下者，至大也，非圣人莫之能有也。

世俗之为说者曰："治古无肉刑而有象刑：墨黥；慅婴；共艾毕；菲对屦；杀赭衣而不纯。※（刘台拱：共当作宫，菲当作剕，杀读比字。言犯墨黥者以草缨代之，宫罪以女羿代之，剕罪以缘屦代之，杀罪以赭衣不纯代之）治古如是。"是不然。以为治邪？则人固莫触罪，非独不用肉刑，亦不用象刑矣。以为人或触罪矣，而直轻其刑，然则是杀人者不死，伤人者不刑也。罪至重而刑至轻，庸人不知恶矣，乱莫大焉。凡刑人之本，禁暴恶恶，且惩其未也。杀人者不死，而伤人者不刑，是谓惠暴而宽贼也，非恶恶也。故象刑殆非生于治古，并起于乱今也。治古不然。凡爵列、官职、赏庆、刑罚，皆报也，以类相从者也。一物失称，乱之端也。夫德不称位，能不称官，赏不当功，罚不当罪，不祥莫大焉。昔者武王伐有商，诛纣，断其首县之赤旆。夫征暴诛悍，治之盛也。杀人者死，伤人者刑，是百王之所同也，未有知其所由来者也。刑称罪则治，不称罪则乱。故治则刑重，乱则刑轻，犯治之罪固重，犯乱之罪固轻也。《书》曰："刑罚世轻世重。"此之谓也。

世俗之为说者曰："汤武不能禁令，是何也？曰：楚越不受制。"是不然。汤武者，至※（至极也）天下之善禁令者也。汤居亳，武王居鄗，皆百里之地也，天下为一，诸侯为臣，通达之属莫不振动从服以化顺之，曷为楚越独不受制也？彼王者之制也，视形埶而制械用，称远迩而等贡献，岂必齐哉！

故鲁人以榶，卫人用柯，齐人用一革※（郝：一革鸱夷革制酒器，以用也），土地刑制不同者，械用备饰不可不异也。故诸夏之国，同服同仪※（王念孙：仪，制度也），蛮、夷、戎、狄之国同服不同制。封内甸服，封外侯服，侯卫宾服，蛮夷要服，戎狄荒服。甸服者祭，侯服者祀，宾服者享，要服者贡，荒服者终王。日祭月祀，时享岁贡，夫是之谓视形埶而制械用，称远近而等贡献，是王者之至※（王念孙：至当为制）也。彼楚越者，且时享岁贡终王之属也，必齐之日祭月祀之属，然后曰受制邪？是规磨※（郝：磨当为摩，言规画揣摩不必无失也）之说也，沟中之瘠也，则未足与及王者之制也。语曰："浅不足与测深，愚不足与谋知，坎井之蛙，不可与语东海之乐。"此之谓也。

世俗之为说者曰："尧舜擅让。"是不然。天子者，执位至尊，无敌於天下，夫有谁与让矣？道德纯备，智惠甚明，南面而听天下，生民之属莫不振动从服以化顺之。天下无隐士，无遗善，同焉者是也，异焉者非也，夫有恶擅天下矣？曰："死而擅之。"是又不然。圣王在上，图德而定次，量能而授官，皆使民载其事，而各得其宜，不能以义制利，不能以伪※（《集解》：伪，同为）饰性，则兼以为民。圣王已没，天下无圣，则固莫足以擅天下矣。天下有圣而在后※（俞：后下应有子字）者，则天下不离，朝不易位，国不更制，天下厌然与乡无以异也，以尧继尧，夫又何变之有矣？圣不在后子而在三公，则天下如归，犹复而振之矣，天下厌然与乡无以异也，以尧继尧，夫又何变之有矣？唯其徙朝改制为难。故天子生，则天下一隆※（《集解》：一隆天下之人有专尊也），致顺而治，论德而定次；死则能任天下者必有之矣。夫礼义之分尽矣，擅让恶用矣哉？曰："老衰而擅。"是又不然。血气筋力则有衰，若夫智虑取舍则无衰。曰："老者不堪其劳而休也。"是又畏事者之议也。

天子者，执至重而形至佚，心至愉而志无所诎，而形不为劳，尊无上矣。衣被则服五采，杂间色，重文绣，加饰之以珠玉；食饮则重大牢而备珍怪，期臭味，曼而馈，代皋※（刘台拱：代罍，当为伐皋，皋通鼛《淮南》作代鼛而食，大鼓也）而食，雍而彻乎五祀※（刘台拱：此当以雍而彻乎五祀为，彻乎五祀谓彻于灶也。《淮南》：奏彻而彻，已饭而祭灶，盖彻馔而设之于灶若祭然，天子之礼也），执荐者百人※（刘台拱：又天子羞用百二十品，执荐百人举成数）侍西房；居则设张※（郝：张与帐同）容负依而坐※（王念孙：坐当为立），诸侯趋走乎堂下；出户而巫觋有事，出门而宗祝有事，乘大路、趋越席以养安，侧※（《集解》：侧，持也）载睪芷以养鼻，前有错衡以养目，和鸾之声，步中《武》、《象》，趋中《韶》、《护》以养耳，三公奉軶持纳，诸侯持轮挟舆先马，大侯编后，大夫次之，小侯、元士次之，庶士介而夹道，庶人隐窜莫敢视望。居如大神，动如天帝，持老养衰，犹有善於是者与不？老者，休也，休犹有安乐恬愉如是者乎？

故曰：诸侯有老，天子无老，有擅国，无擅天下，古今一也。夫曰"尧、舜擅让"，是虚言也，是浅者之传，陋者之说也，不知逆顺之理，小大、至不至之变者也，未可与及天下之大理者也。

世俗之为说者曰："尧、舜不能教化。是何也？曰：朱、象不化。"是不然也。尧、舜，至天下之善教化者也。南面而听天下，生民之属莫不振动从服以化顺之；然而朱、象独不化，是非尧、舜之过，朱、象之罪也。尧、舜者，天下之英也；朱、象者，天下之嵬，一时之琐也。今世俗之为说者不怪朱、象而非尧、舜，岂不过甚矣哉！夫是之谓嵬说。羿、逢门者、天下之善射者也，不能以拨弓、曲矢中※（陈奂：中下脱一微字）；王梁、造父者、天下之善驭者也，不能以辟马、毁舆致远；尧、舜者，天下之善教化者也，不能使嵬琐化。何世而无嵬，何时而无琐，自太皞、燧人莫不有也。故作者不祥※（俞：此谓作此俗之说者不祥），学者受其殃，非者有庆。

《诗》曰："下民之孽，匪降自天。噂沓背憎，职竞由人。"此之谓也。

世俗之为说者曰："太古薄葬，棺厚三寸，衣衾三领，葬田不妨田，故不掘也。乱今厚葬饰棺，故抇也。"是不及知治道，而不察於抇不抇者之所言也。凡人之盗也，必以有为，不以备不足，足则以重有馀也。而圣王之生民也，皆使当※（王念孙：当，富之误）厚优犹不知足，而不得以有馀过度。故盗不窃，贼不刺※（俞：刺，探取之义），狗豕吐※（郝：吐，弃也）菽粟，而农贾皆能以货财让，风俗之美，男女自不取於涂，而百姓羞拾遗。故孔子曰："天下有道，盗其先变乎！"虽珠玉满体，文绣充棺，黄金充椁，加之以丹矸，重之以曾青，犀象以为树，琅玕、龙兹、华觐以为实，人犹且莫之抇也。是何也？则求利之诡缓，而犯分之羞大也。夫乱今然后反是：上以无法使，下以无度行，知者不得虑，能者不得治，贤者不得使。若是，则上失天性，下失地利，中失人和，故百事废，财物诎而祸乱起。王公则病不足於上，庶人则冻餧羸瘠於下。於是焉桀、纣群居，而盗贼击夺以危上矣。

安禽兽行，虎狼贪，故脯巨人而炙婴儿矣。若是，则有何尤抇人之墓、抉人之口，而求利矣哉。虽此裸而薶之，犹且必抇也，安得葬薶哉？彼乃将食其肉而龁其骨也。夫"太古薄葬，故不抇也，乱今厚葬，故抇也"，是特奸人之误於乱说，以欺愚者而潮陷之，以偷取利焉，夫是之谓大奸。传曰："危人而自安，害人而自利。"此之谓也。

子宋子曰："明见侮之不辱，使人不斗。人皆以见侮为辱，故斗也；知见侮之为不辱，则不斗矣。"应之曰：然则亦以人之情为不恶侮乎？曰："恶而不辱也。"曰：若是，则必不得所求焉。凡人之斗也，必以其恶之为说，非以其辱之为故也。今俳优、侏儒、狎徒詈侮而不斗者，是岂钜知※（王念孙：岂钜知者，岂知也）见侮之为不辱哉？然而不斗者，不恶故也。今人或入其央渎※（渎，古通窦，央，缺之误，缺窦可潜踰之穴也），窃其猪彘，则援剑戟而逐之，不避死伤，是岂以丧猪为辱也哉？然而不惮斗者，恶之故也。虽以见侮为辱也，不恶则不斗；虽知见侮为不辱，恶之则必斗。然则斗与不斗邪，亡於※（亡于，言无与于也）辱之与不辱也，乃在於恶之与不恶也。夫今子宋子不能解人之恶侮，而务说人以勿辱也，岂不过甚矣哉！金舌弊口※（俞：金读为唫，口急也。言说之至于口唫舌弊也），犹将无益也。不知其无益则不知；知其无益也，直以欺人则不仁。不仁不知，辱莫大焉。将以为有益於人，则与※（王念孙：与读为举，皆也）无益於人也，则得大辱而退耳。说莫病是矣。子宋子曰："见侮不辱。"

应之曰：凡议，必先立隆正然后可也。无隆正※（隆正，犹中正也），则是非不分而辨讼不决。

故所闻曰："天下之大隆，是非之封界，分职名象之所起，王制是也。"

故凡言议期命，是非※（王引之：是非，当作莫非）以圣王为师，而圣王之分，荣辱是也。是有两端矣：有义荣者，有埶荣者；有义辱者，有埶辱者。志意修，德行厚，知虑明，是荣之由中出者也，夫是之谓义荣。爵列尊，贡禄厚，形埶胜，上为天子诸侯，下为卿相士大夫，是荣之从外至者也，夫是之谓埶荣。流淫汙僈，犯分、乱理，骄暴、贪利，是辱之由中出者也，夫是之谓义辱。詈侮捽搏，捶笞、膑脚，斩、断、枯、磔，藉、靡、舌缚，是辱之由外至者也，夫是之谓埶辱。是荣辱之两端也。故君子可以有埶辱，而不可以有义辱；小人可以有埶荣，而不可以有义荣。有埶辱无害为尧，有埶荣无害为桀。义荣、埶荣，唯君子然后兼有之；义辱、埶辱，唯小人然后兼有之。是荣辱之分也。圣王以为法，士大夫以为道，官人以为守，百姓以为成俗※（王念孙：成俗上之为字衍），万世不能易也。

今子宋子案不然，独诎容为己，虑一朝而改之，说必不行矣。譬之是犹以砖涂塞江海也，以焦侥而戴太山也，蹎跌碎折不待顷矣。二三子之善於子宋子者，殆不若止之，将恐得※（俞：得疑复之误，反也）伤其体也。

子宋子曰："人之情，欲寡，而皆以己之情为欲多，是过也。"故率其群徒，辨其谈说，明其譬称，将使人知情之欲寡也。应之曰：然则亦以人之情为欲。目不欲綦色，耳不欲綦声，口不欲綦味，鼻不欲綦臭，形不欲綦佚。此五綦者，亦以人之情为不欲乎？曰："人之情欲是已。"曰：若是，则说必不行矣。以人之情为欲，此五綦者而不欲多，譬之是犹以人之情为欲富贵，而不欲货也，好美而恶西施也。古之人为之不然。以人之情为欲多而不欲寡，故赏以富厚而罚以杀损也。是百王之所同也。故上贤禄天下，次贤禄一国，下贤禄田邑，愿悫之民完衣食。今子宋子以是之情为欲寡而不欲多也，然则先王以人之所不欲者赏而以人之所欲者罚邪？乱莫大焉。今子宋子严然而好说，聚人徒，立师学，成文曲※（王念孙：曲当为典），然而说不免於以至治为至乱也，岂不过甚矣哉！

荀子卷第十三

礼论篇第十九

礼起於何也？曰：人生而有欲，欲而不得，则不能无求；求而无度量分界，则不能不争；争则乱，乱则穷。先王恶其乱也，故制礼义以分之，以养人之欲，给人之求，使欲必不穷乎物，物必不屈於欲，两者相持而长，是礼之所起也。故礼者，养也。刍豢稻粱，五味调香※（王念孙：香当为盉，今通作和），所以养口也；椒兰芬苾，所以养鼻也；雕琢、刻镂、黼黻、文章，所以养目也；钟鼓、管磬、琴瑟、竽笙，所以养耳也；疏房、檖貌、越席、床笫、几筵，所以养体也。故礼者，养也。君子既得其养，又好其别。曷谓别？曰：贵贱有等，长幼有差，贫富轻重皆有称者也。故天子大路越席，所以养体也；侧载睾芷，所以养鼻也；前有错衡，所以养目也；和鸾之声，步中《武》、《象》，趋中《韶》、《护》，所以养耳也；龙旗九斿，所以养信也；寝兕、持虎、蛟韅、丝末、弥龙，所以养威也；故大路之马必倍※（《史记》：倍作信，信至谓马调良之极也）至教顺，然后乘之，所以养安也。孰知夫出死要节之所以养生也！孰知夫出费用之所以养财也！孰知夫恭敬辞让之所以养安也！孰知夫礼义文理之所以养情也！故人苟生之为见，若者必死；苟利之为见，若者必害；苟怠惰偷懦之为安，若者必危；苟情说之为乐，若者必灭。故人一之於礼义，则两得之矣；一之於情性，则两丧之矣。故儒者将使人两得之者也，墨者将使人两丧之者也，是儒、墨之分也。

礼有三本：天地者，生之本也；先祖者，类之本也；君师者，治之本也。无天地恶生？无先祖恶出？无君师恶治？三者偏亡焉，无安人。故礼上事天，下事地，尊先祖而隆君师，是礼之三本也。故王者天太祖，诸侯不敢坏，大夫士有常宗，所以别贵始。贵始，得之本也。郊止※（《集解》：郊止作郊畤，类也。社止《史记》作社至，言天子已下至诸侯得立社）乎天子，而社止於诸侯，道及※（王念孙：道及即覃及）士大夫，所以别尊者事尊，卑者事卑，宜大者巨，宜小者小。

故有天下者事十世，有一国者事五世，有五乘之地者事三世，有三乘之地者事二世，持手而食者不得立宗庙，所以别积厚，积厚者流泽广，积薄者流泽狭也。大飨，尚玄尊，俎生鱼，先大羹，贵食饮之本也。飨，尚玄尊而用酒醴，先黍稷而饭稻粱。祭，齐※（俞：齐读为跻，升也。正与上文尚玄尊，先黍稷一律）大羹而饱庶羞，贵本而亲用也。贵本之谓文，亲用之谓理，两者合而成文，以归大一，夫是之谓大隆。故尊之尚玄酒也，俎之尚生鱼也，俎之先大羹※（《大戴记》

作豆大羹）也，一也※（孔广森：一也，三者皆礼之终）。利爵之不醮也，成事之俎不尝也，三臭之不食也，一也。大昏之未发齐※（俞：发，致也，齐，读为醮）也，大庙之未入尸也，始卒之未小敛也，一也。大路之素未※（俞：未，末之误。素末，即素幦。素集，即素帱）集也，郊之麻絻也，丧服之先散麻※（散麻《大戴》作散带。孔广森：带要绖也）也，一也。三年之丧，哭之不文也，《清庙》之歌，一倡而三叹也，县一锺，尚拊之膈，朱弦而通越也，一也。

凡礼，始乎棁，成乎文，终乎悦校※（郝：校，当作恔，快也。言礼始乎收敛，成乎文饰，终乎悦快）。故至备，情文俱尽；其次，情文代胜；其下，复情以归大一也。天地以合，日月以明，四时以序，星辰以行，江河以流，万物以昌，好恶以节，喜怒以当，以为下则顺，以为上则明，万物变而不乱，※（《大戴》：无物字而字）贰之则丧也。礼岂不至矣哉！立隆以为极，而天下莫之能损益也。

本末相顺，终始相应，至文以有别，至察以※（以而也）有说。天下从之者治，不从者乱；从之者安，不从者危；从之者存，不从者亡。小人不能测也。

礼之理诚深矣，"坚白"、"同异"之察入焉而溺；其理诚大矣，擅作典制辟陋之说，入焉而丧※（《史记》：理并作貌，丧作嗁）；其理诚高矣，暴慢、恣睢、轻俗以为高之属，入焉而队。故绳墨诚陈矣，则不可欺以曲直；衡诚县矣，则不可欺以轻重；规矩诚设矣，则不可欺以方圆；君子审於礼，则不可欺以诈伪。故绳者，直之至；衡者，平之至；规矩者，方圆之至；礼者，人道之极也。然而不法礼，不足礼，谓之无方之民；法礼足※（王念孙：足，重也）礼，谓之有方之士。礼之中焉能思索，谓之能虑；礼之中焉能勿易，谓之能固。能虑能固，加好※（集解：好下夺之字）者焉，斯圣人矣。故天者，高之极也；地者，下之极也；无穷者，广之极也；圣人者，人道之极也，故学者固学为圣人也，非特学为无方之民也。礼者，以财物为用，以贵贱为文，以多少为异，以隆杀为要。文理繁，情用※（《史记》：理作貌，用作欲）省，是礼之隆也；文理省，情用繁，是礼之杀也；文理、情用相为内外表里，并行而杂，是礼之中流※（王念孙：杂集也，中流，犹中道）也。故君子上致其隆，下尽其杀，而中处其中。步骤、驰骋、厉骛不外是矣，是君子之坛宇、宫廷※（坛宇宫廷犹言范围）也。人有是，士君子也；外是，民也；於是其中焉，方皇周挟，曲得其次序，是圣人也。故厚者，礼之积也；大者，礼之广也；高者，礼之隆也；明者，礼之尽也。《诗》曰："礼仪卒度，笑语卒获。"此之谓也。

礼者，谨於治生死者也。生，人之始也；死，人之终也；终始俱善，人道毕矣。故君子敬始而慎终，终始如一，是君子之道，礼义之文也。夫厚其生而薄其死，是敬其有知而慢其无知也，是奸人之道，而倍叛之心也。君子以倍叛之心接臧谷，犹且羞之，而况以事其所隆亲乎！故死之为道也，一而不可得再复也，臣之所以致重其君，子之所以致重其亲，於是尽矣。故事生不忠厚、不敬文谓之野，送死不忠厚、不敬文谓之瘠。君子贱野而羞瘠，故天子棺椁十※（王引之：十，当为七）重，诸侯五重，大夫三重，士再重，然后皆有衣衾多少厚薄之数，皆有翣菨文章之等以敬饰之，使生死终始若一，一足以为人愿，是先王之道，忠臣孝子之极也。天子之丧动四海，属※（王念孙：属，合也）诸侯；诸侯之丧动通国，属大夫；大夫之丧动一国，属修士；修士之丧动一乡，属朋友；庶人之丧合族党，动州里。刑馀罪人之丧，不得合族党，独属妻子，棺椁三寸，衣衾三领，不得饰棺，不得昼行，以昏殣，凡缘而往埋之，反无哭泣之节，无衰麻之服，无亲疏月数之等，各反其平※（王引之：平，当为本字之误。亦始也），各复其始，已葬埋，若无丧者而止，夫是之谓至辱。

礼者，谨於吉凶，不相厌者也。紸纩听息※（属纩置新绵于疾革者鼻下，以其动静侯息绝也）之时，则夫忠臣孝子亦知其闵已，然而殡敛之具未有求也；垂涕恐惧，然而幸生之心未已，持生之事未辍也；卒矣，然后作、具之。故虽备家※（郭嵩焘：备家，当即下备物），必逾日然后能殡，三日而成服。然后告远者出矣，备物者作矣。故殡，久不过七十日，速不损五十日。是何也？曰：远者可以至矣，百求可以得矣，百事可以成矣，其忠至矣，其节大至，其文备矣。然后月朝卜日，月夕卜宅※（王引之：当作月朝卜宅，月夕卜日），然后葬也。当是时也，其义止，谁得行之？其义行，谁得止之？故三月之葬，其貌以生设饰死者也，殆非直留死者以安生也，是致隆思慕之义也。

丧礼之凡：变而饰※（变而饰言人死尸体渐变形每为之加饰也），动而远※（动而远，言死者渐移而渐远也），久而平。故死之为道也，不饰则恶，恶则不哀，尔则玩，玩则厌，厌则忘，忘则不敬。一朝而丧其严亲，而所以送葬之者不哀不敬，则嫌於禽兽矣，君子耻之。故变而饰，所以灭恶也；动而远，所以遂敬也；久而平，所以优生也。礼者断长续短，损有馀益不足，达爱敬之文，而滋成行义之美者也。故文饰、粗恶、声乐、哭泣、恬愉、忧戚，是反也，然而礼兼而用之，时※（王念孙：时更也）举而代御。故文饰、声乐、恬愉。所以持平奉吉也；粗恶、衰※（王念孙：衰当为恶）哭泣、忧戚，所以持险奉凶也。故其立文饰也不至於窕冶；其立粗衰也，不至於瘠弃；其立声乐恬愉也，不至於流淫惰慢；其立哭泣哀戚也，不至於隘慑伤生；是礼之中流也。故情貌之变，足以别吉凶明贵贱亲疏之节，期止矣。外是，奸也，虽难，君子贱之。故量食而食之，量要而带之。

相高以毁瘠，是奸人之道也，非礼义之文也，非孝子之情也，将以有为者也。

故说豫婉泽※（王念孙：婉读若间。婉泽，颜色润泽也），忧戚萃恶，是吉凶忧愉之情发於颜色者也。歌谣傲笑，哭泣谛号，是吉凶忧愉之情发於声音者也。刍豢、稻粱、酒醴、餰鬻、鱼肉、菽藿、酒浆※（俞：鱼肉二字当在餰鬻二字之上，酒浆当作水浆），是吉凶忧愉之情发於食饮者也。卑※（王念孙：卑当为畀，即今弁字）絻、黼黻、文织，资粗、衰絰、菲繐、菅屦，是吉凶忧愉之情发于衣服者也。疏房、檖貌、越席、床第、几筵，属茨、倚庐、席薪、枕块，是吉凶忧愉之情发於居处者也。两情者，人生固有端焉。若夫断之继之，博之浅之，益之损之，类之尽之，盛之美之，使本末终始莫不顺比，足以为万世则，则是礼也。非顺孰修为之君子莫之能知也。

故曰：性者，本始材朴也；伪者，文理隆盛也。无性则伪之无所加，无伪则性不能自美。性伪合，然后圣人之名一，天下之功於是就也。故曰：天地合而万物生，阴阳接而变化起，性伪合而天下治。天能生物，不能辨物也；地能载人，不能治人也；宇中万物、生人之属，待圣人然后分也。《诗》曰："怀柔百神，及河乔岳。"此之谓也。

丧礼者，以生者饰死者也，大象其生以送其死也。故如死如生，如亡※（俞：如死如亡，当为事死事亡）如存，终始一也。始卒，沐浴、鬠体、饭唅，象生执也。不沐则濡栉三律而止，不浴则濡巾三式而止。充耳而设瑱，饭以生稻，唅以槁骨，反生术矣。说亵衣，袭三称，缙绅而无钩带矣。设掩面儇目，鬠而不冠笄矣。书其名，置於其重，则名不见而柩独明矣。荐器则冠有鍪而毋縰，瓮、庑虚而不实，有簟席而无床第，木器不成斫，陶器不成物，薄器不成内，笙竽具而不和，琴瑟张而不均，舆藏而马反，告不用也。具生器以适墓，象徙道也。略而不尽，貌而不功，趋舆而藏之，金革辔靷而不入，明不用也。象徙道，又明不用也。

是皆所以重哀也。故生器文而不功，明器貌而不用。凡礼，事生，饰欢也；送死，饰哀也；祭祀，饰敬也；师旅，饰威也。是百王之所同，古今之所一也，未有知其所由来者也。故圹垅、其貌象室屋也；棺椁，其貌象版、盖、斯※（俞：斯，疑斳之误，绷辕也）、象、拂也；无、幨、丝、雟、缕、翣，其貌以象菲、帷、帱、尉也；抗折，其貌以象槾茨、番、阏也。故丧礼者，无它焉，明死生之义，送以哀敬而终周藏也。故葬埋，敬藏其形也；祭祀，敬事其神也；其铭、诔、系世※（俞：系世，帝系世本之属也），敬传其名也。

事生，饰始也；送死，饰终也。终始具而孝子之事毕，圣人之道备矣。

刻死而附生谓之墨※（墨，瘠薄也。苟简无礼也），刻生而附死谓之惑，杀生而送死谓之贼。大象其生以送其死，使死生终始莫不称宜而好善，是礼义之法式也，儒者是矣。

三年之丧何也？曰：称情而立文，因以饰群别，亲疏、贵贱之节而不可益损也。故曰无适不是之术也。创巨者其日久，痛甚者其愈迟，三年之丧，称情而立文，所以为至痛极也；齐衰、苴杖、居庐、食粥、席薪、枕块，所以为至痛饰也。三年之丧，二十五月而毕，哀痛未尽，思慕未忘，然而礼以是断之者，岂不以送死有已，复生有节也哉！凡生乎天地之间者，有血气之属必有知，有知之属莫不爱其类。今夫大鸟兽则失亡其群匹，越月逾时则必反铅过故乡，则必徘徊焉，鸣号焉，踯躅焉，踟蹰焉，然后能去之也。

小者是燕爵，犹有啁噍之顷焉，然后能去之。故有血气之属莫知於人，故人之於其亲也，至死无穷。将由夫愚陋淫邪之人与？则彼朝死而夕忘之，然而纵之※（纵之，言不为之制衰礼也），则是曾鸟兽之不若也，彼安能相与群居而无乱乎！将由夫修饰之君子与？则三年之丧，二十五月而毕，若驷之过隙，然而遂之，则是无穷也。

故先王圣人安为之立中制节，一使足以成文理，则舍之矣。然则何以分之？

曰：至亲以期断。是何也？曰：天地则已易矣，四时则已遍矣，其在宇中者莫不更始矣，故先王案以此象之也。然则三年何也？曰：加隆焉，案使倍之，故再期也。由九月以下何也？曰：案使不及也。故三年以为隆，缌、小功以为杀，期、九月以为间。上取象於天，下取象於地，中取则於人，人所以群居和一之理尽矣。故三年之丧，人道之至文者也。夫是之谓至隆，是百王之所同，古今之所一也。

君子丧所以取三年，何也？曰：君者，治辨※（辨，亦治也）之主也，文理之原也，情貌之尽也，相率而致隆之，不亦可乎！《诗》曰："恺悌君子，民之父母。"

彼君子※（俞：子字衍）者，固有为民父母之说焉。父能生之，不能养之，母能食之，不能教诲之，君者，已能食之矣，又善教诲之者也。三年毕矣哉！乳母、饮食之者也，而三月；慈母※（慈母庶母而抚成其子者也）、衣被之者也，而九月；君，曲备之者也，三年毕乎哉！

得之则治，失之则乱，文之至也；得之则安，失之则危，情之至也。两至者俱积焉，以三年事之犹未足也，直无由进之耳。故社※（郭嵩焘：故社以下数语当在下尊尊亲亲之后，皆志思慕之积也），祭社也；稷、祭稷也；郊者，并百王於上天而祭祀之也。三月之殡※（王引之：三月之殡谓即殡之后未葬之前）何也？曰：大之也，重之也，所致隆也，所致亲也，将举错之，迁徙之，离宫室而归丘陵也，先王恐其不文也，是以縰※（王引之：縰读为遥）其期，足之日也。故天子七月，诸侯五月，大夫三月，皆使其须足以容事，事足以容成，成足以容文，文足以容备，曲容备物之谓道矣。

祭者，志意思慕之情※（王念孙：情，积之误）也。憛诡、嗢僾而不能无时至焉。故人之欢欣和合之时，则夫忠臣孝子亦憛诡而有所至矣。彼其所至者甚大动也，案屈然已，则其於志意之情者惆然不嗛，其於礼节者阙然不具。故先王案为之立文，尊尊亲亲之义至矣。故曰：祭者，志意思慕之情也，忠信爱敬之至矣，礼节文貌之盛矣，苟非圣人，莫之能知也。圣人明知之，士君子安行之，官人以为守，百姓以成俗。其在君子，以为人道也；其在百姓，以为鬼事也。故钟鼓、管磬、琴瑟、竽笙，《韶》、《夏》、《护》、《武》、《汋》、《桓》、《箾》、简※（王念孙：简，箾之衍）《象》，是君子之所以为憛诡其所喜乐之文也。齐衰、苴杖、居庐、食粥、席薪、枕块，是君子之所以为憛诡其所哀痛之文也。师旅有制，刑法有等，莫不称罪，是君子之所以为憛诡其所敦恶之文也。卜筮视日，齐戒修涂※（王念孙：涂，读为除），几筵、馈、荐、告祝，如或飨之；物取而皆祭之，如或尝之；毋利举爵※（俞：毋利举爵，盖以主人为重。犹言不使利代举爵耳），主人有尊，如或觞之；宾出，主人拜送，反易服，即位而哭，如或去之。哀夫！

敬夫！事死如事生，事亡如事存，状乎无形影※（形状象之也，言祭祀象状无形之鬼神，以成文也。影然状乎无形之貌），然而成文。

※王静安云："殷虚卜辞有丰字，象二玉在器之形。即丰字。古者行礼以玉，盛玉以奉神人之器，谓之丰，推之而奉神人之酒醴，亦谓醴。又通之而奉神之事，通谓之礼"。大概盛玉奉神，便是礼字本意。Spencen说，叩头俯伏，表示无防卸抵抗的姿势，脱帽举手，也是要降服的表示，皆是从对于他人表示畏敬的感情自然发生。《礼记》所谓礼大概有下列三种界说：一、礼是政治的工具，二、礼是社会的制裁，三、礼是合理的行动。孔孟礼治注重感化。荀子不然，一是养，一是别。他认为人欲不能根本铲除。则养不能不要，但如设限制，物质又不够分配，所以要别。故荀子礼治主义，大致以物质分配为前提，要主张用制裁办法，故与法治精神近。他是礼治法治过渡期间一个代表人物。

荀子卷十四

乐论篇第二十

夫乐者，乐也，人情之所必不免也，故人不能无乐。乐则必发於声音，形於动静，而人之道，声音、动静、性术之变尽是矣。故人不能不乐，乐则不能无形，形而不为道，则不能无乱。先王恶其乱也，故制《雅》、《颂》之声以道之，使其声足以乐而不流，使其文足以辨而不諰，使其曲直、繁省、廉肉、节奏足以感动人之善心，使夫邪汙之气无由得接焉。是先王立乐之方也，而墨子非之奈何！故乐在宗庙之中，君臣上下同听之，则莫不和敬；闺门之内，父子兄弟同听之，则莫不和亲；乡里族长之中，长少同听之，则莫不和顺。故乐者，审一以定和者也，比物以饰节者也，合奏※（郝：节，以分析言之，奏，以合聚言之）以成文者也，足以率一道，足以治万变。是先王立乐之术也，而墨子非之，奈何！故听其《雅》、《颂》之声，而志意得广焉；执其干戚，习其俯仰屈伸，而容貌得庄焉；行其缀兆，要其节奏，而行列得正焉，进退得齐焉。故乐者出所以征诛也，入所以揖让也。征诛揖让，其义一也。出所以征诛，则莫不听从；入所以揖让，则莫不从服。故乐者，天下之大齐也，中和之纪也，人情之所必不免也。是先王立乐之术也，而墨子非之，奈何！

　　且乐者，先王之所以饰喜也；军旅斧钺者，先王之所以饰怒也。先王喜怒皆得其齐※（齐，分齐也）焉。是故喜而天下和之，怒而暴乱畏之。先王之道，礼乐正其盛者也，而墨子非之。故曰：墨子之於道也，犹瞽之於白黑也，犹聋之於清浊也，犹之楚而北求之也。夫声乐之入人也深，其化人也速，故先王谨为之文。乐中平则民和而不流，乐肃庄则民齐而不乱。民和齐则兵劲城固，敌国不敢婴也。如是，则百姓莫不安其处，乐其乡，以至足其上矣。然后名声於是白，光辉於是大，四海之民莫不愿得以为师※（师，长也），是王者之始也。乐姚冶以险，则民流僈鄙贱矣。流僈则乱，鄙贱则争；乱争则兵弱城犯，敌国危之。如是，则百姓不安其处，不乐其乡，不足其上矣。故礼乐废而邪音起者，危削侮辱之本也。故先王贵礼乐而贱邪音。其在序官也，曰："修宪命，审诛赏，禁淫声，以时顺修，使夷俗邪音不敢乱雅，太师之事也。"墨子曰："乐者，圣王之所非也，而儒者为之，过也。"君子以为不然。乐者，圣人之所乐也，而可以善民心，其感人深，其移风易俗※（《集解》：移风易俗，当为移风俗易）。故先王导之以礼乐而民和睦。夫民有好恶之情，而无喜怒之应则乱。先王恶其乱也，故修其行，正其乐，而天下顺焉。故齐衰之服，哭泣之声，使人之心悲；带甲婴轴，歌於行伍，使人之心伤※（俞：伤，惕之误）；姚冶之容，郑卫之音，使人之心淫；绅端章甫，舞《韶》歌《武》，使人之心庄。故君子耳不听淫声，目不视女色，口不出恶言，此三者，君子慎之。

　　凡奸声感人而逆气应之，逆气成象而乱生焉；正声感人而顺气应之，顺气成象而治生焉。唱和有应，善恶相象，故君子慎其所去就也。

　　君子以钟鼓道志，以琴瑟乐心，动以干戚，饰以羽旄，从以磬管。故其清明象天，其广大象地，其俯仰周旋有似於四时。故乐行而志清，礼修而行成，耳目聪明，血气和平，移风易俗，天下皆宁，莫善于乐※（王念孙：当作美善于乐。即美乐相乐，喜乐之乐也）。故曰：乐者，乐也。君子乐得其道，小人乐得其欲。以道制欲，则乐而不乱；以欲忘道，则惑而不乐。故乐者，所以道乐也，金石丝竹，所以道德也。乐行而民乡方矣。故乐者，治人之盛者也，而墨子非之。且乐也者，和之不可变者也；礼也者，理之不可易者也。乐合同，礼别异。礼乐之统，管乎人心矣。穷本极变，乐之情也；著诚去伪，礼之经也。墨子非之，几遇刑也。明王已没，莫之正也。愚者学之，危其身也。君子明乐，乃其德※（俞：其德，疑作斯听。方叶韵'）也。乱世恶善，不此听也。於乎哀哉！不得成也。弟子勉学，无所营也。

声乐之象：鼓大丽※（《集解》：偶物为丽，又鼓自八至二，皆无奇数也），钟统实※（统言钟统众乐，实成实钟，分秋分之音，万物至秋而成也），磬廉制※（廉稜也，言声有隅稜也。制裁断也。磬以明贵贱亲疏长幼之节也），竽笙箫和，筦籥发猛※（发，发杨，猛起也。翁博，言其沉闷而不扬。易良尤易直，言其中和乐易也。妇女柔婉也。尽，反复以尽之），埙篪翁博，瑟易良，琴妇好，歌清尽※（尽，反复以尽之也），舞意天道兼※（《左传》：夫舞所以节八音而行八风。然则以八音之器播八方之风，手舞足蹈，故曰天道兼）。鼓其乐之君邪！故鼓似天，钟似地，磬似水，竽笙箫和筦籥迭似星辰日月，鞉柷拊鞷※（拊鞷，即拊膈，乐器也。以革为之，实之以糠）椌楬※（椌楬，长柄木椎，所以去椌而止乐）似万物。曷以知舞之意？曰：目不自见，耳不自闻也，然而治俯仰、诎信、进退、迟速莫不廉制，尽筋骨之力以要钟鼓俯会之节，而靡有悖逆者，众积意谆谆※（谆谆，语谆谆也。言舞意与众音繁会而应节，如人告语之谆谆然）乎！

吾观於乡，而知王道之易易也。主人亲速宾及介，而众宾皆从之，至于门外，主人拜宾及介而众宾※（贤者为宾，其次为介，又次则众宾也）皆入，贵贱之义别矣。三揖至於阶，三让以宾升。拜至※（拜至，拜其来至也。工乐工也）献酬，辞让之节繁。及介省矣。至于众宾，升受，坐祭，立饮，不酢而降。

隆杀之义辨矣。工入，升歌三终※（三终，歌诗三篇，每一篇而一终也），主人献之；笙入三终，主人献之；闲※（闲，代也，言笙歌既竟，堂上堂下更代而作）歌三终，合乐三终，工告乐备，遂出。二人扬觯，乃立司正※（立司正，言至此礼乐之正既成，将当宾留，为有懈惰，立司正以监之也）。焉知其能和乐※（和乐堂上歌瑟及笙并作也）而不流也。

宾酬主人，主人酬介，介酬众宾，少长以齿，终於沃洗※（沃洗，言以水沃盥洗爵也）者焉，知其能弟长而无遗也。降，说屦，升坐，修爵无数※（修爵无数言饮无数爵也）。饮酒之节，朝不废朝，莫不废夕。

宾出，主人拜送，节文终遂。焉知其能安燕而不乱也。贵贱明，隆杀辨，和乐而不流，弟长而无遗，安燕而不乱：此五行者，是足以正身安国矣。彼国安而天下安。故曰：吾观於乡，而知王道之易易也。

乱世之征：其服组，其容妇，其俗淫，其志利，其行杂，其声乐险※（组言举侈也。妇言血气态度拟于女子。志利，言汲汲于货财也。杂杂汙也。险淫衺而不正也），其文章匿而采※（匿而采，言其文章质邪谬而貌文采也），其养生无度，其送死瘠墨，贱礼义而贵勇力，贫则为盗，富则为贼。治世反是也。

荀子卷第十五

解蔽篇第二十一

凡人之患，蔽於一曲而暗於大理。治则复经，两疑※（有与之相敌者是为两，有与之相乱者为疑）则惑矣。天下无二道，圣人无两心。今诸侯异政，百家异说，则必或是或非，或治或乱。乱国之君，乱家之人，此其诚心莫不求正而以自为也。妒缪於道而人诱其所迨也。

私其所积，唯恐闻其恶也；倚其所私，以观异术，唯恐闻其美也。是以与治虽走而是己不辍也※（王念孙：言与治离走而自是不已也），岂不蔽於一曲而失正求也哉！心不使※（使用也）焉，则白黑在前而目不见，雷鼓在侧而耳不闻，况於使※（俞：使字，敝之误）者乎！德※（德通得）道之人，乱国之君非之上，乱家之人非之下，岂不哀哉！

故※（俞：故胡也）为蔽：欲为蔽，恶为蔽，始为蔽，终数为蔽，远为蔽，近为蔽，博为蔽，浅为蔽，古为蔽，今为蔽。凡万物异则莫不相为蔽，此心术之公患也。

昔人君之蔽者，夏桀、殷纣是也。桀蔽於末喜、斯观，而不知关龙逢，以惑其心而乱其行；纣蔽於妲己、飞廉，而不知微子启，以惑其心而乱其行。故群臣去忠而事私，百姓怨非而不用，贤良退处而隐逃，此其所以丧九牧之地而虚宗庙之国也。桀死於亭山，纣县於赤旆，身不先知，人又莫之谏，此蔽塞之祸也。成汤监於夏桀，故主其心而慎治之，是以能长用伊尹而身不失道，此其所以代夏王而受九有也。文王监於殷纣，故主其心而慎治之，是以能长用吕望而身不失道，此其所以代殷王而受九牧也。远方莫不致其珍，故目视备色，耳听备声，口食备味，形居备宫，名受备号，生则天下歌，死则四海哭，夫是之谓至盛。《诗》曰："凤凰秋秋，其翼若干，其声若箫。有凤有凰，乐帝之心。"

此不蔽之福也。

昔人臣之蔽者，唐鞅、奚齐是也。唐鞅蔽於欲权而逐载子，奚齐蔽於欲国而罪申生，唐鞅戮於宋，奚齐戮於晋。逐贤相而罪孝兄，身为刑戮，然而不知，此蔽塞之祸也。故以贪鄙、背叛、争权而不危辱灭亡者，自古及今，未尝有之也。鲍叔、甯戚、隰朋仁知且不蔽，故能持管仲而名利福禄与管仲齐；召公、吕望仁知且不蔽，故能持周公而名利福禄与周公齐。传曰："知贤之谓明，辅贤之谓能，勉之彊之，其福必长。"此之谓也。此不蔽之福也。

昔宾孟※（俞：孟即萌，民也。宾萌战国时游士之称）之蔽者，乱家※（乱家色下文诸子而言）是也。墨子蔽於用而不知文，宋子蔽於欲而不知得※（得德古通），慎子蔽於法而不知贤，申子蔽於埶而不知知，惠子蔽於辞而不知实，庄子蔽於天而不知人。故由用谓之道，尽利矣；由欲谓之道，尽嗛矣；由法谓之道，尽数矣；由埶谓之道，尽便矣；由辞谓之道，尽论矣；由天谓之道，尽因矣。

此数具者，皆道之一隅也。夫道者，体常而尽变，一隅不足以举之。曲知之人，观於道之一隅而未之能识也，故以为足而饰之，内以自乱，外以惑人，上以蔽下，下以蔽上，此蔽塞之祸也。

孔子仁知且不蔽，故学乱※（郝：乱治也）术，足以为先王者也。一家得周道，举而用之，不蔽於成积也。故德与周公齐，名与三王并，此不蔽之福也。※（《集解》：言孔子为春秋一家之言，而得周之治道，可以举而用之。道由积而成，故曰成积。不散于成积，犹言不蔽于道之全体）

圣人知心术之患，见蔽塞之祸，故无欲无恶，无始无终，无近无远，无博无浅，无古无今，兼陈万物而中县衡焉。是故众异不得相蔽以乱其伦也。

何谓衡？曰：道。故心不可以不知道。心不知道，则不可道而可非道。

人孰欲得恣而守其所不可，以禁其所可？以其不可道之心取人，则必合於不道人，而不知※（俞：知字衍）合於道人。以其不可道之心，与不道人论道人，乱之本也。夫何以知※（俞：夫何以知之，知通智）！

曰※（俞：曰字衍）：心知道，然后可道；可道，然后能守道以禁非道。以其可道之心取人，则合於道人，而不合於不道之人矣。以其可道之心，与道人论非道，治之要也。何患不知？

故治之要在於知道。

人何以知道？曰：心。心何以知？曰：虚壹而静。心未尝不臧也，然而有所谓虚；心未尝不满也，然而有所谓一；心未尝不动也※（言心能有种种活动），然而有所谓静。

人生而有知，知而有志。志也者，臧也，然而有所谓虚，不以已所臧害所将受谓之虚。心生而有知，知而有异，异也者，同时兼知之。同时兼知之，两也，然而有所谓一，不以夫※（夫彼也）一害此一谓之壹。心，卧则梦，偷则自行，使之则谋※（《集解》：梦行谋皆心动之验）。故心未尝不动也，然而有所谓静，不以梦剧乱知谓之静。未得道而求道者，谓之虚壹而静。作之：则将须道者之虚则人，将事道者之壹则尽，尽将思道者静则察。知道察，知道行，体道者也。虚壹而静，谓之大清明。※（王引之：作之，言心有动作，下文当作则将须道者之虚，虚则入；将事道者之一，一则尽；将思道者之静，静则察。道者即上所谓道人也。将语词，入者入纳。言能受一心则于道无不尽也）

万物莫形而不见，莫见而不论※（郝：见读为现。论读为伦，理也），莫论而失位。坐於室而见四海，处於今而论久远，疏观万物而知其情，参稽治乱而通其度，经纬天地而材官万物，制割大理，而宇宙里矣。恢恢广广，孰知其极？睪睪广广，孰知其德？涫涫纷纷，孰知其形？※（顾千里：睪广之广，读为旷。形当作则）明参日月，大满八极，夫是之谓大人。夫恶有蔽矣哉！

心者，形之君也，而神明之主也，出令而无所受令。自禁也，自使也，自夺也，自取也，自行也，自止也。故口可劫而使墨云※（郝：墨同默。云者言也，或默或语皆可力劫而威使之），形可劫而使诎申，心不可劫而使易意，是之则受，非之则辞。故曰：心容其择也，无禁必自见，其物也杂博，其情之至也不贰。※（《集解》：心容其择也句，无禁必自见句。心自禁使，自夺取，自行上，是容其自择也。神明之主出令必自见也。物虽杂博，精至则不贰）《诗》云："采采卷耳，不盈倾筐。嗟我怀人，置彼周行。"倾筐易满也，卷耳易得也，然而不可以贰周行。故曰：心枝则无知，倾则不精，贰则疑惑。以赞稽之，万物可兼知也。身尽其故则美，类不可两也，故知者择一而壹焉。

农精於田而不可以为田师，贾精於市而不可以为贾师※（王念孙：贾师当作市师），工精於器而不可以为器师。有人也，不能此三技而可使治三官，曰：精於道者也，精於物※（俞：精于物上当有非字）者也。精於物者以物物，精於道者兼物物。故君子壹於道而以赞稽物。壹於道则正，以赞稽物则察，以正志行察论，则万物官矣。昔者舜之治天下也，不以事诏而万物成。处一危之，其荣满侧；养一之微，荣矣而未知。※（阮元：舜身行人事而处以专一，且时加以戒惧之心。所谓危之也，故满侧皆获安荣。此人所知也，舜心见道而养以专一，在于几微其心安荣。则他人未知也。杨注作之危非，危之者惧蔽于欲而虑危也。之危已蔽于欲而陷危也）故《道经》曰："人心之危，道心之微。"危微之几，惟明君子而后能知之。故人心譬如盘水，正错而勿动，则湛浊在下而清明在上，则足以见须眉而察理矣。微风过之，湛浊动乎下，清明乱於上，则不可以得大※（《集解》：大当作本）形之正也。心亦如是矣。故导之以理，养之以清，物莫之倾，则足以定是非，决嫌疑矣。小物引之则其正外易，其心内倾，则不足以决庶理矣。故好书者众矣，而仓颉独传者，壹也；好稼者众矣，而后稷独传者，壹也；好乐者众矣，而夔独传者，壹也；好义者众矣，而舜独传者，壹也。倕作弓，浮游作矢，而羿精於射；奚仲作车，乘杜※（王念孙：乘杜，桑杜之误）作乘马，而造父精於御。自古及今，未尝有两而能精者也。

曾子曰："是其庭可以搏鼠，恶能与我歌矣！"空石之中有人焉，其名曰觙，其为人也，善射以好思。耳目之欲接则败其思，蚊虻之声闻则挫其精。

是以辟耳目之欲，而远蚊虻之声，闲居静思则通。思仁若是，可谓微乎？

孟子恶败而出妻，可谓能自强矣；有子恶卧而焠※（焠音翠）掌，可谓能自忍矣，未及好也。辟耳目之欲，可谓能自强矣，未及思也※（郭嵩焘：疑此可谓能自强矣衍。未及思也句在前可谓自强矣下）。蚊虻之声闻则挫其精，可谓危矣，未可谓微也。夫微者，至人也。至人也，何强，何忍，何危？故浊明外景，清明内景※（古传火日外景"影"，水日内景。此处言明之浊者其影照外。明之清者其景含内，盖以外景喻危，内景喻微也）。圣人纵※（《集解》：纵当为从）其欲，兼其情，而制焉者理矣，夫何强，何忍，何危？故仁者之行道也，无为也；圣人之行道也，无强也。仁者之思也恭，圣人之思也乐。※（郝：恭则虚一而静，乐则何强，何忍，何危，结上之辞）此治心之道也。

凡观物有疑，中心不定，则外物不清，吾虑不清，则未可定然否也。冥冥而行者，见寝石以为伏虎也，见植林以为后人※（俞：后人立人之误）也，冥冥蔽其明也。醉者越百步之沟，以为蹞步之浍也，俯而出城门，以为小之闺也，酒乱其神也。厌目而视者，视一以为两；掩耳而听者，听漠漠而以为哅哅：埶乱其官也。故从山上望牛者若羊，而求羊者不下牵也，远蔽其大也，从山下望木者，十仞之木若箸，而求箸者不上折也，高蔽其长也。水动而景摇，人不以定美恶，水埶玄※（玄读为眩）也。瞽者仰视而不见星，人不以定有无，用精惑也。有人焉，以此时定物，则世之愚者也。彼愚者之定物，以疑决疑，决必不当。夫苟不当，安能无过乎？夏首之南有人焉，曰涓蜀梁，其为人也，愚而善畏。明月而宵行，俯见其影，以为伏鬼也，仰视其发，以为立魅也，背而走，比至其家，失气而死，岂不哀哉！凡人之有鬼也，必以其感忽之间、疑玄之时正※（王念孙：正，定之误）之。此人之所以无有而有无之时也，而己以正事。故伤於湿而击鼓鼓痹，则必有敝鼓丧豚之费矣※（王念孙：当作放伤于湿而痹，痹而击鼓烹豚，则必有弊鼓丧豚之费矣），而未有俞疾之福也。故虽不在夏首之南，则无以异矣。

凡以知，人之性也；可以知，物之理也。以可以知人之性，求可以知物之理而无所疑※（俞：疑定也）止之，则没世穷年不能遍也。其所以贯理焉，虽亿万已※（俞：已终也）不足以浃万物之变，与愚者若一。学，老身长子而与愚者若一，犹不知错，夫是之谓妄人。故学也者，固学止之也。恶乎止之？曰：止诸至足。曷谓至足？

曰：圣也。圣也者，尽伦者也；王也者，尽制者也；两尽者，足以为天下极矣。故学者，以圣王为师，案以圣王之制为法，法其法，以求其统类，以务象效其人。向是而务，士也；类是而几，君子也；知之，圣人也。故有知非以虑是，则谓之惧；有勇非以持是，则谓之贼；察孰非以分是，则谓之篡；多能非以修※（王引之：惧，攫之误。修，涤之误。是指圣王之制而言）荡是，则谓之知；辩利非以言是，则谓之詍。传曰："天下有二：非察是，是察非。"谓合王制与不合王制也。天下有不以是为隆正也，然而犹有能分是非、治曲直者邪？若夫非分是非，非治曲直，非辨治乱，非治人道，虽能之无益於人，不能无损於人。案直将治怪说，玩奇辞，以相挠滑也；案强钳而利口，厚颜而忍诟※（方言：钳恶也。诟，耻也），无正而恣睢，妄辨而几利；不好辞让，不敬礼节，而好相推挤：此乱世奸人之说也，则天下之治说者方多然矣。传曰："析辞而为察，言物而为辨，君子贱之；博闻强志，不合王制，君子贱之。"

此之谓也。为之无益於成也，求之无益於得也，忧戚之无益於几※（俞：几者事之微）也，则广※（旷云也，能读为而）焉能弃之矣。不以自妨也，不少顷干之胸中。不慕往，不闵来，无邑怜之心，当时则动，物至而应，事起而辨，治乱可否，昭然明矣。

周而成，泄而败，明君无之有也；宣而成，隐而败，暗君无之有也。故君人者周则谗言至矣，直言反矣，小人迩而君子远矣。《诗》云："墨以为明，狐狸而苍。"此言上幽而下险也。君人者宣则直言至矣，而谗言反矣，君子迩而小人远矣。《诗》曰："明明在下，赫赫在上。"此言上明而下化也。

荀子卷第十六

正名篇第二十二

后王之成名：刑名从商，爵名从周，文名从礼。散名之加於万物者，则从诸夏之成俗曲期※（《集解》：曲期二字下属，言以委曲期会于远方异俗之乡，皆因其所名，译而通之也），远方异俗之乡则因之而为通。散名之在人者：生之所以然者谓之性※（生而本然者谓之性）。性之和※（《集解》：性之和当作生之和，亦谓人生也。言生之和气所生，精合感应不加任使而自然者，性之本能也）所生，精合感应，不事而自然谓之性。性之好、恶、喜、怒、哀、乐谓之情。情然而心为之择谓之虑。心虑而能为之动谓之伪※（言心虑而加力焉，施于行动，谓伪也）。虑积焉、能习焉而后成谓之伪。正※（正，以此为准也）利而为谓之事，正义而为谓之行。所以知之在人者※（《集解》：在人者，明藏于心，有合者遇物而形。下两谓之智同）谓之知。知有所合谓之智。智所以能之在人者谓之能。※（《集解》：二伪，二知，二能，并有虚实动静之分，知皆读智，能皆如言所以能之藏于身者谓能。处事而得其当由于有能也）

能有所合谓之能。性伤谓之病。节※（《集解》：节适也，言适然而遇，莫之致而至者也）遇谓之命。是散名之在人者也，是后王之成名也。

故王者之制名，名定而实辨，道行而志通，则慎率民而一焉。故析辞擅作※（王念孙：作下名字衍）名以乱正名，使民疑惑，人多辨讼，则谓之大奸，其罪犹为符节、度量之罪也。故其民莫敢托为奇辞以乱正名。故其民悫，悫则易使，易使则公※（顾千里：公当作功）。其民莫敢托为奇辞以乱正名，故壹於道法而谨於循令矣。如是，则其迹长矣。迹长功成，治之极也，是谨於守名约之功也。今圣王没，名守慢，奇辞起，名实乱，是非之形不明，则虽守法之吏，诵数※（《集解》：诵数，犹诵说）之儒，亦皆乱也。若有王者起，必将有循於旧名，有作※（王念孙：元刻有作以）於新名。然则所为有名，与所缘以同异※（所为有名，所以有名之故也，所缘以同异，各所因以同异之故也），与制名之枢要，不可不察也。

异形离心，交喻异物名实玄纽※（王念孙：玄，互之误。《集解》：异形离心交喻句，谓人心不同使之共喻。异物名实眩纽句，异形者离心交喻，异物者名实玄纽，此所以有名也。又互纽，纷结而乱也，言名不正，则本异形也。我谓此圆，人谓此方。本异物也，我名曰牛，彼名曰马），贵贱不明，同异不别，如是则志必有不喻之患，而事必有困废之祸。故知者为之分别，制名以指实，上以明贵贱，下以辨同异。贵贱明，同异别，如是则志无不喻之患，事无困废之祸，此所为有名也。

然则何缘而以同异？曰：缘天官。凡同类同情者，其天官之意物也同，故比方之疑似而通，是所以共其约名※（王念孙：约名犹言名约，非省约之谓，上云要约是，言比方其疑似以通之，是所以共其名以期会也）以相期也。形体色理※（王引之：色理犹肤理）以目异，声音清浊调竽※（《集解》：调竽，调节之误）奇声以耳异，甘、苦、咸、淡、辛、酸、奇味以口异，香、臭、芬、郁、腥、臊、洒、酸※（王念孙：洒酸，漏庮之误。庮朽木臭也，漏音同蝼，蝼蛄臭者也）、奇臭以鼻异，疾、养、沧、热、滑、铍、轻、重以形体异，说、故※（《集解》：心诚悦谓之说，作而致其情曰故）、喜、怒、哀、乐、爱、恶、欲以心异。心有徵知※（征，证明也，言心于说故等之外，又能证明所知使之诚确也）。徵知则缘耳而知声可也，缘目而知形可也，然而徵知必将待天官※（俞：天官，五官之误）之当簿其类然后可也。五官簿之而不知，心徵之而无说，则人莫不然※（郭嵩焘：然，语辞）谓之不知，此所缘而以同异也。

然后随而命之：同则同之，异则异之，单足以喻则单，单不足以喻则兼，单与兼无所相避则共，虽共，不为害矣。知异实者之异名也，故使异实者莫不异名也，不可乱也，犹使异实者莫不同名也。故万物虽众，有时而欲遍举之，故谓之物，物也者，大共名也。推而共之，共则有※（王念孙：有，又也）共，至於无共然后止。

有时而欲徧※（俞：此徧字当为偏）举之，故谓之鸟兽。鸟兽也者，大别名也。推而别之，别则有别，至於无别然后止。名无固宜，约之以命。约定俗成谓之宜，异於约则谓之不宜。※（言某名本不定表某实）名无固实，约之以命实，约定俗成谓之实名※（实名如天地山川等）。名有固善，径易而不拂，谓之善名。物有同状而异所者，有异状而同所者，可别也。状同而为异所者，虽可合，谓之二实。状变而实无别而为异者，谓之化。有化而无别，谓之一实。此事之所以稽实定数也，此制名之枢要也。后王之成名，不可不察也。

"见侮不辱"，"圣人不爱己"，"杀盗非杀人也"，※（圣人不爱己，《墨大取》篇之说，杀盗非杀人，见小取篇）此惑於用名以※（王引之为以也，以及下文多字，字后人妄增，孰行，何所行也）乱名者也。验之所以为有名而观其孰行※（言所为有名，原以明贵贱，别同异、今说若此，是贵贱不明，同异无别，既以是验之，更观其所名与古来所名孰行，则足以证其非而禁之矣），则能禁之矣。"山渊平"，"情欲寡"，"刍豢不加甘，大钟不加乐"，此惑於用实以乱名者也，验之所缘无以同异※（言所缘以同异，在天官之所感，今说若此与天官之所感不相应，既以是验之矣，更观其所言与古来所称孰为调顺。则足以禁之矣）而观其孰调，则能禁之矣。"非而谒楹有牛，马非马※（牛马非马，见墨辨经下）也"，此惑於用名以乱实者也。验之名约※（名曰所谓"约定俗成谓之宜"言以名约验之固不如是，其所是与其所非相违，而所非正成俗以为是者也，则足以证其非而禁之矣），以其所受悖其所辞，则能禁之矣。凡邪说辟言之离正道而擅作者，无不类於三惑者矣。故明君知其分而不与辨也。夫民易一以道而不可与共故※（郝：故所以然也），故明君临之以孰，道之以道，申之以命，章之以论，禁之以刑。故其民之化道也如神，辨执※（卢文弨：执，说之讹）恶用矣哉！今圣王没，天下乱，奸言起，君子无执以临之，无刑以禁之，故辨说也。实不喻然后命，命不喻然后期，期不喻然后说，说不喻然后辨。故期、命、辨、说也者，用之大文也，而王业之始也。名闻而实喻，名之用也。累而成文，名之丽※（丽，迎合联缀也。言累名而成文辞，无非使诸名相配合联缀也）也。用、丽俱得，谓之知名。名也者，所以期累实※（期累实者，期会，累实犹诸实，言名所以会合诸实，使举而可喻也）也。辞也者，兼异实之名以论※（王念孙：论，谕之误。明也。辞语辞也。言语辞积诸异实之名以成，所以论一意也）一意也。辩说也者，不异实名※（不异实名，言所用名始终同其涵义，无广狭之别也）以喻动静之道也。期命也者，辨说之用也。辨说也者，心之象道也。

心也者，道之工宰也。道也者，治之经理也。心合於道，说合於心，辞合於说，正名而期，质请而喻※（王念孙：质本也，请读为情，实也。言本其实而晓喻之）。辨异而不过，推类而不悖，听则合文，辨则尽故。

以正道而辨奸，犹引绳以持曲直，是故邪说不能乱，百家无所窜。有兼听之明而无奋矜之容，有兼覆之厚而无伐德之色。说行则天下正，说不行则白道而冥穷，是圣人之辨说也。《诗》曰："颙颙卬卬，如珪如璋，令闻令望。岂弟君子，四方为纲。"此之谓也。

辞让之节得矣，长少之理顺矣，忌讳不称※（忌讳不称，言无人称道触犯忌讳之言），袄辞不出，以仁心说，以学心听，以公心辨。不动乎众人之非誉，不治※（王念孙：治，冶之误，冶与蛊古通）观者之耳目，不赂贵者之权执，不利传辟者之辞，故能处道而不贰，吐而不夺※（俞：吐，诎之讹，言虽困诎而不可劫夺），利而不流，贵公正而贱鄙争，是士君子之辨说也。《诗》曰："长夜漫兮，永思骞兮。大古之不慢※（骞思貌，大古不慢言，无乘于大古之道）兮，礼义之不愆兮，何恤人之言兮！"此之谓也。

君子之言，涉然而精，俛然而类，差差然而齐。彼正其名，当其辞，以务白其志义者也。彼名辞也者，志义之使也，足以相通则舍之※（舍之，言名辞得志义之理则已矣）矣；苟之，奸也。故名足以指实，辞足以见极，则舍之矣。外是者谓之讱，是君子之所弃，而愚者拾以为己宝。故愚者之言，芴然而粗，啧然而不类，諆諆然而沸。彼诱其名，眩其辞，而无深於其志义者也。故穷藉※（藉，布陈也）而无极，甚劳而无功，贪而无名。故知者之言也，虑之易知也，行之易安也，持之易立也，成则必得其所好而不遇其所恶焉。而愚者反是。《诗》曰："为鬼为蜮，则不可得，有腼面目，视人罔极。作此好歌，以极反侧。"此之谓也。

凡语治而待去欲者，无以道欲而困於有欲者也。凡语治而待寡欲者，无以节欲而困於多欲者也。有欲无欲，异类也，生死也，非治乱※（王念孙：生死也，当作性之具也，言欲为性之所固具，欲之有无，非治乱所系也）也。欲之多寡，异类也，情之数也，非治乱也。欲不待可得※（郭嵩焘：言人生有欲，不待其可得而后欲之，此根于性者也。求者从所可，言求足其欲则从心之所愿也），而求者从所可。欲不待可得，所受乎天也；求者从所可，受乎心也。所受乎天之一欲，制於所受乎心之多，固难类所受乎天也。人之所欲※（郭嵩焘：言生之有欲，一而已矣，以有欲之性，受制于心，而欲遂多纷驰而日失其故，漓其真，则与所受于天之一欲，又不可以类求也），生甚矣，人之所恶，死甚矣，然而人有从生成死者，非不欲生而欲死也，不可以生而可以死也。故欲过之而动不及，心止之也。心之所可中理，则欲虽多，奚伤於治！欲不及而动过之，心使之也。心之所可失理，则欲虽寡，奚止於乱※（《集解》：言所欲有过于生，而行动不及于求生，心之中理止之也。故多欲不伤于治，所欲不及于死，而动过之自取死者，心之失理使之也，虽寡欲无止于乱）！故治乱在於心之所可，亡於情之所欲。不求之其所在，而求之其所亡，虽曰我得之，失之矣。性者，天之就也；情者，性之质也；欲者，情之应也。以所欲为可得而求之，情之所必不免也；以为可而道之，知所必出也。故虽为守门，欲不可去，性之具也。虽为天子，欲不可尽※（尽，尽足其欲也）。欲虽不可尽，可以近尽也；欲虽不可去，求可节也。所欲虽不可尽，求者犹近尽；欲虽不可去，所求不得，虑者欲节求也。道者，进则近尽，退则节求，天下莫之若也。

凡人莫不从其所可，而去其所不可。知道之莫之若也，而不从道者，无之有也。假之有人而欲南无多，而恶北无寡，岂为夫南者之不可尽也，离南行而北走也哉？今人所欲无多，所恶无寡，岂为夫所欲之不可尽也，离得欲之道而取所恶也哉？故可道而从之，奚以损之而乱！不可道而离之，奚以益之而治※（言可道而从之，虽损去欲寡欲之说，岂乱也哉，不可道而去之，虽益去欲寡欲之说岂冶也哉）？故知者论道而已矣，小家珍说之所愿者皆衰矣。

凡人之取也，所欲未尝粹※（粹精也，未尝粹而来，言祸托于欲也，未尝粹而往，言福托于恶也）而来也；其去也，所恶未尝粹而往也。故人无动而不可以不与权俱。衡不正，则重县於仰而人以为轻；轻县於俯而人以为重，此人所以惑於轻重也。权不正，则祸托於欲而人以为福，福托於恶而人以为祸，此亦人所以惑於祸福也。道者，古今之正权也，离道而内自择※（内自择，妄有所择也），则不知祸福之所托。

易者以一易一，人曰无得亦无丧也；以一易两，人曰无丧而有得也；以两易一，人曰无得而有丧也。计者取所多，谋者从所可。

以两易一，人莫之为，明其数也。从道而出，犹以一易两也，奚丧！离道而内自择，是犹以两易一也，奚得！其累百年之欲，易一时之嫌※（嫌慊同，快也），然且为之，不明其数也。

有尝试深观其隐※（王念孙：隐上之其，衍）而难其察者，志轻理而不重※（顾千里：不重之中应有外字）物者，无之有也；外重物而不内忧者，无之有也。行离理而不外危者，无之有也；外危而不内恐者，无之有也。

心忧恐则口衔刍豢而不知其味，耳听钟鼓而不知其声，目视黼黻而不知其状，轻暖平※（俞：平乃席也）簟而体不知其安。故向万物之美而不能嗛也，假而得问而嗛之，则不能离也。故乡万物之美而盛忧，兼万物之利而盛害※（王念孙：得问当为得间，言忧恐在心，则虽享万物之美而心不慊，即使暂时得间而慊之，而其不慊者仍在）。如此者，其求物也，养生也？粥寿※（鬻寿，言促其生也）也？故欲养其欲而纵其情，欲养其性而危其形，欲养其乐而攻其心，欲养其名而乱其行。如此者，虽封侯称君，其与夫盗无以异；乘轩戴絻，其与无足※（俞：无足刖者也）无以异。夫是之谓以己为物役矣。

心平愉，则色不及佣而可以养目，声不及佣而可以养耳，蔬食菜羹而可以养口，粗布之衣、粗紃之履而可以养体，屋室、芦庼※（王念孙：《初学记》引作局室芦帘稾蓐）、葭稾蓐、尚机筵而可以养形。故无万物之美而可以养乐，无埶列之位而可以养名。如是而加天下焉，其为天下多，其和※（王念孙：和，私之误）乐少矣，夫是之谓重己役物。无稽之言，不见之行，不闻之谋，君子慎之。

荀子卷十七

性恶第二十三

人之性恶，其善者伪也。

今人之性，生而有好利焉，顺是故争夺生，而辞让亡焉；生而有疾恶焉，顺是故残贼生，而忠信亡焉；生而有耳目之欲，有好※（《集解》：好上有字衍）声色焉，顺是故淫乱生，而礼义文理亡焉。然则从※（《集解》：从读为纵）人之性，顺人之情，必出於争夺，合於犯分※（俞：分，文之误）乱理，而归於暴。故必将有师法之化，礼义之道，然后出於辞让，合於文理，而归於治。用此观之，然则人之性恶、明矣，其善者伪也。

故枸木必将待隐栝烝矫然后直，钝金必将待砻厉然后利。今人之性恶，必将待师法然后正，得礼义然后治。今人无师法，则偏险而不正，无礼义则悖乱而不治。古者圣王以人之性恶，以为偏险而不正，悖乱而不治，是以为之起礼义，制法度，以矫饰人之情性而正之，以扰化人之情性而导之也。

使皆出於治、合於道者也。今之人，化师法，积文学，道礼义者为君子；纵性情，安恣睢，而违礼义者为小人。用此观之，然则人之性恶明矣，其善者伪也。

孟子曰："人之学者其性善。"曰：是不然。是不及知人之性，而不察乎人之性、伪之分者也。凡性者，天之就也，不可学，不可事※（事，有所致力也），礼义者，圣人之所生也，人之所学而能，所事而成者也。不可学、不可事而在人※（顾千里：而在人，疑当作之在人）者谓之性，可学而能、可事而成之在人者谓之※（王引之：谓之伪三字中不当有生于二字）伪，是性伪之分也。今人之性，目可以见，耳可以听。夫可以见之明不离目，可以听之聪不离耳，目明而耳聪，不可学明矣。孟子曰："今人之性善，将皆失丧其性故也。"曰：若是，则过矣。今人之性，生而离其朴，离其资，必失而丧之。用此观之，然则人之性恶明矣。所谓性善者，不离其朴而美之，不离其资而利之也。使夫资朴之於美，心意之於善，若夫可以见之明不离目，可以听之聪不离耳，故曰目明而耳聪也。今人之性，饥而欲饱，寒而欲暖，劳而欲休，此人之情性也。

今人饥，见长※（俞：长读为粻粮也）而不敢先食者，将有所让也；劳而不敢求息者，将有所代也。夫子之让乎父、弟之让乎兄，子之代乎父、弟之代乎兄，此二行者，皆反於性而悖於情也。然而孝子之道，礼义之文、理也。故顺情性则不辞让矣，辞让则悖於情性矣。用此观之，然则人之性恶明矣，其善者伪也。

问者曰："人之性恶，则礼义恶生？"应之曰：凡礼义者，是生於圣人之伪，非故生於人之性也。故陶人埏埴而为器，然则器生於工人之伪，非故生於人之性也。故工人斫木而成器，然则器生於工人之伪，非故生於人之性也。圣人积思虑、习伪故，以生礼义而起法度，然则礼义法度者，是生於圣人之伪，非故生於人之性也。若夫目好色，耳好声，口好味，心好利，骨体肤理好愉佚，是皆生於人之情性者也，感而自然，不待事而后生之者也。夫感而不能然，必且待事而后然者，谓之生於伪※（王引之：谓之伪三字中不当有生于二字）。是性、伪之所生，其不同之徵也。故圣人化性而起伪，伪起於性而生礼义，礼义生而制法度。然则礼义法度者，是圣人之所生也。故圣人之所以同於众，其不异於众者性也※（俞：疑本作所以同于众而不过于众者性也）；所以异而过众者伪也。夫好利而欲得者，此人之情性。假之人有弟兄资财而分者，且顺情性好利而欲得，若是，则兄弟相拂夺矣；且化礼义之文理，若是则让乎国人矣。故顺情性则弟兄争矣，化礼义则让乎国人矣。

凡人之欲为善者，为性恶也。夫薄愿厚，恶愿美，狭愿广，贫愿富，贱愿贵，苟无之中者，必求於外。故富而不愿财，贵而不愿埶，苟有之中者，必不及於外。用此观之，人之欲为善者，为性恶也。今人之性，固无礼义，故强学而求有之也；性不知礼义，故思虑而求知之也。然则生而已※（生而已，言顺其生之自然也），则人无礼义，不知礼义。人无礼义则乱，不知礼义则悖。然则生而已，则悖乱在己。

用此观之，人之性恶明矣，其善者伪也。孟子曰："人之性善。"

曰：是不然。凡古今天下之所谓善者，正理平治也；所谓恶者，偏险悖乱也。是善恶之分也矣。今诚以人之性固正理平治邪？则有恶用圣王，恶用礼义矣哉？虽有圣王礼义，将曷加於正理平治也哉？

今不然，人之性恶。故古者圣人以人之性恶，以为偏险而不正，悖乱而不治，故为之立君上之埶以临之，明礼义以化之，起法正以治之，重刑罚以禁之，使天下皆出於治，合於善也。是圣王之治，而礼义之化也。今当※（当，尝之借）试去君上之埶，无礼义之化，去法正之治，无刑罚之禁，倚※（王念孙：倚，立也）而观天下民人之相与也，若是，则夫彊者害弱而夺之，众者暴寡而哗之，天下之悖乱而相亡不待顷矣。用此观之，然则人之性恶明矣，其善者伪也。

故善言古者必有节※（王引之：节，验也）於今，善言天者必有徵於人。凡论者，贵其有辨合，有符验，故坐而言之，起而可设，张而可施行。今孟子曰："人之性善。"

无辨合符验，坐而言之，起而不可设张而不可施行，岂不过甚矣哉！故性善则去圣王，息礼义矣；性恶则兴※（王念孙：兴与误，从也）圣王，贵礼义矣。故隐栝之生，为枸木也；绳墨之起，为不直也；立君上、明礼义，为性恶也。用此观之，然则人之性恶明矣，其善者伪也。直木不待隐栝而直者，其性直也；枸木必将待隐栝、烝、矫然后直者，以其性不直也。今人之性恶，必将待圣王之治、礼义之化，然后皆出於治，合於善也。用此观之，然则人之性恶明矣，其善者伪也。

问者曰："礼义积伪者※（《集解》：礼义积伪者，积作为而起礼义也。言惟人之本性，故圣人能生之，否则亦不能生也），是人之性，故圣人能生之也。"应之曰：是不然。夫陶人埏埴而生瓦，然则瓦埴岂陶人之性也哉？工人斫木而生器，然则器木岂工人之性也哉？夫圣人之於礼义也，辟则陶埏而生之也，然则礼义积伪者，岂人之本性也哉？凡人之性者，尧、舜之与桀、跖，其性一也；君子之与小人，其性一也。今将以礼义积伪为人之性邪？然则有曷贵尧、禹，曷贵君子矣哉？凡所贵尧、禹、君子者，能化性，能起伪，伪起而生礼义。然则圣人之於礼义积伪也，亦犹陶埏而为之也。用此观之，然则礼义积伪者，岂人之性也哉？所贱於桀、跖、小人者，从其性，顺其情，安恣睢以出乎贪利争夺。故人之性恶明矣，其善者伪也。

天非私曾、骞、孝己而外众人也，然而曾、骞、孝己独厚於孝之实，而全於孝之名者何也？以綦於礼义故也。天非私齐鲁之民而外秦人也，然而於父子之义、夫妇之别，不如齐鲁之孝具※（王念孙：具，当为共，即恭）敬文者。何也？以秦人之从情性，安恣睢，慢於礼义故也，岂其性异矣哉。

"涂之人可以为禹"，曷谓也？曰：凡禹之所以为禹者，以其为仁义，法正也。然则仁义法正有可知可能之理，然而涂之人也，皆有可以知仁义法正之质，皆有可以能仁义法正之具，然则其可以为禹明矣。今以仁义法正为固无可知可能之理邪？然则唯禹不知仁义法正不能仁义法正也。将使涂之人固无可以知仁义法正之质，而固无可以能仁义法正之具邪？然则涂之人也，且内不可以知父子之义，外不可以知君臣之正。不然。今涂之人者，皆内可以知父子之义，外可以知君臣之正，然则其可以知之质，可以能之具，其在涂之人明矣。今使涂之人者，以其可以知之质，可以能之具，本夫仁义之可知之理，可能之具，然则其可以为禹明矣。今使涂之人，伏术※（王念孙：伏术，犹言事道）为学，专心一志，思索孰察，加日县久，积善而不息，则通於神明，参於天地矣。故圣人者，人之所积而致矣。

曰："圣可积而致，然而皆不可积，何也？"曰：可以而不可使※（可以而不可使言质本可以积，而不可强使积）也。故小人可以为君子而不肯为君子，君子可以为小人，而不肯为小人。小人君子者，未尝不可以相为也，然而不相为者，可以而不可使也。故涂之人可以为禹，则然，涂之人能为禹，未必然也。虽不能为禹，无害可以为禹。足可以遍行天下，然而未尝有能遍行天下者也。夫工匠、农、贾，未尝不可以相为事也，然而未尝能相为事也。用此观之，然则可以为，未必能也；虽不能，无害可以为。

然则能不能之与可不可，其不同远矣，其不可以相为明矣。

尧问於舜曰："人情何如？"舜对曰："人情甚不美，又何问焉？妻子具而孝衰於亲，嗜欲得而信衰於友，爵禄盈而忠衰於君。人之情乎！人之情乎！甚不美，又何问焉！"唯贤者为不然。※（按此下疑有脱文，以下不类荀说，且与性恶无关）

有圣人之知者，有士君子之知者，有小人之知者，有役夫之知者，多言则文而类，终日议其所以，言之千举万变，其统类一也：是圣人之知也。少言则径而省，论而法，若佚※（俞：佚读若秩，同程，准也）之以绳，是士君子之知也。其言也謟，其行也悖，其举事多悔※（俞：悔，过咎也），是小人之知也。齐给、便敏而无类，杂能、旁魄而无用，折速、粹孰而不急，不恤是非，不论曲直，以期胜人为意，是役夫之知也。

有上勇者，有中勇者，有下勇者：天下有中，敢直其身；先王有道，敢行其意；上不循於乱世之君，下不俗※（俞：俗，沿之误。王念孙：不俗不习也）於乱世之民；仁之所在无贫穷，仁之所亡无富贵；天下知之，则欲与天下同苦乐之；天下不知之，则傀然独立天地之间而不畏：是上勇也。礼恭而意俭，大齐※（王念孙：齐，中也，言大中信也）信焉而轻货财，贤者敢推而尚之，不肖者敢援而废之，是中勇也。轻身而重货，恬祸而广解，苟免不恤是非然不然之情，以期胜人为意，是下勇也。

繁弱、钜黍，古之良弓也，然而不得排檠，则不能自正。※（郝：自此以下言身有美质，亦须师有渐靡而成，然则性质本恶必次见师友切劘而善也。然亦可知性善性恶皆执一偏。若就浑全而论，自当善恶并存，故孔子语性惟言相近，可知善恶存焉尔。又言相远，可知善恶分焉尔）桓公之葱，大公之阙，文王之录，庄君之曶，阖闾之干将。莫邪、钜阙。辟闾，此皆古之良剑也，然而不加砥厉，则不能利，不得人力，则不能断。骅骝、骐※（骐即骐）、骥、纤离、绿耳，此皆古之良马也，然而必前有衔辔之制，后有鞭策之威，加之以造父之驭，然后一日而致千里也。夫人虽有性质美而心辩知，必将求贤师而事之，择良友而友之。得贤师而事之，则所闻者尧、舜、禹、汤之道也；得良友而友之，则所见者忠信敬让之行也。身日进於仁义而不自知也者，靡使然也。今与不善人处，则所闻者欺诬诈伪也，所见者污漫、淫邪、贪利之行也，身且加於刑戮而不自知者，靡使然也。传曰："不知其子视其友，不知其君视其左右。"靡而已矣，靡而已矣。

君子篇第二十四

天子无妻，告人无匹也。四海之内无客礼，告无适也。足能行，待相者然后进；口能言，待官人然后诏。不视而见，不听而聪，不言而信，不虑而知，不动而功，告至备也。天子也者，执至重，形至佚，心至愈，志无所诎，形无所劳，尊无上矣。《诗》曰："普天之下，莫非王土；率土之滨，莫非王臣。"此之谓也。

圣王在上，分义行乎下，则士大夫无流※（《群书治要》流，作沈）淫之行，百吏官人无怠慢之事，众庶百姓无奸怪之俗，无盗贼之罪，莫敢犯大上之禁※（《群书治要》：大上之禁，作上之大禁）。天下晓然皆知夫盗窃之人不可以为富也，皆知夫贼害之人※（又：盗窃贼害之下无人字）不可以为寿也，皆知夫犯上之禁，不可以为安也。由其道则人得其所好焉；不由其道则必遇其所恶焉：是故刑罚綦省而威行如流。治世晓然皆知夫为奸则虽隐窜逃亡之由不足以免也，故莫不服罪而请。《书》曰："凡人自得罪。"此之谓也。

故刑当罪则威，不当罪侮；爵当贤则贵，不当贤则贱。古者刑不过罪，爵不逾德，故杀其父而臣其子，杀其兄而臣其弟。刑罚不怒罪，爵赏不逾德，※（王念孙：怒、踰皆过也）分然各以其诚通。是以为善者劝，为不善者沮，刑罚綦省而威行如流，政令致明而化易如神。《传》曰："一人有庆，兆民赖之。"此之谓也。乱世则不然：刑罚怒罪，爵赏逾德，以族论罪，以世举贤。故一人有罪，而三族皆夷，德虽如舜，不免刑均，是以族论罪也。先祖当贤，后※（王念孙：当，尝也，后字衍）子孙必显，行虽如桀、纣，列从必尊，此以世举贤也。以族论罪，以世举贤，虽欲无乱，得乎哉！《诗》曰："百川沸腾，山冢崒崩；高岸为谷，深谷为陵。哀今之人，胡憯莫惩！"
此之谓也。

论法圣王，则知所贵矣；以义制事，则知所利矣。论知所贵，则知所养※（陈奂：养，取也）矣；事知所利，则动※（俞：动字衍）知所出矣。二者。是非之本，得失之原也。故成王之於周公也，无所往而不听，知所贵也。桓公之於管仲也，国事无所往而不用，知所利也。吴有伍子胥而不能用，国至於亡，倍道失贤也。故尊圣者王，贵贤者霸，敬贤者存，慢贤者亡，古今一也。故尚贤使能，等贵贱，分亲疏，序长幼，此先王之道也。故尚贤、使能，则主尊下安；贵贱有等则令行而不流※（王念孙：流，留之借字）；亲疏有分，则施行而不悖，长幼有序，则事业捷成而有所休。故仁者，仁此者也；义者，分此者也；节者，死生此者也；忠者，惇慎※（俞：惇慎，当为敦慕。王引之勉也）此者也。兼此而能之，备矣。备而不矜，一自善也谓之圣※（《集解》：往备而不以己之一善自矜，非圣人不能）。不矜矣，夫故天下不与争能，而致善用其功。有而不有也，夫故为天下贵矣。《诗》曰："淑人君子，其仪不忒；其仪不忒，正是四国。"此之谓也。

荀子卷第十八

成相篇第二十五

※（俞：古人于劳役之事必为歌讴以相劝勉，其乐曲即谓之相。请成相者请成此曲也。《汉志》有成相杂辞，足微古有此体）

请成相，世之殃，愚暗愚暗堕贤良。人主无贤，如瞽无相何伥伥！

请布基，慎圣人※（俞：慎圣人，疑当作慎听之），愚而自专事不治。主忌苟胜，群臣莫谏必逢灾。

论臣过，反其施，※（《集解》：论人臣之过，当反其所施行）尊主安国尚贤义。拒谏饰非，愚而上同国必祸。

曷谓罢？国多私，比周还主党与施※（王念孙：还读为营。比周以营惑其主也。施，张也）。远贤近谗，忠臣蔽塞主埶移。

曷谓贤？明君臣，上能尊主爱下民※（王念孙：爱下民，当作下爱民）。主诚听之，天下为一海内宾。

主之孽，谗人达，贤能遁逃国乃蹶。愚以重愚，暗以重暗成为桀。

世之灾，妒贤能，飞廉知政任恶来。卑其志意，大其园囿高其台。

武王怒，师牧野，纣卒易乡启乃下。武王善之，封之於宋立其祖※（俞：祖，如庙也）。

世之衰，谗人归，比干见刳箕子累。武王诛之，吕尚招麾殷民怀。

世之祸，恶贤士，子胥见杀百里徙。穆公任之，强配五伯六卿施。

世之愚，恶大儒，逆斥不通孔子拘。展禽三绌，春申道缀基毕输。

请牧基，贤者思，尧在万世如见之。谗人罔极，险陂倾侧此之疑※（王念孙：疑，恐也，畏也。按畏尧也）。

基必施，辨贤罢，※（王念孙：言欲张大其基业，当先辨贤罢也）文武之道同伏戏。由之者治，不由者乱何疑为？

凡成相，辨法方，至治之极复后王。法※（《集解》：法，注文，应为小字）慎、墨、季、惠，百家之说诚不详。

治复一，修之吉，君子执之心如结。众人贰之，谗夫弃之形是诘※（郝：诘，治也）。

水至平，端不倾，心术如此象圣人。而有埶※（郝：而有执上脱一人字），直而用抴必参天。

世无王，穷贤良，暴人刍豢，仁人※（王引之：仁人之人字衍，与四字七字为句）糟糠。礼乐灭息，圣人隐伏墨术行。

治之经，礼与刑，君子以修百姓宁。明德慎罚，国家既治四海平。

治之志，后埶富，君子诚之好以待。处之敦固，有深藏之能远思。

思乃精，志之荣，好而壹之神以成。精神相反※（王引之：反，及之误），一而不贰为圣人。

治之道，美不老，君子由之佼以好。下以教诲子弟，上以事祖考。

成相竭，辞不蹶，君子道※（王念孙：道，行也）之顺以达。宗其贤良，辨其殃孽。

请成相，道圣王，尧、舜尚贤身辞让。许由、善卷，重义轻利行显明。

尧让贤，以为民，氾利兼爱德施均。辨治上下，贵贱有等明君臣。

尧授能，舜遇时，尚贤推德天下治。虽有圣贤，适不遇世孰知之？

尧不德，舜不辞，妻以二女任以事。大人哉舜！南面而立万物备。

舜授禹，以天下，尚得推贤不失序。外不避仇，内不阿亲贤者予。

禹劳心力※（王引之：力上本无心字），尧有德，干戈不用三苗服。举舜甽亩，任之天下身休息。

得后稷，五谷殖，夔为乐正鸟兽服。契为司徒，民知孝弟尊有德。

禹有功，抑下鸿，辟除民害逐共工。北决九河，通十二渚疏三江。

禹傅土，平天下，躬亲为民行劳苦。得益、皋陶、横革，直成为辅。

契玄王，生昭明，居於砥石迁於商。十有四世，乃有天乙是成汤。

天乙汤，论举当，身让卞随举※（卞随下之举当为与）牟光。道古贤圣基必张。

愿陈辞，世乱恶善不此治。隐讳疾贤，良※（王念孙：良，长之误）由奸诈鲜无灾。

患难哉！阪为先※（王念孙：先，之之误），圣知不用愚者谋。前车已覆，后未知更何觉时？

不觉悟，不知苦，迷惑失指易上下。中不上达，蒙揜耳目塞门户。

门户塞，大迷惑，悖乱昏莫不终极。是非反易，比周欺上恶正直。

正直恶，心无度，邪枉辟回失道途。己无邮人，我独自美岂独无故？

不知戒，后必有，恨※（王念孙：恨同很，后愎之误）后遂过不肯悔。谗夫多进，反覆言语生诈态※（王念孙：态，愿之误）。

人之态，不如备，争宠嫉贤利※（王念孙：利，相之误）恶忌。妒功毁贤，下敛党与上蔽匿。上壅蔽，失辅埶，任用谗夫不能制。郭公长父之难，厉王流於彘。

周幽厉，所以败，不听规谏忠是害。嗟我何人，独不遇时当乱世！

欲衷对※（俞：衷对，倒，对，遂也），言不从，恐为子胥身离凶。进谏不听，剄而※（王念孙：而，以也）独鹿弃之江。

观往事，以自戒，治乱是非亦可识。讬於成相以喻意。

请成相，言治方，君论有五约以明。君谨守之，下皆平正国乃昌。

臣下职，莫游食，务本节用财无极。事业听上，莫得相使一民力。

守其职，足衣食，厚薄有等明爵服。利往卬上※（王引之：往，唯之误。言民之利唯仰于上），莫得擅与孰私得？

君法明，论有常，表仪既设民知方。进退有律，莫得贵贱孰私王？

君法仪，禁不为，莫不说教名不移。修之者荣，离之者辱孰它师？

刑称陈※（王念孙：陈，道也。言刑之轻重皆称乎道），守其银，下不得用轻私门。罪祸有律，莫得轻重威不分。

请牧祺，明有基※（俞：当云请牧基，明有祺），主好论议必善谋。五听修领，莫不理续主执持。※（王念孙：领，治也。续，绩之误。主执持，当为孰主持，言百官莫不各理其事，夫孰得而主持之也。顾千里：五听即上五约，非折狱之五听也。《集解》：听之经听政之道也）

听之经，明其请，参伍明谨施赏刑。显者必得，隐者复显民反诚。

言有节，稽其实，信诞以分赏罚必。下不欺上，皆以情言明若日。

上通利，隐远至，观法不法见不视。耳目既显※（郝：此言观法于法不及之地，见视于视不到之乡，故耳目显也），吏敬法令莫敢恣。

君教出，行有律，吏谨将之无铍滑。下不私请，各以宜舍巧拙。

臣谨修※（王念孙：修，当为循。此言臣当谨循旧法而不变，其制变则在君也），君制变，公察善思，论※（《集解》：论伦同）不乱。以治天下，后世法之成律贯。

赋篇第二十六

爰有大物，非丝非帛，文理成章。非日非月，为天下明。生者以寿，死者以葬。城郭以固，三军以强。粹而王，驳而伯，一无焉而亡。臣愚不识，敢请之王。王曰：此夫文而不采者与？简然易知而致有理者与？君子所敬而小人所不者与？性不得则若禽兽，性得之则甚雅似者与？匹夫隆之则为圣人，诸侯隆之则一四海者与？致明而约，甚顺而体，请归之礼。——礼皇天隆物，以示下民，或厚或薄，帝※（王念孙：隆同降，示，本作施。物指知言。帝常之误）不齐均。桀纣以乱，汤武以贤。

潜潜淑淑※（俞：淑，当为踧。迫蹙貌），皇皇穆穆。周流四海，曾不崇日。君子以修，跖以穿室。大参乎天，精微而无形。行义以正，事业以成。可以禁暴足穷，百姓待之而后宁泰。

臣愚不识，愿问其名。曰：此夫安宽平而危险隘者邪？修洁之为亲而杂污之为狄※（王念孙：亲近也。狄，读为逖，远也）者邪？甚深藏而外胜敌者邪？法禹、舜而能弇迹邪？行为动静，待之而后适者邪？血气之精也，志意之荣也。百姓待之而后宁也，天下待之而后平也。明达纯粹而无疵也，夫是之谓君子之知。——知。

有物于此，居则周静致下，动则綦高以钜。圆者中规，方者中矩。大参天地，德厚尧、禹。精微乎毫毛，而大盈乎大※（王念孙：大，当作充）宇。忽兮其极之远也，攭兮其相逐而反※（又：忽，远貌。极，至也。攭云气旋转貌。反施也）也，卬卬兮天下之咸蹇※（俞：蹇，当为攓取也。言云行）也。德厚而不捐，五采备而成文。往来惛惫，通于大神，出入甚极，莫知其门。天下失之则灭，得之则存。弟子不敏，此之愿陈，君子设辞，请测意※（王引之：意，度也）之。曰：此夫大而不塞者与？充盈大宇而不窕※（王念孙：窕，间隙之称，言充盈大宇而无间隙），入郄穴而不偪者与？行远疾速而不可托讯者与※（讯下者与二字衍）？往来惛惫而不可为固塞者与？

暴至杀伤而不億※（王念孙：億读为意。疑也）忌者与？功被天下而不私置※（王念孙：置为德之借字）者与？托地而游宇，友风而子雨。

冬日作寒，夏日作暑。广大精神，请归之云。——云

有物於此，儳儳兮其状，屡化如神。功被天下，为万世文。礼乐以成，贵贱以分。养老长幼，待之而后存。名号不美，与暴为邻。功立而身废，事成而家败。弃其耆老，收其后世。人属所利，飞鸟所害。臣愚而不识，请占之五泰。五泰占之曰：此夫身女好而头马首者与？屡化而不寿者与？善壮而拙老者与？有父母而无牝牡者与？冬伏而夏游，食桑而吐丝，前乱而后治，夏生而恶暑，喜湿而恶雨。蛹以为母，蛾以为父。三俯三起，事乃大已。夫是之谓蚕理。——蚕

有物于此，生於山阜，处於室堂。无知无巧，善治衣裳。不盗不窃，穿逾而行。日夜合离，以成文章。以能合从，又善连衡。下覆百姓，上饰帝王。

功业甚博，不见贤良。时用则存，不用则亡。臣愚不识，敢请之王。王曰：此夫始生钜，其成功小者邪？长其尾而锐其剽者邪？头铦达而尾赵缭者邪？

一往一来，结尾以为事。无羽无翼，反覆甚极。尾生而事起，尾邅而事已。

簪以为父，管以为母。既以缝表，又以连里。夫是之谓箴理。——箴

天下不治，请陈伭诗：天地易位，四时易乡。列星殒坠，旦暮晦盲。幽晦※（《艺文类聚》：引幽晦作幽暗）登昭，日月下藏。公正无私，反见从横※（王念孙：反见从横，当作见谓从横。言公正无私之人。反以从横见谓于世也）。志爱公利，重楼疏堂。无私罪人，憼革贰※（王念孙：贰，戒之误）兵。道德纯备，谗口将将※（将将，集也）。仁人绌约，敖暴擅强。天下幽险，恐失世英。螭龙为蝘蜓，蛹鸱枭为凤皇。比干见刳，孔子拘匡。昭昭乎其知之明也，郁郁乎其遇时之不祥也。拂乎其欲礼义之大行也，暗乎天下之晦盲也。

皓天不复，忧无疆也。千岁必反，古之常也。弟子勉学，天不忘也。圣人共手，时几将矣※（俞：言圣人于此亦拱手而待之耳，所谓千岁必反者，此时殆将然矣）。与愚以疑，愿闻反辞。

其《小歌》曰※（俞：此实斥楚国也）：念彼远方，何其塞矣！仁人绌约，暴人衍矣。忠臣危殆，谗人服矣。琁玉、瑶、珠，不知佩也。※（卢文弨曰：此章在遗春申君书后）杂布与锦不知异也。※（王念孙：言布与锦杂陈于前而不知别异），闾娵、子奢，莫之媒也。嫫母。力父，是之喜也。以盲为明，以聋为聪，以危为安，以吉为凶。

呜呼上天，曷维其同！

荀子卷第十九

大略篇第二十七

大略。

君人者，隆礼尊贤而王，重法爱民而霸，好利多诈而危。

欲近四旁，莫如中央，故王者必居天下之中，礼也。

天子外屏，诸侯内屏，礼也。外屏，不欲见外也；内屏，不欲见内也。

诸侯召其臣，臣不俟驾，颠倒衣裳而走，礼也。《诗》曰："颠之倒之，自公召之。"天子召诸侯，诸侯辇舆就马，礼也。《诗》曰："我出我舆，于彼牧矣。自天子所，谓我来矣。"

天子山冕，诸侯玄冠，大夫裨冕，士韦弁，礼也。天子御珽，诸侯御荼，大夫服笏，礼也。天子彤弓，诸侯彤弓，大夫黑弓，礼也。诸侯相见，卿为介，以其教出毕行※（《大戴记》：作以其教士毕行），使仁居守。

聘人以珪，问士※（郝：士事通）以璧，召人以瑗，绝人以玦，反绝以环。

人主仁心设焉，知其役也，礼其尽也。故王者先仁而后礼，天施然也。

《聘礼》志曰："币厚则伤德，财侈则殄礼。"礼云礼云，玉帛云乎哉！

《诗》曰:"物其指矣,唯其偕矣。"不时宜,不敬交※(俞:交,文之误),不欢欣,虽指,非礼也。

水行者表深,使人无陷;治民者表乱,使人无失。礼者,其表也,先王以礼表天下之乱。今废礼者,是去表也。故民迷惑而陷祸患,此刑罚之所以繁也。

舜曰:"维予从欲而治。"※(俞:此即所谓不思不得,不勉而中,从容中道,圣人也)故礼之生,为贤人以下至庶民也,非为成圣也;然而亦所以成圣也,不学不成:尧学於居畴,舜学於务成昭,禹学於西王国。

五十不成丧,七十唯衰存。

亲迎之礼,父南乡而立,子北面而跪,醮而命之:"往迎尔相,成我宗事,隆率以敬先妣之嗣,若则有常。"子曰:"诺。唯恐不能,敢忘命矣!"

夫行也者,行礼之谓也。礼也者,贵者敬焉,老者孝焉,长者弟焉,幼者慈焉,贱者惠焉。

赐予其宫室,犹用庆赏於国家也;忿怒其臣妾,犹用刑罚於万民也。

君子之於子,爱之而勿面,使之而勿貌,道之以道而勿强。

礼以顺人心为本,故亡於《礼经》而顺人心者,皆礼也。

礼之大凡:事生,饰欢也;送死,饰哀也;军旅,施威也。

亲亲、故故、庸庸、劳劳,仁之杀也;贵贵、尊尊、贤贤、老老、长长,义之伦也。行之得其节,礼之序也。仁,爱也,故亲。义,理也,故行。礼节也,故成。仁有里,义有门。仁非其里而虚之,非礼也,义非其门而由之,非义也。※(王念孙:虚,处之误。非礼也当作非仁也,非义也不误)推恩而不理,不成仁;遂理而不敢,不成义;审节而不知※(王念孙:知作和者是),不成礼;和而不发,不成乐。故曰:仁、义、礼、乐,其致一也。君子处仁以义,然后仁也;行义以礼,然后义也;制礼反本成末,然后礼也。三者皆通,然后道也。

货财曰赙,舆马曰赗,衣服曰襚,玩好曰赠,玉贝曰唅。赙赗,所以佐生也,赠襚,所以送死也。送死不及柩尸,吊生不及悲哀,非礼也。故吉行五十,奔丧百里,赗赠及事,礼之大也。

礼者,政之挽也。为政不以礼,政不行矣。

天子即位,上卿进曰:"如之何忧之长也?能除患则为福,不能除患则为贼。"授天子一策。中卿进曰:"配天而有下土者,先事虑事,先患虑患。

先事虑事谓之接,接则事优成;先患虑患谓之豫,豫则祸不生。事至而后虑者谓之后,后则事不举;患至而后虑者谓之困,困则祸不可御。"授天子二策。下卿进曰:"敬戒无怠。庆者在堂,吊者在闾。祸与福邻,莫知其门。

豫哉※（《群书治要》：豫作务）！豫哉！万民望之！"授天子三策。

禹见耕者耦立而式，过十室之邑必下。

杀大蚤，朝大晚，非礼也。治民不以礼，动斯陷矣。

平衡曰拜，下衡曰稽首，至地曰稽颡。大夫之臣拜不稽首，非尊家臣也，所以辟君也。

一命齿於乡，再命齿於族，三命，族人虽七十，不敢先。上大夫，中大夫，下大夫。

吉事尚尊，丧事尚亲。

君臣不得不尊，父子不得不亲，兄弟不得不顺，夫妇不得不欢，少者以长，老者以养。故天地生之，圣人成之。

聘，问也。享，献也。私觌，私见也。言语之美，穆穆皇皇。朝廷之美，济济跄跄。

为人臣下者，有谏而无讪，有亡而无疾，有怨而无怒。

君於大夫，三问其疾，三临其丧；於士，一问一临。诸侯非问疾吊丧，不之臣之家。

既葬，君若父之友食之，则食矣，不辟粱肉，有酒醴，则辞。

寝不逾庙，设※（王念孙：设当为宴）衣不逾祭服，礼也。

《易》之《咸》，见夫妇。夫妇之道，不可不正也，君臣父子之本也。咸，感也，以高下下，以男下女，柔上而刚下。

聘士之义，亲迎之道，重始也。

礼者，人之所履也，失所履，必颠蹶陷溺。所失微而其为乱大者，礼也。

礼之於正国家也，如权衡之於轻重也，如绳墨之於曲直也。故人无礼不生，事无礼不成，国家无礼不宁。和乐之声，步中《武》、《象》，趋中《韶》、《护》。君子听律习容而后士※（《集解》：士当为出）。

霜降逆女，冰泮杀内十日一御。※（王引之：此文本作霜降逆女，冰泮杀止。杨所见本杀下脱止字，内下属为句。十日一御别是一事）。

坐视膝，立视足，应对言语视面。立视前六尺而大※（王引之：大，六之误）之，六六三十六，三丈六尺。

文貌情用，相为内外表里※（王念孙：文貌在外，情用在内，故曰相为内外表里），礼之中焉。能思索谓之能虑。

礼者，本末相顺，终始相应。

礼者，以财物为用，以贵贱为文，以多少为异。下臣事君以货，中臣事君以身，上臣事君以人。

《易》曰："复自道，何其咎？"《春秋》贤穆公，以为能变也。

士有妒友，则贤交不亲；君有妒臣，则贤人不至。蔽公者谓之昧，隐良者谓之妒，奉妒昧者，谓之交※（俞：交，读为狡）谄。交谄之人，妒昧之臣，国之蠡孽也。

口能言之，身能行之，国宝也，口不能言，身能行之，国器也。口能言之，身不能行，国用也。口言善，身行恶，国妖也。治国者敬其宝，爱其器，任其用，除其妖。

不富无以养民情，不教无以理民性。故家五亩宅，百亩田，务其业而勿夺其时，所以富之也。立大学，设庠序，修六礼，明十教，所以道之也。《诗》曰："饮之食之，教之诲之。"王事具矣。

武王始入殷，表商容之闾，释箕子之囚，哭比干之墓，天下乡善矣。

天下、国有俊士，世有贤人。迷者不问路，溺者不问遂※（洪颐煊：遂，当作坠），亡人好独。《诗》曰："我言维服，勿用为笑。先民有言，询于刍荛。"言博问也。

有法者以法行，无法者以类※（俞：类，例也）举。以其本，知其末，以其左，知其右，凡百事异理而相守也。

庆赏刑罚，通类而后应。政教习俗，相顺而后行。

八十者一子不事，九十者举家不事，废疾非人不养者，一人不事。父母之丧，三年不事。齐衰大功，三月不事。从诸侯不，与新有昏，期不事。

子谓子家驹续※（郝：续古作赓，赓刚强不屈之貌）然大夫，不如晏子；晏子，功用之臣也，不如子产；子产，惠人也，不如管仲。管仲之为人，力功不力义，力知不力仁，野人※（郝：野人谓管仲）也，不可以为天子大夫。

孟子三见宣王不言事。门人曰："曷为三遇齐王而不言事？"孟子曰："我先攻其邪心。"

公行子之之燕，遇曾元於涂，曰："燕君何如？"曾元曰："志卑。志卑者轻物，轻物者不求助。苟不求助，何能举？氏、羌之虏也。不忧其系垒也，而忧其不焚也。利夫秋豪，害靡国家，然且为之，几为知计哉！"

今夫亡箴者，终日求之而不得，其得之，非目益明也，眣※（俞：眣当读为瞋，低目谨视也）而见之也。心之於虑亦然。

义与利者，人之所两有也。虽尧、舜不能去民之欲利，然而能使其欲利不克其好义也。虽桀、纣亦不能去民之好义，然而能使其好义不胜其欲利也。

故义胜利者为治世，利克义者为乱世。上重义则义克利，上重利则利克义。

故天子不言多少，诸侯不言利害，大夫不言得丧，士不通货财。有国之君不息牛羊，错质之臣不息鸡豚，冢卿不修币，大夫不为场园，从士以上皆羞利而不与民争业，乐分施而耻积藏。然故民不困财，贫窭者有所窜其手※（《集解》：窜手即措手）。

文王诛四，武王诛二，周公卒业，至成康、则案无诛已。

多积财而羞无有，重民任而诛不能，此邪行之所以起，刑罚之所以多也。上好羞，则民暗饰矣※（王念孙：羞，义之误。言上好义则民虽处隐暗之中，亦自修饰不敢放于利而行）；上好富，则民死利矣。二者，乱※（刘台拱：乱上当有治字）之衢也。民语曰："欲富乎？忍耻矣，倾绝矣，绝故旧矣，与义分背矣。"

上好富，则人民之行如此，安得不乱？

汤旱而祷曰："政不节与？使民疾与？何以不雨至斯极也！宫室荣与？妇谒盛与？何以不雨至斯极也！苞苴行与？谗夫兴与？何以不雨至斯极也！"

天之生民，非为君也。天之立君，以为民也。故古者列地建国，非以贵诸侯而已；列官职，差爵禄，非以尊大夫而已。

主道知人，臣道知事。故舜之治天下，不以事诏而万物成。农精於田而不可以为田师，工贾亦然。

以贤易不肖，不待卜而后知吉。以治伐乱，不待战而后知克。

齐人欲伐鲁，忌卞庄子，不敢过卞。晋人欲伐卫，畏子路，不敢过蒲。

不知而问尧、舜，无有而求天府。曰：先王之道，则尧、舜已；六贰之博，则天府已。

君子之学如蜕，幡然迁之。故其行效，其立效，其坐效，其置颜色、出辞气效。无留善，无宿问。

善学者尽其理，善行者究其难。

君子立志如穷※（《集解》：君子不以穷达易心，故立志常如穷时），虽天子三公问，正以是非对。

君子隘穷而不失，劳倦而不苟，临患难而不忘细席之言※（郝：细、茵之形伪，茵席之言，昔日之言也）。岁不寒无以知松柏，事不难无以知君子无日不在是。

雨小汉※（俞：汉字衍，言雨小故入地深也）故潜。夫尽小者大，积微者著，德至者色泽洽，行尽而声问远。小人不诚於内，而求之於外。

言而不称师谓之畔，教而不称师谓之倍。倍畔之人，明君不内，朝士大夫遇诸涂不与言。

不足於行者，说过，不足於信者，诚言※（郝：诚言者貌言若诚）。故《春秋》

善胥命，而《诗》非屡盟，其心一也。善为《诗》者不说，善为《易》者不占，善为礼者不相，其心同也。

曾子曰："孝子言为可闻，行为可见。言为可闻，所以说远也；行为可见，所以说近也。近者说则亲，远者说则附。亲近而附远，孝子之道也。"

曾子行，晏子从於郊，曰："婴闻之，君子赠人以言，庶人赠人以财。婴贫无财，请假於君子，赠吾子以言：乘舆之轮，太山之木也，示诸隐栝，三月五月，为帱菜，敝而不反其常。君子之隐栝不可不谨也。慎之！兰茝、槀本，渐於蜜醴，一佩易之。正君渐於香酒，可谗而得也※（郝：正君省，好是正直之君，谗言甘而易入如饮醇醪，令人自醉，故以渐于香酒譬况之）。君子之所渐，不可不慎也。"

人之於文学也，犹玉之於琢磨也。《诗》曰："如切如磋，如琢如磨。"谓学问也。和之璧，井里之厥也，玉人琢之，为天子宝。子赣、季路，故鄙人也，被文学，服礼义，为天下列士。

学问不厌，好士不倦，是天府也。

君子疑则不言，未问则不立※（王念孙：立，疑言之误），道远日益矣。

多知而无亲，博学而无方，好多而无定者，君子不与。

少不讽，壮不论议，虽可，未成也。

君子壹教，弟子壹学，亟成。

君子进则能益上之誉而损下之忧。不能而居之，诬也；无益而厚受之，窃也。学者必非为仕，而仕者必如学※（郝：如学，言必不负所学）。

子贡问於孔子曰："赐倦於学矣，愿息事君。"孔子曰："《诗》云：'温恭朝夕，执事有恪。'事君难，事君焉可息哉！""然则赐愿息事亲。"孔子曰："《诗》云：'孝子不匮，永锡尔类。'事亲难，事亲焉可息哉！""然则赐愿息於妻子。"孔子曰："《诗》云：'刑于寡妻，至于兄弟，以御于家邦。'妻子难，妻子焉可息哉！""然则赐愿息於朋友。"孔子曰："《诗》云：'朋友攸摄，摄以威仪。'朋友难，朋友焉可息哉！""然则赐愿息耕。"孔子曰："《诗》云：'昼尔于茅，宵尔索绹，亟其乘屋，其始播百谷。'耕难，耕焉可息哉！""然则赐无息者乎？"孔子曰："望其圹，皋如也，巅如也，鬲如也，此则知所息矣。"子贡曰："大哉死乎！君子息焉，小人休焉。"

《国风》之好色也，传曰："盈其欲而不愆其止。其诚可比於金石，其声可内於宗庙。"《小雅》不以於污上，自引而居下，疾今之政，以思往者，其言有文焉，其声有哀焉。

国将兴，必贵师而重傅，贵师而重傅则法度存。国将衰，必贱师而轻傅，贱师而轻傅，则人有快，人有快，则法度坏。古者匹夫五十而士。

天子诸侯子，十九而冠※（郝：十九而冠者，由其生质本异，而教又至故也），冠而听治，其教至也。

君子也者而好之，其人也，其人也而不教，不祥。※（王念孙：此言能好君子，则为可教之人，可教而不教，不祥）非君子而好之，非其人也，非其人而教之，赍盗粮借贼兵也。

不自嗛※（郝：嗛通歉，不足也）其行者，言滥过。古之贤人，贱为布衣，贫为匹夫，食则饘粥不足，衣则竖褐不完，然而非礼不进，非义不受，安取此？

子夏贫，衣若县鹑。人曰："子何不仕？"曰："诸侯之骄我者，吾不为臣；大夫之骄我者，吾不复见。柳下惠与后门者同衣而不见疑，非一日之闻也。争利如蚤甲而丧而掌。"

君人者不可以不慎取臣，匹夫者不可以不慎取友。友者，所以相有也。道不同，何以相有也？均薪施火，火就燥；平地注水，水流湿。夫类之相从也，如此之著也，以友观人，焉所疑？取友善人※（《集解》：善人使人善也），不可不慎，是德之基也。《诗》曰："无将大车，维尘冥冥。"言无与小人处也。

蓝苴路作，似知而非。软弱易夺，似仁而非。悍戆好斗，似勇而非。

仁义礼善之於人也，辟之若货财粟米之於家也，多有之者富，少有之者贫，至无有者穷。故大者不能，小者不为，是弃国捐身之道也。

凡物有乘而来，乘其出者，※（王念孙：下乘字疑涉上乘字而衍。乘，因也，言凡物必有所因而来，反乎我者即出乎我者也）是其反者也。

流言灭之，货色远之。祸之所由生也，生自纤纤也，是故君子蚤绝之。

言之信者，在乎区盖之间。疑则不言，未问则不立。※（郝：齐俗以不知为丘，逼读若丘，盖者疑而未定之词）

知者明於事，达於数，不可以不诚事也。故曰："君子难说，说之不以道，不说也。"

语曰："流丸止於瓯、臾，流言止於知者。"此家言邪说之所以恶儒者也。是非疑则度之以远事，验之以近物，参之以平心，流言止焉，恶言死焉。

曾子食鱼有馀，曰："泔※（王念孙：泔，洎之误。添水以为鱼汁也。以洎渍鱼则恐致腐烂而不宜于食）之。"门人曰："泔之伤人，不若奥之※（王念孙：奥，郁也。以酒或盐郁之也。《集解》：曾子或曾进洎鱼以养亲）。"曾子泣涕曰："有异心乎哉！"伤其闻之晚也。

无用吾之所短遇人之所长，故塞而避所短，移而从所仕。疏知而不法，察辨而操僻，勇果而亡礼，君子之所憎恶也。

多言而类，圣人也。少言而法，君子也。多言无法而流喆然，虽辩，小人也。国法禁拾遗，恶民之串以无分得也。有夫分义，则容※（容，受也）天下而治；无分义则一妻一妾而乱。

天下之人，唯※（王念孙：唯即虽字）各特意哉，然而有所共予也。言味者予易牙，言音者予师旷，言治者予三王。三王既已定法度，制礼乐而传之，有不用而改自作，何以异於变易牙之和，更师旷之律？无三王之法，天下不待亡，国不待死。饮而不食者，蝉也；不饮不食者，浮蝣也。※（汪中：此二语别是一义）

虞舜、孝己孝而亲不爱，比干、子胥忠而君不用，仲尼、颜渊知而穷於世。劫迫於暴国而无所辟之，则崇其善，扬其美，言其所长而不称其所短也。惟惟而亡者，诽也；博而穷者，訾也；清之而俞浊者，口也。

君子能为可贵，不能使人必贵己；能为可用，不能使人必用己。

诰誓不及五帝，盟诅不及三王，交质子不及五伯。

荀子卷第二十

宥坐篇第二十八

孔子观於鲁桓公之庙，有欹器焉。孔子问於守庙者曰："此为何器？"守庙者曰："此盖为宥坐之器。"孔子曰："吾闻宥坐之器者，虚则欹，中则正，满则覆。"孔子顾谓弟子曰："注水焉！"弟子挹水而注之，中而正，满而覆，虚而欹。孔子喟然而叹曰："吁！恶有满而不覆者哉！"子路曰："敢问持满有道乎？"孔子曰："聪明圣知，守之以愚；功被天下，守之以让；勇力抚世，守之以怯；富有四海，守之以谦。此所谓挹而损之之道也。"

孔子为鲁摄相，朝七日而诛少正卯。门人进问曰："夫少正卯，鲁之闻人也，夫子为政而始诛之，得无失乎？"孔子曰："居！吾语女其故。人有恶者五，而盗窃不与焉：一曰心达而险，二曰行辟而坚，三曰言伪而辩，四曰记丑而博，五曰顺非而泽。此五者有一於人，则不得免於君子之诛，而少正卯兼有之。故居处足以聚徒成群，言谈足以饰邪营众，强足以反是独立，此小人之桀雄也，不可不诛也。是以汤诛尹谐，文王诛潘止，周公诛管叔，太公诛华仕，管仲诛付里乙，子产诛邓析、史付，此七子者，皆异世同心，不可不诛也。《诗》曰：'忧心悄悄，愠于群小。'小人成群，斯足忧也。"

孔子为鲁司寇，有父子讼者，孔子拘之三月不别。有父请止，孔子舍之。季孙闻之不说，曰："是老也欺予，语予曰：'为国家必以孝。'今杀一人以戮不孝，又舍之。"冉子以告。孔子慨然叹曰："呜呼！上失之，下杀之，其可乎？不教其民而听其狱，杀不辜也。三军大败，不可斩也；狱犴不治，不可刑也，罪不在民故也。嫚令谨诛，贼也；今※（王念孙：今当在嫚上）生也有时，敛也无时，暴也；不教而责成功，虐也。已此三者，然后刑可即也。《书》曰：'义刑义杀，勿庸以即，予维曰未有顺事。'言先教也。"

故先王既陈之以道，上先服之；若不可，尚贤以綦之；若不可，废不能以单之；綦三年而百姓往矣※（《太平御览》：引作百姓从风）。邪民不从，然后俟之以刑，则民知罪矣。《诗》曰："尹氏大师，维周之氐，秉国之均，四方是维，天子是庳，卑民不迷。"

是以威厉而不试，刑错而不用，此之谓也。

今之世则不然：乱其教，繁其刑，其民迷惑而堕焉，则从而制之，是以刑弥繁而邪不胜。三尺之岸而虚车不能登也，百仞之山任负车登焉，何则？

陵迟故也。数仞之墙，而民不逾也，百仞之山，而竖子冯※（王念孙：冯，登也）而游焉，陵迟故也。今夫世陵迟亦久矣，而能使民勿逾乎！《诗》曰："周道如砥，其直如矢。君子所履，小人所视。眷焉顾之，潸焉出涕！"岂不哀哉！

《诗》曰："瞻彼日月，悠悠我思。道之云远，曷云能来！"子曰："伊稽首，不其有来乎？"※（俞：伊语辞稽合也，首古通道，言道苟同，则虽远而亦来）

孔子观於东流之水，子贡问於孔子曰："君子之所以见大水必观焉者，是何？"孔子曰："夫水，大遍※（王念孙：遍上大字衍）与诸生而无为也，似德。其流也埤下。裾拘，必循其理，似义。其洸洸乎不淈尽，似道。若有决行之，其应佚※（王念孙：佚读为呹，疾貌。言其相应之疾若响之应）若声响，其赴百仞之谷不惧，似勇。主量必平，似法。盈不求概，似正。淖约微达，似察。以出以入，以就鲜洁，似善化。其万折也必东，似志。是故君子见大水必观焉。"

孔子曰："吾有耻也，吾有鄙也，吾有殆也：幼不能强学，老无以教之，吾耻之。去其故乡，事君而达，卒遇故人，曾无旧言，吾鄙之。与小人处者，吾殆之也。"

孔子曰："如垤而进，吾与之；如丘而止，吾已矣。"今学曾未如疣赘，则具然欲为人师。

孔子南适楚，厄於陈、蔡之间，七日不火食，藜羹不糁，弟子皆有饥色。

子路进而问之曰："由闻之：为善者天报之以福，为不善者天报之以祸。今夫子累德、积义、怀美，行之日久矣，奚居之隐也？"孔子曰："由不识，吾语女。女以知者为必用邪？王子比干不见剖心乎！女以忠者为必用邪？关龙逢不见刑乎！女以谏者为必用邪？吴子胥不磔※（《汉书注》：磔，张其尸也）姑苏东门外乎！夫遇不遇者，时也；贤不肖者材也。君子博学深谋不遇时者多矣。由是观之，不遇世者众矣，何独丘也哉！"且夫芷兰生於深林，非以无人而不芳。君子之学，非为通也；为穷而不困，忧而意不衰也，知祸福终始而心不惑也。夫贤不肖者材也；为不为者人也；遇不遇者时也；死生者命也。今有其人不遇其时，虽贤，其能行乎？苟遇其时，何难之有！故君子博学、深谋、修身端行、以俟其时。"孔子曰："由！居！吾语女。昔晋公子重耳霸心生於曹，越王句践霸心生於会稽，齐桓公小白霸心生於莒。故居不隐者思不远，身不佚者志不广。女庸安知吾不得之桑落※（郝：桑落索郎反语也。索肖索，郎郎当，皆困穷之貌）之下！"

子贡观於鲁庙之北堂，出而问於孔子曰："乡者赐观於太庙之北堂，吾亦未辍，还复瞻被九盖皆继，被有说邪？匠过绝邪？"孔子曰："太庙之堂，亦尝※（王念孙：尝读为当。又：闹施也）有说。官致良工，因丽节文，非无良材也，盖曰贵文也。"

子道篇第二十九

入孝出弟，人之小行也；上顺下笃，人之中行也；从道不从君，从义不从父，人之大行也。若夫志以礼安，言以类使，则儒道毕矣，虽尧、舜不能加毫末於是矣。孝子所以不从命有三：从命则亲危，不从命则亲安，孝子不从命，乃衷※（俞：衷同忠）；从命则亲辱，不从命则亲荣，孝子不从命，乃衷。从命则禽兽，不从命则修饰，孝子不从命，乃敬。故可以从而不从，是不子也；未可以从而从，是不衷也。明於从不从之义，而能致恭敬、忠信、端悫以慎行之，则可谓大孝矣。《传》曰："从道不从君，从义不从父。"此之谓也。故劳苦雕萃而能无失其敬，灾祸患难而能无失其义，则※（王念孙：则与即同）不幸不顺见恶而能无失其爱，非仁人莫能行。《诗》曰："孝子不匮。"此之谓也。

鲁哀公问於孔子曰："子从父命，孝乎？臣从君命，贞乎？"三问，孔子不对。孔子趋出，以语子贡曰："乡者君问丘也，曰：'子从父命孝乎？臣从君命贞乎？'三问而丘不对，赐以为何如？"子贡曰："子从父命，孝矣；臣从君命，贞矣。夫子有奚对焉？"孔子曰："小人哉！赐不识也。昔万乘之国有争臣四人，则封疆不削；千乘之国有争臣三人，则社稷不危；百乘之家有争臣二人，则宗庙不毁。父有争子，不行无礼；士有争友，不为不义。故子从父奚子孝？臣从君奚臣贞？审其所以从之之谓孝，之谓贞也。"

子路问於孔子曰："有人於此，夙兴夜寐，耕耘树艺，手足胼胝，以养其亲，然而无孝之名，何也？"孔子曰："意者身不敬与？辞不逊与？色不顺与？

古之人有言曰：'衣与，缪与，不女聊。'今凤兴夜寐，耕耘树艺，手足胼胝，以养其亲，无此三者，则何以为而无孝之名也？"孔子曰："由志之吾语女。虽有国士之力，不能自举其身，非无力也，势不可也。故入而行不修，身之罪也；出而名不章，友之过也。故君子入则笃行，出则友贤，何为而无孝之名也！"

子路问於孔子曰："鲁大夫练而床，礼邪？"孔子曰："吾不知也。"子路出，谓子贡曰："吾以夫子为无所不知，夫子徒※（徒，犹也）有所不知。"子贡曰："女何问哉？"子路曰："由问鲁大夫练而床，礼邪？夫子曰：'吾不知也。'"子贡曰："吾将为女问之。"子贡问曰："练而床，礼邪？"孔子曰："非礼也。"子贡出，谓子路曰："女谓夫子为有所不知乎？夫子徒无所不知，女问非也。礼，居是邑，不非其大夫。"

子路盛服见孔子，孔子曰："由，是裾裾何也？昔者江出於岷山，其始出也，其源可以滥觞，及其至江之津也，不放舟，不避风则不可涉也，非维下流水多邪？今女衣服既盛，颜色充盈，天下且孰肯谏女矣？由※（俞：此由字在下孔子曰下）！"子路趋而出，改服而入，盖犹若也。孔子曰："志之，吾语女。奋於言者华，奋於行者伐，※（《外传》：作慎于言者不诈，慎于行者不伐）色知而有能者，小人也。故君子知之曰知之，不知曰不知，言之要也；能之曰能之，不能曰不能，行之至也。言要则知，行至则仁。既知且仁，夫恶有不足矣哉！"

子路入，子曰："由，知者若何？仁者若何？"子路对曰："知者使人知己，仁者使人爱己。"子曰："可谓士矣。"子贡入，子曰："赐，知者若何？仁者若何？"子贡对曰："知者知人，仁者爱人。"子曰："可谓士君子矣。"颜渊入，子曰："回，知者若何？仁者若何？"颜渊对曰："知者自知，仁者自爱。"子曰："可谓明君子矣。"

子路问於孔子曰："君子亦有忧乎？"孔子曰："君子，其未得※（《集解》：得谓得位）也，则乐其意，既已得之，又乐其治，是以有终身之乐，无一日之忧。小人者，其未得也，则忧不得，既已得之，又恐失之，是以有终身之忧，无一日之乐也。"

法行篇第三十

公输不能加於绳墨，圣人不能加於礼。礼者，众人法而不知，圣人法而知之。曾子曰："无内人之疏而外人之亲，无身不善而怨人，无刑已至而呼天。内人之疏而外人之亲，不亦远乎！身不善而怨人，不亦反乎！※（王念孙：反当为远，远当为反）刑已至而呼天，不亦晚乎！《诗》曰：'涓涓源水，不雍不塞。毂已破碎，乃大其辐。事已败矣，乃重太息。'其云益乎！"

曾子病，曾元持足。曾子曰："元志之！吾语汝。夫鱼鳖鼋鼍犹以渊为浅而堀※（俞：堀下当有穴字）其中，鹰鸢犹以山为卑而增巢其上，及其得也，必以饵。故君子苟能无以利害义，则耻辱亦无由至矣。"

子贡问於孔子曰："君子之所以贵玉而贱珉者何也？为夫玉之少而珉之多邪？"孔子曰："恶！赐，是何言也！夫君子岂多而贱之，少而贵之哉！夫玉者，君子比德焉。温润而泽，仁也；缜※（王引之：缜字衍）栗而理，知也；坚刚而不屈，义也；廉而不刿，行也；折而不挠，勇也；瑕适并见情也；※（《管子》：瑕适并见精也。尹之章注：瑕适玉病也），扣之，其声清扬而远闻，其止辍然，辞也。故虽有珉之雕雕，不若玉之章章。《诗》曰：'言念君子，温其如玉。'此之谓也。"

曾子曰："同游而不见爱者，吾必不仁也；交而不见敬者，吾必不长也；临财而不见信者，吾必不信也。三者在身，曷怨人！怨人者穷，怨天者无识。失之己而反诸人，岂不亦迂哉！"

南郭惠子问於子贡曰："夫子之门，何其杂也？"子贡曰："君子正身以俟，欲来者不距，欲去者不止。且夫良医之门多病人，隐栝之侧多枉木，是以杂也。""君子有三恕。※（宋本有孔子曰三字）有君不能事，有臣而求其使，非恕也；有亲不能报，有子而求其孝，非恕也；有兄不能敬，有弟而求其听令，非恕也。士明於此三恕，则可以端身矣。"

孔子曰："君子有三思，而不可不思也。少而不学，长无能也；老而不教，死无思也；有而不施，穷无与也。是故君子少思长则学，老思死则教，有思穷则施也。"

哀公篇第三十一

鲁哀公问於孔子曰："吾欲论吾国之士，与之治国，敢问何如取之邪？"孔子对曰："生今之世，志古之道，居今之俗，服古之服，舍此而为非者，不亦鲜乎！"哀公曰："然则夫章甫、絇屦、绅※（《大戴记》：绅下有常字）而搢笏者，此※（俞：此当作比，皆也）贤乎？"孔子对曰："不必然。夫端衣※（《集解》：端衣等者，所以祭也）、玄裳、絻而乘路者，志不在於食荤；斩衰、菅屦、杖而啜粥者，志不在於酒肉。生今之世，志古之道，居今之俗，服古之服，舍此而为非者，虽有，不亦鲜乎！"哀公曰："善！"

孔子曰："人有五仪※（《集解》：仪，等也）：有庸人，有士，有君子，有贤人，有大圣。"哀公曰："敢问何如斯可谓庸人矣？"孔子对曰："所谓庸人者，口不能道善言，心不知色色；※（郝：邑与悒同，忧违短气貌）不知选贤人善士托其身焉以为己忧，勤※（勤，《大戴记》作动）行不知所务，止立不知所定；日选择於物，不知所贵；从物如流，不知所归；五凿为正，心从而坏：如此。则可谓庸人矣。"哀公曰："善！敢问何如斯可谓士矣？"孔子对曰："所谓士者，虽不能尽道术，必有率也；虽不能遍美善，必有处也。是故知不务多，务审其所知；言不务多，务审其所谓；行不务多，务审其所由。故知既已知之矣，言既已谓之矣，行既已由之矣，则若性命肌肤之不可易也。故富贵不足以益也，卑贱不足以损也。如此，则可谓士矣。"哀公曰："善！敢问何如斯可谓之君子矣？"孔子对曰："所谓君子者，言忠信而心不德，仁义在身而色不伐，思虑明通而辞不争，故犹然如将可及者，君子也。"哀公曰："善！敢问何如斯可谓贤人矣？"孔子对曰："所谓贤人者，行中规绳而不伤於本※（郝：本、本真也），言足法於天下而不伤於身，富有天下而无怨财，布施天下而不病贫。如此，则可谓贤人矣。"哀公曰："善！敢问何如斯可谓大圣矣？"孔子对曰："所谓大圣者，知通乎大道，应变而不穷，辨乎万物之情性者也。大道者，所以变化遂成万物也；情性者，所以理然不※（然不，犹然否）取舍也。是故其事大辨※（王念孙：辨读为遍）乎天地，明察乎日月，总要万物於风雨，缪缪肫肫，其事不可循※（《大戴记》作穆穆纯纯，其莫之能循），若天之嗣※（王念孙：嗣读为司，主也），其事不可识，百姓浅然不识其邻。若此，则可谓大圣矣。"哀公曰："善！"

鲁哀公问舜冠於孔子，孔子不对。三问，不对。哀公曰："寡人问舜冠於子，何以不言也？"孔子对曰："古之王者，有务而拘领者矣，其政好生而恶杀焉，是以凤在列树，麟在郊野，乌鹊之巢可俯而窥也。君不此问而问舜冠，所以不对也。"

鲁哀公问於孔子曰："寡人生於深宫之中，长於妇人之手，寡人未尝知哀也，未尝知忧也，未尝知劳也，未尝知惧也，未尝知危也。"孔子曰："君之所问，圣君之问也。丘，小人也，何足以知之？"曰："非吾子无所闻之也。"孔子曰："君入庙门而右，登自阼阶，仰视榱栋，俛见几筵，其器存，其人亡，君以此思哀，则哀将焉而不至矣？君昧爽而栉冠，平明而听朝，一物不应，乱之端也，君以此思忧，则忧将焉而不至矣？君平明而听朝，日昃而退，诸侯之子孙必有在君之末庭者，君以思劳，则劳将焉而不至矣？君出鲁之四门以望鲁四郊，亡国之虚则必有数盖焉，君以此思惧，则惧将焉而不至矣？且丘闻之：君者舟也，庶人者水也。水则载舟，水则覆舟，君以此思危，则危将焉而不至矣！"

鲁哀公问於孔子曰："绅、委、章甫，有益於仁乎？"孔子蹴然曰："君号然也！资衰、苴杖者不听乐，非耳不能闻也，服使然也。黼衣、黻裳者不茹荤，非口不能味也，服使然也。且丘闻之：好肆不守折，长者不为市。窃其有益与其无益，君其知之矣。”

鲁哀公问於孔子曰：“请问取人？”孔子对曰：“无取健，无取詌，无取口啍。※（《外传》：詌作佞，口啍作口谗，当作口馋，锐也），健※（《外传》：作健骄也），贪也；詌乱也；口啍，诞也。故弓调而后求劲焉，马服而后求良焉，士信愨而后求知能焉。士不信愨而有多知能，譬之其豺狼也，不可以身尔也。语曰：‘桓公用其贼，文公用其盗。’故明主任计不信怒，暗主信怒不任计。计胜怒则强，怒胜计则亡。”定公问於颜渊曰：“东野子※（王念孙：东野子当作东野毕）之善驭乎？”颜渊对曰：“善则善矣。虽然，其马将失。”定公不悦，入谓左右曰：“君子固谗人乎！”三日而校来谒，曰：“东野毕之马失。两骖列※（俞：裂断靷而去也，而骖在外故得自绝而去），两服入厩。”定公越席而起曰：“趋驾召颜渊！”颜渊至，定公曰：“前日寡人问吾子，吾子曰：‘东野毕之驭，善则善矣。虽然，其马将失。’不识吾子何以知之？”颜渊对曰：“臣以政知之。昔舜巧於使民而造父巧於使马；舜不穷其民，造父不穷其马，是舜无失民，造父无失马也。今东野毕之驭，上车执辔，衔体正矣；步骤驰骋，朝礼毕矣；历险致远，马力尽矣。然犹求马不已，是以知之也。”定公曰：“善！可得少进乎？”颜渊对曰：“臣闻之：鸟穷则啄，兽穷则攫，人穷则诈。自古及今，未有穷其下而能无危者也。”

尧问篇第三十二

尧问於舜曰：“我欲致天下，为之奈何？”对曰：“执一无失，行微※（郝：微隐也，行微如日月，盖日月之行，人之所不见也）无怠，忠信无倦，而天下自来。执一如天地，行微如日月，忠诚盛於内，贲於外，形於四海。天下其在一隅邪！夫有何足致也！”魏武侯谋事而当，群臣莫能逮，退朝而有喜色。吴起进曰：“亦尝有以楚庄王之语闻於左右者乎？”武侯曰：“楚庄王之语何如？”吴起对曰：“楚庄王谋事而当，群臣莫逮，退朝而有忧色。申公巫臣进问曰：‘王朝而有忧色，何也？’庄王曰：‘不谷谋事而当，群臣莫能逮，是以忧也。其在中蘬之言也，曰：“诸侯自为得师者王，得友者霸，得疑者存，自为谋而莫已若者亡”。今以不谷之不肖而群臣莫吾逮，吾国几於亡乎！是以忧也。’楚庄王以忧，而君以喜。”武侯逡巡再拜曰：“天使夫子振寡人之过也。”

伯禽将归於鲁，周公谓伯禽之傅曰：“汝将行，盍志而子美德乎？”对曰：“其为人宽，好自用※（《集解》：好自用，盖过事以身先人），以慎。此三者，其美德已。”周公曰：“呜呼！以人恶为美德乎！君子好以道德，故其民归道。彼其宽也，出无辨矣，女又美之。彼其好自用也，是所以窭※（窭，亦小也）小也。君子力如牛，不与牛争力；走如马，不与马争走；知如士，不与士争知。彼争者，均者之气也，女又美之。彼其慎也，是其所以浅也。闻之曰：无越逾不见士。※（俞：当作；闻之，无越曰，不见士）见士问曰：'无乃不察乎？'不闻，即物少至，少至则浅。彼浅者，贱人之道也，女又美之。吾语女：我，文王之为子，武王之为弟，成王之为叔父。吾於天下不贱矣，然而吾所执赞而见者十人，还赞而相见者※（《集解》：此者字衍）三十人，貌执之士者百有馀人，欲言而请毕事者千有馀人，於是吾仅得三士焉，以正吾身，以定天下。吾所以得三士者，亡於十人与三十人中，乃在百人与千人之中。故上士吾薄为之貌，下士吾厚为之貌。人人皆以我为越逾※（俞：逾衍，越过也）好士，然故士至，士至而后见物，见物然后知其是非之所在。戒之哉！女以鲁国骄人，几矣！夫仰禄之士犹可骄也，正身之士不可骄也。彼正身之士，舍贵而为贱，舍富而为贫，舍佚而为劳，颜色黎黑而不失其所，是以天下之纪不息，文章不废也。"

语曰："缯丘之封人见楚相孙叔敖曰：'吾闻之也：处官久者士妒之，禄厚者民怨之，位尊者君恨之。为相国有此三者而不得罪楚之士民，何也？'孙叔敖曰：'吾三相楚而心愈卑，每益禄而施愈博，位滋尊而礼愈恭，是以不得罪於楚之士民也。'"

子贡问於孔子曰："赐为人下而未知也。"孔子曰："为人下者乎？其犹土也？深抇之而得甘泉焉，树之而五谷蕃焉，草木殖焉，禽兽育焉；生则立焉，死则入焉，多其功而不息※（王引之：息当为德）。为人下者，其犹土也。"

昔虞不用宫之奇而晋并之，莱不用子马而齐并之，纣刳王子比干而武王得之。不亲贤用知，故身死国亡也。

为说者曰："孙卿不及孔子。"是不然。孙卿迫於乱世，鳍於严刑，上无贤主，下遇暴秦，礼义不行，教化不成，仁者绌约，天下冥冥，行全刺之，诸侯大倾。当是时也，知者不得虑，能者不得治，贤者不得使，故君上蔽而无睹，贤人距而不受。然则孙卿怀将圣之心，蒙佯狂之色，视天下以愚。《诗》曰："既明且哲，以保其身。"此之谓也。是其所以名声不白，徒与不众，光辉不博也。今之学者，得孙卿之遗言馀教，足以为天下法式表仪，所存者神，所过者化，观其善行，孔子弗过，世不详察，云非圣人，奈何！天下不治，孙卿不遇时也。德若尧、禹，世少知之。方术不用，为人所疑。其知至明，循道正行，足以为纪纲。呜呼！贤哉！宜为帝王。天地不知，善桀、纣，杀贤良。比干剖心，孔子拘匡；接舆避世，箕子佯狂；田常为乱，阖闾擅强。为恶得福，善者有殃。今为说者又不察其实，乃信其名。时世不同，誉何由生？不得为政，功安能成？志修德厚，孰谓不贤乎！

《周子通书》札记

诚上第一

诚者，圣人之本。大哉乾元，万物资始，诚之源也。乾道变化，各正性命，诚斯立焉。纯粹至善者也，故曰：一阴一阳之谓道，继之者善也，成之者性也。元亨，诚之通；利贞，诚之复。大哉易也，性命之源乎！

※朱子曰："问，诚者物之终始，而命之道也，曰，诚是实理，彻上彻下只是这个，生物都从那上做来。万物流形天地之间，都是那底做。"

又云："诚之通是造化流行未有成立之初，所谓继之者善诚之复。是万物已得此理而皆有所归藏之时，所谓诚之者性，在人则感而遂通者诚之通，寂然不动者诚之复。"

"继是静之终，动之始。"

诚下第二

圣，诚而已矣。诚，五常之本，百行之源也。静※（寂然不动，静虚）无而动※（感而遂通，动直）有，至正而明达也。五常、百行，非诚，非也，邪暗塞也。故诚则无事矣。至易而行难。果而确，无难焉。故曰："一日克己复礼，天下归仁焉。"

诚几德第三

诚无为，几善恶。德：爱曰仁，宜曰义，理曰礼，通曰智，守曰信。性焉安焉之谓圣。复焉执焉之谓贤，发微不可见、充周不可穷之谓神。

圣 第 四

寂然不动※（继是静之终动之始）者，诚也；感而遂通者，神也；动而未形、有无之间者，几也。诚精故明，神应故妙，几微故幽。诚、神、几，曰圣人。

慎动第五

动而正，曰道。用而和，曰德。匪仁、匪义、匪礼、匪智、匪信，悉邪矣。邪动，辱也；甚焉，害也。故君子慎动。

道 第 六

圣人之道，仁义中正而已矣。守之贵，行之利，廓之配天地。岂不易简，岂为难知，不守不行不廓耳。

师 第 七

或问曰："曷为天下善？"曰："师。"曰："何谓也？"曰："性者，刚柔善恶中而已矣。"不达。曰："刚善为义，为直，为断，为严毅，为干固；恶为猛，为隘，为强梁。柔善为慈，为顺，为巽；恶为懦弱，为无断，为邪佞。惟中也者，和也，中节也，天下之达道也，圣人之事也。故圣人立教，俾人自易其恶，自至其中而止矣；故先觉觉后觉，暗者求于明，而师道立矣；师道立，则善人多；善人多，则朝廷正而天下治矣。

幸 第 八

人之生，不幸不闻过，大不幸无耻。必有耻则可教，闻过则可贤"。

思 第 九

洪范曰：思曰睿，睿作圣。无思，本也；思通，用也。几动于彼，诚动于此。无思而无不通为圣人，不思则不能通微，不睿则不能无不通。是则无不通生于通微，通微生于思。故思者，圣功之本，而吉凶之机也。易曰："君子见几而作，不俟终日。"又曰："知几，其神乎！

志 第 十

圣希天，贤希圣，士希贤。伊尹、颜渊，大贤也。伊尹耻其君不为尧、舜，一夫不得其所，若挞于市；颜渊不迁怒，不贰过，三月不违仁。志伊尹之所志，学颜子之所学，过则圣，及则贤，不及则亦不失于令名。

顺化第十一

天以阳生万物，以阴成万物。生，仁也；成，义也。故圣人在上，以仁育万物，以义正万民。天道行而万物顺，圣德修而万民化。大顺大化，不见其迹、莫知其然之谓神。故天下之众，本在一人。道岂远乎哉？术岂多乎哉？

治第十二

十室之邑，人人提耳，而教且不及，况天下之广、兆民之众哉？曰：纯其心而已矣。仁、义、礼、智四者，动静、言貌、视听无违之谓纯。心纯则贤才辅，贤才辅则天下治。纯心要矣，用贤急焉。

礼乐第十三

礼，理也；乐，和也，阴阳理而后和。君君臣臣，父父子子，兄兄弟弟，夫夫妇妇，各得其理然后和，故礼先而乐后。

务实第十四

实胜，善也；名胜，耻也。故君子进德修业，孳孳不息，务实胜也；德业有未著，则恐恐然畏人知，远耻也。小人则伪而已。故君子日休，小人日忧。

爱敬第十五

有善不及，曰："不及则学焉。"问曰："有不善？"曰："不善则告之不善，且劝曰：'庶几有改乎，斯为君子。'有善一，不善二，则学其一劝其二。有语曰：'斯人有是之不善，非大恶也？'则曰：'孰无过？焉知其不能改？改则为君子矣！不改，为恶恶者。天恶之。彼岂无畏耶？乌知其不能改？"故君子悉有众善，无弗爱且敬焉。

动静第十六

动而无静，静而无动，物也；动而无动，静而无静，神也。动而无动，静而无静，非不动不静也。物则不通，神妙万物。水阴根阳，火阳根阴。五行阴阳，阴阳太极，四时运行，万物终始。混兮辟兮，其无穷兮。

乐上第十七

古者，圣王制礼法，修教化。三纲正，九畴叙，百姓大和，万物咸若。乃作乐以宣八风之气，以平天下之情。故乐声淡而不伤，和而不淫。入其耳，感其心，莫不淡且和焉。淡则欲心平，和则燥心释。优柔平中，德之盛也；天下化中，治之至也。是谓道配天地，古之极也。后世礼法不修，政刑苛紊，纵欲败度，下民困苦。谓古乐不足听也，代变新声，妖淫愁怨，导欲增悲，不能自止。故有贼君弃父、轻生败伦、不可禁者矣。呜呼！乐者，古以平心，今以助欲；古以宣化，今以长怨。不复古礼，不变今乐，而欲至治者，远矣！

乐中第十八

乐者，本乎政也。政善民安，则天下之心和。故圣人作乐，以宣畅其和心，达于天地，天地之气，感而大和焉。天地和则万物顺，故神祇格，鸟兽驯。

乐下第十九

乐声淡，则听心平；乐辞善，则歌者慕民。故风移而俗易矣。妖声艳辞之化也。亦然。

圣学第二十

"圣可学乎？"曰："可。"曰："有要乎？"曰："有。""请问焉。"曰："一为要。一者，无欲也。无欲。则静虚动直。静虚则明，明则通；动直则公，公则溥。明通公溥。庶矣乎！"

公明第二十一

公于己者公于人，未有不公于己而能公于人也。明不至，则疑生。明。无疑也。谓能疑为明。何啻千里！

理性命第二十二

阙彰阙微。匪灵弗莹，刚善刚恶，柔亦如之，中焉止矣。二气五行，化生万物：五殊二实，二本则一。是万为一，一实为万；万一各正，大小有定。

颜子第二十三

※朱苍陆书云："首二句言理，次三句言性，次八句言命。故其章内无此三字而特以三字命其章以表之。所谓灵所谓一者乃为太极，而所谓中者，乃气禀之得中与刚善、刚恶、柔善、柔恶者为五性，而属乎五行。初未尝以是为太极也。"

颜子，一箪食，一瓢饮，在陋巷，人不堪其忧，而不改其乐。夫富贵，人所爱也，颜子不爱不求，而乐乎贫者，独何心哉？天地间有至贵至爱可求而异乎彼者，见其大而忘其小焉尔！见其大则心泰，心泰则无不足，无不足则富贵贫贱处之一也。处之一，则能化而齐，故颜子亚圣。

师友第二十四

天地间，至尊者道，至贵者德而已矣。至难者得人，人而至难得者，道德有于身而已矣。求人至难得者有于身，非师友则不可得也已。

师友下第二十五

道义者，身有之，则贵且尊。人生而蒙，长无师友则愚。是道义由师友有之，而得贵且尊，其义不亦重乎！其聚不亦乐乎！

过第二十六

仲由喜闻过，令名无穷焉。今人有过，不喜人规，如护疾而忌医，宁灭其身而无悟也。噫！

势第二十七

天下，势而已矣。势，轻重也。极重不可反。识其重而亟反之，可也。反之，力也。识不早，力不易也。力而不竞，天也；不识不力，人也。天乎？人也，何尤！

文辞第二十八

文，所以载道也。轮辕饰而人弗庸，徒饰也，况虚车乎？文辞，艺也；道德，实也。笃其实，而艺者书之，美则爱，爱则传焉。贤者得以学而至之，是为教。故曰："言之无文，行之不远。然不贤者，虽父兄临之，师保勉之，不学也，强之不从也。不知务道德，而第以文辞为能者，艺焉而已。噫！弊也久矣！

圣蕴第二十九

不愤不启；不悱不发。举一隅不以三隅反，则不复也。子曰："予欲无言，天何言哉！四时行焉，百物生焉。"然则圣人之蕴，微颜子殆不可见。发圣人之蕴，教万世无穷者，颜子也。圣同天，不亦深乎！常人有一闻知，恐人不速知其有也，急人知而名也，薄亦甚矣！

精蕴第三十

圣人之精，画卦以示；圣人之蕴，因卦以发。卦不画，圣人之精不可得而见；微卦，圣人之蕴殆不可悉得而闻。易，何止五经之源？其天地鬼神之奥乎！

乾损益动第三十一

君子乾乾不息于诚，然必惩忿窒欲、迁善改过而后至。乾之用，其善是，损益之大莫是过，圣人之旨深哉！"吉凶悔吝生乎动"。噫！吉一而已，动可不慎乎！

家人睽复无妄第三十二

冶天下有本，身之谓也；治天下有则，家之谓也。本必端，端本，诚心而已矣，则必善，善则，和亲而已矣。家难而天下易，家亲而天下疏也。家人离，必起於妇人。故睽次家人，以二女同居而志不同行也。尧所以厘降二女於妫汭，舜可禅乎？吾兹试矣。是治天下观于家，治家观身而已矣。身端，心诚之谓也。诚心复其不善之动而已矣。不善之动，妄也；妄复则无妄矣；无妄则诚矣。故无妄次复，而曰先王以茂对时育万物，深哉！

富贵第三十三

君子以道充为贵，身安为富，故常泰无不足。而铢视轩冕，尘视金玉，其重无加焉尔！

陋第三十四

圣人之道，入乎耳，存乎心，蕴之为德行，行之为事业。彼以文辞而已者，陋矣！

拟议第三十五

至诚则动，动则变，变则化。故曰：拟之而后言，议之而后动，拟议以成其变化。

刑第三十六

天以春生万物，止之以秋。物之生也，既成矣，不止则过焉，故得秋以成。圣人之法天，以政养万民，肃之以刑。民之盛也，欲动情胜，利害相攻，不止则贼灭无伦焉。故得刑以治。情伪微暧，其变千状。苟非中正明达果断者，不能治也。讼卦曰："利见大人，"以刚得中也。噬嗑曰："利用狱"。以动而明也。呜呼！天下之广，主刑者，民之司命也。任用可不慎乎！

公第三十七

圣人之道，至公而已矣。或曰："何谓也？"曰"天地至公而已矣。"

孔子上第三十八

春秋，正王道，明大法也，孔子为後世王者而修也。乱臣贼子，诛死者於前，所以惧生者於後也。宜乎万世无穷，王祀夫子，报德报功之无尽焉！

孔子下第三十九

道德高厚，教化无穷，实与天地参而四时同，其惟孔子乎？

蒙艮第四十

童蒙求我，我正果行，如筮焉。筮，叩神也，再三则渎矣，渎则不告也。我正果行，如筮焉。筮，叩神也，再三则渎矣，渎则不告也。山下出泉，静而清也。汨则乱，乱不决也，慎哉，其惟时中乎！艮其背，背非见也；静则止，止非为也，为不止矣。其道也深乎！

《老子》札记

老子总目

※魏源《本义》共六十七章，河上本八十一章，曰"上经法天，天数奇，其章三十七；下经法地，地数偶，其章四十四"。严遵又分七十二章，上篇四十，下篇三十二，初非本旨，乃至逐章为之名皆非，唐玄宗改定章句，以上篇言道，下篇言德，尤非。（严君平著《道德指归》，王弼旧本分七十九章）。

道德经上篇

道德经下篇

经典释文

※日武内义雄《老子原始》以为老子一书集法家、纵横家、兵家和黄帝书而成，大概出在秦汉之际。然有人以为老子本人或比孔子为早，《论语》舜禹有天下而不与，尧之为君民无能名，以及无为而治其舜也，与之说皆受老子之影响。

※梁漱溟《东西文化及其哲学》："中国形而上学所讲为变化问题，绝非静体的。如老子所说'有物混成，先天地生'似很近于具体，且老子的道理终究不在静体，他原亦出于古代易理—归藏—而讲变化的。

※惠栋《易例》：易道刚胜而柔危，故尚刚。道家则不然，乃曰刚强者死之徒，此儒道之别也。夫子曰吾未见刚者。子路问强，圣门皆尚刚也。

※朱一新《无邪堂问答》：老氏书所赅者广，名法杨墨庄列兵法，莫不本之，故老子为异端之宗，其"谷神""元牝"诸言，则神仙家所自出而本旨与神仙绝异。《隋志》二家亦分叙。《通志校雠略》尤详言之。西汉时若文成等，皆别称方士，未尝托诸黄老。自桓帝好祠，黄老乃渐混淆，后张鲁、于吉之徒，妖言惑众，神仙始混于黄老。"天地不仁"、"绝圣弃知"为法家所自出，而本旨与法家绝异。"欲歙固张"为兵权谋家所自出，而本旨与权谋绝异。

※津田左右吉云：《论语》、《孟子》中除记孔孟之行动外，其人格亦彷佛而现，而在《老子》内却认不出有那样一个人物的面貌来，止不过是格言的以道出某一种思想的书罢了……《老子》乃是从老于世故的人所体验得来的精巧的处世术，而其根底上，则有功利主义和利己

主义的存在，故屈乃所以求伸，无为乃期于有所成，无欲乃期于有所得。（荀子之全体思想之为功利主义，与老子其轨一也。可参照王霸强国篇等。故荀之门下有韩非出，其论说含老子思想之分子，固非偶然）……《礼运》大同之说，孔子《闲居》中的"无声之乐"等无不是道家的一种表现法。

※《淮南》，《道应训》似韩非之《喻老》。

※《盐铁论》一引老子曰：贫国若有余，非多财也，嗜欲众而民躁也。

※陈柱考据耳，不明道本，其《老子集训》徒就其坎井之识，以集众说，不备不当，万有文库本老子注更多曲解，魏默深《本义》则时有精义。

老子道德经上篇

华亭张氏原本

晋王弼注　　（编者按：限于篇幅，并为了读者阅读方便起见，此注已全部省略，请见谅）

一章※（河上本论德章）

道，可道※（《淮南·本经训》："至人钳口寝说，天下莫知，贵其不言也。故道可道非常道"，则以"道"为言词），**非常道**※（《解老》：理定而后物可得道。定理有存亡死生盛衰，不可谓常。唯夫与天地之剖判俱生，至天地之消散不死不衰者谓常）。**名，可名，非常**※（俞樾："常"古通"尚"亦可通。断句力主"无""有"句是也）**名。**※（严复：常道常名，无对待故，无有文字言说故，不可思议故。不言无物而白无欲，物之成必有欲，物果而欲因也）**无名，天地之始；有名，万物之母。**※（按无名天地始，本体论。有名万物母，现象论也，本与万殊不一不异。故曰同，此同乃可曰玄也。此言法与法性殊清晰，亦可见其思想应后于庄子）**故常无欲**※[（陈柱：欲，读如《知北游》"欲言而忘其所言"之欲。谓无思虑意识，终觉勉强。徼，万物分界也。（马叙伦训作空非）），]※（司马光、王安石、苏辙无名无欲四句皆以有无为逗。按下文云：万物生于有，有生于无。可以注此，则有无断句正常无常有。即承以立立说，否则欲字起得突兀无据，且无有转无欲有欲摄义宽）**以观其妙，常有欲以观其徼。此两**※（按：两者与徼说，下既云同谓之无，则应两者同为句）**者同出而异名，同谓之玄。玄之又玄，众妙**※（妙古作眇，成也）**之门。**※（《本义》恐岐有无为二，而后以同谓之玄，浑徼于妙总括之，惟夫心融神化，与道为一而至于玄之又玄。则从徼之间无非众妙。吴澄：观妙之妙道也，妙之一本者，众妙之妙，德也。妙之散殊者）

二章※（河上公本以此为养身章）

天下皆知美之为美，斯恶已；皆知善之为善，斯不善已。※（《本义》美善而使天下皆知其美善，则时相与市之讥之而不可常矣。此亦犹有无难易之类）**故有无相生，难易相成，长短相较**※（罗振玉：各本皆作长短相形，释文依玉本作较），**高下相倾，音声相和，前后相随。是以圣人处无为**※（按无为，不言，则无端倪斯免于相较相形）**之事，行不言之教，万物**※（马叙伦：万物等下二十八字，皆五十一章之文，复出。陈柱云：马说非此二十八字在以百姓为刍狗下。天地之句其犹等另为一章，按阵说是也。否则文义不相应）**作焉**※（作焉而不辞，言万物作焉而后应之不辞耳）**而不辞**※（俞樾："不辞"犹不言），※（顾观本，龙兴碑本，均作万物作而不为始，误）**生而不有，为而不恃，功成而弗居。夫唯弗居，是以不去。**※（《本义》有居则有去，苟在已无居，夫将安去）

三章※（河上公本安民章）

不尚贤※（按此承上章而来，"尚"则天下皆知美之为美也。严复曰：黄老为民主治道，尚贤君主治要也，曲解，盖民主亦须尚贤），**使民不争；不贵难得之货，使民不为盗；不见可欲，使民心不乱。是以圣人之治，虚其心，实其腹；弱其志，强其骨。**※[《本义》民心之不虚者，以其有可尚可贵可欲之事也。志之所以不弱者，以其有争盗悖乱之萌也。心无外慕则虚，唅哺鼓腹，自无所纷其心，志无忿竞而弱，则努力于工作。（此陈说）]**常使民无知无欲。使夫智者不敢为也，为无为，则无不治。**※（一本作无不为《缪篆》云："为无为"分两者，谓有为者有不为者，则无不治）

四章※（河上公无原章）

※（严复：此章专形容道体，玩《或》及两《似》字方得之，盖道之为物本无从形容也。碑本或存作常存，河上本作若存）

道冲※（冲《说文》作盅，云器虚也。唐景龙碑作文），**而用之或不盈**※（《淮南》：或不盈作又弗盈，开元本似不盈，傅奕本作又不满）。※（陈柱：道读冲而用之读，非，当以道冲为读，冲即形容道体，而用之不盈也）**渊兮，似万物之宗。挫其锐，解其纷，**※（马其昶：锐所以解纷，今挫其锐以解纷，光所以出尘，今和其光以同尘，不盈之用如此）**和其光，同其尘。**※（谭献：五十六章亦有挫其锐四句疑羼误）※（马亦以为五十六章之错简）**湛兮似或存。**※（碑本或存作常存，河上本作若存）**吾不知谁之子，象**※（罗运贤：象犹似也。帝王也。言似在天以前也。二十五章，有物混成先天地生。陈柱：只觉其似为造物之先而已，不能知其从谁所出）**帝之先。**※（《本义》：道之体本至也，而用之有能不盈者乎，则渊然其深。

物物而不物于物，似万物之宗矣，挫其锐则纷自解，和其光则尘自同，是其用之能不盈也，湛光若存则其体仍盏矣。世盛有斯人（体道之人）则体用一源复道之本然，象帝之先矣）

五章※（河上公本虚用章）

天地不仁※（陈柱：不仁，谓任其自然；刍狗，新陈代谢之物。又云，百姓当作百官解，以百官为刍狗，官府政教，不可因袭，此老子反对复古之说，故庄子诋儒之称先王说仁义），**以万物为刍狗；圣人不仁，以百姓为刍狗。**※（陈柱：此四句应别为一章，末两句亦然。《文选文赋注》引"间"作"门"。说文，有"闲"无"间"。闲，隙也）**天地之间，其犹橐龠乎？虚而不屈**※（严复：屈音掘，竭也。多言，《文子》引作多闻），**动而愈出。多言数穷，不如守中。**※（姚鼐：以多言守中，合下谷神为后章。《本义》：中者虚中，谓心也）

※《本义》合第五第六为一章。

六章※（河上公本成象章）

谷神※（钱基博曰："谷喻虚，神言伸。言神运于虚，体常不变，而不以形骸之有生灭，然非长生之说。"）**不死，是谓元牝**※（按，虚而神者亦不死，不死是谓元牝）。**元牝之门**※（《本义》："小则养生专气之术，大则虚灵顺应之道，唯牝能受能生，若夫受而不见其所以受，生而不见其所以生，则尤玄妙不测之牝也。万物皆从此门出，是即无名天地之始，有名万物之母，是常道也），**是谓天地根。绵绵若存**※（严复曰："以其虚故曰谷，以其因应无穷故称神，以其不屈愈出故曰不死，三者皆道之德也。然犹是可名之物，故不为根。乃若其所以出之，则真不二法门也。陈柱：此章言天地万物之本，不死非生，若生必有死，存而非存，故曰若存），**用之不勤。**※（《列子天瑞》引作黄帝书。陈柱：不勤、以生而不生，存而非存也。若是无物，则从幼而老，而衰而死，非用之不勤者矣）

七章※（河上公本韬光章）

天长地久。天地所以能长且久者，以其不自生，故能长生※（景龙本长生作长久）。※（严复：形器之物，莫不毁者。天下有自生之物而长生者乎？此采精练神之家，所以不攻而其说破也。凡读易老诸书，遇天地字面，只宜作物化观念，不可死向苍苍搏搏者作想。如遇圣人，亦只宜作聪明睿智有道之人观）**是以圣人后其身而身先**※（《本义》：岂养生家自私其身者所得托哉），**外其身而身存。非以其无私邪？故能成其私。**※（陈柱：如一宝器，私于一家则出于一家之外为失。私于一国则出于一国之外为失。此圣人所以无私以成其私也，或以阴谋释之误矣。按此亦"为无为"之意）

八章※（河上公本易性章）

上善若水。水善利万物而不争，处众人之所恶，故几于道。※（陈柱：居善地等七句当别为一章，李载赞云：皆圣人利物不争之实，非仍指水。罗振玉：景班等本"正"作政）**居，**※（按：居，存心，与等皆得当"善"则无所争故无尤）**善**※（严复：《周易》以善继性。《老子》以善几道。周茂叔曰：诚无为几善恶，皆至言也）**地；心，善渊；与，善仁；言，善信；正，**※（作政）**善治；事，善能；动，善时。夫唯不争，故无尤。**※（按：居善地等七句，诸家解不要。居善地者居以得地为善，或静也，余类推。仁，傅奕本作人）

九章※（河上公本运移章）

持而盈※（按：保持而盈益或自以为满足也）**之，不如其已。揣**※（马其昶：揣治也，景龙本等棁皆作锐）**而棁之，不可长保。金玉满堂，莫之能守。富贵而骄，自遗其咎。功遂身退**※（马其昶：又，功遂作"功成名遂"），**天之道。**

十章※（河上公本能为章）

载※（高延第：载即"其车既载"之载。魂阳灵而动，魄阴颛而静。二者相依则神志强）**营魄抱一，**※（《楚辞》："载营魄而登遐"。王注："抱我灵魂而上升也"）**能无离乎？专气致柔，能婴儿乎？涤除元览**※（张尔岐：元览即观妙观徼之观），**能无疵乎？**※（《本义》：至人外不为魄所滞。内不为气所使，其自治可谓善矣。又必加以涤除瑕垢之功，重以返藐内照之举，纯合自然无所疵）**爱民治国，能无知**※（河上本：知作为，俞越：云作无为，为雌无知者义胜）**乎？天门**※（一本：天门作天地）**开阖**※（苏子由：圣人于道既以治身，又推其余以治人，然皆以无心遇之。动静阴阳一开一阖，治乱废兴所从出。众人当此际患得患失，圣人循理知天命。故能为雌而不失时），**能无雌乎？明白四达，能无为乎？**※（各本均无"乎"字，古本能婴儿作"能如婴儿"。无雌，傅奕本作"为雌"）**生之、畜之，**※（马叙伦云：生之畜之下，与上文义不相应，为五十一章错简）**生而不有，为**※（罗振玉：和本"为"有作"知"，有仍作"为"）**而不恃，长而不宰。**※（尹复：黄老之道，民主固之所用也。故能长而不宰，无为而无不为。君主之国未有能用黄老者也。汉之黄老，袭而取之耳）**是为元德。**

※《庚桑楚，南荣趎》之问答纯释此文"抱一"相依之谓。陈柱：神魂精一，不惑于外物也。"儿子终日嗥而嗌不嗄"云云即奇气致柔之说"无卜筮而知吉凶"即涤除云览之说。"舍诸人而求诸已"即爱民治国之说。"交食乎地，交乐乎天"，即天门开阖之说。"儿子动不知所为行不知所之"即明白四达之悦。

※朱子：老子之学以虚静无为冲退自守为主。与庄生释氏不相蒙，而说者常欲合而一之，以为神常载魄，而无不之。此解老之蔽。

十一章※（河上公本无用章）

三十辐共一毂，当其无，※（朱熹：无，毂中空处。惟其中空，故能受轴而转运不穷）**有车之用；埏埴**※（吴伺：埏当作挺，长也，柔也。埴，《说文》：粘士也）**以为器，当其无，有器之用；凿户牖以为室，当其无，有室之用；故有之以为利，无之以为用。**※陈柱：木埴壁非空则三者不能用，然无木等则三者不能成，而空终不能赖之以为用。

十二章※（河上本检欲章）

五色令人目盲；五音令人耳聋；五味令人口爽；驰骋畋※（畋，各本均作田）**猎，令人心发狂；难得之货，令人行妨。是以圣人为腹**※（李嘉谋：腹者受而不取纳而不留，易足而无情。非如自之无厌，愈见而愈不足也）**不为目，**※（陈柱：圣人之治使之能实其腹而不迫于饥寒，弱其志而不惑于奢侈）**故去彼取此。**※（《本义》：不知足以取辱故行妨）

十三章※（河上本厌耻章）

宠辱若惊※（陈柱：谓人所以受宠辱若惊者。因以宠辱有上下之分，故有得宠失宠之惊，受辱亡辱之惊耳。使宠不以为宠，辱不以为辱，孰得而惊之乎。至于贵与大患，莫如有身。盖所贵莫如生。而生有不可得，大患莫如死，而死终不可免，然此皆以此身为己有者也。若知身为天地之委形，生非吾生，故生不足贵；死非真死，故死何足患。是贵以身为天下而常生于天下，爱以身为天下而长存于天下，故曰可寄可托。又：庄子所谓藏天下于天下。游于物所不得遁而皆存者，即此所谓以身为天下之说，如此则贵爱无穷，孰从而宠辱贵患之哉，此无身之惜也），**贵大患若身。**※（姚永概：二句古语放下文释之）**何谓宠辱若惊？**※（吴澄：人以为荣者，自知道者反观之，则辱也。有何可爱？而爱之者于此而惊焉，人以为大利者，自知道者反观之则大患也。是岂足贵，而贵之者于此而身焉，是故被宠至卑下耳，而得失动心，身外之物至轻耳。而若与身俱有，则惑之甚也。吕惠卿：宠者畜于人者也。下道也。宠而有其宠，则辱矣。吾之所以有辱者，以吾有惊，即惊其得，复惊其失。若吾无惊，吾有何辱？）**宠为下，得之若惊，失之若惊，是谓宠辱若惊。**※（俞樾：陈景元，李道纯本均作"何谓宠辱若惊，宠为上，辱为下"。可据以订正）※（《本义》倚人之宠以为重，而适以自轻，若果能自重，则虽荣以天下而不肯轻以身处之矣。徇外之求以自奉，而适以自若，若诚能自爱，虽付以天下而惜以身任之矣。如此则若以身寄托于天地之间，盖有天下而不与焉。直若寄焉而已。淮南引老子此语，而证以太王去邠，是也。夫不能宠者复何辱之有，身外无所贵者，夫何

患之自取哉。赞按此三说是也）**何谓贵大患若身？吾所以有大患者，为吾有身，及**※
（"及"傅奕作"苟"）**吾无身，吾有何患？故贵以身为天下，若可寄天下；爱以身
为天下，若可托天下。**※（宋河上本若字均作"者则"二字。又：寄托下均有于字）

十四章※（河上本赞元章）

视之不见，名曰微；听之不闻，名曰希；搏※（搏，各本作搏）**之不得，
名曰微。此三者不可致诘，故混而为一。其上不皎，其下不昧，绳绳不可名，**※
（傅本：其上有"一者"二字。上下之下有"之"字。一本皦作皎，绳下有"弓"字）**复
归于无物。是谓无状之状，无物之象，**※（苏子由本作复归于无象）**是谓惚恍**※（龙
兴碑无是谓惚恍一语。《毕沅》云：河上本作惚恍，王弼作惚恍罗振玉云：景龙等三本均作
"忽恍"。《陈柱》：新定章句作"芴芒"。景龙本御作语，能作以，纪作己）。※（李嘉谋：
惚恍者出入变化，不主故常之谓）**迎之不见其首**※（严复：见首尾必有穷之物。道与宇
宙皆无穷者也，何由见之），**随之不见其后。**※（严复：然则道终不可见、不可闻、不
可搏乎？曰可，唯同于夷希微者能之）**执古之道，以御今之有。**※（陈柱："随之不
见其后"以上形容道体，"执古之道"以下言执古御今，义不相蒙，应看为一章）**能知古
始，是谓道纪。**※（赞按：道常故执古可以御今，既能御今，则知古始者斯得道纪）

※陈柱：此言道之本体，夷希微之称。办不过强字以至小之名尔。夫既不可见闻，则无分
于视听与搏矣。故曰不可致诘混而为一。混而为一，此所谓道也。不为形器所围，视之而不可
见，故曰不皦。皦，明也，然物由之而见故曰不昧。《解老》：道虽不可闻见，圣人执其见功以处
见其形，故曰无状之状无物之象。

十五章※（河上本显德章）

古之善为士※（傅奕本作为道，俞樾云：河上注云：得君道，"士"当为"上"。《文子·
上仁》引作"为天下"）**者，微妙元通，深不可识。夫唯不可识，故强为之容。**※
（容，客之误。陈柱云：王注有云夫晦以理物则得明。故应有"孰能晦，以理之徐明"句下文
当为"孰能浊，以静之徐清；孰能安，以动之徐生"）**豫焉若冬涉川，犹兮若畏四邻，俨
兮其若容，涣兮若**※（陈柱：最当注意"若"字。其曰若浊，则原非浊而为新鲜，本自新鲜，
非阴谋以取之。不过居新鲜盛全之地，而以若浊若朴之态度，不以阶级凌人，炫人。使民心不
乱，此老子内强外柔之术。又使民之晦者而能明等之道，在乎理之、静之、动之。孰能言其难
能也，此道徐明徐清徐生之道）**冰之将释，敦兮其若朴，旷兮其若谷，混兮其若浊。**
※[《文子·上仁篇》："豫焉若冬涉者川。不敢行也（退不敢先），犹弓者若畏四邻者，恐自伤
也。（守柔弱不敢矜）俨弓若客者谦恭敬也。涣弓若人人之液者，不敢积藏也。敦弓其若朴者，

不敢廉成也。（自损弊不敢坚。）混弓其弱浊者，不敢清明也。（处浊辱不敢新鲜也。）广弓其若谷者不敢盛盈也。（见不足而不敢自贤）失道退故先，守柔弱故能矜，自卑下故能高人，自损弊故实坚，自亏缺故盛全，处浊辱故新鲜，见不足故能贤，道无为而不为也┃**孰能浊以静之徐清，孰能安以久动之徐生。**※（景龙本无文字，三句文法本同也，河上本作"孰能浊以止，静之徐清；孰能安以久，动之徐生。"《本义》从之。碑本作"能敝而复成"是也）**保此道者不欲盈。夫唯不盈，故能蔽不新成。**※（马其昶：不必新成，难蔽犹成。陈柱：虽蔽而不能使之复成，则浊可使复清，乱可使复治）

十六章※（河上本归根章）

致※（"致"，宋河上本作至）**虚极，守静笃。**※（马其昶：以上所云皆致虚守静之事，以下推言其功效之所暨）**万物并作，吾以观复。夫物芸芸，各复归其根。归根曰静，**※（碑本"是谓"并作"静曰"。《在宥》作：万物云云，各复其根）**是谓复命。复命曰常，**※（陈柱：《庄子·在宥》"各复其根而不知，即老子所谓静也。"终身不离"即老子所谓"复命曰常）**知常曰明。不知常，妄作凶。知常容，容乃公，公乃王，王**※（据：王注：王乃周之误，而天亦大之伪也）**乃天，天乃道，道乃久，没身不殆。**※┃《本义》：虚无欲，无欲则静。学道而至于虚，虚而至其极。则其守静也笃。凡有起于虚，动起于静，故万物虽并动，本归于虚静。是物之极笃也。第众人，息而后见其复，衰而后见其根，唯知道虚静之至，见其所作（芸芸）乃其所以复也。知作者之皆妄，而静者为常，则执性命以群物，常有而常无，常作而常静，知几之谓，命矣，何妄作之凶乎？┃

十七章※（河上本淳风章）

太上，下※（陈柱：审文以有"不"字为长）**知**※（胡适云："日本本知上有不言"）**有之；**※（《韩非·难三》云："民知诛罚之皆起于身也，故习功利于业而不受赐于君。太上下智有之。此言太上之下民无说也。"）※（陆希声：太古有德之君，无为无迹，下民知有之而已。……若夫在上行不言之教，而及其成功百姓各遂其性，皆曰，我自然而然，则亲誉畏侮之心不生于世矣）**其次，亲而誉之；其次，畏之；其次，侮之。**※（各本"而"均作之。又侮字上无"其次"二字）**信不足**※（陈柱："信不足，有不信"与"由弓其贵言哉"各列为一章。马叙伦：论义功成事遂十一字，乃三十七章之文）**焉**※（王念孙：河上本无下焉字，是"信不足"句，"焉有不信"句。焉于是也），**有不信焉**※（陈柱：两"焉"字均当删）。**悠**※（景龙本，"悠"作"由"。傅奕本作"犹"。言下有哉字）**兮，其**※（马其昶：其读为岂，信不足而盟誓作，是贵言也。若夫成功而民不知，岂贵言哉）**贵言。功成事遂，百姓皆谓我自然。**※（《本义》：合十七、十八、十九，为一章。云吴澄本通三章为一，于义为备）

十八章※（河上本薄俗章）

大道废，有仁义；※（陈柱：老子之意以为道德人人平等，无所比较。故不见有仁义。仁义之生，必人与人有不平等者相比较而后见也）**慧智**※（各本均作智惠。）**出，有大伪；六亲不和，有孝慈；国家昏乱，有忠臣。**

十九章※（河上本还淳章）

※（易顺鼎：《文子》引"绝学无忧"在"绝圣弃智"之上，疑古本如此）※（胡适云：当在十九章之末，"以为文不足"傅奕本作"以为文而未足也"）

绝圣弃智，民利百倍；绝仁弃义，民复孝慈；绝巧弃利，盗贼无有。此三者※（吴澄：三者指圣智等，自皇而降，渐渐趋文，以前此之文为不足，而各附着于所尚，是以废变而趋于末，而岂知大道之民，见素抱朴，质而已矣，如此则少私寡欲，何以文为。"赞"按应解云：此三者以之为文而求世治，则不足。故必合有所属，见素抱朴是矣）**以为文不足，故令有所属；见素抱朴，少思寡欲。**※（严复：以下三章，是老子哲学与近代哲学异道所在……夫物质而强之以文，老氏訾之，是也。而物文而返之使，老氏之术非也。盖前后二者之为术不同。而其违自然拂道纪则一，陈柱则云：此承上章之意，欲去仁义之世之有阶级时代，而反于道德之世之无阶级时代。倘使天下之人皆圣智，则圣智无所见矣。此亦绝圣弃智之法，老子之绝此意也。然人至不齐，此三者之文明，亦能使天下皆齐一满足乎？则当今天下之民有所属矣。于何属之，则见素抱朴少私寡欲是矣。如此则不惑天下之人以奢侈，而天下之人亦无有受阶级之压迫者）

二十章※（河上本异俗章）

※姚鼐：以首句属上章，而以此通下章为一，曰唯阿以下求道者之状，孔德之容以下得道者之实。

绝学无忧，唯之与阿※[刘师培：阿当作诃，大言而怒也。"若何"古本均作何若，按：唯阿善恶相去无几，故绝学而无忧。（于唯阿善恶中以求则有忧）]，**相去几何**※（《本义》：唯之与阿与未央七句，言世人为学多忧之事，众人熙熙至若遗，言己之无所欲于外。我愚人之心至似鄙，言己之不求知于内，末句正与章首句相应）？**善之与恶，相去若何？**※（陈柱："人之所畏"至"未央哉"以及为别是一章。荒兮末央叹可畏之大也，荒碑本作莽）**人之所畏，不可不畏。荒兮其未央哉！众人熙熙，如享太牢，如春登台。**※（宋河上本注云：春阴阳交道，万物咸动，登台观之，志淫淫然）※（陈柱：此下别为一章。俞越云：河上作登春台，非此与十五章，如冬涉川一律）**我独泊兮**※（泊一作怕，付奕作魄，释文作廊，孩作咳。）（马其昶：咳，笑也）**其未兆，如婴儿之未孩，儡儡**※（傅本作儡儡兮，若不足似无所归。河上本作乘乘，古本同）**兮，若无所归。**※（陈柱：无为无欲，若遗失之者）**众人皆有余，而我独若遗。我愚人之心也哉，沌沌**※（"沌沌"，称文作忳忳。俗人，河上作众人）**兮**※（罗运贤：以"沌沌兮"三字属众人有余之上）。**俗人昭昭，我独昏昏。俗人察察，我独闷闷。**※（古本"昏昏"作"若昏"，"闷闷"作"若闷"）**澹兮其若海，**※（河上本作忽兮若海。严遵作忽兮若晦。释文作飘，古本作寂兮似无所止）**飂兮若无止。众人皆有以，而我独**※（傅本作"我独顽且鄙"，又独下有"欲"字证以王注，是也）**顽似**※（俞曲园：似当读为以）**鄙。我独异于人，而贵食**※（刘师培：食当作得。朱声生：疑为德。孙诒让：德食二字隶形近而误）**母。**※（陈柱：食母，生之本也。谓我独贵生民之本。此章"如""若"等字亦不可忽视）

※（《本义》：德者万物之母，道又德之母。绝忧畏之学，正所以贵食母之学也。食母见内则篇，即乳母也。贵食母者，即婴儿未咳之义）

二十一章※（河上本虚心章）

孔德※（河上本注：孔方也，有大德之人。无所不容。《说文》：孔，道也，嘉美之义）**之容，惟道是**※（傅本："是"作"之"）**从。道之为物，惟恍惟惚。惚兮恍兮，其中有象；恍兮惚兮，其中有物；窈兮冥兮，其中有精；**※（陈柱：据傅奕等本作"唯芒唯芴。芴兮芒，中有象；芒兮芴，中有物。窈兮冥中有精"）**其精甚真**※（碑本无"其精甚真"四字），**其中有信。**※（严复：有象之物，方圆是也；有物之物，金石是也；有精之物，草木虫人是也）※（以希夷微之德而涵三有：甚精，故可以观妙；有信，故可以观微；为一切之因而有果可验，物之真信，孰逾此者）**自古及今，其名不去，以阅**※（庄子：天地作"众父"说，阅之讹。傅本、闵本"状"作"然"）**众甫**※（王道：众甫与化迁流，道则终古自若，故常主万象以传舍之阅过客然）。**吾何以知众甫**※（陈柱：可以为众父父，而后可以阅众父）**之状哉？**※（《本义》：言盛德之容，皆自道中出也。恍忽似有似无，窈冥则全不可见，此皆言道之无也。有物有象者德之容，犹言粗也。《广雅》甫众也。众甫犹言万有）**以此。**

二十二章※（河上本益谦章）

※严君子：老子指归，谷神子注，以本章末十七字属下章。姚鼐：通下二章为一。

"曲则※（马其昶：则犹而也）**全，枉则直**※（直，傅本作正），**洼则盈，敝则新，少则得，多则惑。"是以圣人抱一为天下式。**※（吕惠卿：天下之物惟水为几于道，涓源滥觞而卒会乎海，曲则全也。避碍万折而必东枉则真也，善下而百谷归之。洼则盈也，受天下之垢而莫清焉。敝则新也。唯抱一者足以语比，故曰少得多惑）**不自见**※（马叙伦：不自见等四句当在二十四章"自矜者不长"下。陈柱云：非，否则复赘，唯"夫唯不争"等十二字当在六十八章耳。河上本不争作"不矜"），**故明；不自是，故彰；不自伐，故有功；不自矜，故长。夫唯不争，故天下莫能与之争。古之所谓"曲则全"者，岂虚言哉！诚全而归之。**

※《本义》：目至明而不自见，人之不自是自矜自伐亦犹是也。能是者无他。抱一则无我，无我则不争，故天下乐推而曲全之。"曲则全"盖古有是语，而老子述之。

二十三章※[河上本虚无章（《本义》：从吴澄本与下章合而为一）]

※（奚侗：以文例求之，必有偶语，上下或有脱简）**希言自然。**※（马其昶：希言自然，即所谓不言之教无为之事。孔曰："予欲无言"希言也。"天何言四时行百物生"自然也）**故**※（故与夫通）**飘风不终朝，骤雨不终日。孰为此者？天地。天地尚不能久，而况于人乎？故从事于道者，道者同于道**※（日本本《治要》引此作"天地尚不能久，而况于人乎，故从事于道"。则治要所据本道下亦当有道者二字）；**德者，同于德；失者，同于失。同于道者**※（古本不叠"道者"二字），**道亦乐得之；同于德者，德亦乐得之；同于失**※（马其昶：老尚道德，下仁义礼，失即指仁义礼也。老薄之，薄其自分别，自矜异耳，若本玄同之道以从事焉，人亦未尝不乐得云也）**者，失亦乐**※（傅本：此数句无同字、乐字，又古本无"乐"字）**得之。**※（傅本作"从事于道者。道者同于道；从事于德者，德者同于德；从事于失者，失者同于失。"）**信不足焉，有不信焉。**※（马叙伦：以此两句为十七章错简）※（陈柱：信不足焉二句，文义与上文不接。疑当在此句下，盖非自然，则有不信；不信，故有言；多言必穷，故下引飘风等为喻）

※陈柱：以"希言自然"别为一章，"故飘风"至"于人乎"为一章。"从事于道"以下又为一章。各本飘上无"故字"。

二十四章※（河上本苦恩章）

企※（河上本企作跂）**者不立，跨者不行**※（司马光曰：行形古字通用）。※（《本义》此言与道相反之失，观自见等四语与上章重出，一正言一反言也。希言而玄同，自然者也。风飘雨骤，立企行跨，食余行赘，皆非自然者也。道者德者失者，世上三等学人也，全自然之谓道，有得于自然之谓得，失之谓失，同于失者，所谓信不足也，失亦得之，所谓有不信也）**自见者不明，自是者不彰，自伐者无功，自矜者不长。其在**※（古本"其在"作"其于"无也字）**道也，曰余食**※（严复：余食，食而病者也。赘行，行而异者也）**赘行，物或恶之，故有道者不处。**

二十五章※（河上本象元章）

　　有物混成，先天地生。※（《晋书·纪瞻传》：顾彦先解："有物混成"二语云即易之太极。陈柱：混成即十四章混而为一之义）**寂兮寥**※（寥，傅本作"窦"，立下各本有"而"字）**兮，独立而不改，周行而不殆，**※（严复：无不至，不反则改，不反则殆，此化之所以无往不复）**可以为天地母。**※（《本义》：寂兮无声，寥兮无形，体独立而用周流，是则有名万物之母也）**吾不知其名，**※（《韩非》喻老释字上有"强"字）**字之曰道，强为之名曰大。大曰逝，逝曰远，远曰反。**※（《本文》：王者人道之尽而与天地同者也）**故道大，天大，地大，王亦大。域中有四大，而王**※（傅本，说文"王"字作"人"下同）**居其一焉。人法**※（熊季廉：法者有所范围而不可过之谓）**地，地法天，天法道，道法自然。**

二十六章※（河上本重德章）

　　重为轻根，静为躁君。※（严复：二语物理公例，执道御时，则常为静重者矣）**是以圣人**※（圣人，古本作君子）**终日行，不离辎重**※（李贽：有辎重则虽终日行而不为轻）。**※（李嘉谋：喻圣人终日无所不至而不离其本也）**虽有荣观，燕处超然。**※（《本义》：虽有荣华游观之地而不及超然燕处）**奈何**※（奈何，傅本作"如之何"）**万乘之主，而以身轻天下？轻则失本，躁则失君。**※（本，《永乐大典》作根，景龙等本作"臣"）

二十七章※（河上本巧用章）

　　善行无辙迹，善言※（行言等下，古本皆有"者"字）**无瑕谪，善数不用筹策，善闭无关楗而不可开，善结无绳约而不可解。是以圣人**※（陈柱：移六十二章"人之不善何弃之有"八字于"是以圣人"之上）**常善救人，故无弃人；常善救物，故无弃物。**※（《淮南》：作"故人无弃人"，"故物无弃物"）**是谓袭明**※（严复：庄曰因明，老曰袭明，因即袭也，《本义》救人而无救之之迹。岂非重袭不露之天明。袭明犹袭常也，盖知常曰明。夫世不藏其明者。救一人则已欲居其功，所以多弃人也）。**故善人者不善人之师，不善人者善人之资。不贵其师，不爱其资，虽智大迷。是谓要妙。**※（吴澄：不彰其不可名之名谓袭明，不分其两可名之名谓要妙）※（严复：得此而所为必成，所交必固，所保必安，是诚要妙）

二十八章※（河上本反朴章）

　　知其雄，守其雌，为天下溪。为天下溪，常德不离，复归于婴儿。※（王道：婴儿言其和，无极言其虚，朴言其质，皆指常德言，非守雌为溪之外，复有常德不离之功，常德之外，复有婴儿可归也）**知其白，守其黑，为天下式。为天下式，常德不忒，**※（《本义》：守雌不求胜，守黑不分别。守辱无歆艳。以道制器，则器反为朴，盖无为而为，自然而然，其视天下如庖丁解牛，虽宰制而未尝割裂其朴）**复归于无极。知其荣，守其辱，为天下谷。为天下谷，常德乃足。常德乃足，复归于朴。朴散则为器，**※（吕惠卿：朴者真之全而物之混成者也，唯其混成而未为器，故能大小曲直，无施不可。朴散则为器，器之为物，能大而不能小，能曲而不能直，故圣人用之以为而已，非乃公，公乃大之道也，若夫抱朴以制天下，其视天下之理犹庖丁之视牛，游刃有余，何事于割，故曰大制不割）**圣人用**※（用，俞樾曰当据王注改作"因"是也。解亦依王说为得。古本"制"作"剒"。傅本"不"作"无"）**之，则为官长。故大制不割。**

二十九章※（河上本无为章（陈柱本故物以下另为一章））

将欲取天下而为之，吾见其不得已※（《本义》：已，语词。为，谓作为也。执，谓把持……行者不期物之随而或自随之。是不为者未尝不得，响本期物之受而反受而吹之，是为者反未必得也。或强以自固，而有时自赢，或载之甚安而不意忽坠。是执之者未必不失也）。**天下神器，不可为也**※（《文选注》引《文子》引《老子》"不可为也"下有"不可执也"四字）。**为者败之，执者失之。**※（马叙伦："是以圣人无为故无败，无执故无失"六十四章应移于"执者失之"之下）**故物或行或随，或歔或吹，或强或赢，或挫或隳。**※（故或作夫，或作凡，"歔"河上本作"呴"一本作"嘘"，"挫"，一本作"载"，作"接"，傅本作"培"）**是以圣人去甚，去奢，去泰。**※（严复：验于诸或之中，知其不善者皆由于甚奢泰，是以去之）※（陆佃：去甚意也。去奢俭也，去泰不敢为天下先也）

三十章※〔（河上本俭武章（《本义》从吴澄、姚鼐本合而为一））〕

以道佐※（景龙本"佐"作"作"）**人主者，不以兵强天下，其事**※（陈柱："其事"至"凶年"乃下章错简）**好还：师之所处，荆棘生焉。大军之后，必有凶年。善有果而已**※（傅本作"善者果而已矣"古本无"敢"字），**不敢以取强。果而勿矜，果而勿伐**※（陈柱：治兵者以止戈济难为武），**果而勿骄，果而不得已，果而勿强**※（傅本："果而勿强"上有"是"字）。※（严复：不云胜而云果，有道之师胜乃有果。不道者无果）**物壮则老，是谓不道，不道**※（俞樾云：正与上文相应，当从之。"不道"古本作非道）**早已。**※（姚鼐："物壮"等十二字，衍文。以在下篇心使气曰强之下，故诵者误入此勿强句下也）

三十一章※（河上本偃武章）

※晁说之，王弼老子注，谓本章皆非《老子》本文。晁宋人犹及见之。今注文已缺，王道：本章似经注相间，疑古之义疏。

夫佳※（佳，当作"佳"，古"唯"字）兵者，不祥之器。物或恶之，※（陈柱："物或恶之"二字，乃二十四章错简，应删。"非君子之器"移"不祥之器"下。次接"其事好还"五句，而第二"兵者不祥之器"为衍文。"而美"古本作"若美"按陈柱之说，较李丛铭、陶方琦所订正者善。至谓"吉事尚左"以下践陋非《老子》原文。疑注之误入，似不可从）故有道者不处。君子居则贵左，用兵则贵右。兵者，不祥之器，非君子之器。不得已而用之，恬淡为上，胜而不美。而美之者，是乐杀人。夫乐杀人者，则不可得志于天下矣。吉事尚左，凶事尚右；偏将军居左，上将军居右，言以丧礼处之。杀人之众，以哀悲泣之，战胜以丧礼处之。※（"吉"字上，傅本有故字。"之众"，傅本作"众多"、"哀悲"作"怨哀"、"战胜"下有"则"字。"处"吴澄作"主"。奚侗：古以表礼处兵事，不必"战胜"也。末四句必系古注羼入）

三十二章※（河上本圣德章）

道常无名。朴※（苏子由：朴性也）※（严复：朴者物之本质，守朴，比不离辎重深一层，夫重静，朴之德也，为轻根，为躁君，我守其主，则美物安得不宾哉）虽小※（一不本无"朴虽小"三字。又：古本无"也"字，又一本守下无"之"字。"侯王"一作"王侯"、"万物"一作"天下"），※（陈柱：自"朴虽小"至"自均"三十五，移三十七章后而别为一章）天下莫能臣也。侯王若能守之，万物将自宾。※（《本义》：朴，其体希微而不可见，故无名，万物恃之以生，则天下孰敢臣其所自生，守之以主万物，孰敢不宾，如阴阳交和成雨露以生万物，虽无人使令而自徧，守其无名，始可以制有名而器生，复以有名守无名故朴不散，故道之在天下，犹水之在江海，自本而末。末而不离其本也。吴澄：始，道，名，德也）天地相合，以降甘露，民※（傅本"民"作"人"，均下有"焉"字）莫之令而自均。※（马其昶：既有君臣父子之名，即有所当止之。即《大学》云："为人君，止于仁；为人臣，止于敬三也。水止于江海则不溢，人止于道则不殆）始制※（焦竑：制者裁其朴而分之也。始本无名，制则有名矣，止者镇之以无名之朴）有名，名亦既有，夫亦将知止。知止可以※（古本无"可以"二字）不殆。譬道※（付本无"道"字。"于"作"与"）之在天下，犹川谷之于江海。※（此二句陈柱移六十六章之首）

三十三章※（河上本辨德章）

知人者智，自知者明；胜人者有力，自胜者强。知足者富。强行者有志。

不失其所※（一本所下有"止"字）者久。死而不亡者寿。

※李嘉谋：精神在外为智力，在内为明强，人所以不能入道者，以自见不明而为物所胜也。若由明则自不骛外，而能胜物，日久自然入道，所得不移，是谓不失其所，等视死生有如旦暮无古无今，浩然常在，是之谓寿。吴澄：老子之道以昧为明，以弱为强。而此章贵明强者何也。曰老子内非不明外若昧耳，内非不强外示弱耳。其昧弱治外之乐，其明强守内之方，其实一事也。

三十四章※（河上本任成章）

大道泛兮其可左右，※（严复：大道常道也，左右之名，起于观道者之所居）**万物恃之而生而不辞，功成不名有。**※（傅本作恃之"以生生而不辞，功成而不有"）**衣养**※（俞樾：河上本作"爱养"古字通）**万物而不为主。常无欲，可名**※（陈柱："名"字衍。"欲""故"字之伪）**于小；万物归焉而不为主，可名为大**※（"为大"古本均作"于大"，"为主"作"知主"。傅本作"以其终不自大"，古本一作"是以圣人终不为大"）。**以其终不自为大，故能成其大。**※（苏子由：汜兮无可无不可者大道也。吕惠卿：不为主而常无欲，无欲则妙之至者也，可名于小矣。陈柱：功成不居，故功成不明有，道本不可思虑，故曰常无欲可名于小。总之，盖谓大道无所不至，谓之左，右始终大小无不可。此所以为大也）

三十五章※（河上本仁德章）

执大象※（严复：大象道也），※（林希逸：无象之象）**天下往。往而不害，安平太。**※[（吕惠卿：无形者，大象也）。安，自由。平，平等。太，合群也]**乐**※（陈柱："乐"下别开一章）**与饵，过客止。道之出口**※（口，碑本作言），**淡乎其无味，视之不足见，听之不足闻，用之不足既**※（傅本乎作兮。河上本"不足既"作"不可既"）。※（高延第：歌舞饮馔过者遇之莫不留止，大道淡泊，故无味也，不足为饵；至道希夷，故无见闻，不足为乐也。然用而不殆，用之不尽）

三十六章※（河上本微明章）

将欲歙※（"歙"古作"翕"）**之，必固张之；将欲弱之，必固强之；将欲废之，必故兴**※（陈柱："兴"疑"举"之讹，与下予为韵）**之；将欲夺**※（"夺"喻老作"取"）**之，必固与之。是谓微明**※（《喻老》：起事于未形而要大功于天下，故曰微明）。※（《本义》：此言君子待小人之术。如太王事獯鬻，勾践事吴，是故有权宜以待小人。如有纲罟以待禽兽）**柔弱胜刚强**※（古本作"柔胜刚，弱胜强"）。※（苏子由：圣人岂有意为此以胜物哉，知势之自然而居其自然耳）**鱼不可脱于渊，国之利器，不可以示人**※（《说苑》："示人"作"借人"。陈柱：开末三句别为一章）。※（王道：圣人用之则为大道，奸雄窃之则为纵横之术。其

言甚于兵刃，故圣人不以利器示人）※（陈柱：此老子揭破阴谋家之术也。谓微明之术不可不留意，非也）

三十七章※（河上本为政章）

道常无为，而无不为。侯王※（"侯王"傅本作"王侯"。守下无之字）若能守之，万物将自化。化而欲作※（《本义》：欲作者欲生□动也），吾将镇之以无名之朴。无名之朴，夫亦将无欲※（"无欲"释之作"下欲"）。不欲以静，天下将自定。※（"定"古本作"正"）。※（严复：老子者民主之治之所用也。文物大盛，镇之所朴。此与卢梭正同而与他哲学家作用稍异）

老子道德经下篇
华亭张氏原本

三十八章※（河上本论德章）

上德不德，是以有德；下德不失德，是以无德。上德无为而无以为，下德※（苏子由：德有上下而仁义有上无下何也？下德在仁义之间，而仁义之下不足复言也。）为之而有以为。※（"上德"，"下德"下之"以"字，《解老》均作"不"。马其昶本作"下德无为而有以为"是也）上仁为之而无以为，上义为之而有以为。上礼为之而莫之应，则攘臂而扔※（刘师培："扔"当作"仍"，因也，攘与让同，谓因其肢体习为逊让，即复恭敬尽手足之谓。此言民虽不应圣人行礼，沿习不改）※（"扔"古本作"仍"）之。故失道而后德，失德而后仁，失仁而后义，失义而后礼。夫※（汪仲伊云：单用"夫"字，老子无此句法。上下篇但云夫唯。故夫乃失之误。"失礼"与前"前识"句对文）礼者，忠信之薄※（《韩非》："薄"，"华"下有"也"字。"首"、"始"下有乎字），而乱之首。前识者※（《解老》：先物行，先理动之谓前识，前识者无缘而忘意度也），道之华而愚之始。是以大丈夫※（《本义》：大丈夫宁守此道德之厚实而去彼理智之华薄）处其厚，不居其薄；处其实，不居其华。故去彼取此。※（《解老》：德者内也，德者外也，上德不德言其神不淫于外也……凡德者以无为集，以无欲成，以不思安，以不用固，为之欲之则德无舍。德无舍则不全，用之思之则不固。不固则无功，无功则生于德，德则无德不得则在有德，故曰上德不德是以有德）

三十九章※（河上本法本章）

※（《本义》：与下章合而为一。姚鼐：移后章道生一等二十五字于此章之首。而移贵以贱等

二十九字于后章人之所恶上。《本义》以为臆断无稽不明道德之本旨。）

昔之得一者：天得一以清，地得一以宁，神得一以灵，谷得一以盈，万物得一以生，侯王得一以为天下贞※（王念孙：贞，长也）※（"贞"古本作"正"）。※（严复：各得之一，即道之散见也。即德也）其致之※（"其致之"三字，傅本作"其致之一也"）：天无以清将恐裂，※（用一以致清耳，非用清以清也，守一则清不失用清则恐裂也，故为功之母，不可舍也，是以，皆无用其功，恐丧其本也）※（马叙伦云："是古注文"），地无以宁将恐发※（"发"，刘师培读为"废"），神无以灵将恐歇，谷无以盈将恐竭，万物无以生将恐灭，侯王无以贵高※（河上本"贵""高"下皆有"必"字。"本"古作"夳"指孤寡不谷言）※（傅本作"无以为贞而贵高"。刘师培云：当作"无以贞"，贞误贵，后人因增一高字是也），将恐蹶。故※（陈柱：故同夫，以下别为一章。与上文气不相蒙）贵以贱为本，高以下为基。是以侯王自谓孤寡不谷※（谷，善也。或曰作"穀"。不穀喻不能为车穀为众辐所凑也）。此非以贱为本邪？非乎※（陈柱：四十二章"人之所恶，唯孤寡不谷，而侯王以为称，移于"非乎"之下）？故致数※（陈柱："数"乃"致"之误衍。"誉"又误为舆。四十二章"故物凡损之而益，或益之而损"十二字移于"无誉"之上）舆无舆，不欲琭琭※（"琭琭"傅本作"碌碌"，古本作"禄禄"，"落落"，多也，多则人贱）如玉，珞珞如石。※（马其昶：人佩玉而弃石，故琭琭落落，显然易例，古之得一者，不欲妄生分别，故贵贱亲疏，一以视之）

四十章※（河上本去用章）（吴澄：通下二章为一章。姚鼐：通此与下章为一）

反者道之动，弱者道之用※（赞按：所谓用者动而有作用见于外者也）。天下万物※（"天下万物"傅本作"天下之物"）※（又：天下之物必有对待，反复变动不可究诘，此道之自然也，故曰反者道之动）生于有，有生于无。※（陈柱：《庄子》生也死之徒，死也生之始，此反所以道之动也。七十六章云：坚强者死之徒，柔弱者生之徒。此弱所以为道用也……推无之本义。原非与有对待之无，道隐而未形，故谓之无耳）

四十一章※（河上本同异章）

上士闻道，勤而行之；中士闻道，若存若亡；下士闻道，大笑之※（《牟子》等作"大而笑之"，大犹迂也）※（一本行下无"之"字）。不笑不足以为道。故建言有之※（傅本"有之"下有曰字）："明道若昧※（高延第：视之不见故若昧，为道日损故若退，和光同尘故若类。受天下之垢故若辱，己独取后故若不足。偷，苟且也。苟免于咎故若偷，光而不曜故谓渝。无圭异之行故无隅，不为先故晚成，听不闻视不见故无形。功成不居故无名），进道若退※（严复：学广则谦，识明则慎，自修而后悟平生之多过，故曰若昧若退若隐也。大音过乎听之量，大象过乎视之域）；夷※（易顺鼎：夷，平也。类不平也）道若类额※（"额"古本作"类"），上德若谷；大白若辱，广德※（"广德"吴澄本作"广得"）若不足，建德若偷※（陈柱：谷下也，偷，喻之借靡也，晚夆之借脱成犹无成）；质真※（傅本"质真"作"质直"）若渝，大方无隅，大器晚成，大音※（"大音"傅本作"大言"）希声，大象无形。"※（吴澄：此详言上章反者道之动也）道隐无名，夫唯道，善贷※（"贷"古本作"始"）且成。※（吕惠卿：道之实盖隐于无矣，唯其如此，故既以为人己愈有，既以与人己愈多，推其有余以贷物之不足，而无不赖之以曲成也）

四十二章※（河上本道化章）（吴澄本合下章为一）

道生一，一生二，二生三，三生万物。※（奚侗：《易》云：易有太极是生两仪。道与易异各同体，此云：一即太极，二即两仪。谓天地也。天地气合而生和。二生三也。和气合而生万物。三生万物也）万物负※（"负"，淮南作"背"）阴而抱※（傅本"抱"作"裒"。冲一本作"盅"，"人之所恶"下二十七字陈柱移上）阳，冲气以为和。※[马其昶：抱负犹向背也，阳先阴后也。本义人之生也柔弱，冲和之气未有不柔弱者，（死也刚强）故万物之生，必常不生此冲和之气而后得天之生道，反是则死道矣。此原弱所以为道之用也。赞王注据理而言，较长，然此章根本不类老氏说，于此亦可见其庞杂]※（张尔岐：一谓气，二谓阴阳，三谓阴阳会和之气。即所谓冲气也，万物负阴而抱阳，冲气以为和，即申说三生万物也）人之所恶，唯"孤"、"寡"、"不谷"。而王公以为称。故物或损之而益，或益之而损。人之所教，我亦教之：强梁者不得其死※（马其昶：周庙金人铭云："强梁者不得其死"，此古人所以教人者，吾亦教之，故举其语而赞之曰吾将以为教父，言当奉此铭若师保也），吾将以为教父※（焦竑：母主养曰食母，父主教曰教父）。※（陈柱：此下别开一章，"教父"古本作"学父"，"数之"之"之"一本作人。付本作"人之所以教我，亦我之所以教人"）

四十三章※（河上本偏用章）

※（陈柱：首十二字乃七十八章错简）天下之至柔，驰骋天下之至坚。※（严复：承上章"张梁者不得死"，而反言之，无有入无间，唯以太耳）无有入无间※（《淮南》引作"出于无有，入于无间"）。吾是以知无为之有益。不言之教，无为之益，天下希及之。

四十四章※（河上本立戒章）

※（严复：杨朱所以得于老者以此）"名与身，孰亲？身与货，孰多？得与亡，孰病？是故※（古本无"是故"二字）甚爱，必大费；多藏，必厚亡。知足※（"知

足"上古本有"故"字）不辱，知止不殆，可以长久。

四十五章

※河上本洪德章（姚鼐：以末三句移于"以正治国章"之首，或又谓此三句当属下章。）

大成若缺※（严复：既缺，既冲，何由知其大成大盈哉，曰，自不弊不穷验之。故老之道非其似者所得托也），**其用不弊。大盈若冲，其用不穷。大直若屈**※（"屈"，《韩诗外传》等引作"诎"），**大巧若拙，大辩若讷。**※（马叙伦："大直若屈"等下应各有"其用不口"今亡）**躁胜寒**※（陈柱："躁胜"下别开为一章），**静胜热，**※（傅本盈作满，冲作盅，清静上有"知"字，下有"以"字）**清静**※（又：唯能为天下正者，乃老之清静也）**为天下正。**※（徐大椿：人躁甚□寒亦不觉……天下纷纭，若以智术相逐，愈乱而不可理，唯以清静处之则无为自化，亦如静之胜热）

四十六章※（河上本俭欲章）

天下有道※（徐大椿：天下所以无道者，以其嗜欲之多，则必求所以餍其欲，而荒淫之事兴。罪莫大焉），**却走马以粪**※（《东京赋》引"粪"下有"车"字，《解老》无）。**天下无道，戎马生于郊。**※（傅本河上本"祸"上有"罪莫大于可欲"一句，"大"古本作"甚"）**祸莫大于不知足，咎莫大于欲得。故，知足之足，常足矣。**

※（陈柱：以此数句别开为一章）

四十七章※（河上本鉴远章）

不出户，知天下；不窥牖，见天道。※（吕惠卿：得其所以然者，不出户牖而知见之矣，以其备于我故。李嘉谋：出而求天地者，求其形也，天地不可以形尽，而可以理尽。故其出弥远，其知弥少）**其出弥远，其知弥少。是以圣人不行而知，不见而名**※（《喻老》："名"作"明"），**不为而成。**

四十八章※（河上本忘知章）

为学日益，为道日损。损之又损※（罗什：损之者无粗而不遣，遣之至于忘恶，然后无细而不去，去气至于忘善，恶非也，善是也。既损其非又损其是，情欲既断，是非俱忘，德与道合，至于无为矣，无为任万物之自为，故无不为也），**以至于无为，无为而无不为。取**※（焦竑：取犹摄化也，无事即无为也，无为自化，故曰取天下常以无事）**天下常以无事，及其有事，不足**※（"不足"河上本作"不可"）**以取**※（一本取上有"故"字，傅本作"将欲取天下者"）**天下。**※（陈柱："取天下"以下，五十七章错简）

四十九章※（河上本任德章）

※（陈柱："此民主之义更明矣"，曲）**圣人无常心，以百姓心为心。**※（二十七章云：不善人，善人之资，故亦善之）※（古本无"常"字）**善者吾善之，不善者吾亦善之，德**※（两"德"字古本均作"得"）**善。信者吾信之，不信者吾亦信之，德信。圣人在天下，歙歙**※（河上本"歙歙"作"怵怵"。闵本作"惵惵"。刘师培云：东京赋引作"惵惵焉"。焉与为同，足证古本"歙歙为"句）**为天下浑其心，**※（吕惠卿：圣人之于百姓，惵惵焉而已，为之浑其心者，使善信者不自异，不善信者不自弃）※（陈柱：圣人在天下，歙歙焉浑浑焉，无所用心。而于百姓耳目之所注，则如慈母之于婴孩。固无所不至也）※（马叙伦：老子本文当作"歙歙焉浑浑焉"。盖老子之义。谓圣人之治天下无所分别，百姓皆欲视圣人之动作，而圣人一切怀之而已。使曰为天下浑其心，安得复曰天下皆法耳目乎）**圣人皆孩之**※（奚侗：注耳目者，视听专也。视听专则少而思寡欲。圣人则视若孩提。以长以养而已）。※（陈懿典：惵惵不自安之意。圣人无自矜自是之心故常有不自安之意。浑其者，浑然不分善恶也）※（傅本作"圣人之在天下歙歙焉，为天下浑浑焉，百姓皆注其耳目，圣人皆咳之"）

五十章※（河上本贵生章）

出生，入死※（吴澄：《庄子》云：万物皆出于机，入于机。又云：其出不䜣，其入不距。又云：有乎出有乎入，皆以出为生，入为死）。**生之徒**※（《本义》：生之徒三句，诸说皆凿，唯王氏近之而语未明。徒，类也。生之徒，死之徒，犹云取生之道，取死之道。此二者统言天地间人物生死常然之理，（注言物理而未切人身）。下乃专言斯人不能全生之道敝明其总承上文，而非并举三事也。则总数数之实动之死地十有九矣。若夫入世出世超然无死者，则天下一人而已，此解是也，据此可知《解老》之释亦曲解也）**十有三，死之徒十有三。人之生，动之死地**※（韩非："人之生动之死地"作"民之生而动，动皆之死地。"），**亦十有三。夫何故？以其生**※（严复：老言无死，佛言无生）**之厚。**※（陈柱：既已为生，则不能无生生之物，如食所以使人之生而动也，而动极则损而归于死，则生生者乃所以为死，然则生生之愈厚者动愈甚损愈速。去其生生之厚则于物无夺。而能去其所厚者以养物，是顺物之性而不逆者也。孰从而害之）**盖闻**※（马叙论：七十五章"夫唯能无以生者，是贤于贵生者也。"二句，当在"生生之厚"下。淮南引"厚"下亦有"夫唯能无以生为者，则所以修得生也"。《文子》引作"夫唯无以生为者"。"盖闻"以下陈柱别开为一章，非，"被"一作"避"，《韩非》作"备"）**善摄生者，陆行不遇兕虎，入军不被甲兵。兕无所投其角，虎无所措其爪，兵无所容其刃。夫何故？以其无死地。**※（《解老》：天地之道理也。体天地之道，故曰无死地焉，动无死地而谓之善摄生矣）

五十一章※（河上本养德章）

道※（陈柱：道者由也。由是而生。故曰道生之。德者得也，得是而后有生者也。故曰德畜之，由是赋形而为物，而此物之所以成又由乎天地动静之力，故曰势成之，势，力也）生之，德畜之，※（古本无"德畜之"三字。《本义》无"德"字）物形之，势成之。※（张尔岐：物形势成，形成此道德之所生畜而已）是以万物莫不尊道而贵德。道※（李嘉谟：道无心命物）之尊，德之贵，夫莫之命而常自然。故道生之，德畜之。长之育之，亭※（《说文》：亭，民所安定也）之毒※（《广雅》：毒：安也）之，养※（"养"傅本作"盖"）之覆之。生而不有，为而不恃，长而不宰，是谓元德。※（马叙伦：末四字乃五十六章文）

五十二章※（河上本归元章）（陈柱：天下至不殆为一章，塞至不救为一章，以下又为一章。姚鼐：下章首十四字移本章之末））

天下有始，以为天下母。既得※（古本"既得"，作"既知"，"守"亦作"知"。河上本"以知"作"复知"）其母，以知其子。既知其子，复守其母，没身不殆。※（苏子由：道方无名，则物之所资始也。及其有名则物之所资生也，故谓之始。又曰母、子则万物也）塞其兑※（"兑"古本作"锐"），闭其门，终身不勤；开其兑，济其事，终身不救。见小曰明，守柔曰强。用其光，复归其明，无遗身殃，是为※（"为"傅本作"谓"）习常。※（高延第：有道之士见微知著，故能明。柔克刚故能强。用其光知白也，归其明守黑也。"习"古通"袭"，因也。焦竑：光者明之用，明者光之体）

五十三章※（河上本益证章）

使我介然有知，行于大道，唯施※（王念孙："施"读为"迤"，邪也。陈柱：此谓使吾人介然有知行于大道。固似甚善而无如其趋于邪何。马其昶：使我□然之大道之当行，邪径之可畏。吴澄："介然"谓"倏然之顷"，施谓"矜夸自大"，朝甚除以下言夸张之事也）是畏。大道甚夷，而民好径。朝甚除，田甚芜，仓甚虚，服文彩※（"彩"傅本作"采"。"财货"古本作"资货"。"夸"《韩非》作"笑"。"也"陈柱云施之坏体），带利剑，厌饮食，财货有余，是为盗夸※（《韩非》：竽先则钟瑟皆随，大奸唱则小盗和。按如陈说"也"为"施"之坏体。虽通，此言盗夸（施）非道耳。奚侗：以"也"为衍文）。非道也哉！

五十四章※（河上本修欢章）（陈柱："修之于身"以下别开为一章，同姚惜抱本）

善建者※（韩非：无二"者"字。又作"子孙以其祭祀，世世不辍"。陈柱："其"，"共"之伪给也）不拔，善抱者不脱，子孙以祭祀不辍。修之于身，其德乃真；修之于家，其德乃余；修之于乡，其德乃长；修之于国※（"国"傅本作"邦"下同），其德乃丰；修之于天下，其德乃普。故以身观身，以家观家，以乡观乡，以国观国，以天下观天下。吾何以知天下然※（傅本"然"上有"之"字）哉？以此。※（《解老》：不为外物所引曰不拔。虽有可欲而神不为动曰不脱。为人子孙者体此道以守宗庙不灭之谓祭祀不绝。身以积精为德。家以积财为德，乡国天下皆以民为德，今治身而外物不能乱其精神。故曰"其德真"。修身者以此别君子小人，治乡邦天下各以此科适观息耗，则万不失一。故曰"以身观身"……）

※（陈柱：以我身之欲如此，观于他人，亦知其如此……人同此心，心同此理，无不可推知。即所谓不出户知天下也。《墨》兼爱非攻之义最与此同）

※（按：修之于身者，以不拔不脱之道修之于身也。下同）

五十五章※（河上本元符章）

含"德"之厚，比于赤子。蜂虿虺蛇※（古本"蜂虿虺蛇"作"毒虫"，则"蜂"等注文也）不螫，猛兽不据※（陈柱："据"与"攫"形近而衍。"鸟"上夺一"鸷"字。《说苑》引有是也），攫鸟不搏※（赤子无求无欲，不犯众物，故毒虫之物无犯之人也。含德之厚者，不犯于物，故无物以损其全也）※（俞樾：河上本注文）※（《淮南·齐俗训》："鸟穷则搏，兽穷则攫"）。骨弱筋柔而握固，※（《本义》：德，柔弱冲和之德也。形未完而气自专，情未感而精自应，则常全其本然之气而不益生也。声久费而和不伤，则任其自然之真而不以心使气也。益生由于多欲，心使气由于多忿）未知牝牡之合而全※（"全"河上本作"峻"，傅本作"朘"（赤子阴也）。俞：全乃"会"之伪）作，精之至也；终日号而不嘎※（"嘎"太玄经引作"嗄"，语未定貌。但《唐桑楚》引仍作"嘎"是声嘶也），和之至也。知和曰常，知常曰明。益生曰祥※（易顺鼎：祥即"不祥"，书序"有祥桑共生于朝"。《淮南·道应》引"强"下有"是故用其光，复归其明也"二语），心使气曰强※（傅本"曰强"作"则彊"。马叙论：借为"彊"下"物壮"等十二字，三十章错简而复出者）。物壮则老，谓之不道，不道早已。

五十六章※（河上本玄德章）

※马叙伦："知者不言"二句八十一章错简，"塞其兑"二句乃五一章之文，是也。"分"一本作"纷"。知者不言，言者不知。塞其兑，闭其门；挫其锐，解其分；和其光，同其尘；是谓元同※（吕惠卿：玄同，则默而成之之道也。若然者万物一府，死生同状，无所甚亲，无所甚疏，故不可得而亲疏……贵在于我而物不能贱，其为天下贵不亦宜乎）。故不可得而亲，不可得而疏※（"疏"等三句上，傅本有"亦"字）；不可得而利，不可得

而害；不可得而贵，不可得而贱，故为天下贵。

五十七章※（河上本淳风章）

※（俞樾：自首至"以此"当属上章。奚侗：疑涉五十四章而衍）以正治国，以奇用兵，以无事取天下。吾何以知其然哉※（傅本"吾奚以知无下其然哉，以此夫"。焦竑作"吾何以知天下之然哉。"）？以此：※（高延第："以此"指下八句）天下多忌讳，而民弥贫；人多利器，国家滋昏；人多伎巧，奇物滋起；法令滋彰，盗贼多有。※（杨增新：法令滋章盗贼多有，是老子所重者在道德不在法令也。世人因《韩非》有《喻老》遂谓韩出于老，诬其矣）故圣人云："我无为而民自化，我好静而民自正，我无事而民自富，我无欲而民自朴※（"朴"下傅本有"我无情而民自清"。）。"※（陈柱：此老子主张共和之说也）

五十八章※（河上本顺化章）

※（《本义》与上章合而为一，陈柱：以"祸兮"下别开一章）其政闷闷，其民淳淳；其政察察，其民缺缺。※（徐大椿：察察，烦琐，缺缺亏玷也）祸兮福之所倚，福兮祸之所伏，孰知其极？其无正※（陈柱："其无正"三字衍，是也）正复为奇，善复为妖。人之迷，其日固久！是以圣人方而不割，廉而不刿，直而不肆，光而不耀。※（《解老》作"人之迷也，其日故以久矣"）

五十九章※（河上本守道章）

治人事天莫若啬。※（《解老》啬之者，爱其精神，啬其智识也。少费之谓啬，圣人未见祸患之形，虚无服从于道理，以称早服，能令故德不去，新和气日至者，早服者也。故曰早服是谓重积德。又：夫能令人不见其事之极，为能保其身，有其国，母者道也。所以有国之术，故谓之有国之母）。夫唯啬，是谓早服※（"是谓早服"古本作"是以早服"。"服"一本作"复"）；早服※（朱熹：所以贵早服者，早觉其未损而啬之也。苏子由：啬者有而不用也）谓之重积德；重积德则无不克；无不克则莫知其极；莫知其极，可以有国；有国之母，可以长久。是谓深根固※（"深""固"下韩非各有"其"字）柢，长生久视之道。

六十章※（河上本居位章"以道"下陈柱别开一章）

治大国※（《韩非》："国"下有"者"字，"烹"古本作亨。"莅"傅本作"蒞"）若烹小鲜。以道莅※（《韩非》：下有"者"字。陈柱："莅"作位）天下，其鬼不神。※（《庄子》：一心定而王天下，其鬼不崇）**非其鬼不神，其神不伤人。非其**※（此上"非其"，陶鸿庆云：涉上而衍，是也。"圣人亦不伤人"之"人"，韩非作"民"）**神不伤人，圣人亦不伤人。**※（陈柱：此谓以道莅天下，则一切神权宗教，昔日以为可以祸福民而藉以愚民者均失其用，即圣人之刑赏，以为可生死人而藉以威民者亦失其作用，故曰神不伤人，圣人亦不伤人）**夫两不相伤，故**※（《韩非》无"夫"字，"故"作"则"）**德交归焉。**※[《解老》：作烹字解，云："烹小鲜而数挠之，则贼其宰，治大国而数变法，则民苦之。是以有道之君，贵虚静而重变法"。又："圣人在上则民少欲，而无刑罚之祸，其轻恬鬼也甚，故曰鬼不神，治世之民，不与鬼神相害。（鬼崇人曰鬼伤人，人逐鬼曰人伤鬼）鬼不崇人则魂魄不去。魂魄不去则精神不乱之谓有德，故曰两不相伤，则德交归，言其德上下交感而俱归于民也]

六十一章※（河上本谦德章）

※（陈柱：此章不似老子之文，疑是战国权谋家所增）**大国者下流**※（傅本作"天下之下流"，"交"作"郊"），**天下之交，天下之牝**※（陈柱：此文犹云大国当属下流，以其为天下之交，天下之牝也）。**牝常以静胜牡，以静为下**※（古本作"以其静为下"傅本作"以其静故为下也。"《本义》移第二"牝"字于"以静为下"之上）。**故大国以下**※（陈柱：下，当作谦下解）**小国，则取小国；小国以下大国，则取大国。**※（俞樾：当云"故或下以取小国，或下而取大国"）**故或下以取，或下而取。大国不过欲兼畜人，小国不过欲入事人。**※（王树枏：即孟子大事小，小事大。乐天畏天之义）**夫**※（"夫"古本作此）**两者各得所欲，大者宜为下。**※（吴澄：小者素在人下。故凡天下之物，大者宜为下）

六十二章※（河上本道章）

道者万物之奥，善人之宝，不善人之所※（古本"所"下有"不"字）**保。**※（马叙伦："美言"至"之有"十九字，他章错简）**美言可以市尊，美行**※（《淮南》：引"行"上有"美"字）**可以加人。人之不善，何弃**※（李哲明：善人自与道视，固宝夫道；不善人虽与道远，而恃之以生，亦保于道，若善者与而不善弃，示道之不广矣）**之有？**※（陈柱："故立天子"以下至"以免邪"文义浅陋，不类老子文，疑妄人加入）**故立天子，置三公，虽有拱璧，以先驷马，不如坐进此道。古之所以贵此道者何？**※（本义：古人所以尊贵此道者，岂不以其为善人之宝而求则得之，为不善人之所保而有罪以免耶，其为天下至贵，不亦宜乎）**不曰：求以得**※（古本"得"下有"之"字，一本作"求以得"），※（马其昶：求以得，谓善人；有罪以免，谓不善人。此章言用人之道，贵善而不弃不善，亦尚慈之所推也）**有罪以免邪？**※（马叙伦：疑本作"有求以得，有罪以免耶"）**故为天下贵。**

六十三章※（河上本思始章）

※（《本义》与下章合而为一，姚鼐又割下章“民之从事”十九字，出之章末，别为一章）**为无为**※（陈柱：“为无为”谓为于无为之中。岂如如后人之所谓无为乎），**事无事，味无味。**※（陈柱：“大小多少”不成句，疑为“为多于少”之伪脱。两“其”字，古本无。“天下”下，傅本有“之”字）**大小多少**※（姚鼐：“大小多少”下有脱字，不可强解），**报怨以德**※（马叙伦：“报怨以德”一句在七十九章“和大怨”上）。※（《本义》：必实能等视大小，化怨为德，难平之情，一切顺受，验之于此，而后真能事无事之事）**图难于其易，为大于其细。**※（陈柱：以初三句别为一章）**天下难事，必作于易；天下大事，必作于细。**※（陈柱：下章“合抱之木”至“始于足下”二十四字移于“必作于细”之下）**是以圣人终不为大，故能成其大。夫轻诺必寡信，多易必多难，是以圣人犹难之，故终无难矣。**※（河上本无“故终无难矣”句）

六十四章※（河上本守微章）

其安易持，其未兆易谋；其脆易泮，其微※（陈柱之说非也。诸家皆曰“破其脆，散其微”不顺文。其实所谓“脆”与“微”者乃事物之端也）**易散。**※（按：“安易”，“未兆易谋”与“脆易泮”“微易散”，以正反两面说明，故应为之于未有，治之于未乱，而以“合抱之木”例证之）**为之于未有，治之于未乱。合抱之木，生于毫末；九层之台，起于累土；千里之行，始于足下。为者败之，执者失之。是以圣人无为，故无败；无执，故无失。**※（“合抱之木”至“无执故无失”四十六字陈柱以为错简，移它章）**民之从事，常于几成而败之。慎终如始，则无败事。**※（“是以圣人欲不欲”以下陈柱移六十三章）**是以圣人欲不欲**※（刘概：欲众人之所不欲，故曰欲不欲。不欲众人之所欲，故曰不贵难得之货。学众人所不学，故曰学不学。不学众人之所学，故曰后众人之所过），**不贵难得之货；学不学，复**※（《韩非》：“复”下有“归”字）**众人之所过。以辅万物自然，而不敢为**※（王雱：以辅万物之自然而不敢为。将各安于性命之常，而事物无所兆矣。更何脆之可泮，微之可散哉）。

六十五章※（河上本淳德章）

古之善为道者，非以明民，将以愚之※（古本“愚之”作“愚民”）。**民之难治，以其智多**※（“智多”古本作“多智”）。**故以智治国，国之贼；不以智治国，国之福。知此两者亦稽**※（“稽”古本作“楷”）**式。常知稽式，是谓元德。元德深矣，远矣，与物反矣，然后乃**※（“然后”二字古本无，傅本“乃”下有“复”字）**至大顺。**

六十六章※（河上本后已章）《本义》以下章首二十五字附于本章之末）

※（陈柱移三十二章"譬道在无下，犹川谷之于江海"诸字于章首）江海所以能为百谷王者，以其善下之，故能为百谷王。是以※（此"圣人"二字古本在"欲上民"之上）欲上民，必以言下之；欲先民，必以身后之。是以圣人处上而民不重，处前而民不害。※（马其昶：《金人铭》君子知天下之不可上也，故下之；知众人之不可先也，故后之；此老子说所自出。陈柱：此伪金人铭袭老子。奚侗：处上而不压抑，则民不以为为重；处前而不壅遏，则民不以为害）是以天下乐推而不厌。以其不争，故天下莫能与之争。

六十七章※（河上本三宝章）

※（陈柱：姚鼐、马叙伦以章首二十五字别开为一章。《本义》合下两章为一）天下皆谓我道※（古本无"道"字）大似不肖。夫唯大，故似不肖；若肖，久矣其细也夫！我有三宝，持而保之：一曰慈，二曰俭，三曰不敢为天下先。※（陈柱：可道，可名，以其有所肖也。有所肖，故可言形容，凡能以言语形容者，皆有穷者也。乌得为道。王宝殆墨学所自出，慈兼爱也，俭节用也。不为先非攻也）慈故能勇，※（《解老》：不疑之谓勇，不疑生于慈，故曰慈故能勇）俭故能广，不敢为天下先故能成器※（俞樾："成器"大器也。言天下也）长。※（《韩非》作"故能为成事长"古本一作"故能为民成器长"）今舍慈且勇，舍俭且广，舍后且先，死矣。夫慈，以战※（古本"战"作"阵"）则胜，以守则固，天将救之，以慈卫之。

六十八章※（河上本配天章）

※（古本句首有"古之"二字）善为士者不武，善战者不怒，善胜敌者不与，善用人者为之下。是谓不争之德，是谓用人之力，是谓配天，古※（奚侗："古"字衍文）之极。

六十九章※（河上本元用章）

※（陈柱：句首应有"古之"二字）用兵有言※（傅本作"用兵者有言曰"）：吾不敢为主而为客，※（吴澄：为主，肇兵端以伐人也。为客，不得已而应敌也。吕惠卿：退尺者，以逸待劳，以静待骄）不敢进寸而退尺。是谓行无行，攘无臂，扔※（"扔"，《说文》就也）无敌，执无兵，祸莫大于轻敌，※（马其昶：自视若无行列可整，无臂可攘，无敌可就，无兵可执，故不敢轻敌，慎之至也）轻敌几丧吾宝。故抗兵相加，哀※（傅本"哀"上有"则"字）者胜矣。

七十章※（河上本知难章）《本义》与下章合而为一）

※（陈柱：移"言有宗，事有君"于章首）**吾言**※（《本义》：吾所言柔弱退下之事，固自有统会宗主之旨存焉。世人不知吾之宗主，而但见其外所言不过柔弱谦下之事。是以视为卑卑无甚高论，而莫之贵，故深叹之）**甚易知，甚易行；天下莫能知，莫能行。言有宗，事有君。夫唯无知**※（"无知"陶方琦云：应作"有知"，是也），**是以不我知。知我者希，则我者贵**※（"则我者贵"古本作"则我贵矣"），**是以圣人被褐而怀玉**※（陈柱：移七十二章"自知不自见，自爱不自贵，故去彼取此"，诸语于"玉"字之下）。

七十一章※（河上本知病章）

知不知，上；不知知，病。※（《知北游》：天为谓之知不知所以为上，知与黄帝之不知而知，所以为病矣）**夫唯病病，是以不病。**※（"夫唯病病，是以不病"古本无。韩非作"圣人之不病也，以其不病，是以无病"）**圣人不病，以其病病，是以不病。**

七十二章※（河上本爱己章），陈柱："无狎"以下十八字别开为一章，"自知"以下移上，而以"是以圣人"为衍文。

民不畏威，则大威至。※（古本一作"大畏至矣"）**无狎**※（"狎"古本作"狭"）**其所居，**※（《本义》：所居以境言，如贫富贵贱穷通之类，所生以身之受用者言，如劳逸荣辱苦乐之类）**无厌其所生。夫唯不厌**※（上"不厌"二字，庐陵刘氏曰：当作"不狎"），**是以不厌。是以圣人自知不自见，自爱不自贵。故去彼取此。**

七十三章※（河上本任为章）《本义》与下章合而为一）

勇于敢※（勇于敢，以为可行其志也，而被杀，勇于不敢似不能有为而全活，其理深远。故非常徒之所能知），**则杀，勇于不敢则活。此**※（古本"此"上有"知"字）**两者，或利或害。**※（《列子·力命》：老聃语关尹曰天之所恶，孰知其故？言迎天意，揣利害，不如其已）**天之所恶，孰知其故？是以**※（"是以"等七字，古本均无。马叙伦：乃六十三章错简）**圣人尤难之。天之道，不争而善胜，不言而善应，不召而自来，繟**※（"繟"，一作"默"，"墠"、"坦"或作"不言"）※（"繟"音阐，宽也）**然而善谋。天网恢恢，疏而不失**※（"失"古本一作"漏"）。※（徐绍桢：天之道，繟然舒缓，似无所谋，而其谋未尝不周。盖天若有网然，恢恢然甚广大，其网之目甚疏而未尝有漏）

七十四章※（河上本制惑章）

※（陈柱："民不畏"至"孰敢"别为一章）**民不畏死，奈何以死惧之？若使民常畏**

死，而为奇者※（严复：然而天下尚有为奇者，则可知其不畏死）吾得执而杀之，孰敢？常有司杀者杀。夫代司杀者※（熊季廉：天择，司杀者也。苏辙司杀者天也。方世之治，而有诡异乱群之人恣行其间，则天之所弃也，而吾杀之，则是天杀之而非我也。非天之所杀而吾自杀之，是代司杀者杀）杀※（傅本"夫代司杀"之夫作"而"。古本均无下"杀"字），是谓代大匠斲。夫代大匠斲者，希有不伤其手矣。

七十五章※（河上本贪损章）

民之饥，以其上食税之多，是以饥。民之难治，以其上之有为，是以难治。民之轻死，以其上求生之厚，是以轻死。※（马叙伦："夫唯"以下十二字乃五十章错简。《本义》："以其上求生之厚"作"以其生生之厚"）夫唯无以生为者，是贤于贵生。

七十六章※（河上本戒强章）

人之生也柔弱，其死也坚※（古本"坚"作"刚"。《本义》删万物二字）强。万物草木之生也柔脆，其死也枯槁。故坚强者死之徒，柔弱者生之徒。※（徐绍桢：人生则肢体运动自如，似乎柔弱；死则身躯冷硬，似乎坚强，故曰坚强者死之徒，柔弱者生之徒）是以兵强则不胜※（"不胜"列子引作"灭"），木强则兵※（俞樾：老子原文当作"木强则折"是也）。强大※（傅本作"强大"作"坚强"）处下，柔弱处上。

七十七章※（河上本天道章）

※（吕惠卿：天道无为则无私，无私则均，是故任物之自然，有余者不得不抑而损，不足者不得不举而益，所谓满招损，谦受益，时乃天道也）天之道其犹张弓与※（古本无"与"字）？高者抑之，下者举之；※（按：张弓向的，必须持平，故抑高举下）有余者损之，不足者补之。天之道，损有余而补不足；人之道则不然，损不足以奉有余。孰能有余以奉天下？※（《本义》作："孰能以有余奉天下"）※（陈柱："天下"作"不足"。傅本作"孰能损有余而奉不足于天下者其唯有道乎"）唯有道者。是以※（马叙伦：八十一章"圣人不积"以下卅二字当在此"是以"之下）圣人为而不恃※（马叙伦："为而不恃"二句当在五十一章之复错），功成而不处，其不欲见贤。※（"其不欲见贤"，古本作"斯不见贤"或"其欲退贤"）

七十八章※（河上本任信章）※（吴澄，姚鼐：以末四字属下章）

※（陈柱：移四十三章"天下之至柔驰骋天下之至坚"十三字于章首）天下莫柔弱于水，而攻坚强者莫之能胜※（"能胜"古本均作"能先"）。以其无以易之。弱之胜强，柔

之胜刚，天下莫不知※（"莫不知"古本作"莫能知"。陈柱：作"不"为"是"），莫能行。是以圣人云："受国之垢，是谓社稷主；受国不祥，是为※（"为"河上本作"谓"）天下王。"正言若反。

七十九章※（河上本任契章）

※（陈柱：移五十九章"报怨以德"于章首）**和大怨**※（马其昶：和大怨者，不能必其余怨之悉泯。余怨不泯，安可信其人果善我乎。盖和怨在我，怨之忘不忘在人），**必有余怨**※（陈柱：谓报怨必当以德，若以怨报怨必成大怨，尔时虽以德之，其伤不复，已有余怨矣），**安可以为善？是以圣人执左契**※（陈柱：古人尚右，执左契谓常自处卑下，以和合于人也。契合也，彻分也。有德者已合一故无怨，无德者人我之界太明，故有余怨）**而**※（"而"古本均无）**不责于人。**※（俞樾：有德之君，但执左契合符信而已，无德之君，则皇皇然司察其辙迹）**有德司契**※（奚侗：司主也，彻治也。有德者泊然无为不藏是非美恶无夷于人，而上下和合。故云司契，无德者愁五藏以为仁义，矜血气以规法度。欲求治而乱终不止，若和大怨之类故云司彻），**无德司彻。**※（陈柱：开此二语别为一章）**天道无亲，常与善人。**※（《本义》：学道者苟于大怨强自和之，而尚有藏怨宿怨之存于中，即使终不发作，而纤芥未去与丘山同，安可谓上善若水之道哉。券契有二，我执其左，但有执右以来则取者，吾即以财物与之，而未尝有所责取于人。圣人于物，顺应无心，来无不受，亦若是而已。和怨者乌足以言之。其德之未至者，如彼主彻法者然。令八家合作，计亩均分，自以为平。而不知多寡必较锱铢不让而适使之争耳，然则善人不常受天下之亏乎？曰天不亏之）

八十章※（河上本独立章）

小国寡民。使※（"使"下古本有民字。河上本作"使有什伯人之器而不用"）**有什伯之器**※（吴澄：舟车用兵非一人可独用，谓什伯人之器也）**而不用；使民重死而不远徙。虽有舟舆，无所乘之；虽有甲兵，无所陈之。使人**※（"人"古本作"民"）**复结绳而用之。甘其食，美其服，安其居，乐其俗。邻国相望，鸡犬之声相闻，民至老死，不相往来。**※（严复：此古十国民主之治也。而非所以论于今矣。按此应用老子思想治国之极致也，严说曲）

八十一章※（河上本显质章）※（姚鼐：分"圣人不积"三句，"天之道"三句各为一章）

※（马叙伦：移在五十六章"知者不言，言者不知"于章首）**信言**※（俞樾：两"言"当作"者"）**不美，美言不信；善者不辩，辩者不善；知者不博，博者不知。**※（陈

柱：移"圣人不积"以下于七十七章，而移七十七章"其不欲见贤"于此章之末以为"是以圣人不欲见贤"而衍其字）圣人不积※（吴澄：庄子称老子之学以有积为不足，无藏也故有余，此之谓也）※（焦竑：不积者心无所系，则言而无言矣），既以为人己愈有，既以与人己愈多。天之道，利而不害；圣人之道，为而不争。

王弼老子道德经二卷，真得老子之学欤，盖严君平指归之流也。其言仁义与礼，不能自用，必待道以用之，天地万物各得于一，岂特有功于老子哉。凡百学者，盖不可不知乎此也。予于是知弼本深于老子，而易则末矣。其于易，多假诸老子之旨，而老子无资于易者，其有余不足之迹，断可见也。呜呼，学其难哉！弼知佳兵者不祥之器，至于战胜，以丧礼处之，非老子之言，乃不知常善救人，故无弃人；常善救物，故无弃物※（《淮南》引老子曰：人无弃人，物无弃物，是谓袭明，则知非河上所增出）。独得诸河上公，而古本无有也。赖傅奕能辩之尔。然弼题是书曰道德经，不析乎道德而上下之，犹近于古欤！其文字则多谬误，殆有不可读者，令人惜之。尝谓弼之于老子，张湛之于列子，郭象之于庄子，杜预之于左氏，范宁之于谷梁，毛苌之于诗，郭璞之于尔雅，完然成一家之学，后世虽有作者，未易加也。予既缮写弼书，并以记之。政和乙未十月丁丑，嵩山晁说之鄜畤记。

克伏诵咸平，圣语有曰，老子道德经治世之要，明皇解虽灿然可观，王弼所注，言简意深，真得老氏清净之旨。克自此求弼所注甚力，而近世希有，盖久而后得之，往岁摄建宁学官，尝以刊行，既又得晁以道先生所题本，不分道德而上下之，亦无篇目，克喜其近古，缮写藏之，乾道庚寅，分教京口，复镂板以传，若其字之谬讹，前人已不能证，克焉敢辄易，姑俟夫知者。

三月二十四日左从事郎充镇江府府学教授熊克谨记

周易研究（一）

上经　乾 坤 屯 需 师 小畜 泰 同人 谦 随 临 噬嗑 剥 无妄 颐 大过 坎 离

下经　咸 遁 晋 家人 蹇 损 夬 萃 困 革 震 渐 丰 巽 涣 中孚 小过 既济

沈该云："卦皆以俯仰相次，上下经各画十八卦。上经乾、坤、颐、大过、坎、离、皆无俯仰之对，下经独中孚，小过二卦无对，故多寡不同。卦以俯仰相次者，明阴阳，代谢，吉凶得失之相反复变易不穷之义也。上下经略画十八卦，十有八变之象也。

※按：如乾与坤，离与坎之类，或谓之对卦、错卦、旁通卦。如屯与蒙等，或谓之覆卦、综卦、反卦。

杭辛斋《易楔》曰："本卦内外两卦交相易位，内卦出外，外卦入内，虞氏谓之"两象易"，亦有谓"上下易"者，今明《交卦》，例如下：

履

夬

内外两卦相交易位，故履上九曰："夬履贞厉"。

恒

益

此亦相易，故恒曰："立不易方"，益曰："为益无方"。

《半对卦》——本卦之内外两卦，有一象易为对卦，或内或外，均与所易之卦象义相关。此又有二，上对卦，下对卦，其例如下：

归妹䷵

　　此上半之对卦也，故归妹曰"月几望"，中孚亦云然。又蒙困亦此例，故蒙曰"困蒙"。

中孚䷻

履䷉

　　下半之对卦也，故履曰"履虎尾"，遁曰"遁尾"。又师与明夷亦此例，故师曰"左次"，明夷曰"左股"。

遁䷠

※按卦名又有阴、阳、贞、悔、消、息、往、来之称。又有互卦，（中爻，约象）辟卦、月卦、包卦、像卦、命卦、声应卦之说，考《易楔》卷三。

《半覆卦》——与半对卦同例，或内或外，各以覆象所得之卦求之，其义自见，此亦有上下之例，例如下：

无妄䷘

　　此下半之覆也，故无妄曰"无妄之疾"，遁曰"有疾厉"。无妄曰"行人得牛"，遁曰"执用黄牛"。又屯蹇亦此例，故屯难也，蹇难也。

遁䷠

小蓄䷈

　　此上半之覆也，故小畜曰"惕出"，夬曰"惕号"；小畜曰"即雨"，夬曰"遇雨"。又大畜大状亦此例，故大畜曰'舆脱輹'，大壮曰"壮于大舆之輹"。

夬䷪

《上下对易卦》——本卦上下两象自相对易，如泰否，即未济之类。象既对易。卦义必自相对。

《上下反易卦》——本卦上下两象自相反易，如颐，大过，及中孚，小过之类。象既反易，卦义亦往往相反之意。故颐象曰，"道大悖也。"一字之微，其与卦象之适合精当至此。颐之名取上下相合，而上止下动，非颐亦无以碻有其象，而象之上下又为反易，现象象六爻，无不各显其义。又如大过亦自相反易，故象取枯杨生稊、生华，亦示反常之意也。

※又云：阳爻犹正数，阴爻犹负数，故减一阳即增一阴，增一阴即减一阳，斯为定例。又阴爻可进为阳，阳爻可降为阴，是犹正可变为负，负可变为正。若一卦之中阴阳爻相等，则其象必消，如泰否既未济是，是由正等于负也。此理至精。

刘师培云："各爻所称，均有一定，凡二五爻称中（乾文言、坤、师，夬……中正（需、讼、井、晋），正中（比、随、巽、豫），正（履、否、遁），中直（同人，困），直（坤、未济），中道（蛊、解、夬、既济），中行（师、泰），黄（坤、离、遁）。"

"凡三四爻称内（中孚）、际（泰、坎）、或（乾、渐、坤、讼）疑（豫、贲、损、升）、商（兑）、进退（坎、蹇）、次且（夬、姤）。"

凡初爻称始（坤、恒）、下（乾、屯、剥、井）、卑（谦），足（剥），趾（贲、夬、离、艮）、履（坤、离）、屦（噬嗑）、藉（大过）、尾（遁、既济）、穷（豫、旅、大壮），隐、潜（乾）。

"凡上爻称终（需、比、复、夬、否、剥、同人），上（履、大有、姤、鼎、巽、豫、咸、解、萃、升、井），尚（小蓄、蛊），高（蛊、解）、亢（乾、小过）、穷（坤、随、无妄、姤、巽），夫（大有、大畜、丰）、首（比、离），项（大过），角（晋、姤），何（噬嗑、大畜）。"——又云："大抵内爻为主，外爻为明，阳爻为刚、君子、吉、存。阴爻为柔、小人、凶、亡。"此《易例》之大略也。"

邹叔绩《读书偶识》云："凡外卦为西南，内卦为东北，五为南，四为西，三为北，二为东，上为南。方之外卦，二四为左，三五为右，初为前，上为后。又初为国门，二为野，三为都鄙之邑，四为候国，五为疆场。又初为元士，二为大夫、为家、为君子，三为三公，四为诸候，五为天王为大君、为大人、为圣人，上为首、为宗庙。"

惠栋《易例》云："凡爻之在上者，于下为乘。爻之在下者，于上为承。阴乘阳为顺，阳乘阴为逆。凡初爻之义，从二爻而定，三四爻之义，从五爻而定者谓之往，凡二五两爻更端而起义，先于初四上三四爻者，谓之来。又凡以阳爻乘阴爻者为据，非所据者必名辱。凡由此卦二爻通彼爻二文者谓之至，谓之括，谓之括，谓之假，谓之怀。"

《易楔》："知八卦之材而后知六十四卦，因重交互无不各因其材而辨其情为吉凶，铢两悉称名实相副，象象传赞亦无不各因其材以为之辞。"

☰：乾健也（动），乾以君之，乾刚，乾父，大哉乾元，故乾亦云大位居西北，故亦称无、无方无体。天、马、首、金。

☷：坤顺也（静），坤以藏之，坤柔、坤母，至哉坤元，故坤有至义，万物致养有养义，有方有体。地、牛、腹、土。

☳：震动也（行），雷以动之，震起也，震长男，震关言哑哑。雷、龙、足、木。

☴：巽入也（齐），风以散之，巽伏也，巽长女，巽以行权，巽称而隐。风、鸡、股、木。

☵：坎陷也（险），雨以润之，坎下，坎中男，劳卦也，祗既平平也，又通也。水、豕、耳、水。

☲：离丽也（明），日以晅之，离上，离中女，万物皆相见。火、雉、目、火。

☶：艮止也（成），艮以止之，艮止，艮少男，狠也，光明也。山、狗、手、土。

☱：兑说也（决），兑以说之，兑见，兑少女，兑说故有喜。泽、羊、口、金。

天地山泽雷风水火，为八卦之大象，易之本也。八卦相错因而重之为六十四。阴阳相交变化以生而象之变易，亦各因时位而异，而要不越此八者之范围。马牛等所谓远取诸物，汉上朱氏谓为八卦之本象，首腹等所谓近取诸身也。王夫之曰：因此见人之一身，无非乾坤六子之德业所著。由此而推之血气营卫筋骸皮肉之络理，又推之动静语默周旋进退之威仪，又推之喜怒哀乐爱恶攻取之秩序。无非健顺阴阳之所合同，而乘时居位之得失吉凶，应之不爽。君子观象玩占，而于疾眚之去留，言行动作之善恶，皆可因此以反躬自省而俟天命。按六十四卦，上下往来，象之变化无穷，要皆以大象本象为准，所谓万变不离其宗者也。初学观象首宜反复研究，必得其会通而后始有变化之可言也。（又有参象者，乃参合两卦之象而会通之。）顺德郑氏《易谱》触类引伸并证以前史占验之词，列为参象。其例：离之艮，为火焚山，山败之象，于人为言，败言为谗，故又为谗言之象。震之离，火反烧木，有女嫁反害其母之象。

※西教士花之安著自西组东谓画卦之伏羲乃巴比伦人，至今巴比伦人犹称天为乾，地为坤。又巴比伦亦有十二属象，与中国之十二辰大略相同，又巴比伦之古帝王有号福巨者，与伏羲二字音相近。

《系传》曰：形而上者谓之道，形而下者谓之器。太极者，实超乎道与器之上，而立乎其先者也，故分言之。形而上者有太极，形而下者亦未始无太极，故曰天地一太极，万物各有其太极。后儒以太极为形而上者，是与形而下者对待，实失太极之本义，是以天下之事事物物，凡有对待者，皆太极所生之两仪，非太极也。（太极实超乎精神物质之上时空之外。）以质言之曰刚柔，而太极实超乎其外，以气言之曰阴阳，而太极立乎阴阳之先。以事理言之曰动静善恶吉凶，而太极实几于动静善恶吉凶之微。无有而无不有，无在而无不在，序卦传曰盈天地之间唯万物，谓唯太极可也。此天地一太极也，小而至一尘之微，极至于微而不可见之物，亦莫不各具有动静生灭之机。即莫不有其太极，此物各一太极也，宋儒言太极，不离乎动静阴阳，已落言诠，牵及五行，则更远矣。朱子注太极图说，谓无静不成动，无动不成静，譬如鼻息，嘘吸相续，理自如此。阴阳只是一气，阴气流行即为阳，阳气凝聚即为阴，其论虽精，总未达一间。程子曰动静无端，阴阳无始，非知道者孰能识之。然动静无端而自有其端，阴阳无始而自有其始，识此端与始以言太极，庶乎近矣。

※又《学易笔谈》：夫极者至极而无对之谓，以示更无可加乎其上者矣。宋儒于太极之上，妄增无极二字，曰无极而太极，是皆误于太极之有图。

※太极图，周子得自希夷，希夷得自道藏唐《真元妙品经》，名昊极先天图，惟今世俗流行之太极图，乃朱子晚年嘱蔡季通入蜀求得三图之一。元时季通子孙传出者，周子之图，已为所掩，来瞿塘又自绘一图。

分于道之谓命，分于命之谓性，心生为性，有生斯有命，有命斯有性，性命恒相联属，故易言命而不言性。孔子赞易则曰乾道变化，各正性命，又曰穷理（外分万事万物之名，指性分中所有之理），尽性以至于命。又曰一阴一阳之谓道，继之者善，成之者性，言性之本源可谓明白晓畅矣。（善恶已为性之所见端，未可谓性。告子无无善无善之说未可厚非，孔子曰性相近，习相远亦此意。）情者，性之动也，性与情亦恒相联属，易言欲而不言情。孔子赞易曰利贞者，性情也，系词曰设卦以尽情伪。又曰爻象以情言，又曰吉凶以情迁。

辛斋《易数偶得》：人第知一二三四之为数，而不知善恶是非之亦为数也。人第知加减乘除之为数，而不知进退往来之亦为数也。数以纪事，亦以纪物，物生无尽，事变无穷，唯数足以齐之一之。易之有象以表数也，象之有辞，以演数也。坤坤等亦代数之符号，与几何之甲乙丙丁亦相类耳。唯几何言数始于形，形则点线面体，足以概之，故纪以甲乙丙丁等字，已足资辨识。而易数则根于心，心生象有理有气，非特表其数之多寡，象之繁简而已。而吉凶情伪，醇漓善恶，莫不奇偶阴阳而判别之，故八卦不足，因而重之为六十四，又不足益之以天干地支六十甲子，又不足更益之以星宿神煞诸名，无非皆代数之符号而已。五运六气相为经纬，八卦九章相为表里，于是物无遁形事无隐情，烛照数计，执简御繁，而皆出乎一心。

※按：既无善恶，则何善恶之端可见，相近非无善恶之谓也。

惠栋《易例》，自内曰往，自外曰来，内卦为主，外卦为宾为客。阳谓君子，阴为小人，初为隐、为潜、为微、为几、为喷、为始、为深、为足、为趾、为履、为拇。二为大夫、为家、为中和。四为三公，为心、为疑。五为中和，为天子、为大君、为大人。上为宗庙、为首、为角、为终。六不居五（皆指乾五）。下为先、上为后、下为内、上为外。阳为存，阴为亡。阳为吉、庆、喜、生、德、始、存。阴为凶、恶、杀、刑、终、亡。初九九五为圣人，初六六四上六为小人。九三为君子，九二为庸人，九四为恶人为庸人。上九为庸人。六二六四为君子。阳失位为庸人，阴失位为小人。阴阳失正为邪。《易》二五为中和，坎上离下为既济，天地位，万物育，中和之效也，三统历日，阴阳虽交，不得中不生，故易尚中和，二五为中，相应为和。

黄泽《易学滥觞》：象与数不可相离，象为主而数为用。如天是象，三百六十五度四分之一是数，日月是象，一日一度、一月十三度十九分之七是数。天与日月，运而为春夏秋冬，又积为元会运世，天与日月是象，春夏秋冬元会运世是数。但象有定而数无穷，故成变化，行鬼神，必归之数也。又泽葛说云，卦以象告而蓍以数行，二者不可相离。象具吉凶悔吝，而数以行吉凶悔吝。盖《系词》言天一……地十，下文即继之曰，夫易何为者也，如斯而已者也。易道虽大，然亦不能外此十数，夫天与日月星辰之运，非数无以纪之，四时迭运，万物始终，莫有逃乎数者。

晦庵曰：取象亦有来历，不是假设譬喻。但今以说卦求之，多所不通，故不得已而缺之，或且从先儒之说耳。又曰，易象也，须有此理，但恁地零零碎碎去牵合付会得来不济事，须是见他一个大原，许多名物件数，皆通贯在里面方是。又曰，象如此而理在其中，却不是，因欲说道理而后说象也。又曰，看易当靠定象看，便滋味长，若只悬空看，也没甚意思。又易象说云，易之有象，其取之有所从，其推之有所用，非苟为寓言也。然两汉诸儒，必欲究其所从，则既滞泥而不通。王弼以来，直欲推其所用，则又疏略而无据，二者皆失之一偏，而不能阙其所疑之过也。且以一端论之，乾之为马，坤之为牛，说卦有明文矣。马之为健，牛之为顺，在物有常理矣。至于案文索卦，若屯之有马而无乾，离之有牛而无坤，乾之六龙，则或疑于震，坤之牝马，则当反为乾，是皆不可晓者。是以汉儒求之说卦而不得，则遂创为互体，变体，五行，纳甲，飞伏之法，参互以求，幸其偶合。其说虽详然其不可通者终不可通，其可通者又皆附会穿凿而非有自然之势。唯其一二之适然，而无待于巧说者，为若可信，然上无关于义理之本原，下无所资于人事之训戒，则又何必苦心劳力以求于此而欲必得之哉。故王弼曰义苟应健，何必乾乃为马，爻苟合顺，何必坤乃为牛。而程子亦曰理无形也，故假象以显义，其所以破先任膠固支离之失，而开后学玩辞玩占之方则至矣。然观其意，又似直以易之取象，无复有所自来，但如诗之比兴，孟之譬喻而已。如此则说卦之作，为无所与于易，而近取诸身，远取诸物者，亦剩语矣。故疑其说亦若有未尽者，因切论之，以为易之取象，固必有所自来，而其说已具太卜之官，顾今不可复改，则姑缺之。而直据辞中之象，以求象中之意，使足以训戒而决吉凶。如王氏程子与吾《本义》之云者，其亦足矣，固不必深，求其象之所自来，然亦不可直谓之假设而遽欲忘之也。泽谓汉儒必欲求象之所自来则泥而不通。王辅嗣只欲明其用而忘象，则疏略而象学遂废，晦庵亦已深知其非而犹有取于义苟应健，何必乾乃为马之语，斯亦不得已之辞。

《日知录》：孔子论易见于论语者，二章而已。曰假我数年，五十以学易，可以无大过矣。曰南人有言曰，人而无恒不可以作巫医，善夫，不恒其德，或承之羞。子曰，不占而已矣，是则圣人之所以学易者，不过庸言庸行之间，而不在乎图书象数也。今之穿凿图象以自为能者，畔也。

≡ 乾：元，亨，利，贞。初九，潜龙勿用。
九二，见龙在田，利见大人。
九三，君子终日乾乾，见群龙无首，吉。夕阳若厉无咎。
九四，或跃在渊，无咎。
九五，飞龙在天，利见大人。
上九，亢龙有悔。用九，见群龙无首，吉。

彖曰：大哉乾元，万物资始，乃统天。云行雨施，品物流形，大明终始，六位时成，时乘六龙以御天。乾道变化，各正性命，保合大和，乃利贞。首出庶物，万国咸宁。

象曰：天行健，君子自强不息，潜龙勿用，阳在下也。见龙在田，德施普也。终日乾乾，反复道也。或跃在渊，进无咎也。飞龙在天，大人造也，亢龙有悔，盈不可久也。用九，天德不可为首也。

※按：卦辞爻辞，因乾象而论人事之变，据以立身处世，则寡悔咎。此易之所以足尚而免于秦火也。大象小象，辞意简赅，足补卦辞爻辞之不足。彖辞则扩而充之，易义似由人事而入天象矣。或可曰由处世立身之伦理思想而入哲学范围。

※汉儒若虞翻荀爽之言易，虽曰有家法师承，类多以意为之，故作玄奥。按实则颇多难圆其说处，然卦象之组织确经精细之排列，深含意义，爻词卦词，亦非大贤不能作，或者大贤因旧传占卜之辞而加以补足润饰乃成者乎？太史公曰："文王拘而演周易"虽无确证，想当然耳。

≡ 坤：元亨，利牝马之贞。君子有攸往，先迷，后得主利，西南得朋，东

彖曰：至哉坤元，万物资生，乃顺承天，坤厚载物，德合无疆，含弘光

象曰：地势坤，君子以厚德载物。履霜坚冰，阴始凝也。驯致其道，至坚冰

北丧朋，安贞吉。

初六，履霜坚冰至。

六二，直方大，不习无不利。

六三，含章可贞，或从王事，无成有终。

六四，括囊，无咎无誉。

六五，黄裳元吉。

上六，龙战于野，其血玄黄。用六，利永贞。

大，品物咸亨。牝马地类，行地无疆。柔顺利贞，君子攸行。先迷失道，后顺得常。西南得朋，乃与类行。东北丧朋，乃终有庆。安贞之吉，应地无疆。

也。六二之动，直以方也。不习无不利，地道光也。含章可贞，以时发也。或从王事，知光大也。括囊无咎，慎不害也。黄裳元吉，文在中也。龙战于野，其道穷也，用六，永贞，以大终也。

※胡远濬：此文乃地动之确证，直方，言其不离轨道而有常。

※按：以健言乾，以顺言坤，健之初动，戒以勿用，顺若失常，必至道穷。故于其初，著履霜坚冰之戒。《正义》："阴阳之气无为，故积驯履霜，必至于坚冰，以明人事有为。不可不制其节度，故于履霜而逆以坚冰为戒，所以防渐虑微，慎终于始。"是也。然则何以取象霜冰，坤顺而柔其失也阴贼，霜阴物，故初六曰履霜，履而无节，则至坚冰，阴贼之（不善）祸也。如此解方与文言合，此亦明人事也，爻辰纳甲之说盖不可通。胡远濬之解，想当然耳。

※乾九二曰"见龙"，此六二象曰动，大约第二爻皆有"动"象。动而顺坤道以行，直方大，则不习无不利，而地道光矣，文言解此尽善。

☷ 屯：元亨利贞，勿用有攸往，利建侯。

初九、磐桓，利居贞利建侯。

六二，屯如邅如，乘马班如，匪寇婚媾，女子贞不字，十年乃字。

六三，即鹿无虞，唯入于林中，君子几不如舍，往吝。

六四，乘马班如求婚媾，往吉无不利。

九五，屯共膏，小贞吉，大贞凶。

上六，乘马班如，泣血涟如。

象曰：屯，刚柔始交而难生，动乎险中，大亨贞。雷雨之动满盈，天造草昧、宜建候而不宁。曰始交，曰动，曰草昧是皆此卦之体义，故卦辞曰勿用有攸往。而大象曰经论，经论，创始之时也。建候为开国之始。意者卦辞著作，在周初封建之时乎？又大象云雷雨未雨之象，然雷雨若动，则必满盈，故利建候也。

象曰：云雷屯，君子以经论。虽磐桓，志行正也。以贵下贱，大得民也。六二之难，乘刚也，十年乃字，反常也。即鹿无虞，以从禽也。君子舍之，往吝穷也。求而往，明也。屯其膏，施未光也。泣血涟如，何可长也。

　　※读易至此，而后知易可以尽人事之变，夫屯难非鼎盛之象，六四虽得位而小贞则吉，大贞仍凶。上六所以泣血者以其未明其应处之位也。

　　※按：六二乘刚，故曰难，然此难非寇而为婚媾。婚媾而曰难，求不以礼也，故守贞十年不字。

　　※屯非有为之时，故处上有泣血涟如。

☶ 蒙：亨。匪我求童蒙，童蒙求我，初筮告，再三渎，渎则不告利贞。 初六，发蒙，利用刑人。用说桎梏，以往吝。 九二，包蒙吉，纳妇吉，子克家。 六三，勿用取女，见金夫，不有躬，无攸利。 六四，困蒙，吝。 六五，童蒙。吉。 上九，击蒙，不利为寇，利御寇。	象曰：蒙，山下有险，险而止，蒙。蒙亨，以亨行，时中也。匪我求童蒙，童蒙求我，志应也。初筮告，以刚中也。再三渎，渎则不告，渎蒙也，蒙以养正，圣功也。	象曰：山下出泉，蒙。君子以果行育德。利用刑人，以正法也。子克家，刚柔接也。勿用取女，行不顺也。困蒙之吝，独远实也。童蒙之吉，顺以巽也，利用御寇，上下顺也。

　　※按：山下出象，虽蒙蒙然未开著。然水能润物，又出自山，故有童蒙求我之象。

　　※按：见此爻之变，而后知象数不可不讲，否则何以六三勿用取女，六四困蒙？荀爽诸家之说固多曲然。《易》之组成，实经过一番致密之配列，则不待言。

　　※《彖》《象》所以解爻者也，设无此二翼，则爻义无由明。疑象象之作，与卦爻辞之作同时，或后亦不久，其间且必有师承之关系。《易》以明人事，当以彖象文言之论为确据。汉儒多臆说，难从。

☵ 需：有孚，光亨，贞吉，利涉大川。 初九，需于郊，利用恒，无咎。 九二，需于沙，小有言，终吉。 九三，需于泥，致寇至。 六四，需于血，出自穴。	象曰：需，须也。险在前也，刚健而不陷，其义不困穷矣。需有孚，光亨贞吉，位乎天位，以正中也。利涉大川，往有功也。	象曰：云上于天，君子以饮食宴乐。需于郊，不犯难行也。利用恒无咎，未失常也。需于沙、衍在中也。虽小有言，以吉终也。需于泥，灾在外也。自我致寇，敬慎不败也。需于血，顺以听也。酒食

九五，需于酒食，贞吉。

上六，入于穴，有不速之客三人来，敬之终吉。

贞吉，以中正也。不速之客来，敬之终吉，虽不当位，未大失也。

※元黄泽（楚望）《易学滥觞》：雨自上降，然后生万物草木之味，实能养人醴醪酒浆（笾豆俎实皆出于此，此需所以为饮食。）

☰ 讼：有孚，窒惕，中吉，终凶，利见大人，不利涉大川。

初六，不永所事，小有言，终吉。

九二，不克讼，归而，逋其邑人三百户，无眚。

六三，食旧德，贞厉终吉，或从王事，无成。

九四，不克讼，复即命渝，安贞吉。

九五，讼元吉。

上九，或锡之鞶带，终朝三褫之。

彖曰：讼，上刚下险，险而健，讼。讼有孚窒惕中吉，刚来而得中也。终凶，讼不可成也。利见大人，尚中正也。不利涉大川，入于渊也。

象曰：天与水违行，讼君子以作事谋始。不永所事、讼不可长也。虽小有言，其辨明也。不克讼，归逋窜也。自下讼上，患至掇也。食旧德，从上吉也。复即命渝，安贞不失也。讼元吉，以中正也。以讼受服，亦不足敬也。

☷ 师：贞，丈人，吉，无咎。

初六，师出以律，否臧凶。

九二，在师中，吉无咎，王三锡命。

六三，师或舆尸、凶。

六四，师左次，无咎。

六五，田有禽，利执言，无咎，长子帅师，弟子舆尸、贞凶。

彖曰：师，众也。贞，正也。能以众正，可以王矣。刚中而应，行险而顺。以此毒天下而民从之，吉又何咎矣。

象曰：地中有水，师、君子以容民畜众。师出以律，失律凶也。在师中吉，承天宠也，王三锡命，怀万邦也。师或舆尸，大无功也。左次无咎，未失常也。长子帅师，以中行也。弟子舆尸，使不当也。大君有命，以正功也。小人勿用，必乱邦也。

上六，大君有命，开国承家，小人勿用。

䷇ 比：吉，原筮，元永贞，无咎，不宁方来，后夫凶。
初六，有孚比之，无咎。有孚盈缶，终来有它吉。
六二，比之自内，贞吉。
六三，比之匪人。
六四，外比之，贞吉。
九五，显比，王用三驱，失前禽，邑人不诫，吉。
上六，比之无首、凶。

象曰：比，吉也。比，辅也，下顺从也，原筮元永贞，无咎，以刚中也。不宁方来，上下应也。后夫凶，其道穷也。

象曰：地上有水，比，先王以建万国，亲诸侯。比之初六，有它吉也。比之自内，不自失也。比之匪人，不亦伤乎。外比于贤以从上也。显比之吉，位正中也。舍逆取顺，失前禽也。邑人不诫，上使中也。比之无首，无所终也。

䷈ 小畜：亨。密云不雨，自我西郊。
初九，复自道，何其咎，吉。
九二，牵复，吉。
九三，舆说辐，夫妻反目。
六四，有孚，血去惕出，无咎。
九五，有孚挛如，富以其邻。
上九，既雨既处，尚德载，妇贞厉，月几望，君子征凶。

象曰：小畜，柔得位而上下应之曰小畜。健而巽，刚中而志行，乃亨。密云不雨，尚往也，自我西郊，施未行也。

象曰：风行天上，小畜。君子以懿文德。复自道，其义吉也。牵复在中，亦不自失也。夫妻反目，不能正室也。有孚惕出，上合志也。有孚挛如，不独富也。既雨既处，德积载也。君子征凶，有所疑也。

※胡远濬：天文家论地气受太阳之热则轻，轻而上升，忽被天际冷气（－－）下压则降雨。若复有热（－－）阻之，则但为云而已。热者阳，冷者阴。

※按：《本义》谓："我者文王自谓，文王演易于羑里，视岐周为西方，正小畜之时"此固

不可据以为信。然"我"字必有所指，又何以必曰"西部"乎？或者此卦辞，是当时流传之故事，义与小畜之象相当，故引以为说乎？汉儒之说不敢信，程传云："小畜之不能成大，犹西郊之云不能成雨"解文可耳，然何以西郊之云不能成雨耶？

履虎尾，不咥人，亨。初九，素履往，无咎。

九二，履道坦坦，幽人贞吉。

六三，眇能视，跛能履，履虎尾咥人凶，武人为于大君。

九四，履虎尾，愬愬终吉。

九五，夬履贞厉。

上九，视覆考祥，其旋元吉。

象曰：履柔履刚也。说而应乎乾，是以履虎尾，不咥人，亨。刚中正，履帝位而不疚，光明也。

象曰：上天下泽，履、君子以辩上下，定民志。素履之往，独行愿也。幽人贞吉，中不自乱也。眇能视，不足以有明也。跛能履，不足以与行也。咥人之凶，位不当也。武人为于大君，志刚也。愬愬终吉，志行也。夬履贞厉，位正当也。元吉在上，大有庆也。

泰：小往大来，吉亨。

初九，拔茅茹，以其汇，征吉。

九二，包荒，用冯河，不遐遗，朋亡，得尚于中行。

九三，无平不陂，无往不复，艰，无往不复，艰贞，无咎。勿恤其孚，于食有福。

六四，翩翩，不富以其邻，不戒以孚。

六五，帝乙归妹，以祉元吉。

上六，城复于隍，勿用师，自邑告命贞咎。

象曰：泰，小往大来，吉亨。则是天地交而万物通也。上下交而其志同也。内阳而外阴，内健而外顺，内君子而外小人，君子道长，小人道消也。

象曰：天地交、泰。后以财成天地之道，辅相天地之宜，以左右民。拔茅征吉，志在外也。包荒得尚于中行，以光大也。无往不复，天地际也。翩翩不富，皆失实也。不戒以孚，中心愿也。以祉元吉，中以行愿也。城复于隍，其命乱也。

※按：据象文，老子尚柔之所本。

☷ 否之匪人，不利君子，大往小来。

初六，拔茅茹，以其汇，贞吉亨。

六二，包承，小人吉，大人否，亨。

六三，包羞。

九四，有命无咎，畴离祉。

九五，休否，大人吉。其亡其亡，系于苞桑。

上九，倾否，先否后喜。

象曰：否之匪人，不利君子贞，大往小来，则是天地不交而万物不通也。上下不交而天下无邦也。内阴而外阳，内柔而外刚，内小人而外君子，小人道长，君子道消也。

象曰：天地不交，否。君子以俭德辟难。不可荣以禄，拔茅贞吉，志在君也，大人否亨，不乱群也。包羞，位不当也，有命无咎，志行也。大人之吉，位正当也，否终则倾，何可长也。

※按："系于苞桑"亦应如"帝乙归妹"或系当时流传之故事。

☲ 同人于野，亨。利涉大川，利君子贞。

初九，同人于门，无咎。

六二，同人于宗，吝。

九三，伏戎于莽，升其高陵，三岁不兴。

九四，乘其墉，弗克攻，吉。

九五，同人先号咷，而后笑，大师克相遇。

上九，同人于郊，无悔。

象曰：同人，柔得位得，中而应乎乾曰同人。同人曰，同人于野亨，利涉大川，乾行也，文明以健，中正而应，君子正也。唯君子为能通天下之志。

象曰：天与火，同人。君子以类族辨物。出门同人，又谁咎也。同人于宗，吝道也。伏戎于莽，敌刚也。三岁不兴，安行也。乘其墉义弗克也。其吉，则困而反则也。同人之先，以中直也，大师相遇，言相克也，同人于郊，志未得也。

☲ 大有，元亨。

初九，无交害，匪咎，艰则无咎。

九二，大车以载，有攸往，无咎。

九三，公用亨于天子，小人弗克。

九四，匪其彭，无咎。

象曰：大有，柔得尊位大中，而上下应之曰大有。其德刚健而文明，应乎天而时行，是以元亨。

象曰：火在天上，大有。君子以遏恶扬善，顺天休命。大有初九，无交害也。大车以载，积中不败也。公用亨于天子，小人害也。匪其彭无咎，明辩晰也。厥孚交如，信以发志也。威如之吉，易而六五，厥孚交如，威如，吉。

上九，自天祐之，吉无不利。

无备也。大有上吉，自天祐也。

※胡远濬：积者体积，中者重心，凡车载物越其重心则覆，故曰"积中不败"。

䷎ 谦：亨，君子有终。

初六，谦谦君子，用涉大川，吉。

六二，鸣谦，贞吉。

九三，劳谦君子，有终吉。

六四，无不利谦。

六五，不富以其邻，利用侵伐，无不利。

上六，鸣谦，利用行师，征邑国。

象曰：谦亨，天道下济而光明，地道卑而上行。天道亏盈而益谦，地道变盈而流谦，鬼神害盈而福谦，人道恶盈而好谦，谦尊而光，卑而不可逾，君子之终也。

象曰：地中有山，谦。君子以裒多益寡，称物平施。谦谦君子，卑以自牧也。鸣谦贞吉，中心得也。劳谦君子，万民服也。无不利扐谦，不违则也。利用侵伐，征不服也。鸣谦，志未得也，可以行师，征邑国也。

䷏ 豫：利建候行师。

初六，鸣豫凶。

六二，介于石，不终日，贞吉。

六三，盱豫悔，迟有悔。

九四，由豫，大有得，勿疑朋盍簪。

六五，贞疾，恒不死。

上六，冥豫成，有渝无咎。

象曰：豫，刚应而志行，顺以动，豫。豫顺以动，故天地如之，而况建候行师乎？天地以顺动，故日月不过，而四时不忒圣人以顺动，则刑罚清而民服，豫之时义大矣哉！

象曰：雷出地奋，豫。先王以作乐崇德，殷荐之上帝，以配祖考。初六鸣豫，志穷凶也。不终日贞吉，以中正也。盱豫有悔，位不当也。由豫大有得，志大行也。六五贞疾，乘刚也，恒不死，中未亡也。冥豫在上，何可长也。

䷐ 随，元亨利贞，无咎。

初九，官有渝，贞吉。出门交有功。

六二，系小子，失丈夫。

六三，系丈夫失小子。随有

象曰：随，刚来而下柔，动而说，随。大亨贞无咎，而天下随时，随时之义大矣哉。

象曰：泽中有雷，随。君子响晦入宴息。官有渝，从正吉也。出门交有功，不失也。系小子，弗兼与也。系丈夫，志舍下也。

求得利居贞。

九四，随有获，贞凶。有孚在道，以明，何咎？

九五，孚于嘉，吉。

上六，拘系之乃从，维之，王用亨于西山。

随有获，其义凶也。有孚在道，明功也。孚于嘉吉，位正中也。拘系之，上穷也。

䷑ 蛊，元亨，利涉大川，先甲三日，后甲三日。

初六，干父之蛊，有子，考无咎，厉终吉。

九二，干母之蛊，不可贞。

九三，干父之蛊，小有悔，无大咎。

六四，裕父之蛊，往见吝。

六五，干父之蛊，用誉，用誉。

上九，不事王侯，高尚其事。

象曰：蛊，刚上而柔下，巽而止，蛊。蛊元亨而天下治也。利涉大川，往有事也，先甲三日，后甲三日，终则有始，天行也。

象曰：山下有风，蛊，君子以振民育德。干父之蛊，意承考也。干母之蛊，得中道也。干父之蛊，终无咎也。裕父之蛊，往未得也。干父用誉，承以德也。不事王侯，志可则也。

※按：左昭元："赵孟曰何谓蛊，医和对曰，淫溺惑乱之所生也。于文，皿虫为蛊，谷之飞亦为蛊，在《周易》女惑男，风落山谓之蛊"，与彖象之说不似，据此亦可知释义固有多家，此或组织众说而成一家言者。

※《尚书》大传曰乃命五史，以书五帝之蛊事，言即故事，谓继续不绝之事，古之训蛊为事，亦以天下之事，俱由变化而生，不动不变，则何事之有？

※《学易笔谈》：其事，乃各人所切己之事，为己所审择而从事者也。无论为农工商必得其一而专精焉，高尚者无以复加之谓如曰劳动神圣。

䷒ 临，元亨利贞，至于八月有凶。

初九，咸临，贞吉。

九二，咸临，吉无不利。

象曰：临，刚浸而长，说而顺，刚中而应，大亨以正，天之道也，至于八月有凶，消不久也。

象曰：泽上有地，临。君子教以思无穷，容保民无疆。咸临贞吉，志行正也。咸临吉无不利，未顺六三，甘临，无攸利，既忧之无咎。

六四，至临，无咎。

六五，知临，大君之宜，吉。

上六，敦临吉，无咎。

命也。甘临，位不当也。既忧之，咎不长也，至临无咎，位当也。大君之宜，行中之谓也。敦临之吉，志在内也。

䷓ 观：盥而不荐，有孚颙若。

初六，童观，小人无咎，君子吝。

六二，窥观，利女贞。

六三，观我，生进退。

六四，观国之光，利用宾于王。

九五，观我生，君子无咎。

上九，观其生，君子无咎。

象曰：大观在上，顺而巽，中正以观天下，观盥而不荐，有孚颙若，下观而化也。观天下之神道，而四时不忒。圣人以神道设教而天下服矣。

象曰：风行地上，观。先王以省方观民设教。初六童观，小人道也。窥观女贞，亦可丑也。观我生进退，未失道也。观国之光，尚宾也。观我生，观民也。观其生，志未平也。

䷔ 噬嗑，亨，利用狱。

初九，履校灭趾，无咎。

六二，噬肤灭鼻，无咎。

六三，噬腊肉，遇毒，小吝无咎。

九四，噬乾胏，得金矢，利艰贞吉。

六五，噬干肉，得黄金，贞厉无咎。

上九，何校灭耳，凶。

象曰：颐中有物，曰噬嗑，噬嗑而亨，刚柔分动而明，雷电合而章，柔得中而上行，虽不当位，利用狱也。

象曰：雷电，噬嗑，先王以明罚敕法，履校灭趾，不行也。噬肤灭鼻，乘刚也。遇毒，位不当也。利艰贞吉，未光也。贞厉无咎，得当也。何校灭耳，聪不明也。

䷕ 贲，亨小利有攸往。

初九，贲其趾，舍车而徒。

六二，贲其须。

象曰：贲亨，柔来而文刚，故亨。分刚而文柔，故小利有攸往，天文也。文明

象曰：山下有火，贲。君子以明庶政，无敢折狱。舍车而徒，义弗乘也。贲其

九三，贲如濡如，永贞吉。
六四，贲如皤如，白马翰如，匪寇婚媾。
六五，贲于丘园，束帛戋戋，吝，终吉。
上九，白贲，无咎。

以止，人文也。观乎天文，以察时变。观乎人文，以化成天下。

须，与上兴也，永贞之吉，终莫之陵也。六四当位，疑也。匪寇婚媾，终无尤也。六五之吉，有喜也。白贲无咎，上得志也。

䷖ 剥，不利有攸往。
初六，剥床以足，蔑贞，凶。
六二，剥床以辨、蔑贞凶。
六三，剥之无咎。
六四，剥床以肤，凶。
六五，贯鱼，以宫人宠，无不利。
上九，硕果不食，君子得舆，小人剥庐。

象曰：剥，剥也。柔变刚也。不利有攸往，小人长也。顺而止之，观象也，君子尚消息盈虚，天行也。

象曰：山附于地，剥。上以厚下安宅，剥床以足，以灭下也。剥牀以辨，未有与也。剥之无咎，失上下也。剥床以肤，切近灾也。以宫人宠，终无尤也，君子得舆，民所载也，小人剥庐，终不可用也。

※贯鱼之说，必有故实，诸家仅曰阴类，可知汉时已失传，则易诚未易解也。

䷗ 复，亨出入无疾。朋来无咎，反复其道，七日来复，利有攸往。
初九，不远复，无祗悔，元吉。
六二，休复，吉。
六三，频复，厉，无咎。
六四，中行独复。
六五，敦复，无悔。
上六，迷复，凶，有灾眚。用行师，终有大败，以其国君凶，至于十年不克征。

象曰：复亨，刚反，动而以顺行，是以出入无疾，朋来无咎。反复其道，七日来复，天行也，利有攸往，刚长也，复其见天地之心乎。

象曰：雷在地中，复，先王以至日闭关，商旅不行，后不省方。不远之复，以修身也，休复之吉，以下仁也。频复之厉，义无咎也。中行独复，以从道也。敦复无悔，中以自考也，迷复之凶，反君道也。

※据大象至日闭关之说，可知其立说之依于民俗由此亦可以考见象象著作之时代。

☳ 无妄，元亨利贞。其匪正有眚，不利有攸往。

初九，无妄往吉。

六二，不耕获，不菑畬，则利有攸往。

六三，无妄之灾，或系之牛，行人之得，邑人之灾。

九四，可贞无咎。

九五，无妄之疾，勿药有喜。

上九，无妄，行有眚，无攸利。

象曰：无妄，刚自外来，而为主于内。动而健，刚中而应，大亨以正天之命也，其匪正眚，不利有攸往，无妄之往何之矣，天命不祐，行矣哉。

象曰：天下雷行，物与无妄，先王以茂对时育万物。无妄之往，得志也。不耕获，未富也。行人得牛，邑人灾也，可贞无咎，固有之也。无妄之药，不可试也，无妄之行，穷之灾也。

※按：以无妄为天命，程传天道至诚释，殊顺，则儒家之说与易诚甚有关系也。

☶ 大畜，利贞，不家食，吉，利涉大川。

初九，有厉，利已。

九二，舆说輹。

九三，良马逐，利艰贞，曰闲舆卫，利有攸往。

六四，童牛之牿，元吉。

六五，豮豕之牙，吉。

上九，何天之衢，亨。

象曰：大畜，刚健笃实 辉光，日新其德，刚上而尚贤，能止健，大正也。不家食吉，养贤也，利涉大川，应乎天也。

象曰：天在山中，大畜，君以多识前言往行，以畜其德。有厉利已，不犯灾也。舆说輹，中无尤也，利有攸往，上合志也，六四元吉，有喜也。六五之吉，有庆也。何天之衢，道大行也。

☶ 颐，贞吉，观颐，自求口实。

初九，舍尔灵龟，观我朵颐，凶。

六二，颠颐，拂，经于丘颐征凶。

六三，拂颐，贞凶，十年勿用，无攸利。

象曰：颐，贞吉，养正则吉也。观颐，观其所养也。自求口实，观其自养也。天地养万物，圣人养贤以及万民，颐之时大矣哉。

象曰：山下有雷，颐，君子以慎言语，节饮食。观我朵颐，亦不足贵也。六二征凶，行失类也，十年勿用，道大悖也。颠颐之吉，上施光也。居贞之吉，顺以从上也。由颐厉吉，大有庆也。

六四，颠颐，吉。虎视耽耽，其欲逐逐，无咎。

六五，拂经，居贞，吉，不可涉大川。

上九，由颐，厉吉，利涉大川。

☰ 大过，栋桡，利有攸往，亨。

初六，藉用白茅，无咎。

九二，枯杨生稊，老夫得其女妻，无不利。

九三，栋桡凶。

九四，栋隆吉，有它吝。

九五，枯杨生华，老妇得其士夫，无咎无誉。

上六，过涉灭顶、凶，无咎。

象曰：大过，大者过也。栋桡，本末弱也，刚过而中，巽而说行，利有攸往，乃亨。大过之时，大矣哉。

象曰：泽灭木，大过，君子以独立不惧，遁世无闷，藉用白茅，柔在下也。老夫女妻，过以相与也。栋桡之凶，不可以有辅也。栋隆之吉，不桡乎下也。枯杨生花，何可久也。老妇士夫，亦可丑也。过涉之凶，不可咎也。

☵ 习坎，有孚，维心亨，行有尚。

初六，习坎，入于坎窞，凶。

九二，坎有险，求小得。

六三，来之坎坎，险且枕，入于坎窞，勿用。

六四，樽酒簋贰，用缶。纳约自牖，终无咎。

九五，坎不盈，祗既平，无咎。

上六，系用徽纆，置于丛棘，三岁不得，凶。

象曰：习坎，重险也，水流而不盈，行险而不失其信。维心亨，乃以刚中也。行有尚，往有功也。天险不可升也，地险山川丘陵也。王公设险以守其国，险之时用大矣哉。

象曰：水洊至，习坎，君子以常德行，习教事。习坎入坎，失道凶也。求小得，未出中也。来之坎坎，终无功也。樽酒簋贰，刚柔际也。坎不盈，中未大也。上六失道，凶三岁也。

离，利贞，亨。

初九，履错然，敬之，无咎。

六二，黄离元吉。

九三，日昃之离，不鼓缶而歌，则大耋之嗟，凶。

九四，突如其来如，焚如，死如，弃如。

六五，出涕沱若，戚嗟若，吉。

上九，王用出征，有嘉折首，获匪其丑，无咎。

象曰：离丽也。日月丽乎天，百谷草不丽乎土，重明以丽乎正，乃化成天下，柔丽乎中正，故亨。是以畜牝牛吉也。

象曰：明两作离，大人以继明照于四方。履错之敬，以辟咎也。黄离元吉，得中道也。日昃之离，何可久也。突如其来如，无所容也。六五之吉，离王公也。王用出征，以正邦也。

※杭辛斋：物理必异性乃相感而善感者莫如人，人之善感者莫如男女尤莫如少女少男。故以少女少男之卦名之曰咸，而咸卦六爻，又均取象于一身，则以感觉之最灵且捷省，更莫过于一身焉。

咸，亨，利贞，取女吉。

初六，咸其拇。

六二，咸其腓，凶，居吉。

九三，咸其股，执其随，往吝。

九四，贞吉悔亡，憧憧往来，朋从尔思。

九五，咸其脢，无悔。

上六，咸其辅颊舌。

象曰：咸，感也，柔上而刚下，二气感应以相与，止而说，男下女，是以亨利贞，取女吉也。天地感而万物化生，圣人感人心而天下和平。观其所感，而天地万物之情可见矣。

象曰：山上有泽，咸，君子以虚受人。咸其拇，志在外也。虽凶居吉，顺不害也。咸其股，亦不处也。志在随人，所执下也。贞吉悔亡，未感害也。憧憧往来，未光大也。咸其脢，志末也，咸其辅颊舌，滕口说也。

※柔上刚下则相感，故君子以虚受人，此亦老氏守虚弱之所本。

※《中论·虚道》篇："人之为德，其犹器欤，器虚则物注，满则止焉，故君子常虚其心志，恭其容貌，不以逸群之才加乎众人之上，视彼犹贤，自视犹不足也。故人愿告之而不厌，诲而不倦。《易》曰：君子以虚受人，"按：此儒家之说，较老氏为敦厚（老直言虚之利，此仅曰人愿之而□□□□□□愿之。犹局于利害□□□□□怀逸群之才，俯视群盲蠢蠢可怜爱生大慈悲心，故接物一以虚受，而又不自以为恩（不自以为贤—即不执己之贤，非曰不自知其贤也。）此三教精神共同处，佛则诚超脱矣。

䷟ 恒，亨，无咎，利贞，利有攸往。

初六，浚恒贞凶，无攸利。

九二，悔亡。

九三，不恒其德，或承之羞，贞吝。

九四，田无禽。

六五，恒其德贞，妇人吉，夫子凶。

上六，振恒，凶。

象曰：恒久也。刚上而柔下，雷风相与，巽而动，刚柔皆应，恒。恒亨无咎，利贞，久于其道也。天地之道，恒久而不已也。利有攸往，终则有始也。日月得天而能久照，四时变化而能久成，圣人久于其道，而天下化成，观其所恒，而天地万物之情可见矣。

象曰：雷风恒，君子以立不易方。浚恒之凶，始求深也。九二悔亡，能久中也。不恒其德无所容也。久非其位，安得禽也，妇人贞吉从一而终也。夫子制义，从妇凶也，振恒在上，大无功也。

※《论语》子路篇引此爻之文，则此爻之作于周初可信也。作此爻者必系明哲之士，或文王周公所作也。圣象象，《左昭二年》云："晋候使韩宣子来聘，见《易象》与《鲁春秋》，曰周礼尽在鲁矣，吾今乃知周公之德与周之所以王也。"然左昭二十九论龙引乾，垢，同人，大有，夬，坤，剥。左昭十二引坤，比，皆爻文。左昭七《国语·晋语》七引屯卦辞。左闵元引□爻文，左宣十二引师爻文，《晋语》四引泰卦词，左哀九引泰爻文，左喜二十五，左闵二引火有爻文，左襄九引随卦辞，左庄二十二引观，左襄二十八引复，公羊宣元引坎，左昭五引明夷，左襄二十引困，左僖十五引归妹爻文，无有引象象之文者。其中左襄九年引爻文已又有"元体之辰…贞固足以干事"一段，则《文言》之文也，按此虽有解释"元亨利贞"之说，然不足以为引用《文言》之证，盖《文言》释乾而此释随，或文言作者援此而成文者也。又《国语》晋语四释屯之"元亨利贞"则云："主震雷长也，故曰元，众而顺，嘉也，故曰亨，内有震雷故利贞"，此依文顺释之例。左襄九年释随之"元亨利贞"当亦如此也。又《国语》周语下云："遇乾之否，曰'配而不终，君三出焉'"。左僖十五遇蛊曰："千乘三去，三去之余，获其雄狐。"左成十六遇复曰："南国，射其元，王中厥目"，当亦爻文，然不见于今书。而"三去"与"先甲三日，后甲三日""射元"又与"大败国君口"相合。疑左传所引爻文系古易，今本又从而增损润饰之，然必出于象象之作者。

䷠ 遁亨，小利贞。

初六，遁尾厉，勿用有攸往。

六二，执之用黄牛之革，莫之胜说。

象曰：遁亨，遁而亨也。刚当位而应，与时行也。小利贞，浸而长也。遁之时义大矣哉。

象曰：天下有山，遁，君子以远小人，不恶而严。遁尾之厉，不往何灾也，执用黄牛，固志也。系遁之厉，有疾惫也。畜臣妾九三，系遁，有疾厉，蓄臣妾吉。

九四，好遁，君子吉，小人否。

九五，嘉遁贞吉。

上九，肥遁无不利。

吉，不可大事也。君子好遁，小人否也。嘉遁贞吉，以正志也。肥遁无不利，无所疑也。

䷡ 大壮，利贞。

初九，壮于趾，征凶有孚。

九二，贞吉。

九三，小人用壮，君子用罔，贞厉。羝羊触藩，羸其角。

九四，贞吉，悔亡，藩决不羸，壮于大舆之輹。

六五，丧羊于易，无悔。

上六，羝羊触藩，不能退，不能遂，无攸利，艰则吉。

象曰：大壮，大者壮也。刚以动，故壮，大壮利贞，大者正也。正大，而天地之情可见矣。

象曰：雷在天上，大壮。君子以非礼弗履。壮于趾，其孚穷也。九二贞吉，以中也。小人用壮，君子罔也。藩决不羸，尚往也。丧羊于易，位不当也。不能退，不能遂，不祥也。艰则吉，咎不长也。

※左昭三十二："在易卦，雷乘乾曰大壮，天之道也。"亦与象象之说不似。

※按："君子非礼弗履，"纯乎儒家言。《正义》谓诫以非礼弗履是也，《程传》："□□□□□□□□"君子之大壮□□□□义。《聘义》曰：有行之谓有义，有义之谓勇敢。故所贵于勇敢者，贵其能以立义也。所贵于立义者，贵其有行也，所贵于有行者，贵其行礼也。故所贵于勇敢者，贵其敢行礼义也。《晏子》谏篇：轻死以行礼谓之勇，诛暴不避强谓之力，故勇力之立也，以行其礼义也。

䷢ 晋，康候用锡马蕃庶，昼日三接。

初六，晋如摧如贞吉，罔孚，裕，无咎。

六二，晋如愁如，贞吉，

象曰：晋，进也，明出地上，顺而丽乎大明，柔进而上行，是以康候用锡马蕃蔗，昼日三接也。

象曰：明出地上，晋，君子以自昭明德，晋如摧如，独行正也。裕无咎，未受命也。受兹介福，以中正也。众允之志，上行也。鼫鼠贞受兹介福，于其王母。
六三，众允，悔亡。
九四，晋如鼫鼠，贞厉。
六五，悔亡，失得勿恤，往
吉无不利。
上九，晋其角，维用伐邑，
厉吉无咎，贞吝。

厉，位不当也。失得勿恤，
往有庆也。维用伐邑，道未
光也。

※按："康侯用锡马蕃庶"必有本事，然诸家无有言之者。成王封康叔于唐，未知康侯即康叔否。则卦辞之作必在成王时代，又明夷卦有"文王以之""箕子以之"，则可证卦辞必在文王之后方成。

明夷，利艰贞。
初九，明夷于飞，垂其翼，
君子于行，三日不食，有攸
往，主人有言。
六二，明夷，夷于左股，用
拯马壮吉。
九三，明夷于南狩，得其大
首，不可疾贞。
六四，入于左腹，获明夷之
心，于出门庭。
六五，箕子之明夷，利贞。
上六，不明晦，初登于
天，后入于地。

象曰：明入地中，明夷，
内文明而外柔顺，以蒙大
难，文王以之。利艰贞晦
其明也，内难而能正其
志，箕子以之。

象曰：明入地中，明夷，
君子以莅众，用晦而明。
君子于行，义不食也。六
二之吉，顺以则也。南狩
之志，乃大得也。入于左
腹，获心意也。箕子之
贞，明不可息也，初登于
天，照四国也。后入于
地，失则也。

※按：离在坤下故曰明入地中，惠士奇，胡远濬皆以"平"解中，曲成地圆之说。马其昶上六更解为日食，皆附会也。

家人：利女贞。
初九，闲有家，悔亡。
六二，无攸遂，在中馈，
贞吉。

象曰：家人，女正位乎
内，男正位乎外，男女
正，天地之大义也。家人
有严君焉，父母之谓也。

象曰：风自火出，家人。君
子以言有物，而行有恒。
闲有家，志未变也。六二
之吉，顺以巽也。家人嗃

九三，家人嗃嗃，悔厉吉，妇子嘻嘻，终吝。

六四，富家，大吉。

九五，王假有家，勿恤吉。

上九，有孚，威如，终吉。

父父、子子、兄兄、弟弟、夫夫、妇妇，而家道正。正家，而天下定矣。

嗃，未失也。妇子嘻嘻，失家节也。富家大吉，顺在位也。王假有家，交相爱也。威如之吉，及身之谓也。

※按：家人象词，为儒家之所本，则《易》义与儒说关系诚甚密切哉。又《诗》曰："刑于寡妻至于兄弟，以御于家邦。"

䷥ 睽，小事吉。

初九，悔亡，丧马勿逐自复，见恶人，无咎。

九二，遇主于巷，无咎。

六三，见舆曳，其牛掣，其人天且劓，无初有终。

九四，睽孤，遇元夫，交孚，厉无咎。

六五，悔亡，厥宗噬肤，往何咎。

上九，睽孤，见豕负涂载鬼一车。先张之弧，后说之弧，匪寇婚媾，往遇雨，则吉。

象曰：睽，火动而上，泽动而下，二女同居，其志不同行，说而丽乎明，柔进而上行，得中而应乎刚，是以小事吉。天地睽，而其事同也。男女睽，而其志通也。万物睽，而其事类也。睽之时用大矣哉。

象曰：上火下泽，睽，君子以同而异。见恶人，以辟咎也。遇主于巷，未失道也。见舆曳，位不当也。无初有终，遇刚也。交孚无咎，志行也。厥宗噬肤，往有庆也。遇雨之吉，群疑亡也。

䷦ 蹇，利西南，不利东北，利见大人，贞吉。

初六，往蹇来誉。

六二，王臣蹇蹇，匪躬之故。

九三，往蹇来反。

六四，往蹇来连。

九五，大蹇朋来。

象曰：蹇，难也，险在前也。见险而能止，知矣哉，蹇利西南，往得中也，不利东北，其道穷也，利见大人，往有功也。当位贞吉，以正邦也，蹇之时用大矣哉。

象曰：山上有水，蹇，君子以反身修德，往蹇来誉，宜待也，王臣蹇蹇，终无尤也。往蹇来反，内喜之也。往蹇来连，当位实也。大蹇朋来，以中节也。往蹇来硕，志在内也，利见大人，以从贵也。

上六，往蹇来硕吉，利见大人。

䷧ 解，利西南，无所往，其来复吉，有攸往，夙吉。
初六，无咎。
九二，田获三狐，得黄矢，贞吉。
六三，负且乘，致寇至，贞吝。
九四，解而拇，朋至斯孚。
六五，君子维有解，吉，有孚于小人。
上六，公用射隼于高墉之上，获之，无不利。

象曰：解，险以动。动而免于险，解。解，利西南，往得众也。其来复吉，乃得中也。有攸往夙吉，往有功也。天地解而雷雨作，雷雨作而百果草木皆甲坼，解之时大矣哉。

象曰：雷雨作，解，君子以赦过宥罪。刚柔之际，义无咎也。九二贞吉，得中道也。负且乘，亦可丑也。自我致戎，又谁咎也，解而拇。未当位也。君子有解，小人退也。公用射隼以解悖也。

䷨ 损，有孚，元吉，无咎可贞，利有攸往。曷之用二簋可用享。
初九，已事遄往，无咎，酌损之。
九二，利贞，征凶，弗损。
六三，三人行，则损一人；一人行，则得其友。
六四，损其疾，使遄有喜，无咎。
六五，或益之十朋之龟弗克违，元吉。
上九，弗损，益之，无咎，贞吉，利有攸往，得臣无家。

象曰：损，损下益上，其道上行，损而有孚，元吉，无咎，可贞，利有攸往，曷之用。二簋可用享，二簋应有时，损刚益柔有时。损益盈虚，与时偕行。

象曰：山下有泽，损，君子以惩忿窒欲，已事遄往，尚合志也。九二利贞，中以为志也。一人行，三则疑也。损其疾，亦可喜也。六五元吉，自上祐也。弗损益之，大得志也。

☲益，利有攸往，利涉大川。

初九，利用为大作，元吉，无咎。

六二，或益之，十朋之龟弗克违，永贞吉，王用享于帝吉。

六三，益之，用凶事，无咎，有孚中行，告公用圭。

六四，中行，告公从，利用为依迁国。

九五，有孚惠心，勿问元吉。有孚惠我德。

上九，莫益之，或击之，立心易恒，凶。

☱夬：扬于王庭，孚号有厉，告自邑，不利即戎，利有攸往。

初九，壮于前趾，往不胜为咎。

九二，惕号，莫夜有戎，勿恤。

九三，壮于頄，有凶，君子夬夬，独行遇雨若濡，有愠，无咎。

九四，臀无肤，其行次且，牵羊悔亡，闻言不信。

九五，苋陆夬夬，中行，无咎。

上六，无号，终有凶。

象曰：益，损上益下，民说无疆。自上下下。其道大光。利有攸往，中正有庆。利涉大川，木道乃行。益动而巽，日进无疆。无施地生，其益无方。凡益之道，与时皆行。

象曰：风雷益，君子以见喜

象曰：夬，决也，刚决柔也。健而说，决而和，扬于王庭，柔乘五刚也。孚号有厉，其危乃光也，告自邑，不利即戎，所尚乃穷也，利用攸往，刚长乃终也。

则迁，有过则改，元吉无咎，不下厚事也，或益之，自外来也，益用凶事，固有之也。告公从，以益志也，有孚惠心，勿问之矣，惠我德，大得志也。莫益之，偏辞也。或击之，自外来也。

象曰：泽上于天，夬，君子以施禄及下，居德则忌。不胜而往。咎也，有戎勿恤，得中道也。君子夬夬，终无咎也，其行次且，位不当也。闻言不信，聪不明也。中行无咎，中未光也。无号之凶，终不可长也。

☰☴姤，女壮，勿用取女。

初六，系于金柅，贞吉。有攸往，见凶，羸豕孚蹢躅。

九二，包有鱼，无咎，不利宾。

九三，臀无肤，其行次且，厉，无大咎。

九四，包无鱼，起凶。

九五，以杞包瓜，含章，有陨自天。

上九，姤其角，吝，无咎。

象曰：姤，遇也，柔遇刚也。勿用取女，不可与长也。天地相遇，品物咸章也。刚遇中正，天下大行也。姤之时义大矣哉。

象曰：天下有风，姤，后以施命诰四方。系于金柅，柔导牵也。包有鱼义不及宾也。其行次且，行未牵也。无鱼之凶，远民也。九五含章，中正也。有陨自天，志不舍命也。姤其角，上穷吝也。

※胡远濬曰：积气之下阴，遇阴而为风，故曰姤。陈桂：初六为地面冷气之符号，九二、九三，受压力较多较热之空气之符号也。象曰："天下有风"，谓同温层之下，乃有风也。

☱☷萃，亨。王假有庙，利见大人，亨，利贞。用大牲吉，利有攸往。

初六，有孚不终，乃乱乃萃，若号，一握为笑，勿恤，往无咎。

六二，引吉无咎，孚乃利用禴。

六三，萃如嗟如，无攸利，往无咎，小吝。

九四，大吉，无咎。

九五，萃有位，无咎匪孚，元永贞，悔亡。

上六，赍咨涕洟，无咎。

象曰：萃，聚也。顺以说刚中而应，故聚也。王假有庙，致孝享也。利见大人亨，聚以正也，用大牲吉，利有攸往。顺天命也。观其所聚而天地万物之情可见矣。

象曰：泽上于地，萃，君子以除戎器，戒不虞。乃乱乃萃，其志乱也。引吉无咎，中未变也。往无咎，上巽也，大吉无咎，位不当也。萃有位，志未光也。赍涕洟，未安上也。

䷭升，元亨，用见大人，勿恤，南征吉。

初六，允升大吉。

九二，孚乃利用禴，无咎。

九三，升虚邑。

六四，王用亨于岐山，吉无咎。

六五，贞吉升阶。

上六，冥升，利于不息之贞。

象曰：柔以时升，巽而顺，刚中而应，是以大亨。用见大人，勿恤，有庆也。南征吉，志行也。

象曰：地中生木，升。君子以顺德，积小以高大。允升大吉，上合志也。九二之孚，有喜也，升虚邑，无所疑也。王用亨于岐山，顺事也。贞吉升阶，大得志也。冥升在上，消不富也。

䷮困，亨，贞大人吉，无咎，有言不信。

初六，臀困于株木，入于幽谷，三岁不觌。

九二，困于酒食，朱绂方来，利用享祀，征凶无咎。

六三，困于石，据于蒺藜，入于其宫，不见其妻，凶。

九四，来徐徐，困于金车，吝，有终。

九五，劓刖，困于赤绂，乃徐有说，利用祭祀。

象曰：困，刚掩也，险以说，困而不失其所亨，其唯君子乎，贞大人吉，以刚中也。有言不信，尚口乃穷也。

象曰：泽无水，困，君子以致命遂志。入于幽谷，幽不明也。困于酒食，中有庆也。据于蒺藜，乘刚也。入于其宫，不见其妻，不祥也；来徐徐，志在下也。虽不当位，有与也，劓刖，志未得也。乃徐有说，以中直也。利用祭祀，受福也。

※按：左襄二十五年，崔武子欲取齐棠公之嫠妇，筮之遇困之大过史皆曰吉，示陈子文，文子曰："夫从风，风陨妻，不可娶也。且其繇曰困于石，据于蒺藜，入于其宫，不见其妻，凶。困于石，往不济也，据以蒺黎，所持伤也，入于其宫，不见其妻凶，无所归也。"其解爻辞则几乎《小象》，疑今传《小象》尔时尚未有，否则何故别解，据此亦可以考见，象象著作之年代。又《师》之初六。《明夷》之初九。

䷯井，改邑不改井，无丧无得，往来井井，汔至亦未繘井，羸其瓶，凶。

象曰：巽乎水而上水，井。井养而不穷也。改邑不改井，乃以刚中也。汔

象曰：木上有水，井，君子以劳民劝相，井泥不食，下也。旧井无禽，时

初六，井泥不食，旧井无禽。

九二，井谷射鲋，瓮敝漏。

九三，井渫不食，为我心恻，可用汲。王明，并受其福。

六四，井甃无咎。

九五，井冽寒泉，食。

上六，井收，勿幕有孚，元吉。

至亦未繘井，未有功也。羸其瓶，是以凶也。

舍也。井谷射鲋，无与也。井渫不食，行恻也。求王明，受福也。井甃无咎，修井也。寒泉之食，中正也。元吉在上，大成也。

☰ 革，已日乃孚，元亨利贞，悔亡。

初九，巩用黄牛之革。

六二，已日乃革之，征吉无咎。

九三，征凶贞厉，革言三就，有孚。

九四，悔亡，有孚改命，吉。

九五，大人虎变，未占有孚。

上六，君子豹变，小人革面，征凶，居贞吉。

彖曰：革，水火相息，二女同居，其志不相得，曰革。已日乃孚，革而信之，文明以说，大亨以正，革而当，其悔乃亡，天地革而四时成，汤武革命，顺乎天而应乎人，革之时大矣哉。

象曰：泽中有火，革，君子以治历明时。巩用黄牛，不可以有为也。已日革之，行有嘉也。革言三就，又何之矣。改命之吉，信志也。大人虎变，其文炳也。君子豹变，其文蔚也。小人革面，顺以从君也。

☰ 鼎，元吉，亨。

初六，鼎颠趾，利出否，得妾以其子，无咎。

九二，鼎有实，我仇有疾，不我能即，吉。

九三，鼎耳革，其行塞，雉膏不食，方雨亏悔，终吉。

彖曰：鼎，象也。以木巽火，亨饪也。圣人亨以享上帝，而大亨以养圣贤，巽而耳目聪明，柔进而上行。得中心应乎刚，是以元亨。

象曰：木上有火，鼎。君子以正位凝命，鼎颠趾，未悖也，利出否，以从贵也，鼎有实，慎所之也。我仇有疾终，无尤也鼎耳革，失其义也。覆公餗，信如何也。鼎黄耳，中以九四，鼎折足，覆公铼，其形渥，凶。

六五，鼎黄耳金铉，利贞。

上九，鼎玉铉，大吉，无不利。

为实也，玉铉在上，刚柔节也。

䷲震，亨，震来虩虩，笑言哑哑，震惊百里，不丧匕鬯。

初九，震来虩虩，后笑言哑哑，吉。

六二，震来厉，亿丧贝，跻于九陵，勿逐七日得。

六三，震苏苏，震行无眚。

九四，震遂泥。

六五，震往来厉，亿，无丧有事。

上六，震索索，视矍矍，征凶。震不于其躬，于其邻无咎，婚媾有言。

象曰：震亨，震来虩虩，恐致福也，笑言哑哑，后有则也。震惊百里，惊远而惧迩也。出可以守宗庙社稷，以为祭主也。

象曰：洊雷震，君子以恐惧修省，震来虩虩，恐致福也。笑言哑哑，后有则也。震来厉，乘刚也。震苏苏，位不当也。震遂泥，未光也。震往来厉，危行也。其事在中，大无丧也。震索索，中未得也。虽凶无咎，畏邻戒也。

䷳艮其背，不获其身，行其庭，不见其人，无咎。

初六，艮其趾无咎，利永贞。

六二，艮其腓，不拯其随，其心不快。

九三，艮其限，列其夤薰心。

六四，艮其身，无咎。

六五，艮其辅，言有序，悔亡。

上九，敦，艮，吉。

象曰：艮，止也，时止则止，时行则行，动静不失其时，其道光明。艮其止，止其所也。上下敌应，不相与也，是以不获其身，行其庭不见其人，无咎也。

象曰：兼山，艮，君子以思不出其位。艮其趾，未失正也。不拯其随，未退听也。艮其限，危薰心也。艮其身，止诸躬也。艮其辅，以中正也。敦艮之吉，以厚终也。

※按：君子思不出其位，此亦儒术之所本。

☴ 渐：女归吉，利贞。

初六，鸿渐于干，小子厉有言，无咎。

六二，鸿渐于磐饮食衎衎，吉。

九三，鸿渐于陆，夫征不复，妇孕不育，凶利御寇。

六四，鸿渐于木，或得其桷，无咎。

九五，鸿渐于陵，妇三岁不孕，终莫之胜，吉。

上九，鸿渐于陆，其羽可用为仪，吉。

象曰：渐，之进也，女归吉也，进得位，往有功也。进以正，可以正邦也。其位，刚得中也。止而巽，动不穷也。

象曰：山上有木，渐君子以居贤德善俗。小子之厉，义无咎也。饮食衎衎，不素饱也。夫征不复，离群丑也。妇孕不育，失其道也。利用御寇，顺相保也。或得其桷，顺以巽也。终莫之胜吉，得所愿也。其羽可用为仪吉，不可乱也。

☳ 归妹，征凶无攸利。

初九，归妹以娣，跛能履，征吉。

九二，眇能视，利幽人之贞。

六三，归妹以须，反归以娣。

九四，归妹愆期，迟归有时。

六五，帝乙归妹，其君之袂，不如其娣之袂良，月几望，吉。

上六，女承筐无实，士刲羊无血，无攸利。

象曰：归妹，天地之大义也。天地不交，而万物不兴。归妹，人之终始也。说以动，所归妹也。征凶，位不当也。无攸利，柔乘刚也。

象曰：泽上有雷，归妹，君子以永终知敝，归妹以娣，以恒也。跛能履，吉相承也。利幽人之贞，未变常也。归妹以须，未当也，愆期之志，有待而行也。帝乙归妹，不如其娣之袂良也。其位不中，以贵行也。上六无实，承虚筐也。

☲ 丰，亨，王假之勿忧，宜日中。

象曰：丰大也。明以动，故丰，王假之，尚大也。

象曰：雷电皆至，丰，君子以折狱致刑，虽旬无初九，遇其配主，虽旬无咎，往有尚。

六二，丰其蔀，日中见斗，往得疑疾，有孚发若，吉。

九三，丰其沛，日中见沫，折其右肱，无咎。

九四，丰其蔀，日中见斗，遇其夷主，吉。

六五，来章有庆誉，吉。

上六，丰其屋，蔀其家，窥其户，阒其无人，三岁不觌凶。

勿忧宜日中，宜照天下也。日中则昃，月盈则食，天地盈虚，与时消息，而况于人乎，况于鬼神乎。

咎，过旬灾也。有孚发若，信以发志也。丰其沛，不可大事也。折其右肱，终不可用也。丰其蔀，位不当也。日中见斗，幽不明也。遇其夷主，吉行也。六五之吉，有庆也丰其屋，天际翔也。窥其户，阒其无人，自藏也。

☲ 旅，小亨，旅贞吉。

初六，旅琐琐，斯其所取灾。

六二，旅即次，怀其资，得童仆贞。

九三，旅焚其次，丧其童仆贞厉。

九四，旅于处，得其资斧，我心不快。

六五，射雉一矢亡，终以誉命。

上九，鸟焚其巢，旅人先笑后号咷，丧牛于易，凶。

象曰：旅小亨，柔得中乎外而顺乎刚，止而丽乎明，是以小亨旅贞吉也，旅之时义大义哉。

象曰：山上有火，旅，君子以明慎用刑而不留狱。旅琐琐，志穷灾也。得童仆贞，终无尤也。旅焚其次，亦以伤也。以旅与下，其义丧也。旅于处，未得位也。得其资斧，心未快也。终以誉命，上逮也。以旅在上，其义焚也。丧牛于易，终莫之闻也。

☴ 巽，小亨，利有攸往，利见大人。

初六，进退，利武人之贞。

九二，巽在床下，用史巫，

象曰：重巽以申命，刚巽乎中正而志行，柔皆顺乎刚，是以小亨，利有攸往，利见大人。

象曰：随风巽，君子以申命行事。进退，志疑也。利武人之贞，志治也。纷若之吉，得中也。频巽之吝，志纷若吉，无咎。

九三，频巽吝。

六四，悔亡，田获三品。

九五，贞吉，悔亡，无不利。无初有终，先庚三曰，后庚三曰，吉。

上九，巽在床下，丧其资斧，贞凶。

穷也。田获三品，有功也。九五之吉，位正中也。巽在床下，上穷也。丧其资斧，正乎凶也。

☱ 兑，亨，利贞。

初九，和兑吉。

九二，孚兑吉，悔亡。

六三，来兑凶。

九四，商兑未宁，介疾有喜。

九五，孚于剥，有厉。

上六，引兑。

象曰：兑说也，刚中而柔外，说以利贞，是以顺乎天而应乎人，说以先民，民忘其劳。说以犯难，民忘其死。说之大，民劝矣哉。

象曰：丽泽，兑，君子以朋友讲习。和兑之吉，行未疑也。孚兑之吉，信志也。来兑之凶，位不当也。九四之喜，有庆也。孚于剥，位正当也。上六引兑，未光也。

☴ 涣，亨，王假有庙，利涉大川，利贞。

初六，用拯马壮吉。

九二，涣奔其机，悔亡。

六三，涣其躬，无悔。

六四，涣其群，元吉。涣有丘，匪夷所思。

九五，涣汗其大号。涣，王居无咎。

上九，涣其血去逖出，无咎。

象曰：涣，亨，刚来而不穷，柔得位乎外而上同。王假有庙，王乃在中也。利涉大川，乘木有功也。

象曰：风行水上，涣，先王以享于帝立庙。初六之吉，顺也。涣奔其机，得愿也。涣其躬，志在外也。涣其群元吉，光大也。王居无咎，正位也。涣其血，远害也。

䷁ 节，亨，苦节不可贞。

初九，不出户庭，无咎。

九二，不出门庭，凶。

六三，不节若，则嗟若，无咎。

六四，安节亨。

九五，甘节吉，往有尚。

上六，苦节贞凶，悔亡。

象曰：节亨，刚柔分而刚得中。苦节不可贞，其道穷也。说以行险，当位以节，中正以通。天地节而四时成。节以制度，不伤财，不害民。

象曰：泽上有水，节，君子以制数度，议德行。不出户庭，知通塞也。不出门庭凶，失时极也。不节之嗟，又谁咎也。安节之亨，承上道也。甘节之吉，居位中也。苦节贞凶，其道穷也。

䷼ 中孚，豚鱼吉，利涉大川，利贞。

初九，虞吉，有它不燕。

九二，鸣鹤在阴，其子和之，我有好爵，吾与尔靡之。

六三，得敌，或鼓或罢，或泣或歌。

六四，月几望，马匹亡，无咎。

九五，有孚挛如，无咎。

上九，翰音登于天，贞凶。

象曰：中孚，柔在内而刚得中，说而巽，孚，乃化邦也。豚鱼吉，信及豚鱼也。利涉大川，乘木舟虚也，中孚以利贞，乃应乎天也。

象曰：泽上有风，中孚。君子以议狱缓死。初九虞吉，志未变也。其子和之，中心愿也。或鼓或罢，位不当也。马匹亡，绝类上也。有孚挛如，位正当也。翰音登于天，何可长也。

䷽ 小过，亨，利贞，可小事，不可大事。飞鸟遗之音，不宜上，宜下，大吉。

初六，飞鸟以凶。

六二，过其祖，遇其妣，不及其君，遇其臣，无咎。

九三，弗过防之，从或戕之，凶。

九四，无咎，弗过遇之，往厉必戒，勿用永贞。

象曰：小过，小者过而亨也。过以利贞，与时行也。柔得中，是以小事吉也。刚失位而不中，则不可大事也。有飞鸟之象焉，飞鸟遗之音，不宜上，宜下，大吉，上逆而下顺也。

象曰：山上有雷，小过，君子以行过乎恭，丧过乎哀，用过乎俭。飞鸟以凶，不可如何也。不及其君，臣不可过也。从或戕之，凶如何也。弗过遇之，位不当也。往厉必戒，终不可长也。密云不雨，已上也。弗遇过之，已亢也。

六五，密云不雨，自我西郊，公弋取彼在穴。

上六，勿遇过之，飞鸟离之凶，是谓灾眚。

䷾既济，亨，小利贞。初吉终乱。

初九，曳其轮，濡其尾，无咎。

六二，妇丧其茀，勿逐，七日得。

九三，高宗伐鬼方，三年克之，小人勿用。

六四，有衣，终日戒。

九五，东邻杀牛，不如西邻之禴祭，实受其福。

上六，濡其首，厉。

象曰：既济亨，小者亨也。利贞，刚柔正而位当也。初吉，柔得中也。终止则乱，其道穷也。

象曰：水在火上，既济，君子以思患而豫防之。曳其轮，义无咎也。七日得，以中道也。三年克之，惫也。终日戒，有所疑也。东邻杀牛，不如西邻之时也，实受其福，吉大来也。濡其首厉，何可久也。

䷿未济，亨，小狐汔济，濡其尾，无攸利。

初六，濡其尾，吝。

九二，曳其轮，贞吉。

六三，未济征凶，利涉大川。

九四，贞吉悔亡，震用伐鬼方，三年有赏于大国。

六五，贞吉无悔，君子之光，有孚吉。

上九，有孚于饮酒，无咎。濡其首，有孚失是。

象曰：未济、亨、柔得中也。小狐汔济，未出中也，濡其尾，无攸利，不续终也。虽不当位，刚柔应也。

象曰：火在水上，未济，君子以慎辨物居方。濡其尾，亦不知极也。九二贞吉，中以行正也。未济征凶，位不当也。贞吉悔亡，志行也。君子之光，其晖吉也。饮酒濡首，亦不知节也。

《周易王韩注》札记

※按乾坤为易之门，乾动而坤静，乾刚而坤柔，皆相反之表征。而天地之间万事纷纭，莫不循相反相成之公式以变演。然则据乾坤之数，可以测未来之局也。乾为阳而坤为阴，或乾为正而坤为负——阴阳二气化合成物，此证以阴电子阳电子而可信，此既可信。据其他化合之原而更推测之，不亦可以穷生生之变乎，唯数理神妙难知，历来多为附会之说，愈演而愈迷。纵能穷神知化而仍无益于用，此君子所以勿为也。……变化而成六十四卦，即代表六十四种人事变迁之范畴。每一范畴又有六种过程，吾人能熟玩其意，处世立身，亦非无补。于此亦可见易之价值，设更以数理充实之，天地间万事万物皆可以相反相成之公式而知其变，则易道诚广大矣。

经卦三盘，三材之道也。事实上必三画而后成极其变。《乾凿度》曰："物有始有壮有究故三画而成乾，乾坤相并俱生，物有阴阳，因而重之，故六画而成卦。"

周易系辞上第七

※马融等分白茅章后取负且乘更为别章成十三章，虞翻分为十一章合大衍之数并知变化之道共为一章。

※（何氏云：上篇明无，下篇明几，先儒或以上篇论易之大理，下篇论易之小理）**天尊地卑，乾坤定矣。卑高以陈，贵贱位矣。动静有常，刚柔断矣。方**※（《乐记》郑注：方，犹道也）**以类聚，物以群分，吉凶生矣。在天成象，在地成形**※（姚在，易在也，成象、成形。皆易之变化，此天地自然之易，圣人所则效者也），**变化见矣。是故刚柔相摩，八卦相荡，鼓之以雷霆，润之以风雨；日月运行，一寒一暑。乾道成男，坤道成女。乾知大始，坤作**※（"作"古本作"化"。司马光知主也，万物始生者乾之所主、终成坤之所为。郑注：易音亦、佼易）**成物。乾以易知，坤以简能；易则易知，简则易从；易知则有亲，易从则有功；有亲则可久，有功则可大；可久则贤人之德，可大则贤人之业。易简而天下之理**※（《正义》：天下之理，莫不由于易简而各得顺其分位者，若能行说易简静任物自生，则物得其性矣）**得矣。天下之理得，而成**※（古本成上有"易"字。李：易简一也，老子天得一以清，…故曰天下之理，得一天下之理，不外一中，故易成位乎其中矣）**位乎其中矣。**※（姚此第一篇言太极生而仪天地有自

然之易。圣人法天地而作易，而天地之道显、易简之法则也。《正义》：言天地成象成形简易之德，明乾神之大旨）

圣人设卦观象，系辞焉※（《集解》设卦为句，观象系词焉为句）而明吉凶，刚柔相推而生变化。是故吉凶者，失得之象也；悔吝者，忧虞之象也；变化者，进退之象也；刚柔者，昼夜之象也。※（陆绩：此三才极至之道也，初四下极，二五中极，三上上极）六爻之动，三极之道也。※（司马光：天地人至极之道也）是故君子所居而安者，《易》之序也；所乐而玩者※（虞翻：旧读象作厚，或作序非，变旧作乐，字之误），爻之辞也。是故君子居则观其象而玩其辞，动则观其变而玩其占，是以自天祐之，吉无不利。※（《正义》：明圣人设卦观象爻辞吉凶悔吝之细别）

象者，言乎象者也；爻者，言乎变者也。吉凶者，言乎其失得也；悔吝者，言乎其小疵也。无咎者，善补过者也。是故列贵贱者存乎位，※（候果：二五为功誉位，三四为凶惧位。凡爻得位则贵，失位则贱。故曰列贵贱者存乎位）齐小大者存乎卦※（王肃：齐犹正也，阳卦大，阴卦小，卦列则小大分，故曰齐小大者存乎卦），辩吉凶者存乎辞，※（李：《论语》假我学易无大过，是周易为补过之书，而补过在于无咎，三百八十四爻，一言以蔽之曰善补过）忧悔吝者存乎介，震※（郑注：震、惧也）无咎者存乎悔。是故卦有小大，辞有险易；辞也者，各指其所之。※（《正义》：爻卦之辞，若爻卦之适于善则其辞善，否则其辞恶）

《易》与天地准，故能弥纶天地※（《集解》本论下"天地"作"天下""反"作"及"）之道。※（《本义》：固然，姚盖从之。按姚自"圣人"至"各指其所之"为一段。以下至"易无体"为一段，是也。又曰：此篇言君子动静皆易，学易无大过者也。上篇言简易，此言变易）仰以观于天文，俯以察于地理，是故知幽明之故；原始反终，故知死生之说；※（荀爽：幽谓天上地下不可睹者也，明谓天地之间万物陈列著于耳目者。九家易：阴阳交合物之始也，阴阳分离物之终也。合则生离则死。故原始及终，知死生之说，宋衷说舍也）

精气为物，游魂为变，是故知鬼神之情状。※（郑玄："木火用事而物生，故曰精气为物、金水用事而物变，故曰游魂为变。精气谓之神，游魂谓之鬼。木火生物，金水终物、二物变化其情与天地相似故无所差违之也"。按其解神鬼是也，然连接不违以解，则非，盖不违与下不过等并列——又按据"神无方"之言，郑说是也）※（《越组录》：神主生气之精，魂主死气之舍，故精气则物成其形，魂游则物变其故。《夏小正》：魂者动也，乾之精气流于坤体变成万物故游魂为变。又郑注：木火为春夏、金水为秋冬）与天地※（按与天地者，言易道也，亦即鬼神之道）相似，故不违；知周乎万物，而道济天下，故不过；旁行而不流，乐天知命，故不忧；安土敦乎仁，故能爱。※（司马光：安土敦仁则内重而外物轻，乃能自爱。介甫曰安土谓不择地而安之）范围天地之化而不过，曲成万物而不

遗，通乎昼夜之道而知，故神无方而《易》无体。※（姚此章言易准天地，道无不备无不体，所谓不易也）

一阴一阳之谓道，继之者善也，成之者性也。仁者见之谓之仁，知者见之谓之知，百姓日用而不知，故君子之道鲜矣。※（李：一阴一阳相并俱生，阳称变，阴称化，故乾道变化，而阴阳之理已备，三极各正保合太和道之所由立也。王韩以虚无言道失其旨矣，继与成即《中庸》天命之谓性，率性之谓道。《论语》民可使由之不可使知之，故曰用而不知也）

显诸仁，藏诸用，鼓万物而不与圣人同忧，盛德大业至矣哉！富有之谓大业，日新之谓盛德。生生※（《正义》：生生不绝之词、阴阳转变后生次于前生，是万物恒生之谓易，前后之生变化改易。生必有死，易主劝戒，奖人为善，故云生不云死也）之谓易，成象之谓乾，效法之谓坤，极数知来之谓占，通变之谓事※（虞翻：变通趋时以尽利天下之民，谓之事业），阴阳不测之谓神。

夫《易》广矣大矣，以言乎远则不御，以言乎迩则静而正，以言乎天地之间则备※（虞翻：易广大悉备，有天地人道焉，故称备也）矣。夫乾，其静也专，其动也直，是以大生焉。夫坤，其静也翕，其动也辟，※（严复：西学之最切实而执其例可以御繁变者。名数质力而已，《易》以名数为经、质力为纬，而合名曰《易》。凡力皆乾也，凡质皆坤也。牛敦曰：静者不自动、动者不自止、动路必直、速率必均"。而《易》则曰："乾其静也专，其动也直"。斯宾塞尔为《天演》界说曰："翕以合质，辟以出力，始简易而终于杂糅"。而《易》则曰："坤其静也翕，其动也辟"。杭辛斋辟者即物理学所谓离心力，翕者向心力也）是以广生※（宋衷：乾静不用事，则清净专一，含养万物、动而用事则直道而行，导出万物。一专一直动静有时而物无夭瘁。是以大生也。坤静不用事，闭藏微伏，应育万物，动而用事。则开辟群蛰散导沉滞，一翕一辟，动静不失时而物无灾害，是以广生也）焉。广大配天地，变通配四时，阴阳之义配日月，易简之善配至德。

子曰："《易》，其至矣乎！夫《易》，圣人所以崇德而广业也。知崇礼卑，崇效天，卑法地。天地设位，而《易》行乎其中矣。※（虞："知终终之，可与存义也，乾为道门，坤为义门，成性，谓成之者性也。阳在道门，阴在义门，其易之门耶"。姚：成性阴阳各成其性。存存犹察察著明也。司马光：人各有性易能成之，存其可存，去其可去，道义之门皆由此出。《正义》：性谓禀其始，存谓保其终。道理开通，义谓得其宜）成性存存，道义之门。"※（姚：此篇言易一阴一阳无所不周，不见之见，不闻之闻。所谓周易也。《正义》：上章论神之所为，此章广明易道之大与神功不异）

圣人有以见天下之赜※（赜，虞谓初。司马光精微之极致。《正义》幽深难见。京房、精也），而拟诸其形容，象其物宜，是故谓之象。圣人有以见天下之动，而观其会通，以行其典礼，系辞焉以断其吉凶，是故谓之爻，言天下之至赜而不可恶也。

言天下之至动而不可乱也。※（《乐记》：天高地下万物散殊，而礼制行矣）拟之而后言，议之而后动，拟议以成其变化。

"鸣鹤在阴，其子和之。我有好爵，吾与尔靡之。"子曰："君子居其室，出其言善，则千里之外应之，况其迩者乎？居其室，出其言不善，则千里之外违之，况其迩者乎？言出乎身，加乎民；行发乎迩，见乎远。言行，君子之枢机。枢机之发，荣辱之主也。言行，君子之所以动天地也，可不慎乎！"

"《同人》：先号咷而后笑。"子曰："君子之道，或出或处，或默或语。二人同心，其利断金。同心之言，其臭如兰。"

"初六，藉用白茅，无咎。"子曰："苟错诸地而可矣，藉之用茅，何咎之有？慎之至也。夫茅之为物薄，而用可重也。慎斯术也以往，其无所失矣。"

"劳谦，君子有终，吉。"子曰："劳而不伐，有功而不德，厚之至也。语以其功下人者也。德言盛，礼言恭；谦也者，致恭以存其位者也。"

"亢龙有悔。"子曰："贵而无位，高而无民，贤人在下位而无辅，是以动而有悔也。"

"不出户庭，无咎。"子曰："乱之所生也，则言语以为阶。君不密则失臣，臣不密则失身，几事不密则害成。是以君子慎密而不出也。"

子曰："作《易》者，其知盗乎？《易》曰'负且乘，致寇至。'负也者，小人之事也。乘也者，君子之器也。小人而乘君子之器，盗思夺之矣。上慢下暴，盗思伐之矣。慢藏诲盗，冶※（冶，郑虞陆王等均作野、盖以其不合礼也）容诲淫。《易》曰：'负且乘，致寇至。'盗之招也。"

大衍之数五十，其用四十有九。※（按《本义》以下段"天一地二"至"天九地十"二十字加于"天数五"至"行鬼神也"四十四字之上而提置"大衍"之上。又将下段"子曰知变化之道者，其知神之所为乎"连于"祐神矣"之下，是也。考虞义亦以子曰为章首，荀、马从之为非）分而为二以象两，挂一以象三，揲之以四以象四时，归奇于扐以象闰；五岁再闰，故再扐而后挂。天数五，地数五。五位相得而各有合，天数二十有五，地数三十，凡天地之数五十有五，此所以成变化而行鬼神也。《乾》之策二百一十有六，《坤》之策百四十有四，凡三百六十，当期之日※（陆绩：十二月为一期，故云当期之日。）。二篇之策，万有一千五百二十，当万物之数也。是故四营而成《易》，十有八变而成卦，八卦而小成※（侯果：三画成天地雷风日月山泽之象，此八卦未尽万物情理，故曰小成。李：道至隐，易则八卦以象告，故曰显道。德行至常，易则成变化而行鬼神，故曰神德行。显则微者使著神则著者所微，皆易之所为也）引而伸之，触类而长之，天下之能事毕矣。显道神德行，是故可与酬酢，可与祐神矣。※

（《正义》：此章明占筮之法，揲蓍之体，显天地之数，定乾坤之策）

子曰："知变化之道者，其知神之所为乎。"

《易》有圣人之道四焉：以言者尚其辞，以动者尚其变，以制器者尚其象，以卜筮者尚其占。是以君子将有为也，将有行也，问焉而以言，其受命也如响。无有远近幽深，遂知来物。非天下之至精，※（《正义》：参三也。伍五也。或三或五以相参合，以相改变，略举三五，诸数皆然，错谓交错，综为总聚。姚：参伍十五也，参三也，谓天地人，伍五也，谓五行。胡方：参伍者，每变之两揲所余，在第一变左一则右必三，左二右亦二……左之多少，可以明右，右之多少，亦可明左。如几个三可以考几个五、几个五可以考几个三。总取彼此相发觉之意，三五以变犹云左右揲以为变也）其孰能与于此。参伍以变，错综其数。通其变，遂成天地之文；极其数，遂定天下之象。非天下之至变，其孰能与于此。《易》无思也，无为也，寂然不动，感而遂通天下之故。非天下之至神，其孰能与于此。夫《易》，圣人之所以极深而研几也。唯深也，故能通天下之志；唯几也，故能成天下之务；唯神也，故不疾而速，不行而至。子曰："《易》有圣人之道四焉"者，此之谓也。

天一，地二；天三，地四；天五，地六；天七，地八；天九，地十。子曰："夫《易》何为者也※（《集解》本"何为者也"作"何为而作也"）？夫《易》开物成务，冒天下之道，如斯而已者也。"是故圣人以通天下之志，以定天下之业，以断天下之疑。是故蓍之德圆而神，卦之德方以知，※（崔憬：蓍之数七七四十九，象阳、圆、其为用也，变通不定、因之以知来物。卦之数八八六十四，象阴、方，其为用也，爻位有分，因之以藏往知事。司马光：蓍未形而不测，故曰神、卦已形而变通故曰知）六爻之义易以贡。圣人以此洗心，退藏于密※（虞：来谓出见，往谓藏密。李：未来者以此知之，故来谓"先"心，已往者以此藏之，故往谓藏密），吉凶与民同患。神以知来，知以藏往，其孰能与于此哉！古之聪明睿知，神武而不杀者夫。是以明于天之道，而察于民之故，是兴神物※（陆绩：神物，蓍也）以前民用。圣人以此斋戒，以神明其德夫。是故阖※（胡远浚：重浊者质聚，故阖，轻清者力散，故辟户）户谓之坤，辟户谓之乾，一阖一辟谓之变，往来不穷谓之通，见乃谓之象，形乃谓之器，制而用之谓之法，利用出入，民咸用之谓之神。※（《正义》：前章论易有圣人之道四，以卜筮尚其占，此章明卜筮蓍龟所用，能通神知也）

是故《易》有大极，是生两仪※（马：太极谓北辰。郑：太一北辰神明）※（司马光：极、中、至、一也，凡物之未分，混而为一者，皆为太极。仪，匹也。分而为二，相为匹敌，四象，老少分也。《正义》：老子云道生一即此太极、生两仪，即一生二）。两仪生四象。※（虞：太极，太一也。两仪谓乾坤，四象四时也，乾二五之坤，成次离震兑，震春兑秋，坎冬离夏，故两仪生四象。季：极大曰太，未分曰一。荀：一消一息，万物丰殖富有之谓大业。翟元：见象立法，莫过天地。姚：四象谓七八九六，即四营布于四方，是日四时。七八九六阴阳之老少备，故生八卦，谓乾坤六子也。郑：太极，极中之道，淳和未分之气也）四象生八卦。八卦定吉凶，吉凶生大业。是故法象莫大乎天地；变通莫大乎四时；县象著明莫大乎日月；崇高莫大乎富贵；备物致用，立成器以为天下利，莫大乎圣人，探赜索隐，钩深致远，以定天下之吉凶，成天下之**亹亹**※（《集解》亹作娓。侯果：勉也。虞君章末注云进也）者，莫大乎蓍龟。※（李：趋吉避凶，勉勉为善。说文娓，美也）是故天生神物，圣人则之；天地变化，圣人效之；天垂象，见吉凶，圣人象之；河出图，洛出书，圣人则之。《易》有四象，所以示也。系辞焉，所以告也；定之以吉凶，所以断也。※（郑玄：河图九篇，洛书六篇，孔安国河图八卦洛书九畴。李：变化承神物言之，吉凶图书又承变化言之也……太衍之数、分二象两、挂一象三、揲四象时、归奇象闰、是谓四象。姚：河图洛书，未闻其详。《下系》包羲氏作八卦不言法河图，故以河图为八卦未必然。天球河图亦陈于《顾命》《易图明辨》：俞琰云：天球玉也，河图而与天球并列，盖玉之有文者。符秦建元十二年高陆县民穿井得龟背文负八卦古字，物固有然，无足怪者，总之，河图洛书特推原当时易范所由作，今欲明易，八卦具在，焉用河图；欲明范，九章具在，焉用洛书。荀爽：鼓动舞行）

《易》曰："自天祐之，吉无不利。"子曰："祐者，助也。天之所助者，顺也；人之所助者，信也。履信思乎顺，又以尚贤也。是以'自天祐之，吉无不利'也。"

子曰："书不尽言，言不尽意。"然则圣人之意，其不可见乎？子曰："圣人立象以尽意，设卦以尽情伪，系辞焉以尽其言。变而通之以尽利，鼓之舞之以尽神。"乾坤，其《易》之缊邪？乾坤成列，而《易》立乎其中矣。乾坤毁，则无以见《易》。《易》不可见，则乾坤或几乎息矣。是故形而上者谓之道，形而下者谓之器。化而裁之谓之变，推而行之谓之通，举而错之天下之民，谓之事业。是故夫象，圣人有以见天下之赜，而拟诸其形容，象其物宜，是故谓之象。圣人有以见天下之动，而观其会通※（侯果：典礼有时而用，有时而去，故曰观其会通。），以行其典礼，系辞焉以断其吉凶，是故谓之爻。极天下之赜者存乎卦，鼓天下之动者存乎辞；化而裁之存乎变；推而行之存乎通；神而明之存乎其人；默而成之，不言而信，存乎德行。※（按以默成作结，可见设象系词，皆为利人而发，非所谓德行也。则作易者其亦以忘象离言为究竟乎。姚：《中庸》苟不固聪明圣知达天德者其孰能知之，故察乎德行，学易所以学为圣人也）

（德行，贤人之德行也，顺足于内，故默而成之也，体与理会，故不言而信也。行下孟反。）

※（姚：此篇言圣人作易无不尽，学易无大过，所以学为圣，非徒趋吉辟凶已也。有天地即有易，既作易而天地之道著，天下之理得，圣人之所以为圣者，求诸易而可知矣，故以总诸篇也）

周易系辞下第八

※按下系分章，诸家各异，考《正义》等可知。

八卦成列，象在其中矣；因而重之，爻在其中矣；刚柔※（《正义》：刚柔即阴阳也。论其气即谓之阴阳，语其体即谓之刚柔也——按以刚柔为乾坤二卦之本也。虞：贞正，胜灭也，阳生则吉，阴消则凶者也。姚：贞则胜也）相推，变在其中矣；系辞焉而命之，动在其中矣。吉凶悔吝者，生乎动者也；刚柔者，立本※（《正义》：言刚柔之象，在立其卦之根本，言卦之根本，皆由刚柔阴阳而来…但能贞正，则免凶吉之累）者也；变通者，趣时者也。吉凶者，贞胜者也；天地之道，贞观者也；※（陆绩：天地正，可以观瞻为道；日月正，以明照为道）日月之道，贞明者也；※（司马光：以正道示之。《正义》：天覆地载之道，以贞正得一，故其功可为物之所观。日月照临之道，以贞正得一而为明，否则天地有二心而覆载不普，则不可以观……天下之动得正在一）天下之动，贞夫一者也。※（虞：一谓乾元，万物之动，各资天一阳气以生。故天下之动贞夫一者也。隤，安也。马融：确刚貌，隤柔貌）夫乾确然，示人易矣；夫坤隤然，示人简矣。爻也者，效此者也。象也者，像此者也；爻象动乎内，吉凶见乎外，功业见乎变，圣人之情见乎辞。天地之大德曰生，圣人之大宝曰位。何以守位？曰仁。何以聚人？曰财。※（《大学》：曰财散则民聚。《中庸》来百工则财用足）理财正辞，禁民为非曰义。

古者包牺氏之王天下也，仰则观象于天，俯则观法于地，观鸟兽之文与地之宜，近取诸身，远取诸物，于是始作八卦，以通神明之德，以类万物之情。作结绳而为网罟，以佃以渔，盖取诸离。包牺氏没，神农氏作，斫木为耜，揉木为耒，耒耨之利，以教天下，盖取诸益。日中为市，致天下之民，聚天下之货，交易而退，各得其所，盖取诸噬嗑。神农氏没，黄帝、尧、舜氏作，通其变，使民不倦，神而化之，使民宜之。《易》穷则变，变则通，通则久。是以"自天祐之，吉无不利"。黄帝、尧、舜垂衣裳而天下治，盖取诸乾、坤。刳木为舟，剡木为楫，舟楫之利，以济不通，致远以利天下，盖取诸涣。服牛乘马，引重致远，以利天下，盖取诸随。重门击柝，以待暴※（暴，《集解》作虣，于宝曰卒虣之客为奸冠也）客，盖取诸豫。断木为杵，掘地为臼，杵臼之利，万民以济，盖取诸小过。弦木为弧，剡木为矢，弧矢之利，以威天下，盖取诸睽。上古穴居而野处，后世圣人易之以宫室，上栋下宇，以待风雨，盖取诸大壮。古之葬者，厚衣之以薪，葬之中野，不封不树，丧期无数。后世圣人易之以棺椁，盖取诸大过。上古结绳而治，后世圣人易之以书契，百官以治，万民以察，盖取诸夬。

是故《易》者，象也；象也者，像也。※（像，《集解》作象，崔憬曰：象者形象之象也）彖者，材也；爻也者，效天下之动者也。是故吉凶生而悔吝著也。阳卦多阴，阴卦多阳，其故何也？阳卦奇，阴卦耦。※（崔憬：此明卦象阴阳与德行也。阳卦多阴谓震坎艮，一阳而二阴，阴卦多阳，谓巽离兑，一阴而二阳也。虞：阳卦一阳故奇，阴卦二阳故偶，谓德行何可者也）其德行何也？阳一君而二民，君子之道也。阴二君而一民，小人之道也。

《易》曰"憧憧※（司马光：憧憧，心动貌）往来，朋従尔思。"子曰："天下何思何虑？天下同归而殊途，一※（《老子》：圣人抱一以为天下式。《论语》：吾道一以贯之）致而百虑。天下何思何虑？日往则月来，月往则日来，日月相推而明生焉。寒往则暑来，暑往则寒来，寒暑相推而岁成焉。往者屈也，来者信也，屈信相感而利生焉。尺蠖之屈，以求信也；龙蛇之蛰，以存身也。精义入神，以致用也；利用安身，以崇德也。过此以往，未之或知也；穷神知化，德之盛也。"※（侯果曰：不诎则不信，不蛰则无存，则屈蛰相感而后利生矣。以况无思得一，则万物归思矣。按知天地伸屈来往之道，而无思无虑以应之，此所谓精义入神，则其用不匮，利用之以安身则可以崇德，君子之达道，故曰过此以往未之或知，然而已可谓穷神知化，为天下式，故曰德之盛也。此则与庄生之说相似）※（《正义》此第三章明阴阳二卦之体，及日月相推而成岁，圣人用之安身崇德，德之盛也）

《易》曰："困于石，据于蒺藜，入于其宫，不见其妻，凶。"子曰："非所困而困焉，名必辱。非所据而据焉，身必危。既辱且危，死期将至，妻其可得见邪！"

《易》曰："公用射隼于高墉之上，获之，无不利。"子曰："隼者，禽也；弓矢者，器也；射之者，人也。君子藏器于身，待时而动，何不利之有？动而不括※（虞：括，作也。李：待时而动，不见作为），是以出而有获，语成器而动者也。"

子曰："小人不耻不仁，不畏不义，不见利不劝，不威不惩。小惩而大诫，此小人之福也"。《易》曰：'履校灭趾，无咎。'此之谓也。"

"善不积，不足以成名；恶不积，不足以灭身。小人以小善为无益，而弗为也；以小恶为无伤，而弗去也。故恶积而不可掩，罪大而不可解。"《易》曰：'何校灭耳，凶。'"

子曰："危者，安其位者也；亡者，保其存者也；乱者，有其治者也。是故君子安而不忘危，存而不忘亡，治而不忘乱，是以身安而国家可保也。《易》曰：'其亡其亡，系于苞桑。'"

子曰："德薄而位尊，知小而谋大，力小※（"知小"、"力小"，《集解》作"知少"、"力少"。"鲜"作"尠"。虞：少也，及及于形矣）而任重，鲜不及矣。《易》曰：'鼎折足，覆公餗，其形渥，凶。'言不胜其任也。"

子曰："知几其神乎！君子上交不谄，下交不渎，其知几乎？几者，动之微，吉※（司马光：吉下脱凶字。《汉书·楚元王传》引有）之先见者也。君子见几而作，不俟终日。《易》曰：'介于石，不终日，贞吉。'介如石焉，宁用终日？断可识矣。君子知微知彰，知柔知刚，万夫之望。"

子曰："颜氏之子，其殆庶几乎？有不善未尝不知，知之未尝复行也。《易》曰：'不远复，无祇悔，元吉。'"

天地絪缊※（姚：絪缊说文引作壹壶，盖本字。絪缊，《集解》作氤氲，孔疏曰：絪缊，气附著之义，言天地无心，自然得一，唯二气絪缊，共相合会，感应变化而精醇之生，万物自化。若天地有心为一、则不能使万物化醇者也。《纂疏》壹壶又作壹壶。《广雅》元气也，天地交而万物通，故曰化醇。氤氲又作絪缊。《集韵》：天地合气也，元气合会，故云气附着之义，元气无形固化醇，醇则不杂而一，精气有象固化生，生则有醇有杂而不一。化醇即形上之道，化生即形下之器。郑：构，合也），**万物化醇。男女构精，万物化生。**《易》曰：'三人行，则损一人；一人行，则得其友。'言致一也。

子曰："君子安其身而后动，易其心而后语，定其交而后求。君子修此三者，故全也。危以动，则民不与也；惧以语，则民不应也；无交而求，则民不与也；莫之与，则伤之者至矣。《易》曰：'莫益之，或击之，立心勿恒，凶。'"

子曰："乾坤，其《易》之门邪？"乾，阳物也；坤，阴物也。阴阳合德，而刚柔有体。以体天地之撰，以通神明※（《九家易》：万物形体，皆受天地之数……隐藏谓之神，著见谓之明。《正义》：天地之内，万物之象，非刚则柔，故以刚柔体象天地之数）之德。其称名也，杂而不越。于稽其类，其衰世之意邪？夫《易》，彰往而察来，而微显阐幽，开而当名，辨物※（千宝：辨物类，正义断吉凶，如此则备于经矣）正言，断辞则备矣。其称名也小，其取类也大。其旨远，其辞文，其言曲而中，其事肆※（虞：肆，直也。二谓乾与坤）而隐。因贰以济民行，以明失得之报。

《易》之兴也，其于中古乎？作《易》※（郑：文王因而演"易"）者，其有忧患乎？是故履，德之基也，谦，德之柄※（千宝：柄所以持物）也，复，德之本也，※（《正义》：此九卦最是修德之基，故特举以言，以防忧患之事）恒，德之固也，损，德之修也，益，德之裕也，困，德之辩※（郑：辩，别也。君子固穷，小人穷则滥，德于是别也）也，井，德之地也，巽，德之制也。履，和而至。谦，尊而光，复，小而辨于物，恒，杂而不厌，损，先难而后易，益，长裕而不设，困，穷而通，井，居其所而迁，巽，称而隐。履以和行，谦以制礼，复以自知，恒以一德，损以远害，益以兴利，困以寡怨，井以辨义，巽以行权。

《易》之为书也不可远，为道也屡迁，变动不居※（侯里：居则观象，动则玩占，故不可远），周流六虚，上下无常，刚柔相易，不可为典要，唯变所适。其出入以度，外内使知惧。又明于忧患与故。无有师保，如临父母※（千宝：虽无师保切磋之训，其心敬戒，常如父母之临己）。初率※（侯果：率，修方道也。言修易初首之辞，而度其终末之道，尽有典常，非虚设也）其辞，而揆其方，既有典常※（虞：典常，要道也）。苟非其人，道不虚行。※（崔憬：易道深远，若非圣人则不能明其道，故知易道不虚而自行，必文王然后能弘）

《易》之为书也，原始要※（崔憬：要，会也）终，以为质也。六爻相杂，唯其时物也。其初难知，其上易知，本末也。初辞拟之，卒成之终。若夫杂物撰德，辩是与非，※（崔：撰集所陈之德，能辨其事非，备在卦中四爻，亦能要定卦中存亡吉凶之事，居然可知矣）则非其中爻不备。噫！亦要存亡吉凶，则居可知矣。知者观其象辞，则思过半矣。二与四同功，而异位，其善不同。二多誉，四多惧，近也。柔之为道，不利远者；其要无咎。其用柔中也。三与五同功，而异位，三多凶，五多功，贵贱之等也。其柔危，其刚胜邪？

《易》之为书也，广大悉备。有天道焉，有人道焉，有地道焉。兼三才而两之，故六。六者非它也，三材之道也。道有变动，故曰爻；爻有等，故曰物；物相杂，故曰文；文不当，故吉凶生焉。

《易》之兴也，其当殷之末世，周之盛德邪？当文王与纣之事邪？是故其辞危。危者使平，易者使倾。其道甚大，百物不废。惧以终始，其要无咎，此之谓《易》之道也。

夫乾，天下之至健也，德行恒易以知险。夫坤，天下之至顺也，德行恒简以知阻。能说诸心，能研诸侯之虑，※（司马光：王弼略例曰能研诸虑，则"侯之"衍字也）定天下之吉凶，成天下之亹亹者。是故变化云为，吉事有祥。象事知器，占事知来。天地设位，圣人成能。人谋鬼谋，百姓与能。八卦以象告，爻象以情言，刚柔杂居，而吉凶可见矣。变动以利言，吉凶以情迁。是故爱恶相攻而吉凶生，远近相取而悔吝生，情伪相感而利害生。凡《易》之情，近而不相得则凶，或害之，悔且吝。将叛者其辞惭，中心疑者其辞枝，吉人之辞寡，躁人之辞多，诬善※（崔憬：妄称有善，自叙其美，而辞必浮游不实）之人其辞游，失其守者其辞屈。

周易说卦第九

※或谓该篇来历含浑，系西周产物用以傅会周易者。

※刘师培："说卦传多用《易经》古象词，乃偏于言象者，若系词则偏于言理。"

昔者圣人之作《易》也，幽赞于神明而生蓍，参天两地而倚※（马融：倚依。王肃立也）数※（《汉书·律历志》天之数始于一，终于二十有五，其义纪之以三，故置一得三又二十五分之六）※（《正义》：取奇数于天，偶数于地，而立七八九六之数，故曰参天两地而倚数也），观变于阴阳而立卦，发挥于刚柔而生爻，和顺于道德而理于义，穷理尽性以至于命。※（郑：言穷其义理，尽人之情性，以至于命，吉凶所定也）

昔者圣人之作《易》也，将以顺性命之理。是以立天之道曰阴与阳，立地之道曰柔与刚，立人之道曰仁与义。兼三才而两之，故《易》六画而成卦。分阴分阳，迭用柔刚，故《易》六位※（位，《集解》作画）而成章。

天地定位，山泽通气，雷风相薄※（虞：同声相应故相薄，射，厌也，水火相通错犹摩也。郑：薄，入也），水火不相射，八卦相错。数往者顺，知来者逆，是故《易》，逆数也。※（辛斋：圣贤克己之功，丹家修炼之术，无一非以逆用，修德曰反身，君子必自反，反者逆之谓也，道书逆则生，顺则死。又曰逆则为仙，顺则为鬼）

雷以动之，风以散之，雨以润之，日以烜之，艮以止之，兑以说之，乾以君之，坤以藏之。

帝出乎震，齐乎巽※（姚：巽为白，絜齐之象也，故曰齐乎巽），相见乎离，致役乎坤，说言乎兑，战乎乾，劳乎坎，成言乎艮。万物出乎震，震东方也。齐乎巽，巽东南也；齐也者，言万物之絜齐也。离也者，明也，万物皆相见，南方之卦也，圣人南面而听天下，向明而治，盖取诸此也。坤也者，地也，万物皆致养焉，故曰：致役乎坤。兑，正秋也，万物之所说也，故曰：说言乎兑。战乎乾，乾西北之卦也，言阴阳相薄也。坎者，水也，正北方之卦也，劳卦也，万物之所归也，故曰：劳乎坎。艮，东北之卦也。万物之所成终而所成始也，故曰：成言乎艮。

神也者，妙万物而为言者也。动万物者莫疾乎雷，桡万物者莫疾乎风，燥万物者莫熯乎火，说万物者莫说乎泽，润万物者莫润乎水，终万物始万物者莫盛乎艮。故水火相逮，雷风不相悖，山泽通气，然后能变化，既成万物也。

乾，健也。坤，顺也。震，动也。巽，入也。坎，陷也。离，丽也。艮，止也。兑，说也。

乾为马，坤为牛，震为龙，巽为鸡，坎为豕，离为雉，艮为狗，兑为羊。

乾为首，坤为腹，震为足，巽为股，坎为耳，离为目，艮为手，兑为口。

乾，天也，故称乎父。坤，地也，故称乎母。震一索※（《正义》：索，求也。以乾坤为父母而求其子，得父之气为男，得母之气为女。坤初求得乾气为震，故曰长男，二得乾气为坎，故曰中男。三得乾气为艮，故曰少男…此言所以生六子者也）而得男，故谓之长男。巽一索而得女，故谓之长女。坎再索而得男。故谓之中男。离再索而得女，故谓之中女。艮三索而得男，故谓之少男。兑三索而得女，故谓之少女。

乾为天，为圜，为君，为父，为玉，为金，为寒，为冰，为大赤，为良马，为老马，为瘠马，为驳马，为木果。

坤为地，为母，为布，为釜，为吝啬，为均，为子母牛，为大舆，为文，为众，为柄，其于地也为黑。

震为雷，为龙，为玄黄，为旉，为大途，为长子，为决躁，为苍筤竹，为萑苇。其于马也，为善鸣，为异足，为作足，为的颡。※（龙，《集解》作駹苍色。上巳为龙，非也。旉作专，延叔坚说以专为旉大布，非也。虞义，又马白后左足为异。）其于稼也，为反生※（宋衷：反生谓枲豆之类，戴甲而生）。其究为健，为蕃鲜。

巽为木，为风，为长女，为绳直，为工，为白，为长，为高，为进退，为不果，为臭。其于人也，为寡发，为广颡，为多白眼，为近利市三倍，其究为躁卦。

坎为水，为沟渎，为隐伏，为矫輮，为弓轮。其于人也，为加忧，为心病，为耳痛，为血卦，为赤。其于马也，为美脊，为亟心，为下首，为薄蹄，为曳。其于舆也，为多眚，为通，为月，为盗。其于木也，为坚多心。

离为火，为日，为电，为中女，为甲胄，为戈兵。其于人也，为大腹。为乾卦，为鳖，为蟹，为蠃，为蚌，为龟。其于木也，为科上槁。

艮为山，为径路，为小石，为门阙，为果蓏，为阍寺，为指，为狗，为鼠，为黔喙之属。其于木也，为坚多节。

兑为泽，为少女，为巫，为口舌，为毁折，为附决。其于地也，为刚卤。为妾，为羊。

周易序卦第十

※周弘正：序卦以六门相摄，如乾次坤，泰次否等，是天道运数门。如讼必有师，师必有比等，是人事门。如因小畜生履，因履故通等，是相因门。如遁极反壮，动竟归止等，是相反门。如大有须谦，蒙稚待养等相须门。如贲尽到剥，进极致伤等，是相病门。

《正义》：朝康伯云序卦之所明非易之□，盖因卦之次，记象已明义，不敢深□之义，今验六十四卦，二二相偶，非覆即变。覆者表里视之遂成两卦，屯蒙需讼师比之类是也。变者反覆唯成一卦，则变以对之乾坤坎离大过颐中学小过之类是也。且圣人本定先后，若元用孔子序卦之意，则不应非覆即变。然则康伯所云因卦之次，讬象以明义盖不虚矣，故不用周氏之义。

有天地，然后万物生焉。盈天地之间者唯万物，故受之以屯。屯者，盈也。屯者，物之始生也。物生必蒙，故受之以蒙。蒙者，蒙也，物之稚也。物稚不可不养也，故受之以需。需者，饮食之道也。饮食必有讼，故受之以讼。讼必有众起，故受之以师。师者，众也。众必有所比，故受之以比。比者，比也。比必有所畜，故受之以小畜。物畜然后有礼，故受之以履。履而泰，然后安，故受之以泰。泰者，通也。物不可以终通，故受之以否。物不可以终否，故受之以同人。与人同者，物必归焉，故受之以大有。有大者，不可以盈，故受之以谦。有大而能谦必豫，故受之以豫。豫必有随，故受之以随。以喜随人者必有事，故受之以蛊。蛊者，事也。有事而后可大，故受之以临。临者，大也。物大然后可观，故受之以观。可观而后有所合，故受之以噬嗑。嗑者，合也。物不可以苟合而已，故受之以贲。贲者，饰也。致饰然后亨则尽矣，故受之以剥。剥者，剥也。物不可以终尽，剥穷上反下，故受之以复。复则不妄矣，故受之以无妄。有无妄然后可畜，故受之以大畜。物畜然后可养，故受之以颐。颐者，养也。不养则不可动，故受之以大过。物不可以终过，故受之以坎。坎者，陷也。陷必有所丽，故受之以离。离者，丽也。

有天地然后有万物，有万物然后有男女，有男女然后有夫妇，有夫妇然后有父子，有父子然后有君臣，有君臣然后有上下，有上下然后礼义有所错。夫妇之道不可以不久也，故受之以恒。恒者，久也。物不可以久居其所，故受之以遯。遯者，退也。物不可以终遯，故受之以大壮。物不可以终壮，故受之以晋。晋者，进也。进必有所伤，故受之以明夷。夷者，伤也。伤于外者必反于家，故受之以家人。家道穷必乖，故受之以睽。睽者，乖也。乖必有难，故受之以蹇。蹇者，难也。物不可以终难，故受之以解。解者，缓也。缓必有所失，故受之以损。损而不已必益，故受之以益。益而不已必决，故受之以夬。夬者，决也。决必有遇，故受之以姤。姤者，遇也。物相遇而后聚，故受之以萃。萃者，聚也。聚而上者谓之升，故受之以升。升而不已必困，故受之以困。困乎上者必反下，故受之以井。井道不可不革，故受之以革。革物者莫若鼎，故受之以鼎。主器者莫若长子，故受之以震。震者，动也。物不可以终动，动必止之，故受之以艮。艮者，止也。物不可以终止，故受之以渐。渐者，进也。进必有所归，故受之以归妹。得其所归者必大，故受之以丰。丰者，大也。穷大者必失其居，故受之以旅。旅而无所容，故受之以巽。巽者，入也。入而后说之，故受之以兑。兑者，说也。说而后散之，故受之以涣。涣者，离也。物不可以终离，故受之以节。节而信之，故受之以中孚。有其信者必行之，故受之以小过。有过物者必济，故受之以既济。物不可穷也，故受之以未济，终焉。

周易杂卦第十一

※马其昶："杂卦前破序卦之例，从反对取义、后八卦复破反对之例，而仍以义相次，所谓杂也。大过阳殒于阴。至姤则阴阳相遇，此明人物死生递嬗之无穷也。渐女归颐养正而复既济定，生育教养之事备矣。归妹女穷，未济男穷，阴阳衍违，皆由人事之失，于易始以刚柔之夬，夬有书契之象。易书作而后君子道长，小人道忧，是圣人经世之微权也。又胡炳文云：自大过以下，指中爻互体而言，盖六十四卦互得十六卦，曰乾、坤、既、未、济、剥、复、姤、夬、渐、归妹、大过、颐、解、蹇、睽、家人。此又于十六卦中，举其半以兼其余，义亦可通"。

乾刚坤柔，比乐师忧；临观之义，或与或求。屯见而不失其居。蒙杂而著。震，起也。艮，止也。损、益盛衰之始也。大畜，时也。无妄，灾也。萃聚而升不来也。谦轻而豫怠也。噬嗑，食也。贲，无色也。兑见而巽伏也。随无故也。蛊则饬也。剥，烂也。复，反也。晋，昼也。明夷，诛也。井通而困相遇也。咸，速也。恒，久也。涣，离也。节，止也。解，缓也。蹇，难也。睽，外也。家人，内也。否泰，反其类也。大壮则止，遯则退也。大有，众也。同人，亲也。革，去故也。鼎，取新也。小过，过也。中孚，信也。丰，多故也。亲寡，旅也。离上而坎下也。小畜，寡也。履，不处也。需，不进也。讼，不亲也。大过，颠也。※（郑：大过颠也以下，卦音不协，似错乱失正，勿敢改耳。）姤，遇也，柔遇刚也。渐，女归待男行也。颐，养正也。既济，定也。归妹，女之终也。未济，男之穷也。夬，决也，刚决柔。君子道长，小人道忧也。

周易卷第十

※纳兰氏辑《大易萃言》八十卷，可谓极宋学之大观，元之熊与可、胡一桂、熊良辅、王申之、董真卿，明之黄道周、乔中和，皆其杰出者，而来知德之《集注》一书，取象说理，浅显明白，尚为善本。清易学专家甚多，焦循之《通释》宗汉学而能串合六十四卦之爻象。纪大奎（慎斋）之《易问》与《观易外编》宗宋学而能阐发性理，与六十四卦之爻象变通化合，尤为历

来讲易家所未有。端木国瑚（鹤田）更冶汉宋于一炉，视焦、纪二书更上一层。

　　※章太炎曰：六艺略有易经十二篇，而术数略著龟家复有《周易》三十八卷，此为《周易》有两易，犹逸《周书》七十一篇，别在尚书外也。

　　※孟子未尝言易，而其言曰：天之高也，星辰之远也，苟求其故，千岁之日至可坐而致也。又曰：天下之言性也，则古而已矣，故者以利为本，此数语深得易理之精。李榕村云：孟子竟是不曾见易，平生深于诗书春秋，礼经便不熟。

《潜夫论》札记

潜夫论卷第一

赞学第一

天地之所贵者人也，圣人之所尚者义也，德义之所成者智也，明智之所求者学问也。虽有至圣，不生而知；虽有至材，不生而能。故《志》曰：黄帝师风后，颛顼师老彭，帝喾师祝融，尧师务成，舜师纪后，禹师墨如，汤师伊尹，文、武师姜尚，周公师庶秀，孔子师老聃。若此言之而信，则人不可以不就师矣。夫此十一君者，皆上圣也，犹待学问，其智乃博，其德乃硕，而况于凡人乎？

是故工欲善其事，必先利其器；士欲宣其义，必先读其书。《易》曰："君子以多志前言往行以畜其德。"是以人之有学也，犹物之有治也。故夏后之璜，楚和之璧，虽有玉璞卜和之资，不琢不错，不离砥石。夫瑚簋之器，朝祭之服，其始也，乃山野之木、蚕茧之丝耳。使巧倕加绳墨而制之以斤斧，女工加五色而制之以机杼，则皆成宗庙之器，黼黻之章，可羞于鬼神，可御于王公。而况君子敦贞之质，察敏之才，摄之以良朋，教之以明师，文之以礼乐，导之以诗书，赞之以周易，明之以春秋，其不有济乎？

《诗》云："题彼鹡鸰，载飞载鸣。我日斯迈，而月斯征。夙兴夜寐，无忝尔所生。"是以君子终日乾乾进德修业者，非直为博己而已也，盖乃思述祖考之令问，而以显父母也。

孔子曰："吾尝终日不食，终夜不寝，以思无益，不如学也。""耕也，馁在其中；学也，禄在其中矣。君子忧道不忧贫。"箕子陈六极，国风歌北门，故所谓不忧贫也。岂好贫而弗之忧邪？盖志有所专，昭其重也。是故君子之求丰厚也，非为嘉馔、美服、淫乐、声色也，乃将以底其道而迈其德也。

夫道成于学而藏于书，学进于振而废于穷。是故董仲舒终身不问家事，景君明经年不出户庭，得锐精其学而显昭其业者，家富也；富佚若彼，而能勤精若此者，材子也。倪宽卖力于都巷，匡衡自鬻于保徒者，身贫也；贫阨若彼，而能进学若此者，秀士也。当世学士恒以万计，而究涂者无数十焉，其故何也？

其富者则以贿玷精，贫者则以乏易计，或以丧乱期其年岁，此其所以逮初丧功而及其童蒙者也。是故无董、景之才，倪、匡之志，而欲强捐身出家旷日师门者，《盐铁论·相刺篇》云：七十子之徒去父母捐室家负荷而随孔子。《汉书·※（卷九十）酷吏传》郅都曰已背亲而出，身固当奉职※（死节官下，终不顾妻子矣）《韩信传》云：旷日持久。《后汉书·恒荣传·显宗报书》云：家慕乡求谢师门。必无几矣。夫此四子者，耳目聪明，忠信廉勇，未必无俦也，而及其成名立绩，德音令问不已，而有所以然，夫何故哉？徒以其能自托于先圣之典经，结心于夫子之遗训也。

是故造父疾趋百步，而废自托乘舆。坐致千里，水师泛轴，解维则溺，自托舟楫，坐济江河。是故君子者，性非绝世善，自托于物也。人之情性未能相百，而其明智有相万也。此非其真性之材也，必有假以致之也。君子之性，未必尽照※（君子之性，未必尽照），及学也，聪明无蔽，心智无滞。前纪帝王，顾定百世。此则道之明也，而君子能假之以自彰尔。

夫是故道之于心也，犹火之于人目也。中阱深室，幽黑无见，及设盛烛，则百物彰矣。此则火之耀也，非目之光也，而目假之，则为己明矣。天地之道，神明之为，不可见也。学问圣典，心思道术，则皆来睹矣。此则道之材也，非心之明也，而人假之，则为己知矣。

是故索物于夜室者，莫良于火；索道于当世者，莫良于典。典者，经也。先圣之所制，先圣得道之精者，以行其身，欲贤人自勉以入于道。故圣人之制经以遗后贤也，譬犹巧倕之为规矩准绳以遗后工也。

昔倕之巧，目茂圆方，心定平直，又造规绳矩墨以诲后人。试使奚仲、公班之徒，释此四度，而效倕自制，必不能也。凡工妄匠，执规秉矩，错准引绳，则巧同于倕也。是故倕以其心来制规矩。后工以规矩往合倕心也。故度之工，几于倕矣。

先圣之智，心达神明，性直道德，又造经典，以遗后人。试使贤人君子，释于学问，抱质而行，必弗具也。及使从师就学，按经而行，聪达之明，德义之理，亦庶矣。是故圣人以其心来造经典，后人以经典往合圣心也，故修经之贤，德近于圣矣。

《诗》云："高山仰止，景行行止。""日就月将，学有缉熙于光明。"是故凡欲显勋绩扬光烈者，莫良于学矣。

务本第二

凡为治之大体，莫善于抑末而务本，莫不善于离本而饰末。夫为国者，以富民为本，以正学为基。民富乃可教，学正乃得义※（民富乃可教，学正乃得义），民贫则背善，学淫则诈伪，入学则不乱，得义则忠孝。故明君之法，务此二者，以为成太平之基，致休征之祥。

夫富民者，以农桑为本※（富民以农桑为本），以游业为末。百工者，以致用为本，以巧饰为末。商贾者，以通货为本，以鬻奇为末。三者守本离末则民富，离本守末则民贫。贫则阨而忘善，富则乐而可教。教训者，以道义为本，以巧辩为末；辞语者，以信顺为本，以诡丽为末；列士者，以孝悌为本，以交游为末；孝悌者，以致养为本，以华观为末；人臣者，以忠正为本，以媚爱为末。五者守本离末则仁义兴，离本守末则道德崩。慎本略末犹可也，舍本务末则恶矣。

夫用天之道，分地之利，六畜生于时，百物聚于野，此富国之本也。游业末事，以收民利，此贫邦之原也。忠信谨慎，此德义之基也。虚无谲诡，此乱道之根也。故力田所以富国也。今民去农桑，赴游业※（今民去农桑，赴游业），披采众利，聚之一门，虽于私家有富，然公计愈贫矣。百工者，所使备器也。器以便事为善，以胶固为上。今工好造雕琢之器，巧伪饰之，以欺民取贿，虽于奸工有利，而国界愈病矣。商贾者，所以通物也，物以任用为要，以坚牢为资。今商竞鬻无用之货。淫侈之币，以惑民取产，虽于淫商有得，然国计愈失矣。此三者，外虽有勤力富家之私名，然内有损民贫国之公实。故为政者，明督工商，勿使淫伪※（明督工商，勿使淫伪），困辱游业，勿使擅利，宽假本农，而宠遂学士，则民富而国平矣。

夫教训者，所以遂道术而崇德义也。今学问之士，好语虚无之事，争著雕丽之文，以求见异于世，品人鲜识，从而高之，此伤道德之实，而或朦夫之大者也。诗赋者，所以颂善丑之德，泄哀乐之情也，故温雅以广文，兴喻以尽意。今赋颂之徒，苟为饶辩屈塞之辞，竞陈诬罔无然之事，以索见怪于世，愚夫戆士，从而奇之，此悖孩童之思，而长不诚之言者也。尽孝悌于父母，正操行于闺门，所以为列士也。今多务交游以结党助，偷世窃名以取济渡，夸末之徒，从而尚之，此逼贞士之节，而眩世俗之心者也。养生顺志，所以为孝也。今多违志俭养约生以待终，终没之后，乃崇饰丧纪以言孝，盛飨宾旅以求名，诬善之徒，从而称之，此乱孝悌之真行，而误后生之痛者也。忠正以事君，信法以理下，所以居官也。今多奸谀以取媚，挠法以便佞，苟得之徒，从而贤之，此灭贞良之行，而开乱危之原者也。五者，外虽有振贤才之虚誉，内有伤道德之至实。

凡此八者，皆衰世之务，而暗君之所固也。虽未即于篡弑，然亦乱道之渐来也。夫本末消息之争，皆在于君，非下民之所能移也。夫民固随君之好，从利以生者也※（民随君好，从利以利）。是故务本，则虽虚伪之人皆归本，居末，则虽笃敬之人皆就末。且冻馁之所在，民不得不去也。温饱之所在，民不得不居也※（温饱所在，民不得不居）。故衰暗之世，本末之人，未必贤不肖也，祸福之所，势不得无然尔。

故明君莅国，必崇本抑末，以遏乱危之萌。此诚治之危渐，不可不察也。

　　遏利第三

　　世人之论也，靡不贵廉让而贱财利焉，及其行也，多释廉甘利之于人。徒知彼之可以利我也，而不知我之得彼，亦将为利人也。知脂蜡之可明镫也，而不知其甚多则冥之。知利之可娱己也，不知其称而必有也。前人以病，后人以竞，庶民之愚而衰暗之至也。予故叹曰：何不察也？愿鉴于道，勿鉴于水。象以齿焚身，蚌以珠剖体。匹夫无辜，怀璧其罪。呜呼问哉！无德而富贵者，固可豫吊也。

　　且夫利物，莫不天之财也。天之制此财也，犹国君之有府库也。赋赏夺与，各有众寡，民岂得强取多哉？故人有无德而富贵，是凶民之窃官位盗府库者也，终必觉，觉必诛矣。盗人必诛，况乃盗天乎？得无受祸焉？邓通死无簪，胜跪伐其身。是故天子不能违天，富无功，诸侯不能违帝，厚私劝。非违帝也，非违天也。帝以天为制，天以民为心，民之所欲，天必从之※（天以民为心，民之所欲，天必从之）。是故无功庸于民而求盈者，未尝不力颠也；有勋德于民而谦损者，未尝不光荣也。自古于今，上以天子，下至庶人，蔑有好利而不亡者，好义而不彰者也。

　　昔周厉王好专利，芮良夫谏而不入，退赋桑柔之诗以讽，言是大风也，必将有隧；是贪民也，必将败其类。王又不悟，故遂流死于彘。虞公屡求以失其国，公叔戌崇贿以为罪，桓魋不节饮食以见弑。此皆以货自亡，用财自灭。楚斗子文三为令尹而有饥色，妻子冻馁，朝不及夕；季文子相四君，马不饩粟，妾不衣帛；子罕归玉，晏子归宅。此皆能弃利约身，故无怨于人，世厚天禄，令问不止。伯夷、叔齐饿于首阳，白驹、介推遁逃于山谷，颜、原公析，因馑于郊野，守志笃固，秉节不亏，宠禄不能固，威势不能移，虽有南面之尊，公侯之位，德义有殆，礼义不班，挠志如芷，负心若芬，固弗为也。是故虽有四海之主，弗能与之方名，列国之君，不能与之钧重。守志于一庐之内，而义溢乎九州之外，信立乎千载之上，而名传乎百世之际。

　　故君子曰：财赂不多，衣食不赡，声色不妙，威势不行，非君子之忧也。行善不多，申道不明，节志不立，德义不彰君子耻焉。是以贤人智士之于子孙也，厉之以志，弗厉以诈；劝之以正，弗劝以诈；示之以俭，弗示以奢；贻之以言，弗贻以财。是故董仲舒终身不问家事，而疏广不遗赐金。子孙若贤，不待多富，若其不贤，则多以征怨。故曰：无德而赂丰，祸之胎也。

　　昔曹羁有言："守天之聚，必施其德义。德义弗施，聚必有阙。"今或家赈而贷乏，遗赈贫穷，恤矜疾苦，则必不久居富矣。《易》曰："天道亏盈以冲谦。"故以仁义费于彼者，天赏之于此；以邪取于前者，衰之于后。是以持盈之道，挹而损之，则亦可以免于亢龙之悔，乾坤之愆矣。※（邪取于前，衰之于后，此似果报之说，与王充之论不同）

论荣第四

所谓贤人君子者，非必高位厚禄，富贵荣华之谓也※（此同王充之论，失意者之论都如此），此则君子之所宜有，而非其所以为君子者也。所谓小人者，非必贫贱冻馁辱陋穷之谓也，此则小人之所宜处，而非其所以为小人者也。

奚以明之哉？夫桀、纣者，夏、殷之君王也，崇侯恶来，天子之三公也，而犹不免于小人者，以其心行恶也。伯夷、叔齐，饿夫也，傅说胥靡，而井伯虞虏也，然世犹以为君子者，以为志节美也。故论士苟定于志行，勿以遭命※（勿以"遭命"），则虽有天下不足以为重，无所用不足以为轻，处隶圉不足以为耻，抚四海不足以为荣。况乎其未能相县若此者哉？故曰：宠位不足以尊我，而卑贱不足以卑己。

夫令誉从我兴，而二命自天降之※（二命自"天降"）。诗云："天实为之，谓之何哉！"※（"天实为之，谓之何哉"，有安命之情）故君子未必富贵，小人未必贫贱，或潜龙未用，或亢龙在天，从古以然。今观俗士之论也，以族举德，以位命贤，兹可谓得论之一体矣，而未获至论之淑真也。

尧，圣父也，而丹凶傲；舜，圣子也，而瞍顽恶；叔向，贤兄也，而鲋贪暴；季友，贤弟也，而庆父淫乱。论若必以族，是丹宜禅而舜宜诛，鲋宜赏而友宜夷也。论之不可必以族也若是。

昔祁奚有言："鲧殛而禹兴，管、蔡为戮，周公佑王。"故《书》称"父子兄弟不相及"也。幽、厉之贵，天子也，而又富有四海。颜、原之贱，匹庶也，而又冻馁屡空。论若必以位，则是两王是为世士，而二处为愚鄙也。论之不可必以位也，又若是焉。

故曰：仁重而势轻，位蔑而义荣。今之论者，多此之反，而又以九族，或以所来，则亦远于获真贤矣。

昔自周公不求备于一人，况乎其德义既举，乃可以它故而弗之采乎？由余生于五狄，越蒙产于八蛮。而功施齐、秦，德立诸夏，令名美誉，载于图书，至今不灭。张仪，中国之人也；卫鞅，康叔之孙也，而皆谗佞反覆，交乱四海。由斯观之，人之善恶，不必世族；性之贤鄙，不必世俗。中堂生负苞，山野生兰芷。夫和氏之璧，出于璞石；隋氏之珠，产于蜃蛤。诗云："采葑采菲，无以下体。"故苟有大美可尚于世，则虽细行小瑕曷足以为累乎？

是以用士不患其非国士，而患其非忠；世非患无臣，而患其非贤。盖无羁縻。陈平、韩信，楚俘也，而高祖以为藩辅，实平四海，安汉室；卫青、霍去病，平阳之私人也，而武帝以为司马，实攘北狄，郡河西。惟其任也，何卑远之有？然则所难于非此土之人，非将相之世者，为其无是能而处是位，无是德而居是贵，无以我尚而不秉我势也。

贤难第五

世之所以不治者，由贤难也。所谓贤难者，非直体聪明服德义之谓也。此则求贤之难得尔，非贤者之所难也。故所谓贤难者，乃将言乎循善则见妒，行贤则见嫉，而必遇患难者也。※（此仍同王充之论，失意者之同感也）

虞舜之所以放殛，子胥之所以被诛，上圣大贤犹不能自免于嫉妒，则又况乎中世之人哉！此秀士所以虽有贤材美质，然犹不得直道而行，遂成其志者也。

处士不得直其行，朝臣不得直其言，此俗化之所以败，暗君之所以孤也。齐侯之以夺国，鲁公之以放逐，皆败绩厌覆于不暇，而用及治乎？故德薄者恶闻美行，政乱者恶闻治言，此亡秦之所以诛偶语而坑术士也。

今世俗之人，自慢其亲而憎人敬之，自简其亲而憎人爱之者不少也。岂独品庶，贤材时有焉。邓通幸于文帝，尽心而不违，吮痈而无吝色。帝病不乐，从容曰："天下谁最爱朕者乎？"邓通欲称太子之孝，则因对曰："莫若太子之最爱陛下也。"及太子问疾，帝令吮痈，有难之色，帝不悦而遣太子。既而闻邓通之常吮痈也，乃惭而怨之。及嗣帝位，遂致通罪而使至于饿死。故邓通其行所以尽心力而无害人，其言所以誉太子而昭孝慈也。太子自不能尽其称，则反结怨而归咎焉。称人之长，欲彰其孝，且犹为罪，又况明人之短矫世者哉？！

且凡士之所以为贤者，且以其言与行也。忠正之言，非徒誉人而已也，必有触焉；孝子之行，非徒吮痈而已也，必有驳焉。然则循行论议之士，得不遇于嫉妒之名，免于刑戮之咎者，盖其幸者也。

比干之所以剖心，箕子之所以为奴，伯宗之以死，郤宛之以亡。夫国不乏于妒男也，犹家不乏于妒女也。近古以来，自外及内，其争功名妒过己者岂希也？予以惟两贤为宜不相害乎？然也，范睢绌白起，公孙弘抑董仲舒，此同朝共君宠禄争故耶。惟殊邦异途利害不干者为可以免乎？然也，孙膑修能于楚，庞涓自魏变色，诱以刖之；韩非明治于韩，李斯自秦作思，致而杀之。嗟士之相妒岂若此甚乎！此未达于君故受祸邪？惟见知为可以将信乎？然也。京房数与元帝论难，使制考功而选守，晁错雅为景帝所知，使条汉法而不乱。夫二子之于君也，可谓见知深而宠爱殊矣，然京房冤死而上曾不知，晁错既斩而帝乃悔。此材明未足卫身，故及难邪？惟大圣为能无累乎？然也。帝乙以义故囚，文王以仁故拘。夫体至行仁义，据南面师尹卿士，且犹不能无难，然则夫子削迹，叔向缧绁，屈原放沉，贾谊贬黜，锺离废替，何敞束缚，王章抵罪，平阿斥逐，盖其轻士者也。

《诗》云："无罪无辜，谗口嚣嚣。""彼人之心，于何不臻？"由此观之，妒媚之攻击也，亦诚工矣！贤圣之居世也，亦诚危矣！

故所谓贤难也者，非贤难也，免则难也。彼大圣群贤，功成名遂，或爵侯伯，或位公卿。尹据天官，柬在帝心，宿夜侍宴，名达而犹有若此。则又况乎畎亩佚民、山谷隐士，因人乃达，时论乃信者乎？此智士所以钳口结舌，括囊共默而已者也。

且闾阎凡品，何独识哉？苟望尘剿声而已矣。观其论也，非能本闺阃之行迹，察臧否之虚实也。直以面誉我者为智，谄谀己者为仁，处奸利者为行，窃禄位者为贤尔。※（千古同慨）岂复知孝悌之原，忠正之直，纲纪之化，本途之归哉？此鲍焦所以立枯于道左，徐衍所以自沉于沧海者也。

谚曰："一犬吠形，百犬吠声。"世之疾此，固久矣哉！吾伤世之不察真伪之情也，故设虚义以喻其心曰：今观宰司之取士也，有似于司原之佃也。昔有司原氏者，燎猎中野。鹿斯东奔，司原纵噪之。西方之众有逐豨者，闻司原之噪也，竞举音而和之。司原闻音之众，则反辍己之逐而往伏焉，遇夫俗恶之豨。司原喜，而自以获白瑞珍禽也，尽刍豢单困仓以养之。豕俛仰嘤咿，为作容声，司原愈益珍之。居无何，烈风兴而泽雨作，灌巨豕而恶涂渝，逐骇惧，真声出，乃知是家之艾猳尔。此随声逐响之过也，众遇之未赴信焉。

今世主之于士也，目见贤则不敢用，耳闻贤则恨不及。虽自有知也，犹不能取，必更待群司之所举，则亦惧失麟鹿而获艾猳。奈何其不分者也？未遇风雨之变者，故也。俾使一朝奇政两集，则险隘之徒，阘茸之质，亦将别矣。

夫众小朋党而固位，谗妒群吠啮贤，为祸败也岂希？三代之以覆，列国之以灭，后人犹不能革，此万官所以屡失守，而天命数靡常者也。《诗》云："国既卒斩，何用不监！"呜呼！时君俗主，不此察也。

潜夫论卷第二

明暗第六

国之所以治者，君明也；其所以乱者，君暗也。君之所以明者兼听也，其所以暗者偏信也。是故人君通必兼听，则圣日广矣；庸说偏信，则愚日甚矣。※（"明暗"之论亦同王充）诗云："先民有言，询于刍荛。"

夫尧、舜之治，辟四门，明四目，通四聪，是以天下辐凑而圣无不照，故共、鲧之徒弗能塞也，靖言庸回弗能惑也。秦之二世，务隐藏己，而断百僚，隔捐疏贱，而信赵高。是以听塞于贵重之臣，明蔽于骄妒之人，故天下溃叛，弗得闻也，皆高所杀，莫敢言之。周章至戏乃始骇，阎乐进劝乃后悔，不亦晚矣！故人君兼听纳下，则贵臣不得诬，而远人不得欺也；慢贱信贵，则朝廷说言无以至，而洁士奉身伏罪于野矣。

夫朝臣所以统理，而多比周则法乱；贤人所以奉己，而隐遁伏野则君孤。法乱君孤而能存者，未之尝有也。是故明君莅众，务下言以昭外，敬纳卑贱以诱贤也。其无距言，未必言者之尽可用也，乃惧距无用而让有用也；其无慢贱，未必其人尽贤也，乃惧慢不肖而绝贤望也。是故圣王表小以厉大，赏鄙以招贤，然后良士集于朝，下情达于君也。故上无遗失之策，官无乱法之臣。此君民之所利，而奸佞之所患也。

昔张禄一见而穰侯免，袁丝进说而周勃黜。是以当涂之人，恒嫉正直之士，得一介言于君以矫其邪也。故上饰伪辞以障主心，下设威权以固士民。赵高乱政，恐恶闻上，乃豫要二世，曰："屡见群臣众议政事则黩，黩且示短，不若藏己独断，神且尊严。天子称朕，固但闻名。"二世于是乃深自幽隐，独进赵高。赵高入称好言以说主，出倚诏令以自尊。天下鱼烂，相帅叛秦，赵高恐惧，归恶于君，乃使阎乐责而杀，愿一见高不能而死。

夫田常囚简公，踔齿悬湣王，二世亦既闻之矣，然犹复袭其败迹者，何也？过在于不纳卿士之箴规，不受民氓之谣言，自以己贤于简、湣，而赵高贤于二臣也。故国已乱，而上不知；祸既作，而下不救。此非众共弃君，乃君以众命系赵高，病自绝于民也。

后末世之君危何知之哉？舜曰："予违汝弼。汝无面从，退有后言。"故治国之道，劝之使谏，宣之使言，然后君明察而治情通矣。

且凡骄臣之好隐贤也，既患其正义以绳己矣，又耻居上位而明不及下，尹其职而策不出于己。是以郤宛得众而子常杀之，屈原得君而椒、兰构谗，耿寿建常平而严延妒其谋，陈汤杀郅支而匡衡挍其功。

由此观之，处位卑贱而欲效善于君，则必先与宠人为雠矣。乘旧宠沮之于内，而己接贱欲自信于外，此思善之君，愿忠之士，所以虽并生一世，忧心相曠，而终不得遇者也。

考绩第七

凡南面之大务，莫急于知贤，知贤之近途，莫急于考功。功诚考则治乱暴而明，善恶信则直贤不得见障蔽，而佞巧不得窜其奸矣。

夫剑不试则利钝暗，弓不试则劲挠诬，鹰不试则巧拙惑，马不试则良驽疑。此四者之有相纷也，由不考试故得然也。今群臣之不试也，其祸非直止于诬暗疑惑而已，又必致于急慢之节焉。设如家人有五子十孙，父母不察精惰，则勤力者懈弛，而惰慢者遂非也，耗业破家之道也。父子兄弟，一门之计，犹有若此，则又况乎群臣总猥治公事者哉？《传》曰："善恶无彰，何以沮劝？"是故大人不考功，则子孙惰而家破穷；官长不考功，则吏怠傲而奸宄兴；帝王不考功，则直贤抑而诈伪胜。故《书》曰："三载考绩，黜陟幽明。"盖所以昭贤愚而劝能否也。

圣王之建百官也，皆以承天治地，牧养万民者也。是故有号者必称于典，名理者必效于实，则官无废职，位无非人。夫守相令长，效在治民；州牧刺史，在宪聪明；九卿分职，以佐三公；三公总统，典和阴阳，皆当考治以效实为王休者也。侍中、大夫、博士、议郎，以言语为职，谏诤为官，及选茂才、孝廉，贤良方正、惇朴有道，明经宽博，武猛治剧，此皆名自命而号自定，群臣所当尽情竭虑称君诏也。

今则不然，令长守相不思立功，贪残专恣，不奉法令，侵冤小民。※（当时吏治实情，符《后汉书》所言）州司不治，令远诣阙上书讼诉。尚书不以责三公，三公不以让州郡，州郡不以讨县邑，是以凶恶狡猾易相冤也。侍中、博士谏议之官，或处位历年，终无进贤嫉恶拾遗补阙之语，而贬黜之忧。群僚举士者，或以顽鲁应茂才，以桀逆应至孝，以贪饕应廉吏，以狡猾应方正，以谀谄应直言，以轻薄应敦厚，以空虚应有道，以嚚暗应明经，以残酷应宽博，以怯弱应武猛，以愚顽应治剧，名实不相副，求贡不相称。富者乘其材力，贵者阻其势要，以钱多为贤，以刚强为上。凡在位所以多非其人，而官听所以数乱荒也。

古者诸侯贡士，一适谓之好德，载适谓之尚贤，三适谓之有功，则加之赏。其不贡士也，一则黜爵，载则黜地，三黜则爵土俱毕。附下罔上者死，附上罔下者刑，与闻国政而无益于民者斥，在上位而不能进贤者逐。其受事而重选举，审名实而取赏罚也※（"重选举，取赏罚"，或即法家之论乎？）如此。故能别贤愚而获多士，成教化而安民氓。三代于世，皆致太平。圣汉践祚，载祀四八※（"四八"据此可以考定王符著作之年。此云"四八"或即永平十五年），而犹未者，教不假而功不考，赏罚稽而赦赎数也。谚曰："曲木恶直绳，重罚恶明证。"此群臣所以乐总猥而恶考功也。

夫圣人为天口，贤人为圣译。是故圣人之言，天之心也。贤者之所说，圣人之意也。先师京君，科察考功，以遗贤俊，太平之基，必自此始，无为之化，必自此来也。汉书《京房传》云：房奏考功课吏法。晋灼曰：令丞尉治一县崇教化，亡犯法者，辄迁；有盗贼满三日不觉者则尉。事也令觉之，自除二尉，负其皋率相准如此法。※（如此"京房"深明治道，故云"先师"。卷一廿一页云"京房冤死"太平之基，无为之化）

是故世主不循考功而思太平，此犹欲舍规矩而为方圆，无舟楫而欲济大水，虽或云纵，然不知循其虑度之易且速也。群僚师尹，咸有典司，各居其职，以责其效；百郡千县，各因其前，以谋其后；辞言应对，各缘其文，以核其实，则奉职不解，而陈言者不得诬矣。书云："赋纳以言，明试以功，车服以庸，谁能不让？谁能不敬应？"此尧、舜所以养黎民而致时雍也。

思贤第八

国之所以存者治也，其所以亡者乱也。人君莫不好治而恶乱，乐存而畏亡。然尝观上记，近古以来，亡代有三，秽国不数，夫何故哉？察其败，皆由君常好其所乱，而恶其所治；憎其所以存，而爱其所以亡。是故，虽相去百世，县年一纪，限隔九州，殊俗千里。然其亡征败迹，若重规袭矩，稽节合符。故曰：虽有尧、舜之美，必考于周颂；虽有桀、纣之恶，必讥于版、荡。殷鉴不远，在夏后之世。

夫与死人同病者，不可生也；与亡国同行者，不可存也。岂虚言哉！何以知人之且病也？以其不嗜食也。何以知国之将乱也？以其不嗜贤也。是故病家之厨，非无嘉馔也，乃其人弗之能食，故遂于死也。乱国之官非无贤※（"贤"王君自称乎）人也，其君弗之能任，故遂于亡也。夫生飻秔粱，旨酒甘醴，所以养生也，而病人恶之，以为不若菽麦糠糟欲清者，此其将死之候也。尊贤任能，信忠纳谏，所以为安也，而暗君恶之，以为不若奸佞阘茸谗谀之言者，此其将亡之征也。老子曰："夫唯病病，是以不病。"《易》称"其亡其亡，系于苞桑。"※（养寿之士，先病服药）是故养寿之士，先病服药；养世之君，先乱任贤，是以身常安而国永永也。

上医医国，其次下医医疾。夫人治国，固治身之象。疾者身之病，乱者国之病也。身之病待医而愈，国之乱待贤而治。※（治身有黄帝之术）治身有黄帝之术，治世有孔子之经。然病不愈而乱不治者，非针石之法误，而五经之言诬也，乃因之者非其人。苟非其人，则规不圆而矩不方，绳不直而准不平，钻燧不得火，鼓石不下金，驱马不可以追速，进舟不可以涉水也。凡此八者，天之张道，有形见物，苟非其人，犹尚无功，则又况乎怀道术以抚民氓，乘六龙以御天心者哉？

夫治世不得真贤，譬犹治疾不得真药也。治疾当得真人参，反得支罗服；当得麦门冬，反得烝穬麦。已而不识真，合而服之，病以侵剧，不自知为人所欺也。乃反谓方不诚而药皆无益于疗病，因弃后药而弗敢饮，而便求巫觋者，虽死可也。人君求贤，下应以鄙，与直不以枉。已不引真，受猥官之，国以侵乱，不自知为下所欺也。乃反谓经不信而贤皆无益于救乱，因废真贤不复求进，更任俗吏，虽灭亡可也。三代以下，皆以支罗服、烝穬麦合药，病日痼而遂死也。

《书》曰："人之有能，使循其行，国乃其昌。"是故先王为官择人，必得其材，功加于民，德称其位，人谋鬼谋，百姓与能，务顺以动天地如此。三代开国建侯，所以传嗣百世，历载千数者也。

自春秋之后，战国之制，将相权臣，必以亲家。皇后兄弟，主婿外孙，年虽童妙，未脱桎梏。由藉此官职，功不加民，泽不被下而取侯，多受茅土，又不得治民效能，以报百姓。虚食重禄，素餐尸位，而但事淫侈，坐作骄奢，破败而不及传世者也。

子产有言："未能操刀而使之割，其伤实多。"是故世主之于贵戚也，爱其嬖媚之美，不量其材而授之官，不使立功自托于民，而苟务高其爵位，崇其赏赐。令结怨于下民，县罪于恶，积过既成，岂有不颠陨者哉！此所谓"子之爱人，伤之而已"哉！

先主之制，官民必论其材，论定而后爵之，位定然后禄之。人君也，此君不察，而苟以亲戚色官之人典官者，譬犹以爱子易御仆，以明珠易瓦砾，虽有可爱好之情，然而其覆大车而杀病人也必矣。《书》称"天工，人其代之"，《传》曰："夫成天地之功者，未尝不蕃昌也。"由此观之，世主欲无功之人而强富之，则是与天斗也。使无德况之人，与皇天斗而欲久立，自古以来，未之尝有也。

本政第九

凡人君之治，莫大于和阴阳※（"和阴阳"）。阴阳者，以天为本。天心顺则阴阳和，天心逆则阴阳乖。天以民为心※（又曰"天以民为心"），民安乐则天心顺，民愁苦则天心逆。民以君为统，君政善则民和治，君政恶则民冤乱。君以恤民为本，臣忠良则君政善，臣奸枉则君政恶。以选为本，选举实则忠贤进，选虚伪则邪党贡。选以法令为本，法令正则选举实，法令诈则选虚伪。法以君为主，君信法则法顺行，君欺法则法委弃。君臣法令之功，必效于民。※（法令之功，必效于民）故君臣法令善则民安乐，民安乐则天心慰，天心慰则阴阳和，阴阳和则五谷丰，五谷丰而民眉寿，※（"天人感应"之意）。民眉寿则兴于义，兴于义而无奸行，无奸行则世平，而国家宁、社稷安，而君尊荣矣。是故天心阴阳、君臣、民氓、善恶相辅至而代相征也。

夫天者国之基也，君者民之统也，臣者治之材也。工欲善其事，必先利其器。是故将致太平者，必先调阴阳；调阴阳者，必先顺天心；顺天心者，必先安其人；安其人者，必先审择其人。是故国家存亡之本，治乱之机，在于明选而已矣。圣人知之，故以为黜陟※（明选——黜陟）之首。《书》曰："尔安百姓，何择非人？"此先王致太平而发颂声也。

否泰消息，阴阳不并，观其所聚，而兴衰之端可见也。稷、禹、皋陶聚而致雍熙，皇父、蹶、踽聚而致灾异。夫善恶之象，千里合符，百世累迹，性相近而习相远。是故贤愚在心，不在贵贱；信欺在性，不在亲疏。二世所以共亡天下者，丞相、御史也。高祖所以共取天下者，绘肆、狗屠也；骊山之徒，巨野之盗，皆为名将。由此观之，苟得其人，不患贫贱；苟得其材，不嫌名迹。

远迹汉元以来，骄贵之臣，每受罪诛，党与在位，并伏辜者，常十二三。由此观之，贵宠之臣，未尝不播授私人进奸党也。是故王莽与汉公卿牧守夺汉，光武与汉之遗民弃士共诛。如贵人必贤而忠，贱人必愚而欺，则何以若是？

自成帝以降，至于莽，公卿列侯，下讫令尉，大小之官，且十万人，※（西汉官吏十万人，亦云多矣）皆自汉所谓贤明忠正贵宠之臣也。莽之篡位，惟安众侯刘崇、东郡太守翟义思事君之礼，义勇奋发，欲诛莽。功虽不成，志节可纪。夫以十万之计，其能奉报恩，二人而已。由此观之，衰世群臣诚少贤也，其官益大者罪益重，位益高者罪益深尔。故曰：治世之德，衰世之恶，常与爵位自相副也。

孔子曰："国有道，贫且贱焉，耻也；国无道，富且贵焉，耻也。"《诗·伤》"皎皎白驹，在彼空谷"，"巧言如流，俾躬处休。"盖言衰世之士，志弥洁者身弥贱，佞弥巧者官弥尊也。方以类聚，物以群分，同明相见，同听相闻，惟圣知圣，惟贤知贤。

今当涂之人，既不能昭练贤鄙，然又却于贵人之风指，胁以权势之属托，请谒阛门，礼赞辐辏，迫于目前之急，则且先之。此正士之所独蔽，而群邪之所党进也。

周公之为宰辅也，以谦下士，故能得真贤。祁奚之为大夫也，举仇荐子，故能得正人。今世得位之徒，依女妹之宠以骄士，藉亢龙之势以陵贤，※（此仍从遭遇而来，亦实情也）而欲使志义之士，匍匐曲躬以事己，毁颜谄谀以求亲，然后乃保持之，则贞士采薇冻馁，伏死岩穴之中而已尔，岂有肯践其阙而交其人者哉？

潜叹第十

凡有国之君，未尝不欲治也，而治不世见者，所任不贤故也。世未尝无贤也，而贤不得用者，群臣妒※（"妒"如闻其声）也。主有索贤之心，而无得贤之术，臣有进贤之名，而无进贤之实，此以人君孤危于上，而道独抑于下也。

夫国君之所以致治者公也，公法行则轨乱绝。佞臣之所以便身者私也，私术用则公法夺。※（"公"，"私"）列士之所以建节者义也，正节立则丑类代。此奸臣乱吏无法之徒，所为日夜杜塞贤君义士之闲，咸使不相得者也。

夫贤者之为人臣，不损君以奉佞，不阿众以取容，不堕公以听私，不挠法以吐刚，其明能照奸，而义不比党。是以范武归晋而国奸逃，华元反朝而鱼氏亡。故正义之士与邪枉之人不两立。而人君之取士也，不能参听民氓，断之聪明，反徒信乱臣之说，独用污吏之言，此所谓与仇选使，令囚择吏者也。

《书》云："谋及乃心，谋及庶人。"孔子曰："众好之，必察焉；众恶之，必察焉。"故圣人之施舍也，不必任众，亦不必专己，必察彼己之为，而度之以义，或舍人取己，故举无遗失，而政无废灭也。或君则不然，己有所爱，则因以断正，不稽于众，不谋于心，苟眩于爱，惟言是从，此政之所以败乱，而士之所以放佚者也。

昔纣好色，九侯闻之，乃献厥女。纣则大喜，以为天下之丽莫若此也，以问妲己。妲己惧进御而夺己爱也，乃伪俯而泣曰："君王年即耆邪？明既衰邪？何貌恶之若此而覆谓之好也？"纣于是渝而以为恶。妲己恐天下之愈进美女者，因白"九侯之不道也，乃欲以此惑君王。王而弗诛，何以革后？"纣则大怒，遂脯厥女而烹九侯。自此之后，天下之有美女者，乃皆重室昼闭，惟恐纣之闻也。赵高专秦，将杀二世，乃先示权于众，献鹿于君，以为骏马。二世占之曰："鹿。"高曰："马也。"二世收目独视，曰："丞相误邪！此鹿也。"高终对以马。问于朝臣，朝臣或助二世而非高。高因白二世："此皆阿主惑上，不忠莫大。"乃尽杀之。自此之后，莫敢正谏，而高遂杀二世于望夷，竟以亡。

夫好之与恶效于目，而鹿之与马者著于形者也，已又定矣。还至谗如臣妾之饰伪言而作辞也，则君王失己心，而人物丧我体矣。况乎逢幽隐囚人，而待校其信，不若察妖女之留意也；其辨贤不肖也，不若辨鹿马之审固也。此二物者，皆得进见于朝堂，暴质于心臣矣。及欢爱、苟媚、佞说、巧辨之惑君也，犹炫耀君目，变夺君心，便以好为丑，以鹿为马，而况于郊野之贤、阙外之士，未尝得见者乎？

夫在位者之好蔽贤而务进党也，自古而然。昔唐尧之大圣也，聪明宣昭；虞舜之大圣也，德音发闻。尧为天子，求索贤人，访于群后，群后不肯荐舜而反称共鲧之徒，赖尧之圣，后乃举舜而放四子。夫以古圣之质也，尧聪之明也，舜德之彰也，君明不可欺，德彰不可蔽也。质鲜为佞，而位者尚直若彼。今夫列士之行，其不及尧、舜乎达矣，而俗之荒唐，世法滋彰。然则求贤之君，哀民之士，其相合也，亦必不几矣。文王游畋，遇姜尚于渭滨，察言观志，而见其心，不谘左右，不诹群臣，遂载反归，委之以政，用能造周。故尧参乡党以得舜，文王参己以得吕尚，岂若殷辛、秦政，既得贤人，反决滞于仇，诛杀正直，而进任奸臣之党哉？

是以明圣之君于正道也，不专驱于贵宠，惑于嬖媚，不弃疏远，不轻幼贱，又参而任之。故有周之制也，天子听政，使三公至于列士献典，良史献书，师箴，瞍赋，矇诵，百工谏，庶人传语，近臣尽规，亲戚补察，瞽史教诲，耆艾修之，而后王斟酌焉，是以事行而无败也。

末世则不然，徒信贵人骄妒之议，独用苟媚蛊惑之言，行丰礼者蒙愆咎，论德义者见尤恶，于是谀臣又从以诋訾之法，被以议上之刑，此贤士之始困也。夫诋訾之法者，伐贤之斧也，而骄妒者，噬贤之狗也。人君内秉伐贤之斧，权噬贤之狗，而外招贤，欲其至也，不亦悲乎！※（"诋訾之法"，潜叹名篇，可以深思）

潜夫论卷第三

忠贵第十一

世有莫盛之福，又有莫痛之祸。处莫高之位者，不可以无莫大之功。窃亢龙之极贵者，未尝不破亡也。成天地之大功者，未尝不蕃昌也。

帝王之所尊敬，天之所甚爱者，民也。※（"天之所甚爱者民"，是）今人臣受君之重位，牧天之所甚爱，焉可以不安而利之，养而济之哉？是以君子任职则思利民※（"利民"），达上则思进贤※（进贤），功孰大焉？故居上而下不重也，在前而后不殆也。《书》称"天工人其代之"，王者法天而建官，自公卿以下，至于小司，辄非天官也？是故明主不敢以私爱，忠臣不敢以诬能。夫窃人之财，犹谓之盗，况偷天官以私己乎？以罪犯人，必加诛罚，况乃犯天，得无咎乎？

五代建侯，开国成家，传嗣百世，历载千数，皆以能当天官，功加百姓。周公东征，后世追思，召公甘棠，人不忍伐，见爱如是，岂欲私害之者哉？此其后之封君多矣，或不终身，或不期月，而莫陨坠，其世无者，载莫盈百，是人何也哉？

五代之臣，以道事君，以仁抚世，泽及草木，兼利外内，普天率土，莫不被德，其所安全，真天工也。※（"天工"的含义此文说得明白）是以福祚流衍，本枝百世。季世之臣，不思顺天，而时主是谀，谓破敌者为忠，多杀者为贤。白起、蒙恬，秦以为功，天以为贼。息夫、董贤，主以为忠，天以为盗。此等之俦，虽见贵于时君，然上不顺天心，下不得民意，故卒泣血号咷，以辱终也。《易》曰："德薄而位尊，智小而谋大，力少而任重，鲜不及矣。"是故德不称其任，其祸必酷；能不称其位，其殃必大。

且夫窃位之人，天夺其鉴，神惑其心。是故贫贱之时，虽有鉴明之资，仁义之志，一旦富贵，则背亲捐旧，丧其本心。皆疏骨肉而亲便辟，薄知友而厚狗马。财货满于仆妾，禄赐尽于猾奴。宁见朽贯千万而不忍赐人一钱；宁积粟腐仓而不忍贷人一斗。人多骄肆，负债不偿，骨肉怨望于家，细民谤讟于道。前人以败，后争袭之，诚可伤也。

历观前世贵人之用心也，与婴儿等。婴儿有常病，贵臣有常祸，父母有常失，人君有常过。婴儿常病，伤饱也；贵臣常祸，伤宠也。父母常失，在不能己于媚子；人君常过，在不能己于骄臣。哺乳太多，则必掣纵而生痫；贵富太盛，则必骄佚而生过。是故媚子以贼其躯者，非一门也；骄臣用灭其家者，非一世也。或以背叛横逆不道，或以德薄不称其贵。文昌奠功，司命举过※（"文昌奠功，司命举过"。信鬼神之说，不及王充也），观恶深浅，称罪降罚，或捕格斩首，或拉髓掣胸，掊死深阱，衔刀都市，殭尸破家，覆宗灭族者，皆无功于民氓者也。而后人贪权冒宠，蓄积无极，思登颠陨之台，乐循覆车之迹，愿神福祚，以备员满贯者，何世无之？

当吕氏之贵也，太后称制而专政，禄、产秉事而握权，擅立四王，多封子弟，兼据将相，外内盘结，自以虽汤、武兴，五霸作，弗能危也。于是废仁义而尚威虐，灭礼信而务谲诈。海内怨痛，人欲其亡，故一朝摩灭而莫之哀也。霍氏之贵，专相幼主，诛灭同僚，废帝立帝，莫之敢违。禹继父位，山、云屏事，诸婿专典禁兵，婚姻本族。王氏之贵，九侯五将，朱轮二十三。太后专政，秉权三世。莽为宰衡，封安汉公，居摄假号，身当南面，卒以篡位，十有余年，自以居之已久，威立恩行，永无祸败，故遂肆心恣意，私近忘远，崇聚群小，重赋殚民，以奉无功，动为奸诈，托之经义，迷罔百姓，欺诬天地。自以我密，人莫之知，皇天从上鉴其奸，神明自幽照其态，岂有误哉！※（天人感应）

夫鸟以山为卑，而橧巢其上，鱼以渊为浅，而穿穴其中，卒所以得之者饵也。贵戚惧家之不吉，而聚诸令名，惧门之不坚，而为作铁枢。卒其以败者，非苦禁忌少而门枢朽也，常苦崇财货而行骄僭，虐百姓而失民心尔。

孔子曰："不患无位，患己不立。"是故人臣不奉遵礼法，竭精思职，推诚辅君，效功百姓，下自附于民氓，上承顺于天心。而乃欲任其私知，窃君威德以陵下民，反戾天地，欺诬神明，偷进苟得，以自奉厚。居累卵之危，而图泰山之安，为朝露之行，而思传世之功，譬犹始皇之舍德任刑※（始皇舍德任刑），而欲计一以至于万也。岂不惑哉！

浮侈第十二

王者以四海为一家，以兆民为通计。一夫不耕，天下必受其饥者；一妇不织，天下必受其寒者。今举世舍农桑，趋商贾，牛马车舆，填塞道路。游手为巧，充盈都邑，治本者少，浮食者众。商邑翼翼，四方是极。今察洛阳，浮末者什于农夫，虚伪游手者什于浮末。是则一夫耕，百人食之，一妇桑，百人衣之，以一奉百，孰能供之？天下百郡千县，市邑万数，类皆如此，本末何足相供？则民安得不饥寒？饥寒并至，则安能不为非？为非则奸宄，奸宄繁多，则吏安能

无严酷？严酷数加，则下安能无愁怨？愁怨者多，则咎征并臻，下民无聊而上天降灾，则国危矣。※（天人感应）

夫贫生于富，弱生于强，乱生于治，危生于安，是故明王之养民也。忧之劳之，教之诲之，慎微防萌，以断其邪。故易美节以制度，不伤财，不害民；七月诗大小教之，终而复始。由此观之，民固不可恣也。

今民奢衣服，侈饮食，事口舌，而习调欺，以相诈绐，比肩是也。或以谋奸合任为业，或以游敖博弈为事；或丁夫世不传犁锄，怀丸挟弹，携手遨游。或取好土作丸，卖之于弹，外不可以御寇，内不足以禁鼠，晋灵好之以增其恶，未尝闻志义之士喜操以游者也。惟无心之人，群竖小子，接而持之，妄弹鸟雀，百发不得一而反中面目，此最无用而有害也。或坐作竹簧，削锐其头，有伤害之象，傅以蜡蜜，有甘舌之类，皆非吉祥善应。或作泥车、瓦狗，马骑、倡排，诸戏弄小儿之具以巧诈。

《诗》刺"不绩其麻，女也婆娑"。今多不修中馈，休其蚕织，而起学巫祝，鼓舞事神※（《后汉书》亦有此文），以欺诬细民，荧惑百姓。妇女嬴弱，疾病之家，怀忧愦愦，皆易恐惧，至使奔走，便时去离正宅，崎岖路侧，上漏下湿，风寒所伤，奸人所利，贼盗所中益祸益祟，以致重者不可胜数。或弃医药，更往事神，※（《后汉书》亦有此文），故至于死亡，不自知为巫所欺误，乃反恨事巫之晚，此荧惑细民之甚者也。

或裁好缯，作为疏头，令工采画，雇人书祝，虚饰巧言，欲邀多福。或裂拆缯彩，裁广数分，长各五寸，缝绘佩之。或纺彩丝而縻，断截以绕臂。此长无益于吉凶，而空残灭缯丝，萦悸小民。或克削绮縠，寸窃八采，以成榆叶、无穷、水波之纹，碎刺缝緤，作为笥囊、裙襦、衣被，费缯百縑，用功十倍。此等之俦，既不助长农工女，无有益于世，而坐食嘉谷，消费白日，毁败成功，以完为破，以牢为行，以大为小，以易为难，皆宜禁者也。

山林不能给野火，江海不能灌漏卮。孝文皇帝躬衣弋绨，足履革舃，以韦带剑，集上书囊以为殿帷，盛夏苦暑，欲起一台，计直百万，以为奢费而不作也。今京师贵戚，衣服、饮食、车舆、文饰、庐舍，皆过王制，僭上甚矣。从奴仆妾，皆服葛子升越，筩中女布，细致绮縠，冰纨锦绣。犀象珠玉，虎魄玳瑁，石山隐饰，金银错镂，獐麂履舃，文组彩褋，骄奢僭主，转相夸诧，箕子所唏，今在仆妾。富贵嫁娶，车軿各十，骑奴侍僮，夹毂节引。富者竞欲相过，贫者耻不逮及。是故一飨之所费，破终身之本业。

古者，必有命民，然后乃得衣缯彩而乘车马。今者，既不能尽复古，细民诚可不须，乃踰于古昔孝文，衣必细致，履必獐麑，组必文采，饰袜必緰此，挍饰车马，多畜奴婢。诸能若此者，既不生谷，又坐为蠹贼也。

子曰："古之葬者，厚衣之以薪，葬之中野，不封不树，丧期无时。后世圣人易之以棺椁"，桐木为棺，葛采为缄，下不及泉，上不泄臭。后世以楸梓槐柏杶樗，各取方土所出，胶漆所致，钉细要，削除铲靡，不见际会，其坚足恃，其用足任，如此可矣。其后京师贵戚，必欲江南楠梓豫章梗楠。边远下土，亦竞相仿效。夫楠梓豫章所出殊远，又乃生于深山穷谷，经历山岑，立千步之高，百丈之溪，倾倚险阻，崎岖不便，求之连日，然后见之。伐斫连月，然后讫会众，然后能动担，牛列然后能致水，油溃入海，连淮逆河，行数千里，然后到雒。工匠雕治，积累日月，计一棺之成功，将千万夫，既其终用，重且万斤，非大众不能举，非大车不能挽。东至乐浪，西至敦煌，万里之中，相竞用之。此之费功伤农，可为痛心！

古者墓而不崇。仲尼丧母，冢高四尺，遇雨而堕，弟子请治之。夫子泣曰："礼不修墓。"鲤死，有棺而无椁。文帝葬于芷阳，明帝葬于洛阳，皆不藏珠宝，不造庙，不起山陵。陵墓虽卑而圣高。今京师贵戚，郡县豪家，生不极养，死乃崇丧。或至刻金镂玉，楠梓梗楠，良田造茔，黄壤致藏，多埋珍宝、偶人车马，造起大冢，广种松柏，庐舍祠堂，崇侈上僭。宠臣贵戚，州郡世家，每有丧葬，都官属县各当遣吏赍奉，车马帷帐，贷假待客之具，竞为华观。此无益于奉终，无增于孝行，但作烦搅扰，伤害吏民。※（薄葬之论，王充亦言之）

今按鄗、毕之郊，文、武之陵，南城之垒，曾析之冢。周公非不忠也，曾子非不孝也，以为褒君显父，不在聚财，扬名显祖，不在车马。孔子曰："多货财，伤于德，弊则没礼。"晋灵厚赋以雕墙，春秋以为非君。华元乐吕厚葬文公，春秋以为不臣。况于群司士庶，乃可僭侈主上，过天道乎？

景帝时，武原侯卫不害，坐葬过律夺国。明帝时，桑民摋阳侯，坐冢过制髡削。今天下浮侈离本，僭侈过上，亦已甚矣！

凡诸所讥，皆非民性，而竞务者，乱政薄化，使之然也。王者统世，观民设教，乃能变风易俗，以致太平。

慎微第十三

凡山陵之高，非削成而崛起也，必步增而稍上焉。川谷之卑，非截断而颠陷也，必陂池而稍下焉。是故积上不止，必致嵩山之高；积下不已，必极黄泉之深。

非独山川也，人行亦然，有布衣积善不怠，必致颜、闵之贤，积恶不休，必致桀、跖之名。非独布衣也，人臣亦然，积正不倦，必生节义之志，积邪不止，必生暴弑之心。非独人臣也，国君亦然，政教积德，必致安泰之福；举错数失，必致危亡之祸。※（安危吉凶之通论，若王充以命解之则凿）故仲尼曰：汤、武非一善而王也，桀、纣非一恶而亡也。三代之废兴也，在其所积。积善多者，虽有一恶，是为过失，未足以亡。积恶多者，虽有一善，是为误中，未足以存。人君闻此，可以悚思。布衣闻此，可以改容。

是故君子战战栗栗，日慎一日，克己三省，不见是图。孔子曰："善不积不足以成名，恶不积不足以灭身。小人以小善谓无益而不为也，以小恶谓无伤而不去也，是以恶积而不可掩，罪大而不可解也。"此蹶踽所以迷国而不返，三季所以遂往而不振者也。

夫积微成显，积著成鄂，訾鄂訾鄂致存亡，圣人常慎其微也。文王小心翼翼，武王夙夜敬止，思慎微眇，早防未萌，故能太平而传子孙。

且夫邪之与正，犹水与火不同原，不得并盛。正性胜，则遂重己不忍亏也，故伯夷饿死而不恨。邪性胜，则忸怵而不忍舍也，※（性有正邪）故王莽窃位而不惭，积恶习之所致也。夫积恶习非，久致死亡，非一也。世品人遂。

夫圣贤卑革，则登其福。庆封、伯有，荒淫于酒，沈湎无度，以弊其家。晋平殆政，惑以丧志，良臣弗匡，故俱有祸。楚庄、齐威，始有荒淫之行，削弱之败，几于乱亡，中能感悟，勤恤民事，劳精苦思，孜孜不怠，夫出陈应，爵命管苏，召即墨，烹阿大夫，故能中兴，强霸诸侯，当时尊显，后世见思，传为令名，载在图籍。由此言之，有希人君，其行一也，知己曰明，自胜曰强。

夫有不善未尝不知，知之未尝复行，此颜子所以称庶几也。《诗》曰："天保定尔，亦孔之固。俾尔亶厚，胡福不除？俾尔多益，以莫不庶。"盖此言也，言天保佐王者，定其性命，甚坚固也。使汝信厚，何不治而多益之，甚庶众焉？不遵履五常，顺养性命※（顺养性命），以保南山之寿，松柏之茂也。

德輶如毛，为仁由己。莫与并螽，自求辛螫。祸福无门，惟人所召。天之所助者顺也，人之所尚者信也，履信思乎顺，又以尚贤，是以吉，无不利也。亮哉斯言！可无思乎？※（福祸无门，唯人所召。此中国哲学之通论，胜于定命之论）

实贡第十四

国以贤兴，以谄衰，君以忠安，以忌危。此古今之常论，而世所共知也。然衰国危君，继踵不绝者，岂世无忠信正直之士哉？诚苦忠信正直之道不得行耳。

夫十步之闲，必有茂草，十室之邑，必有俊士。贤材之生，日月相属，未尝乏绝。是故乱殷有三仁，小卫多君子。以汉之广博，士民之众多，朝廷之清明，上下之修治，而官无直吏，位无良臣。此非今世之无贤也，乃贤者废锢而不得达于圣主之朝尔。※（贤者废锢）

夫志道者少友，逐俗者多俦。是以举世多党而用私，竞比质而行趋华。贡士者，非复依其质干，准其材行也，直虚造空，美扫地洞。说择能者而书之，公卿刺史掾从事，茂才孝廉且二百员。历察其状，德侔颜渊、卜、冉，最其行能，多不及中。诚使皆如状文，则是为岁得大贤二百也。然则灾异曷为讥，此非其实之效。

夫说梁饭食肉，有好于面目，而不若粝粢藜烝之可食于口也。图西施、毛嫱，有悦于心，而不若丑妻陋妾之可御于前也。虚张高誉，强蔽疵瑕，以相诳耀，有快于耳，而不若忠选实行，可任于官也。周显拘时，故苏秦（疏）燕哙利虚誉，故让子之，皆舍实听声，呕哇之过也。夫圣人纯，贤者驳，周公不求备，四友不相兼，况末世乎？是故高祖所辅佐，光武所将相，不遂伪举，不责兼行，亡秦之所弃，王莽之所捐，二祖任用以诛暴乱，成致治安。太平之世，而云无士，数开横选，而不得真，甚可愤也！

夫明君之诏也若声，忠臣之和也当如响应，长短大小，清浊疾徐，必相和也。是故求马问马，求驴问驴，求鹰问鹰，求骁问骁。由此教令，则赏罚必也。

夫高论而相欺，不若忠论而诚实。且攻玉以石，治金以盐，濯锦以鱼，浣布以灰。夫物固有以贱治贵，以丑治好者矣。智者弃其所短而采其所长，以致其功，明君用士亦犹是也。物有所宜，不废其材，况于人乎？

夫修身慎行，敦方正直，清廉洁白，恬淡无为，化之本也。忧君哀民，独睹乱原，好善嫉恶，赏罚严明，治之材也。明君兼善而两纳之，恶行之器也，为金玉宝政之材刚铁用。无此二宝，苟务作异以求名，诈静以惑众，则败俗伤风。今世慕虚者，此谓坚白。坚白之行，明君所憎，而王制所不取。※（反坚白之论）

是故选贤贡士，必考核其清素，据实而言，其有小疵，勿强衣饰，以壮虚声。一能之士，各贡所长，出处默语，勿强相兼，则萧、曹、周、韩之论，何足得矣？吴、邓、梁、窦之徒，而致十。各以所宜，量材授任，则庶官无旷，兴功可成，太平可致，麒麟可臻。

且燕小，其位卑，然昭王尚能招集他国之英俊，兴诛暴乱，成致治强。今汉土之广博，天子尊明，而曾无一良臣，此诚不愍兆黎之愁苦，不急贤人之佐治尔。孔子曰："未之思也，夫何远之有？"忠良之吏诚易得也，顾圣王欲之不尔。

潜夫论卷第四

班禄第十五

太古之时，烝黎初载，未有上下，而自顺序，天未事焉，君未设焉。后稍矫虔，或相陵虐，侵渔不止，为萌巨害。于是天命圣人，使司牧之，使不失性，四海蒙利，莫不被德，佥共奉戴，谓之天子。

故天之立君，非私此人也，以役民，盖以诛暴除害利黎元也。※（此是儒家的政治主张）是以人谋鬼谋，能者处之。《诗》云："皇矣上帝！临下以赫。监观四方，求民之瘼。惟此二国，其政不获。惟此四国，爰究爰度。上帝指之，憎其式恶。乃睠西顾，此惟与度。"盖此言也，言夏、殷二国之政，不得乃用奢夸廓大，上帝憎之，更求民之瘼，圣人与天下四国究度而使居之也。

前哲良人，疾奢夸廓，无纪极也，乃惟度法象，明著礼秩，为优宪艺，县之无穷。故《传》曰："制礼，上物不过十二，天之道也。"是以先圣籍田有制，供神有度，奉己有节，礼贤有数，上下大小，贵贱亲疏，皆有等威，阶级衰杀，各足禄其爵位，公私达其等级，礼行德义。

当此之时也，九州之内，合三千里，尔八百国。其班禄也，以上农为正，始于庶人在官者，禄足以代耕，盖食九人。诸侯下士亦然。中士倍下士，食十八人。上士倍中士，食三十六人。大夫倍之，食七十二人。小国之卿，二于大夫。次国之卿，三于大夫。大国之卿，四于大夫，食二百八十八人。君各什其卿。天子三公采视公侯，盖方百里。卿采视伯，方七十里。大夫视子男，方五十里。元士视附庸，方三十里。功成者封。是故官政专公，不虑私家；子弟事学，不干财利，闭门自守，不与民交争，而无饥寒之，道而不陷；臣养优而不隘，吏爱官而不贪，民安静而强力，此则太平之基立矣。乃惟慎贡选，明必黜陟，官得其人，人任其职；钦若昊天，敬授民时，同我妇子，馌彼南亩；上务节礼，正身示下，下悦其政，各乐竭己，奉戴其上。是以天地交泰，阴阳和平，民无奸匿，机衡不倾，德气流布而颂声作也。※（此皆儒家的政治思想）

其后忽养贤而鹿鸣思，背宗族而采蘩怨，履亩税而硕鼠作，赋敛重而谭告通，班禄颇而倾甫刺，行人定而绵蛮讽，故遂耗乱衰弱。

及周室微而五伯作，六国弊而暴秦兴，背义理而尚威力，灭典礼而行贪叨，重赋敛以厚己，强臣下以弱枝，文德不获封爵，列侯不获。是以贤者不能行礼以从道，品臣不能无枉以从利。君又骤赦以纵贼，民无耻而多盗窃。

何者？咸气加而化上风，患害切而迫饥寒，此臧纥所以不能诘其盗者也。《诗》云："大风有隧，贪人败类。""尔之教矣，民斯效矣。"是故先王将发号施令，谆谆如也，惟恐不中而道于邪，故作典以为民极，上下共之，无有私曲，三府制法，未闻赦彼有罪，狱货惟宝者也。

是故明君临众，必以正轨，既无厌有，务节礼而厚下，复德而崇化，使皆阜于养生而竟于廉耻也。是以官长正而百姓化，邪心黜而奸匿绝，然后乃能协和气而致太平也。《易》曰："圣人养贤以及万民为本"，君以臣为基，然后高能可崇也；马肥，然后远能可致也。人君不务此而欲致太平，此犹薄趾而望高墙，骥瘠而责远道，其不可得也必矣。

述赦第十六

凡治病者，必先知脉之虚实，气之所结，然后为之方，故疾可愈而寿可长也。为国者，必先知民之所苦，祸之所起，然后设之以禁，故奸可塞，国可安矣。

今日贼良民之甚者，莫大于数赦。赦赎数，则恶人昌而善人伤矣。奚以明之哉？曰：孝悌之家，修身慎行，不犯上禁，从生至死，无铢两罪；数有赦赎，未尝蒙恩，常反为祸。何者？正直之士之为吏也，不避强御，不辞上官。从事督察，方怀不快，而奸猾之党，又加诬言，皆知赦之不久，则且共横枉侵冤，诬奏罪法。今主上妄行刑辟，高至死徙，下乃沦冤，而被冤之家，乃甫当乞鞫，告故以信直，亦无益于死亡矣。

及隐逸行士，淑人君子，为谗佞利口所加诬覆冒，下土冤民，能至阙者，万无数人，其得省问者，不过百一，既对尚书，空遣去者，复十六七。虽蒙考覆，州郡转相顾望，留苦其事。春夏待秋冬，秋冬复涉春夏，如此行逢赦者不可胜数。

又谨慎之民，用天之道，分地之利，择莫犯土，谨身节用，积累纤微，以致小过，此言质良盖民，惟国之基也。

轻薄恶子，不道凶民，思彼奸邪，起作盗贼，以财色杀人父母，戮人之子，灭人之门，取人之贿，及贪残不轨，凶恶弊吏，掠杀不辜，侵冤小民，皆望圣帝当为诛恶治冤，以解蓄怨。反一门赦之，令恶人高会而夸诧，老盗服臧而过门，孝子见雠而不得讨，亡主见物而不得取，痛莫甚焉。故将赦而先暴寒者，以其多冤结悲恨之人也。

夫养稊稗者伤禾稼，惠奸宄者贼良民。《书》曰："文王作罚，刑兹无赦。"是故先王之制刑法也，非好伤人肌肤，断人寿命者也，乃以威奸惩恶除民害也。天下本以民不能相治，故为立王者以统治之。天子在于奉天威命，共行赏罚。故

《经》称"天命有德，五服五章；天罚有罪，五刑五用。"《诗》刺"彼宜有罪，汝反脱之。"古者惟始受命之君，承大乱之极，被前王之恶，其民乃并为敌仇，罔不寇贼消义，奸宄夺攘，以革命受祚，为之父母，故得一赦。继体以下，则无违焉。何者？人君配乾而仁，顺育万物以成大功，非得以养奸活罪为仁，放纵天贼为贤□也。

今夫性恶之人※（性恶之人），居家不孝悌，出入不恭敬，轻薄慢傲，凶悍无辨，明以威侮侵利为行，以贼残酷虐为贤，故数陷王法者，此乃民之贼，下愚极恶之人也。虽脱桎梏而出囹圄，终无改悔之心，自诗以赢敖头，出狱踟蹰，复犯法者何不然。

洛阳至有主谐合杀人者，谓之会任之家，受人十万，谢客数千。又重馈部吏，吏与通奸，利入深重，幡党盘牙，请至贵戚宠臣，说听于上，谒行于下。是故虽严令、尹，终不能破攘断绝。何者？凡敢为大奸者，材必有过于众，而能自媚于上者也。多散苟得之财，奉以诪谀之辞，以转相驱，非有第五公之廉直，孰能不为顾？今案洛阳主杀人者，高至数十，下至四五，身不死则杀不止，皆以数赦之所致也。由此观之，大恶之资，终不可化，虽岁赦之，适劝奸耳。

或云："三辰有候，天气当赦，故人主顺之而施德焉。"未必然也。王者至贵，与天通精，心有所想，意有所虑，未发声色，天为变移。※（天人感通之论）或若休咎庶征，月之从星，此乃宜有是事。故见瑞异，或戒人主。若忽不察，是乃己所感致，而反以为天意欲然，非直也。

俗人又曰："先世欲赦，常先遣马分行市里，听于路隅，咸云当赦，以知天之教也，乃因施德。"若使此言也而信，则殆过矣。夫民之性，固好意度者也，见久阴则称将水，见久阳则称将旱，见小贵则言将饥，见小贱则言将穰，然或信或否。由此观之，民之所言，未必天下。前世赎赦稀疏，民无觊觎。近时以来，赦赎稠数，故每春夏，辄望复赦；或抱罪之家，侥幸蒙恩，故宣此言，以自悦喜。诚令仁君闻此，以为天教而辄从之，误莫甚焉。

论者多曰："久不赦则奸宄炽，而吏不制，故赦赎以解之。"此乃招乱之本原，不察祸福之所生者之言也。凡民之所以轻为盗贼，吏之所以易作奸匿者，以赦赎数而有侥望也。若使犯罪之人终身被命，得而必刑，则计奸之谋破，而虑恶之心绝矣。

夫良赎可，孺子可令姐，中庸之人，可引而下，故其谚曰："一岁载赦，奴儿噫嗟。"言王诛不行，则痛瘀之子皆轻犯，况狡乎？若诚思畏，盗贼多而奸不胜故赦，则是为国为奸宄报也。夫天道赏善而刑淫，天工人其代之，故凡立王者，将以诛邪恶而养正善，而以逞邪恶逆，妄莫甚焉。

且夫国无常治，又无常乱，法令行则国治，法令弛则国乱；法无常行，亦无常弛，君敬法则法行，君慢法则法弛。※（君的重要）昔孝明帝时，制举茂才，过阙谢恩，赐食事讫，问何异闻，对曰："巫有剧贼九人，刺史数以窃郡，讫不能得。"帝曰："汝非部南郡从事邪？"对曰："是。"帝乃振怒，曰："贼发部中而不能擒，然材何以为茂？"捶数百，便免官，而切让州郡，十日之闲，贼即伏诛。由此观之，擒灭盗贼，在于明法，不在数赦。

今不显行赏罚以明善恶，严督牧守以擒奸猾，而反数赦以劝之，其文常曰："谋反大逆不道诸犯，不当得赦皆除之，将与士大夫洒心更始。"岁岁洒之，然未尝见奸人冗吏，有肯变心悔服称诏者也。有司奏事，又俗以赦前之微过，妨今日之显举。然则改往修来，更始之诏，亦不信也。

《诗》讥"君子屡盟，乱是用长"。故不若希其令必，其言若良，不能了无赦者，罕之为愈，令世岁老古时一赦，则奸宄之减十八九，可胜必也。昔大司马吴汉，老病将卒，世祖问以遗戒，对曰："臣愚不智，不足以知治，慎无赦而已矣。"

夫方以类聚，物以群分。人之情皆见乎辞，故诸言不当赦者，非修身慎行，则必忧哀谨慎而嫉毒奸恶者也。诸利数赦者，非不达赦务，则必内怀隐忧有愿为者也。人君之发令也，必谘于群臣，群臣之奸邪者，固必伏罪，虽正直吏，犹有公过，自非鬻拳、李离，孰肯刑身以正国？然则是皆接私计以论公政也。与狐议裘，无时焉可！

《传》曰："民之多幸，国之不幸也。"夫有罪而备辜，冤结而信理，此天之正也，而王之法也。故曰："无纵诡随，以谨无良。"若枉善人以惠奸恶，此谓"敛怨以为德"。先帝制法，论衷刺刀者。何则？以其怀奸恶之心，有杀害之意也。圣主有子爱之情，而是有杀害之意，故诛之，况成罪乎？

尚书康诰："王曰：'于戏！封，敬明乃罚。人有小罪匪眚，乃惟终自作不典戒，尔，有厥罪小，乃不可不杀。'"言恶人有罪虽小，然非以过差为之也，乃欲终身行之，故虽小，不可不杀也。何则？是本顽凶思恶而为之者也。"乃有大罪匪终，乃惟眚哉，适尔，既道极厥罪时，亦不可杀。"言杀人虽有大罪，非欲以终身为恶，乃过误尔，是不杀也。若此者，虽曰赦之可也。金作赎形，赦作宥罪，皆谓良人吉士，时有过误，不幸陷离者尔。

先王议谳狱以制，原情论意，以救善人，非欲令兼纵恶逆以伤人也。※（述赦尚法，此或者以为"有法家"之言乎）是故周官差八议之辟，此先王所以整万民而致时雍也。易故观民设教，变通移时之议。今日捄世，莫乎此意。

三式第十七

高祖定汉，与群臣约，自非刘氏不得王，非有武功不得侯。孝文皇帝始封外祖，因为典式，行之至今。孝武皇帝封爵丞相，以褒有德，后亦承之，建武乃绝。

《传·记》所载，稷、禹、伯夷、皋陶、伯翳，日受封土。周宣王时，辅相大臣，以德佐治，亦获有国。故尹吉甫作封颂二篇，其诗曰："亹亹申伯，王缵之事，于邑于谢，南国于是式。"又曰："四牡彭彭，八鸾锵锵，王命仲山甫，城彼东方。"此言申伯、山甫，文德致升平，而王封以乐土，赐以盛服也。

《易》曰："鼎折足，覆公餗，其刑渥。凶。"此言公不胜任，则有渥刑也。是故三公在三载之后，宜明考绩黜刺，简练其材。其有稷、卨、伯夷、申伯、仲山甫，致治之效者，封以列侯，令受南土八蛮之赐。其尸禄素餐，无进治之效、无忠善之言者，使从渥刑。是则所谓明德慎罚，而简练能否之术也。诚如此，则三公竞思其职，而百寮争竭其忠矣。

先王之制，继体立诸侯，以象贤也。子孙虽有食旧德之义，然封疆立国，不为诸侯，张官置吏，不为大夫，必有功于民，乃得保位，故有考绩黜刺，九锡三削之义。《诗》云："彼君子兮，不素餐兮。"由此观之，未有得以无功而禄者也。当今列侯，率皆袭先人之爵，因祖考之位，其身无功于汉，无德于民，专国南面，卧食重禄，下殚百姓，富有国家，此素餐之甚者也。孝武皇帝患其如此，乃令酎金以黜之，而益多怨。

今列侯或有德宜子民而道不得施；或有凶顽丑□不宜有国，而恶不上闻。且人情莫不以己为贤而效其能者，周公之戒，不使大臣怨乎不以。《诗》云："驾彼四牡，四牡项领。"今列侯年冉以来，宜皆试补，长吏墨绶以上，关内侯补黄绶，以信其志，以旌其能。其有韩侯、邵虎之德，上有功于天子，下有益于百姓，则稍迁位益土，以彰有德。其怀奸藏恶，尤无状者，削土夺国，以明好恶。

且夫列侯皆剖符受策，国大臣也，虽身在外而心在王室。宜助聪明与智贤愚，以佐天子。何得坐作奢僭，骄育负责，欺枉小民，淫恣酒色，职为乱阶，以伤风化而已乎？诏书横选，犹乃特进，而不令列侯举，此于主德大洽，列侯大达，非执术督责，总览独断御下方也。今虽未使典始治民，然有横选，当循王制，皆使贡士，不宜阙也。

是诚封三公以旌积德，试列侯以除素餐，上合建侯之义，下合黜刺之法。贤材任职，则上下蒙福，素餐委国，位无凶人。诚如此，则诸侯必内思制行而助国矣。今则不然，有功不赏，无德不削，甚非劝善惩恶，诱进忠贤，移风易俗之法术也。

昔先王抚世，选练明德，以统理民，建正封不过百，取法于震，以为贤人聪明不是过也；又欲德能优而所治纤，则职修理而民被泽矣。今之守相，制地千里，威权势力，盛于列侯，材明德义，未必过古，而所治逾百里，此以所治多荒乱也。是故守相不可不审也。

昔宣皇帝兴于民间，深知之，故常叹曰："万民所以安田里无忧患者，政平讼治也。与我共此者，其惟良二千石。"于是明选守相，其初除者，必躬见之，观其志趣，以昭其能，明察其治，重其刑赏。奸宄减少、户口增息者，赏赐金帛，爵至封侯。其耗乱无状者，皆衔刀沥血于市。赏重而信，罚痛而必，群臣畏劝，竞思其职。故能致治安而世升平，降凤皇而来麒麟，天人悦喜，符瑞并臻，功德茂盛，立为中宗。由此观之，牧守大臣者，诚盛衰之本原也，不可不选练也；法令赏罚※（赏罚）者，诚治乱之枢机也，不可不严行也。

昔仲尼有言："政宽则民慢，慢则纠之以猛。猛则民残，残则施之以宽。宽以济猛，猛以济宽，政是以和。今者刺史、守相，率多怠慢，违背法律，废忽诏令，专情务利，不恤公事。细民冤结，无所控告，下土边远，能诣阙者，万无数人，其得省治，不能百一。郡县负其如此也，故至敢延期，民日往上书。此皆太宽之所致也。

噬嗑之卦，下动上明，其象曰："先王以明罚敕法。"夫积怠之俗，赏不隆则善不劝，罚不重则恶不惩。故凡欲变风改俗者，其行尝罚者也，必使足惊心破胆※（赏罚惊心破胆），民乃易视。

圣主诚肯明察群臣，竭精称职有功效者，无爱金帛封侯之费，其怀奸藏恶，别无状者，图铁锧铖之决。然则良臣如王成、黄霸、龚遂、邵信臣之徒，可比郡而得也；神明瑞应，可期年而致也。

爱日第十八

国之所以为国者，以有民也；民之所以为民者，以有谷也；谷之所以丰殖者，以有人功也；功之所以能建者，以日力也。治国之日舒以长，故其民闲暇而力有余；乱国之日促以短，故其民困务而力不足。

所谓治国之日舒以长者，非谒羲和而令安行也，又非能增分度而益漏刻也。乃君明察而百官治，下循正而得其所，则民安静而力有余，故视日长也。※（民安静故视日长）所谓乱国之日促以短者，非谒羲和而令疾驱也，又非能减分度而损漏刻也。乃君不明则百官乱而奸宄兴，法令鬻而役赋繁，则希民困于吏政，仕者穷于典礼，冤民就狱乃得直，烈士交私乃见保，奸臣肆心于上，乱化流行于下，君子载质而车驰，细民怀财而趋走，故视日短也。

《诗》云："王事靡盬，不遑将父。"言在古闲暇而得行孝，今迫促不得养也。孔子称庶则富之，既富则教之。是故礼义生于富足，盗窃起于贫穷※（此唯物之论也），富足生于宽暇，贫穷起于无日。圣人深知力者，乃民之本也，而国之基，故务省役※（省役爱日）而为民爱日。是以尧敕羲和，钦若吴天，敬授民时；邵伯讼不忍烦民，听断棠下，能兴时雍而致刑错。

今则不然。万官挠民，令长自衒，百姓废农桑而趋府庭者，非朝晡不得通，非意气不得见，讼不讼辄连月日，举室释作，以相瞻视，辞人之家，辄请邻里应对送饷，比事讫，竟亡一岁功，则天下独有受其饥者矣，而品人俗士之司典者，曾不觉也。郡县既加冤枉，州司不治，令破家活，远诣公府。公府不能照察真伪，则但欲罢之以久困之资，故猥说一科，令此注百日，乃为移书，其不满百日，辄更造数，甚违邵伯讼棠之义。此所谓诵诗三百，授之以政，不达虽多，亦奚以为者也。

孔子曰："听讼，吾犹人也。"从此观之，中材以上，皆议曲直之辨，刑法之理可。乡亭部吏，足以断决，使无怨言。然所以不者，盖有故焉。

《传》曰："恶直丑正，实繁有徒。"夫直者贞正而不挠志，无恩于吏。怨家务主者结以货财，故乡亭与之为排直家，后反覆时吏坐之，故共枉之于庭。以赢民与豪吏讼，其势不如也。是故县与部并，后有反覆，长吏坐之，故举县排之于郡。以一人与一县讼，其势不如也。故郡与县并，后有反覆，太守坐之，故举郡排之于州。以一人与一郡讼，其势不如也。故州与郡并，而不肯治，故乃远诣公府尔。公府不能察，而苟欲以钱刀课之，则贫弱少货者终无以旷旬满祈。豪富饶钱者取客使往，可盈千日，非徒百也。治讼若此，为务助豪猾而镇贫弱也，何冤之能治？非独乡部辞讼也。武官断狱，亦皆始见枉于小吏，终重冤于大臣。怨故未仇，辄逢赦令，不得复治，正士怀冤结而不得信，猾吏崇奸宄而不痛坐。郡县所以易侵小民，而天下所以多饥穷也。

除上天感动，降灾伤谷，但以人功见事言之，今自三府以下，至于县道乡亭，及从事督邮，有典之司，民废农桑而守之辞讼告诉，及以官事应对吏者，一人之日废十万人，人复下计之，一人有事，二人获饷，是为日三十万人离其业也。以中农率之，则是岁三百万口受其饥也。然则盗贼何从消，太平何从作？

孝明皇帝尝问："今旦何得无上书者？"左右对曰："反支故。"帝曰："民既废农，远来诣阙，而复使避反支，是则又夺其日而冤之也。"乃敕公车受章，无避反支。上明圣主为民爱日如此，※（孝明不避反支，岂作以为上圣明王乎？）而有司轻夺民时如彼，盖所谓有君无臣，有主无佐，元首聪明，股肱怠惰者也。《诗》曰："国既卒斩，何用不监！"伤三公居人尊位，食人重禄，而曾不肯察民之尽瘁也。

孔子病夫"未之得也，患不得之，既得之，患失之"者。今公卿始起州郡而致宰相，此其聪明智虑，未必暗也，患其苟先私计而后公义尔。《诗》云："莫肯念乱，谁无父母！"今民力不暇，谷何以生？百姓不足，君孰与足？嗟哉，可无思乎！

潜夫论卷第五

断讼第十九

五代不同礼，三家不同教，非其苟相反也，盖世推移而俗化异也。俗化异则乱原殊，故三家符世，皆革定法。高祖制三章之约，孝文除克肤之刑，是故自非杀伤盗臧，文罪之法，轻重无常，各随时宜，要取足用，劝善消恶而已。

夫制法之意，若为藩篱沟堑以有防矣，择禽兽之尤可数犯者，而加深厚焉。今奸宄虽众，然其原少；君事虽繁，然其守约。知其原少，奸易塞；见其守约，政易持。塞其原则奸宄绝，施其术则远近治。

今一岁断狱，虽以万计，然辞讼之辩，斗贼之发，乡部之治，狱官之治者，其状一也。本皆起民不诚信，而数相欺绐也。舜敕龙以谗说殄行，震惊朕师，乃自上古患之矣。故先慎己喉舌，以元示民。孔子曰："乱之所生也，则言语以为阶。""小人不耻不仁，不畏不义。"脉脉规规，常怀奸唯，昧冒前利，不顾廉耻，苟且中□，后则榆解奴抵，以致祸变者，比屋是也。

非唯细民为然，自封君王侯贵戚豪富，尤多有之。假举骄奢以作淫侈，高负千万，不肯偿责。小民守门，号哭啼呼。曾无怵惕惭怍哀矜之意。苟崇聚酒徒无行之人，传空引满，啁啾骂詈，昼夜鄂鄂，慢游是好。或殴击责主入于死亡，群盗攻剽，劫人无异。虽会赦赎，不当复得在选辟之科，而州司公府反争取之。且观诸敢妄骄奢而作大责者，必非救饥寒而解困急，振贫穷而行礼义者也，咸以崇骄奢而奉淫湎尔。

春秋之义，责知诛率。孝文皇帝至寡动欲任德，然河阳侯陈信，坐负六月免国。孝武仁明，周阳侯田彭祖，坐当轵侯宅而不与免国，黎阳侯邵延坐不出持马，身斩国除。二帝岂乐以钱财之故，而伤大臣哉？乃欲绝诈欺之端，必国家之法，防祸乱之原，以利民也。故一人伏正罪而万家蒙乎福者，※（一人伏罪，万家蒙福。此文之作大约在永平之后，然而所言不符史实）圣主行之不疑。永平时，诸侯负责，辄有削绌之罚。此其后皆不敢负民，而世自节俭，辞讼自消矣。

今诸侯贵戚，或曰敕民慎行德义无违，制节谨度，未尝负责，身絜规避，志厉青云。或既欺负百姓，上书封租，愿且偿责，此乃残掠官民，而还依县官也，其诬罔慢易，罪莫大焉。

《孝经》曰："陈之以德义而民兴行，示之以好恶而民知禁。"今欲变巧伪以崇美，化息辞讼以闲官事者，莫若表显有行，痛诛无状，导文武之法，明诡诈之信。※（仍是赏罚之论）

今侯王贵戚不得浸广，奸宄遂多。岂谓每有争斗辞讼，妇女必致此乎？亦以传见。凡诸祸根不早断绝，则或转而滋蔓，人若斯邪。是故原官察之所以务念，臣主之所以忧劳者，其本皆乡亭之所治者，大半诈欺之所生也。故曰：知其原少则奸易塞也，见其守约则政易持也。或妇人之行，贵令鲜絜，今以适矣，无颜复入甲门，县官原之，故令使留所既入家。必未昭乱之本原，不惟贞絜所生者之言也。贞女不二心以数变，故有匪石之诗；不枉行以遗忧，故美归宁之志。一许不改，盖所以长贞絜而宁父兄也。其不循此而二三其德者，此本无廉耻之家，不贞专之所也。若然之人，又何丑怪？轻薄父兄，淫僻妇女，不惟义理，苟疏一德，借本治生，逃亡抵中乎，以致于刳腹芟颈灭宗之祸者，何所无之？

先王因人情喜怒之所不能已者，则为之立礼制而崇德让；人所可已者，则为之设法禁而明赏罚※（此又儒家之论）。今市卖勿相欺，婚姻无相诈，非人情之不可能者也。是故不若立义顺法，遏绝其原。初虽惭恧于一人，然其终也，长利于万世。小惩而大戒，此所以全小而济顽凶也。

夫立法之大要※（立法之大要），必令善人劝其德而乐其政，邪人痛其祸而悔其行。诸一女许数家，虽生十子，更百赦，勿令得蒙一还私家，则此奸绝矣。不则髡其夫妻，徙千里外剧县，乃可以毒其心而绝其后，奸乱绝则太平兴矣。

又贞絜寡妇，或男女备具，财货富饶，欲守一醮之礼，成同穴之义，执节坚固，齐怀必死，终无更许之虑。遭值不仁世叔，无义兄弟，或利其娉币，或贪其财贿，或私其儿子，则强中欺嫁，处迫胁遣送，人有自缢房中，饮药车上，绝命丧躯，孤捐童孩。此犹迫胁人命自杀也。或后夫多设人客，威力胁载，守将抱执，连日乃缓，与强掠人为妻无异。妇人软弱，猥为众强所扶与执迫，幽阨连日，后虽欲复修本志，婴绢吞药。

衰制第二十

无慢制而成天下者，三皇也；画则象而化四表者，五帝也；明法禁而和海内者，三王也。行赏罚而齐万民者，治国也；君立法而下不行者，乱国也；臣作政而君不制者，亡国也。

是故民之所以不乱者，上有吏；吏之所以无奸者，官有法；法之所以顺行者，国有君也；君之所以位尊者，身有义也。※（此仍法家之论）义者君之政也，法者君之命也。人君思正以出令，而贵贱贤愚莫得违也，则君位于上，而民氓治于下矣。人君出令而贵臣骄吏弗顺也，则君几于弑，而民几于乱矣。

夫法令者，君之所以用其国也。君出令而不从，是与无君等。主令不从则臣令行，国危矣。夫法令者，人君之衔辔筹策也，而民者，君之舆马也。若使人臣废君法禁而施己政令，则是夺君之辔策，而己独御之也。愚君暗主托坐于左，而奸臣逆道执辔于右，此齐驹马繻所以沈胡公于具水，宋羊叔牂所以弊华元于郑师，而莫之能御也。是故陈恒执简公于徐州，李兑害主父于沙丘，皆以其毒素夺君之辔策也。文言故曰："臣弑其君，子弑其父，非一朝一夕之故也，其所由来者渐矣，由变之不蚤变也。"是故妄违法之吏，妄造令之臣，不可不诛也。

议者必将以为刑杀当不用，而德化可独任。此非变通者之论也，非叔世者之言也。※（驳董子之论）夫上圣不过尧、舜，而放四子，盛德不过文、武，而赫斯怒。《诗》云："君子如怒，乱庶遄沮；君子如祉，乱庶遄已。"是故君子之有喜怒也，盖以止乱也。故有以诛止杀，以刑御残。※（以诛止杀，以刑御残）

且夫治世者若登丘矣，必先蹑其卑者，然后乃得履其高。是故先致治国，然后三王之政乃可施也；道齐三王，然后五帝之化乃可行也；道齐五帝，然后三皇之道乃可从也。

且夫法也者，先王之政也；令也者，己之命也。先王之政所以与众共也，己之命所以独制人也，君诚能授法而时贷之，布令而必行之，则群臣百吏莫敢不悉心从己令矣。※（授法，令行）己令无违，则法禁必行矣。故政令必行，宪禁必从，而国不治者，未尝有也。此一弛一张，以今行古，以轻重尊卑之术也。

劝将第二十一

太古之民，淳厚敦朴，上圣抚之，恬澹无为，体道履德，简刑薄威，不杀不诛，而民自化，此德之上也。德稍弊薄，邪心孳生，次圣继之，观民设教，作为诛赏，以威劝之，既作五兵，又为之宪，以正厉之。《诗》云："修尔舆马，弓矢戈兵，用戒作则，用逷蛮方。"故曰：兵之设也久矣。涉历五代，以迄于今，国未尝不以德昌而以兵强也。

今兵巧之械，盈乎府库，孙吴之言，聒乎将耳，然诸将用之，进战则兵败，退守则城亡。是何也哉？曰：彼此之情，不闻乎主上，胜负之数，不明乎将心，士卒进无利而自退无畏，此所以然也。

夫服重上阪，出驰千里，马之祸也。然节马乐之者以王良，足为尽力也。先登陷阵，赴死严敌，民之祸也。然节士乐之者以明君，可为效死也。凡人所以肯赴死亡而不辞者，非为趋利，则因以避害也。无贤鄙愚智皆然，顾其所利害有异尔。不利显名，则利厚赏也；不避耻辱，则避祸乱也。※（利害分明）非此四者，虽圣王不能以要其臣，慈父不能以必其子。明主深知之，故崇利显害以与下市※（崇利显害，以与下市），使亲疏贵贱贤鄙愚智，皆必顺我令乃得其欲，※（欲）是以一旦军鼓雷震，旌旗并发，士皆奋激，竞于死敌者，岂其情厌久生，而乐害死哉？乃义士且以徼其名，贪夫且以求其赏尔。

今吏从军败没死公事者，以十万数，上不闻吊唁嗟叹之荣名，下又无禄赏之厚实，节士无所劝慕，庸夫无所贪利。此其所以人怀沮解，不肯复死者也。

军起以来，暴师五年※（从此可以考定作此文之年代），典兵之吏，将以千数，大小之战，岁十百合，而希有功。历察其败，无他故焉，皆将不明于变势，而士不劝于死敌。其士之不能死也，乃其将不能效也，言赏则不与，言罚则不行，士进有独死之祸，退蒙众生之福。此其所以临阵亡战，而竞思奔北者也。

《孙子》曰："将者，智也、仁也、敬也、信也、勇也、严也。"是故智以折敌，仁以附众，敬以招贤，信以必赏，勇以益气，严以一令。故折敌则能合变众，附爱则思力战，贤智集则英谋得，赏罚必则士尽力，勇气益则兵势自倍，威令一则惟将所使。必有此六者，乃可折冲擒敌，辅主安民。前羌始反时※（永初年事），将帅以定令之群，藉富厚之蓄，据列城而气利势，权十万之众，将勇杰之士，以诛草创新叛散乱之弱虏，击自至之小寇，不能擒灭，辄为所败，令遂云烝霞起，合从连横，扫涤并、凉，内犯司隶，东寇赵、魏，西钞蜀、汉，五州残破，六郡削迹。此非天之灾，长吏过尔。

《孙子》曰："将者，民之司命，而国家安危之主也。"是故诸有寇之郡，太守令长不可以不晓兵。今观诸将，既无断敌合变之奇，复无明赏必罚之信，然其士民又甚贫困，器械不简习，将恩不素结，卒然有急，则吏以暴发虐其士，士以所拙遇敌巧。此为将吏，驱怨以御仇，士卒缚手以待寇也。

夫将不能劝其士，士不能用其兵，此二者与无兵等。无士无兵，而欲合战，其败负也，理数也然。故曰：其败者，非天之所灾，将之过也。

饶士处世，但患无典尔。故苟有土地，百姓可富也；苟有市列，商贾可来也；苟有士民，国家可强也；苟有法令，奸邪可禁也。夫国不可从外治，兵不可从中御。郡县长吏，幸得兼此数者之断已，而不能以称明诏安民氓哉，此亦陪克阘茸，无里之尔。

夫世有非常之人，然后定非常之事，必道非常之失，然后见□□□□。是故选诸有兵之长吏。宜蹛踡豪厚，越取幽奇，材明权变，任将帅者。不可苟惟基序，或阿亲戚，使典兵官。此所谓以其国与敌者也。

救边第二十二

圣王之政，普覆兼爱，不私近密，不忽疏远，吉凶祸福，与民共之，哀乐之情，恕以及人，视民如赤子，救祸如引手烂。是以四海欢悦，俱相得用。

往者羌虏背叛，始自凉、并，延及司隶，东祸赵、魏，西钞蜀、汉，五州残破，六郡削迹，周回千里，野无孑遗，寇钞祸害，昼夜不止，百姓灭没，日月焦尽。而内郡之士不被殃者，咸云当且放纵，以待天时。用意若此，岂人心哉！

前羌始反，公卿师尹咸欲捐弃凉州，却保三辅，朝廷不听。后羌遂侵，而论者多恨不从惑议。余窃笑之，所谓媾亦悔，不媾亦有悔者尔，未始识变之理。地无边，无边亡国。是故失凉州，则三辅为边；三辅内入，则弘农为边；弘农内入，则洛阳为边。推此以相况，虽尽东海犹有边也。今不厉武以诛虏，选材以全境，而云边不可守，欲先自割，示偄寇敌，不亦惑乎！

昔乐毅以博博之小燕，破灭强齐，威震天下，真可谓良将矣。然即墨大夫以孤城独守，六年不下，竟完其民。田单帅穷卒五千，击走骑劫，复齐七十余城，可谓善用兵矣。围聊、莒连年，终不能拔。此皆以至强攻至弱，以上智图下愚，而犹不能克者，何也？曰：攻常不足，而守恒有余也。※（攻守之谋）前日诸郡皆据列城而拥大众。羌虏之智，非乃乐毅、田单也；郡县之阨，未若聊、莒、即墨也。然皆不肯专心坚守，而反强驱劫其民，捐弃仓库，背城邑走。由此观之，非苦城乏粮也，但苦将不食尔。

折冲安民，要在任贤，不在促境。齐、魏却守，国不以安。子婴自削，秦不以在。武皇帝攘夷桥境，面数千里，东开乐浪，西置炖煌，南踰交趾，北筑朔方，卒定南越，诛斩大宛，武军所向，无不夷灭。今虏近发封畿之内，而不能擒，亦自痛尔，非有边之过也。唇亡齿寒，体伤心痛，必然之事，又何疑焉？君子见机，况已著乎？

乃者，边害震如雷霆，赫如日月，而谈者皆讳之，曰姦并窃盗。浅浅善靖，俾君子怠，欲令朝廷以寇为小，而不蚤忧，害乃至此，尚不欲救。谚曰："痛不著身言忍之，钱不出家言与之。"假使公卿子弟有被羌祸，朝夕切急如边民者，则竞言当诛羌矣。

今苟以己无惨怛冤痛，故端坐相仍，又不明修守御之备，陶陶闲澹，卧委天□。羌独往来，深入多杀，已乃陆陆，相将诣阙，谐辞礼谢，退云无状，会坐朝堂，则无忧国哀民恳恻之诚，苟转相顾望，莫肯违止，日晏时移，议无所定，已且须后。后得小安，则恬然弃忘。旬时之闲，虏复为害，军书交驰，羽檄狎至，乃复怔忪如前。若此以来，出入九载，庶曰式臧，覆出为恶，佪佪溃溃，当何终极！《春秋》

讥"郑弃其师",况弃人乎?一人吁嗟,王道为亏,况百万之众,叫号哭泣,感天心乎?

且夫国以民为基,贵以贱为本。是以圣王养民,爱之如子,忧之如家,危者安之,亡者存之,救其灾患,除其祸乱。是故鬼方之伐,非好武也,玁狁于攘,非贪土也,以振民育德,安疆宇也。古者,天子守在四夷,自彼氐、羌,莫不来享,普天思服,行苇赖德。况近我民蒙祸若此,可无救乎?凡民之所以奉事上者,怀义恩也。痛则无耻,祸则不仁。忿戾怨怼,生于无耻。今羌叛久矣!伤害多矣!百姓急矣!忧祸深矣!上下相从,未见休时。※(边患,言之痛切)

不一命大将以扫丑虏,而州稍稍兴役,连连不已。若排帘障风,探沙拥河,无所能御,徒自尽尔。今数州屯兵十余万人,皆廪食县官,岁数百万斛,又有月直。但此人耗,不可胜供,而反惮暂出之费,甚非计也。

且夫危者易倾,疑者易化。今虏新擅边地,未敢自安,易震荡也。百姓新离旧壤,思慕未衰,易奖厉也。诚宜因此遣大将诛讨,迫胁离逖破坏之。如宽假日月,蓄积富贵,各怀安固之后,则难动矣。※(此文言甚迫切,应为当时政府而言,也可能托人交上去。后来才编入集中)《周书》曰:"凡彼圣人必趋时。"是故战守之策,不可不早定也。

边议第二十三

明于祸福之实者,不可以虚论惑也;察于治乱之情者,不可以华饰移也。是故不疑之事,圣人不谋;浮游之说,圣人不听。何者?计不背见实而更争言也。是以明君先尽人情,不独委夫良将,修己之备,无恃于人,故能攻必胜敌,而守必自全也。

羌始反时,计谋未善,党与未成,人众未合,兵器未备,或持竹木枝,或空手相附,草食散乱,未有都督,甚易破也。然太守令长,皆奴怯畏偄不敢击。故令虏遂乘胜上强,破州灭郡,日长炎炎,残破三辅,覃及鬼方。若此已积十岁矣。※(已积十岁,据此可考证此文写作年代。—《后汉书·西羌传》,永初之间群种蜂起,陵斥上国)百姓被害,迄今不止。而痴儿骏子,尚云不当救助,且待天时。用意若此,岂人也哉!

夫仁者恕己以及人,智者讲功而处事。今公卿内不伤士民灭没之痛,外不虑久兵之祸,各怀一切,所脱避前,苟云不当动兵,而不复知引帝王之纲维,原祸变之所终也。

易制御寇,诗美薄伐,自古有战,非乃今也。《传》曰:"天生五材,民并用之,废一不可,谁能去兵?兵所以威不轨而昭文德也,圣人所以兴,乱人所以废。"齐桓、晋文、宋襄，衰世诸侯，犹耻天下有相灭而己不能救，况皇天所命四海主乎？晋、楚大夫，小国之臣，犹耻己之身而有相侵，况天子三公典世任者乎？公刘仁德，广被行苇，况含血之人己同类乎？一人吁嗟，王道为亏，况灭没之民百万乎？※（百万之民，此大事也）《书》曰："天子作民父母。"父母之于子也，岂可坐观其为寇贼之所屠剥，立视其为狗豕之所噉食乎？

除其仁恩，且以计利言之。国以民为基，贵以贱为本。愿察开辟以来，民危而国安者谁也？下贫而上富者谁也？故曰："夫君国将民之以，民实瘠，而君安得肥？"夫以小民受天永命，窃愿圣主深惟国基之伤病，远虑祸福之所生。

且夫物有盛衰，时有推移，事有激会，人有变化。智者揆象，不其宜乎！孟明补阙于河西，范蠡收责于姑胥，是以大功建于当世，而令名传于无穷也。

今边陲搔扰，日放族祸，百姓昼夜望朝廷救己，而公卿以为费烦不可。徒窃笑之，是以晏子"轻囷仓之蓄，而惜一杯之钻"何异？今但知爱见薄之钱谷，而不知未见之待民先也；知徭役之难动，而不知中国之待边宁也。

《诗》痛"或不知叫号，或惨惨劬劳"。今公卿苟以己不被伤，故竞割国家之地以与敌，杀主上之民以餧羌。为谋若此，未可谓知，为臣若此，未可谓忠，才智未足使议。

且凡四海之内者，圣人之所以遗子孙也；官位职事者，群臣之所以寄其身也。传子孙者，思安万世；寄其身者，各取一阕。故常其言不□久行，其业不可久厌。夫此诚明君之所微察也，而圣上之所独断。今言不欲动民以烦可也。即然，当修守御之备。必今之计，令虏不敢来，来无所得；令民不患寇，既无所失。今则不然，苟惮民力之烦劳，而轻使受灭亡之大祸。非人之主，非民之将，非主之佐，非胜之主者也。

且夫议者，明之所见也；辞者，心之所表也。维其有之，是以似之。谚曰："何以服很？莫若听之。"今诸言边可不救而安者，宜诚以其身若子弟，补边太守令长丞尉，然后是非之情乃定，救边乃无患。边无患，中国乃得安宁。

实边第二十四

夫制国者，必照察远近之情伪，预祸福之所从来，乃能尽群臣之筋力，而保兴其邦家。

前羌始叛，草创新起，器械未备，虏或持铜镜以象兵，或负板案以类楯，惶惧扰攘，未能相持。一城易制尔，郡县皆大炽。及百姓暴被殃祸，亡失财货，人哀奋怒，各欲报仇，而将帅皆怯劣软弱，不敢讨击，但坐调文书，以欺朝廷。

实杀民百则言一，杀虏一则言百；或虏实多而谓之少，或实少而谓之多。※（永和时羌戎亦有肆扰）倾侧巧文，要取便身利己，而非独忧国之大计，哀民之死亡也。

又放散钱谷，殚尽府库，乃复从民假贷，强夺财货。千万之家，削身无余，万民匮竭，因随以死亡者，皆吏所饿杀也。其为酷痛，甚于逢虏。寇钞贼虏，忽然而过，未必死伤。至吏所搜索剽夺，游踵涂地，或覆宗灭族，绝无种类；或孤妇女，为人奴婢，远见贩卖，至令不能自活者，不可胜数也。此之感天致灾，尤逆阴阳。

且夫士重迁，恋慕坟墓，贤不肖之所同也。民之于徙，甚于伏法。伏法不过家一人死尔。诸亡失财货，夺土远移，不习风俗，不便水土，类多灭门，少能还者。代马望北，狐死首丘，边民谨顿，尤恶内留。虽知祸大，犹愿守其绪业，死其本处，诚不欲去之。极太守令长，畏恶军事，皆以素非此土之人，痛不著身，祸不及我家，故争郡县以内迁。至遣吏兵，发民禾稼，发彻屋室，夷其营壁，破其生业，强劫驱掠，与其内入，捐弃羸弱，使死其处。当此之时，万民怨痛，泣血叫号，诚愁鬼神而感天心※（内迁扰民）。然小民谨劣，不能自达阙廷，依官吏家，迫将威严，不敢有挚。民既夺土失业，又遭蝗旱饥匮，逐道东走，流离分散，幽、冀、兖、豫，荆、扬、蜀、汉，饥饿死亡，复失太半。边地遂以丘荒，※（边地荒）至今无人。原祸所起，皆吏过尔※（"吏过"此言甚切痛）。

夫土地者，民之本也，诚不可久荒以开敌心。且扁鹊之治病也，审闭结而通郁滞，虚者补之，实者泻之，故病愈而名显。伊尹之佐汤也，设轻重而通有无，损积余以补不足，故殷治而君尊。贾谊痛于偏枯蹩痱之疾。今边郡千里，地各有两县，户财置数百，而太守周回万里，空无人民，美田弃而莫垦发；中州内郡，规地拓境，不能半边，而口户百万，田亩一全，人众地荒，无所容足，此亦偏枯蹩痱之类也。

《周书》曰："土多人少，莫出其材，是谓虚土，可袭伐也。土少人众，民非其民，可匮竭也。"是故土地人民必相称也。今边郡多害而役剧，动入祸门。不为兴利除害，有以劝之，则长无与复之，而内有寇戎之心。西羌北虏，必生窥欲，诚大忧也。

百工制器，咸填其边，散之兼倍，岂有私哉？乃所以固其内尔。先圣制法，亦务实边，盖以安中国也。譬犹家人遇寇贼者，必使老小羸软居其中央，丁强武猛卫其外。内人奉其养，外人御其难，蛩蛩距虚，更相恃仰，乃俱安存。

诏书法令：二十万口，边郡十万，岁举孝廉一人；员除世举廉吏一人。羌反以来，户口减少，又数易太守，至十岁不得举。当职勤劳而不录，贤俊蓄积而不悉，衣冠无所觊望，农夫无所贪利，是以逐稼中灾，莫肯就外。古之利其民，诱之以利，弗胁以刑。《易》曰："先王以省方观民设教。"是故建武初，得边郡，户虽数百，令岁举孝廉，以召来人。今诚宜权时，令边郡举孝一人，廉吏世举一人，益置明经百石一人，内郡人将妻子来占著，五岁以上，与居民同均，皆得选举。又募运民耕边入谷，远郡千斛，近郡二千斛，拜爵五大夫。可不欲爵者，使食倍贾于内郡。如此，君子小人各有所利，则虽欲令无往，弗能止也。此均苦乐，平徭役，充边境，安中国之要术也。

潜夫论卷第六

卜列第二十五

天地开辟有神民，民神异业精气通※（精气通）。行有招召，命有遭随※（命有遭随），吉凶之期，天难谌斯。圣贤虽察不自专，故立卜筮以质神灵※（立卜筮质神灵）。孔子称"蓍之德圆而神，卦之德方以智"。又曰："君子将有行也，问焉而以言，其受命而向。"是以禹之得皋陶，文王之取吕尚，皆兆告其象，卜底其思，以成其吉。

夫君子闻善则劝乐而进□，闻恶则循省而改尤，故安静而多福；小人闻善□□□□□□，闻恶，即慑惧而妄为，故狂躁而多祸。是故凡卜筮者，盖所问吉凶之情，言兴衰之期，令人修身慎行以迎福也。

且圣王之立卜筮也，不违民以为吉，不专任以断事※（不违民以为吉，不专任以断事）。故鸿范之占，大同是尚。《书》又曰："假尔元龟，罔敢知吉。"《诗》云："我龟既厌，不我告犹。"从此观之，蓍龟之情，傥有随时俭易，不以诚邪？将世无史苏之材，识神者少乎？及周史之筮敬仲，庄叔之筮穆子，可谓能探赜索隐，钩深致远者矣。使献公早纳史苏之言，穆子宿备庄叔之戒，则骊姬、竖牛之谗，亦将无由而入，无破国危身之祸也。

圣人甚重卜筮，然不疑之事，亦不问也。※（不疑不卜）其敬祭祀，非礼之祈，亦不为也。故曰："圣人不烦卜筮"，"敬鬼神而远之"。夫鬼神与人殊气异务，非有事故，何奈于我？故孔子善楚昭之不祀河，而恶季氏之旅泰山。今俗人筴于卜筮，而祭非其鬼，岂不惑哉！※（辟迷信，同论衡）

亦有妄传姓于五音，设五宅之符第，其为诬也甚矣！古有阴阳，然后有五行。五帝右据行气，以生人民，载世远，乃有姓名敬民。名字者，盖所以别众狠而显此人尔，非以纪五音而定刚柔也。今俗人不能推纪本祖，而反欲以声音言语定五行，误莫甚焉。

夫鱼处水而生，鸟据巢而卵。即不推其本祖，谐音而可即，呼鸟为鱼，可内之水乎？呼鱼为鸟，可栖之木邪？此不然之事也。命驹曰犊，终必为马。是故凡姓之有音也，必随其本生祖所王也。太皞木精，承岁而王，夫其子孙咸当为角。神农火精，承荧惑而王，夫其子孙咸当为征。黄帝土精，承镇而王，夫其子孙咸当为宫。少皞金精，承太白而王，夫其子孙咸当为商。颛顼水精，承辰而王，夫其子孙咸当为羽。虽号百变，音行不易俗工。

又曰："商家之宅，宜出西门。"此复虚矣。五行当出乘其胜，入居其陕乃安吉。商家向东入，东入反以为金伐木，则家中精神日战斗也。五行皆然。又曰："宅有宫商之第，直符之岁。"既然者，于其上增损门数，即可以变其音而过其符邪？今一宅也，同姓相代，或吉或凶；一官也，同姓相代，或迁或免；一宫也，成、康居之日以兴，幽、厉居之日以衰。由此观之，吉凶兴衰不在宅明矣。

及诸神祇，太岁、丰隆、钩陈、太阴将军之属，此乃天吏，非细民所当事也。天之有此神也，皆所以奉成阴阳而利物也，※（未否定"有神"）若人治之，有牧守令长矣。向之何怨？背之何怨？君民道近，不宜相责，况神致贵，与人异礼，岂可望乎？

且欲使人而避鬼，是即道路不可行，而室庐不复居也。此谓贤人君子秉心方直，精神坚固者也。至如世俗小人，丑妾婢妇，浅陋愚戆，渐染既成，又数扬精破胆。今不顺精诚所向，而强之以其所畏，直亦增病尔。何以明其然也？夫人之所以为人者，非以此八尺之身也，乃以其有精神也。人有恐怖死者，非病之所加也，非人功之所辜也。然而至于遂不损者，精诚去之也。※（神不灭乎？）孟贲狎猛虎而不惶，婴人畏蝼蚁而发闻。今通士或欲强羸病之愚人，必之其所不能，吾又恐其未尽善也。

移风易俗之本，乃在开其心而正其精。今民生不见正道，而长于邪淫诳惑之中，其信之也，难卒解也。惟王者能变之。

巫列第二十六

凡人吉凶，以行为主，以命为决。行者，己之质也；命者，天之制也。

※（亦有定命之意，而不同于仲任）在于己者，固可为也；在于天者，不可知也。巫觋祝请，亦其助也，然非德不行。巫史祈祝者，盖所以交鬼神而救细微尔，至于大命，末如之何。※（定耳）譬民人之请谒于吏矣，可以解微过，不能脱正罪。设有人于此，昼夜慢侮君父之教，干犯先王之禁，不克己心思改过□，善而苟骤发请谒，以求解免，必不几矣。不若修己，小心畏慎，无犯上之必令也。故孔子不听子路，而云"丘之祷久矣"。《孝经》云："夫然，故生则亲安之，祭则鬼享之。"由此观之，德义无违，鬼神乃享；鬼神受享，福祚乃隆。故《诗》云："降福穰穰，降福简简，威仪板板。既醉既饱，福禄来反。"此言人德义美茂，神歆享醉饱，乃反报之以福也。

虢公延神而亟亡，赵婴祭天而速灭，此盖所谓神不歆其祀，民不即其事也。故鲁史书曰："国将兴，听于民；将亡，听于神。"楚昭不穰云，宋景不移咎，子产距裨灶，邾文公违卜史，此皆审已知道，身以俟命者也。晏平仲有言："祝有益也，诅亦有损也。"季梁之谏隋侯，宫之奇说虞公，可谓明乎天人之道，达乎神民之分矣。

夫妖不胜德，邪不伐正，天之经也。虽时有违，然智者守其正道，而不近于淫鬼。所谓淫鬼者，闲邪精物，非有守司真神灵也※（闲邪即闲邪，与"真神灵"相对）。鬼之有此，犹人之有奸，言卖平以干求者也。若或诱之，则远来不止，而终必有咎。鬼神亦然，故申繻曰："人之所忌，其气炎以取之。人无衅焉，妖不自作。"是谓人不可多忌，多忌妄畏，实致妖祥。

且人有爵位，鬼神有尊卑。天地山川、社稷五祀、百辟卿士有功于民者，天子诸侯所命祀也。若乃巫觋之谓，独语小人之所望畏，土公、飞尸、咎魅、北君、衔聚、当路、直符七神，及民间繕治微，蔑小禁，本非天王所当惮也。

旧时京师不防，动功造禁以来，吉祥应瑞，子孙昌炽，不能过前。且夫以君畏臣，以上需下，则必示弱而取陵，殆非致福之招也。

尝观上记，人君身修正，赏罚明者，国治而民安；民安乐者，天悦喜而增历数。故《书》曰："王以小民受天永命。"孔子曰："天之所助者顺也，人之所助也信也。履信思乎顺，又以尚贤，是以自天佑之，吉无不利。"此最却凶灾而致福善之本也。

※（此亦辟迷信之论）

相列第二十七

《诗》所谓"天生烝民，有物有则"。是故人身体形貌，皆有象类，骨法角肉，各有分部，以著性命之期，显贵贱之表，一人之身，而五行八卦之气具焉。故师旷曰"赤色不寿"，火家性易灭也。《易》之说卦巽："为人多白眼"，相扬四白者兵死，此犹金伐木也。《经》曰："近取诸身，远取诸物。""圣人有见天下之至赜而拟诸形容，象其物宜。"此亦贤人之所察，纪往以知来，而著为宪则也。

人之相法，或在面部，或在手足，或在行步，或在声响。※（王符深明相术）面部欲溥平润泽，手足欲深细明直，行步欲安稳覆载，音声欲温和中宫。头面手足，身形骨节，皆欲相副称。此其略要也。

夫骨法为禄相表，气色为吉凶候，部位为年时，德行为三者招，天授性命决然。表有显微，色有浓淡，行有薄厚，命有去就。是以吉凶期会，禄位成败，有不必非，聪明慧智，用心精密，孰能以中？

昔内史叔服过鲁，公孙敖闻其能相人也，而见其二子焉。叔服曰："谷也食子，难也收子，谷也丰下，必有后于鲁。"及穆伯之老也，文伯居养；其死也，惠叔典哭。鲁竟立献子，以续孟氏之后。及王孙说相乔如，子上几商臣，子文忧越椒，叔姬恶食我，单襄公察晋厉，子贡观邾鲁，臧文听御说，陈咸见张，贤人达士，察以善心，无不中矣。及唐举之相李兑、蔡泽，许负之相邓通、条侯，虽司命班禄，追叙行事，弗能过也。

虽然，人之有骨法也，犹万物之有种类，材木之有常宜。巧匠因象，各有所授，曲者宜为轮，直者宜为舆，檀宜作辐，榆宜作毂，此其正法通率也。若有其质而工不材，可如何？故凡相者，能期其所极，不能使之必至。※（此论中肯，胜于仲任）十种之地，膏壤虽肥，弗耕不获；千里之马，骨法虽具，弗策不致。

夫瓠而弗琢，不成于器；士而弗仕，不成于位。若此者，天地所不能贵贱，鬼神所不能贫富也。或王公孙子，仕宦终老，不至于谷。或庶隶厮贱，无故腾跃，穷极爵位。此受天性命，当必然者也。※（定命之说也）《诗》称"天难忱斯"，性命之质，德行之招，参错授受，不易者也。

然其大要，骨法为主，气色为候。五色之见，王废有时。智者见祥，修善迎之，※（修善可以改变灾祸，与王充之论不同）其有忧色，循行改尤。愚者反戾，不自省思，虽休征见相，福转为灾。于戏君子，可不敬哉！

潜夫论卷第七

梦列第二十八

凡梦，有直、有象、有精、有想、有人、有感、有时、有反，有病、有性。

在昔武王，邑姜方震，太叔梦帝，谓己："命尔，子虞，而与之唐。"及生，手掌曰"虞"，因以为名。成王灭唐，遂以封之。此谓直应之梦也。《诗》云："维熊维羆，男子之祥；维虺维蛇，女子之祥。""众维鱼矣，实维丰年；旐维旟矣，室家溱溱。"此谓象之梦也。孔子生于乱世，日思周公之德，夜即梦之。此谓意精之梦也。人有所思，即梦其到；有忧即梦其事。此谓记想之梦也。今事，贵人梦之即为祥，贱人梦之即为妖；君子梦之即为荣，小人梦之即为辱。此谓人位之梦也。晋文公于城濮之战，梦楚子伏己而盬其脑，是大恶也。及战，乃大胜。此谓极反之梦也。阴雨之梦，使人厌迷；阳旱之梦，使人乱离；大寒之梦，使人怨悲；大风之梦，使人飘飞。此谓感气之梦也。春梦发生，夏梦高明，秋冬梦熟藏。此谓应时之梦也。阴病梦寒，阳病梦热，内病梦乱，外病梦发，百病之梦，或散或集。此谓气之梦也。人之情心，好恶不同，或以此吉，或以此凶。当各自察，常占所从。此谓性情之梦也。

故先有差忒者，谓之精；昼有所思，夜梦其事，乍吉乍凶，善恶不信者，谓之想；贵贱贤愚，男女长少，谓之人；风雨寒暑谓之感；五行王相谓之时；阴极即吉，阳极即凶，谓之反；观其所疾，察其所梦，谓之病；心精好恶，于事验□，谓之性：凡此十者，占梦之大略也。

而决吉凶者之类以多反，其何故哉？岂人觉为阳，人寐为阴，阴阳之务相反故邪？此亦谓其不甚者尔。借如使梦吉事而己意大喜乐，发于心精，则真吉矣。梦凶事而己意大恐惧忧悲，发于心精，即真恶矣。所谓秋冬梦死伤也，吉者顺时也。虽然，财为大害尔，由弗若勿梦也。

凡察梦之大体：清絜鲜好，貌坚健，竹木茂美，宫室器械，新成方正，开通光明，温和升上，向兴之象，皆为吉喜，谋从事成。诸臭污腐烂枯槁绝雾，倾倚征邪，劓刖不安，闭塞幽昧，解落坠下，向衰之象，皆为计谋不从，举事不成。妖孽怪异，可憎可恶之事皆为忧。图画恤胎，刻镂非真，瓦器虚空，皆为见欺绐。※（对于占梦甚有研究）倡优俳舞，侯小儿所戏弄之象，皆为欢笑。此其大部也。

梦或甚显而无占，或甚微而有应，何也？曰：本所谓之梦者，困不了察之称，而懵愦冒名也。故亦不专信以断事。人对计事，起而行之，尚有不从，况于忘忽杂梦，亦可必乎？惟其时有精诚之所感薄，神灵之所告者，※（神灵所告）乃有占尔。

是故君子之异梦，非妄而已也，必有事故焉。小人之异梦，非桀而已也，時有祯祥焉。是以武丁梦获圣而得傅说，二世梦白虎而灭其封。夫奇异之梦，多有故而少无为者矣。今一寝之梦，或屡迁化，百物代至，而其主不能究道之，故占者有不中也。此非占之罪也，乃梦者过也。或言梦审矣，而说者不能连类传观，故其善恶有不验也。此非书之罔，乃说之过也。是故占梦之难者，读其书为难也，夫占梦必谨其变故，审其征候，内考情意，外考王相，即吉凶之符，善恶之效，庶可见也。且凡人道见瑞而修德者，福必成，见瑞而纵恣者，福转为祸；见妖而骄侮者，祸必成，见妖而戒惧者，祸转为福※（福祸唯人自召）。是故太姒有吉梦，文王不敢康吉，祀于群神，然后占于明堂，并拜吉梦。修省戒惧，闻喜若忧，故能成吉以有天下。虢公梦见蓐收赐之上田，自以为有吉，囚史嚚，令国贺梦。闻忧而喜，故能成凶以灭其封。

《易》曰："使知惧，又明于忧患与故。"凡有异梦感心，以及人之吉凶，相之气色，无问善恶，常恐惧修省，以德迎之，乃其逢吉，天禄永终。

释难第二十九

庚子问于潜夫曰："尧、舜道德，不可两美，实若韩子戈伐之说邪？"潜夫曰："是不知难而不知类。今夫伐者盾也，厥性利；戈者矛也，厥性害。是戈为贼，伐为禁也，其不俱盛，固其术也。夫尧、舜之相于人也，非戈与伐也，其道同仁，不相害也。舜伐何如弗得俱坚？尧伐何如不得俱贤哉？且夫尧、舜之德，譬犹偶烛之施明于幽室也，前烛即尽照之矣，后烛入而益明。此非前烛昧而后烛彰也，乃二者相因而成大光，二圣相德而致太平之功也。是故大鹏之动，非一羽之轻也；骐骥之速，非一足之力也。众良相德，而积施乎无极也。尧、舜两美，盖其则也。"

伯叔曰："吾子过矣。韩非之取矛盾以喻者，将假其不可两立，以诘尧、舜之不得并之势。而论其本性之仁与贼，不亦失是譬喻之意乎？"

潜夫曰："夫譬喻也者，生于直告之不明，故假物之然否以彰之。物之有然否也，非以其文也，必以其真也。今子举其实文之性以喻，而欲使鄙也释其文，鄙也惑焉。且吾闻问阴对阳，谓之强说；论西诘东，谓之强难。子若欲自必以则昨反思，然后求，无苟自强。"

庚子曰："周公知管、蔡之恶，以相武庚，使肆厥毒，从而诛之，何不仁也？若其不知，何不圣也？二者之过，必处一焉。"

潜夫曰："书二子挟庚子父以叛，然未知其类之与？抑抑相反？且天知桀恶而帝之夏，又知纣恶而王之殷，使虐二国，残贼下民，多纵厥毒，灭其身，亦可谓不仁不知乎？"

庚子曰："不然。夫桀、纣者，无亲于天，故天任之而勿忧，诛之而勿哀。今管、蔡之与周公也，有兄弟之亲，有骨肉之恩，不量能而使之，不堪命而任之，故曰异于桀、纣之与天也。"

潜夫曰："皇天无亲，帝王继体之君，父事天。王者为子，故父事天也。率土之民，莫非王臣也。将而必诛，王法公也。无偏无颇，亲疏同也。大义灭亲，尊王之义也。立弊之天为周公之德因斯也。过此而往者，未之或知。"

秦子问于潜夫曰："耕种，生之本也；学问，业之末也。老聃有言：'大丈夫处其实，不居其华。'而孔子曰：'耕也，馁在其中；学也，禄在其中。'敢问今使举世之人，释耨耒而程相群于学，何如？"

潜夫曰："善哉问！君子劳心，小人劳力。故孔子所称，谓君子尔。今以目所见，耕，食之本也。以心原道即学，又耕之本也。《易》曰：'立天之道，曰阴与阳；立地之道，曰柔与刚；立人之道，曰仁与义。'天反德者为灾。"

潜夫曰："呜呼！而未之察乎？吾语子。夫君子也者，其贤宜君国而德宜子民也。宜处此位者，惟仁义人，故有仁义者，谓之君子。昔荀卿有言：'夫仁也者爱人，爱人，故不忍危也；义也者聚人，聚人，故不忍乱也。'是故君子夙夜箴规，塞塞匪懈者，忧君之危亡，哀民之乱离也。故贤人君子，推其仁义之心，爱□□之君犹父母也，爱居世之民犹子弟也。父母将临颠陨之患，子弟将有陷溺之祸者，岂能墨乎哉！是以仁者必有勇，而德人必有义也。

且夫一国尽乱，无有安身。《诗》云：'莫肯念乱，谁无父母。'言将皆为害，然有亲者忧将深也。是故贤人君子，既忧民，亦为身作。夫盖满于上，沾溥在下，栋折榱崩，惧有厥患。故大屋移倾，则下之人不待告令，各争其柱之。仁者兼护人家者，且自为也。《易》曰：'王明并受其福。'是以次室倚立而叹啸，楚女揭幡而激王。仁惠之恩，忠爱之情，固能已乎？"

潜夫论卷第八

交际第三十

语曰："人惟旧，器惟新。昆弟世疏，朋友世亲。"此交际之理，人之情也。今则不然，多思远而忘近，背故而向新；或历载而益疎，或中路而相捐，悟先圣之典戒，负久要之誓言。斯何故哉？退而省之，亦可知也。势有常趣，理有固然。富贵则人争附之，此势之常趣也；贫贱则人争去之，此理之固然也。

夫与富贵交者，上有称举之用，下有货财之益。与贫贱交者，大有赈贷之费，小有假借之损。今使官人虽兼桀、跖之恶，苟结驷而过士，士犹以为荣而归焉，况其实有益者乎？使处子虽苞颜、闵之贤，苟被褐而造门，人犹以为辱而恐其复来，况其实有损者乎？

故富贵易得宜，贫贱难得适。好服谓之奢僭，恶衣谓之困厄，徐行谓之饥馁，疾行谓之逃责，不候谓之倨慢，数来谓之求食，空造以为无意，奉赞以为欲贷，恭谦以为不肖，抗扬以为不德。此处子之羁薄，贫贱之苦酷也。

夫处卑下之位，怀北门之殷忧，内见谪于妻子，外蒙讥于士夫。嘉会不从礼，饯御不逮众，货财不足以合好，力势不足以杖急。欢忻久交，情好旷而不接，则人无故自废疏矣。渐疏则贱者逾自嫌而日引，贵人逾务党而忘之。夫以逾疏之贱，伏于下流而望，日忘之贵，此谷风所为内摧伤，而介推所以赴深山也。

夫交利相亲，交害相疏。是故长誓而废，必无用者也。交渐而亲，必有益者也。俗人之相于也，有利生亲，积亲生爱，积爱生是，积是生贤，情苟贤之，则不自觉心之亲之口之誉之也。无利生疏，积疏生憎，积憎生非，积非生恶，情苟恶之，则不自觉心之外之口之毁之也。是故富贵虽新，其势日亲；贫贱虽旧，其势日疏，此处子所以不能与官人竞也。世主不察朋交之所生，而苟信贵臣之言，此絜士所以独隐翳，而奸雄所以党飞扬也※（王符之所慨叹，正同仲任）。

昔魏其之客，流于武安；长平之吏，移于冠军；廉颇、翟公，载盈载虚。夫以四君之贤，藉旧贵之凤恩，客犹若此，则又况乎生贫贱者哉？惟有古烈之风，志义之士，为不然尔。恩有所结，终身无解；心有所矜，贱而益笃。《诗》云："淑人君子，其仪一兮，心如结兮。"故岁寒然后知松柏之后雕世，隘然后知其人之笃固也。

侯嬴、豫让，出身※（"出身"）以报恩；鱄诸、荆轲，奋命以效用。故死可为也，处之难尔。庞勋、勃貉，一旦见收，亦立为义报，况累旧乎？故邹阳称之曰："桀之狗可使吠尧，跖之客可使刺由。"岂虚言哉？俗士浅短，急于目前，见赴有益则先至，顾无用则后背。是以欲速之徒，竞推上而不暇接下，争逐前而不遑恤后。是故韩安国能遗田蚡五百金，而不能赈一穷；翟方进称淳于长，而不能荐一士。夫安国、方进，前世之忠良也，而犹若此，则又况乎末涂之下相哉？此奸雄所以逐党进，而处子所以愈拥蔽也。非明圣之君，孰能照察？

且夫怨恶之生，若二人偶焉。苟相对也，恩情相向，推极其意，精诚相射，贯心达髓，爱乐之隆，轻相为死，是故侯生、豫子刎颈而不恨。苟相背也，心情乖牙(注："牙"即"互"字)，推极其意，分背奔驰，穷东极西，心尚未快，是故陈余、张耳老相全灭而无感痛。从此观之，交际之理，其情大矣。非独朋友为然，君臣夫妇亦犹是也。当其欢也，父子不能闲；及其乖也，怨雠不能先。是故圣人常慎微以敦其终。

富贵未必可重，贫贱未必可轻。※（与王充同慨）人心不同好，度量相万亿。许由让其帝位，俗人有争县职，孟轲辞禄万锺，小夫贪于升食。故曰：鹑鷃群游，终日不休，乱举聚跱，不离蒿茆。鸿鹄高飞，双别乖离，通千达万，志在陂池。鸾凤翱翔黄历之上，徘徊太清之中，随景风而飘飖，时抑扬以从容，意犹未得，嗜嗜然长鸣，蹶号振翼，陵朱云，薄斗极，呼吸阳露，旷旬不食，其意尚犹嗛嗛如也。三者殊务，各安所为。是以伯夷采薇而不恨，巢父木栖而自愿。由斯观诸士之志量，固难测度。凡百君子，未可以富贵骄贫贱，谓贫贱之必我屈也。※（所以自解）

《诗》云："德輶如毛，民鲜克举之。"世有大难者四，而人莫之能行也，一曰恕，二曰平，三曰恭，四曰守※（四难之论甚是。恕、平、恭、守）。夫恕者仁之本也，平者义之本也，恭者礼之本也，守者信之本也。四者并立，四行乃具，四行具存，是谓真贤。四本不立，四行不成，四行无一，是谓小人。

所谓恕者，君子之人，论彼恕于我，动作消息于心；己之所无，不以责下，我之所有，不以讥彼；感己之好敬也，故接士以礼，感己之好爱也，故遇人有恩；己欲立而立人，己欲达而达人；善人之忧我也，故先劳人，恶人之忘我也，故常念人。凡品则不然，论人不恕己，动作不思心；无之己而责之人，有之我而讥之彼；己无礼而责人敬，己无恩而责人爱；贫贱则非人初不我忧也，富贵则是我之不忧人也。行己若此，难以称仁矣。

所谓平者，内怀鸤鸠之恩，外执砥矢之心；论士必定于志行，毁誉必参于效验；不随俗而雷同，不逐声而寄论；苟善所在，不讥贫贱，苟恶所错，不忌富贵；不谄上而慢下，不厌故而敬新。凡品则不然，内偏颇于妻子，外僭惑于知友；得则誉之，怨则谤之；平议无埻的，讥誉无效验；苟阿贵以比党，苟剽声以群吠；事富贵如奴仆，视贫贱如佣客；百至秉权之门，而不一至无势之家。执心若此，难以称义矣。

所谓恭者，内不敢傲于室家，外不敢慢于士大夫；见贱如贵，视少如长；其礼先入，其言后出；恩意无不答，礼敬无不报；睹贤不居其上，与人推让事处；事处，其劳居从其陋，位安其卑，养甘其薄。凡品则不然，内慢易于妻子，外轻侮于知友；聪明不别真伪,心思不别善丑;愚而喜傲贤,少而好陵长;恩意不相答,礼敬不相报;睹贤不相推,会同不能让,动欲择其佚,居欲处其安,养欲擅其厚,位欲争其尊;见人谦让,因而嗤之,见人恭敬,因而傲之,如是而自谓贤能智慧。为行如此,难以称忠矣。

所谓守者,心也。有度之士,情意精专,心思独睹,不驱于险墟之俗,不惑于众多之口;聪明悬绝,秉心塞渊,独立不惧,遁世无闷,心坚金石,志轻四海,故守其心而成其信。凡器则不然,内无持操,外无准仪;倾侧险诐,求同于世,口无定论,不恒其德,二三其行。秉操如此,难以称信矣。

夫是四行者,其轻如毛,其重如山,君子以为易,小人以为难。孔子曰:"仁远乎哉?我欲仁,仁斯至矣。"又称"知德者尠"。俗之偏党,自古而然,非乃今也。凡百君子,竞于骄僭,贪乐慢傲,如贾一倍,以相高。苟能富贵,虽积狡恶,争称誉之,终不见非;苟处贫贱,恭谨,祇为不肖,终不见是。※(同仲任之慨)此俗化之所以浸败,而礼义之所以消衰也。

世有可患者三。三者何?曰:情实薄而辞称厚,念实忽而文想忧,怀不来而外克期。不信则惧失贤,信之则诖误人。此俗士可厌之甚者也。是故孔子疾夫言之过其行者,《诗》伤"蛇蛇硕言,出自口矣。巧言如簧,颜之厚矣"。

今世俗之交也,未相照察而求深固,探怀扼腕,拊心祝诅,苟欲相护。论议而已,分背之日,既得之后,则相弃忘。或受人恩德,先以济度,不能拔举,则因毁之,为生瑕衅,明言我不遗力,无奈自不可尔。诗云:"知我如此,不如无生。"先合而后忤,有初而无终,不若本无生意,强自誓也。

君子屡盟,乱是用长。大人之道,周而不比,微言相感,掩若同符,又焉用盟?孔子恂恂,似不能言者,又称"闇闇言,惟谨也"。士贵有辞,亦憎多口。故曰:"文质彬彬,然后君子。"与其不忠,刚毅木纳,尚近于仁。

呜呼哀哉!凡今之人,言方行圆,口正心邪,行与言谬,心与口违;论古则知称夷、齐、原、颜,言今则必官爵职位;虚谈则知以德义为贤,贡荐则必阀阅为前※(贡荐以阀阅为前。)处子虽躬颜、闵之行,性劳谦之质,秉伊、吕之才,怀救民之道,其不见资于斯世也,亦已明矣!※(可慨也夫)

明忠第三十一

人君之称,莫大于明;人臣之誉,莫美于忠。此二德者,古来君臣所共愿也。然明不继踵,忠不万一者,非必愚暗不逮而恶名扬也,所以求之,非其道尔。

夫明据下起,忠依上成。二人同心,则利断金。能知此者,两誉俱具。要在于明操法术，自握权秉而已矣※（明操法术，自握权秉）。所谓术者，使下不得欺也；所谓权者，使势不得乱也。术诚明，则虽万里之外，幽冥之内，不得不求效；权诚用，则远近亲疏，贵贱贤愚，无不归心矣。周室之末则不然，离其术而舍其权，怠于己而恃于人。是以公卿不思忠，百僚不尽力，君王孤蔽于上，兆黎冤乱于下，故遂衰微侵夺而不振也。※（封建时代皆如此，焉能明而忠哉）

夫帝王者，其利重矣，其威大矣。徒悬重利，足以劝善；徒设严威，可以惩奸。乃张重利以诱民，操大威以驱之，※（利诱威迫，亦是一道）则举世之人，可令冒白刃而不恨，赴汤火而不难，岂云但率之以共治而不宜哉？若鹰，野鸟也，然猎夫御之，犹使终日奋击而不敢怠，岂有人臣而不可使尽力者乎？

《诗》云："伐柯伐柯，其则不远。"夫神明之术，具在君身，而君忽之，故令臣钳口结舌而不敢言。此耳目所以蔽塞，聪明所以不得也。制下之权，日陈君前，而君释之，故令群臣懈弛而背朝。此威德所以不照，而功名所以不建也。

《诗》云："我虽异事，及尔同僚。我即尔谋，听我敖敖。"夫恻隐人皆有之，是故耳闻啼号之音，无不为之惨凄悲怀而伤心者；目见危殆之事，无不为之灼怛惊而赴救之者。君臣义重，行路礼轻，过耳悟目之交，未恩未德，非贤非贵，而犹若此，则又况于北面称臣被宠者乎？

是故进忠扶危者贤，不肖之所共愿也。诚皆愿之而行违者，常苦其道不利而有害，言未得信而身败尔。历观古来爱君忧主敢言之臣，忠信未达，而为左右所鞫按，当世而覆被，更为否愚恶状之臣者，岂可胜数哉？孝成终没之日，不知王章之直；孝哀终没之日，不知王嘉之忠也。此后贤虽有忧君哀主之情，忠诚正直之节，然犹且沉吟观听行己者也。

鸣鹤在阴，其子和之。相彼鸟矣，犹求友声。故人君不开精诚以示贤忠，贤忠亦无以得达。《易》曰："王明并受其福。"是以忠臣必待明君，乃能显其节，良吏必得察主，乃能成其功。君不明，则大臣隐下而遏忠，又群司舍法而阿贵。※（寄希望于明主，亦同仲任，此封建时代之通病，奈君不明何！）

夫忠言所以为安也，不贡必危；法禁所以为治也，不奉必乱。忠之贡与不贡，法之奉与不奉，其秉皆在于君，非臣下之所能为也。是故，圣人求之于己，不以责下。

凡为人上，法术明而赏罚必者，虽无言语而势自治※（法术明，赏罚必）。治势一成，君自不能乱也，况臣下乎？法术不明而赏罚不必者，虽日号令，然势自乱。乱势一成，君自不能治也，况臣下乎？是故势治者，虽委之不乱；势乱者，虽勤之不治也。尧、舜恭己无为而有余，势治也；胡亥、王莽驰骛而不足，势乱也。故曰：善者求之于势，弗责于人。是以明王审法度而布教令，不行私以欺法，不黩教以辱命，故臣下敬其言而奉其禁，竭其心而称其职。此由法术明而威权任也。

夫术之为道也，精微而神，言之不足而行有余；有余，故能兼四海而照幽冥。权之为势也，健悍以大，不待贵贱，操之者重；重，故能夺主威而顺当世。是以明君未尝示人术而借下权也。孔子曰："可与权。"是故圣人显诸仁，藏诸用，神而化之，使民宜之，然后致其治而成其功。功业效于民，美誉传于世，然后君乃得称明，臣乃得称忠。此所谓明据下作，忠依上成，二人同心，其利断金也。

本训第三十二

上古之世，太素之时，元气窈冥，未有形兆，万精合并，混而为一，※（太素元气）莫制莫御。若斯久之，翻然自化，清浊分别，变成阴阳。阴阳有体，实生两仪，天地壹郁，万物化淳，和气生人，以统理之※（唯物之论）。

是故天本诸阳，地本诸阴，人本中和。三才异务，相待而成，各循其道，和气乃臻，机衡乃平。

天道曰施，地道曰化，人道曰为※（人道曰为）。为者，盖所谓感通阴阳而致珍异也。人行之动天地，譬犹车上御驰马，篷中擢舟船矣。虽为所覆载，然亦在我何所之可。※（制天之义，唯物之论）孔子曰："时乘六龙以御天。""言行君子所以动天地也，可不慎乎？"从此观之，天呈其兆，人序其勋。《书》故曰："天功人其代之。"如盖理其政以和天气，以臻其功。※（天功人代，在此解明）

是故道德之用，莫大于气。道者，气之根也。气者，道之使也※（真理也，道为气根，气为道使，"功"则气之用也）。必有其根，其气乃生；必有其使，变化乃成。是故道之为物也，至神以妙；其为功也，至强以大。天之以动，地之以静，日之以光，月之以明，四时五行，鬼神人民，亿兆丑类，变异吉凶，何非气然？

及其乖戾，天之尊也气裂之，地之大也气动之，山之重也气徙之，水之流也气绝之，日月神也气蚀之，星辰虚也气陨之，旦有昼晦，宵有大风，飞车拔树，债电为冰，温泉成汤，麟龙鸾凤，蝥蟊蟓蝗，莫不气之所为也。

以此观之，气运感动，亦诚大矣。变化之为，何物不能？所变也神，气之所动也。当此之时，正气所加※（正气），非唯于人，百谷草木，禽兽鱼鳖，皆口养其气。声入于耳，以感于心，男女听口，以施精神。资和以兆，虾民之胎，含嘉以成体。及其生也，和以养性※（和以养性），美在其中，而畅于四肢，实于血脉，是以心性志意，耳目精欲，无不贞廉絜怀履行者。此五帝三王所以能画法像而民不违，正己※（正己——儒家）德而世自化也。

是故法令刑赏者，乃所以治民事而致整理尔，未足以兴大化而升太平也。※（法令行赏非第一，故非法家）夫欲历三王之绝迹，臻帝皇之极功者，必先原元而本本，兴道而致和※（兴道致和云云，似又涉入唯心之论，儒家的立场），以淳粹之气，生敦庞之民，明德义之表，作信厚之心，然后比可美而功可成也。

德化第三十三

人君之治，莫大于道，莫盛于德，莫美于教，莫神于化。道者所以持之也，德者所以苞之也，教者所以知之也，化者所以致之也。民有性，有情※（性情者心也），有化，有俗。情性者，心也，本也。化俗者，行也，末也。末生于本，行起于心。是以上君抚世，先其本而后其末，顺其心而理其行。心精苟正，则奸匿无所生，邪意无所载矣。

夫化变民心也，犹政变民体也。德政加于民，则多涤畅姣好坚强考寿；恶政加于民，则多罢癃尪病，夭昏札瘥。故尚书美"考终命"，而恶"凶短折"。国有伤明之政，则民多病目；有伤聪之政，则民多病耳；有伤贤之政，则贤多横夭。夫形体骨干为坚强也，然犹随政变易，又况乎心气精微不可养哉？※（养心气）《诗》云："敦彼行苇，羊牛勿践履。方苞方体，惟叶柅柅。"又曰："鸢飞戾天，鱼跃于渊。恺悌君子，胡不作人？"公刘厚德，恩及草木，羊牛六畜，且犹感德，仁不忍践履生草，则又况于民萌而有不化者乎？君子修其乐易之德，上及飞鸟，下及渊鱼，无不欢忻悦豫，则又况于士庶而有不仁者乎？

圣深知之，皆务正己以为表※（正己），明礼义以为教，和德气于未生之前，正表仪于咳笑之后。民之胎也，合中和以成；其生也，立方正以长。是以为仁义之心，廉耻之志，骨著脉通，与体俱生，而无粗秽之气，无邪淫之欲。虽放之大荒之外，措之幽冥之内，终无违礼之行；投之危亡之地，纳之锋锷之间，终无苟全之心。举世之人，行皆若此，则又乌所得亡，夫奸乱之民而加辟哉？上天之载，无声无臭，仪形文王，万邦作孚。此姬氏所以崇美于前，而致刑措于后也。

是故，上圣不务治民事而务治民心，故曰："听讼，吾犹人也。必也使无讼乎！"导之以德，齐之以礼，务厚其情而明则务义，民亲爱则无相害伤之意，动思义则无奸邪之心。夫若此者，非法律之所使也，非威刑之所强也，此乃教化之所致也。圣人甚尊德礼而卑刑罚，故舜先敕契以敬敷五教，而后命皋陶以五刑三居。是故凡立法者，非以司民短而诛过误，乃以防奸恶而救祸败，检淫邪而内正道尔。

《诗》云："民之秉夷，好是懿德。"故民有心也，犹为种之有园也。遭和气则秀茂而成实，遇水旱则枯槁而生孽。民蒙善化，则人有士君子之心；被恶政，则人有怀奸乱之虑。故善者之养天民也，犹良工之为曲豉也。起居以其时，寒温得其适，则一荫之曲豉，尽美而多量。其遇拙工，则一荫之曲豉皆臭败而弃捐。今六合亦由一荫也，黔首之属犹豆麦也，变化云为，在将者尔※（将）。遭良吏则皆怀忠信而履仁厚，遇恶吏则皆怀奸邪而行浅薄。※（仍责吏治）忠厚积则致太平，奸薄积则致危亡。是以圣帝明王，皆敦德化而薄威刑。德者所以修己也，威者所以治人也。上智与下愚之民少，而中庸之民多。中民之生世也，犹铄金之在炉也，从笃变化，惟治所为，方圆薄厚，随镕制尔。

是故世之善否，俗之薄厚，皆在于君。※（待明君）上圣和德气以化民心，正表仪以率群下，故能使民比屋可封，尧、舜是也。其次躬道德而敦慈爱，美教训而崇礼让，故能使民无争心而致刑错，文、武是也。其次明好恶而显法禁，平赏罚而无阿私，故能使民辟奸邪而趋公正，理弱乱以致治强，中兴是也。治天下，身处污而放情，怠民事而急酒乐，近顽童而远贤才，亲谄谀而疏正直，重赋税以赏无功，妄加喜怒以伤无辜，故能乱其政以败其民，弊其身以丧其国者，幽、厉是也。

孔子曰："三人行，必有我师焉。择其善者而从之，其不善者，我则改之。"《诗》美"宜鉴于殷，自求多福"。是故世主诚能使六合之内，举世之人，咸怀方厚之情，而无浅薄之恶，各奉公正之心，而无奸险之虑，则羲、农之俗，复见于兹，麟龙鸾凤，复畜于郊矣。

五德志第三十四

自古在昔，天地开辟。三皇迭制，各树号谥，以纪其世。天命五代，正朔三复。神明感生，爰兴有国。亡于嫚以，灭于积恶。神微精以，天命罔极。或皇冯依，或继体育。太暤以前尚矣。迪斯用来，颇可纪录。虽一精思，议而复误。故撰古训，著五德志。

世传三皇五帝，多以为伏羲、神农为二皇；其一者或曰燧人，或曰祝融，或曰女娲。其是与非，未可知也。我闻古有天皇、地皇、人皇，以为或及此谓，亦不敢明。凡斯数□，其于五经，皆无正文。故略依易系，记伏羲以来，以遗后贤。虽多未必获正，然罕可以浮游博观，共求厥真。※（此篇叙五帝，多用伟书之说）

大人迹出雷泽，华胥履之生伏羲。其相日角，世号太暤。都于陈。其德木，以龙纪，故为龙师而龙名。作八卦，结绳为网以渔。

后嗣帝喾，代颛顼氏。其相戴干，其号高辛。厥质神灵，德行祇肃，迎送日月，顺天之则，能叙三辰以周民。作乐六英。世有才子八人：伯奋、仲堪、叔献、季仲、伯虎、仲雄、叔豹、季狸，忠肃恭懿，宣慈惠和，天下之人谓之八元。

后嗣姜嫄，履大人迹生姬弃。厥相披颐。为尧司徒，又主播种，农植嘉谷。

尧遭水灾，万民以济。故舜命曰后稷。初，烈山氏之有天下也，其子曰柱，能植百谷，故立以为稷，自夏以上祀之。周之兴也，以弃代之，至今祀之。

太妊梦长人感己，生文王。厥相四乳。为西伯，兴于岐。断虞、芮之讼而始受命。武王骈齿，胜殷遏刘，成周道。姬之别封众多，管、蔡、成、霍、鲁、卫、毛、聃、郜、雍、曹、滕、毕、原、酆、郇，文之昭也。邗、晋、应、韩，武之穆也。凡、蒋、邢、茅、胙、祭，周公之胤也。周、召、虢、吴、随、邓、方、印、息、潘、养、滑、镐、宫、密、荣、丹、郭、杨、逢、管、唐、韩、杨、瓤、、栾、甘、鳞虞、王氏，皆姬姓也。

有神龙首出常羊，感任姒，生赤帝魁隗。身号炎帝，世号神农，代伏羲氏。其德火纪，故为火师而火名。是始斮木为耜，揉木为耒耨。日中为市，致天下之民，聚天下之货，交易而退，各得其所。

后嗣庆都，与龙合婚，生伊尧。代高辛氏。其眉八彩。世号唐。作乐大章。始禅位。武王克殷，而封其胄于铸。

含始吞赤珠，克曰"玉英生汉"，龙感女媪，刘季兴。

大电绕枢照野，感符宝，生黄帝轩辕。代炎帝氏。其相龙颜，其德土行。以云纪，故为云师而云名。作乐咸池。是始制衣裳。

后嗣握登，见大虹，意感生重华虞舜。其目重瞳。事尧，尧乃禅位，曰："格尔舜！天之历数在尔躬。允执厥中，四海困穷，天禄永终。"乃受终于文祖。世号有虞。作乐九韶。禅位于禹。武王克殷，而封胡公妫满于陈，庸以元女大姬。大星如虹，下流华渚，女节梦接，生白帝挚青阳。世号少暤。代皇帝氏，都于曲阜。其德金行。其立也，凤皇适至，故纪于鸟。凤鸟氏历正也，玄鸟氏司分者也，伯赵氏司至者也，青鸟氏司启者也，丹鸟氏司闭者也。祝鸠氏司徒也，䲴鸠氏司马也，尸鸠氏司空也，爽鸠氏司寇也，鹘鸠氏司事也。五鸠，鸠民者也。五雉为五工正，利器用，夷民者也。是始作书契，百官以治，万民以察。有才子四人，曰重，曰该，曰修，曰熙，实能金木及水，故重为勾芒，该为蓐收，修及熙为玄冥。恪恭厥业，世不失职，遂济穷桑。

后嗣修纪，见流星，意感生白帝文命戎禹。其耳参漏。为尧司空，主平水土，命山川，画九州，制九贡。功成，赐玄珪，以告勋于天。舜乃禅位，命如尧诏，禹乃即位。作乐大夏。世号夏后。传嗣子启。启子太康、仲康更立。兄弟五人，皆有昏德，不堪帝事，降须洛汭，是谓五观。

孙相嗣位，夏道浸衰。于是后羿自鉏，迁于穷石，因夏民以代夏政，灭相。妃后缗方娠，逃出自窦，奔于有仍，生少康焉。为仍牧正。

羿恃己射也，不修民事，而淫于原兽；弃武罗、伯、因、熊髡、龙圉，而用寒浞。浞，柏明氏谗子弟也。柏明氏恶而弃之。夷羿收之，信而使之，以为己相。浞行媚于内，施赂于外，愚弄于民，虞羿于田，树之诈匿，以取其国家，外内咸服。羿犹不悛，将归自田，家众杀而烹之，以食其子。子不忍食诸，死于穷门。

靡奔于有鬲氏。浞因羿室，生浇及豷，恃其谗慝诈伪，而不德于民，使浇用师，灭斟灌及斟寻氏，处豷于过，处浇于戈，使椒求少康。逃奔有虞，为之庖正。虞思妻以二妃，而邑诸纶，有田一成，有众一旅，能布其德，而兆其谋，以收夏众，抚其官职。靡自有鬲，收二国之烬，以灭浞而立少康焉。乃使女艾诱浇，使后杼诱豷，遂灭过、戈，复禹之绩，祀夏配天，不失旧物。十有七世而桀亡天下。武王克殷，而封其后于杞，或封于缯。又封少暤之胄于祁。

浇才力盖众，骋其勇武而卒以亡。故南宫括曰："羿善射，奡荡舟，俱不得其死也。"

姒姓分氏夏后、有扈、有南、斟寻、泊浈、辛、褒、费、戈、冥、缯，皆禹后也。

摇光如月正白，感女枢幽防之宫，生黑帝颛顼。其相骈干。身号高阳，世号共工。代少暤氏。其德水行，以水纪，故为水师而水名。承少暤衰，九黎乱德，乃命重黎讨训服。历象日月，东西南北。作乐五英。有才子八人，苍舒、隤凯、梼演、大临、龙降、庭坚、仲容、叔达，齐圣广渊，明允笃诚，天下之人谓之八凯。共工氏有子曰勾龙，能平九土，故号后土，死而为社，天下祀之。

娀简吞燕卵生子契，为尧司徒，职亲百姓，顺五品。

扶都见白气贯月，意感生黑帝子履，其相二肘。身号汤，世号殷。致太平。

后衰，乃生武丁。即位，默以不言，思道三年，而梦获贤人以为师。乃使以梦像求之四方侧陋，得傅说，方以胥靡，筑于傅岩。升以为大公，而使朝夕规谏。恐其有惮怠也，则敕曰："若金，用汝作砺；若济巨川，用汝作舟楫；若时大旱，用汝作霖雨。启乃心，沃朕心。若药不瞑眩，厥疾不瘳；若跣不视地，厥足用伤。尔交修余无弃！"故能中兴，称号高宗。及帝辛而亡，天下谓之纣。

武王封微子于宋，封箕子于朝鲜。

子姓分氏，殷、时、来、宋、扰、萧、空同、北段，皆汤后也。

潜夫论卷第九

志氏姓第三十五

昔者圣王观象于乾坤，考度于神明，探命历之去就，省群臣之德业，而赐姓命氏，因彰德功。传称民之彻官百，王公之子弟千，世能听其官者，而物赐之姓，是谓百姓。姓有彻品十，于王谓之千品。昔尧赐契姓子，赐弃姓姬；赐禹姓姒，氏曰有夏；伯夷为姜氏，曰有吕。下及三代，官有世功，则有官族，邑亦如之。后世微末，因是以为姓，则不能改也。故或传本姓，或氏号邑谥，或氏于国，或氏于爵，或氏于官，或氏于字，或氏于事，或氏于居，或氏于志。若夫五帝三王之世，所谓号也；文、武、昭、景、成、宣、戴、桓，所谓谥也；齐、鲁、吴、楚、秦、晋、燕、赵，所谓国也；王氏、侯氏、王孙、公孙，所谓爵也；司马、司徒、中行、下军，所谓官也；伯有、孟孙、子服、叔子，所谓字也；巫氏、匠氏、陶氏，所谓事也；东门、西门、南宫、东郭、北郭，所谓居也；三乌、五鹿、青牛、白马，所谓志也；凡厥姓氏，皆出属而不可胜纪也。

卫侯灭邢，昭公娶同姓，言皆同祖也。近古以来，则不必然。古之赐姓，大谛可用，其余则难。周室衰微，吴楚僭号，下历七国，咸各称王。故王氏、王孙氏、公孙氏及氏谥官，国自有之，千八百国，谥官万数，故元不可同也。及孙氏者，或王孙之班也，或诸孙之班也，故有同祖而异姓，有同姓而异祖。亦有杂错，变而相入，或从母姓，或避怨仇。夫吹律定姓，惟圣能之。今民散久，鲜克达音律。天主尊正其祖。（注：天主疑人生之误，《毛诗序》云："生民尊祖也。"王先生云：天主疑定性之误）故且略纪显者，以待士合揖损焉。

伏羲姓风，其后封任、宿、须朐、颛臾四国，实司大暤，与有济之祀，且为东蒙主。鲁僖公母成风，盖须朐之女也。季氏欲伐颛臾，而孔子讥之。

炎帝苗胄四岳，伯夷为尧典礼，折民惟刑，以封申、吕。裔生尚，为文王师，克殷而封之齐，或封许、向，或封于纪，或封于申。申城在南阳宛北序山之下，故《诗》云："亹亹申伯，王荐之事，于邑于序，南国为式。"宛西三十里有吕城。许在颍川，今许县是也。姜戎居伊、洛之闲，晋惠公徙置陆浑。州、薄、甘、戏、露、怡，及齐之国氏、高氏、襄氏、隰氏、士强氏、东郭氏、雍门氏、子雅氏、子尾氏、子襄氏、子渊氏、子乾氏、公旗氏、翰公氏、贺氏、卢氏，皆姜姓也。

黄帝之子二十五人，班为十二：姬、酉、祁、己、滕、葴、任、拘、厘、姞、儇、衣氏也。当春秋，晋有祁奚，举子荐仇，以忠直著。莒子姓己氏。夏之兴，有任奚为夏车正，以封于薛，后迁于邳，其嗣仲虺居薛，为汤左相。王季之妃大任，及谢、章、昌、采、祝、结、泉、卑、遇、狂大氏，皆任姓也。姞氏女为后稷元妃，繁育周先。姞氏封于燕，有贱妾燕姞，梦神与之兰，曰：“余为伯儵，余尔祖也。以是有国香，人服媚之。”及文公见姞，赐兰而御之。姞言其梦，且曰：“妾不才，幸而有子，将不信，敢征兰乎？”公曰：“诺。”遂生穆公。姞氏之别，有阚、尹、蔡、光、鲁、雍、断、密须氏。及汉，河东有郅都，汝南有郅君章，姓音与古姞同，而书其字异，二人皆著名当世。

少暤氏之世衰而九黎乱德，颛项受之，乃命南正重司天以属神，命火正黎司地以属民，使复旧常，无相侵渎，是谓绝地天通。夫黎，颛项氏裔子吴回也。为高辛氏火正，淳耀天明地德，光四海也，故名祝融。后三苗复九黎之德，尧继重、黎之后不忘旧者，羲伯复治之。故重黎氏世序天地，别其分主，以历三代，而封于程。其在周世，为宣王大司马，《诗》美“王谓尹氏命程伯休父”。其后失守适晋为司马迁，自谓其后。

祝融之孙，分为八姓：己、秃、彭、姜、妘、曹、斯、芈。己姓之嗣飂叔安，其裔子曰董父，实甚好龙，能求其嗜欲以饮食之，龙多归焉。乃学扰龙，以事帝舜。赐姓曰董氏，曰豢龙，封诸朡川朡夷。彭姓豕韦，皆能驯龙者也。豢龙逢以忠谏，桀杀之。凡因祝融之子孙，已姓之班，昆吾、籍、扈、温、董。

秃姓朡夷、豢龙，则夏灭之。彭姓彭祖、豕韦、诸稽，则商灭之。姜姓会人，则周灭之。

妘姓之后封于鄢、会、路、偪阳。鄢取仲任为妻，贪冒爱恡，蔑贤简能，是用亡邦。会在河、伊之间，其君骄贪啬俭，减爵损禄，群臣卑让，上下不临。时人忧之，故作羔裘，闵其痛悼也；匪风，冀君先教也。会仲不悟，重氏伐之，上下不能相使，禁罚不行，遂以见亡。路子婴儿娶晋成公姊为夫人，酆舒为政而虐之。晋伯宗怒，遂伐灭路。荀罃武子伐灭偪阳。曹姓封于邾；邾颜子之支，别为小邾，皆楚灭之。

芈姓之裔熊严，成王封之于楚，是谓粥熊，又号粥子。生四人，伯霜、仲雪、叔熊、季紃。紃嗣为荆子，或封于夔，或封于越。夔子不祀祝融、粥熊，楚伐灭之。公族有楚季氏、列宗氏、斗强氏、良臣氏、耆氏、门氏、侯氏、季融氏、仲熊氏、子季氏、阳氏、无钩氏、蔿氏、善氏、阳氏、昭氏、景氏、严氏、婴齐氏、来氏、来纡氏、即氏、申氏、訡氏、沈氏、贺氏、咸氏、吉白氏、伍氏、沈瀸氏、余推氏、公建氏、子南氏、子庚氏、子午氏、子西氏、王孙、田公氏、舒坚氏、鲁阳氏、黑肱氏，皆芈姓也。

楚季者，王子敖之曾孙也。蚡冒生蒍章者，王子无钧也。令尹孙叔敖者，蒍章之子也。左司马戌者，庄王之曾孙也。叶公诸梁者，戌之第三弟也。楚大夫申无畏者，又氏文氏。

初，纣有苏氏以妲己女而亡殷。周武王时，有苏忿生为司寇而封温。其后洛邑有苏秦。

高阳氏之世有才子八人，苍舒、隤凯、梼戭、大临、尨降、庭坚、仲容、叔达，天下之人谓之八凯。

后嗣有皋陶，事舜。舜曰："皋陶，蛮夷滑夏，寇贼奸宄，女作士。"其子伯翳，能议百姓以佐舜、禹，扰驯鸟兽，舜赐姓嬴。

后有仲衍，鸟体人言，为夏帝大戊御。嗣及费仲，生恶来、季胜。武王伐纣，并杀恶来。

季胜之后有造父，以善御事周穆王。穆王游西海忘归，于是徐偃作乱，造父御，一日千里，以征之。王封造父于赵城，因以为氏。其后失守，至于赵夙仕晋卿大夫，十一世而为列侯，五世而为武灵王，五世亡赵。恭叔氏、邯郸氏、訾辱氏、婴齐氏、楼季氏、卢氏、原氏，皆赵嬴姓也。

恶来后有非子，以善畜，周孝王封之于秦，世地理以为西陲大夫，浒秦亭是也。其后列于诸侯，□世而称王，六世而始皇生于邯郸，故曰赵政。及梁、葛、江、黄、徐、莒、蓼、六英，皆皋陶之后也。锺离、运掩、菟裘、寻梁、修鱼、白寘、飞廉、密如、东灌、良、时、白、巴、公巴公巴、剡、复、蒲，皆嬴姓也。

帝尧之后为陶唐氏。后有刘累，能畜龙，孔甲赐姓为御龙，以更豕韦之后。至周为唐杜氏。周衰，有隰叔子违周难于晋国，生子舆为李，以正于朝，朝无闲官，故氏为士氏，为司空，以正于国，国无败绩，故氏司空；食采随，故氏随氏。士蒍之孙会，佐文、襄，于诸侯无恶；为卿，以辅成、景，军无败政；为成率，居傅，端刑法，集训典，国无奸民，晋国之盗逃奔于秦。于是晋侯为请冕服于王，王命随会为卿，是以受范，卒谥武子。武子文，成晋、荆之盟，降兄弟之国，使无闲隙，是以受郇、栎。由此帝尧之后，有陶唐氏、刘氏、御龙氏、唐杜氏、隰氏、士氏、季氏、司空氏、随氏、范氏、郇氏、栎氏、嬴氏、冀氏、穀氏、蔷氏、扰氏、狸氏、傅氏。楚令尹建尝问范武子之德于文子，文子对曰："夫子之家事治，言于晋国，竭情无私，其祝史陈信不愧，其家事无猜，其祝史不祈。"建归，以告，康王曰："神人无怨，宜夫子之股肱五君，以为诸侯主也。"故刘氏自唐以下，汉以上，德著于世，莫若范会之最盛也。斯亦有修己以安人之功矣。武王克殷，而封帝尧之后于铸也。

帝舜姓虞，又为姚，居妫。武王克殷，而封妫满于陈，是为胡公。陈袁氏、咸氏、㿟氏、庆氏、夏氏、宗氏、来氏、仪氏、司徒氏、司城氏，皆妫姓也。

厉公孺子完奔齐，桓公说之，以为工正。其子孙大得民心，遂夺君而自立，是谓威王，五世而亡。齐人谓陈田矣。汉高祖徙诸田关中，而有第一至第八氏。丞相田千秋、司直田仁，及杜阳田先、砀田先，皆陈后也。武帝赐千秋乘小车入殿，故世谓之车丞相。及莽自谓本田安之后，以王家故更氏云。莽之行诈，实以田常之风。敬仲之支，有皮氏、占氏、沮氏、与氏、献氏、子氏、靬氏、梧氏、坊氏、高氏、芒氏、禽氏。

帝乙元子微子开，纣之庶兄也。武王封之于宋，今之睢阳是也。宋孔氏、祝其氏、韩献氏、季老男氏、巨辰、经氏、事父氏、皇甫氏、华氏、鱼氏、而董氏、艾、岁氏、鸠夷氏、中野氏、越椒氏、完氏、怀氏、不第氏、冀氏、牛氏、司城氏、冈氏、近氏、止氏、朝氏、勃氏、右归氏、三伉氏、王夫氏、宜氏、徵氏、郑氏、目夷氏、鳞氏、臧氏、虺氏、沙氏、黑氏、圉龟氏、既氏、据氏、磚氏、己氏、成氏、邊氏、戎氏、買氏、尾氏、桓氏、戴氏、向氏、司马氏，皆子姓也。

闵公子弗父何生宋父，宋父生世子，世子生正考父，正考父生孔父嘉，孔父嘉生子木金父；木金父降为士，故曰灭于宋。金父生祁父，祁父生防叔；防叔为华氏所逼，出奔鲁，为防大夫，故曰防叔。防叔生伯夏，伯夏生叔梁纥，为鄹大夫，故曰鄹叔纥，生孔子。

周灵王之太子晋，幼有成德，聪明博达，温恭敦敏。谷、雒水斗，将毁王宫，王欲壅之。太子晋谏，以为不顺天心，不若修政。晋平公使叔誉聘于周，见太子，与之言，五称而三穷，逡巡而退，归告平公曰："太子晋行年十五，而誉弗能与言，君请事之。"平公遣师旷见太子晋。太子晋与语，师旷服德，深相结也。乃问旷曰："吾闻太师能知人年之长短。"师旷对曰："女色赤白，女声清汗，火色不寿。"晋曰："然。吾后三年将上宾于帝，女慎无言，殃将及女。"其后三年而太子死。孔子闻之曰："惜夫！杀吾君也。"世人以其豫自知去期，故传称王子乔仙。仙之后，其嗣避周难于晋，家于平阳，因氏王氏。其后子孙，世喜养性，神仙之术。

鲁之公族有蟜氏、后氏、众氏、臧氏、施氏、孟氏、仲孙氏、服氏、公山氏、南宫氏、叔孙氏、叔仲氏、子我氏、子士氏、季氏、公鉏氏、公巫氏、公之氏、子干氏、华氏、子言氏、子驹氏、子雅氏、子阳氏、东门氏、公析氏、公石氏、叔氏、子家氏、荣氏、展氏、乙氏，皆鲁姬姓也。

卫之公族，石氏、世叔氏、孙氏、宁氏、子齐氏、司徒氏、公文氏、析龟氏、公叔氏、公南氏、公上氏、公孟氏、将军氏、子强氏、强梁氏、卷氏、会氏、雅氏、孔氏、赵阳氏、田章氏、孤氏、王孙氏、史龟氏、羌氏、羌宪氏、邃氏，皆卫姬姓也。晋之公族郄氏，又班为吕郄。芮又从邑氏为冀，后有吕锜，号驹伯，郄犫食采于苦，号苦成叔；郄至食采于温，号曰温季，各以为氏。郄氏之班，有州氏祁氏伯宗以直见杀，其子州犁奔楚，又以郄宛直而和，故为子常所妒受诛，其子嚭奔吴为太宰，惩祖祢之行，仍正直遇祸也，乃为谄谀而亡吴。凡郄氏之班，有冀氏、吕氏、苦成氏、温氏、伯氏、靖侯之孙栾宾。及富氏、游氏、贾氏、狐氏、羊舌氏、季夙氏、籍氏，及襄公之孙孙麃，皆晋姬姓也。

晋穆侯生桓叔，桓叔生韩万，傅晋大夫，十世而为韩武侯，五世为韩惠王，五世而亡国。襄王之孽孙信，俗人谓之韩信都。高祖以信为韩王孙，以信为韩王，后徙王代，为匈奴所攻，自降之。汉遣柴将军击之，斩信于参合，信妻子亡入匈奴中。至景帝，信子颓当及孙赤来降，汉封颓当为弓高侯，赤为襄城侯。及韩嫣，武帝时为侍中，贵幸无比。案道侯韩说，前将军韩曾，皆显于汉。子孙各随时帝分阳陵、茂陵、杜陵。及汉阳、金城诸韩，皆其后也。信子孙余留匈奴中者，亦常在权宠，为贵臣。及留侯张良，韩公族姬姓也。秦始皇灭韩，良弟死不葬，良散家赀千万，为韩报仇，击始皇于博浪沙中，误椎副车。秦索贼急，良乃变姓为张，匿于下邳，遇神人黄石公，遗之兵法。及沛公之起也，良往属焉。沛公使与韩信略定韩地，立横阳君成为韩王，而拜良为韩信都。信都者，司徒也。俗前音不正，曰信都，或曰申徒，或胜屠，然其本共一司徒耳。后作传者不知"信都"何因，强妄生意，以为此乃代王为信都也。凡桓叔之后，有韩氏、言氏、婴氏、祸余氏、公族氏、张氏，此皆韩后姬姓也。昔周宣王亦有韩侯，其国也近燕，故诗云："普彼韩城，燕师所完。"其后韩西亦姓韩，为卫满所伐，迁居海中。

毕公高与周同姓，封于毕，因为氏。周公之薨也，高继职焉。其后子孙失守，为庶世。及毕万佐晋献公，十六年使赵夙御戎，毕万为右，以灭耿灭魏封万，今之河北县是也。魏颗又氏令狐。自万后九世为魏文侯。文侯孙罃为魏惠王，五世而亡。毕阳之孙豫让，事智伯，智伯国士待之，豫让亦以见知之恩报智伯，天下纪其义。魏氏、令狐氏、不雨氏、叶大夫氏、伯夏氏、魏强氏、豫氏，皆毕氏，本姬姓也。

周厉王之子友封于郑。郑恭叔之后，为公文氏。轩氏、驷氏、丰氏、游氏、国氏、然氏、孔氏、羽氏、良氏、大季氏。十族之祖，穆公之子也，各以字为姓。及伯有氏、马师氏、褚师氏，皆郑姬姓也。太伯君吴，端垂衣裳，以治周礼。仲雍嗣立，断发文身。倮以为饰。武王克殷，分封其后于吴，令大赐北吴。季札居延州来，故氏延陵季子。阖闾之弟夫概王奔楚堂溪，因以为氏。此皆姬姓也。

郑大夫有冯简子。后韩有冯亭，为上党守，嫁祸于赵，以致长平之变。秦有将军冯劫，与李斯俱诛。汉兴，有冯唐，与文帝论将帅。后有冯奉世，上党人也，位至将军，女为元帝昭仪，因家于京师。其孙衍，字敬通，笃学重义，诸儒号之曰"德行雍雍冯敬通"，著书数十篇，孝章皇帝爱重其文。

晋大夫郇息事献公，后世将中军，故氏中行，食采于智。智果谏智伯而不见听，乃别族于太史为辅氏。

晋大夫孙伯黶，实司典籍，故姓籍氏。辛有二子董之，故氏董氏。

《诗》颂宣王，始有"张仲孝友"，至春秋时，宋有张白蔑矣。惟晋张侯、张老，实为大家。张孟谈相赵襄子以灭智伯，遂逃功赏，耕于负山。后魏有张仪、张丑。至汉，张姓滋多。常山王张耳，梁人。丞相张苍，阳武人也。东阳侯张相如。御史大夫张汤，增定律令，以防奸恶，有利于民，又好荐贤达士，故受福佑。子安世为车骑将军，封富平侯，敦仁俭约，矜遂权而好阴德，是以子孙昌炽，世有贤胤，更封武始，遭王莽乱，享国不绝，家凡四公，世著忠孝行义。前有丞相张禹，御史大夫张忠；后有太尉张酺，汝南人，太傅张禹，赵国人。司邑闾里，无不有张者。河东解邑有张城，有西张城，岂晋张之祖所出邪？

偃姓舒庸、舒鸠、舒龙、舒共、止龙、郦、淫、参、会、六、院、蓼、高、国，庆姓樊、尹、骆，曼姓邓、优，归姓胡、有、何，葴姓滑、齐，摛姓栖、疏，御姓署、番、汤，嵬姓饶、攘、刹，隗姓赤狄、妘姓白狄，此皆大吉之姓。

齐有鲍叔，世为卿大夫。晋有鲍癸。汉有鲍宣，累世忠直，汉名臣。汉郦生为使者，弟商为将军，今高阳诸郦为著姓。昔仲山甫亦姓樊，谥穆仲，封于南阳。南阳者，在今河内。后有樊倾子。曼姓封于邓，后因氏焉。南阳邓县上蔡北有古邓城，新蔡北有古邓城。春秋时，楚文王灭邓。至汉有邓通、邓广。后汉新野邓禹，以佐命元功封高密侯。孙太后天性慈仁严明，约敕诸家莫得权，京师清净，若无贵戚；勤思忧民，昼夜不息。是以遭羌兵叛，大水饥匮，而能复之，整平丰穰。太后崩后，群奸相参，竞加谮润，破坏邓氏，天下痛之。鲁昭公母家姓归氏。汉有隗嚣季孟。短即犬戎氏，其先本出黄帝。

及徐氏、萧氏、索氏、长勺氏、陶氏、繁氏、骑氏、饥氏、樊氏、荼氏，皆殷氏旧姓也。汉兴，相国萧何封酂侯，本沛人，今长陵萧其后也。前将军萧望之，东海杜陵萧其后也。御史大夫有繁延寿，南郡襄阳人也，杜陵、新丰，繁其后也。

周氏、邵氏、毕氏、荣氏、单氏、尹氏、镏氏、富氏、巩氏、苌氏，此皆周室之世公卿家也。周、召者，周公、召公之庶子，食二公之采，以为王吏，故世有周公、召公不绝也。尹者，本官名也，若宋有太师，楚有令尹、左尹矣。尹吉甫相宣王者大功绩，诗云，"尹氏太师，维周之底"也。单穆公、襄公、顷公、靖公，世有明德，次圣之才，故叔向美之，以后必繁昌。

苦成，城名也，在盐池东北。后人书之或为"枯"；齐人闻其音，则书之曰"库成"；敦煌见其字，呼之曰"车成"；其在汉阳者，不喜"枯"、"苦"之字，则更书之曰"古成氏"。堂溪，溪谷名也，在汝南西平。禹字子启者，启开之字也。前人书堂溪误作"启"，后人变之，则又作"开"。古漆雕开。公冶长，前人书"雕"从易，淆作"周"，书"冶"复误作"盅"，后人又传作"古"，或复分为古氏、成氏、堂氏、开氏、公氏、冶氏、漆氏、周氏。此数氏者，皆本同末异。凡姓之离合变分，固多此类，可以一况，难胜载也。

《易》曰："君子以类族辩物"，"多识前言往行以蓄其德"，"学以聚之，问以辩之。"故略观世记，采经书，依国土，及有明文，以赞贤圣之后，班族类之祖，言氏姓之出，序此假意二篇，以贻后贤今之焉也。

潜夫论卷第十

叙录第三十六

夫生于当世，贵能成大功，太上有立德，其下有立言。阘茸而不才，先（注：疑"无"字）器能当官，未尝服斯役，无所效其勋。中心时有感，援笔纪数文，字以缀愚情，财令不忽忘。刍荛虽微陋，先圣亦咨询。草创叙先贤，三十六篇，以继前训，左丘明五经。

先圣遗业，莫大教训。博学多识，疑则思问。智明所成，德义所建。夫子好学，诲人不倦。故叙赞学第一。

凡士之学，贵本贱末。大人不华，君子务实。礼虽媒绍，必载于贽。时俗趋末，惧毁（行）术。故叙务本第二。

人皆智德，苦为利昏。行污求荣，戴盆望天。为仁不富，为富不仁。将修德行，必慎其原。故叙遏利第三。

世不识论，以士卒化，弗问志行，官爵是纪。不义富贵，仲尼所耻。伤俗陵迟，遂远圣述。故叙论荣第四。

惟贤所苦，察妒所患，皆嫉过己，以为深怨。或因颣衅，或空造端。痛君不察，而信谗言。故叙贤难第五。

原明所起，述暗所生，距谏所败，祸乱所成。当涂之人，咸欲专君，壅蔽贤士，以擅主权。故叙明暗第六。

上览先王所以致太平，考绩黜陟，著在五经。罚赏之实，不以虚名。明豫德音，焉问扬庭。故叙考绩第七。

人君选士，咸求贤能。群司贡荐，竞进下材。憎是掊克，何官能治？买药得鼠，难以为医。故叙思贤第八。

原本天人，参连相因，致和平机，述在于君，奉法选贤，国自我身。奸门窃位，将谁督察？故叙本政第九。

览观古今，爰暨书传，君皆欲治，臣恒乐乱。忠佞溷淆，各以类进，常苦不明，而信奸论。故叙潜叹第十。

夫位以德兴，德贵忠立，社稷所赖，安危是系。非夫谠直贞亮，仁慈惠和，事君如天，视民如子，则莫保爵位而全令名。故叙忠贵第十一。

先王理财，禁民为非。洪范忧民，诗刺末资。浮伪者众，本农必衰。节以制度，如何弗议？故叙浮侈第十二。

积微伤行，怀安败名，明莫恣欲，而无悛容。足以愎谏，闻善不从。微安召辱，终必有凶。故叙慎微第十三。

明主思良，劳精贤知。百寮阿党，不核真伪，苟崇虚誉，以相诳曜，居官任职，则无功效。故叙实贡第十四。

圣人养贤，以及万民。先王之制，皆足代耕。增爵损禄，必程以倾。先益吏俸，乃可致平。故叙班禄第十五。

君忧臣劳，古今通义。上思致平，下宜竭惠。贞良信士，咸痛数赦。奸宄繁兴，但以赦故。乃叙述赦第十六。

先王御世，兼秉威德，赏有建侯，罚有刑渥。赏重禁严，臣乃敬职。将修太平，必循此法。故叙三式第十七。

民为国基，谷为民命。日力不暇，谷何由盛？公卿师尹，卒劳百姓，轻夺民时，诚可愤诤！故叙爱日第十八。

观吏所治，斗讼居多。原祸所起，诈欺所为。将绝其末，必塞其原。民无欺诒，世乃平安。故叙断讼第十九。

五帝三王，优劣有情。虽欲超皇，当先致平。必世后仁，仲尼之经。遭衰奸牧，得不用刑？故叙衰制第二十。

圣王忧勤，选练将帅，授以鈇钺，假以权贵。诚多蔽暗，不识变势，赏罚不明，安得不败？故叙劝将第二十一。

蛮夷猾夏，古今所患。尧、舜忧民，皋陶御叛；宣王中兴，南仲征边。今民日死，如何弗蕃？故叙救边第二十二。

凡民之情，与君殊戾，不能远虑，各取一制，苟挟私议，以为国计。宜寻其言，以诘所谓。故叙边议第二十三。

边既远门，太守擅权。台阁不察，信其奸言，令坏郡县，殴民内迁。今又丘荒，虑必生心。故叙实边第二十四。

天生神物，圣人则之。蓍龟卜筮，以定嫌疑。俗工浅源，莫尽其才。自大非贤，何足信哉？故叙卜列第二十五。

易有史巫，诗有工祝。圣人先成，民后致力。兆黎劝乐，神乃授福。孔子不祈，以明在德。故叙巫列第二十六。

五行八卦，阴阳所生，禀气薄厚，以著其形。天题厥象，人实奉成。弗修其行，福禄不臻。故叙相列第二十七。

诗称吉梦，书传亦多，观察行事，占验不虚。※（福祸之说，亦有唯物之论，且能解决问题，优于定命论。）福从善来，祸由德痛，吉凶之应，与行相须。故叙梦列第二十八。

论难横发，令道不通。后进疑惑，不知所从。自昔庚子，而有责云。予岂好辩？将以明真。故叙释难第二十九。

朋友之际，义存六纪，摄以威仪，讲习王道，善其久要，贵贱不改。今民迁久，莫之能奉。故叙交际第三十。

君有美称，臣有令名，二人同心，所愿乃成。宝权神术，勿示下情，治势一定，终莫能倾。故叙明忠第三十一。

人天情通，气感相和，善恶相征，异端变化。圣人运之，若御舟车，作民精神，莫能含嘉。故叙本训第三十二。

明王统治，莫大身化，道德为本，仁义为佐。思心顺政，责民务广，四海治焉，何有消长？故叙德化第三十三。

上观大古，五行之运，咨之诗、书，考之前训。气终度尽，后代复进。虽未必正，可依传问。故叙五德志第三十四。

君子多识，前言往行。类族变物，古有斯姓。博见同□□□□□□□□□□□。故叙志氏姓第三十五。